浙江省教师招聘考试专用教材

历年真题解析及押题试卷

参考答案及解析

小学数学

山香教师招聘考试命题研究中心　主编

首都师范大学出版社
CAPITAL NORMAL UNIVERSITY PRESS

目 录

浙江省教师招聘考试小学数学真题试卷

浙江省教师招聘考试小学数学押题试卷

浙江省教师招聘考试小学数学真题试卷

2021 年 1 月浙江省杭州市教师招聘考试小学数学真题试卷(一)

一、填空题

1. $80\frac{1}{2}$

【解析】本题考查分式的化简与求值。原式 $=\left(\frac{1}{2}+\frac{1}{4}+\frac{1}{8}\right)\div\left(\frac{1}{2}\times\frac{1}{4}\times\frac{1}{8}\right)\times\frac{\frac{7}{4}+\frac{1}{6}}{13\frac{1}{3}-12}=\frac{7}{8}\times2\times4\times8\times\frac{\frac{23}{12}}{\frac{4}{3}}=56\times\frac{23}{16}=80\frac{1}{2}$。

2. 44

【解析】本题考查规律探索问题。

第一次取出棋子:1,

前二次取出棋子共:$1+3=4=2^2$,

前三次取出棋子共:$1+3+5=9=3^2$,

前四次取出棋子共:$1+3+5+7=16=4^2$,

…

前 n 次取出棋子共:$n^2(n\in\mathbf{N}_+)$,$\sqrt{2020}\approx44.94$,故 n 的最大值为 44。

3. 48

【解析】本题考查二元一次方程组的应用。设原来的两位数的十位数为 x,个位数为 y,则有 $\begin{cases}x+y=12,\\10y+x-(10x+y)=36,\end{cases}$ 解得 $\begin{cases}x=4,\\y=8,\end{cases}$ 故原来的两位数为 48。

4. 90

【解析】本题考查一元一次方程的实际应用。设师傅加工零件个数为 x 个,由题意得 $\frac{1}{3}x-\frac{1}{4}(170-x)=10$,解得 $x=90$,故师傅加工了 90 个零件。

5. 24

【解析】本题考查图形的规律探索问题。

$S_1=\frac{1}{2}\times4\times2=4=2^2$;

$S_2=\frac{1}{2}\times6\times3=9=3^2$;

$S_3=\frac{1}{2}\times8\times4=16=4^2$;

…

$S_x=\frac{1}{2}\times2(x+1)\times(x+1)=(x+1)^2$。

由题意得 $(x+1)^2=625$,解得 $x=24$。

6. 8

【解析】本题考查正方形的面积。设每个钉子之间的横竖间距都为 1,若正着放,共有 1,4,9,16 四种不同面积的正方形。若斜着放,分别以对角线为边长,共有 2,5,8,10 四种不同面积的正方形。综上所述,一共有 8 种。

7. 12

【解析】本题考查分配问题。一共有 $5+3=8$ 个面包,四个人平分,则每个人分到 2 个面包。小明分出去的面包为 $5-2=3$ 个,小林分出去的面包为 $3-2=1$ 个。则小明应该分到的钱为 $(8+8)\times\frac{3}{3+1}=12$ 元。

8. 32

【解析】本题考查分配问题。因为每个人的工作效率相同,假设半组少先队员半天浇的水为 1 份,则全组少先队员上午在第二条公路上的浇水量为 2 份,所以第二条公路的浇水量为 $1+2=3$ 份,第一条公路的浇水量为 1.5 份。在这 1.5 份的浇水量中,有半组少先队员半天浇水 1 份,剩下的 0.5 份就是 4 个人第二天要完成的浇水量。由此可得,4 个人一天的浇水量为 0.5 份,全组的人一天的浇水量为 4 份,由此可得,这组少先队员有 $4\div0.5\times4=32$ 人。

9. 405

【解析】本题考查简单几何体的三视图。如图所示,最少有 15 个小正方体构成这个立体图形,则体积为 $3\times3\times3\times15=405$ 立方厘米。

1	1	1	2
2			
1	2	4	1

方法技巧:俯视图打地基,正视图疯狂盖,左视图拆违章。即俯视图在最下面,所有的小正方体都要算,主视图可能产生遮挡,要通过左视图进行清理。即通过主视图、俯视图确定组合图形的列数;通过俯视图、左视图确定组合图形的行数;通过主视图、左视图确定行与列中的最高层数。

10. 1536

【解析】本题考查方程思想。往的总时间 + 返的总时间 + 顺水 960 米的时间 = 20 分钟。设两个码头之间的距离为

x 米，舰模往返 y 次，则可以得到方程 $\frac{x}{200+40}\times y+\frac{x}{200-40}\times y+\frac{960}{200+40}=20$，因为 $x>960$，y 为自然数，可以求得 $y=1$，$x=1536$，故 A 码头和 B 码头之间的距离为 1536 米。

二、单项选择题

11. D 【解析】本题考查浓度问题。设甲瓶盐水的质量为 x，乙瓶盐水的质量为 y。由题意得 $\frac{8\%x+5\%y}{x+y}=6.2\%$，化简得 $x=\frac{2}{3}y$。第二次混合后浓度为 $\frac{\frac{1}{4}x\times 8\%+\frac{1}{6}y\times 5\%}{\frac{1}{4}x+\frac{1}{6}y}$，将 $x=\frac{2}{3}y$ 代入得，原式 $=\frac{\frac{1}{50}\times\frac{2}{3}y+\frac{1}{120}y}{\frac{1}{3}y}=6.5\%$。

12. B 【解析】本题考查探索规律问题。假设 n 的十位数为 x，个位数为 y，分别乘一个数后百位进 p，十位进 q，其中 $p,q\in[0,8]$。当乘 3 时，可以得到百位为 p，十位为 $3x-10p+q$，个位为 $3y-10q$；所以可以得到 $p+3x-10p+q+3y-10q=a=x+y$，化简得 $2x+2y=9p_1+9q_1$。同理分别乘 5，7，9，可以得到 $4x+4y=9p_2+9q_2$，$6x+6y=9p_3+9q_3$，$8x+8y=9p_4+9q_4$，所以可以得到 $\frac{9}{2}(p_1+q_1)=\frac{9}{4}(p_2+q_2)=\frac{9}{6}(p_3+q_3)=\frac{9}{8}(p_4+q_4)$。取 $\frac{9}{2}(p_1+q_1)=\frac{9}{8}(p_4+q_4)$，所以 $p_1+q_1\in[0,4]$，又因为 $2x+2y=9p_1+9q_1$，x 为正整数，y 为非负整数，所以 p_1+q_1 应该为偶数，所以 $p_1+q_1=0$ 或 2 或 4，若 $p_1+q_1=0$，则 $x+y=0$ 不成立；若 $p_1+q_1=2$，则 $x+y=9$，所以这二位数可以是 18，27，36，45，54，63，72，81，90，将其与 5，7，9 相乘，检验 18，36，45，90 符合题意。若 $p_1+q_1=4$，则 $x+y=18$。所以 $x=9$，$y=9$，即 99 符合题意。综上所述，18，36，45，90，99 满足题意，这样的两位数共有 5 个。

13. A 【解析】本题考查方程思想。设蓝色眼睛白皮肤、蓝色眼睛浅黑皮肤、褐色眼睛白皮肤、褐色眼睛浅黑皮肤的女孩个数分别为 a,b,c,d。由题意得 $a+b+c+d=50$，$b+d=31$，$c+d=18$，$a=14$，化简得 $(b+c+d)+d=49$，解得 $d=13$。

14. C 【解析】本题考查平行四边形的性质。$\because PQ\parallel BD$，P 为 BC 的中点，$\therefore Q$ 为 CD 的中点，$BP=PC$。$\because$ 四边形 $ABCD$ 是平行四边形，$\therefore AD\parallel BC$，$AB\parallel CD$，$\therefore$ 点 A 与点 D 到 BC 的距离相等。$\therefore S_{\triangle DBP}=S_{\triangle ABP}=S_{\triangle DPC}=\frac{1}{4}S_{\square ABCD}$。又 $\because Q$ 为 CD 的中点，$\therefore CQ=DQ$，$\therefore S_{\triangle ADQ}=S_{\triangle BCQ}=S_{\triangle DBQ}=\frac{1}{4}S_{\square ABCD}$。综上所述，与 $\triangle ABP$ 面积相等的三角形有 $\triangle DBP$，$\triangle DPC$，$\triangle ADQ$，$\triangle BCQ$，$\triangle DBQ$，一共有 5 个。

15. B 【解析】本题考查概率的计算。由题意得圆、平行四边形为中心对称图形，则抽到的卡片是中心对称图形的概率为 $\frac{2}{4}=\frac{1}{2}$。

16. B 【解析】本题考查多边形的内角和。连结∠3 和∠6 的顶点，∠7 和∠10 的顶点，如图，根据三角形的性质定理，得 $\angle 1+\angle 2=\angle 11+\angle 12$；根据五边形的内角和是 540°，得 $\angle 3+\angle 11+\angle 4+\angle 5+\angle 6+\angle 12+\angle 13=\angle 1+\angle 2+\angle 3+\angle 4+\angle 5+\angle 6+\angle 13=540^\circ$；根据四边形的内角和是 360°，得 $\angle 7+\angle 8+\angle 9+\angle 10=360^\circ-\angle 15-\angle 16$。所以 $\angle 1+\angle 2+\angle 3+\angle 4+\angle 5+\angle 6+\angle 7+\angle 8+\angle 9+\angle 10=540^\circ-\angle 13+360^\circ-\angle 15-\angle 16=540^\circ+360^\circ-(\angle 13+\angle 15+\angle 16)=900^\circ-(\angle 13+\angle 15+\angle 16)$，因为 $\angle 13=\angle 14$，所以 $\angle 13+\angle 15+\angle 16=\angle 14+\angle 15+\angle 16=180^\circ$，由此代入即可求出这 10 个角的度数之和为 720°。

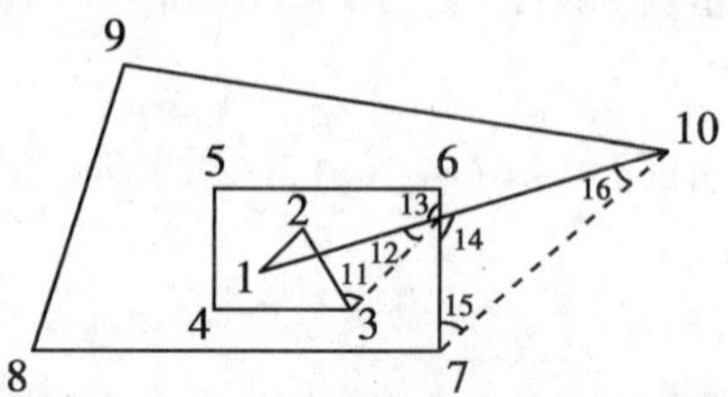

17. B 【解析】本题考查分式的运算。$\frac{大米}{玉米}=\frac{60}{100}=\frac{3}{5}$，连同容器的 100 千克玉米应该兑换的大米为 $(100-4)\times\frac{3}{5}=57.6$ 千克。$57.6-(60-4)=1.6$ 千克。故这种方法不合理，大米少称了 1.6 千克。

18. D 【解析】本题考查分式方程的实际应用。设甲、乙、丙的工作效率分别为 $\frac{1}{a}$，$\frac{1}{b}$，$\frac{1}{c}$，三项工程的工作量分别为 1，2，3，设若干天为 k。k 天后，甲完成的工作量为 $\frac{k}{a}$，未完成的工作量为 $1-\frac{k}{a}$；乙完成的工作量为 $\frac{k}{b}$，未完成的工作量为 $2-\frac{k}{b}$；丙完成的工作量为 $\frac{k}{c}$，未完成的工作量为 $3-\frac{k}{c}$。由题意得 $\frac{k}{a}=\frac{1}{2}\left(2-\frac{k}{b}\right)$，$\frac{k}{b}=\frac{1}{3}\left(3-\frac{k}{c}\right)$，$\frac{k}{c}=1-\frac{k}{a}$，化简得 $\frac{1}{a}+\frac{1}{2b}=\frac{1}{b}+\frac{1}{3c}=\frac{1}{c}+\frac{1}{a}$，即 $\frac{1}{a}$:

$\frac{1}{b}:\frac{1}{c}=4:6:3$。

三、解答题

19.【解析】本题考查圆的面积公式。设圆的半径为 $r$cm，由题意得长方形的宽也等于 $r$cm，因为圆的面积等于长方形的面积，所以 $\pi r^2=OA\cdot AB=r\cdot AB$，则 $AB=\pi r$，阴影部分的周长 $=AB+BC+CD+$ 圆的周长的 $\frac{1}{4}=\pi r+r+\pi r-r+(18.84\div4)=2\pi r+4.71\approx18.84+4.71=23.55$cm。所以阴影部分的周长为23.55厘米。

20.【解析】本题考查分配问题。由题意得原本145人准备的钱为 $30\times14\times(1-10\%)+5\times5=403$ 元。如果有147人入园，可多购买一张团体票，则需花费 $30\times15\times(1-10\%)=405$ 元，$(405-403)\div2=1$ 元，如果购买个人票，则需要 $5\times2=10$ 元，此时 m 的值为5。$5>1$，所以 m 的最小值为1。

21.【解析】本题考查正方体和三棱锥的体积公式。由题意得截去的几何体为8个全等的三棱锥。$(9-9\times\frac{1}{3}\times2)\times12+8\times3\times\sqrt{3^2+3^2}=(36+72\sqrt{2})$ dm，所以几何体的棱长总和为 $(36+72\sqrt{2})$ dm。$V_{正方体}-8V_{三棱锥}=9^3-8\times3\times3\times\frac{1}{2}\times3\times\frac{1}{3}=693\text{dm}^3$，所以几何体的体积为 693dm^3。

22.【解析】本题考查一元一次方程的实际应用。正规的足球都是由32块六边形和五边形的图案组成的，设六边形有 x 块，则五边形有 $(32-x)$ 块，六边形的边数为 $6x$，五边形的边数为 $5(32-x)$，由题意得 $6x=3x+5(32-x)$，解得 $x=20$，$32-20=12$，所以六边形有20块，五边形有12块，则五边形与六边形的最简整数比是 $12:20=3:5$。

23.【参考答案】本题考查数据分析观念的内容与教学目标的制定。《义务教育数学课程标准》(2011年版)中指出，数据分析观念包括：了解在现实生活中有许多问题应当先做调查研究，收集数据，通过分析作出判断，体会数据中蕴含着信息；了解对于同样的数据可以有多种分析的方法，需要根据问题的背景选择合适的方法；通过数据分析体验随机性，一方面对于同样的事情每次收集到的数据可能不同，另一方面只要有足够的数据就可能从中发现规律。数据分析是统计的核心。

故制定如下教学目标：

知识与技能目标：进一步体会不确定现象的特点及事件发生的可能性的大小。

过程与方法目标：经历事件发生的可能性大小的探索过程，能根据试验的统计结果进行判断和推测，知道事件发生的可能性的大小与物体的数量有关，进一步体会随机现象的统计规律性。能根据数据推测事件发生的可能性的大小，并初步感受事件发生的等可能性。

情感、态度与价值观目标：感受数学与生活的密切联系，进一步培养学生的求实态度和科学精神。

24.【参考答案】本题考查教学设计。例1的教学内容：通过观察、比较、操作，沟通“几个几”和“倍”的联系，建立倍的概念，初步学会用倍描述两个数量之间的关系，理解倍的含义。

例2的教学内容：教会学生理解“一个数是另一个数的几倍”的含义，用倍数的知识解决简单的实际问题，掌握“已知两项求倍数”的解题过程和方法。

例3教案：

一、创设情境，引入新课

1. 看图填空

○○○

●●●●●●●●●●●●

○有(　　)个，●有(　　)个，●的个数是○的(　　)倍。

2. 出示教材P50“做一做”第2题。

摆一摆，第一行摆5根小棒，第二行摆的是第一行的4倍，该摆多少根呢？你是怎么摆的？

小组内交流讨论，学生动手摆一摆，说一说。

指名汇报摆小棒的方法，师归纳：第二行要摆第一行的4倍，也就是要摆4个5根，一共是20根。

师：同学们真聪明，不但会求一个数是另一个数的几倍，还能用小棒摆出一个数的几倍是多少。如果没有小棒怎么办呢？你想知道求一个数的几倍是多少的方法吗？

二、学习新课

出示例题3主题图。

1. 从图中你知道了什么信息？要求什么问题？

2. 小组合作探究，说说你用什么方法解决这个问题。

3. 小组代表汇报，师选择画线段图的方法重点讲解：象棋的价钱是军棋的4倍，可以知道军棋的钱少一些，我们就把军棋的价钱用一条线段来表示，那么象棋的价钱就要画4个这样的线段表示。(教师边讲解，边画出线段图)

引导学生观察线段图：你发现了什么？(要求象棋的价钱，就是求4个8是多少)

多点名几位学生说一说。

4. 4个8是多少，用什么方法计算？怎样列式？

$8\times4=32$(元)。

5. 验证:32元是8元的4倍吗?

师归纳:解答有关倍数的问题时,一定要弄清楚数量之间的关系。如果是求一个数是另一个数的多少倍,用除法计算。如果是求一个数的几倍是多少,就用乘法计算。在解题时可以通过画线段图来帮助分析理解题意。

三、实践运用,巩固新知

1. 练习十一第5题。

看图说一说,从图中你知道什么信息?要求什么问题?也就是求什么?怎样解答?指名说一说,学生独立填算式。

2. 练习十一第6题。

你会填吗?说说你是怎么知道的?

学生独立完成后,指名反馈,集体订正。

3. 练习十一第7题。

提醒学生注意:第1,2两小题的问题能用同样的方法解答吗?为什么?

学生独立完成,指名反馈,集体订正。

四、课堂小结

这节课你又学会了什么?

2021年浙江省台州市教师招聘考试小学数学真题试卷(精编)(二)

一、单项选择题

1. C 【解析】本题考查轴对称图形的性质。观察4个图形可知,只有C项图形是轴对称图形。

二、填空题

2. $\{x|x\geqslant1,且x\neq2\}$

【解析】本题考查函数的定义域。要使函数 $y=\frac{\sqrt{x-1}}{x-2}$ 有意义,只需 $\begin{cases}x-1\geqslant0,\\x-2\neq0,\end{cases}$ 故其定义域为 $\{x|x\geqslant1,且x\neq2\}$。

3. 12

【解析】本题考查均值不等式的应用。$s+t=6\geqslant2\sqrt{st}$,即 $0\leqslant st\leqslant9$,当且仅当 $s=t=3$ 时等号成立,故 m 的最大值为 $(st)_{\max}+3=12$。

4. -2

【解析】本题考查二元一次方程组的求解。$\begin{cases}x-2y=m-3,\\2x+5y=1-2m\end{cases}\Rightarrow\begin{cases}2x-4y=2m-6,\\2x+5y=1-2m,\end{cases}$ 两式相减可得 $9y=7-4m$,则 $y=\frac{7-4m}{9}$,将 y 值代入 $x-2y=m-3$,可得 $x=m-3+\frac{2(7-4m)}{9}=\frac{m-13}{9}$,当 $x+y<0$ 时,$\frac{m-13}{9}+\frac{7-4m}{9}<0$,解得 $m>-2$。

5. 2

【解析】本题考查标准差的计算。该组数据的平均值为 $(-2+0+1+2+4)\div5=1$,则这组数据的方差为 $\frac{(-2-1)^2+(0-1)^2+(1-1)^2+(2-1)^2+(4-1)^2}{5}=4$,则其标准差为 $\sqrt{4}=2$。

6. 80°

【解析】本题考查多边形的内角和。根据 n 边形内角和公式为 $(n-2)\times180°$,得四边形的内角和为 $2\times180°=360°$,其中三个内角之和为280°,则第四个内角度数为 $360°-280°=80°$。

三、解答题

7. 【解析】本题考查分段函数与不等式的求解。当 $0<m^2<m$,即 $0<m<1$ 时,$f(x)=mx+\frac{7}{8}=m^3+\frac{7}{8}=1$,此时 $m=\frac{1}{2}$;当 $m\leqslant m^2+1$,即 $m\in\mathbf{R}$ 时,$f(x)=2^{\frac{x}{m}}+1=2^m+1>1$,$m$ 无解。

综上所述,$m=\frac{1}{2}$。

(2)由(1)可得 $f(x)=\begin{cases}\frac{1}{2}x+\frac{7}{8},0<x<\frac{1}{2},\\2^{2x}+1,x\geqslant-\frac{1}{2},\end{cases}$

当 $\frac{1}{2}x+\frac{7}{8}\leqslant4$ 时,解得 $x\leqslant\frac{25}{4}$,所以 $0<x<\frac{1}{2}$;当 $2^{2x}+1\leqslant4$ 时,解得 $-\frac{1}{2}\leqslant x\leqslant\log_4 3$。综上所述,$f(x)\leqslant4$ 的解集为 $\{x|-\frac{1}{2}\leqslant x\leqslant\log_4 3\}$。

8. 【解析】本题考查一元二次方程的根。(1)若 $x=1$ 是方程的一个根,则 $1+2+m=0$,故 $m=-3$。

(2)若方程有两个不等实根,则 $\Delta=4-4m>0$,解得 $m<1$。

(3)由(2)知,$m<1$,又 $x_1x_2=m\geqslant0$,则 m 的取值范围是 $0\leqslant m<1$。

9. 【解析】本题考查一元二次方程根的性质。(1)由根与系数的关系可得 $x_1+x_2=2$,$x_1x_2=-4$,则 $(x_1-1)(x_2-1)=x_1x_2-(x_1+x_2)+1=-4-2+1=-5$。

(2)若 m,n 是方程 $x^2+x-2=0$ 的两个实数根,则 $m^2+m-2=0$①,$n^2+n-2=0$②,①-②可得 $m^2+m-2-n^2-n+2=m^2-n^2+m-n=(m-n)(m+n+1)=0$,∵方程 $x^2+x-2=0$ 的根的判别式 $\Delta=1+8=9>0$,则此方程有两个不同的实根,则 $m+n+1=0$,即 $m=-1-n$③,将③代入 m^2-

$m-2n$可得$(-1-n)(-1-n-1)-2n=(1+n)(n+2)-2n=n^2+n+2$,由②可得 $n^2+n=2$,则 $m^2-m-2n=n^2+n+2=2+2=4$。

10.【解析】本题考查平面几何图形的旋转变换。(1)在矩形 $ABCD$ 中,$\because \frac{AB}{AD}=\sqrt{3}$,即$\angle ABD=\frac{\pi}{6}$,设 $PQ=BQ=x$,则可得 $PB=2\times\frac{\sqrt{3}}{2}x=\sqrt{3}x$,由题意可知$\triangle PQQ'$为等腰直角三角形,$\therefore$ 由勾股定理可得 $QQ'=\sqrt{2}x$,则$\frac{PB}{QQ'}=\frac{\sqrt{3}x}{\sqrt{2}x}=\frac{\sqrt{6}}{2}$。

(2)过点 Q 作 $QF\perp PB$ 交 PB 于点 F,由(1)可知$\angle QPB=\angle QBP=\frac{\pi}{6}$,设 $PQ=PQ'=x$,因为 $QQ'=\sqrt{6}$,则根据勾股定理可得 $x^2+x^2=6$,解得 $x=\sqrt{3}$,则 $QF=\frac{\sqrt{3}}{2}$,$BF=PF=\sqrt{PQ^2-QF^2}=\frac{3}{2}$,则 $PB=PF+BF=3$,又 $PA=\frac{1}{8}AB$,则 $PB=\frac{1}{8}AB+AB=3$,解得 $AB=\frac{8}{3}$。又$\because \frac{AB}{AD}=\sqrt{3}$,则 $AD=\frac{8\sqrt{3}}{9}$。

11.【解析】本题考查空间直线与平面的位置关系和面与面的夹角。(1)$\because$ O 为 AC 的中点,且 $AC_1\cap A_1C=P$,即 P 为 A_1C的中点,则 OP 为$\triangle A_1AC$ 的中位线,$\therefore OP/\!/A_1A$,$OP\not\subset$平面 ABA_1,$A_1A\subset$平面 ABA_1,故 $OP/\!/$平面 ABA_1。

(2)连结 A_1O,OB,$\because \triangle AA_1C$ 是等边三角形,且 O 是 AC 的中点,$\therefore A_1O\perp AC$,$\because$ 平面 $AA_1C_1C\perp$平面 ABC,且平面 $AA_1C_1C\cap$平面 $ABC=AC$,$\therefore A_1O\perp$平面 ABC,$\therefore A_1O\perp OB$,又$\triangle ABC$ 为等边三角形,O 为 AC 中点,则 $AB=BC$,$OB\perp AC$,$\therefore A_1O$,OB,AC两两垂直。以 O 为原点,分别以$\overrightarrow{OB}$,$\overrightarrow{OC}$,$\overrightarrow{OA_1}$为 x 轴,y 轴,z 轴建立空间直角坐标系,则 $O(0,0,0)$,$\because \triangle ABC$ 和$\triangle AA_1C$ 均是边长为2 的等边三角形,点 O 为 AC 中点,则 $AO=OC=1$,$OB=OA_1=\sqrt{3}$,则 $A(0,-1,0)$,$B(\sqrt{3},0,0)$,$A_1(0,0,\sqrt{3})$,$C(0,1,0)$,则$\overrightarrow{A_1B}=(\sqrt{3},0,-\sqrt{3})$,$\overrightarrow{AB}=(\sqrt{3},1,0)$,在三棱柱 $ABC-A_1B_1C_1$ 中,$A_1C_1=AC$ 且 $A_1C_1/\!/AC$,则$\overrightarrow{A_1C_1}=\overrightarrow{AC}=(0,2,0)$,则 $C_1(0,2,\sqrt{3})$,$\overrightarrow{AC_1}=(0,3,\sqrt{3})$,设平面 ABC_1 的法向量为 $\boldsymbol{n}=(x,y,z)$,则可得 $\begin{cases}\boldsymbol{n}\cdot\overrightarrow{AB}=0,\\ \boldsymbol{n}\cdot\overrightarrow{AC_1}=0,\end{cases}$ 即 $\begin{cases}\sqrt{3}x+y=0,\\ 3y+\sqrt{3}z=0,\end{cases}$ 解得 $\boldsymbol{n}=\left(\frac{\sqrt{3}}{3},-1,\sqrt{3}\right)$。底面 ABC 的法向量可取$\overrightarrow{A_1O}=(0,0,-\sqrt{3})$,设平面 ABC_1与底面 ABC 所成锐二面角为 θ,则 $\cos\theta=\left|\frac{\boldsymbol{n}\cdot\overrightarrow{A_1O}}{|\boldsymbol{n}||\overrightarrow{A_1O}|}\right|=\frac{|(-\sqrt{3})\times\sqrt{3}|}{\sqrt{\left(\frac{\sqrt{3}}{3}\right)^2+1^2+(\sqrt{3})^2}\cdot\sqrt{(-\sqrt{3})^2}}=\frac{3\sqrt{13}}{13}$。

12.【解析】本题考查统筹优化应用题。(1)若购买团体票,则需费用$(4\times30+36\times15)\times0.9=594$ 元;若不购买团体票,则需费用 $30\times4+15\times31=585$ 元,$585<594$,故当儿童有 31 人时,则买票至少花费585 元。

(2)若购买团体票,则需花费$(4\times30+36\times15)\times0.9=594$ 元;若不购买团体票,则需花费 $30\times4+15\times36=660$ 元,$660>594$,故当儿童有 36 人时,则买票至少花费 594 元。

(3)根据(1)和(2)的计算结果可知,当人数为 $x\geqslant32$ 购买团体票比实际购票便宜时,分三种情况讨论:

①若 $0<x\leqslant31$ 时,所需费用为 $4\times30+15x=120+15x$(元);

②若 $32\leqslant x\leqslant36$ 时,购买团体票花费较少,所需费用为$(4\times30+36\times15)\times0.9=660\times0.9=594$ 元;

③若 $x>36$ 时,所需费用为$(4\times30+15x)\times0.9=108+13.5x$(元);

答:若 $0<x\leqslant31$ 时,则至少需费用为$(120+15x)$元;若$32\leqslant x\leqslant36$,则至少需费用为 594 元;若 $x>36$,则至少需费用为$(108+13.5x)$元。

四、论述题

13.【参考答案】本题考查数学文化的应用与作用。数学教材中渗透数学文化的案例:在"认识钟表"一课中增加计时工具的演变过程:古代,原始人白天出去打猎,晚上回山洞休息,他们计算时间只知道"日"和"夜"。后来,人们学会利用太阳,用影子来确定时间(立竿测影、日冕测影),也学会利用滴水或漏沙的方法来计算时间(滴漏计时、钟表计时)。再后来,人们发明了钟表,计算时间越来越准确。根据小学生的身心发展特点,课堂中提供一些生动活泼的图片代替枯燥的数学史料,给数学学习加点"调料",让学生欣赏数学、喜欢数学。

数学文化对数学学习的作用:

①有利于激发学生的学习兴趣。数学文化给学生带来的不仅仅是数学命题、数学方法、数学问题和数学语言等,还包括数学思想、数学意识、数学精神等。在教学中可以适当地对学生进行数学文化的教育,如通过数学家的故事,数学问题的发现等内容来激发学生的学习兴趣。

②有利于培养学生的创新意识和探索精神。新一轮数学改革的理念中,强调培养学生的创新意识和探索精神。培养学生的数学思维能力,也是当代数学教育改革的核心问题之一。数学文化中的数学历史事件、历史过程、历史故事都能够激发学生的创新意识,培养学生的探索精神。

③有利于发展学生的数学应用意识。数学文化的意义不

仅在于知识本身和它的内涵，还在于它的应用价值。数学源于生活，其理论的核心部分都是在人类社会的生产、生活实践中发展起来的。因此，教师在教学中应当有意识地结合学生已有的知识结构，加强数学与实际生活的联系，增强数学的应用性，让学生体会到数学的文化价值。

2020年1月浙江省杭州市教师招聘考试小学数学真题试卷(三)

一、填空题

1. 10

【解析】本题考查实数的运算。原式 $=\frac{1}{4}\times(4.85\times3.6-3.6+6.15\times3.6)+\left(5.5-1.75\times\frac{18}{7}\right)=\frac{1}{4}\times(4.85-1+6.15)\times3.6+\left(5.5-1.75\times\frac{18}{7}\right)=9+(5.5-0.25\times18)=9+1=10$。

2. 145

【解析】本题考查整除与余数。由题意，这7个自然数的平均数保留两位小数是20.71，设这7个自然数的和为 x，则 $\frac{x}{7}\approx20.71$①，如果是带余除法，可以表示为 $x\div7=20\cdots\cdots r$②，其中 r 的取值范围是1～6的自然数，比较前面两个算式，要使等式①也成立，则 $r=5$，所以 $x=20\times7+5=145$。

3. 264

【解析】本题考查数字规律。三角形三边是三个两位的连续偶数，末位数字的和是7的倍数，即个位数字和是7的倍数，则和只能为7或14。又因为三个偶数的个位数字只能是0，2，4，6，8，所以和只能是14，则0，6，8符合条件。故三角形三条边最大可能是86，88，90，那么周长最大为 $86+88+90=264$。

4. $\frac{16}{5}$【解析】本题考查平面图形中三角函数的应用。正方形 $ABCD$ 的周长是16厘米，则 $CD=AD=4$ 厘米，在 $\text{Rt}\triangle DCG$ 中，又知 $DG=5$ 厘米，所以 $CG=3$ 厘米，则 $\cos\angle CDG=\frac{4}{5}$，又因为 $\angle EDA+\angle ADG=\angle ADG+\angle CDG$，所以 $\angle EDA=\angle CDG$，故在 $\text{Rt}\triangle ADE$ 中，$DE=AD\cdot\cos\angle EDA=AD\cdot\cos\angle CDG=4\times\frac{4}{5}=\frac{16}{5}$厘米。

5. 10.26

【解析】本题考查扇形阴影部分面积的计算。如图，$\triangle ABD$ 为等腰直角三角形，且 $AB=BD=6$ 厘米，$BC=BD\cdot\sin\angle BDC=6\cdot\frac{\sqrt{2}}{2}=3\sqrt{2}$ 厘米。故 $S_{阴影}=2\times(S_{半圆O}-S_{\triangle ABC})=2\times\left(\frac{\pi\times3^2}{2}-\frac{1}{2}\times3\sqrt{2}\times3\sqrt{2}\right)=9\pi-18=10.26$ 平方厘米。

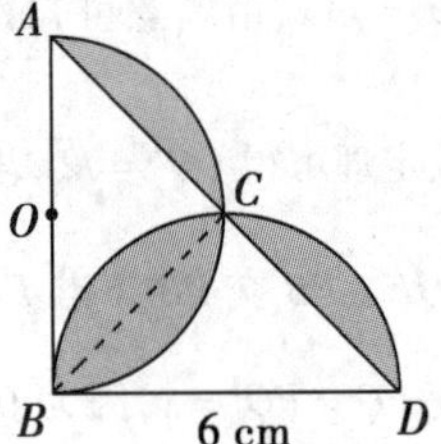

6. 3.14

【解析】本题考查简单几何体体积的计算。由题意放入铁球后，水面上升6厘米，且与杯口齐平，6厘米 = 0.6分米，则增加体积为 $V_1=0.6\times\pi\times1^2$，水的体积为 $V_2=\frac{2}{5}V_{杯}$，则 $V_1+V_2=V_{杯}$，则 $V_{杯}=1\pi=3.14$，则杯子的容积为3.14立方分米。

7. 66 kg

【解析】本题考查数的运算及规律探索问题。设四个人分别为 A,B,C,D，其中 A,B 两人没同时称重。则 $(A+C)+(B+D)=(A+D)+(B+C)$，其中只有 $99+144=113+130$，那么 $C+D=125$ 为奇数，所以 C,D 奇偶性相反，所以 $A+B=113+130-125=118$，则 A,B 奇偶性相同。假设 A,B,C 奇偶性相同，则其中任意两个的和为偶数，则 $\begin{cases}A+C=144,\\B+C=130,\\A+B=118,\end{cases}$ 解得 $\begin{cases}A=66,\\B=52,\\C=78,\end{cases}$ 或 $\begin{cases}A+C=130,\\B+C=144,\\A+B=118,\end{cases}$ 解得 $\begin{cases}A=52,\\B=66,\\C=78。\end{cases}$ 故未合称的两人体重中较大为66千克。

8. 28

【解析】本题考查列方程解应用题。设纸板用完时，做了 x 只竖式纸盒，y 只横式纸盒。根据题意，竖式纸盒要用1个正方形纸板和4个长方形纸板，横式纸盒要用2个正方形纸板和3个长方形纸板。又知竖式纸盒的只数与横式纸盒的只数比是2∶1，则 $\begin{cases}4x+3y+x+2y=105,\\x=2y,\end{cases}$ 解得 $\begin{cases}x=14,\\y=7\end{cases}$。故正方形纸板有 $x+2y=28$ 块。

9. 42

【解析】本题考查列方程解应用题。设黄球个数为 x，则红球个数为$\frac{3}{5}x+2$。由题意得$\left(\frac{3}{5}x+2\right)-1=\frac{2}{3}(x-1)$,解得$x=25$,则袋中原来有球$25+\frac{3}{5}\times25+2=42$个。

10. 52

【解析】本题考查小学数学行程类应用题。由题意得司机行驶速度为$80\div2=40$千米/时。行驶15分钟走过的路程为$40\times\frac{15}{60}=10$千米。若在原定的时间内到达,则余下的路程的平均速度$v\geqslant\frac{80+10}{2-\frac{15}{60}}=\frac{360}{7}\approx51.4$千米/时。故至少要以平均每小时52千米的速度行完余下的路程。

二、单项选择题

11. C 【解析】本题考查数量单位的认识。由题意得$440\ 000\times\frac{1}{1\ 000\ 000}=0.44$平方米。故选C。

12. B 【解析】本题考查平面图形面积的计算。由图形可知,长方形$AEGK$的面积为$2\times4=8$平方厘米,以这些点为顶点构成的三角形的面积是4平方厘米,即长方形面积的一半,则这样的三角形有$\triangle AEK$, $\triangle AEJ$, $\triangle AEI$, $\triangle AEH$, $\triangle AEG$, $\triangle KGA$, $\triangle KGB$, $\triangle KGC$, $\triangle KGD$, $\triangle KGE$, $\triangle AKF$, $\triangle EGL$共12个。故本题选B。

13. B 【解析】本题考查小学数学“找次品”的应用题。用天平找次品时,基本方法是将待测物品均分成3份,不能平均分的,应让多的与少的一份只相差1,这样才能保证称最少次数就能找出次品。$3^3<81=3^4$,故称4次可以把这个次品找出来,若判断轻重,则需再称一次,即至少称$4+1=5$次。故选B。

14. A 【解析】本题考查组合体的三视图。正南方向为正视图,正东方向为侧视图,则如图所示,空白处不摆放木块,题目中图形至少需要6块正方体木块才能摆出。故选A。

	2		
		1	
			1
2			

15. D 【解析】本题考查三角形的性质。围成三角形需满足两边之和大于第三边,两边之差小于第三边。①最长边为11厘米,次长为11,10,9,8,7,6厘米的三角形分别有11,9,7,5,3,1个,共计有$11+9+7+5+3+1=36$个;②最长边为10厘米的三角形有$10+8+6+4+2=30$个;③最长边为9厘米的三角形有$9+7+5+3+1=25$个;④最长边为8厘米的三角形有$8+6+4+2=20$个;⑤最长边为7厘米的三角形有$7+5+3+1=16$个;⑥最长边为6厘米的三角形有$6+4+2=12$个;⑦最长边为5厘米的三角形有$5+3+1=9$个;⑧最长边为4厘米的三角形有$4+2=6$个;⑨最长边为3厘米的三角形有$3+1=4$个;⑩最长边为2厘米的三角形有2个;最长边为1厘米的三角形有1个。共有161个。故选D。

16. D 【解析】本题考查抽屉原理。首先建立抽屉:一副扑克牌有54张,大小王不相同,那么$(54-2)\div4=13$,所以一共有$13+2=15$个抽屉;分别是:A、2、3、…、K、小王、大王,由此利用抽屉原理考虑最差情况,先分别取出15张大小不相等的牌,此时再间隔抽取出A,2,4,6,…,Q,每个数字剩余3张全部抽出,共$3\times7=21$张,则第三次抽取时任取一张,即能构成一组连续对。所以至少需要取出$15+21+1=37$张。故选D。

17. C 【解析】本题考查小学数学工程类应用题。完成这项工作四人一共做了$1+6+5+4=16$天,即平均每个人需做4天。A多做了2天,B多做了1天,C没有多做。则A可得$750\times\frac{2}{2+1}=500$元。故选C。

18. D 【解析】本题考查小学数学优化类应用题。要使他们总的费时时间最少,应先安排所需时间较短的人打水。如下表所示:

	第一个水龙头	第二个水龙头
第一组	1	2
第二组	3	4
第三组	5	6
第四组	7	8
第五组	9	10

由于第一组的时间被计算了5次,二组4次,……,五组一次,所以十人所费总时间最少为:$(1+2)\times5+(3+4)\times4+(5+6)\times3+(7+8)\times2+(9+10)\times1=125$分钟。在本题中要注意是求“他们总的费时时间最少”而不是“他们打完水所用时间最少”。故选D。

三、解答题

19. 【解析】本题考查列方程解应用题。设第二次购书x本,则第一次购书$(x-10)$本,根据题意得$\frac{100}{x-10}+0.5=\frac{150}{x}$,化简得$x^2-110x+3000=0$,解得$x_1=50$,$x_2=60$。经检验,$x_1=50$,$x_2=60$都是方程的根。

当$x=50$时,每本书的批发价为$150\div50=3$(元),高于书的定价,不合题意舍去,当$x=60$时,符合题意,故第二次购书60本。

则 $2.8\times60\times\frac{4}{5}+2.8\times0.5\times60\times(1-\frac{4}{5})=151.2$(元),则 $151.2-150=1.2$(元),故赚了 1.2 元。

20.【解析】本题考查分数的运算与比例问题。由题意,设 $A=\frac{3m}{5n}$,$B=\frac{2m}{9n}$,$C=\frac{4m}{15n}$,则 $A:B:C=\frac{3}{5}:\frac{2}{9}:\frac{4}{15}=27:10:12$,最小的分数为 B,且 $B=\frac{28}{45}\times\frac{10}{27+10+12}=\frac{8}{63}$。

21.【解析】本题考查小学数学相遇类应用题。两人相向而行,走完一个全程需要 80 分钟。从开始到第三次相遇,两人一共走完了三个全程,故需 240 分钟,第一次相遇用了 80 分钟,第二次相遇用了 40 分钟,故第二次到第三次相遇所用的时间是 240 - 80 - 40 = 120 分钟。即再过 120 分钟甲与乙相遇。

22.【解析】本题考查平面图形的证明及计算。连结 BD,ED,BG,则△EAD、△ADB 等高,

所以面积的比等于底的比,即 $S_{\triangle EAD}=\frac{EA}{AB}S_{\triangle ABD}=2S_{\triangle ABD}$,

同理 $S_{\triangle EAH}=\frac{AH}{AD}S_{\triangle EAD}=6S_{\triangle ABD}$,

所以 $S_{\triangle EAH}+S_{\triangle FCG}=6(S_{\triangle ABD}+S_{\triangle BCD})=6S_{\text{四边形}ABCD}=6\times8=48$(平方厘米);

连结 AF,AC,HC 可得:

$S_{\triangle EFB}=6S_{\triangle ABC}$,$S_{\triangle DHG}=6S_{\triangle ACD}$,

$S_{\triangle EFB}+S_{\triangle DHG}=6(S_{\triangle ABC}+S_{\triangle ACD})=6\times8=48$(平方厘米),

所以四边形 $EFGH$ 的面积 $=48+48+8=104$(平方厘米)。

答:四边形 $EFGH$ 的面积是 104 平方厘米。

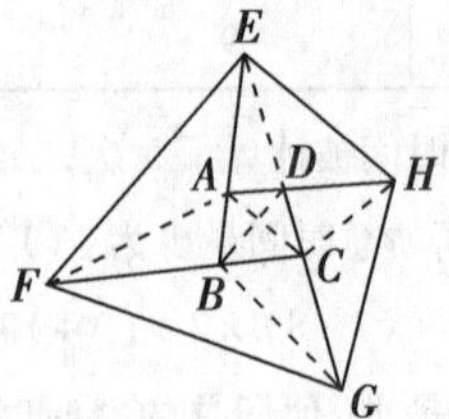

23.【解析】本题考查数学教学知识。(1)分小棒的部分是为了帮助说明算理的,右边文字说明部分是帮助建立算法的。

(2)算理和算法既有联系,又有区别。算理主要回答"为什么这样算"的问题;算法是主要解决"怎样计算"的问题。算理是计算的依据,是算法的基础,而算法则是依据算理提炼出来的计算方法和规则,它是算理的具体体现。算理为计算提供了正确的思维方式,保证了计算的合理性和可行性;算法为计算提供了便捷的操作程序和方法,保证了计算的正确性和快速性。算理和算法是计算教学中相辅相成、缺一不可的两个方面。

如:计算 42 ÷ 2 时,根据数的组成进行计算:42 是由 4 个十、2 个一组成的,4 个十除以 2 就是 2 个十,2 个一除以 2 得到 1 个一,2 个十和 1 个一合并是 21,这就是算理。

经过练习,发现计算的规律:要从被除数的高位除起,用除数试除被除数的第一位,除到哪一位,就把商写在哪一位上面,这就是算法。

24.【参考答案】本题考查教学设计。

一、教学目标

知识与技能目标:在具体的活动中初步认识平行与垂直的含义,能够正确地辨析平行和垂直,进一步发展空间观念。

过程与方法目标:通过观察、分类、比较等环节,认识垂线和平行线,感知生活中的垂直和平行现象。在探索平行与垂直的过程中,培养动手操作能力与合作交流意识。

情感、态度和价值观目标:通过学习活动,促成相互合作、相互学习的情感交流,增强学生对数学与生活联系的理解。培养良好的数学情感。

二、教学重难点

教学重点:正确理解"相交""互相平行""互相垂直"等概念,发展学生的空间想象能力。

教学难点:理解"同一平面""永不相交"的概念。相关现象的正确理解,尤其是看似不相交而实际相交现象的理解。

三、教学过程

(一)创设情境,引入新课

谈话:今天我们先为自己鼓鼓劲(拍手,不小心手中的两支铅笔跌落在地)。哎呀,我的两支铅笔掉地上了,你们猜猜这两支铅笔落在地上会是什么情况?

【设计意图】通过师生互动活跃课堂气氛,吸引学生注意力;再通过创设两支铅笔跌落在地上可能出现什么情况这一问题情境,激发学生的探索欲。

(二)操作交流,探索新知

1. 师:我不小心把两支铅笔掉在了地上,同学们想象一下两支铅笔在地面上可能是怎样的位置关系?用直线表示出来,并画在纸上。

2. 教师用课件展示一些有代表性的画法。

学生讨论:哪几组直线可以分成一类?为什么这样分?

3. 讨论总结:大家的分类依据是相交与否(提示直线可无限延长的特性)。

【设计意图】让学生发挥想象,动手画直线,锻炼学生的想象力。让学生在动手画的过程中感受直线之间的位置特征,培养学生自主探究意识。充分预计学生可能出现的情

况，在课堂教学中不急于得出正确的分类，而是灵活变动，让学生在争论中得出结论，使课堂效果达到最佳。

4. 教学“互相平行”。

(1)课件出示两条平行直线。

师：现在大家来看直线 a 与直线 b，它们的位置关系是什么？

师：对于永不相交的两条直线还有一个特别的名称，像这样永不相交的两条直线叫作平行线，所以直线 a 与直线 b 是一组平行线，也可以说直线 a 与直线 b 互相平行。

直线 a 与直线 b 互相平行可以写作：$a // b$，读作：a 平行于 b。

师：刚才说直线 a 与直线 b 互相平行，互相是什么意思？你们常说互相学习是什么意思？互相成为朋友？互相平行？

师：对，两条直线 a 和 b 互相平行，就是说直线 a 是直线 b 的平行线，直线 b 是直线 a 的平行线。

师：那我这样说对不对，a 是平行线？

生：不对，应该是 a 是 b 的平行线。

(2)重点理解：同一平面内：①教师指教室内不同面的两条边，让学生理解虽然不相交，但不是平行线，因为不在同一平面内。

②学生互相摸一摸长方体纸盒同一平面内的两条棱和不同一平面的两条棱，加深理解。

(板书：同一平面内)

互相：学生结合生活实际和课堂现象用互相说一句话。

共同总结：一条直线不叫互相，互相是指两条直线的关系。

不相交：要永远都不相交。课件演示无限延长并与相交的进行对比。(板书：互相平行)

5. 学生说生活中的平行线。

6. 教学“互相垂直”。

师：刚才同学们说了黑板的两条长互相平行，那黑板的两条相邻边的位置关系如何？

生：相交。

师：它们相交所成的角有什么特殊吗？

生：相交成直角。

师：刚刚我们分类中能找出这种特殊的相交吗？

学生指出。

师：有什么好办法来验证两条直线是不是相交成直角呢？

生1：用直角三角板来比。

生2：用量角器来量。

学生试着验证是否是直角后，课件展示用直角三角板和量角器验证的方法。(板书：成直角)

师：像这种特殊的相交叫什么呢？请大家自学教科书第57页的知识，找出这两条直线的位置关系及名称。

学生汇报自学成果：直线 a 与直线 b 互相垂直，可以写作：$a \perp b$，读作：a 垂直于 b，表示直线 a 是直线 b 的垂线，也可以说直线 b 是直线 a 的垂线。

学生回答后，课件演示互相垂直，并标上垂足。

(板书：互相垂直)

【设计意图】师生的一问一答，自然而然地过渡到互相垂直，使教学过程承启流畅。四年级的学生已经具备了独立学习的能力，教师故意让课堂留白，放手让学生去自学，使学生在课堂中有独立学习的时间和空间，真正成为学习的主人。

(三)综合练习，实践应用

1. 练习：分辨是否互相平行或互相垂直，并说出理由。

2. 教科书第57页做一做。

(1)把两根小棒都摆成和第三根小棒平行，看一看，这两根小棒互相平行吗？

(2)把两根小棒都摆成和第三根小棒垂直，看一看，这两根小棒有什么关系？

学生用小棒摆完后，教师再用课件演示并总结，但不深入研究。

3. 折纸：使折痕互相平行或互相垂直。

【设计意图】练习设计力求层次鲜明，既让学生巩固了新知，又拓展了学生的视野，锻炼学生的操作能力，培养了学生思维能力。

(四)总结评价，课后延伸

1. 师生互相举例生活中的平行和垂直。课件展示图片，包括：伦敦塔桥、运动场地、运动器械还有斑马线等。

2. 师生互相评价：对自己满意的举左手，对教师满意的举右手，观察两只手的位置关系。要求手举端正。

(五)布置作业

你在生活中有遇到什么其他的平行和垂直的关系，下节课一起分享。

(六)板书设计

垂直与平行：

同一平面内的两条直线的特殊位置关系——垂直与平行。

在同一平面内永不相交的两条直线叫作平行线，也可以说这两条直线互相平行。

如果两条直线相交成直角，就说这两条直线互相垂直，其中一条直线叫作另一条直线的垂线，这两条直线的交点叫作垂足。

2019 年浙江省教师招聘考试小学数学真题试卷(四)

一、单项选择题

1. C 【解析】本题考查数的估算。在小学数学学习中,凑整估算是基本的估算方法,对乘法算式 67×5 进行凑整估算可知,最合理的估算是 70×5。故选 C。

2. D 【解析】本题考查量的换算。在常见的量中,1 公顷 = 10 000平方米。故选 D。

3. D 【解析】本题考查时间计时制。在 12 时计时制中,中午 12:05 读作十二时零五分。

4. D 【解析】本题考查带余除法。由题意知,617□□□最小是 617 000,能同时被 3,5,7 整除的最小数是 105,则这个六位数减去 1 是 105 的整数倍,设这个倍数为 $t(t\in\mathbf{Z})$,由于 617 000 能整除 5,则这个六位数大于 617 000,从而有 $105t+1>617\ 000$,解得 $t>5876$,即 $t_{\min}=5877$,代入 $105t+1=617\ 086$,故这个六位数的十位数字是 8。

方法技巧:余同加余:即用一个数除以几个不同的数,得到的余数相同,此时反求的这个数,可以用除数的最小公倍数的 n 倍加上这个相同的余数。

5. C 【解析】本题考查统计图。统计图中,折线统计图不但能清楚地表示出数量的多少,而且可以反映数据的增减变化情况;扇形统计图能反映出部分与部分、部分与整体之间的数量关系;条形统计图能够显示数据的多少。题干要求展示饮料的成分,需反映部分与整体之间的关系,故选 C。

6. A 【解析】令 $f(x)=x^2-2ax+3a-2$,由题意知,函数 $f(x)$ 的图象开口向上,若存在实数 x 满足函数 $f(x)<0$ 成立,只需 $\Delta=4a^2-4(3a-2)>0$,解得 $a\in(-\infty,1)\cup(2,+\infty)$。故选 A。

7. B 【解析】本题考查无穷小量。对于选项 A,$\lim\limits_{x\to0}\dfrac{e^x-\left(1+\dfrac{x}{2}\right)^2}{x}=\lim\limits_{x\to0}\dfrac{e^x-2\left(1+\dfrac{x}{2}\right)\cdot\dfrac{1}{2}}{1}=0$,则 $e^x-\left(1+\dfrac{x}{2}\right)^2$ 是 x 的高阶无穷小;对于选项 B,$\lim\limits_{x\to0}\dfrac{e^x-\left(1+\dfrac{x}{2}\right)^2}{x^2}=\lim\limits_{x\to0}\dfrac{e^x-1-\dfrac{x}{2}}{2x}=\lim\limits_{x\to0}\dfrac{e^x-\dfrac{1}{2}}{2}=\dfrac{1}{4}$,则 $e^x-\left(1+\dfrac{x}{2}\right)^2$ 与 x^2 是同阶无穷小;对于选项 C,$\lim\limits_{x\to0}\dfrac{e^x-\left(1+\dfrac{x}{2}\right)^2}{x^3}=\lim\limits_{x\to0}\dfrac{e^x-1-\dfrac{x}{2}}{3x^2}=\lim\limits_{x\to0}\dfrac{e^x-\dfrac{1}{2}}{6x}=\infty$,对于选项 D,$\lim\limits_{x\to0}\dfrac{e^x-\left(1+\dfrac{x}{2}\right)^2}{x^4}=\lim\limits_{x\to0}\dfrac{e^x-1-\dfrac{x}{2}}{4x^3}=\lim\limits_{x\to0}\dfrac{e^x-\dfrac{1}{2}}{12x^2}=+\infty$。故选 B。

8. D 【解析】本题考查函数的极值。由题意知,$f(1)=a+b+1=3$,$f'(1)=3a+b=0$,两式联立解得,$a=-1$,$b=3$,故选 D。

9. C 【解析】本题考查空间向量的夹角及三角函数的倍角关系。由题意知,$\cos\theta=\dfrac{\boldsymbol{a}\cdot\boldsymbol{b}}{|\boldsymbol{a}|\cdot|\boldsymbol{b}|}=\dfrac{14}{15}>0$,则 $\theta\in\left(0,\dfrac{\pi}{2}\right)$,$\sin\theta=\sqrt{1-\cos^2\theta}=\dfrac{\sqrt{29}}{15}$,故 $\sin2\theta=2\sin\theta\cos\theta=\dfrac{28\sqrt{29}}{225}$。

10. B 【解析】本题考查空间几何体中直线间的夹角问题。在正方体 $ABCD-A_1B_1C_1D_1$ 中,与平面 $A_1B_1C_1D_1$ 中的一条对角线 A_1C_1 成 60° 的直线有 A_1D,B_1C,A_1B,D_1C,BC_1,AD_1,C_1D,B_1A 共 8 对直线,总共有 12 条对角线,所以共有 $12\times8=96$ 条对交线所成的角为 60°,因为其中有一半是重复的,所以从正方体六个面 12 条对角线中任取两条作为一对,夹角成 60°的对角线共有 48 对。

二、填空题

11. 0.01

【解析】本题考查十进制数与二进制数的转换。$0.25_{(10)}=0\times10+2\times10^{-1}+5\times10^{-2}=\dfrac{1}{4}=1\times2^{-2}=0.01_{(2)}$。

方法技巧:十进制小数转换为二进制小数:一般需要将十进制数的整数部分与小数部分分开处理。整数部分计算方法:除 2 取余法;小数部分计算方法:乘 2 取整法。即用 2 乘十进制纯小数部分,所得积的小数点左边的数字(0 或 1)作二进制表示法中的数字。具体操作步骤如下:A. 第一次乘法所得的整数部分为最高位;B. 将第一次的结果去掉整数部分后再乘 2 得到第二位数字;C. 如此循环继续,直到余下的纯小数部分为 0 或者满足所要求的精度为止。D. 最后将每次得到的整数部分(0 或 1)按先后顺序从左到右排列即可得到对应的二进制小数。

12. q;$r\times n$

【解析】本题考查带余除法。由于 $a\div b=q\cdots\cdots r$ 可转化为 $a=bq+r$,$a\times n=b\times n\times q+r\times n$。

13. 3. 141 592 65

【解析】本题考查圆周率。$\pi\approx3.141\ 592\ 65$。

14. $\dfrac{n}{m-n}$

【解析】本题考查分数的应用。假设这种物质在固体形态下的体积为 m,则这种物质液化后的体积减少了 $\dfrac{n}{m}\times m=$

n,此时液化后的体积为 $m-n$,故这种物质由液态转化固态的过程中体积增加$\frac{n}{m-n}$。

15. $V=E-F+2$

【解析】本题考查欧拉公式。凸多面体中,顶点数 V、面数 F 与棱数 E 之间的关系是 $V=E-F+2$。

16. 9

【解析】本题考查分段函数的计算。由题意知,$f\left(\frac{1}{2}\right)=2\times\frac{1}{2}+1=2$,$f\left(f\left(\frac{1}{2}\right)\right)=f(2)=3^2=9$。

17. $y=2x-4$

【解析】本题考查圆与直线的方程。由题意知圆的标准方程为$(x-1)^2+(y+2)^2=2$,则圆心为$(1,-2)$,与直线$x+2y=1$ 垂直的直线的斜率为 2,则所求的直线方程为 $y=2x-4$。

18. 0.3

【解析】本题考查事件的运算。$\because P(\overline{A}\cup B)=1-P(A\cap\overline{B})=0.8$,$\therefore P(A\cap\overline{B})=P(A)-P(A\cap B)=0.2$,$\because P(A)=0.5$,$\therefore P(A\cap B)=0.5-0.2=0.3$。

19. 2;-2

【解析】本题考查函数的连续性与可导性。由题意知,函数在 $x=0$ 处连续,则 $f(0)=a+b=\lim\limits_{x\to0^+}f(x)=\lim\limits_{x\to0^+}x^2\left[\sin\frac{1}{x}+\frac{\ln(1+x)}{\sqrt{1+x^2}-1}\right]=0$,因为函数$f(x)$可导,所以$f(x)$在 $x=0$ 处的左右导数相等,$\lim\limits_{x\to0^-}\frac{f(x)-f(0)}{x}=\lim\limits_{x\to0^-}\frac{ae^x-a}{x}=a$,$\lim\limits_{x\to0^+}\frac{x^2\left[\sin\frac{1}{x}+\frac{\ln(1+x)}{\sqrt{1+x^2}-1}\right]}{x}=\lim\limits_{x\to0^+}x\sin\frac{1}{x}+\lim\limits_{x\to0^+}\frac{\ln(1+x)\left(\sqrt{1+x^2}+1\right)}{x}=2=a$,因为 $a+b=0$,所以 $b=-a=-2$。

20. 12

【解析】本题考查抛物线的性质。由题意知,抛物线的焦点为 $F(1,0)$,准线为 $x=-1$,设点 P 在准线上的射影为 D,则根据抛物线的定义可知$|PF|=|PD|$,要使$|PF|+|PM|$的值最小,只需 P,M,D 三点共线,即$|PF|+|PM|=|PD|+|PM|=|DM|=11+1=12$。

三、解答题

21. 【解析】本题考查数的整除。由题意知,这个数除以 36 余 5,除以 48 余 5,则这个数的最小值比 36 与 48 的最小公倍数多 5,$[36,48]=144$,故这个数的最小值为 $144+5=149$。

22. 【解析】本题考查双曲线的性质。由双曲线的渐近线方程知,$y=\pm\frac{a}{b}x=\pm2x$,则$\frac{a}{b}=2$,因为焦点为$(0,-5)$,所以 $c=5$,由 $a^2+b^2=c^2$ 可得,$b^2=5$,$a^2=20$,所以双曲线的方程为$\frac{y^2}{20}-\frac{x^2}{5}=1$,离心率为 $e=\frac{c}{a}=\frac{\sqrt{5}}{2}$。

23. 【解析】本题考查曲线的切线方程与定积分的应用。

(1)设切点为$(x_0,\sqrt{x_0-1})$,曲线 C 在切点的斜率为:$y'|_{x=x_0}=\frac{1}{2\sqrt{x_0-1}}$,由于切线经过原点及切点,则 $k=\frac{1}{2\sqrt{x_0-1}}=\frac{\sqrt{x_0-1}}{x_0}$,解得 $x_0=2$,则 $k=\frac{1}{2}$,故所求的切线的方程为 $x-2y=0$。

(2)由(1)得切点的坐标为(2,1),曲线 C 与 x 轴的交点为(1,0),则切线、曲线 C 与直线 $y=0$ 所围成的平面图形的面积为 $\int_0^1\frac{1}{2}x\mathrm{d}x+\int_1^2\left(\frac{1}{2}x-\sqrt{x-1}\right)\mathrm{d}x=\frac{1}{4}x^2\Big|_0^1+\left[\frac{1}{4}x^2-\frac{2}{3}(x-1)^{\frac{3}{2}}\right]\Big|_1^2=\frac{1}{3}$。

24. 【解析】本题考查数列的通项公式与前 n 项和。由题意知,$a_1^2+a_2^2=a_3^2+a_4^2$,$\therefore (a_1+a_3)(a_1-a_3)=(a_2+a_4)(a_4-a_2)$,$\because$ 数列$\{a_n\}$是等差数列,$\therefore 2a_2\cdot(-2d)=2a_3\cdot2d$,$\therefore a_2=-a_3$,$\because S_5=\frac{5(a_1+a_5)}{2}=5a_3=-5$,$\therefore a_3=-1$,$\therefore a_2=1$,$d=a_3-a_2=-2$,$\therefore a_1=3$,$\therefore a_n=a_1+(n-1)d=5-2n$,$\therefore S_n=\frac{n(a_1+a_n)}{2}=4n-n^2$。

四、分析题

25. 【参考答案】"比的意义"的作用:①"比的意义"是小学六年级教材中比和比的应用的起点,是"比和比例"这部分知识的核心,在教材中起着承上启下的作用;②"比的意义"的学习,不仅可以使学生丰富对现实生活中数量关系的认识,进一步完善学生的认知结构,体会数学知识间的内在联系,而且也为学生进一步学习比的性质、比的应用和比例的相关知识打下坚实的基础。

课前对话的作用:①通过课前谈话,交流沟通,能够拉近师生的心理距离;②通过幽默风趣的课前谈话,放松学生紧张情绪;③通过课前谈话,激励鼓舞学生,树立学习的自信心;④通过联系生活的课前谈话,了解新课教学内容;⑤通过课前谈话,抛砖引玉,渗透数学思想方法。有些时候,通过课前谈话还可以渗透教学重难点,这样的谈话和教学有着密切的关系,它能使学生迅速进入特定的学习情境中,为一堂课的成功奠定坚实的基础。

课后访谈的作用:通过课后访谈,我们可以知道学生是如何想的和为什么会这么想,可以知道教学过程中存在的问题,可以督促教师反思教学设计及教学过程。通过课后访谈,不仅能了解学生对新知识的理解程度、学生的真实感受和体验,而且为教师反思提供了鲜活的素材。

五、论述题

26.【参考答案】课间访谈的作用:①可以帮助学生系统地掌握基础知识、拓宽知识面;②发展学生的提问能力;③及时发现学生对知识的掌握情况,并进行有效地指导;④有助于培养和谐融洽的师生关系。

课间访谈注意的问题:①教师对谈话内容要有充分的准备。教师作为课堂的带领者,在谈话前,要熟悉数学教材,对谈话内容有一定的认识与掌握,了解新授知识与已有知识之间的联系,了解学生的认知水平。②谈话要有一定的目的性。数学课堂不仅要向学生传授知识,还要帮助他们获得情感态度与价值观等方面的提升,因此谈话内容要与数学教材相联系,要有目的性。③问题要向全班同学。谈话要面向全班同学,教师要对所有的学生都一视同仁,考虑学生的整体水平。

六、案例题

27.【参考答案】(1)“认识图形”的教学内容是直观认识长方体、正方体、圆柱与球的形状。

(2)区别:情境一所有的图形没有分类,放在一起,图形比较杂乱,学生看得眼花缭乱。情境二将所有的图形进行分类,学生看起来容易辨析图形的特点,有利于学生直观地认识图形。

联系:两个情境都是有关图形的认识的内容,且所包含的图形都一样,都是长方体、正方体、圆柱和球。

(3)情境一的教学活动:①分一分。

师:请小朋友们将这些图形形状相同的物品放在一起,小组合作。

②议一议。

师:请小朋友们想一想,你们为什么把这些物品放在一起?小组内商量一下,然后派代表汇报。

情境二的教学活动:议一议。

师:同学们,这样分类有没有意见?请同学们仔细看一看桌子上的物品,小组议一议,然后回答问题。

(4)教学活动:看一看,摸一摸,滚一滚。

师:同学们,你们为什么要把排球、足球、乒乓球放在一起呢?请小朋友们用手摸一摸,在桌子上轻轻滚一滚,你们发现了什么?

师:同学们,你们为什么要把易拉罐、茶叶筒、接力棒放在一起呢?请小朋友们用手摸一摸,在桌子上轻轻滚一滚,你们发现了什么?

师:同学们,我们为了给这些物品起名字,把粉笔盒、牙膏盒、皮鞋盒、积木块、魔方分一类好呢,还是分两类好呢?说说看。

28.【参考答案】(1)教学目标:

结果目标:学生经历观察、滚、推、搭、转、摸等过程,认识长方体、正方体、圆柱、球等物体和图形,初步理解相关概念,并能识别这几种物体和图形。

过程目标:学生在动手操作的过程中形成一定的观察能力、操作实践能力、合作意识和运用数学知识解决实际问题的能力。

(2)教学过程:

一、创设情境,提出问题

小朋友们:老师给大家带来了一些你们喜欢的礼物,想知道是什么吗?(师出示多媒体,屏幕上有粉笔盒、牙膏盒、皮鞋盒、足球、易拉罐、茶叶筒、积木块、乒乓球、魔方、接力棒、排球、筛子、茶杯等实物)知道它们叫什么名字吗?(学生自由说)它们的形状一样吗?(学生抢着说)

【设计意图】学习素材是学生日常生活中经常见到的,学生感到亲切,符合小学生爱玩玩具的心理特点,激发了小学生的学习欲望。

二、探索新知

(一)初步感知物体的形状。

1. 分一分。

师:请小朋友们把桌子上形状相同的物品放在一块儿。(师不停地巡视,指导小组合作)

【设计意图】渗透分类思想,初步感知物体的形状不同。

2. 议一议。

师:请小朋友们想一想,你们为什么把这几样物品放在一起?请小朋友们先在小组内商量商量,然后各小组派代表向全班同学汇报讨论的结果,咱们比一比,哪一小组说得最好。

【设计意图】培养学生的合作意识、观察能力、交流能力和倾听能力。

(二)初步了解物体外形的特征。

1. 评一评。

师:有的小组把以上物品分成了四类,即:

①易拉罐、茶叶筒、接力棒、茶杯。

②排球、足球、乒乓球。

③粉笔盒、牙膏盒、皮鞋盒。

④积木块、魔方、筛子。

也有小组把这些物品分成了三类,即:

①易拉罐、茶叶筒、接力棒、茶杯。

②排球、足球、乒乓球。

③粉笔盒、牙膏盒、皮鞋盒、积木块、魔方、筛子。

大家有没有意见呀?请小朋友们再仔细看看桌子上的物品,小组商量商量,然后再回答这个问题。

【设计意图】学生互评,培养学生的判断能力和交流能力,为下面学习长方体和正方体打基础。

2. 讲一讲。

(1)为什么把易拉罐、茶叶筒、接力棒分为一类呢?

①请小朋友们用手摸一摸,在桌子上轻轻滚一滚,你发现了什么?学生自由回答。

②师指出:我们给这样的物品起个名字,叫什么呢?学生发表意见后,师说,小朋友们说的名字很好听,老师也说一个名字行吗?(圆柱)

师用多媒体出示圆柱二字,并出示抽象出来的立体图形。

(2)小朋友们把排球、足球、乒乓球分为一类,为什么呢?

①请小朋友们用手摸一摸,在桌子上轻轻滚一滚,你发现了什么?学生回答,师给予表扬。

②用同样的方法给这一类物品起名字,并用多媒体出示抽象出来的立体图形。

(3)小朋友们,我们为了给这些物品起名字,把粉笔盒、牙膏盒、皮鞋盒、积木块、魔方分为一类好呢,还是分为两类好呢?小朋友们说说看。学生再一次进行交流,同意把它们分为两类。

①小朋友们准备给粉笔盒、牙膏盒、皮鞋盒起什么名字?为什么呢?小组商量商量。

②学生交流后,师用多媒体出示这类物品的名字和抽象出来的立体图形。

③用同样的方法认识正方体。

【设计意图】学生经历摸一摸、滚一滚、看一看、说一说的过程进一步认识各类物品的特征,符合学生爱说、爱动、好胜的特点。学生参与了知识的形成过程,在玩中学习了数学,体会到学数学的乐趣和学数学的价值。

3. 小结。

小朋友们,刚才我们认识了四位新朋友,它们的名字是长方体、正方体、圆柱和球。

三、实践操作

1. 比一比。

①请小朋友们每个人分别拿出一个形状为球、圆柱、长方体和正方体的物品,在桌子上滚一滚、推一推,你发现了什么?在小组内说说。

②组间交流,加深对立体图形的认识。

③议一议。

a. 长方体和正方体一样吗?为什么?

b. 圆柱和球一样吗?为什么?小组讨论,组间交流。

【设计意图】初步理解物体的本质特征,突破本节课的难点。

2. 搭一搭。

①请各小组的同学用桌子上的物品搭一种造型。师强调:小组先商量好要搭什么,然后再看看桌子上的物品哪些可以用,哪些不可以用。小组的同学们要密切配合,共同完成这个任务。

②小组展示成果,并介绍各部分的名字。

3. 游戏活动。(进一步加深对图形的认识,激发学生学习数学的兴趣)

4. 质疑:粉笔和削过的铅笔是圆柱吗?

5. 你能举出生活中哪些物体是长方体,哪些物体是正方体,哪些物体是圆柱,哪些物体是球吗?

【设计意图】这一环节是实践活动,可以培养学生的动手操作能力、自主探索能力、创新意识和合作意识。这个活动增加了趣味性,使学生在活动和游戏中进一步认识立体图形,从而体会到数学与生活的密切联系。

四、课堂总结

这节课你学会了什么?

五、板书设计

认识图形

长方体　正方体　圆柱　球

2019 年 5 月浙江省杭州市教师招聘考试小学数学真题试卷(五)

一、填空题

1. 0.7

【**解析**】本题考查实数的四则运算。原式 $=(7.36-4.56)\div4=2.80\div4=0.7$。

2. 979 899 100

【**解析**】本题考查数字规律探索。由题中数字规律可知:每一个数都是由四个连续的自然数组成的,且最后一个自然数是 4 的倍数。由题意知,这列数中只有一个九位数,则这列数中只有一个自然数是三位数且为100,故这个数是979 899 100。

3. 21

【解析】本题考查抽屉原理。由题意知有放回地摸3个球,则这3个球的颜色组合可能有以下10种情况,分别为:3白、3红、3蓝、2白1红、2白1蓝、1白2红、1白2蓝、1白1红1蓝、2红1蓝、2蓝1红。根据抽屉原理可知,至少需要摸 $2\times10+1=21$ 次才能保证有3次摸到的球相同。

4. $\frac{1949}{2012}$

【解析】本题考查小数与分数的运算。分别将两组数进行通分得 $0.48=\frac{12}{25},\frac{236}{503}=\frac{944}{2012}$,由题意得,$\frac{12}{25}\times\frac{1005}{2012}+\frac{13}{25}\times\frac{944}{2012}+\frac{12}{25}\times\frac{944}{2012}+\frac{13}{25}\times\frac{1005}{2012}=\frac{(12+13)(1005+944)}{25\times2012}=\frac{1949}{2012}$。

5. $(10010)_2$

【解析】本题考查进位制之间的互相转化。$(1021)_3=1\times3^3+0\times3^2+2\times3^1+1\times3^0=34$。由 k 进制的转化方法可得 $34\div2=17\cdots\cdots0$;$17\div2=8\cdots\cdots1$;$8\div2=4\cdots\cdots0$;$4\div2=2\cdots\cdots0$;$2\div2=1\cdots\cdots0$;$1\div2=0\cdots\cdots1$。从而可得 $34=(100010)_2$。

6. 18

【解析】本题考查排列组合。沿线段走最短路线,从 M 到 A 共有3种不同的走法,从 B 到 P 共有6种不同的走法,从 A 到 B 共有1种走法。则从 M 点走最短的路线到 P 点,且必须经过线段 AB 的走法共有 $3\times6=18$ 种。

7. 72

【解析】本题考查图形的规律探索。由图可知,从★上方的3条直线选一条,★下方的2条直线选一条,★左边的3条直线选一条,★右边的4条直线选一条,可得包含五角星的矩形共有 $C_3^1C_2^1C_3^1C_4^1=72$ 个。

8. $\frac{1}{3}$

【解析】本题考查扇形阴影部分的面积。设正方形的边长为 $2x$。由图可知:阴影①的面积 $S_{①}=\frac{S_{正}-S_{圆O}}{4}=x^2-\frac{1}{4}\pi x^2$,$S_{②}=S_{正}-S_{\widehat{BCD}}-S_{①}=(2x)^2-\frac{1}{4}\pi(2x)^2-\left(x^2-\frac{1}{4}\pi x^2\right)=3x^2-\frac{3}{4}\pi x^2$,$\frac{S_{①}}{S_{②}}=\frac{x^2-\frac{1}{4}\pi x^2}{3x^2-\frac{3}{4}\pi x^2}=\frac{1}{3}$,则阴影①的面积是阴影②的面积的 $\frac{1}{3}$。

9. 18

【解析】本题考查工程类应用题。设单独由一个女生来做,需要 x 天,单独由一个男生来做,需要 y 天,则根据题意得 $\begin{cases}\frac{4}{x}+\frac{3}{y}=\frac{17}{36},\\ \frac{3}{x}+\frac{4}{y}=\frac{1}{2},\end{cases}$ 解得 $\begin{cases}x=18,\\ y=12。\end{cases}$ 故单独由女生来做需要18天。

10. 21 058.93

【解析】本题考查扇形弧长的计算。如图所示,虚线部分为圆心 E 的运动轨迹,圆心 E 走过的路程为两个半径为2012的半圆和两个圆心角为120°,半径为2012的扇形弧长,则所求路程为 $2\pi\times2012+\frac{240\pi(2012)}{180}=\frac{20\ 120\pi}{3}\approx21058.93$。

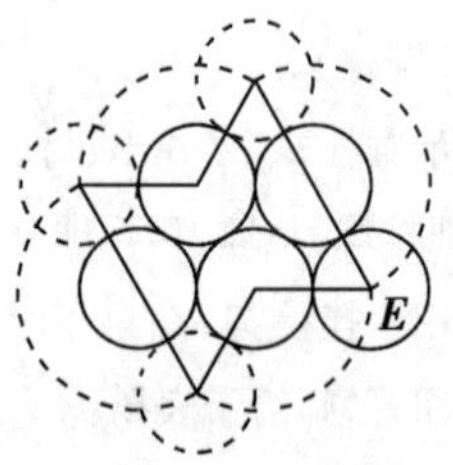

二、单项选择题

11. B 【解析】本题考查数与代数运算中的整除。由于 $\overline{MOM5}$ 能被3整除,则有 $M+0+M+5=2M+5$ 为3的倍数,因为 $0<M\leqslant9$ 且 M 为整数,所以 $M=2,5,8$。故选B。

12. B 【解析】本题考查逻辑推理问题。利用容斥原理,由题意知,数学不及格的有 $30-22=8$ 人,语文不及格的有 $30-25=5$ 人。假设这些人的英语都能及格,则三门都及格的至少有 $20-5-8=7$ 人。故选B。

13. C 【解析】本题考查整数的分解质因数。由题意知 $393+588-31=950$,将950分解质因数得:$950=2\times5\times5\times19$,从而可知57不是950的因数,因此这个自然数不可能是57。故选C。

14. A 【解析】本题考查排列组合。由题意知两张都是K的概率为 $\frac{C_2^2}{C_6^2}=\frac{1}{15}$,两张都不是K的概率为 $\frac{C_4^2}{C_6^2}=\frac{6}{15}$,一张是老K的概率为 $\frac{C_2^1C_4^1}{C_6^2}=\frac{8}{15}$,至少有一张老K的概率为 $\frac{C_2^2}{C_6^2}+\frac{C_2^1C_4^1}{C_6^2}=\frac{9}{15}$。故选A。

15. A 【解析】本题考查列方程解应用题。将工作量看作"1",设有 x 台计算机,y 小时完成,则每台计算机每小时完成$\frac{1}{xy}$,则有$\frac{(x+3)}{xy}\times 0.75y=1$,解得$x=9$。若减少3台计算机,则$(9-3)\times\frac{1}{9y}\times\left(y+\frac{5}{6}\right)=1$,解得$y=\frac{5}{3}$。故选A。

16. C 【解析】本题考查循环小数的概念。分数化成小数,结果分为两种情况:有限小数或无限循环小数。则满足题意的有:1.454 5⋯,$2.0\dot{1}\dot{8}$,共2个数。故选C。

17. D 【解析】本题考查单位换算。75 km/h = 1.25 km/min,300 m = 0.3 km,通过隧道所需要的时间为$\frac{2.5+0.3}{1.25}=2.24$ min > 2 min。故选D。

18. A 【解析】本题考查运动轨迹。由图形可知,从A到B,圆心移动的轨迹是圆的$\frac{1}{4}$弧长,且长度为$\frac{1}{4}\pi\times 8\times 2=4\pi$。从$B$到$C$,圆心移动轨迹是圆的$\frac{1}{4}$弧长,且长度为$\frac{1}{4}\pi\times 8\times 2=4\pi$。故圆心走过的路程为$8\pi$。故选A。

三、解答题

19.【解析】本题考查列方程解应用题。设黑皮有x块,则白皮有$(32-x)$块。由题意可列方程得,$5x+6(32-x)=90\times 2$,解得$x=12$。故黑皮有12块,白皮有20块。

答:黑皮有12块,白皮有20块。

20.【解析】本题考查等差数列的前n项和公式。$\because S_5=5$,$S_5\cdot S_6+15=0$,$\therefore S_6=-3$,$\because$数列$\{a_n\}$为等差数列,$\therefore$由等差数列的前n项公式得$\begin{cases}5a_1+\frac{5\times 4}{2}d=5,\\ 6a_1+\frac{6\times 5}{2}d=-3,\end{cases}$解得$\begin{cases}a_1=7,\\ d=-3。\end{cases}$

21.【解析】本题考查简单几何体的表面积与体积计算。$\because$水面上升至12 cm,且水面刚好到达圆锥的一半高度,$\therefore$圆锥体的高度为24 cm。设圆锥底面半径为r,则圆锥的上半部分的底面半径为$\frac{1}{2}r$,从而可得,圆锥上半部分与圆锥的体积比为$\frac{V_{上}}{V}=\frac{1}{8}$,此时圆锥在水中部分的体积为$V_{下}=\frac{7}{8}\times\frac{1}{3}\pi r^2\times 24$,则$\frac{7}{8}\times\frac{1}{3}\pi r^2\times 24=\pi\times 7^2\times(12-10)$,解得$r^2=14$。$\therefore$圆锥体的底面积$S=\pi r^2=14\pi$。

答:圆锥体的底面积为14π。

22.【解析】本题考查组合体表面积的计算。由题意知,k取正整数,则有

当$k=1$时,表面积$S=(3+4+2)\times 2+(4+3+4)\times 2+5\times 2+3\times 2=56$;

当$k=2$时,表面积$S=(3+4+2)\times 2+(4+3+4)\times 2+5\times 2+2\times 2=54$;

当$k=3$时,表面积$S=(3+4+2)\times 2+(4+3+4)\times 2+5\times 2+1\times 2=52$;

当$k\geqslant 4$时,表面积$S=(3+k+2)\times 2+(4+k+4)\times 2+5\times 2=36+4k$;

综上,$S=\begin{cases}58-2k,1\leqslant k\leqslant 3,\\ 36+4k,k\geqslant 4\end{cases}$且$k$为整数。

23.【参考答案】本题考查教学知识。

认知目标:①掌握简单搭配的方法,发展有序、全面思考问题的能力;

②学会用简洁、抽象的数学语言进行表达,体会分类讨论的数学思想,培养符号意识;

③学会应用数学方法解决现实生活中的搭配问题。

对后续学生发展的意义:①教学中要创设学生熟悉的教学情境和数学活动,使学生经历知识的形成过程,培养学生发现问题、提出问题、分析问题、解决问题的能力;

②渗透分类讨论的数学思想方法,发展学生的数学素养;

③探索由数字到字母逐步符号化的过程,体会用数学符号语言表达的简洁性。

24.【参考答案】本题考查教学设计。

(1)教学目标。

知识与技能目标:理解公倍数与最小公倍数的概念,学会运用列举法求两个数的最小公倍数。

过程与方法目标:通过动手操作、独立思考、合作探究、合作交流等方式,探索公倍数和最小公倍数的概念,培养迁移能力与分析研究问题的能力。

情感态度与价值观目标:在师生共同探讨的学习过程中,激发学习兴趣,培养良好的学习习惯。

(2)教学重难点。

教学重点:理解两个数的公倍数和最小公倍数的概念。

教学难点:掌握求两个数的最小公倍数的方法。

(3)教学过程。

①游戏导入。

在学习新课之前,我们来做一个小游戏。同学们都知道自己的学号吧,我叫到学号的同学请起立。看看谁的反应快。(白板出示:学号是2的倍数的同学请起立;是3的倍数的同学请起立)哪些同学站起来2次?请站起来两次的

同学再次起立，依次报出你们的学号。

师：想一想，他们为什么站起来两次？

生：因为他们既是2的倍数也是3的倍数。

师：你能给它起个名字吗？（板书：公倍数）在这些数字中最小的一个数是多少？我们也给它起个名字。（板书：最小）

师：好，今天我们就一起来找一找最小公倍数。

②自主学习，探索新知。

a. 自学P68页例1。

师：谁来读一下题目要求？

生：请你在书中用"△"标出4的倍数，用"○"标出6的倍数。

（清楚题目的要求了吗？写在你的书上）

（ⅰ）4的倍数：4，8，12，16，20，24，28，32，36，40。

（ⅱ）6的倍数：6，12，18，24，30，36。

（ⅲ）4和6的公倍数：12，24，36。

（ⅳ）4和6的最小公倍数：12。

学生汇报，白板展示：

师：填写的跟他一样的同学请举手，错的请改正。

师：通过刚才的游戏和这道题你能说一说什么是公倍数？什么是最小公倍数吗？生汇报（白板出示：公倍数和最小公倍数的概念）。

师：我们齐读一遍。

b. 填一填。

下面我们就试着找一找50以内6和9的最小公倍数。

（教师巡看）

学生反馈。（白板出示结果）

师：这道题填的跟他一样的同学请举手，不一样的同学请起立，你什么地方跟他不同？

生：肯定是重复填写。

师：我们来看一下这个集合，表示的是6的倍数，18和36能重复出现两次吗？同理在50以内9的倍数的集合里也不能重复出现两次。

师：做错的同学请改正。

师：刚才我们用的是集合的方法，下面我们用列举法来求下面两组数的最小公倍数。

8和12　　　15和18

学生汇报。（教师巡看）

8的倍数：8，16，24，32。　8的倍数：8，16，24，32…

12的倍数：12，24，36。　12的倍数：12，24，36…

8和12的最小公倍数：24。　8和12的最小公倍数：24。

师：同学们请看黑板，你做的和他俩做的一样吗？

生汇报：不一样，第二组写的是省略号。

师：追问为什么要写省略号？

生：8的倍数有无数个。（在这里强调一下省略号是三个点）

做错的同学们请改正。

小结：

师：同学们这节课我们学习了找最小公倍数的方法，你还有什么疑惑吗？下面我们就来检测一下，有信心吗？

③课堂练习，巩固新知。

a. 独立完成练一练的第一题和第二题。学生汇报。（这两道题主要是让同学进一步掌握找两个数的最小公倍数的基本方法）

b. 分组合作交流。

男生做第一组，女生做第二组。

第一组　　　第二组

3和6　　　3和9

6和5　　　2和7

10和8　　　9和4

c. 做完的学生汇报结果。

d. 师：现在小组互相交流讨论，你有什么发现？

学生汇报发现的规律。

e. 师：同学们发现了这么多规律，下面就利用这些规律找一找这些数的最小公倍数。

（ⅰ）4和16的最小公倍数是（　　）。

（ⅱ）9和81的最小公倍数是（　　）。

（ⅲ）8和7的最小公倍数是（　　）。

（ⅳ）3和7的最小公倍数是（　　）。

f. 解决实际问题。

师：同学们都知道数学与我们的生活息息相关，下面我们就来解决一些生活中的实际问题。

（白板出示情境图）

师：在这幅图上你都能得到哪些数学信息？

生：爸爸和妈妈同时从起点出发，他们几分后可以在起点第一次相遇？

师：小组讨论并计算出结果。

爸爸妈妈几分后可以在起点第一次相遇，其实就是问"爸爸妈妈什么时候第一次同时跑完了整圈"解决这个问题就是找出4和6的最小公倍数12。

师：老师再提出一个数学问题，爸爸妈妈和女儿同时从起点出发，他们几分钟后可以第一次相遇？也就是求这三个数的最小公倍数,下节课我们继续学习求三个数的最小公倍数。

④课堂小结。

这节课你学到了什么?

你想用更简单的方法求两个数的最小公倍数吗?这是短除法,课后有兴趣的同学可以研究一下。

⑤板书设计。

最小公倍数

8 的倍数:8,16,24, 32。 8 的倍数:8,16,24, 32…

12 的倍数:12,24, 36。 12 的倍数:12,24, 36…

8 和 12 的最小公倍数:24。 8 和 12 的最小公倍数:24。

2019 年 1 月浙江省杭州市教师招聘考试小学数学真题试卷(六)

一、填空题

1. 210

【解析】本题考查数的基本运算。根据题意得,整数 a,b 的最大公因数为 $(a,b)=3\times m=21$,则 $m=7$,即可得 $a=42$, $b=105$,则整数 a,b 的最小公倍数为 $[a,b]=[42,105]=21\times 2\times 5=210$。

2. 34

【解析】本题考查统计的数字特征。由图表可知,大码服装适合身高在 173 ~ 177 cm 之间的人群,在这区间的人数为 68 人,占随机调查人数的 $\frac{68}{200}\times 100\%=34\%$,该商店打算进这种品牌的服装 100 件,故该商店应进大码服装 $100\times 34\%=34$ 件。

3. 256

【解析】本题考查整数与余数。每天读 n 页,n 天恰好读完,则这本书的总页数为 n^2 页,根据题意,每天读 50 页,5 天读不完,6 天又有余,则 $250<n^2<300$;每天读 70 页,3 天读不完,4 天又有余,则 $210<n^2<280$,即 $250<n^2<280$,n 是自然数,则这本书的总页数是一个自然数的平方,在 250 ~ 280 中的数是一个平方数的自然数为 $16^2=256$。

4. 5050

【解析】本题考查小学数学规律探索应用题。第一次两两相加得出 50 个数,即为 3,7,11, …,195,199(3 是 1 与 2 的和,7 是 3 与 4 的和,…,199 是 99 与 100 的和);第二次两两相加得出 25 个数,即为 10,26,42,…,378,394(10 是 1 ~ 4 的和,26 是5 ~ 8的和,…,394 是 97 ~ 100 的和);…;由此规律依次类推,每一次相加,就是把这 100 个数按照从小到大的顺序分成 $\frac{100}{2^n}(n\in \mathbf{N}_+)$ 个数组进行求和,不管怎么相加,最后一个数是这 100 个数的和,即为 $1+2+3+\cdots+100=5050$。

5. 4326

【解析】本题考查数与代数的运算及规律探索。由于运算符号表示的意义不变,根据题干中的几个算式,由一个数加上它本身的和仍为它本身,得数字 3 代表 0;由一个数与它本身的乘积仍为它本身,得数字 4 代表 1;$43-8=8$,而 43 相当于 10,10 减去一个数的差仍为这个数,得数字 8 代表 5;$6\times 6\times 6=5$,得数字 6 代表 2,5 代表 8;由 $8-6=2$ 相当于 $5-2=3$,得数字 2 代表 3;由 $46\div 7=6$ 相当于 $12\div 6=2$,得数字 7 代表 6。综上可得 46×57 相当于 $12\times 86=1032$,根据客星球的算术规则,1032 是数 4326。

6. 0.875

【解析】本题考查小学数学分数应用题。用逆推法,根据题意,“三遇店和花,喝光壶中酒”,当李白遇见最后一朵花时,喝了 1 斗,他每次遇见一个店,壶里的酒就加一倍,则他遇见最后一个店前,酒壶里还有酒 $1\div 2=0.5$ 斗;当他遇见第二朵花前,酒壶里应该有酒 $0.5+1=1.5$ 斗,遇见第二个店前,酒壶里应该有酒 $1.5\div 2=0.75$ 斗;当他遇见第一朵花前,酒壶里有酒 $0.75+1=1.75$ 斗,遇见第一个店前,即出发前,酒壶里有酒 $1.75\div 2=0.875$ 斗。

7. 54

【解析】本题考查分数、小数基本运算。设 $a_n=1.55+\frac{n}{36}$ $(n\in \mathbf{N}_+)$,因为当 $n=16$ 时,$\frac{16}{36}\approx 0.44$,$a_{16}=1.55+\frac{16}{36}\approx 1.99$,当 $n=17$ 时,$\frac{17}{36}\approx 0.47$,所以 $a_{17}=1.55+\frac{17}{36}\approx 2.02$,故当 $n<17$ 时,这些和的整数部分为 1;当 $n\geqslant 17$ 时,这些和的整数部分为 2,故这些和的整数部分之和为 $1\times 16+2\times(35-16)=54$。

8. $\frac{40}{3}$

【解析】本题考查平面几何图形的面积计算。设折痕与 BC 的交点为 E,$\because \angle B=90°$,且点 B 与点 D 重合,$\therefore AB=AD=5$ cm,$DE=BE$,$\sin C=\frac{5}{13}$,$DE\perp AC$,故 $\sin C=\frac{5}{13}=\frac{DE}{BC-BE}$,$\because BC=12$ cm,$\therefore DE=\frac{10}{3}$ cm,$\because DC=AC-AD=8$ cm,$\therefore S_{阴影}=\frac{1}{2}\times 8\times\frac{10}{3}=\frac{40}{3}$ cm^2。

9. $2n+1$

【解析】本题考查平面图形及规律探索问题。当三角形内有 1 个点时，能分成 3 个小三角形；当有 2 个点时，能分成 5 个小三角形；当有 3 个点时，能分成 7 个三角形，……，故当三角形内有 n 个点，连同三角形的顶点共 $n+3$ 个点时，共能分成 $2n+1$ 个三角形。

10. $\frac{100}{7}$

【解析】本题考查小学数学行程追及类应用题。设行走的时间为 t 分钟。如图，①乙在 AB 边上时，$0\leqslant t\leqslant\frac{50}{17}$，甲走的路程为 $0\leqslant 42t\leqslant\frac{2100}{17}$（米），甲在 BC 或 AC 上；②乙在 BC 上时，$\frac{50}{17}\leqslant t\leqslant\frac{100}{17}$，甲走的路程为 $\frac{2100}{17}\leqslant 42t\leqslant\frac{4200}{17}$（米），甲在 AC 或 AB 上；③乙在 CA 上时，$\frac{100}{17}\leqslant t\leqslant\frac{150}{17}$，甲走的路程为 $\frac{4200}{17}\leqslant 42t\leqslant\frac{6300}{17}$（米），甲在 AB 或 BC 上；④乙又回到 AB 上时，$\frac{150}{17}\leqslant t\leqslant\frac{200}{17}$，甲走的路程为 $\frac{6300}{17}\leqslant 42t\leqslant\frac{8400}{17}$（米），甲在 BC 或 AC 上。在以上的几个时间段内两人均不会在同一边上；⑤乙又回到 BC 上时，$\frac{200}{17}\leqslant t\leqslant\frac{250}{17}$，甲走的路程为 $\frac{8400}{17}\leqslant 42t\leqslant\frac{10500}{17}$（米），甲在 AB, AC 或 BC 上，当甲走过 600 米时，刚好在 B 点，$t=\frac{600}{42}=\frac{100}{7}$ 分钟，这时乙走了大约 486 米，在 BC 边上，刚好两人走在同一边上。故所求时间 $t=\frac{100}{7}$ 分钟。

乙 A　甲 B　C

二、单项选择题

11. C 【解析】本题考查统计中的抽样方式。扇形统计图能够清晰地反映部分与整体之间的关系。

12. A 【解析】本题考查简单几何体的体积计算。在等底等高的情况下，圆柱体的体积是圆锥体体积的 3 倍，因为题干中圆柱体与圆锥体等底等体积，故圆柱体的高是圆锥体高的 $\frac{1}{3}$。

13. B 【解析】本题考查抽屉原理应用题。由于一年中有 12 个月，根据抽屉原理，可知 25 个 8 岁的小朋友中至少有 3 个小朋友在同一个月出生。

14. D 【解析】本题考查小学数学浓度类应用题。选项 A 表示在原来的糖水中加入了一些糖，甜度增加，A 正确；选项 B 表示原来的糖水中蒸发掉了一些水，甜度增加，B 正确；选项 C 表示在原来的糖水中加入了一些糖，原来糖水蒸发掉了一些水，甜度增加，C 正确；选项 D 中 a 与 b 的大小不清楚，故甜度不一定增加，D 错误。故选 D。

15. C 【解析】本题考查计数原理与概率统计中的抽屉原理。将 5 个苹果放入三个抽屉，每个抽屉放入的苹果数量有五种不同的情况，分别是 (1,2,2)，(1,3,1)，(2,3,0)，(5,0,0)，(1,4,0)，则学生 A 从其中苹果最多的 1 个抽屉里，选到 5 个苹果的概率是 $\frac{1}{5}$。

16. D 【解析】本题考查平面几何图形的面积。设大正方形的边长为 x，小正方形的边长为 y，根据题意得，$\frac{1}{2}xy:\frac{1}{2}y^2=3:1\Rightarrow x=3y$，由以上关系式可得，两个正方形空白部分的面积比是 $\left(x^2-\frac{1}{2}xy\right):\frac{1}{2}y^2=15:1$。

17. C 【解析】本题考查小学数学百分数类应用题。第一周需要换新的气球数是 $1000\times10\%=100$ 只，第二周需要换新的气球数是 $1000\times30\%+100\times10\%=310$ 只，第三周需要换新的气球数是 $1000\times60\%+100\times30\%+310\times10\%=661$ 只。

18. D 【解析】本题考查小学数学分数类应用题。设题目总数为 x 道。两人共同答错的有 $\frac{x}{6}$ 道题，除去两人共同答错的题目，小明、小亮各自答错的题目分别是 $\frac{x}{4}-\frac{x}{6}=\frac{x}{12}$ 道，$5-\frac{x}{6}$ 道，可以看出 $5-\frac{x}{6}>0$，即 $x<30$，且 x 是 12 的倍数；两人都答对的题有 $x-\frac{x}{6}-\frac{x}{12}-\left(5-\frac{x}{6}\right)=\frac{11x}{12}-5$ 道，则有 $\frac{11x}{12}-5\geqslant\frac{x}{2}$，得 $x\geqslant12$。综上可得 $12\leqslant x<30$，$x\in\mathbf{N}_+$，且 x 是 12 的倍数，则 $x=12$（舍去）或 $x=24$，所以 $\frac{11x}{12}-5=22-5=17$ 道，即他们共同答对的题有 17 道。

三、解答题

19.【解析】本题考查简单几何体表面积的计算。

(1) 空心圆柱的底面积为：

$\pi\times\left[\left(\frac{120}{2}\right)^2-\left(\frac{60}{2}\right)^2\right]=3.14\times2700=8478$（平方厘米）。

(2) 由题意知，这卷铜板纸的层数：$(120-60)\times10\div0.25\div2=1200$（层），这卷铜板纸的平均直径：$(120+60)/2=90$（厘米）$=0.9$（米），这卷铜板纸的平均周长：$0.9\times3.14=2.826$（米），这卷铜板纸的长度即总周长：$2.826\times$

$1200=3391.2$(米)。

20.【解析】本题考查小学数学列方程类应用题。设学校购得甲种书x本,则学校购得乙种书$\frac{4}{5}x$本。根据题意,有以下三种情况:①当$x<100$时,学校购得甲、乙两种书都小于100本,可得$20x-720=15\times\frac{4}{5}x$,解得$x=90$;②当$x\geqslant 100$,$\frac{4}{5}x<100$,即$100\leqslant x<125$时,可得:$90\%\times 20x-720=15\times\frac{4}{5}x$,解得$x=120$;③当$\frac{4}{5}x\geqslant 100$,即$x\geqslant 125$时,可得$90\%\times 20x-720=90\%\times 15\times\frac{4}{5}x$,解得$x=100$(不符合题意),故舍去。

答:学校购得甲种书90或120本。

21.【解析】本题考查小学数学规律探索类应用题。依据题意,进行第一次操作后,由于$1<\alpha<2$,故$0<2-\alpha<1$,则$\alpha>2-\alpha$,剩下的长方形的长和宽分别为α和$2-\alpha$,进行第二次操作后,剩下的长方形的边长为$2\alpha-2$和$2-\alpha$,…,进行第n次操作后,剩下的纸片为正方形。当$n=3$时,即进行第三次操作后,剩下的纸片为正方形,此时分两种情况:

①当$2\alpha-2>2-\alpha$,即$2>\alpha>\frac{4}{3}$时,此时长方形的长和宽分别为$2\alpha-2$和$2-\alpha$,则进行第三次操作后可得,$2\alpha-2-(2-\alpha)=2-\alpha$,解得$\alpha=\frac{3}{2}$;②当$2\alpha-2<2-\alpha$,即$1<\alpha<\frac{4}{3}$时,此时长方形的长和宽分别为$2-\alpha$和$2\alpha-2$,则进行第三次操作后可得,$2\alpha-2=2-\alpha-(2\alpha-2)$,解得$\alpha=\frac{6}{5}$。综上可得,当$n=3$时,$\alpha=\frac{6}{5}$或$\frac{3}{2}$。

22.【解析】本题考查小学数学工程类应用题。根据题意可得,丙单独完成这项工程需要的天数为$1\div\left[\left(\frac{5}{12}+\frac{4}{15}+\frac{7}{20}\right)\div 2-\frac{5}{12}\right]=10$(天);甲单独完成这项工程需要的天数为$1\div\left(\frac{7}{20}-\frac{1}{10}\right)=4$(天);乙单独完成这项工程需要的天数为$1\div\left(\frac{4}{15}-\frac{1}{10}\right)=6$(天)。由工作时间可得,甲、乙两队每天的费用共为$18\div\frac{12}{5}=7.5$(万元);丙、乙两队每天的费用共为$15\div\frac{15}{4}=4$(万元);甲、丙两队每天的费用共为$16\div\frac{20}{7}=5.6$(万元);则甲队单独每天的费用为$(7.5+4+5.6)\div 2-4=4.55$(万元);乙队单独每天的费用为$7.5-4.55=2.95$(万元);丙队单独每天的费用为$5.6-4.55=1.05$(万元),在保证一星期内完成的前提下,只有甲、乙两队符合条件,甲队的费用为$4.55\times 4=18.2$(万元);乙队的费用为$2.95\times 6=17.7$(万元)。

答:选乙队单独完成这一项工程的费用最少,费用为17.7万元。

23.《义务教育数学课程标准》(2011年版)提出了十个“核心概念”,“推理能力”是其中之一,请结合具体例子说明“推理能力”的内涵。

【参考答案】本题考查《义务教育数学课程标准》(2011年版)中的十大核心概念。推理能力的发展应贯穿于整个数学的学习过程。推理是数学的基本思维方式,也是人们学习和生活经常使用的思维方式。推理一般包括合情推理和演绎推理,合情推理是从已有的事实出发,凭借经验和直觉,通过归纳类比等推断某些结果。比如,学生已经知道$3\times 6=18$,凭借经验和直觉,学生得出$30\times 600=18\,000$,这个过程就是合情推理的过程。演绎推理是从已有的事实(包括定义、公理、定理等)和确定的规则(包括运算的定义、法则、顺序等)出发,按照逻辑推理的法则证明和计算。比如,学生凭借数的概念知道,30是由3个十组成的,30×6是18个十即为180,30×600是180个百即为18 000,这个过程就是演绎推理的过程。在解决问题的过程中,两种推理功能不同,相辅相成:合情推理用于探索思路,发现结论;演绎推理用于证明结论。

24.**【参考答案】**

本题考查教学设计。

角的度量

一、教学目标

知识与技能目标:会用量角器量不同位置的角,在角的度量中感受角的大小与角两边的长短无关。

过程与方法目标:在观察、交流的基础上,认识量角器的结构与功能,通过探索、实践、归纳量角器量角的一般步骤,掌握用量角器量角的方法。

情感态度与价值观目标:积极参与量角的学习活动,在探索角的度量方法的过程中获得成功的体验,感受数学的简洁严谨,激发学好数学的愿望。

二、教学重难点

教学重点:认识量角器,会正确使用量角器量角。

教学难点:量角时能正确读出角的度数。

三、教学准备

量角器、三角板、多媒体课件。

四、教学过程

1. 情境创设,揭示课题

(1)复习角的概念。

谈话:我们已经认识了角,谁能说一说什么样的图形叫作角?

(2)故事引入。

在角的王国里有许多成员。有一天,角成员们在草地上做游戏,玩着玩着,其中的两个成员吵起来了,它们都说自己比对方大。∠1 说:“我的边长,所以我比你大。”∠2 说:“边长有什么用,我的开口大,所以我比你大。”

提问:它们到底谁说得对呢?有什么办法可以知道它们的大小呢?

生:用眼观察、用三角板测量。

揭示课题:看来,我们要比出这两个角哪个大,大多少,就需要测量。怎么量呢?这节课我们就一起来学习角的度量。(板书:角的度量)

2. 探究新知

(1)1°角的产生。

①用三角板上的角量一量、比一比。

小组合作:选定三角板上的一个角进行测量、比较。

汇报交流:说一说你选的是三角板上的哪个角,怎么量的?量的结果是怎样的?

预设:用 30°角量,∠1 = 30°,∠2 比 30°角大,所以∠2 大。用 45°角、60°角量,∠1 比 45°角、60°角小,∠2 比 45°角、60°角大,所以∠2 大。用 90°角量,∠1 比 90°角小得多,∠2 比 90°角小一些,所以∠2 大。

质疑:我们用三角板上不同的角比出了它们的大小,但是还是不能准确地知道∠1 和∠2 到底有多大,两个角的大小相差多少,怎么办?

生:测量出两个角的大小。

②介绍 1°角。

谈话:对,要准确测量一个角的大小,需要有一个合适的角作单位来量,我们先来认识一下角的单位。

课件演示:人们将圆平均分成 360 份,将其中 1 份所对的角作为度量角的单位,它的大小就是 1 度,记作 1°。

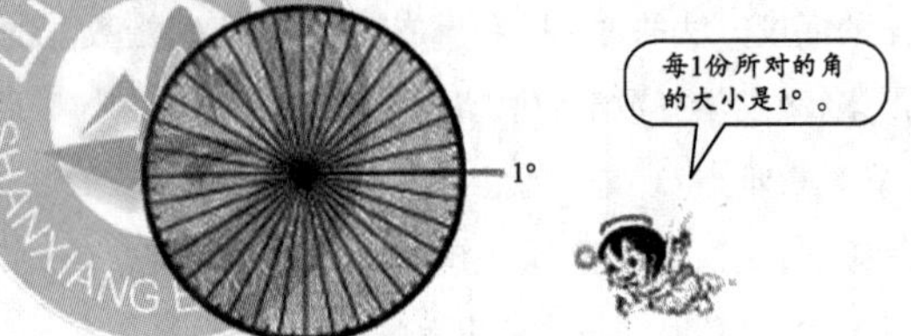

想一想:1°角有多大。

(2)认识量角器。

谈话:了解了 1°角是如何确定的,我们再来认识一下度量角的工具——量角器。

小组合作:先拿出自己的量角器看一看,再讨论一下这些量角器有什么共同点?

汇报交流:谁来介绍一下,你有什么发现?(配合课件演示)

学生:它是一个半圆形,平均分成了 180 份,有一个中心点,两圈刻度,分别从 0°到 180°,每两个数字之间相差 10,有两条 0°刻度线等。

操作活动:用两根牙签,在量角器上摆角。

①摆一个直角。

学生试摆后交流方法。(摆角时,一条边对准 0°刻度线,另一条边对准 90°刻度线,顶点与中心点重合)

②摆一个 60°的角。

学生试摆后提问:你是怎么想的?

生:量角器是把半圆平均分成了 180 份,每一份所对的角是 1°,60 份所对的角就是 60°。

③摆一个 120°的角。

呈现错例,比较辨析。(用多媒体演示)

(3)用量角器量角。

出示例 1:怎样用量角器量出∠1 的度数?

学生独立尝试量角,小组交流量角方法。

学生展示量角的过程。

尝试归纳量角的一般步骤:①把量角器的中心与角的顶点重合,0°刻度线与角的一条边重合。②角的另一边所对的量角器上的刻度,就是这个角的度数。

(4)反馈:照样子,量出∠2 的度数。学生展示量角过程,叙述量角方法。

3. 巩固深化

(1)看量角器上的刻度,填出每个角的度数。

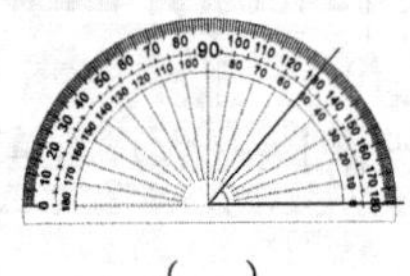

( )

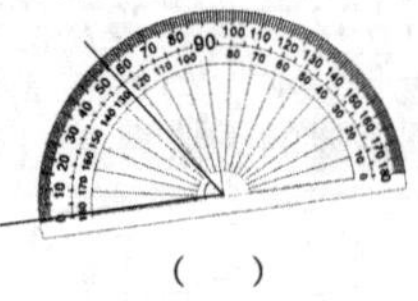

( )

学生独立度量后交流方法。

(2)猜猜看,看角的一条边在量角器上的位置,猜角的度数。

(3)量出下面各角的度数。

学生独立完成，交流量角的方法。学生展示量角过程，叙述量角方法。

4. 总结延伸

(1)全课总结：通过这节课的学习，你有什么收获？

(2)估一估，三角板上各个角的度数，再量一量。

2018 年浙江省教师招聘考试小学数学真题试卷(七)

一、单项选择题

1. C 【解析】本题考查分数的意义及大小比较。设电线全长为单位“1”，把电线均分为 11 份，其中第二段占电线全长的 $\frac{5}{11}$，则第一段占全长的 $1-\frac{5}{11}=\frac{6}{11}$，因为 $\frac{5}{11}<\frac{6}{11}$，所以第一段比第二段长。

2. A 【解析】本题考查数的基本运算及抽屉原理。因为 15 个偶数中除去数字 2，剩下的 14 个数中 7 组数和都等于 34，$4+30=6+28=8+26=10+24=12+22=14+20=16+18=34$，若这 14 个数分成的 7 组，每组只取一个，再取一个 2，共 8 个数不能组成和是 34，如果再取第 9 个数，则必定至少含有以上 7 组中的一组，所以其中一定有两个数的和是 34。

3. B 【解析】本题考查折线统计图及小学数学列方程类应用题。由统计图可知，5 月销量为 60 件，6 月销量为 90 件，设游泳衣淡季单价为 x 元，则 $90x=60x+3000$，得 $x=100$(元)，所以销售总额为 $100\times(60+90+80)+100\div0.8\times(150+160)=23000+38750=61750$(元)，约为 6 万元。故选 B。

4. B 【解析】本题考查小学数学行程类应用题及常见的量。设甲、乙两人出发后 x 小时相遇，则 $7x+5x=33$，$x=2.75$(小时)$=2$ 小时 45 分。

5. C 【解析】本题考查平面图形的性质及面积。有无数种剪法，即取平行四边形的对角线交点，沿任意一条过对角线交点的直线剪开都会得到面积相等的两个图形。

6. B 【解析】a,b 为实数，$a+b=0$，即 $a=-b$，则可以推出 $a^2=b^2$，$a^2-b^2=0$，不能推出 $a^2+b^2=0$；$a^2+b^2=0$，$a^2=-b^2$，因为 $a^2\geqslant0$，$b^2\geqslant0$，所以 $a=b=0$，可以得到 $a+b=0$。故选 B。

7. A 【解析】本题考查反函数性质。函数 $y=\ln x$ 与函数 $x=e^y$ 互为反函数，互为反函数的两函数图象关于 $y=x$ 对称。故选 A。

8. A 【解析】本题考查导数的应用及两直线位置关系的判断。由题意得 $f'(x)=\frac{2}{1+x}$，$f'(0)=2$，所以函数在点 $(0,1)$ 处的切线斜率为 2，切线方程为 $y=2x+1$，与直线 $y=2x+3$ 平行。故选 A。

9. D 【解析】本题考查分段函数的连续性。由题意得函数在 $x=0$ 处连续，则 $\lim\limits_{x\to0^+}(e^{2x}-1)=f(0)=\lim\limits_{x\to0^-}\ln a=0$，所以 $a=1$。

方法技巧：若函数 $f(x)$ 是分段函数，通常利用定义，先求函数在分段点处的左右极限，若左右极限存在且相等，则函数 $f(x)$ 在分段点处连续。除分段点外，若函数 $f(x)$ 在每一小区间上都是初等函数，则函数 $f(x)$ 在定义区间上处处连续。

10. A 【解析】本题考查函数的基本性质。设 $x>y>0$，由题意可得 $yf(x)-xf(y)>0$，即 $\frac{f(x)}{x}>\frac{f(y)}{y}$；同理，当 $y>x>0$ 时，$yf(x)-xf(y)<0$，即 $\frac{f(x)}{x}<\frac{f(y)}{y}$，所以当 $x>0$ 时，函数 $g(x)=\frac{f(x)}{x}$ 单调递增。因为 $0<1<2<3$，所以 $\frac{f(3)}{3}>\frac{f(2)}{2}>\frac{f(1)}{1}$。故选 A。

二、填空题

11. 9

【解析】本题考查数字规律探索。n 个 3 连乘所得到的积的个位数字具有以下特征：3，9，7，1 循环，从第一个 3 开始每 4 个数为一个循环，所以 $2018\div4=504\cdots\cdots2$，则个位上的数字应是一个循环中的第 2 个，所以 2018 个 3 的乘积的个位数是 9。

12. 2∶1

【解析】本题考查比与比例。由题意，甲数与乙数的比为 4∶8，则乙数与甲数的比化简后是 2∶1。

13. F

【解析】本题考查立体几何视图。从图 1，2，4 可以看出，与 F 相邻的四个面分别是 E，C，B，D，因此它的对面一定是 A；从图 1，3，4 可以看出，与 E 相邻的四个面分别是 F，C，A，D，因此，它的对面一定是 B；剩下两个面 C 和 D 相对。

方法技巧：相间的两个小正方形(中间隔着一个小正方形)是正方体的一组相对的面；展开图中呈“Z”字型的两端处的小正方形是正方体的一组相对的面；如果一行(或

列)的小正方形最多有2个,那么相邻一行(或列)的不相连的小正方形就是一组相对的面。中间隔着两个小正方形或拐角型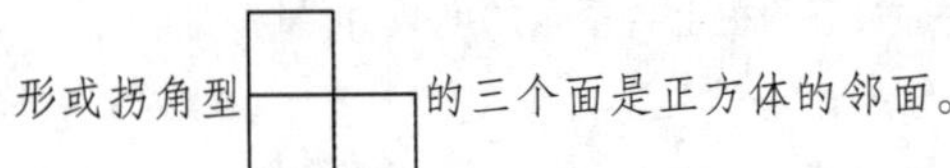的三个面是正方体的邻面。

14. 66

【解析】本题考查小学数学应用题。由题意得,6点敲了6下,中间有5段时间间隔,每段时间间隔是 $30\div5=6$ 秒,所以12点钟时共敲12下,一共11个时间间隔,$11\times6=66$ 秒,所以12点钟时一共敲了66秒。

15. $1-\frac{1}{4^5}$

【解析】本题考查分数运算。设总面积为单位“1”,则第一次表示为 $1-\frac{1}{4}$,第二次表示为 $1-\frac{1}{4}\cdot\frac{1}{4}$,第三次表示为 $1-\frac{1}{4}\cdot\frac{1}{4}\cdot\frac{1}{4}$,…,所以,第五次均分后是 $1-\frac{1}{4^5}$。

16. 2π

【解析】本题考查三角函数。函数 $y_1=\sin5x$ 的最小正周期为 $T_1=\frac{2\pi}{5}$,函数 $y_2=\cos3x$ 的最小正周期为 $T_2=\frac{2\pi}{3}$,因为复合三角函数的周期是每个三角函数周期的最小公倍数,则 $y=\sin5x+\cos3x$ 的最小正周期为 2π。

17. 35

【解析】本题考查直线与平面的关系及规律探索。任意两条异面直线不能确定平面;任意两条共面直线可以确定一个平面;当有7条直线时,任意两条直线共面(确定一个平面),同时任意三条直线不共面(即任意两直线确定的平面,不会穿过其他剩余的任意直线时)有 $C_7^2=21$ 个;任意三条直线共面,同时任意四条直线不共面时有 $C_7^3=35$ 个;任意四条直线共面,同时任意五条直线不共面时有 $C_7^4=35$ 个;任意五条直线共面,同时任意六条直线不共面时有 $C_7^5=21$ 个;任意六条直线共面,同时任意七条直线不共面时有7个,所以最多能确定35个平面。

18. 12

【解析】本题考查圆锥曲线。设 $A(x_1,y_1)$,$B(x_2,y_2)$,抛物线 $y^2=4x$,焦点 $F(1,0)$,准线 $l:x=-1$。分别过 A,B 作 $AA'\perp l$,$BB'\perp l$,垂足分别为 A',B'。根据抛物线定义知,$|BF|=|BB'|=x_2+1$,$|AF|=|AA'|=x_1+1$,两式相加 $|AF|+|BF|=x_1+x_2+2$,$\because$ 抛物线的焦点 F 在线段 AB 上,$\therefore |AB|=|AF|+|BF|$,$\therefore |AB|=x_1+x_2+2=10+2=12$。

19. 0

【解析】本题考查事件的概率。已知事件 A 与事件 B 相互独立且互斥,所以 $P(AB)=P(A)P(B)=0$,两个里面至少有一个是0,又因为 $P(A)$,$P(B)$ 都是大于等于0,所以 $\min(P(A),P(B))=0$。

20. 2

【解析】本题考查求极限的方法。利用等价无穷小的替换,$\lim\limits_{x\to0}\frac{\sin4x}{\tan2x}=\lim\limits_{x\to0}\frac{4x}{2x}=2$。

三、解答题

21.【解析】本题考查小学数学行程类应用题。由题意得,原来的车速和提高后车速的比是 $1:(1+20\%)=5:6$,车速提高20%后时间减少:$1-1\div(1+20\%)=\frac{1}{6}$,可得计划用时为:$1\div\frac{1}{6}=6$(小时)。车速提高25%后时间减少:$1-1\div(1+25\%)=\frac{1}{5}$,$\frac{1}{5}\times6=\frac{6}{5}$(小时),而实际提前:40分 $=\frac{2}{3}$ 小时,相差:$\frac{6}{5}-\frac{2}{3}=\frac{8}{15}$(小时),所以全程为:$120\div\left(\frac{8}{15}\div\frac{6}{5}\right)=120\div\frac{4}{9}=270$(千米)。

22.【解析】本题考查定积分的运算。$\int_0^{\frac{\pi}{2}}\cos^3x\mathrm{d}x=\int_0^{\frac{\pi}{2}}\cos^2x\mathrm{d}(\sin x)=\int_0^{\frac{\pi}{2}}(1-\sin^2x)\mathrm{d}(\sin x)=\left(\sin x-\frac{1}{3}\sin^3x\right)\Big|_0^{\frac{\pi}{2}}=\frac{2}{3}$。

23.【解析】本题考查导数的应用。由题意 $f'(x)=x^{\frac{2}{3}}+\frac{2}{3}(x-2)x^{-\frac{1}{3}}=\frac{5}{3}x^{\frac{2}{3}}-\frac{4}{3}x^{-\frac{1}{3}}=\frac{1}{3}x^{-\frac{1}{3}}(5x-4)$,令 $f'(x)=0$,解得 $x=\frac{4}{5}$ 或 $x=0$,令 $f'(x)>0$,则函数 $f(x)$ 在 $(-\infty,0)$,$\left(\frac{4}{5},+\infty\right)$ 上单调递增,令 $f'(x)<0$,则函数在 $\left(0,\frac{4}{5}\right)$ 上单调递减,所以函数在 $x=0$ 时取得极大值 $f(0)=0$,在 $x=\frac{4}{5}$ 时取得极小值 $f\left(\frac{4}{5}\right)=-\frac{6}{5}\cdot\left(\frac{4}{5}\right)^{\frac{2}{3}}$。

24.【解析】本题考查求解数列通项公式的方法。当 $n=1$ 时,$2a_1={a_1}^2+a_1-2$,解得 $a_1=-1$ 或2,因为 $\{a_n\}$ 为正项数列,所以 $a_1=2$。又 $2S_n={a_n}^2+a_n-2$①,当 $n\geq2$ 时,$2S_{n-1}={a_{n-1}}^2+a_{n-1}-2$②,①-②得 $2a_n={a_n}^2+a_n-2-{a_{n-1}}^2-a_{n-1}+2$,即 ${a_n}^2-{a_{n-1}}^2-(a_{n-1}+a_n)=(a_n+a_{n-1})(a_n-a_{n-1}-1)=0$,因为 $a_n+a_{n-1}>0$,所以 $a_n-a_{n-1}-1=0$。所以 a_n 是以2为首项,1为公差的等差数列,$a_n=1+n$。

25.【解析】本题考查“找次品”应用题。用天平找次品时的分组原则:把待测物品分成3份,能够均分就平均分成3份;不能平均分的,应让多的与少的一份个数只相差1。这样才能保证找出次品时称的次数最少。所测物品与测试的次数(只含一个次品,已知次品比正品轻)的规律可总结为:称 n 次,最多可以分辨 3^n 个物品数目。将 8671 瓶药分成(2890,2890,2891)三份,选出其中两份 2890 瓶的放在天平上比较,如果平衡则这两份是合格的,此时再将剩下的一份分为三组,重复以上步骤;如果选出的两份使天平不平衡,则天平上升的一端的一份有次品,将其分为三份重复以上步骤。

五、论述题

26.【参考答案】本题考查教学知识。小学数学中的运算定律包括:加法交换律、加法结合律、乘法交换律、乘法结合律、乘法分配律。小学数学规则教学的过程与方法分为例证—规则和规则—例证两种。其中"例证—规则"法是先呈现与数学规则有关的若干例证,再引导学生观察、分析,逐步概括出一般结论,从而获得数学规则。"例证—规则"的学习模式与概念形成的学习类似,是数学规则的发现学习;"规则—例证"教学模式是指教师先向学生呈现某个规则,然后通过若干的实例来说明规则的一种教学模式。以"乘法分配律"的规则学习为例,一般过程如下:

(1)引导观察。学生先复述乘法结合律,进行简单口算并说出例题运算顺序及算式结果。

(2)比较分析。以例题形式展示乘法分配律的应用题,尝试两种不同解法,进行比较分析。

(3)归纳概括。从例题中发现并总结规律,告知学生乘法分配律的计算法则并进行巩固练习。

六、案例分析题

27.【参考答案】本题考查课程标准及教学设计。(1)例 1 从实际生活中的应用出发,使学生体会小数乘法的应用,引起学生学习兴趣。例 2 是继续深入探究小数乘整数的计算方法,此时是两位小数乘整数,注意小数点后末尾是 0 的时候,可以省略。例 3 应用题综合考查学生的理解与应用能力,并向学生展示小数连乘的算法及计算规律。例 4 小数相乘,让学生发现数位不够时怎样点小数点的问题,引导学生学习用 0 补足的方法,帮助学生总结思路和方法。例 5 巩固学习,帮助学生学会应用小数乘法解决综合的实际问题。

(2)小数的书写方式、进位规则均与整数相同,所以教学小数乘法时,引导学生用转化的方法,将小数乘法转化为整数乘法,用对比的方法,处理积中小数点的位置问题;通过引导学生分别观察因数和积中小数的位数,找出它们之间的关系,引导学生自主地、有序地概括出计算小数乘法的一条清晰的思路:先按整数乘法算出积——再看因数中一共有几位小数,就从积的右边起数出几位,点上小数点——乘得的积的小数位数不够,要在前面用 0 补足,再点小数点。

28.【参考答案】(1)四基是指基础知识、基本技能、基本思想、基本活动经验。基础知识:①圆的各部分名称及性质,画圆的方法;②圆的对称性;③圆的周长公式和圆周率的意义;④圆的面积公式。

基本技能:①会用圆规画圆;②会折叠判断对称图形;③会用圆的周长公式计算周长;④会用圆的面积公式计算面积;⑤动手测量圆的周长和估计面积的技能。

基本思想:①变中有不变的思想、对应的思想、对称的思想;②猜想、验证、归纳思想,化曲为直的转化思想、极限思想。

基本活动经验:①积累用对比、联系的观点看问题的方法、变中有不变思想看问题的经验和用极限思想思考问题的经验;②积累图形对称的变换(旋转或轴对称);③积累用化曲为直的转化思想的思考问题经验,培养实事求是的科学态度,积累估测方法。

(2)教学过程:

①设疑激趣,探求新知。

师:同学们,你们以前学过了哪些平面上的图形?

生:长方形、正方形、三角形、梯形、平行四边形、圆。

师:上面的图形,哪些是直线围成的图形?

生:长方形、正方形、三角形、梯形、平行四边形。

师:很好,这些都是你们以前学过的,那么圆是什么线围成的?请同学们说一说。

生:曲线。

师:对,我们现在来研究平面上的一种曲线图形——圆。

【设计意图】"数学教学,要紧密联系学生的生活实际,从学生的生活经验和已有知识出发,创设生动有趣的情境。"通过从学生已有的知识出发,引入新的学习内容,符合学生的认知规律。

②联系生活实际,认识圆。

a. 表象认识。

师:我们以前初步认识过圆,请同学们说一说周围的物体上哪里有圆?

生:硬币、钟面、圆形桌面、瓶盖等。

b. 动手操作,认识圆心。

师:同学们,把你所剪下来的圆片对折,打开,换一个方向对折,再打开,反复折几次。(学生操作)

师:对折若干次后你们发现了些什么?

生:折痕相交一点,交点在圆的中心,每条折痕一样长,交点把折痕分成了相等的两部分。

师:你们有这么多的发现,很好,这些折痕相交于圆中心的一点,我们把圆中心的这一点叫作圆心,用 O 表示。(板书)

c. 动手操作,认识半径。

师:你们发现圆心把每条折痕分成了相等的两部分,这是凭眼睛估计的,是否真的相等,请同学们拿出尺子量一量,并记下你所量的长度。

生1:相等,都是2.3厘米。

生2:相等,都是2.4厘米。

师:你们的结论,老师不否定。请在你们的圆上任取一点,量一量圆心到这点的长度,多做几次,并记下所量的长度。(学生操作)

师:请同学们汇报一下你所量的数据。

生1:2.3厘米;2.3厘米;2.3厘米;2.3厘米;2.3厘米。

生2:2.4厘米;2.4厘米;2.4厘米;2.4厘米;2.4厘米。

师:观察你们所量的数据,从你们所量的数据中,有没有发现什么规律?若有,这个规律是什么?

生:有,相等。

师:相等说明了什么?

生:圆心到圆上任意一点的距离都相等。

师:你们所得出的结论是正确的。从圆心到圆上任意一点的距离都相等,我们把这条线段叫作圆的半径。用字母 r 表示。(板书)

师:请同学们想一想,在同一个圆内半径有多少条?它们都相等吗?

生:有无数条,都相等。

师:回答非常正确。

d. 动手操作,认识直径。

师:请同学们沿着对折的一条折痕画出一条线段来,观察后回答,画出的线段两端在什么地方?通过圆心吗?

生:两端在圆上,通过圆心。

师:通过圆心并且两端都在圆上的线段叫作直径,一般用字母 d 表示。(板书)

师:在同一个圆里,有多少条直径?所有的直径都相等吗?请同学们相互讨论。

生:在同一个圆里,可以画出无数条通过圆心且两端都在圆上的线段。所以说,在同一个圆里直径有无数条。直径是由两条半径组成的,同一个圆的所有半径相等,所以,同一个圆的所有直径都相等。

e. 回顾讨论,理解直径与半径的关系。

师:请同学们讨论回答直径与半径存在着什么关系?并说出你是怎样找到这种关系的?

生:同一个圆里,直径是半径的2倍,或者说半径是直径的一半,我们是通过测量得出来的。

师:回答得对。圆心把直径分成了相等的两部分,每一部分的长度等于半径的长度,所以说直径是半径的2倍。

f. 尝试练习。

③画圆。

a. 尝试画圆。

师:你们会画圆了吗?请同学们在白纸上任意画一个圆(不凭借圆形物体)。

若画出来了,请回答是怎样画出来的?并说出画圆的依据。

师:大家可以尝试先在白纸中间点一点,把棉线的一端固定在这一点上,把捆着铅笔头的另一端放在白纸上,拉直棉线转动一圈,铅笔头留下的痕迹就成了一个圆。依据是:圆心到圆上的距离都相等,固定的一端端点是圆心,棉线长是半径,铅笔头留下的痕迹便是圆。

b. 规范画圆的步骤。

老师以圆规画圆为例示范。画法:(ⅰ)定圆心;(ⅱ)定半径;(ⅲ)画圆。在画圆的同时标出圆心和半径。

c. 学生练习画圆。

画出半径为2.5厘米、直径为4厘米的圆各一个,并说清画法和依据。

d. 学生分组讨论:圆的位置、大小是根据什么来确定的?

④课堂小结。

师:本节学习了什么,有什么收获?请同学们各自发表自己的意见。

2018年5月浙江省杭州市教师招聘考试小学数学真题试卷(八)

一、填空题

1. 1

【解析】本题考查数的带余除法。由于一个数除以5时,余数只与个位相关,2018个位数为8,8的乘方运算个位数字依次是8,4,2,6,8,4,2,6,…,即8,4,2,6四个数字为一个循环,而 $2020 \div 4 = 505$,所以 2018^{2020} 的个位数为6,个位数为 6 的整数除以 5 余 1。

2. 7

【解析】本题考查统计的数据特征。由题意得，将这组数据按从小到大的顺序排列后，处于中间位置的那个数是中位数即是 5；众数是一组数据中出现次数最多的数为 8，如果最大数字大于 8，则中位数不可能为 5，与题意不符，则最大的整数为 8 且出现两次。平均数为 5，则所有整数和为 25，则前两个数相加为 4，则可能是(1,3)，(2,2)，又因为众数唯一，所以这五个整数为 1,3,5,8,8。最大与最小整数之差是 7。

3. 40

【解析】本题考查方程的应用。设数学社团共有 x 人，则科学社团的总人数为 $60\%x+(100\%-80\%)\times30=30$，解得 $x=40$。

4. $\frac{4}{9}$

【解析】本题考查概率问题。小刚在三个数中任选两个数相加共有 3 种情况，分别为 17,18,19；小红在三个数中任选两个数相乘共有 3 种情况，分别为 15,18,30，则小刚得到的结果大于小红得到的结果的概率为 $\frac{1+1+2}{3\times3}=\frac{4}{9}$。

5. 11

【解析】本题考查数的带余除法。在第 10 个数出现 54 后，开始循环出现 54,27,22,11,6，所以 $2018-9=2009$，$2009\div5=401\cdots\cdots4$，所以第 2018 个数为 11。

6. 25 200

【解析】本题考查方程的应用。设甲的钱数为 x，乙的钱数为 y，则由题意可得第一次甲分给乙和丙后甲的钱数为 $(x-y-3600)$；第二次乙分给甲和丙后剩余钱数为 $[2y-(x-y-3600+3600\times2)]=(3y-x-3600)$；第三次丙分完之后剩余钱数表示为 $3600\times4-2\times(x-y-3600)-(3y-x-3600)=3600$，整理得 $y+x=21\ 600$，所以总钱数为 $21\ 600+3600=25\ 200$。

7. 2475 和 7425

【解析】本题考查整数的倍数关系。这 24 个数最小是 2457，最大是 7542，不到 4 倍，所以这个倍数只能是 2 或 3。如果倍数是 2，个位数是 2，除以 2 以后，个位数只能是 1 或 6，不符合题意。个位数是 4，除以 2 以后，个位数只能是 2 或 7，如果是 2，则这个四位数最小时，乘 2 倍以后超过 8 千，不符合题意；如果个位是 7，它的首位只能是 2，那么就只有 2457 和 2547 两个数，它们的 2 倍分别是：4914 和 5094，不符合题意。所以只能是 3 倍关系，首位只能是 2，个位只能是 4 或 5(个位是 7，3 倍后个位是 1，不符合题意)，有 2475，2574 可以，3 倍后分别为：7425 和 7722(不符合题意)。故这两个四位数是 2475 和 7425。

8. 12

【解析】本题考查排列组合。由题意知，要求每行、每列都没有重复数字，∴ 先从方格的最左上角填起，这个表格有 3 种填法，它右边的一个格子有 2 种结果，右边的第三个格子的字母在前两个字母确定以后是一个确定的字母，同理最左上方的格子下面的格子有 2 种结果，再下面的只有一种结果，根据分步计数原理知共有 $3\times2\times2=12$ 种结果。故答案为 12。

9. B

【解析】本题考查图形的组合排列。观察选项 A，其图形是由两排 5 个小正方形、1 排 3 个小正方形和 1 排 2 个小正方形组成，已知图形中由 1 个和 4 个小正方形组合可组成图形 A；选项 C，由已知图形可按照图形 A 的排列组成；选项 D，可将已知图形的 1 个与 4 个、5 个、2 个与 3 个小正方形组合在一起后可按照图形 D 的顺序组成；选项 E 可将已知图形的 1 个、4 个、5 个、2 个和 3 个组合在一起后按照图形 D 的顺序组成。

10. 81

【解析】本题考查探索规律。设上到第 n 级共有 a_n 种方法，则 $a_1=1$，第二级可以选择 1 级 1 级上和直接上 2 级，即 $a_2=2$；第 3 级则有 1 级 1 级上，或者 2 级和 1 级交替上，或者直接上 3 级，且交替上的方法有 2 种，故 $a_3=4$；第 4 级可以选择 1 级 1 级上，或者一次 1 级和两次 2 级交替，或者 1 级和 3 级交替，或者每次 2 级上，共 7 种方法，即 $a_4=a_1+a_2+a_3=1+2+4=7$；第 5 级 $a_5=a_2+a_3+a_4=2+4+7=13$；可以发现从第四次开始，后一种情况总是前三种情况的和；第 6 级 $a_6=a_5+a_4+a_3=13+7+4=24$；第 7 级 $a_7=a_6+a_5+a_4=24+13+7=44$；第 8 级 $a_8=a_7+a_6+a_5=44+24+13=81$。

二、单项选择题

11. D 【解析】本题考查数的估算。由题意知，玲玲的演讲必须在 30 ~ 45 分钟内，每分钟 150 个字，则有 $30\times150=4500$(个)，$45\times150=6750$(个)，故玲玲演讲的字数范围在 4500 ~ 6750 个字。故选 D。

12. C 【解析】本题考查百分数的应用。设涂色部分的宽度为 x，则空白部分的宽度为 x，由题意知，涂色部分的面积为 $x^2+2x\cdot x+3x\cdot x+4x\cdot x+5x\cdot x+6x\cdot x=21x^2$，正方形的面积为 $6x\cdot6x=36x^2$，则空白部分的面积为 $36x^2-$

$21x^2=15x^2$，故涂色部分的面积比空白部分的面积多 $\frac{21x^2-15x^2}{15x^2}\times100\%=40\%$。

13. C 【解析】本题考查指数的应用。由题意得，该岛最多可居住人数为 $24\ 900\div1.5=16\ 600$（人），设需要 n 个 25 年快要达到最多可居住人数，则 $200\cdot3^n=16\ 600$，解得 $n\approx4$，所以大约需要 $25\times4=100$ 年。故选 C。

14. C 【解析】本题考查平面图形面积的计算。设 $BM=x$，$\because\triangle CBM,\triangle CND$ 的面积相等，$BC=CD$，$\therefore BM=DN$，$\therefore S_{\triangle CBM}=S_{\triangle CND}=\frac{3}{2}x$，$\therefore S_{CMAN}=9-3x=S_{\triangle CBM}=\frac{3}{2}x$，$\therefore x=2$，$\therefore CM=\sqrt{3^2+2^2}=\sqrt{13}$。

15. A 【解析】本题考查路程与时间的图象。由矩形图可知，$JK=LM$，$KM=JL$，故小红到 L 角时距离家最远，且在 JK 和 LM 两边上的速度一样，过 M 角时，小红距家的距离越来越近。故选 A。

16. C 【解析】本题考查多边形的内角和。由图可知，这个七角形是由七个三角形和一个多边形构成的，则七个三角形的内角和为 $7\times180°$，且这七个三角形的内角中有两个角是多边形的外角，故七角星的顶角的度数为 $7\times180°-360°\times2=540°$。

17. C 【解析】本题考查逻辑推理。若甲说的是错误的，则最后得出与乙说的矛盾，故甲是正确的；若乙说的是错误的，则最后与甲说的矛盾，故乙说的是正确的；若丙说的是错误的，则四个人的名次是丁丙乙甲或丁乙丙甲，符合题意；若丁说的是错误的，与甲说的矛盾。故选 C。

18. B 【解析】本题考查平面图形的面积及规律探索。由题意知，$BC=CD=\frac{1}{2}AC=3$，则 $DK=DE=\frac{1}{2}CD=\frac{3}{2}$，同理可得 $EF=EL=\frac{1}{2}DE=\frac{3}{2^2}$，依次类推，进行 2018 次后，涂色的三角形的边为 $\frac{3}{2^{2017}}$，故涂色的三角形的面积之和为 $\frac{1}{2}\times3\times3+\frac{1}{2}\times\frac{3}{2}\times\frac{3}{2}+\frac{1}{2}\times\frac{3}{2^2}\times\frac{3}{2^2}+\cdots+\frac{1}{2}\times\frac{3}{2^{2017}}\times\frac{3}{2^{2017}}=9\times\frac{\frac{1}{2}\left(1-\frac{1}{4^{2018}}\right)}{1-\frac{1}{4}}\approx6$。

三、解答题

19.【解析】本题考查浓度问题。设原有的40%的食盐水有 x 克，原有的 10% 的食盐水有 y 克，由题意列方程组得：

$$\begin{cases}\frac{40\%x+10\%y}{x+y}=30\%,\\ \frac{30\%(x+y)+300\times20\%}{x+y+300}=25\%,\end{cases}$$

解得 $\begin{cases}x=200,\\ y=100。\end{cases}$

答：原有浓度为 40% 的食盐水有 200 克。

20.【解析】本题考查分数的应用。设 A,B,C 三个分数的分子为 $3x,2x,4x$，分母为 $5y,9y,15y$，由题意可得，$\frac{3x}{5y}+\frac{2x}{9y}+\frac{4x}{15y}=\frac{28}{45}$，解得 $\frac{x}{y}=\frac{4}{7}$，从而可得这三个分数为 $\frac{12}{35},\frac{8}{63},\frac{16}{105}$，经比较最小的分数为 $\frac{8}{63}$。

21.【解析】本题考查圆锥的体积。设圆锥的高为 h，底面面积为 s，则甲、乙图中的水深为 $\frac{1}{3}h$，由图可知甲图中水的体积为 $V_1=\frac{1}{3}sh-\frac{1}{3}\cdot\left(\frac{2}{3}\right)^2s\cdot\frac{2}{3}h=\frac{19}{81}sh$，乙图中底面的面积为 $\frac{1}{9}s$，乙图中水的体积为 $V_2=\frac{1}{3}\cdot\frac{1}{9}s\cdot\frac{1}{3}h=\frac{1}{81}sh$，则有 $V_1>V_2$，$\frac{V_1}{V_2}=19$，甲是乙的 19 倍。

答：甲容器中的水多，是乙的 19 倍。

22.【解析】本题考查平面图形的面积。过点 G,F 分别作 $GM/\!/CD$ 交 BE 于 M 点，$FN\perp CD$ 交 CD 于 N 点。$\because F$ 是 DG 的中点，$\therefore\triangle DEF\cong\triangle GMF$，$\therefore GM=DE$，$\because EC=2DE$，$\therefore EC=2GM$，$\therefore$ 点 G 是 BC 的中点，即 $CG=BG=\frac{1}{2}BC$，$\because FN\perp CD$，$\therefore FN=\frac{1}{2}CG$，$\therefore S_{\triangle DFE}=\frac{1}{2}DE\cdot FN=\frac{1}{4}DE\cdot CG=\frac{1}{4}\cdot\frac{1}{3}CD\cdot\frac{1}{2}BC=\frac{1}{24}BC\cdot CD$，$\therefore S_{阴影}=S_{\triangle DCG}-S_{\triangle DFE}=\frac{1}{2}\cdot\frac{1}{2}BC\cdot CD-\frac{1}{24}BC\cdot CD=\frac{5}{24}BC\cdot CD=\frac{5}{24}\times12=2.5$（平方厘米）。

23.【参考答案】本题考查《义务教育数学课程标准》（2011 年版）中“四基”的内容。（1）“四基”是指数学的基础知识、基本技能、基本思想、基本活动经验。基础知识与基本技能包括数学的基本概念、定理、公式、法则、方法，以及基本的运算、推理、作图等技能。基本思想主要指数学抽象的思想、数学推理的思想和数学模型的思想。基本活动经验是在学生参与数学学习的活动中积累起来的。

（2）“平行四边形的面积”中通过让学生经历平行四边形面积公式的推导过程，渗透“转化”的数学思想，将平行四边形转化为已学的图形来推导其面积；通过观察、交流、讨论、练习等形式，让学生在理解公式推导的过程中积累活动经验，学会解决实际问题。

24.【参考答案】（1）教学目标：

知识与技能目标：结合具体内容认识小数，知道以元为单位、以米为单位的小数的实际含义，能认识小数、会读写小数。

过程与方法目标：知道十分之几可以用一位小数表示，百分之几可以用两位小数表示。

情感态度与价值观目标：通过对一位和两位小数的初步认识，了解小数在实际生活中的应用，培养学生的观察能力、概括能力和类推能力以及热爱生活、热爱数学的情感。

(2)教学重、难点

重点：小数含义的理解及小数的读写法。

难点：小数单位的换算。

(3)教学过程

①情境导入，激发学习兴趣

a.创设情境。

课件出示文具及标价，教师讲述：星期天，小华的妈妈为小华购买了一些文具……

b.你能把这些文具的标价分成两类吗？怎么分？（指名分类，并说说理由）

c.引入课题。

左边这组价格都是整元的，是以前学过的整数，右边这组价格有什么特点呢？像0.8，3.06，1.5，…这样的数叫作小数。这节课，我们一起来研究学习小数。板书课题：认识小数。

②自主合作探究，认识小数

a.小数的组成及各部分的名称。

白板课件出示表格，请学生观察，引导学生认识小数的组成及各部分的名称。

b.正确地读以元为单位的小数，并理解意义。

(ⅰ)指名尝试读小数，纠正错误读法。

(ⅱ)师生共同归纳小数的读法，重点强调小数各部分的读法。

(ⅲ)练一练：读一读课本第91页图上的食品价格，并说一说分别表示几元几角。

③寻找生活中的小数

a.请同学们观察数学书封皮上的标价是多少，笔芯的规格是几点几毫米的。

b.学生交流自己课前收集的票据，读一读票据上的小数。

c.课件展示一组生活中的小数，请学生观察。

d.师生小结：小数的用途真大呀，可以用来表示价格、分数、质量、长度、温度等等。

④小组合作学习，探究小数的写法

a.汇报自己的身高是几米几厘米。

b.提出问题：如果我们用米作单位，怎样表示自己的身高？会遇到什么麻烦？

c.小组合作学习。

问题：不足1米的零头怎么表示？

要求：(ⅰ)根据导学案上的提示，认真思考、填空，并观察发现规律。

(ⅱ)把自己发现的规律与小伙伴交流。

探究内容：

学习提示：把1米平均分成10份，每份是1分米。照样子填一填。

1分米 $=\frac{1}{10}$米，还可以写成(0.1)米；2分米＝(　　)米，还可以写成(　　)米；

3分米＝(　　)米，还可以写成(　　)米；5分米＝(　　)米，还可以写成(　　)米；

我的发现：十分之几米，可以写成(　　)米。

自学提示：把1米平均分成100份，每份是1厘米。照样子填一填。

1厘米 $=\frac{1}{100}$米，还可以写成(　　)米；2厘米＝(　　)米，还可以写成(　　)米；

3厘米＝(　　)米，还可以写成(　　)米；5厘米＝(　　)米，还可以写成(　　)米。

我的发现：百分之几米，可以写成(　　)米。

d.汇报交流。

e.尝试用小数表示自己的身高。

⑤巩固练习，实践应用

a.基础练习。

(ⅰ)看图填写相应的分数与小数。(ⅱ)连线。

b.综合练习：猜一猜。

c.实践应用：运用所学知识，纠正规范商品的价格标签。

⑥课堂总结

同学们，我们一起来谈一谈，今天你们有什么收获？

2018年1月浙江省杭州市教师招聘考试小学数学真题试卷(九)

一、填空题

1. 13

【解析】本题考查古典概型。袋子里有数量足够多的红、白、蓝三种颜色的球，每次摸出2个(摸后放回)，则每次摸到的球的颜色组合有以下6种情形，分别是：红红、红白、红蓝、白白、白蓝、蓝蓝，要保证有3次摸到的球相同，利用抽屉原理，考虑最不利的情况，知至少要摸$6\times2+1=13$次。

2. 104

【解析】本题考查整数带余除法的同余问题。根据题意，自然数N除以3余2，除以5余4，除以7余6，除数与余数的差都为1，故N再加1就是3，5，7的最小公倍数。由于3，5，7的最小公倍数是105，$105-1=104$，则这个自然数最小是104。

3. 130

【解析】本题考查数与代数式的运算。由于$x^2=\overline{abc9}$是一个四位数，且是一个末位是9的完全平方数，则这个四位数最小是33的平方数，最大是97的平方数，故x的最小值与最大值之和为130。

4. 351

【解析】本题考查整数的数位及基本运算。由0~9这10个数组成五个两位数，要求和尽可能大，则必须使每个数尽可能大，所以它们的十位上的数字分别是9，8，7，6，5；个位上的数字分别是0，1，2，3，4，但要求这五个两位数和为奇数，因为$1+2+3+4=10$为偶数，所以应将4与5交换，可得和为奇数，则它们的和最大为$(9+8+7+6+4)\times10+(1+2+3+5)=351$。

5. 21

【解析】本题考查排列组合。根据题意，将8粒糖分为3组，可将8粒糖排成一排，在排除两端的7个空位中，用隔板法，选取2个空位插入隔板即可，可得$C_7^2=21$种分配方法。

6. 271

【解析】本题考查立方体的视图。设每块立方体积木的体积为1，则将这1000块相同的立方体积木拼成一个大立方体，可得到大立方体的边长是10，且大立方体的每个面都是由100个小立方体组成的，相邻的两个面共用10个小立方体。小明最多能看到这个大立方体的三个面，分别是一个侧面、正面和上面，故能看到的积木的块数最多为$100+90+81=271$。

7. $2\sqrt{2}$

【解析】本题考查平面几何图形的相关计算。根据题意可得，$CD=BD$，$BD=\frac{1}{2}AB=2$ cm，由于$\triangle BDC$是等腰直角三角形，则$BC=\sqrt{CD^2+BD^2}=2\sqrt{2}$ cm。

8. 1050

【解析】本题考查二元一次方程组的应用。设这批零件共有x个，每箱装y个，根据题意可列出方程组：

$$\begin{cases}\frac{3}{7}x=3y+90,\\ \frac{4}{7}x=5y,\end{cases}$$ 解得$x=1050$。

9. 2693

【解析】本题考查规律探索类应用题。显然1不是“智慧数”。由于$(k+1)^2-k^2=2k+1$，$(k+1)^2-(k-1)^2=4k$ $(k\in\mathbf{Z})$，所以每个大于1的奇数与每个大于4且是4的倍数的数都是“智慧数”，而形如$4k+2$的数都不是“智慧数”，4也不是“智慧数”。在从1开始的自然数中前4个自然数中只有3是“智慧数”，此后，从5开始，“智慧数”是5，7，8，9，11，12，13，15，16，17，19，20，…，即2个奇数、1个4的倍数，这样3个一组依次排下去。由于$(2018-1)\div3=672\cdots\cdots1$，$4\times673=2692$，则第2018个“智慧数”是$2692+1=2693$。

10. 289

【解析】本题考查平面几何图形的面积计算。如图，作辅助线，过P点分别作$\triangle APB$，$\triangle CPB$的高h_1，h_2，分别交AB，CB的延长线于点F，E。设正方形$ABCD$的边长为a，根据题意得，$\frac{1}{2}ah_1=90$，$\frac{1}{2}ah_2=48$。又由图可知四边形$PEBF$为长方形，$\because h_1^2+h_2^2=PB^2=12^2$，$\therefore \left(\frac{180}{a}\right)^2+\left(\frac{96}{a}\right)^2=12^2=144$，解得$a=17$，故正方形$ABCD$的面积是$a^2=17^2=289$ cm²。

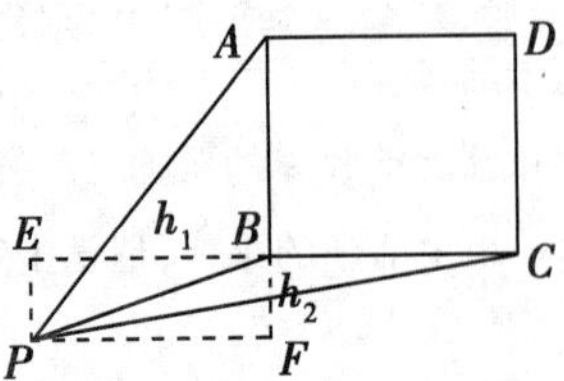

二、单项选择题

11. C 【解析】本题考查正方体的表面展开图。正方体的表面展开图一共有11种情况，记忆口诀如下："一四一"呈6种，"一三二"有3种，"二二二"与"三三"各1种，A、B、D项都能被还原，C项中如果出现"L"型时，末端不能出现两个并排的正方形。故C项不能被还原。

12. A 【解析】本题考查分数的运算及倒数的概念。由分数的运算性质及倒数的定义可知选A。

13. B 【解析】本题考查分数的应用。由于小王最后全部喝完，故小王将一杯果汁全部喝完，三次共加苏打水有$\frac{1}{6}+\frac{1}{3}+\frac{1}{2}=1$，即小王同时又喝了一杯苏打水，所以小王喝的果汁和苏打水一样多，故选B。

14. C 【解析】本题考查中位数的概念及计算。将这组成绩按照从小到大的顺序排列，可知众数是92，若$a\leqslant 92$，中位数是92，若$a>92$，中位数仍是92。故中位数是92，选C。

15. A 【解析】本题考查数与代数的基本运算。由题意可得，将这五个分数进行通分可得$\frac{30}{60},\frac{20}{60},\frac{15}{60},\frac{12}{60},\frac{10}{60}$。选项A中，去掉$\frac{20}{60}$和$\frac{15}{60}$后，其余分数的和为$\frac{52}{60}$；选项B中，去掉$\frac{30}{60}$和$\frac{10}{60}$后，其余分数的和为$\frac{47}{60}$；选项C中，去掉$\frac{20}{60}$和$\frac{12}{60}$后，其余分数的和为$\frac{55}{60}$；选项D中，去掉$\frac{30}{60}$和$\frac{12}{60}$后，其余分数的和为$\frac{45}{60}$。得到的这四个数与$\frac{6}{7}$进行比较可得，选项A符合题意。

16. D 【解析】本题考查简单几何体的体积。将"V"型酒杯倒过来相当于一个圆锥，如果将圆锥在$\frac{1}{2}$高度处拦腰截断，截面平行于底面，那么截面圆的半径就等于$\frac{1}{2}$的底面半径，设圆锥底面半径为R，高为h，则截得的上半部分（小圆锥）与整个圆锥的体积比为$\frac{1}{3}\pi\left(\frac{R}{2}\right)^2\cdot\frac{h}{2}:\frac{1}{3}\pi R^2h=1:8$，即上半个小圆锥的体积与大圆锥的体积比为1:8。故甲喝完3杯，乙需喝完$8\times3=24$个半杯才与甲喝的一样多。故选D。

17. D 【解析】本题考查古典概型的概率的计算。十位上数字是个位上数字2倍的两位数有21，42，63，84，十位上数字比个位上数字大的两位数有$9+8+7+6+5+4+3+2+1=45$个，故十位上数字是个位上数字的2倍的两位数的可能性是$\frac{4}{45}$。故选D。

18. B 【解析】本题考查数的基本运算及规律探索。据题意可知，1，2，3，4，…，2018，这2018个数的最小公倍数肯定是2的整数次方的倍数，由于$2^{10}=1024$，$2^{11}=2048>2018$，因此，这个最小公倍数应为2^{10}乘一个奇数，即1，2，3，4，…，2018这2018个数的最小公倍数等于10个2与一个奇数的积。故选B。

三、解答题

19.【解析】本题考查小学数学浓度类应用题。设加入x克水就能制成含盐率为12%的盐水，由题意列出方程：$\frac{600\times20\%}{600+x}=12\%$，解得$x=400$。

答：加入400克水就能制成含盐率为12%的盐水。

20.【解析】本题考查近似数及分数运算。由题意知，$\frac{a}{3}+\frac{b}{7}=\frac{7a+3b}{21}\approx1.38$，$a<3$，$b<7$，且$a$，$b$为正整数，可得$7a+3b\approx21\times1.38=28.98$，故利用试值法可得$a=2$，$b=5$，故分数$\frac{a}{b}$是$\frac{2}{5}$。

21.【解析】本题考查十进制与二进制的相互转化。由于二进制七位数的最小值为1 000 000，其对应的十进制数为64，二进制七位数的最大值为1 111 111，其对应的十进制数为127，因此，这个十进制数$\overline{abc}$应当在64～127之间，且$a\neq0$，所以$a=1$。又因为这个二进制七位数的后六位是$abcabc$，所以这个二进制七位数是$\overline{1abcabc}$，且$0\leqslant b,c\leqslant1$（二进制中没有大于2的数）。$\overline{1abcabc}_{(2)}=1\times2^6+a\times2^5+b\times2^4+c\times2^3+a\times2^2+b\times2^1+c\times2^0=64+32a+16b+8c+4a+2b+c=100+18b+9c=\overline{abc}_{(10)}=100+10b+c$，所以$10b+c=18b+9c$，可得$b=c=0$。故这个十进制的三位数$\overline{abc}$是100。

22.【解析】本题考查图形旋转及面积计算。根据题意，作图可知，$\triangle ABC$绕顶点A顺时针旋转90°，斜边扫过的面积是如图阴影部分的面积，即其中点D，E为等腰Rt$\triangle ABC$，Rt$\triangle AFC$斜边上的中点，$AD=AE=CD=CE=\frac{1}{2}BC=2$ cm，$AB=2\sqrt{2}$ cm，$\angle DAE=90°$，$S_{阴影}=S_{半圆BCF}-2S_{\triangle ABD}-S_{扇形AED}=\frac{1}{2}\pi(2\sqrt{2})^2-2\times\frac{1}{2}\times2\times2-\frac{1}{4}\pi\times2^2=5.42\ \text{cm}^2$。

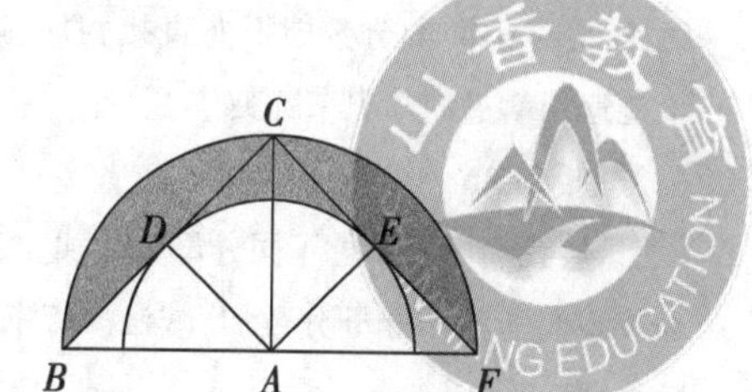

23.【参考答案】本题考查教学知识。(1)意义:《义务教育数学课程标准》(2011年版)中指出:几何直观主要是指利用图形描述和分析问题。借助几何直观可以把复杂的数学问题变得简明、形象,有助于探索解决问题的思路,预测结果。作用:几何直观可以帮助学生直观地理解数学,在整个数学学习过程中都发挥着重要作用。

(2)由日常生活中买书的实例引出两位数乘两位数的计算算式,如何计算得出结果呢?教师可根据学生已有的知识水平,引导学生用点子图将算式直观地表示出来,借助点子图,通过圈一圈、画一画、写一写,建立图、口算算式与笔算算式之间的联系,将其中一个数分成两个数相加的形式,例如,可以将12分成10+2之后运用乘法分配律,将两位数乘两位数问题转化为两位数乘整十数和两位数乘一位数的问题,至此,将新知转化为旧知,解决了问题。

24.【参考答案】

本题考查教案设计。

异分母分数加、减法

教学目标:

知识与技能目标:理解异分母分数加、减法的计算法则,掌握异分母分数加、减法的计算方法,能正确地进行计算。

过程与方法目标:经历探究过程,体会转化的数学思想,进一步培养自觉验算的良好习惯。

情感态度与价值观目标:在交流的过程中体验成功的喜悦,增强自主学习、合作交流的意识。

教学重点:理解、掌握异分母分数加、减法的计算法则。

教学难点:理解异分母分数相加、减必须先通分的计算法则。

教学过程:

(1)检查复习

①口算:$\frac{1}{3}+\frac{1}{3}$　$\frac{5}{7}-\frac{3}{7}$　$\frac{2}{5}+\frac{1}{5}$　$\frac{8}{9}-\frac{1}{9}$

提问:同分母分数相加、减怎样计算?同分母分数加、减,为什么只把分子相加、减?

②把下面每组中的两个分数通分。

$\frac{1}{3}+\frac{2}{5}$　$\frac{3}{4}+\frac{7}{20}$　$\frac{5}{12}+\frac{3}{8}$

讨论:分母不同的分数能不能直接相加、减?为什么?能不能运用学过的知识来解决?

(2)教授新知

①引导:我们已经掌握了同分母分数加、减法的计算法则,今天我们学习异分母分数加、减法。板书课题:异分母分数加、减法。

②出示例1:计算$\frac{3}{10}+\frac{1}{4}$。

教师问:这道分数加法题和过去学过的有什么不同?能直接计算出它的结果吗?不能直接计算出来,有什么办法呢?请同学们拿出准备好的分数板,先在单位"1"上摆出$\frac{3}{10}+\frac{1}{4}$,再议论议论,把这个圆平均分成几份就可以看出它们的和占单位"1"的几分之几?

学生动手操作学具,教师巡视指导。

学生动手操作后,教师引导学生归纳总结:

a. 这个圆代表什么?你把这个圆平均分成了几份?(20份)为什么要平均分成20份?

b. $\frac{3}{10}$占这个圆的几份?(板书$\frac{6}{20}$),$\frac{1}{4}$占这个圆的几份?(板书$\frac{5}{20}$)

c. 比较一下$\frac{6}{20}$和$\frac{3}{10}$,$\frac{5}{20}$和$\frac{1}{4}$的相同点和不同点。

d. 把$\frac{3}{10}+\frac{1}{4}$转化成$\frac{6}{20}+\frac{5}{20}$这一过程叫什么?为什么要先通分?通分的根据是什么?

e. 这道题的结果是多少?(板书$\frac{11}{20}$)

f. 怎样计算异分母分数加法?

③出示例2:计算 $\frac{3}{10}-\frac{3}{20}$。

教师:我们学会了异分母分数加法,怎样计算异分母分数减法呢?大家试一试,讨论一下。

师指名板演并说出计算过程:$\frac{3}{10}-\frac{3}{20}=\frac{6}{20}-\frac{3}{20}=\frac{3}{20}$。

教师:为什么要用20作公分母?异分母分数减法怎样计算?

教师:谁能把异分母分数加、减法的计算法则总结出来?同学之间可以相互讨论,相互补充。

教师:你们总结得对吗?看书上是如何总结的,对照一下。计算法则中哪些地方最重要?用笔划出来。

教师指出,分数加、减法的验算方法与整数加、减法的验算方法相同。

(3)巩固练习

①计算并验算。

$\frac{2}{3}+\frac{5}{6}=$　$\frac{9}{10}+\frac{11}{15}=$

②口算:$\frac{1}{8}+\frac{1}{2}$　$\frac{5}{6}+\frac{1}{3}$　$\frac{3}{8}-\frac{1}{4}$　$\frac{3}{5}+\frac{1}{4}$　$\frac{2}{7}+\frac{1}{3}$

$\frac{3}{4}-\frac{1}{6}$　$\frac{1}{4}+\frac{3}{10}$　$\frac{2}{5}-\frac{1}{3}$

③计算下面各题,怎样计算比较简便,有何规律。

$\frac{1}{3}+\frac{1}{4}$　$\frac{1}{6}+\frac{1}{7}$　$\frac{1}{7}+\frac{1}{2}$　$\frac{1}{5}+\frac{1}{4}$　$\frac{1}{5}-\frac{1}{7}$

$\frac{1}{8}-\frac{1}{9}$　$\frac{1}{7}-\frac{1}{10}$

计算后,通过引导学生观察分析,使学生明确:

a. 分母是互质数、分子是 1 的分数加法,用分母相乘的积作和的分母,分子相加的和作和的分子。

b. 分母是互质数、分子是 1 的分数的减法,用分母相乘的积作差的分母,分子相减的差作差的分子。

(4)课堂总结(略)

(5)作业(略)

2017 年浙江省教师招聘考试小学数学真题试卷(十)

一、单项选择题

1. C 【解析】本题考查二次根式的化简。$x\in(-5,0)$,则 $\sqrt{x^2+10x+25}-\sqrt{x^2}=\sqrt{(x+5)^2}-(-x)=x+5-(-x)=2x+5$。

2. A 【解析】本题考查比例问题。设这两种糖水的质量都为 35,则混合后的糖和水的质量比为 $\left(\frac{4}{5}\times35+\frac{3}{7}\times35\right):\left(\frac{1}{5}\times35+\frac{4}{7}\times35\right)=43:27$。

3. D 【解析】本题考查无穷小量阶的比较。$\lim\limits_{x\to0}\frac{e^{\sin x}-\cos x}{\sin x}=\lim\limits_{x\to0}\frac{\cos xe^{\sin x}+\sin x}{\cos x}=1$,故当 $x\to0$ 时,$e^{\sin x}-\cos x$ 是 $\sin x$ 的等价无穷小。

4. B 【解析】本题考查几何概型。至少需要等待 15 秒才出现绿灯的概率是 $1-\frac{15}{40}=\frac{5}{8}$。

5. B 【解析】本题考查规律探索类应用题。观察规律可知,点的位置每 6 个小三角形为一个周期,0 ~ 2017 有 2018 个数字,2018 ÷ 6 = 336 + 2,所以点 2017 的位置与点 1 在三角形中的位置一样,选 B。

6. C 【解析】本题考查分段函数连续的性质。∵ 函数$f(x)$在 $x=0$ 处连续,则 $\lim\limits_{x\to0^+}f(x)=\lim\limits_{x\to0^+}(a\cos x+2)=a+2=\lim\limits_{x\to0^-}f(x)=\lim\limits_{x\to0^-}(e^x+\sin x)=1$,解得$a=-1$。

7. D 【解析】本题考查直线与圆的相交弦。$x^2+y^2+2x-4y=0\Leftrightarrow(x+1)^2+(y-2)^2=5$,圆心为$(-1,2)$,半径为$\sqrt{5}$,直线 $x+y+1=0$ 到圆的距离 $d=\frac{|-1+2+1|}{\sqrt{1^2+1^2}}=\sqrt{2}$,则直线与圆相交所得的弦长为$2\sqrt{5-(\sqrt{2})^2}=2\sqrt{3}$。

8. B 【解析】本题考查最大公因数。(120,15) = 15,所以 120 米长边每隔 15 米种 1 棵,而且每个角种 1 棵,最少要种树 9 × 2 = 18 棵。故选 B。

9. A 【解析】本题考查平面几何图形的面积。设 $AB=4$,$AD=3$,则 $S_{长方形ABCD}=12$,$S_{圆}=4\pi$,$S_1+S_2=S_{长方形}-S_{圆}+S$,则 $S_1+S_2-S=S_{长方形}-S_{圆}=12-4\pi<0$,$\therefore S_1+S_2<S$。

10. C 【解析】本题考查综合知识。梯形 $ABCD$ 中,$AD\parallel BC$,$S_{\triangle ABD}=S_{\triangle AED}+S_{\triangle ABE}$,$S_{\triangle ACD}=S_{\triangle ADE}+S_{\triangle CED}$,$S_{\triangle ABD}=S_{\triangle ACD}$,因此 $S_{\triangle ABE}=S_{\triangle CED}$,(1)正确;设 A、B 两地相距 S,汽车从 A 地开到 B 地的时间 $t_1=\frac{S}{v_1}$,从 B 地开到 A 地的时间 $t_2=\frac{S}{v_2}$,则汽车往返一次的平均速度是 $\frac{2S}{t_1+t_2}=\frac{2S}{\frac{S}{v_1}+\frac{S}{v_2}}=\frac{2v_1v_2}{v_1+v_2}$,故(2)错;三角形的三条高的交点可以在三角形的边上,也可能在三角形外部,故(3)错;设商品原价格为 1,上升 5% 又下降 5% 后的价格为 $1\times(1+5\%)(1-5\%)=0.9975<1$,故(4)正确;如果切 n 刀,最多可以把一个平面切成$(n^2+n+2)\div2$ 块,因此(5)正确;等比数列$\{a_n\}$中,$a_2a_4=a_1a_5=a_3^2=6$,则 $a_1a_3^2a_5=a_3^4=36$,故(6)正确。故选 C。

11. A 【解析】本题考查数学思想方法教学模式的流程的识记。

12. D 【解析】本题考查直方图的应用。每周的自习时间不少于 22.5 小时的人数是(0.16 + 0.08 + 0.04) × 2.5 × 200 = 140。

二、填空题

13. 普及性

【解析】本题考查《义务教育数学课程标准》(2011 年版)的内容。义务教育阶段的数学课程应突出体现基础性、普及性、发展性。

14. 折线

【解析】本题考查统计图的选择。折线统计图的优点是不但可以表示出数量的多少,还能够清楚地看出数据的增减变化情况。

15. 3;4

【解析】本题考查平面向量坐标运算。由题意可知,(x,

$x)+(-y,y)=(x-y,x+y)=(-1,7)$，即有 $\begin{cases}x-y=-1,\\x+y=7,\end{cases}$解得$\begin{cases}x=3,\\y=4。\end{cases}$

16. 199 260

【解析】本题考查数的基本运算。1992□□能同时被3,4,5整除，则这个六位数的末位应该为0，这个数能被4整除，那十位能填0，2,4,6,8，能被3整除的数各个数位上的数的和是3的倍数，$1+9+9+2+0=21$，则十位上应填能被3整除的数，可能是0,3,6,9，综合可知这样的六位数最大为199 260。

17. $\frac{43}{14}$

【解析】本题考查数与代数的规律探索。分母为$2n(n\in\mathbf{N}_+)$，分子从第三项起，每一项均为前两项分子的和再减1，∴第7个数是$\frac{43}{14}$。

18. 100

【解析】本题考查分数的应用。树上原有橘子数为$10\div\left(1-\frac{1}{2}\right)\div\left(1-\frac{1}{3}\right)\div\cdots\div\left(1-\frac{1}{9}\right)\div\left(1-\frac{1}{10}\right)=10\times2\times\frac{3}{2}\times\cdots\times\frac{9}{8}\times\frac{10}{9}=100$(只)。

19. $\frac{1}{6}$

【解析】本题考查异面直线夹角的余弦值计算。取CD中点M，连结AM，EM，则$EM/\!/OD$，$\angle AEM$即异面直线OD和AE所成的角，设四面体棱长为2，则$AE=OD=\sqrt{3}$，$EM=\frac{\sqrt{3}}{2}$，在Rt$\triangle ADM$中，$AM=\sqrt{(\sqrt{3})^2+\left(\frac{1}{2}\right)^2}=\frac{\sqrt{13}}{2}$，

则$\cos\angle AEM=\frac{AE^2+EM^2-AM^2}{2AE\cdot EM}=\frac{\sqrt{3}^2+\left(\frac{\sqrt{3}}{2}\right)^2-\left(\frac{\sqrt{13}}{2}\right)^2}{2\times\sqrt{3}\times\frac{\sqrt{3}}{2}}$

$=\frac{1}{6}$。

20. -1

【解析】本题考查数列极限。$\lim\limits_{n\to\infty}n\cdot[\ln(n-1)-\ln n]=$

$\lim\limits_{n\to\infty}n\cdot\ln\frac{n-1}{n}=\lim\limits_{\frac{1}{n}\to0}\frac{\ln\left(1-\frac{1}{n}\right)}{\frac{1}{n}}=\frac{-\frac{1}{n}}{\frac{1}{n}}=-1$。

21. 甲、乙

【解析】本题考查逻辑推理类应用题。由题意知D证人说了实话，则C证人的证词是假的，则A、B两个证人说的没有一个是真的，即都是假的，所以甲、乙都有罪。

22. -3

【解析】本题考查三角函数最值的计算。$f(x)=2\sqrt{3}\sin x\cos x-2\sin^2x=\sqrt{3}\sin2x+\cos2x-1=2\sin\left(2x+\frac{\pi}{6}\right)-1$，$\sin\left(2x+\frac{\pi}{6}\right)$的最小值是$-1$，则函数$f(x)$的最小值是$-3$。

23. 15

【解析】本题考查不等式的计算。解不等式$\frac{x}{19}<\frac{4}{5}<\frac{x+1}{19}$，可得$\frac{71}{5}<x<\frac{76}{5}$，∵$x$是自然数，∴$x=15$。

24. 新旧知识相互作用阶段

【解析】本题考查数学教学知识。

三、解答题

25.【解析】本题考查数的基本运算。

原式$=\frac{5}{3}-\left[\left(3.62\times\frac{2}{15}+(10-3.62)\times\frac{2}{15}\right)\times1.82-1\frac{1}{3}\times0.82\right]$

$=\frac{5}{3}-\left(10\times\frac{2}{15}\times1.82-1\frac{1}{3}\times0.82\right)$

$=\frac{5}{3}-\left(\frac{4}{3}\times1.82-\frac{4}{3}\times0.82\right)$

$=\frac{5}{3}-\frac{4}{3}$

$=\frac{1}{3}$。

26.【解析】本题考查导数在数学模型中的应用。设臂长为x米，则杆长为$\left(\frac{16}{3}-\sqrt{x^2-2^2}\right)(x>2)$米，

令$y=2x+\frac{16}{3}-\sqrt{x^2-2^2}$，则$y'=2-\frac{x}{\sqrt{x^2-2^2}}=\frac{2\sqrt{x^2-2^2}-x}{\sqrt{x^2-2^2}}(x>2)$，

令$y'>0$可得$x>\frac{4\sqrt{3}}{3}$，令$y'<0$可得$2<x<\frac{4\sqrt{3}}{3}$，

当$x=\frac{4\sqrt{3}}{3}$时，y有极小值，也为最小值，

此时$y=\frac{8\sqrt{3}}{3}+\frac{16}{3}-\sqrt{\left(\frac{4\sqrt{3}}{3}\right)^2-2^2}=\frac{6\sqrt{3}+16}{3}$。

即杆长与两臂长之和的最小值为$\frac{6\sqrt{3}+16}{3}$米。

27.【解析】本题考查定积分的计算。$\int_0^1\frac{x+1}{\sqrt{4-x^2}}\mathrm{d}x$

$=\int_0^1\frac{1}{\sqrt{4-x^2}}\mathrm{d}x-\frac{1}{2}\int_0^1\frac{1}{\sqrt{4-x^2}}\mathrm{d}(4-x^2)$

$$=\int_0^1 \frac{1}{\sqrt{1-\left(\frac{x}{2}\right)^2}}\mathrm{d}\left(\frac{x}{2}\right)-(4-x^2)^{\frac{1}{2}}\Big|_0^1$$

$$=\arcsin\frac{x}{2}\Big|_0^1-(4-x^2)^{\frac{1}{2}}\Big|_0^1$$

$=2-\sqrt{3}+\dfrac{\pi}{6}$。

28.【解析】本题考查数列通项公式。$a_{n+1}=3a_n-2a_{n-1}$，

$a_{n+1}-a_n=2a_n-2a_{n-1}=2(a_n-a_{n-1})$，

令 $b_n=a_{n+1}-a_n, b_1=3-1=2, b_n=2b_{n-1}$，

则数列$\{b_n\}$是以2为首项,2为公比的等比数列,$b_n=2^n$，

则 $a_n-a_{n-1}=2^{n-1}$，

$a_{n-1}-a_{n-2}=2^{n-2}$，

$a_{n-2}-a_{n-3}=2^{n-3}$，

……

$a_2-a_1=2$，

上述各式累加可得,$a_n-a_1=2^{n-1}+\cdots+2=\dfrac{2(1-2^{n-1})}{1-2}=2^n-2$，

$a_n=2^n-2+a_1=2^n-1$。

四、论述题

29. 什么是数学概念形成？数学概念形成的学习过程分为哪几个阶段？

【参考答案】本题考查数学概念教学。概念形成是在教学条件下,从大量的具体例子出发,以学生的感性经验为基础,形成表象,进而以归纳的方式抽象出事物的本质属性,提出各种假设加以验证,从而获得初级概念,再把这一概念的本质属性推广到同一类事物之中,并用符号表示的过程。

数学概念形成的学习过程分为以下几个阶段:①观察实例。②分析共同属性。③抽象本质属性。④确认本质属性。⑤概括定义。⑥符号表示。⑦具体运用。

五、案例设计和案例分析题

30.【参考答案】本题考查教学评价与教学设计。(1)有必要,这位老师在上课时充分发挥了学生的学习主体性,符合新课程标准的要求,并创设了问题情境,设疑激趣,引导学生,培养学生的观察力,充分调动了学生的学习积极性,活跃了课堂学习气氛。

(2)不对,该教师应注意对学生要求的差异性和反馈的有效性和练习安排的层次性。层次性是指由易到难,由浅入深,循序渐进。

《义务教育数学课程标准》(2011年版)指出学习评价的主要目的是全面了解学生数学学习的过程和结果,激励学生学习和改进教师教学。评价不仅要关注学生的学习结果,更要关注学生在学习过程中的发展和变化。应采用多样化的评价方式,恰当呈现并合理利用评价结果,发挥评价的激励作用,保护学生的自尊心和自信心。通过评价得到的信息,可以了解学生数学学习达到的水平和存在的问题,帮助教师进行总结与反思,调整和改进教学内容和教学过程。

(3)难点是能根据正比例的意义,判断两个相关联的量是不是成正比例关系。

教学设计如下：

①激趣导入

同学们玩过石头剪刀布的游戏吗？谁和老师来玩一下石头剪刀布的游戏,比赛六次,赢一次得五分,比一比,看谁得的分数高！

师:观察表格,你们发现什么规律了吗？(课件出示)

赢的次数和分数是相互依赖的变化的量,就是两种相关联的量。两个相互依赖的变化的量,在变化的时候是有一定规律的,今天这节课我们就一起来研究其中的一种规律。板书课题:正比例。

②探究新知

情境一:下面是正方形的周长与边长的变化情况。

边长/cm	1	2	3	4
周长/cm	4			

A. 表示变化情况。

(ⅰ)写出关系式。

观察表中有哪两种量？根据以前的学习,正方形的周长和边长有什么关系？

(ⅱ)根据关系式,口答填表。

B. 探索变化规律。

(ⅰ)观察关系式你发现这两种量之间有什么变化规律？(可以小组内研究)

生:边长增大,周长也随着增大。

师:具体说说你是怎样观察出来的？

(ⅱ)还能发现什么规律？

生:比值都相同。

师:比值都是几？比值相同还可以说比值一定。

(ⅲ)能用关系式表示正方形周长与边长比值一定这一变化规律吗？

正方形周长÷边长=4。

(ⅳ)完整说说正方形周长与边长的变化规律。

情境二:下面是正方形的面积与边长的变化情况

边长/cm	1	2	3	4
面积/cm^2	1			

A. 表示变化情况。

(ⅰ)表中有哪两种量?

(ⅱ)能用公式表示正方形面积与边长的关系吗?填一填表。

B. 探索变化规律。

师:观察表格中正方形的面积与边长有什么变化规律?

(ⅰ)边长增大,面积也随着增大;

(ⅱ)正方形的面积与边长的比值不同。

师:比值不同还可以说比值不一定。能用关系式表示它们的变化规律吗?

正方形面积 ÷ 边长 = 边长(不一定)(板书)。

C. 完整说说正方形面积与边长的变化规律。

师:比较一下,正方形的周长与边长、面积与边长的变化规律有什么相同点和不同点?

情境三:刚才我们一起研究了正方形周长与边长、面积与边长的变化规律,接下来就用上面的方法再研究一个例子。

A. 出示题目。

一辆汽车行驶的速度为 90 千米/时,汽车行驶的时间和路程如下:

(t)时间/时	1	2	3	4	5	6	7	8
(s)路程/千米	90	180	270	360				

师:请同学们用上面的方法研究一下路程和时间这两种量之间有什么变化规律?(填完后小组内交流一下)

B. 汇报变化规律。

a. 关系式 $s = 90t$。

b. 填表格。

c. 总结变化规律。

(ⅰ)时间增加,路程也随着增加;

(ⅱ)路程与时间的比值一定(也就是速度一定);

(ⅲ)路程 ÷ 时间 = 速度(一定)。

③总结提升

师:下面看黑板,你能根据每组中两种量的变化规律把正方形周长与边长的关系、面积与边长的关系,速度一定时路程与时间的关系进行分类吗?

生:正方形的周长与边长的关系、速度一定时路程与时间的关系分为一类,因为它们都是比值一定。

师:像这样的两种量就成正比例,谁能说说什么样的两种量成正比例?有什么特征?可以结合前面的情境。

为什么正方形的面积和边长不成正比例呢?(比值不一定)

师:对,虽然面积随边长的增大而增大,但比值不一定,所以不成正比例。可见,判断两种量是否成正比例,关键是比值是否一定。

④巩固练习

A. 判断下面各题中的两种量是否成正比例,并且说明理由。

(ⅰ)每袋大米的质量一定,大米的总质量和袋数。

(ⅱ)订阅某报纸的份数和总钱数。

(ⅲ)一个人的身高和年龄。

B. 你能说出生活中成正比例的例子吗?

⑤回顾整理,反思提升

这节课你有哪些收获?

浙江省教师招聘考试小学数学押题试卷

浙江省教师招聘考试小学数学押题试卷(一)

一、单项选择题

1. D 【解析】本题考查多边形的内角和。一个四边形,截去一刀后得到的新多边形可能是三角形、四边形或五边形。因为 n 边形的内角和为 $(n-2)\times180°$,所以三角形的内角和为 180°,四边形的内角和为 360°,五边形的内角和为 540°。因此,新多边形的内角和可能增加 180°、减少 180°或不变。故本题正确选项为 D。

2. C 【解析】本题考查简单几何体表面积的计算。将这个正方体截成两个长方体,无论怎样截,都是多出两个完全一样的面,且这两个面的面积都为 a^2,所以这两个长方体的表面积之和为 $6a^2+2a^2=8a^2$。

3. D 【解析】本题考查间隔问题。两人不论谁输谁赢,总体每玩一次上 $3-1=2$ 个台阶,玩 20 次共上 $2\times20=40$ 个台阶,故两层之间有 $40\div2=20$ 个台阶。

4. A 【解析】本题考查集合的应用。设集合 A 为参加足球队的人,集合 B 为参加排球队的人,集合 C 为参加游泳队的人，则根据容斥原理得 $\text{card}(A\cap B\cap C)=\text{card}(A\cup B\cup C)-\text{card}(A)-\text{card}(B)-\text{card}(C)+\text{card}(A\cap B)+\text{card}(A\cap C)+\text{card}(B\cap C)=3$。

5. C 【解析】本题考查比与比例类应用题。由题意可知，乙的速度是甲的$\frac{9}{10}$，丙的速度是乙的$\frac{9}{10}$，因此，丙的速度是甲的$\frac{9}{10}\times\frac{9}{10}=\frac{81}{100}$，所以甲和丙跑 100 米，甲到终点时，丙跑了 81 米。

6. B 【解析】本题考查小学数学浓度类应用题。药：水 = 1：1200，则 6 kg 药需要水的量为 $6\times1200=7200$ kg，则配制成的药液的量为 $7200+6=7206$ kg。故选 B。

7. C 【解析】本题考查等差数列与等比数列的性质。由 $a_4^2=a_3a_7$，得 $(a_1+3d)^2=(a_1+2d)(a_1+6d)$。由 $d\neq0$，得 $2a_1+3d=0$。再由 $S_8=8a_1+\frac{56}{2}d=32$，得 $2a_1+7d=8$，则 $d=2$，$a_1=-3$，所以 $S_{10}=10a_1+\frac{90}{2}d=10\times(-3)+\frac{90}{2}\times2=60$。故选 C。

8. A 【解析】本题考查点、直线和平面的位置关系。平行于同一个平面的两个平面互相平行或重合，故 A 选项不是公理；B、C、D 三项都是公理。

9. B 【解析】本题考查抛物线与双曲线的性质。$\because$ 抛物线方程为 $y^2=4x$，$\therefore 2p=4$，可得 $\frac{p}{2}=1$，$\therefore$ 抛物线的焦点坐标为 $F(1,0)$。令 $x^2-\frac{y^2}{3}=0$，可得双曲线的渐近线方程为 $y=\pm\sqrt{3}x$，化成一般式得 $\sqrt{3}x\pm y=0$，故抛物线 $y^2=4x$ 的焦点到双曲线的渐近线的距离为 $d=\frac{|\sqrt{3}\times1\pm0|}{\sqrt{3+1}}=\frac{\sqrt{3}}{2}$。

10. D 【解析】本题考查《义务教育数学课程标准》(2011 年版)中的课程内容。“会描述简单的路线图”属于第二学段图形与几何的图形与位置中的内容。

二、填空题

11. 6；6

【解析】本题考查列方程解应用题。由题意可得，F 型积木是 E 型积木高度的$\frac{2}{3}$，设 E 型积木高度为 3，则 F 型积木高度为 2，10 块 E 型积木和 15 块 F 型积本的高度均为 30。丙同学用一块 E 型、一块 F 型间隔地搭，设 E 型积木有 x 块，若 E 型积木和 F 型积木相等，可列方程 $3x+2x=30$，得 $x=6$；若 E 型积木比 F 型积木多一块，可列方程 $3x+2(x-1)=30$，解得 x 不是整数，不成立；若 E 型积木比 F 型积木少一块，可列方程 $3x+2(x+1)=30$，解得 x 不是整数，也不成立。综上所述，需要 E 型积木 6 块，F 型积木 6 块。

12. 13

【解析】本题考查数与代数的基本运算。由题意可得，$\frac{5}{6}A=\frac{1}{4}B$，化简为 $A=\frac{3}{10}B$，所以 $A+B=\left(\frac{3}{10}+1\right)B=\frac{13}{10}B$，因为 A，B 都是非零自然数，所以$\frac{13}{10}B$ 也是非零自然数，且当 $B=10n(n\in\mathbf{N}_+)$ 时，$\frac{13}{10}B$ 都是自然数，即$\frac{13}{10}B=13n(n\in\mathbf{N}_+)$。所以 $A+B$ 的和最小为 13。

13. 小傅

【解析】本题考查推理判断。因为每个名次都有人猜对，而五个人中只有第二猜了一次，所以猜测小钱是第二，相应的小钱第三是错的，而小蔡第三是对的，此时小蔡第一是错的，而小汪第一是对的，第五是错的，故小韩是第五，小傅是第四。

14. $33\frac{5}{504}$

【解析】本题考查实数的运算。原式 $=\left(\frac{1}{1}+\frac{2}{1}+\frac{3}{1}+\cdots+\frac{9}{1}\right)-\left(\frac{1}{2}+\frac{2}{2}+\frac{3}{2}+\cdots+\frac{8}{2}\right)+\left(\frac{1}{3}+\frac{2}{3}+\frac{3}{3}+\cdots+\frac{7}{3}\right)-\cdots-\left(\frac{1}{8}+\frac{2}{8}\right)+\frac{1}{9}=(1+2+\cdots+9)-\frac{1}{2}(1+2+\cdots+8)+\frac{1}{3}(1+2+\cdots+7)-\cdots-\frac{1}{8}(1+2)+\frac{1}{9}=45-\frac{1}{2}\times36+\frac{1}{3}\times28-\cdots-\frac{3}{8}+\frac{1}{9}=33\frac{5}{504}$。

15. 36；$8n+4\ (n\in\mathbf{N}_+)$

【解析】本题考查规律探索及等差数列的通项公式。每个正方体都有 12 条棱，如题图所示的几何体，从第二个开始都是在前一个正方体的基础上再增加 8 条棱，即此规律可看作是首项为 12，公差为 8 的等差数列，所以第 n 个图要用的小棒的条数是 $12+8(n-1)=8n+4(n\in\mathbf{N}_+)$；当 $n=4$ 时，$12+8(n-1)=36$。

16. $y=(x-1)^2+2$

【解析】本题考查函数图象的平移变换。由平移口诀“左加右减，上加下减”，得二次函数 $y=x^2$ 的图象向右平移 1 个单位后函数表达式为 $y=(x-1)^2$，再向上平移 2 个单位后，所得图象的函数表达式为 $y=(x-1)^2+2$。

17. $(-2,0)$

【解析】本题考查平面几何图形的位似及坐标运算。因为四边形 $OABC$ 是矩形，点 B 的坐标为 $(2,4)$，所以 $OC=AB=4, OA=2$，所以点 C 的坐标为 $(0,4)$，因为矩形 $OABC$ 与矩形 $ODEF$ 是位似图形，P 是位似中心，点 E 的坐标为 $(-1,2)$，所以位似比为 $1:2$，所以 $OP:AP=OD:AB=1:2$，设 $OP=x$，则 $\frac{x}{x+2}=\frac{1}{2}$，解得 $x=2$，所以 $OP=2$，即点 P 的坐标为 $(-2,0)$。

18. -16

【解析】本题考查平面向量的运算。设 $\angle AMB=\theta$，则 $\angle AMC=\pi-\theta$。又 $\overrightarrow{AB}=\overrightarrow{MB}-\overrightarrow{MA}, \overrightarrow{AC}=\overrightarrow{MC}-\overrightarrow{MA}$，则 $\overrightarrow{AB}\cdot\overrightarrow{AC}=(\overrightarrow{MB}-\overrightarrow{MA})\cdot(\overrightarrow{MC}-\overrightarrow{MA})=\overrightarrow{MB}\cdot\overrightarrow{MC}-\overrightarrow{MB}\cdot\overrightarrow{MA}-\overrightarrow{MA}\cdot\overrightarrow{MC}+\overrightarrow{MA}^2=-25-5\times3\cos\theta-3\times5\cos(\pi-\theta)+9=-16$。

19. 2

【解析】本题考查函数的求导运算。令 $e^x=t(t\in(1,+\infty))$，则 $x=\ln t$，故有 $f(t)=\ln t+t$，即 $f(x)=\ln x+x$，因此 $f'(x)=\frac{1}{x}+1$，故 $f'(1)=1+1=2$。

20. 运算能力

【解析】本题考查运算能力的概念。

三、解答题

21.【解析】本题考查平面几何图形的面积。设 EF 与 CD 相交于点 M，连结 AM，$S_{阴影}=S_{正方形ABCD}-S_{\triangle AEM}-S_{\triangle ADM}$，因为正方形 $AEFG$ 是由正方形 $ABCD$ 绕点 A 旋转 $30°$ 得到的，所以 $AE=AD$，$\angle D=\angle AEM=90°$，又因为 $AM=AM$，所以 $\triangle AEM\cong\triangle ADM$，则 $S_{\triangle AEM}=S_{\triangle ADM}$，而 $S_{\triangle ADM}=AD\times DM\times\frac{1}{2}$，设 $DM=x$，在 $\mathrm{Rt}\triangle ADM$ 中，易知 $\angle DAM=30°$，则 $AM=2x$，则有 $AD^2+DM^2=AM^2$，即 $x^2+1=4x^2\Rightarrow x=\frac{\sqrt{3}}{3}$，所以 $S_{阴影}=1-2S_{\triangle ADM}=1-2\times1\times\frac{\sqrt{3}}{3}\times\frac{1}{2}=1-\frac{\sqrt{3}}{3}$。

22.【解析】本题考查不定积分的计算。

$$\int\frac{x\mathrm{d}x}{(4-5x)^2}=\int\left(-\frac{1}{5}\right)\times\frac{4-5x-4}{(4-5x)^2}\mathrm{d}x$$

$$=\frac{1}{25}\int\left[\frac{1}{4-5x}-\frac{4}{(4-5x)^2}\right]\mathrm{d}(4-5x)$$

$$=\frac{1}{25}\int\frac{1}{4-5x}\mathrm{d}(4-5x)-\frac{4}{25}\int\frac{1}{(4-5x)^2}\mathrm{d}(4-5x)$$

$$=\frac{1}{25}\ln|4-5x|+\frac{4}{25(4-5x)}+C。$$

23.【解析】本题考查函数的概念与性质。$f(x)=\frac{6\cos^4x-5\cos^2x+1}{\cos2x}=\frac{(2\cos^2x-1)(3\cos^2x-1)}{2\cos^2x-1}=3\cos^2x-1$，且 $\cos2x\neq0$，即 $x\neq\frac{\pi}{4}+\frac{k\pi}{2}(k\in\mathbf{Z})$，且 $f(x)$ 为偶函数，化简可知函数的值域为 $\left[-1,\frac{1}{2}\right)\cup\left(\frac{1}{2},2\right]$。

24.【解析】本题考查概率及数学期望的计算。用 A 表示"甲在4局以内（含4局）赢得比赛"，A_k 表示"第 k 局甲获胜"，B_k 表示"第 k 局乙获胜"，则 $P(A_k)=\frac{2}{3}, P(B_k)=\frac{1}{3}, k=1,2,3,4,5$。

(1) $P(A)=P(A_1A_2)+P(B_1A_2A_3)+P(A_1B_2A_3A_4)=P(A_1)P(A_2)+P(B_1)P(A_2)P(A_3)+P(A_1)P(B_2)\cdot P(A_3)P(A_4)=\left(\frac{2}{3}\right)^2+\frac{1}{3}\times\left(\frac{2}{3}\right)^2+\frac{2}{3}\times\frac{1}{3}\times\left(\frac{2}{3}\right)^2=\frac{56}{81}$。

(2) X 的可能取值为 2,3,4,5。

$P(X=2)=P(A_1A_2)+P(B_1B_2)=P(A_1)P(A_2)+P(B_1)P(B_2)=\frac{5}{9}$，

$P(X=3)=P(B_1A_2A_3)+P(A_1B_2B_3)=P(B_1)\cdot P(A_2)P(A_3)+P(A_1)P(B_2)P(B_3)=\frac{2}{9}$，

$P(X=4)=P(A_1B_2A_3A_4)+P(B_1A_2B_3B_4)=P(A_1)P(B_2)P(A_3)P(A_4)+P(B_1)P(A_2)P(B_3)\cdot P(B_4)=\frac{10}{81}$，

$P(X=5)=1-P(X=2)-P(X=3)-P(X=4)=\frac{8}{81}$，

故 X 的分布列为：

X	2	3	4	5
P	$\frac{5}{9}$	$\frac{2}{9}$	$\frac{10}{81}$	$\frac{8}{81}$

$E(X)=2\times\frac{5}{9}+3\times\frac{2}{9}+4\times\frac{10}{81}+5\times\frac{8}{81}=\frac{224}{81}$。

四、分析题

25.【参考答案】本题考查教学评价。片段一和片段二的教学过程，均体现了学生的主体地位，在课堂上都给予学生自己思考的空间和时间，体现了新课标中学生在课堂中的主体地位，是比较好的学生的活动方式。但是新课标还指出教师是教学活动的引导者，所以教师应对学生得出的结论及时做出评价与反馈。这个反馈可以教师自己做，也可以先让其他学生点评，再由教师总结，做到生生互评。片段二中有学生合作交流的部分,通过交流可以使学生的思维碰撞,产生更好的想法,也可以培养学生的集体荣誉感。

五、论述题

26.【参考答案】本题考查小学阶段统计与概率教学的意义。《义务教育数学课程标准》(2011 年版)将"统计与概率"作为义务教育阶段数学课程的四个学习领域之一,从第一学段起就安排了有关学习内容。小学阶段统计与概率的教学意义主要体现在以下几个方面:(1)可以让学生熟悉统计与概率的基本思想方法,逐步形成统计观念,形成尊重事实、用数据说话的态度。(2)有助于培养学生以随机的观点理解世界,形成科学的世界观与方法论。(3)统计与概率的学习将涉及解决问题、计算、推理,以及整数、分数、比值等知识,这实际上是在学习新知识的同时复习和运用旧知识,有助于发展解决问题的能力。(4)有助于培养学生对数学的积极情感体验。统计与概率这一领域的内容对学生来说是充满趣味和吸引力的。动手收集与呈现数据是一个活动性很强并且充满挑战和乐趣的过程,做概率游戏本身就是对思维的一种挑战,也是一个非常有趣的过程。

六、案例分析与案例设计题

27.【参考答案】本题考查教学知识与能力。(1)巩固练习设计要突出针对性、典型性、层次性、趣味性,练习设计要遵循学生的认知规律;多一些问题解决,少一些机械操作;充分利用好每一道练习题;要留给学生充足的探索和交流的时间。

(2)《义务教育数学课程标准》(2011 年版)在课程基本理念中指出:"数学课程应致力于实现义务教育阶段的培养目标,要面向全体学生,适应学生个性发展的需要,使得:人人都能获得良好的数学教育,不同的人在数学上得到不同的发展。"随着课改的深入,这种理念已经渗透到了教学的各个层面,当然也渗透到了每节课的巩固练习设计中。巩固练习是一种有目的、有计划、有指导的教学训练活动,是学生掌握知识、形成技能、培养能力、养成良好学习习惯的重要手段,也是教师掌握教学情况,进行反馈的重要措施。所以教师要讲究策略,根据教学目标设计能检验学生对新知的掌握情况和促使学生全面发展的习题。教师 A 的设计具有针对性,明确了"分数的意义"的教学目标,但是缺乏典型性和趣味性,课堂活动安排的内容不够生动,语言单调,题目的评讲形式过于单一,对学习困难的学生关注不够。

教师 B 充分调动学生的积极性,以学生熟悉的实例引入课堂的主要内容,发散学生的思维且提高了学生的动手操作能力,让学生在轻松的环境中获取知识。提出的话题有趣,引人入胜,层次清晰,遵循由易到难、由浅入深的原则设计习题。这些练习既使学生牢固地掌握了所学知识,能够熟练运用分数的意义解决问题,又训练了学生的思维,激发了学生的学习兴趣,对提高学生的学习能力和思维能力有很大帮助。另外,把学习的主动权交给了学生,给予学生思考和表现的机会,让他们在主动参与合作中完成任务,较好地实现了知识在交流中增值,思维在交流中碰撞,情感在交流中升华。

28.【参考答案】本题考查教学设计。

一、教学目标

结果目标:知道分数和其他数学知识一样是在人类的生产和生活实际的需要中产生的;理解分数的意义和单位"1"的含义及分子、分母的含义。

过程目标:经历认识分数意义的过程,利用操作、讨论、交流等形式展开小组学习,培养抽象概括能力和逻辑思维能力。

二、教学过程设计

(一)创设情境,温故引新

师:我们已经初步认识了分数,谁来说几个分数?(板书:如 $\frac{1}{4}$)你知道分数各部分的名称吗?(板书)

师:那你们知道分数是怎样产生的吗?

(二)教学新知

1. 教学分数的产生

①你能根据成语说出下面的分数吗?

一分为二(　)

七上八下(　)

百里挑一(　)

十拿九稳(　)

②请一个学生用米尺测量黑板的长,说一说,用"米"作单位,看看测量的结果能不能用整数表示。

师:那剩下的不足一米怎么记?

③在古代,人们就已经遇到了这样的问题(教师用一根打了结的绳子演示古人测量的情况)。课件呈现情境图,介绍分数的起源和发展历史。

④在我们的日常生活中,为了平均分配一些东西,也常常会遇到不能用整数表示的情况。比如两个小朋友平分一个橘子、一块月饼、一块饼干等,每人分到的能用整数表示吗?用什么分数表示?

总结:在测量、分物的时候,可能得不到整数的结果,这时需要用一种新的数表示——分数表示。所以分数是为了适应人类实际需要而产生的。

2. 教学分数的意义

(1)师:下面老师要先考考大家,你能举例说明$\frac{1}{4}$的含义吗?(投影出示题目,学生口答)

师:阴影部分可以用什么分数表示?它表示什么意思?

(2)师:下列图中的阴影部分能用$\frac{1}{4}$表示吗?(课件出示)

生:可以。

师:你为什么觉得可以用$\frac{1}{4}$表示呢?

生说明理由。(强调一定要平均分)(板书:平均分)

(3)动手操作,探索新知。

①操作。

师:现在我给每一个小组都提供了四种材料,一张长方形纸、一根一米长的绳子、6个小立方体、4根绘画笔。下面请每组根据这四种材料,通过折一折、画一画、分一分等方法,创造出几个不同的分数。

学生动手操作,教师巡视。

②交流。

师:谁愿意上来说一说,你得到了哪些分数?这些分数是怎样得到的?

小组交流。

③认识单位"1"。

师:利用这四种材料,同学们创造出了好多分数。刚才在表示这些分数时,我们都是对哪些东西进行平均分的?

生:一张长方形纸、一米长的绳子、6个小立方体、4根绘画笔。

师:把一张长方形纸平均分,我们可以称之为把一个物体平均分(课件显示:一个物体);把一米长的绳子平均分,我们可以称之为把一个计量单位平均分(课件显示:一个计量单位);把6个小立方块、4根绘画笔平均分,我们又可以称之为把一些物体平均分(课件显示:一些物体)。

小结:一个物体、一些物体等都可以看作一个整体,把这个整体平均分成若干份,这样的一份或几份都可以用分数来表示。(课件显示)

师(投影出示):我们可以把这3只象看作一个整体吗?我们可以把这6颗草莓看作一个整体吗?这4只老虎呢?我们还可以把哪些物体也看成一个整体呢?(学生举例)

师:像这样的一个物体、一个计量单位、一个整体,我们可以用自然数"1"来表示,通常把它叫作单位"1"(课件显示),强调说明:

a. 单位"1"不仅可以指一个物体、一个计量单位,也可以是很多物体组成的一个整体。如:一个苹果、一支铅笔、一个计量单位、一堆煤、一仓库粮食等,把什么平均分,就应把什么看作单位"1"。

b. 单位"1"和自然数"1"的区别:自然数1是一个数,表示一个。如:一个人、一本书、一间房子……它是自然数的计数单位。而单位"1"不仅可以表示某一个具体事物,还可以表示一堆、一群……它表示被平均分的整体。

概括分数的意义:把单位"1"平均分成若干份,表示这样的一份或几份的数,叫作分数。

④理解分子分母的意义。

师:通过刚才的学习,大家知道了分数的意义,请同学们想一下,这个"若干份"是分数中的什么?(分母,表示平均分的份数)"这样的一份或几份"是分数中的什么?(分子,表示取的份数)

⑤师:接下来我想出几道题来考考大家,你们愿不愿意接受挑战?

a. 把这个文具盒里的所有铅笔平均分给2个同学,每个同学得到这盒铅笔的几分之几?

生:$\frac{1}{2}$。

b. 师:为什么可以用$\frac{1}{2}$来表示?

c. 师:如果把这盒铅笔平均分给5个同学,每个同学得到这盒铅笔的几分之几呢?如果把这盒铅笔平均分给10个同学,每个同学得到这盒铅笔的几分之几呢?如果把这盒铅笔平均分给100个同学,每个同学得到这盒铅笔的几分之几呢?

师:现在这个文具盒里有6支铅笔,把它平均分给2个同学,每个同学得到的铅笔能用$\frac{1}{2}$表示吗?是几支铅笔?

如果我再增加2支铅笔,把8支铅笔平均分给2个同学,每个同学得到的铅笔还能用$\frac{1}{2}$表示吗?是几支铅笔?为什么同样是$\frac{1}{2}$,铅笔的支数不一样?

教师启发学生总结:因为一个整体表示的具体数量不同,所以同样是$\frac{1}{2}$,铅笔的支数不一样。

3. 教学分数单位

师:整数有计数单位个、十、百、千、万……,分数是否也有计数单位呢?它的计数单位又是怎样规定的?

显示：把单位“1”平均分成若干份，表示其中一份的数叫作分数单位。

师：也就是说分数单位是由一个分数的分母决定的，分母是几，它的分数单位就是几分之一。（师举例说明后，说出几个分数让学生回答，然后再让学生自己举例说明）

（三）加强练习，深化概念

1. $\frac{3}{5}$ 表示把（　　）平均分成（　　）份，表示这样的（　　）份，它的分母是（　　），表示（　　）；分子是（　　），表示（　　）。

2. $\frac{6}{7}$ 的分数单位是（　　），有（　　）个这样的分数单位。

3. 说出每个分数的意义。

（1）五（1）班的三好生人数占全班的$\frac{2}{9}$。

（2）一节课的时间是$\frac{2}{3}$小时。

4. 判断（对的打“√”，错的打“×”）。

（1）一堆苹果分成4份，每份占这堆苹果的$\frac{1}{4}$。（　　）

（2）把5米长的绳子平均分成7段，每段占全长的$\frac{5}{7}$。（　　）

（3）14个$\frac{1}{9}$是$\frac{9}{14}$。（　　）

（4）自然数1和单位“1”相同。（　　）

（四）小结

今天这节课我们学习了什么？你有哪些收获？

浙江省教师招聘考试小学数学押题试卷（二）

一、单项选择题

1. A 【解析】本题考查数的基本运算。设这两个自然数分别为 $a,b,(a,b)$ 表示最大公约数，$[a,b]$ 表示最小公倍数，则 $a\times b=(a,b)\times[a,b]=180$，$a-b=3$，$a,b$ 相差很小，试把 $a\times b=180$ 分成相近的两个数的乘积：$180=4\times3\times3\times5=(4\times3)\times(3\times5)=12\times15$。这两个自然数是12和15。故选A。

2. D 【解析】本题考查整除与余数。由于这个数除345和543的余数相同，那么它能整除543－345，并且得到的商为33，所以这个数为$(543-345)\div33=6$。

3. B 【解析】本题考查分数与小数的转化及规律探索。$2\frac{5}{7}=2.\dot{7}1428\dot{5}$，循环节是714 285，有六位数字，因为$200\div6=33\cdots\cdots2$，所以小数部分的第200个数字是1。

4. C 【解析】本题考查直线与圆的位置关系。曲线 $y=3-\sqrt{4x-x^2}$ 表示圆 $(x-2)^2+(y-3)^2=4$ 的下半部分，当直线 $y=x+b$ 经过点(0,3)时有一个交点（一种临界状态），b 取最大值3；当直线与半圆相切时（另一种临界状态），b 取最小值，则有 $\frac{|2-3+b|}{\sqrt{2}}=2\Rightarrow b=1-2\sqrt{2}$ 或 $b=1+2\sqrt{2}$（舍去），即 $b_{\min}=1-2\sqrt{2}$。故 b 的取值范围为 $[1-2\sqrt{2},3]$。

5. A 【解析】本题考查工程类小学应用题。由分析可得，第二天A、B两个仓库的工作总量为：$\left(\frac{1}{10}+\frac{1}{12}+\frac{1}{15}\right)\times16=4$，因为两个仓库的工作量相同，所以A仓库的工作量是：$4\div2=2$，所以丙在A仓库工作的时间是：$\left(2-\frac{1}{10}\times16\right)\div\frac{1}{15}=6$（小时）。所以，丙在A仓库工作了6小时。

6. D 【解析】本题考查平面向量的运算。由 $|\boldsymbol{a}|=1$，$|\boldsymbol{b}|=2$，$|\boldsymbol{a}-\boldsymbol{b}|=2$，$(\boldsymbol{a}-\boldsymbol{b})\cdot(\boldsymbol{a}-\boldsymbol{b})=\boldsymbol{a}^2-2\boldsymbol{a}\cdot\boldsymbol{b}+\boldsymbol{b}^2=|\boldsymbol{a}-\boldsymbol{b}|^2=4$，得 $2\boldsymbol{a}\cdot\boldsymbol{b}=1$，$\therefore(\boldsymbol{a}+\boldsymbol{b})\cdot(\boldsymbol{a}+\boldsymbol{b})=\boldsymbol{a}^2+2\boldsymbol{a}\cdot\boldsymbol{b}+\boldsymbol{b}^2=6$，$\therefore|\boldsymbol{a}+\boldsymbol{b}|=\sqrt{6}$。

7. B 【解析】本题考查简单几何体的体积。如图，画出圆柱的轴截面，因为圆柱的高为1，它的两个底面的圆周在直径为2的同一个球的球面上，所以 $AC=1$，$AB=\frac{1}{2}$。设圆柱的底面圆半径为 r，在 Rt△ABC 中，$AB^2+BC^2=AC^2$，即有 $\left(\frac{1}{2}\right)^2+r^2=1^2$，解得 $r=\frac{\sqrt{3}}{2}$，所以圆柱的体积 $V=\pi r^2\times1=\frac{3\pi}{4}$。

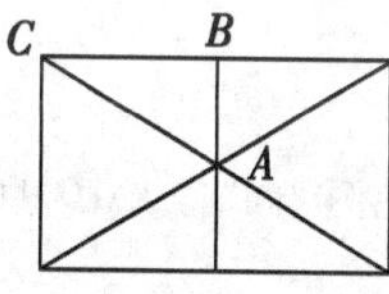

8. B 【解析】本题考查等价无穷小。因为 $\lim\limits_{x\to0}\frac{f(x)}{x}=\lim\limits_{x\to0}\frac{2^x+3^x-2}{x}=\lim\limits_{x\to0}\frac{2^x-1}{x}+\lim\limits_{x\to0}\frac{3^x-1}{x}=\ln2+\ln3=\ln6\neq1$，所以当 $x\to0$ 时，$f(x)$ 与 x 同阶但非等价无穷小。

9. B 【解析】本题考查函数的极值。由函数 $f(x)=x\ln(ax)+1$，可得 $f'(x)=\ln(ax)+1$，由 $x=\frac{1}{e}$ 是函数的极值点，可得 $\ln\left(a\cdot\frac{1}{e}\right)+1=0$，解得 $a=1$，经验证，$a=1$ 时，

$x=\frac{1}{e}$是函数$f(x)=x\ln(ax)+1$的极值点，故选 B。

10. D 【解析】本题考查排列组合。由于同类节目不相邻，则首先将歌舞类节目全排共有$A_3^3=6$种情况；在歌舞类节目中插空排小品类和相声类节目，此时分两种情况：①由于小品类节目有1个，则歌舞类节目中插排1个小品类和1个相声类节目，有$C_2^1A_2^2=4$种情况，最后在两端插排1个小品类节目，此时同类节目不相邻的排法共有$6\times4\times2=48$种情况；②先插排小品类节目，再插排相声类节目，此时同类节目不相邻的排法共有$A_3^3A_2^2C_6^1=72$种情况。综上可得，同类节目不相邻的排法有$48+72=120$种。故选 D。

二、填空题

11. 15

【解析】本题考查数的基本运算。将120进行分解质因数得：$120=2\times2\times2\times3\times5=(2\times2)\times(2\times3)\times5$，$2\times2=4$，$2\times3=6$，则三个连续自然数分别是4,5,6，所以其和是$4+5+6=15$。

12. 110

【解析】本题考查分数的运算。由题意知，x的分母是由18个分数相加所得，其中最大的一个分数是$\frac{1}{1980}$，最小的一个分数是$\frac{1}{1997}$。利用放缩法，若将18个分数都放大成$\frac{1}{1980}$，则和为$\frac{18}{1980}$，若将它们都缩小成$\frac{1}{1997}$，则和为$\frac{18}{1997}$，所以x在$\frac{1}{\frac{18}{1980}}$与$\frac{1}{\frac{18}{1997}}$之间。又因为$\frac{1}{\frac{18}{1980}}=\frac{1980}{18}=110$，$\frac{1}{\frac{18}{1997}}=\frac{1997}{18}=110\frac{17}{18}$，所以$x$的整数部分是110。

13. 40

【解析】本题考查比例尺问题。$120\ 000\ 000\times\frac{1}{3\ 000\ 000}=40$。

14. 170

【解析】本题考查百分数类小学应用题。根据题意可知，男生增加25人，而总数却增加16人，可知女生减少的人数为$25-16=9$(人)，又知女生减少5%，则原有女生$9\div5\%=180$(人)，所以现有男生$325-180+25=170$(人)。

15. $\frac{9}{4}$

【解析】本题考查简单几何体的性质。设甲、乙两个圆柱的底面半径分别为r_1,r_2，高分别为h_1,h_2，则有$2\pi r_1h_1=2\pi r_2h_2$，即$r_1h_1=r_2h_2$。又$\frac{V_1}{V_2}=\frac{\pi r_1^{\ 2}h_1}{\pi r_2^{\ 2}h_2}=\frac{3}{2}$，所以$\frac{V_1}{V_2}=\frac{r_1}{r_2}=\frac{3}{2}$，则$\frac{S_1}{S_2}=\left(\frac{r_1}{r_2}\right)^2=\frac{9}{4}$。

16. 29

【解析】本题考查简单的线性规划。如图，可行域为$\triangle ABC$的区域，得$A(5,2)$，$B(1,1)$，$C\left(1,\frac{22}{5}\right)$，作出直线$l:5x+2y=0$，再将直线平移，当$l$经过$A$点时，$y$轴截距最大，此时$z$取得最大值，$z_{\max}=29$。

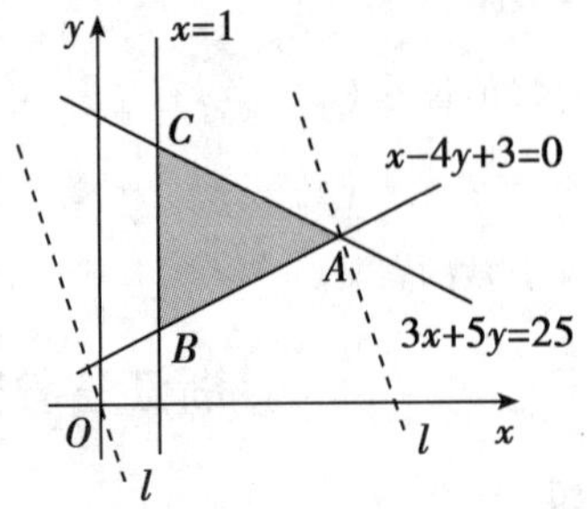

17. $\frac{x^2}{36}+\frac{y^2}{9}=1$

【解析】本题考查椭圆的性质及标准方程。设椭圆的长半轴长为a，由题意知$2a=12$，解得$a=6$，又椭圆的离心率为$\frac{\sqrt{3}}{2}$，即$\frac{c}{a}=\frac{\sqrt{3}}{2}$，解得$c=3\sqrt{3}$，则$b^2=a^2-c^2=9$，故椭圆$C$的标准方程为$\frac{x^2}{36}+\frac{y^2}{9}=1$。

18. -2

【解析】本题考查分段函数的连续性。因为$\left|\sin\frac{1}{x}\right|\leqslant1$，所以$\lim\limits_{x\to0}f(x)=\lim\limits_{x\to0}x\sin\frac{1}{x}=0$。若函数$f(x)$在$x=0$处连续，则$a+2=0$，故$a=-2$。

19. $2\sqrt{3}$ 【解析】本题考查直线与圆的位置关系。如图，取AB的中点C，连结OC，OA，则$OC\perp AB$，$|OA|=2\sqrt{2}$，圆心$(0,0)$到直线$x-2y+5=0$的距离为$d=\frac{|0-2\times0+5|}{\sqrt{1^2+(-2)^2}}=\sqrt{5}$，所以$|AC|=\sqrt{8-5}=\sqrt{3}$，所以$|AB|=2|AC|=2\sqrt{3}$。

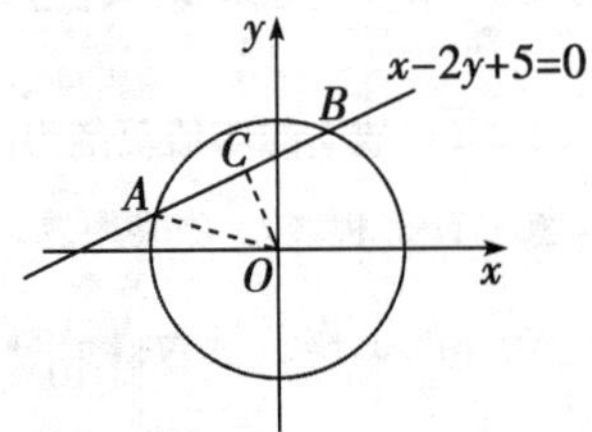

20. 0.5 【解析】本题考查随机事件间的关系。因为随机事件A和B互斥，且$P(A\cup B)=0.7$，$P(B)=0.2$，所以$P(A)=$

$P(A\cup B)-P(B)=0.7-0.2=0.5$，故 $P(\bar{A})=1-P(A)=0.5$。

三、解答题

21.【解析】本题考查列方程解应用题。服装店这笔生意盈利。理由如下：设第一次购进衬衫 x 件，

根据题意得 $\frac{8000}{x}+4=\frac{17\ 600}{2x}$，

解得 $x=200$。

经检验 $x=200$ 是原方程的解。

故盈利额 $=58\times(200+400)-(17\ 600+8000)=9200$(元) >0。

答：该服装店这笔生意是盈利的，盈利9200元。

22.【解析】本题考查双曲线的几何性质及其应用。因为 $e=\sqrt{3}$，所以 $b^2=2a^2$，所以双曲线方程可化为 $2x^2-y^2=2a^2$。设直线 l 的方程为 $y=x+m$，联立 $\begin{cases}y=x+m,\\2x^2-y^2=2a^2,\end{cases}$ 得 $x^2-2mx-m^2-2a^2=0$，所以 $\Delta=4m^2+4(m^2+2a^2)>0$，所以直线 l 一定与双曲线相交。设 $P(x_1,y_1)$，$Q(x_2,y_2)$，$R(0,m)$，则 $x_1+x_2=2m$，$x_1x_2=-m^2-2a^2$，因为 $\overrightarrow{PR}=3\overrightarrow{RQ}$，所以 $-x_1=3x_2$，所以 $x_2=-m$，$-3x_2^2=-m^2-2a^2$，消去 x_2，得 $m^2=a^2$，又 $\overrightarrow{OP}\cdot\overrightarrow{OQ}=x_1x_2+y_1y_2=2x_1x_2+m(x_1+x_2)+m^2=m^2-4a^2=-3$，所以 $m=\pm1$，$a^2=1$，$b^2=2$。故直线 l 的方程为 $y=x\pm1$，双曲线的方程为 $x^2-\frac{y^2}{2}=1$。

23.【解析】本题考查定积分的应用。由抛物线方程，得 $y'=-2x+4$，则 $y'|_{x=0}=4$，$y'|_{x=3}=-2$，故抛物线在点 $(0,-3)$ 和 $(3,0)$ 处的切线分别为 $y=4x-3$，$y=-2x+6$，联立方程得两条直线的交点为 $\left(\frac{3}{2},3\right)$（如图），故所求面积为 $A=\int_0^{\frac{3}{2}}[4x-3-(-x^2+4x-3)]\mathrm{d}x+\int_{\frac{3}{2}}^{3}[-2x+6-(-x^2+4x-3)]\mathrm{d}x=\int_0^{\frac{3}{2}}x^2\mathrm{d}x+\int_{\frac{3}{2}}^{3}(x^2-6x+9)\mathrm{d}x=\frac{1}{3}x^3\Big|_0^{\frac{3}{2}}+\left(\frac{1}{3}x^3-3x^2+9x\right)\Big|_{\frac{3}{2}}^{3}=\frac{9}{4}$。

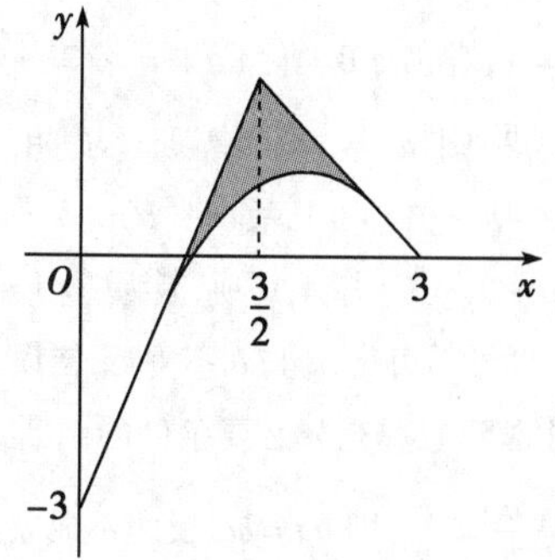

24.【解析】本题考查数列通项公式及数列求和。(1)设等差数列 $\{a_n\}$ 的公差为 $d(d>0)$，$\because a_3=5$，$\therefore a_1=5-2d$，$a_7-a_5=2d$，$a_3+a_6=10+3d$，$\because a_1,a_7-a_5,a_3+a_6$ 成等比数列，

$\therefore 4d^2=(5-2d)(10+3d)$，解得 $d=2$ 或 $d=-\frac{5}{2}$（舍去），

$\therefore a_1=5-2d=1$，$\therefore a_n=2n-1$。

(2)由(1)得 $b_n=\frac{2}{a_na_{n+1}}=\frac{2}{(2n-1)(2n+1)}=\frac{1}{2n-1}-\frac{1}{2n+1}$，则 $S_n=b_1+b_2+\cdots+b_n=1-\frac{1}{3}+\frac{1}{3}-\frac{1}{5}+\cdots+\frac{1}{2n-1}-\frac{1}{2n+1}=1-\frac{1}{2n+1}=\frac{2n}{2n+1}$。$\because S_n>\frac{24}{25}$，$\therefore \frac{2n}{2n+1}>\frac{24}{25}$，解得 $n>12\ (n\in\mathbf{N}_+)$，则满足 $S_n>\frac{24}{25}$ 的 n 的最小值为13。

四、分析题

25.【参考答案】本题考查教学评价。材料中杨老师采用的是问题导入和故事导入的方式进行教学。问题导入是指教师提出富有挑战性的问题使学生产生疑问，引起学生进行回忆、联想、思考，从而产生学习兴趣和探究欲望的一种导入方法。故事导入是指根据教材内容的特点和需要，选讲联系紧密的故事片段，可避免平铺直叙之弊，收寓教于乐之效。幽默、诙谐的故事不仅有利于激发学生的学习兴趣，更是课堂教学的润滑剂。杨老师通过"猴子分饼"的故事提出问题，激发学生学习兴趣，引发学生进行思考，引起学生探究欲望。

五、论述题

26.【参考答案】本题考查情境创设。①课程内容应符合学生的认知规律，因而创设的情境应充分贴合学生的已有知识经验和心理特点，能够激发学生的学习兴趣和探索热情；②教学活动是师生积极参与、交往互动、共同发展的过程，因而情境及所引出的问题应能有效调动学生的积极性，引发学生的数学思考，鼓励创造性思维；③学生学习应当是一个生动活泼的、主动的和富有个性的过程，所以情境导入的最终效果，应体现为能够引导学生认真听讲、积极思考、动手实践、自主探索和合作交流。因此，有效的情境创设应符合学情、引发思考、贯穿课堂。

六、案例设计与案例分析题

27.【参考答案】本题考查教学知识。(1)在课堂教学活动中，老师为了调动学生的积极性，经常根据学生的回答、思考、探索、讨论的情况加以即兴评价。即兴评价用得恰当、轻巧、精妙，能提升课堂活力，进一步促进学生有效学习。在上例中教师用了几个"假如"保护了学生质疑的积极性，

同时,又让学生认识到自己举的例子的片面性,可谓一举两得。

(2)我认为学生学习射线的难点是:对于无限延伸概念的理解,和对于射线与直线、线段之间的区别与联系的理解和记忆。学习射线的重点是:①直线、射线、线段的表示方法及两点确定一条直线。②使用简单的几何语言描述射线的特点。

28.【参考答案】本题考查教学设计。

教学过程:

师:大家都看过《西游记》,都知道孙悟空的武器金箍棒吧,他这个武器平时就是一根棒子(老师在 PPT 上展示孙悟空的金箍棒的照片),大家知道咱们的美术老师在简笔画中是怎样画这个金箍棒的吗?大家在自己的练习本上画一画,试一试。(老师提醒:美术老师是不是用一段线段表示的?)

师:这个金箍棒是不是有个绝技。(PPT 展示,孙悟空给金箍棒下命令,长、长、长),大家观看了这个片段后,想一想这样的金箍棒在咱们的练习本上该怎样表示呢?

学生看着屏幕表现出不知该怎样办的样子。

师:看看咱们学了这节课后能不能想出表示它的办法?咱们这节课学习射线(板书),大家观察一下这个一直在“长长”的金箍棒和我们要学习的射线有什么共同点,并小组讨论。一会儿,小组发言。(先让学生看两分钟书,然后再进行小组讨论)

小组讨论(5分钟)。

听小组代表发言,老师点评。

生1:射线有一个起始点,是一段可以无限延伸的线,如果这个金箍棒在孙悟空的命令下也一直长下去就是一条射线,它的起始点在地面上。

师:大家说他说的对不对?和你想的一样吗?不一样的话,你是怎么想的?说出来大家一起讨论一下。

学生沉默地想了一会儿说,他的想法正确,并说了一些其他想法,经过师生共同讨论,最终达成一致结论。

师:大家觉得射线与我们之前学的线段和直线有什么不同?(指定几个学生分别口述线段和直线的定义,同时老师在适当的时候进行板书直线和线段的定义)

组织学生进行小组或者同桌之间进行两三分钟的讨论,然后请同学回答。

师:大家想一想,在生活中,有哪些东西是可以看作射线的呢?(请学生发言,举例进行共同讨论,老师可以先举些例子以调动学生的思维和课堂积极性)

浙江省教师招聘考试小学数学押题试卷(三)

一、单项选择题

1. C 【解析】本题考查数与代数中的整除和余数。由题意知,糖果数除以3余2,除以4余3。又知每天吃3颗糖,最少吃11天,最后一天2颗,糖至少有$10\times3+2=32$颗;每天吃4颗糖,最多吃9天,最后一天吃3颗,最多有$8\times4+3=35$颗,则糖果数介于32和35之间。题目四个选项中满足除以3余2、除以4余3的数只能是35。故选C。

2. B 【解析】本题考查分数的大小比较。由题意知,a,b两个分数的分子都是1,则只需比较两个分数的分母的大小。因为$2013^2-2014\times2013+2014^2=2013^2-2014\times(2013-2014)=2013^2+2014>2013^2+2014-1$,所以$a>b$。故选B。

3. C 【解析】本题考查小学数学百分数类应用题。将原来价格看作单位“1”,根据题意得,促销价格为$1\times(1-20\%)=0.8$,提价百分比为$(1-0.8)\div0.8=0.25=25\%$。

4. A 【解析】本题考查立方体的三视图。由左视图可知,第2层上至少有一个小立方体,由俯视图可知第1层一共有5个小立方体,故小正方体的个数最少为6个。故选A。

5. C 【解析】本题考查分数的应用。由题意可知长蜡烛的$1-\frac{4}{7}=\frac{3}{7}$与短蜡烛的$1-\frac{4}{10}=\frac{3}{5}$相等,则短蜡烛与长蜡烛的长度之比为5:7。故选C。

6. B 【解析】本题考查直线间的位置关系及规律探索。两条直线时,交点个数是1;三条时,交点个数最多是$3=1+2$;四条时,交点个数最多是$6=1+2+3$;五条时,交点个数最多是$10=1+2+3+4$;n条时,交点个数最多$=1+2+3+4+\cdots+(n-1)=n(n-1)\div2$,则10条时,交点个数最多是$10\times(10-1)\div2=45$。故选B。

7. C 【解析】本题考查平面向量的运算。A项,$\boldsymbol{a}\cdot\boldsymbol{b}=2\times1+0\times1=2\neq1$,错误;B项,$|\boldsymbol{a}|=\sqrt{2^2+0^2}=2$,$|\boldsymbol{b}|=\sqrt{1^2+1^2}=\sqrt{2}$,则$|\boldsymbol{a}|\neq|\boldsymbol{b}|$,错误;C项,由$\boldsymbol{a}=(2,0)$,$\boldsymbol{b}=(1,1)$,得$\boldsymbol{a}-\boldsymbol{b}=(1,-1)$,故$(\boldsymbol{a}-\boldsymbol{b})\cdot\boldsymbol{b}=1\times1+1\times(-1)=0$,因此$(\boldsymbol{a}-\boldsymbol{b})\perp\boldsymbol{b}$,正确;D项,因为$2\times1\neq0\times1$,所以由平面向量平行的性质可得,$\boldsymbol{a}$与$\boldsymbol{b}$不平行,错误。故选C。

8. B 【解析】本题考查充分必要条件的判断。由a,b,c,d成等比数列得$\frac{a}{b}=\frac{c}{d}$,即$ad=bc$,反之不成立。故选B。

9. A 【解析】本题考查导数的计算。依题意得 $y'=1+\ln x$，$y'|_{x=e}=1+\ln e=2$，所以 $-\frac{1}{a}\times 2=-1$，即 $a=2$。

10. C 【解析】本题考查函数的图象。作出函数 $f(x)$ 的图象如图所示，当 $x\in(-1,0)$ 时，由 $xf(x)>0$ 得 $x\in(-1,0)$；当 $x\in(0,1)$ 时，由 $xf(x)>0$ 得 $x\in\varnothing$；当 $x\in(1,3)$ 时，由 $xf(x)>0$ 得 $x\in(1,3)$，所以 $x\in(-1,0)\cup(1,3)$。

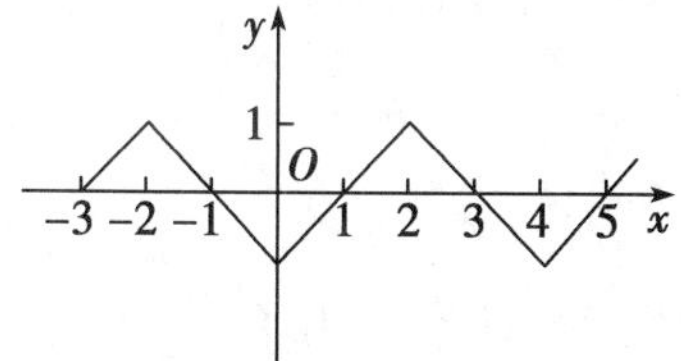

二、填空题

11. 984;405

【解析】本题考查整除运算。选取的数字组成的数要能被 3 整除，应满足这个数各位相加和为 3 的倍数。五个数字中 9 最大，放在百位，另两个数字的和应该保证为 3 的倍数，从而选最大的 8 和 4，从而构成 984，同样的分析方法，可以找到最小的数为 405。

12. 103:275

【解析】本题考查比与比例类问题。把一块合金的重量看作单位“1”，那么在第一块中，锡就是 $\frac{1}{1+5}=\frac{1}{6}$，铁就是 $\frac{5}{1+5}=\frac{5}{6}$；在第二块中，锡就是 $\frac{2}{2+7}=\frac{2}{9}$，铁就是 $\frac{7}{2+7}=\frac{7}{9}$；在第三块中，锡就是 $\frac{3}{4+3}=\frac{3}{7}$，铁就是 $\frac{4}{4+3}=\frac{4}{7}$，所以新熔合成的合金中锡与铁的比是 $\left(\frac{1}{6}+\frac{2}{9}+\frac{3}{7}\right):\left(\frac{5}{6}+\frac{7}{9}+\frac{4}{7}\right)=\frac{103}{126}:\frac{275}{126}$。故答案为 103:275。

13. 821

【解析】本题考查数的认识。由题意知，由 A,B,C 排的六个三位数为 ABC,ACB,BAC,BCA,CAB,CBA，则有 $(100A+10B+C)+(100A+10C+B)+(100B+10A+C)+(100B+10C+A)+(100C+10A+B)+(100C+10B+A)=222\times(A+B+C)=2442$，则 $A+B+C=11$，因为 A,B,C 互不相等，且都不为零，所以最大数只能是 8，其次为 2，1，故这六个三位数最大的为 821。

14. 3

【解析】本题考查二项式定理的应用。由二项式的通项公式可知，$(ax-1)^5(a>0)$ 展开式的第四项为 $-C_5^3(ax)^2=-10a^2x^2$，令 $-10a^2=-40$，解得 $a=\pm2$，因为 $a>0$，所以 $a=2$，则 $\int_{-1}^{2}x^2dx=\frac{x^3}{3}\Big|_{-1}^{2}=\frac{8}{3}+\frac{1}{3}=3$。

15. $\frac{1}{2}$

【解析】本题考查函数的最值。①当 $x=0$ 时，$f(x)=0$；②当 $x\neq0$ 时，$f(x)=\frac{\sqrt{2x^3+7x^2+6x}}{x^2+4x+3}=\frac{x\sqrt{2x+7+\frac{6}{x}}}{x^2+4x+3}=\frac{\sqrt{2x+7+\frac{6}{x}}}{x+4+\frac{3}{x}}$，令 $t=\sqrt{2x+7+\frac{6}{x}}$，由 $x\in(0,4]$ 得 $t\in[2+\sqrt{3},+\infty)$，则 $f(x)=g(t)=\frac{2t}{t^2+1}=\frac{2}{t+\frac{1}{t}}$，由于 $g(t)$ 在 $t\in[2+\sqrt{3},+\infty)$ 上单调递减，所以 $g(t)\leqslant g(2+\sqrt{3})=\frac{2}{(2+\sqrt{3})+\frac{1}{2+\sqrt{3}}}=\frac{1}{2}$，此时 $x=\sqrt{3}$，$f(x)\leqslant\frac{1}{2}$，故 $f(x)$ 的最大值为 $\frac{1}{2}$。

16. 2;1

【解析】本题考查函数的连续性与可导性。$f(0+0)=b$，$f(0)=f(0-0)=1$，因为 $f(x)$ 在 $x=0$ 处连续，所以 $b=1$，即 $f(x)=\begin{cases}\ln(1+ax)+1,x>0,\\ e^{2x},x\leqslant0,\end{cases}$ 则 $f'_-(0)=\lim\limits_{x\to0^-}\frac{f(x)-f(0)}{x}=\lim\limits_{x\to0^-}\frac{e^{2x}-1}{x}=2$，$f'_+(0)=\lim\limits_{x\to0^+}\frac{f(x)-f(0)}{x}=\lim\limits_{x\to0^+}\frac{\ln(1+ax)+1-1}{x}=a$，因为 $f(x)$ 在 $x=0$ 处可导，所以 $f'_-(0)=f'_+(0)$，故 $a=2$。

17. 56%

【解析】本题考查统计与概率中的频率分布直方图。根据直方图可知，长度在 $[99,103)$ 内的元件的频率为 $(0.18+0.1)\times2=0.56$，故这批产品的合格率是 56%。

18. e

【解析】本题考查导数的应用。由题意知，$f(a)=a\ln a+a$，$f'(x)=\frac{a}{x}+1$，设曲线 $f(x)=a\ln x+x$ 在 $x=a$ 处的切线方程为 $y=kx$，则点 $(a,a\ln a+a)$ 满足切线方程，将其代入得，$a\ln a+a=ak$，解得 $k=\ln a+1$，又因为 $k=f'(a)=2$，所以 $\ln a+1=2$，解得 $a=e$。

19. $-\frac{7}{25}$

【解析】本题考查三角函数的化简计算。$\because\sin\theta+\cos\theta=\frac{1}{5}$，

$\therefore \sin^2\theta+2\sin\theta\cos\theta+\cos^2\theta=\frac{1}{25}$,即 $1+\sin2\theta=\frac{1}{25}$,$\therefore \sin2\theta=-\frac{24}{25}$。$\because \frac{\pi}{2}\leqslant\theta\leqslant\frac{3\pi}{4}$,$\therefore \pi\leqslant2\theta\leqslant\frac{3\pi}{2}$,$\therefore \cos2\theta=-\sqrt{1-\sin^2 2\theta}=-\frac{7}{25}$。

20. $\frac{1}{3}$

【解析】本题考查数列的极限。$\lim\limits_{n\to\infty}\frac{2^n+3^n}{2^{n+1}+3^{n+1}}=\lim\limits_{n\to\infty}\frac{3^n\left[\left(\frac{2}{3}\right)^n+1\right]}{3^{n+1}\left[\left(\frac{2}{3}\right)^{n+1}+1\right]}=\frac{1}{3}\cdot\lim\limits_{n\to\infty}\frac{\left[\left(\frac{2}{3}\right)^n+1\right]}{\left[\left(\frac{2}{3}\right)^{n+1}+1\right]}=\frac{1}{3}$。

三、解答题

21.【解析】本题考查方程的应用。设甲、乙两地相距 S 千米。由题意知,慢车从乙地到甲地所需要的时间为 $5+5\times\frac{1}{5}=6$(小时),则快车的速度为$\frac{S}{5}$千米/时,慢车的速度为$\frac{S}{6}$千米/时,列方程得:$2\times\left(\frac{S}{5}+\frac{S}{6}\right)+40=S$,解得 $S=150$。

答:甲、乙两地相距 150 千米。

22.【解析】本题考查定积分的应用。由题意可知,所围图形如图阴影部分所示,联立方程组 $\begin{cases}y=x-2,\\y^2=x,\end{cases}$ 解得 $\begin{cases}x=1,\\y=-1,\end{cases}$ 或 $\begin{cases}x=4,\\y=2,\end{cases}$ 所以围成图形的面积 $S=\int_{-1}^{2}(y+2-y^2)\mathrm{d}y=\left(\frac{y^2}{2}+2y-\frac{y^3}{3}\right)\Big|_{-1}^{2}=\frac{9}{2}$。

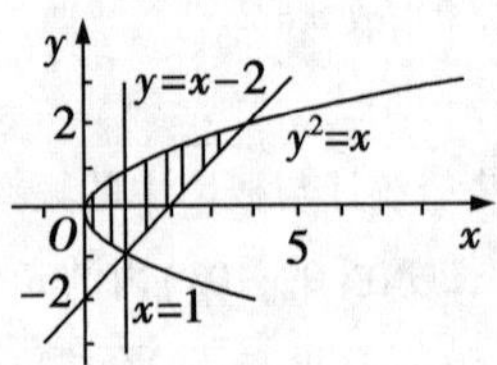

23.【解析】本题考查求解数列通项公式及数列求和的方法。

因为$\frac{S_n}{n}=n+2(n\in\mathbf{N}_+)$,

所以$\frac{S_1}{1}=1+2=3$,

所以 $a_1=S_1=3$。

又因为$\frac{S_n}{n}=n+2$,

所以,$n>1$ 时,$S_n=n(n+2)$,

$S_{n-1}=(n-1)(n+1)$,

所以 $a_n=S_n-S_{n-1}=n(n+2)-(n-1)(n+1)=2n+1$,$n>1$。

当 $n=1$ 时也满足 $a_n=2n+1$,

所以 $a_n=2n+1,n\in\mathbf{N}_+$。

24.【解析】本题考查函数与导数的极值。(1)因为$f(x)=[ax^2-(3a+1)x+3a+2]\mathrm{e}^x$,所以 $f'(x)=[ax^2-(a+1)x+1]\mathrm{e}^x$,则$f'(2)=(2a-1)\mathrm{e}^2$,由题设知$f'(2)=0$,即$(2a-1)\mathrm{e}^2=0$,解得$a=\frac{1}{2}$。

(2)由(1)得 $f'(x)=[ax^2-(a+1)x+1]\mathrm{e}^x=(ax-1)(x-1)\mathrm{e}^x$,

若 $a>1$,则当 $x\in\left(\frac{1}{a},1\right)$时,$f'(x)<0$;

当 $x\in(1,+\infty)$时,$f'(x)>0$,所以$f(x)$在 $x=1$ 处取得极小值。

若 $a\leqslant1$,则当 $x\in(0,1)$时,$ax-1\leqslant x-1<0$,所以 $f'(x)>0$,所以 1 不是$f(x)$的极小值点。

综上可知,a 的取值范围是$(1,+\infty)$。

四、分析题

25.【参考答案】本题考查教学方法。案例一中的教师采用了传统的“灌输式”教学方法,没有引导学生去积极思考和让学生主动应用已掌握的知识进行探索。这种教学方法有利于学生在短时间内获得大量知识,但如果一味地采用这种方法,将使学生形成接受学习的学习方式,只会模仿,不会灵活运用,更不会创造。

案例二中的教师采用了启发式的教学方法,注重引导学生经历知识发生的过程,引导学生自己探索、自己思考,从而得出结论。这种教学方法将引导学生学会学习,形成自主学习、自主探究、合作学习的学习方式,从而促进师生的共同发展。

五、论述题

26.【参考答案】本题考查教学方法的互相联系及作用。这种说法不正确。

美国国家科学教育标准中对探究的定义:“探究是多方面的活动,包括观察,提出问题;通过浏览书籍和其他信息资源发现什么是已经知道的结论,制订调查研究计划,根据实验证据对已有的结论做出评价;用工具收集、分析、解释数据;提出解答、解释和预测,以及交流结果,探究要求确定的假设,进行批判地和逻辑地思考,并且考虑其他可以替代的解释。”

讲授法,是教师运用口头语言结合适当的板书,向学生说明、解释或论证数学概念、计算法则或规律性知识的一种教学方法。

我们的课堂既需要学生的探究活动,又需要教师的讲授,要针对教学的对象来决定设计探究活动,还是讲授活动。当然,很多时候探究和讲授是相互渗透的,在探究活动中需要教师的讲授;同样,教师的讲授就是为了培养学生独立探究的能力。

六、案例分析与案例设计题

27.【**参考答案**】本题考查教学评价及教学过程设计。(1)两位教师上课都注重学生的实践操作,符合学生的认知过程。从当堂的教学效果看,前者课堂气氛沉闷,学生是被教师牵着鼻子做;而后者课堂气氛活跃,师生关系融洽,学生操作积极投入。所以教师B的教学更符合新课程的教学理念。

(2)《义务教育数学课程标准》(2011年版)指出教学活动是师生积极参与、交往互动、共同发展的过程。同样是采用了体现学生主体性的教学形式——实际操作,但效果迥异,关键在于教师是否真正掌握了教学设计的要素,是否真正了解学生,真正找到了适合学生学习的教学方式。对于六年级学生而言,“半径和直径的关系”通过自学已经明了。而教师A无视学生的学习能力,以为学生未知,引导学生操作,面对已知结果的操作探索,学生索然无味,激不起操作的热情。

教师B则充分正视学生的现实,调整教学思路,把对未知的探索变为对已知的思辨。让学生充分展示经验,充分调动学生多感官的活动,探究这些亲切有趣的现象背后的原理,建立一定的数学模型,培养一定的数学能力,由此得到更广阔的发展空间。

(3)教学设计是让学生不断激活“内存”的过程。建构主义是非常强调个体的经验的,个体的一切学习活动都是以经验为基础展开的。让学生充分调集和展示经验,是师生高效对话的前提。教师在教学时不仅要充分承认学生不是一张白纸,还要尽可能了解学生已经有了哪些颜色,应充分尊重学生的主体性,从学生的已有知识经验出发设计教学的各环节。

28.【**参考答案**】本题考查教学设计。

结果目标:通过观察、操作,认识圆,了解圆各部分的名称并能用字母表示,会用圆规画圆。

过程目标:经历画、折、量等过程,理解同圆或等圆中半径和直径的特征与关系。

教学过程:

(1)情境创设,揭示课题

教师:我们学过的平面图形有哪些?

生:有长方形、正方形、三角形、平行四边形、圆……

教师:那么今天我们要更深入地来认识“圆”。(板书课题:圆的认识)

教师:在生活中,圆形的物体随处可见。(展示教材图片)

教师:你能说说自己所见过的圆吗?(学生列举回答)

【设计意图】通过简短的“平面图形有哪些”的谈话直接引出课题,简洁明了,同时无形中也巩固了“圆是平面图形”这一知识点;学生对圆已有一定的认识,因此通过主题图欣赏生活中的圆,让学生说说自己生活中见过的圆,使学生对圆有了初步的了解,激发进一步学习圆的兴趣。

(2)动手操作,构建概念

①利用素材,尝试画圆。

教师:如果请你在纸上画出一个圆,你会怎么画?

生1:利用圆形的实物模型的外框画圆。

生2:用线绕钉子旋转画圆。

生3:用三角尺。

生4:用圆规。

……

课件展示圆规,帮助学生认识圆规。

学生自己尝试画圆,边尝试边总结方法。

教师:说说用圆规画圆要注意什么?

生:一要固定住针尖,二要保持两只脚之间的距离不随意改变。

教师:同学们真聪明,能很快地掌握这个方法。

【设计意图】学习画圆的过程是让学生充分经历自主尝试的过程,从最初的利用实物外框、三角尺等工具画圆,让学生经历了从实物抽象出平面图形的过程;运用圆规画圆,重点说明画圆时的注意事项,更是培养了学生自主解决问题的能力。

②认识圆的各部分名称。

教师:展示几份学生用圆规画的圆,并提问,为什么都是用圆规画圆,圆的大小却不同呢?这跟什么有关呢?

生:用圆规画圆时,圆的大小与圆规固定的一端和动点之间的距离有关。

教师:很好,同学们想了解更多圆各部分的名称吗?请打开教材,自学圆的各部分名称。请将名称标在自己画的那个圆上,标注圆心(O)、直径(d)、半径(r)。

【设计意图】通过观察同学们画的圆,让学生带着圆的大小为什么不同的疑问,自学教材内容,并在图上标注名称,既培养了学生的自学能力,提高了课堂效率,又及时巩固了知识。

③结合画圆的方法,进一步认识半径和圆心。

教师:刚才画圆时,哪个距离是半径,哪个点是圆心?

生:两脚之间的距离是半径,固定的点是圆心。

教师:如果我想画一个比刚刚更小的圆,应该怎么办?想画一个更大的圆又该怎么办呢?画一个大小相同的圆呢?

生:想画一个更小的圆,就使它的半径减小,想画一个更大的圆,就增大半径,想画大小相同的圆,就使半径相同。

教师:这位学生说的很准确,所以圆的大小是由什么决定的?

生:由半径决定。

教师:那么圆的位置呢?

生:由圆心决定。

【设计意图】明确了圆的各部分的名称,再让学生思考如何画大小不同,位置不同的圆,初步感受半径决定圆的大小,圆心决定圆的位置。将学生的实践操作提升到理论的层面,有利于发展学生的空间观念。

④探索半径、直径的特征及关系。

A. 探究特征。

画一画:请每位学生在纸上画一个与刚才的圆的位置、大小都不同的圆,再画一个与刚才的圆大小相同的圆。

剪一剪:将三个圆剪下来。

折一折:选一个圆形纸片,沿任意一条直径折一折。

B. 探索直径和半径的关系。

画直径和半径:在一个圆内任意画它的半径和直径。

量一量:选择刚才画过的两个大小相同的圆,分别画出半径和直径,并分别测量它们的长度。(发现在同圆或等圆中,所有半径都相等,所有直径都相等,半径长度是直径长度的一半,直径长度是半径长度的2倍)

(3)拓展与应用

①解释生活现象。

通过同学们的探索、思考,我们已经认识了圆,会画圆,知道了圆的特征等。其实圆中还蕴藏着许多的奥秘,请大家思考:

A. 餐桌为什么做成圆形?

B. 为什么这些都称为圆桌会议?

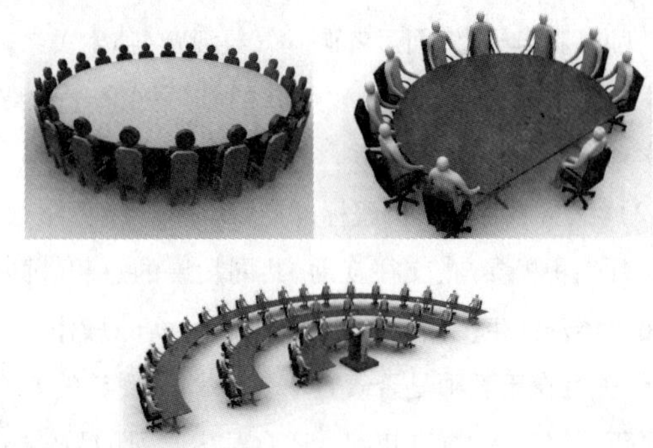

②巩固运用。

A. 篮球场中间的圆怎么画?

B. 如果要把圆画得更大一些,怎么办?

(4)自我回顾反思,总结效果

通过这节课的学习,你对圆有了哪些更深层次的认识?还有什么有关圆的问题?请对本节课的学习情况做自我评价。

浙江省教师招聘考试小学数学押题试卷(四)

一、填空题

1. 200

【解析】本题考查优化问题。由题意可知,6瓶饮料的钱可以喝7瓶饮料,多一个空瓶:240 ÷ 7 = 34……2,34 × 6 = 204(瓶)。花204瓶的钱,可以喝204 + 204 ÷ 6 = 238瓶,剩余34个空瓶,换饮料后浪费;花203瓶的钱,可以喝203 + 203 ÷ 6 = 236瓶,剩余38个空瓶再换6瓶饮料,还剩8个空瓶,浪费;花202瓶的钱,可以喝202 + 202 ÷ 6 = 235瓶,剩余37个空瓶再换6瓶饮料,还剩7个空瓶,浪费;花201瓶的钱,可以喝201 + 201 ÷ 6 = 234瓶,剩余36个空瓶再换6瓶饮料,还剩6个空瓶,浪费;花200瓶的钱,可以喝200 + 200 ÷ 6 = 233瓶,剩余35个空瓶再换5瓶饮料,还剩10个空瓶,先拿6个空瓶换1瓶,喝完后再与其他4个空瓶合计是5个空瓶,赊一瓶饮料喝完共6个空瓶,可以换一瓶,正好抵挡刚才赊的那瓶,故无空瓶。所以买200瓶饮料时,一个空瓶都不剩,即240人至少买200瓶饮料,就能保证每人都喝一瓶。

2. 90

【解析】本题考查比例类小学应用题。根据烨烨与乐乐所得票数的比是3:2,乐乐与花花所得票数的比是6:5,可以求出烨烨、乐乐、花花所得票数的比9:6:5,则烨烨所得票数为 $200 \times \frac{9}{9+6+5} = 90$ 张。

3. −6

【解析】本题考查不等式组的解法。由不等式组可得 $x > 3+2b$ 且 $x < \frac{1+a}{2}$,又不等式组的解集为 $-1 < x < 1$,故可得

到方程组$\begin{cases}\dfrac{1+a}{2}=1,\\3+2b=-1,\end{cases}$ 解得$a=1$,$b=-2$,故$(a+1)(b-1)=-6$。

4. 125

【解析】本题考查简单几何体的体积计算。一个长方体变为了两个正方体,说明原长方体的一组对面(假设为底面)为正方形,并且高是长、宽的二倍,截一刀多8个底边,可得长方体底面的边长为$40\div8=5$厘米,所以正方体的体积是125立方厘米。

5. 48

【解析】本题考查自然数。100个自然数,奇数比偶数多,则奇数最少有51个,偶数最多有49个,但是和为10000,为偶数,则奇数最少有52个,偶数最多有48个。

6. 15

【解析】本题考查分解质因数。先分解质因数:$108=2\times2\times3\times3\times3$,$180=2\times2\times3\times3\times5$,$396=2\times2\times3\times3\times11$,则108与396的最小公倍数是$2\times2\times3\times3\times3\times11$,180与396的最小公倍数是$2\times2\times3\times3\times5\times11$,为了保证将108当作180进行计算时,结果与正确答案一致,M必须是3×5的倍数,所以M的最小值是15。

7. 25.6

【解析】本题考查简单几何体的体积。设浸湿长度为$x$cm,则有$x=15\cdot15x\div(60\times60)+24=0.0625x+24$,解得$x=25.6$。

8. 112

【解析】本题考查工程类小学应用题。"哥哥栽了3小时后,又由弟弟栽了1小时"可以组合成"哥哥和弟弟合栽了1小时后,又由哥哥独自栽了2小时",则哥哥每小时栽的树苗是总数的$\left(1-\dfrac{11}{16}-\dfrac{1}{8}\times1\right)\div(3-1)=\dfrac{3}{32}$,一共要移栽树苗$7\div\left[\dfrac{3}{32}-\left(\dfrac{1}{8}-\dfrac{3}{32}\right)\right]=112$棵。

9. 10

【解析】本题考查抽屉原理。若每种颜色摸3个,则无论什么情况摸到下一个球的颜色都会满足要求,根据抽屉原理,即需要$3\times3+1=10$个,故至少摸出10个球才能保证至少有4个球的颜色相同。

10. 24;25

【解析】本题考查数列及规律探索。根据数的排列规律,可知该数列是隔差数列,分别是以5和1为交替公差的数列,故接下来的两个数分别是24和25。

二、单项选择题

11. A 【解析】本题考查最优化问题。A商场:$300\div90\%\approx333$元;B商场:买300送30元券,$300+30=330$元,故A商场购物更合算一些。

12. D 【解析】本题考查列方程类应用题。设总页数为M。根据如果每天读80页,4天读不完,5天又有余,可得$320<M<400$;根据如果每天读90页,3天读不完,4天又有余,可得$270<M<360$;根据如果每天读n页,恰好用了n天读完,可得$320<n^2<360$。在$320\sim360$之间,只有$18^2=324$符合要求,所以$n=18$,即总页数是324页。故选D。

13. B 【解析】本题考查简单几何体的三视图。从上面看,如图所示,摆出的立体图形对应11个小方格,分三排。第一排从左到右,前4个小方格,每个小方格对应一个小正方体,第5个小方格,由两块小立方体组成;第二排一个小方格,有两块小正方体;第三排从左到右5个小方格,分别由1个、2个、4个、2个、1个小正方体组成。共有:$(1+1+1+1+2)+2+(1+2+4+2+1)=18$(个)。至少要用18个单位小正方体组成。

1	1	1	1	2
2				
1	2	4	2	1

14. D 【解析】本题考查统筹问题。只有三种情况,即11胜4负,10胜3平2负,9胜6平。

15. D 【解析】本题考查探索规律。2023是第$(2023+1)\div2=1012$个奇数,$1012\div4=253$,所以为253行最后一个,奇数行是顺序排列,所以在第5列。

16. B 【解析】本题考查二元一次方程组的应用。由题意可得$\begin{cases}\dfrac{x}{x+y}=\dfrac{2}{5},\\\dfrac{x}{x+y+3}=\dfrac{1}{4}\end{cases}\Rightarrow\begin{cases}x=2,\\y=3,\end{cases}$故原来盒中有白色棋子2颗。

17. C 【解析】本题考查三角形的面积及性质。三角形的面积公式$S=$底$\times$高$\div2$,在本题中,三角形的面积是1,在点阵中,底和高的长只能一个是1、一个是2,则可以有以下三种情况:①底是1,高是2的钝角三角形;②底是2,高是1的直角三角形;③底是2,高是1的等腰直角三角形。故选C。

18. D 【解析】本题考查极限的求解。

$$\lim_{x\to\infty}\frac{(2x-3)^3(3x+2)^4}{(4x+1)^7}=\lim_{x\to\infty}\frac{\left(\frac{2x-3}{x}\right)^3\left(\frac{3x+2}{x}\right)^4}{\left(\frac{4x+1}{x}\right)^7}=$$

$$\lim_{x\to\infty}\frac{\left(2-\frac{3}{x}\right)^3\left(3+\frac{2}{x}\right)^4}{\left(4+\frac{1}{x}\right)^7}=\frac{2^3\times3^4}{4^7}=\frac{81}{2048}。$$

三、解答题

19.【解析】本题考查代数式的计算。解方程 $x^2+2x+1=0$,得 $x=-1$。

则原式 $=\left(\frac{x^2+4}{x}-4\right)\div\frac{x^2-4}{x^2+2x}=\frac{(x-2)^2}{x}\cdot\frac{x(x+2)}{(x+2)(x-2)}=x-2=-3$。

20.【解析】本题考查行程问题。(1)由题意知下坡路有 $800-400-300=100$ 千米,因为火车在平路上的速度是 80 千米/小时,且上坡路、平路、下坡路上的速度比是 3:4:5,所以火车上坡的速度为 60 千米/小时,下坡的速度为 100 千米/小时,故甲地到乙地用时 $\frac{400}{80}+\frac{300}{60}+\frac{100}{100}=11$(小时),从乙地到甲地用时 $\frac{400}{80}+\frac{300}{100}+\frac{100}{60}=9\frac{2}{3}$(小时),所以多用了 $11-9\frac{2}{3}=\frac{4}{3}$(小时)。

(2)设火车从甲地到乙地平路速度、上坡速度、下坡速度分别为 $4x,3x,5x$,故甲地到乙地用时 $\frac{400}{4x}+\frac{300}{3x}+\frac{100}{5x}=\frac{220}{x}$,设火车从乙地到甲地平路速度、上坡速度、下坡速度分别为 $4y,3y,5y$,故乙地到甲地用时 $\frac{400}{4y}+\frac{300}{5y}+\frac{100}{3y}=\frac{580}{3y}$,那么根据题意可知 $\frac{220}{x}=\frac{580}{3y}\Rightarrow\frac{x}{y}=\frac{33}{29}$,故火车从甲站到乙站在平路上的速度与从乙站到甲站在平路上的速度比为 $4x:4y$,即为 33:29。

21.【解析】本题考查数学建模。建立如图所示的直角坐标系,过点 P 作关于 BC,AC 对称的点 D,E,由光线的反射知识知 D,Q,R,E 在同一条直线上,且重心 G 也在 DE 上,设 $P(a,0)$,则 $E(-a,0)$,$G(\frac{4}{3},\frac{4}{3})$,又直线 BC 的方程为 $x+y=4$,设点 P 关于直线 BC 的对称点为 $D(x_1,y_1)$,则有

$$\begin{cases}\frac{y_1}{x_1-a}=1,\\ \frac{x_1+a}{2}+\frac{y_1}{2}=4,\end{cases}$$ 解得 $$\begin{cases}x_1=4,\\ y_1=4-a,\end{cases}$$ 则 $D(4,4-a)$,因为 $E(-a,0)$,$G(\frac{4}{3},\frac{4}{3})$,$D(4,4-a)$ 三点共线,故有 $\frac{\frac{4}{3}}{\frac{4}{3}+a}=\frac{4-a}{4+a}$,解得 $a=\frac{4}{3}$($a=0$ 舍去),所以 AP 的值为 $\frac{4}{3}$。

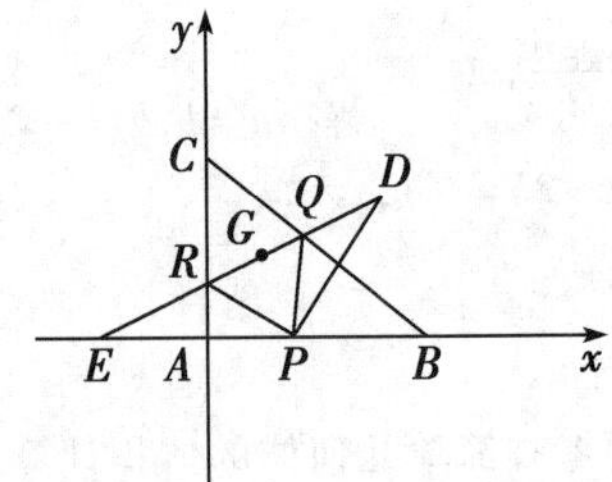

22.【解析】本题考查解直角三角形。由题意可知,在 $\mathrm{Rt}\triangle AFG$ 中,$\tan\angle AFG=\frac{AG}{FG}$,

$\therefore FG=\frac{AG}{\tan\angle AFG}=\frac{AG}{\sqrt{3}}$,

在 $\mathrm{Rt}\triangle ACG$ 中,$\tan\angle ACG=\frac{AG}{CG}$,

$\therefore CG=\frac{AG}{\tan\angle ACG}=\sqrt{3}AG$,

又 $CG-FG=40$,则 $\sqrt{3}AG-\frac{AG}{\sqrt{3}}=40$,

解得 $AG=20\sqrt{3}$(米),

$\therefore AB=20\sqrt{3}+1.5$(米)。

答:这幢教学楼的高度 AB 为 $(20\sqrt{3}+1.5)$ 米。

23.【参考答案】本题考查教材通读的四个核心要素。在通读教材,初步把握教材的基本内容及编写意图后,教师要深入解读教材,进行“追问式”“联系性”“多视角”“延伸性”解读,进一步理解数学知识的本质,理清知识的纵横联系,把握知识的重难点,把握教学核心内容。①开展“追问式”解读,深究核心知识的数学本质,把握教材内隐的学习方式和数学思想方法。②开展“联系性”解读,用整体联系的观点研读教材,把握知识的阶段性和连续性。③要开展“多视角”解读,善于从学生的角度把握教学重难点。④开展“延伸性”解读,深度理解教材,拓宽教材知识点的应用范围。

24.【参考答案】

本题考查教学设计。

圆柱的认识

教学目标:

知识与技能目标:认识圆柱的特征,能正确判断圆柱体;认识圆柱的侧面及展开图,理解和掌握圆柱侧面面积的计算方法。

过程与方法目标:进一步体验自主探究的学习方法,通过观察、比较和判断,培养发现问题、分析问题和解决问题的能力。

情感态度与价值观目标:培养主动探索的精神,发展空间

观念，激发学习兴趣，树立学好数学的信心。

教学重点：认识圆柱的特征，掌握圆柱侧面面积的计算方法。

教学难点：圆柱侧面面积计算方法的推导过程。

教具准备：5个带有包装纸的圆柱体模型，教学课件。

教学过程：

一、创设问题情境，引入新课

（出示一把直尺）师：如果我们用数学的眼光来观察，它是什么图形？（长方形）

如果绕着直尺的一条边旋转一周，得到的是什么图形？（圆柱）

这是一面长方形的小旗，如果也绕着它的一条边旋转一周，得到的又是什么图形？（圆柱）

今天这节课我们就来认识圆柱。

二、自主探究新知，建立模型

1. 整体感知圆柱。

师：在日常生活中，哪些物体是圆柱体？老师也搜集了一些圆柱体实物，如罐头盒、茶叶盒、木桩。如果把它们画下来是怎样的呢？（演示由实物到几何图形的抽象过程）

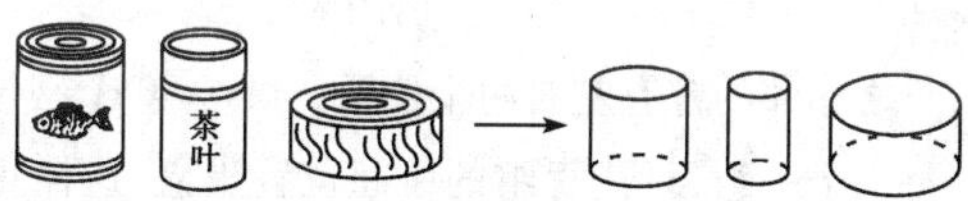

师：我们所学的圆柱都是上下粗细相同的直圆柱。

2. 研究圆柱的各部分名称。

(1)师：以小组为单位，每人拿一个圆柱，摸一摸，互相交流，看看你们有什么发现？

(2)小组汇报。圆柱有两个底面和一个侧面，底面是两个完全相同的圆，侧面是一个曲面。

(3)教师追问：你是怎样知道两个底面相等的？

（①观察。②画剪：把两个底面分别画在纸上，然后剪下来比较。③量直径：测量两个底面的直径，再通过计算，判断底面是否相同。④把圆柱形物体的两个底面拆下来比较）

师：刚才同学们用不同的方法发现圆柱体的两个底面是完全相同的圆。请看电脑是怎样演示的。（多媒体把上下两个圆完全重叠）

(4)（出示两个高低不同的圆柱）师：同学们请看，这两个圆柱高低不同，那么圆柱的高低和什么有关？（圆柱的高低和两个底面之间的距离有关）

圆柱两个底面之间的距离，就叫圆柱的高。

画在图上连结两底面圆心之间的距离就是圆柱的高。圆柱的高有多少条？（板书：无数条）这无数条高的长度怎么样？（板书：都相等）

(5)高的拓展。回答下列问题：

在日常生活中，硬币的高叫什么？（厚）

钢管横着放，高叫什么？（长）

圆柱形水井的高叫什么？（深）

3. 探讨圆柱侧面面积的计算方法。

(1)师：圆柱的侧面是个曲面，你们想不想知道侧面展开图是什么形状？请同学们拿出圆柱模型、剪刀、尺子，把圆柱的侧面剪开后再打开，观察它的形状，并完成下面的练习。

A. 把圆柱的侧面展开，得到一个（　　）形。

B. 长方形的长等于圆柱的（　　），宽等于圆柱的（　　）。

C. 圆柱的侧面积等于（　　）乘（　　）。

电脑演示侧面展开图可能是长方形、正方形，但侧面面积都是底面周长乘高。

(2)师：要求圆柱的侧面面积必须知道什么条件？（底面周长和高）

师：如果底面周长没有直接告诉我们怎么办？（先求出圆柱的底面周长）

尝试解决：一个圆柱底面的直径是5厘米，高是12厘米，求它的侧面积。

三、巩固深化新知，拓展应用

1. 指出下面圆柱的底面、侧面和高。

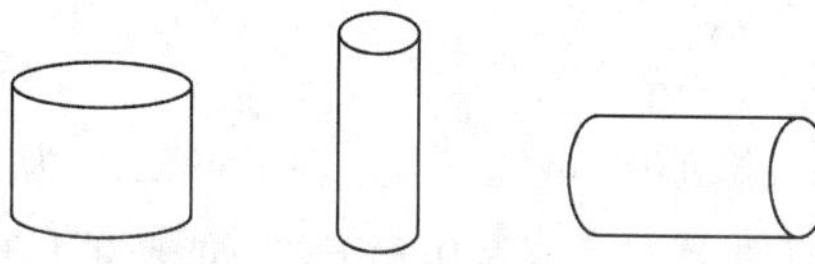

2. 指出下面图形中哪些是圆柱。

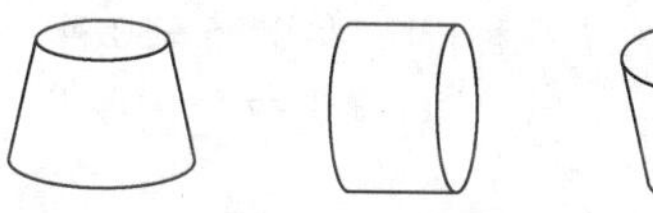

3. 利用已有的材料做一个圆柱体，再量出它的底面直径和高各是多少厘米。

四、课堂自主小结，提升理念

师：刚才同学们表现得都非常好，通过大家的研究探索，我们初步认识了圆柱，谁能告诉老师，对于圆柱你都学到了什么？

圆柱体在生活中具有非常广泛的应用，它在建筑、日常用具、工艺美术等方面给我们增添了许多趣味。希望同学们把这节课学到的知识能更好地加以利用。

五、布置作业

课后习题第2,3,4,5题。

六、教学反思（略）

浙江省教师招聘考试小学数学押题试卷(五)

一、填空题

1. 0 或 −4

【解析】本题考查相反数、倒数与绝对值的计算。因为 a,b 互为相反数,c,d 互为倒数,m 的绝对值为 2,所以有 $a+b=0,cd=1,m=2$ 或 -2。当 $m=2$ 时,原式 $=1-1+0=0$;当 $m=-2$ 时,原式 $=-3-1+0=-4$。

2. 4

【解析】本题考查简单几何体的体积计算。长方体的体积为长×宽×高=64 立方厘米,由长、宽、高之比为 4:2:1,得长为 8 厘米,宽为 4 厘米,高为 2 厘米,则长比宽多 4 厘米。

3. $\frac{9}{4}$

【解析】本题考查不等式的应用。设第一次把球放在 x 米处,则第一次落下的高度为 x 米,第一次弹起的高度为 $\frac{2}{3}x$ 米;第二次落下的高度即为第一次弹起的高度,那么第二次弹起的高度为 $\frac{2}{3}x\cdot\frac{2}{3}=\frac{4}{9}x$ 米。当第二次弹起的高度大于书桌的高度时,即可得 $\frac{4}{9}x>1$,得 $x>\frac{9}{4}$,故第一次至少应该把球放在高于 $\frac{9}{4}$ 米处。

4. 30

【解析】本题考查排列组合问题。因为第一和第二位为 1 和 4,所以第三位不能是 1,只能是 0,第五位不能是 0,1,也不能是 3,否则第六位将是 0 或 1,所以第五位只能是 2,则第四位有 6 种排法,第六位有 5 种排法,共 $6\times5=30$ 种。

5. 64

【解析】本题考查平均数。总人数为 $15\div\frac{1}{4}=60$ 人,优秀分数总和为 $96\times15=1440$,所以所有参赛人得分总和为 $1440\div37.5\%=3840$,所以平均分 $3840\div60=64$ 分。

6. 50

【解析】本题考查比与比例类应用题。由于第一次甲跑了 100 米等乙,说明两人都是跑完了 100 米只是时间不同而已,第二次甲、乙速度之比为 4:5,因为在相同的时间里,速度之比等于路程之比,所以当甲第二次跑 40 米,乙跑了 $40\div4\times5=50$ 米。

7. 4 或 7 或 9 或 12 或 15

【解析】如图所示,若分割成一个一个的正方形,则有 15 个正方形;若分割成一个 2×2 的正方形,则共有 12 个正方形;若分割成两个 2×2 的正方形,则有 9 个正方形;若分割成一个 3×3 的正方形,则有 7 个正方形;若分割成一个 3×3 的正方形和一个 2×2 的正方形,则有 4 个正方形。

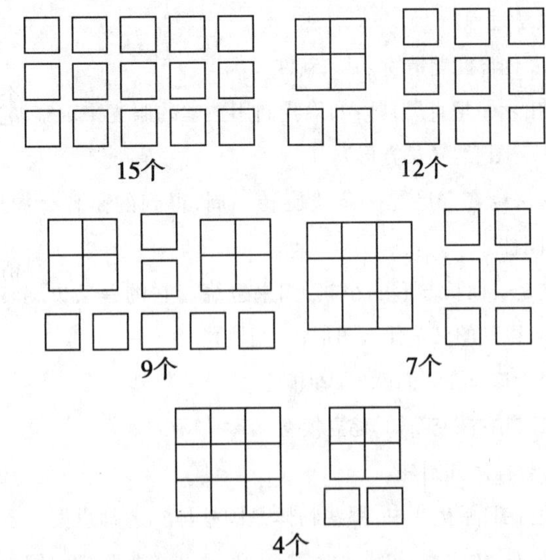

8. 30

【解析】本题考查排列组合。运用隔空法,就每一个座位而言,与之相邻的都有左右两个位置。对这 90 个座位进行分组,每三个一组,只让每组的中间位置坐人,这样再来一个人无论他坐哪个座位上都与已经就座的某个人相邻,所以原来至少有 30 个人已经就座。

9. $\frac{20-7\sqrt{3}}{11}$

【解析】本题考查根式的运算。$\frac{3\sqrt{6}-2\sqrt{2}}{\sqrt{2}+2\sqrt{6}}=\frac{(3\sqrt{6}-2\sqrt{2})(-\sqrt{2}+2\sqrt{6})}{(\sqrt{2}+2\sqrt{6})(-\sqrt{2}+2\sqrt{6})}=\frac{-6\sqrt{3}+36+4-8\sqrt{3}}{24-2}=\frac{40-14\sqrt{3}}{22}=\frac{20-7\sqrt{3}}{11}$。

10. $\frac{3}{4}$

【解析】本题考查探索规律问题。$\because x_1=-\frac{1}{3}$,$\therefore x_2=\frac{1}{1-\left(-\frac{1}{3}\right)}=\frac{3}{4}$,$x_3=\frac{1}{1-\frac{3}{4}}=4$,$x_4=\frac{1}{1-4}=-\frac{1}{3}$,∴差倒数为 3 个循环的数,$\because 2021=673\times3+2$,$\therefore x_{2021}=x_2=\frac{3}{4}$。

二、单项选择题

11. C 【解析】本题考查逻辑推理。如果是甲做的好事,那么乙、丙说的是真的，与只有一句是真的矛盾。如果是乙做的好事，那么甲、丙都是真的，也产生矛盾。如果好事是丙做的，这时甲、丙的话都是错的，乙的话是对的，符合题意。

12. D 【解析】本题考查图形的变换。两次的折痕就是对称轴，即该图的对称轴有两条，再结合小洞的位置判断即可。只有 B、D 图关于两条折痕都对称，但 D 项小洞更靠近对称轴，故选 D。

13. C 【解析】本题考查科学计数法与近似数。判断一个用科学计数法表示的数精确到哪一位时，需要先将该数恢复成原数，近似数8.8×10^3还原后为 8800，再看用科学计数法表示成的数 $a\times10^n$ 中前面那个 a 的最后一个数字所在的位置，本题中最后的一个数字是 8，在百位上，所以精确到百位；判断有几个有效数字时，只需要看 a 有几个有效数字即可，即看本题中的 8.8，只有两个有效数字。故选 C。

14. A 【解析】本题考查圆柱与圆锥的体积。由题意可设圆柱与圆锥的高为 h，底面半径为 R，则 $V_{圆柱}=\pi R^2h$，$V_{圆锥}=\frac{1}{3}\pi R^2h$，圆锥底面半径扩大三倍后体积记为 $V'_{圆锥}=\frac{1}{3}\pi(3R)^2h=3\pi R^2h$，所以易得圆柱的高要扩大到原来的 3 倍才能使二者体积相等。

15. B 【解析】本题考查行程应用题。设总路程为 1，正常速度为 v，加速后的速度为 x，由题意可得 $\frac{1}{v}=\frac{\frac{1}{2}}{v}+\frac{\frac{1}{5}}{\frac{1}{2}v}+\frac{1-\frac{1}{2}-\frac{1}{5}}{x}\Rightarrow x=3v$。

16. D 【解析】本题考查数与代数的基本运算。设这个巧数为 ab，则有 $a\cdot b+a+b=10a+b$，即$a(b+1)=10a$，所以 $b+1=10$，$b=9$，则可得末位数字是 9 的两位数都是巧数。故选 D。

17. C 【解析】本题考查百分数应用题。甲股票的买入价为 $\frac{1200}{1.2}=1000$ 元，盈利 200 元；乙股票买入价格为$\frac{1200}{0.8}=1500$ 元，亏损 300 元，所以总的亏了 100 元。

18. C 【解析】本题考查数列的性质及对数函数。由 $a_5\cdot a_{2n-5}=2^{2n}(n\geqslant3,n\in\mathbf{N}_+)$得$a_n^2=2^{2n}$，又$a_n>0$，所以 $a_n=2^n$，所以$\log_2a_1+\log_2a_3+\cdots+\log_2a_{2n-1}=1+3+\cdots+(2n-1)=n^2$。故选 C。

三、解答题

19.【解析】本题考查集合间的运算。集合 $A=\left\{x|x>\frac{1}{2}\right\}$，集合 $B=\{x|-1<x<1\}$，$\therefore A\cap B=\left\{x|\frac{1}{2}<x<1\right\}$。

20.【解析】本题考查列方程类应用题。设这批零件共有 x 个。

根据题意列方程$\frac{1}{4}x\div4+\left(\frac{1}{6}x-8\right)\div4=\frac{x}{10}$，

化简得$\frac{1}{16}x+\frac{1}{24}x-2=\frac{x}{10}$，

解得 $x=480$。

答：这批零件共有 480 个。

21.【解析】本题考查对数函数的性质。(1)由题意可知，$f(x)-g(x)=\log_a(x+1)-\log_a(4-2x)$，要使函数$f(x)-g(x)$有意义，则$\begin{cases}x+1>0,\\4-2x>0,\end{cases}$解得$-1<x<2$，故函数$f(x)-g(x)$的定义域是$(-1,2)$。

(2)令$f(x)-g(x)>0$，得$f(x)>g(x)$，即$\log_a(x+1)>\log_a(4-2x)$，当 $a>1$ 时，可得 $x+1>4-2x$，解得 $x>1$。由(1)知，$-1<x<2$，所以 $1<x<2$；当 $0<a<1$ 时，可得 $x+1<4-2x$，解得 $x<1$，$\therefore -1<x<1$。综上所述，当 $a>1$ 时，x 的取值范围是$(1,2)$；当 $0<a<1$ 时，x 的取值范围是$(-1,1)$。

22.【解析】本题考查空间几何体的体积。设正方体上底面所在平面截球得小圆 M，则圆心 M 为正方体上底面正方形的中心，如图，设球的半径为 Rcm，根据题意得球心到上底面的距离等于$(R-2)$cm，而圆的半径为 4cm，由球的截面圆性质，得 $R^2=(R-2)^2+4^2$，解得 $R=5$。根据球的体积公式 $V=\frac{4}{3}\pi R^3=\frac{4}{3}\pi\times5^3=\frac{500\pi}{3}\text{cm}^3$。

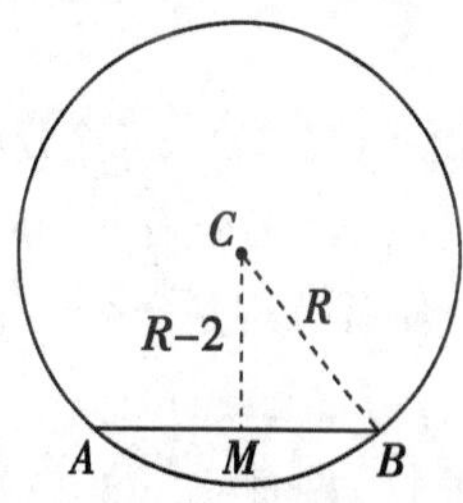

23. 符号表示是人类文明发展的重要标志之一，数学课程的一个任务就是使学生感受和拥有使用符号的能力。你认为应如何理解及培养学生的符号意识？

【参考答案】本题考查教学知识。符号意识主要是指能够理解并且运用符号表示数、数量关系和变化规律；知道使用符号可以进行运算和推理，得到的结论具有一般性。建立符号意识有助于学生理解符号的使用，是数学表达和进行数学思考的重要形式。

对符号意识的培养与理解：(1)无论在哪个学段，都应鼓励学生用自己独特的方式表示具体情境中的数量关系和变化规律,这是发展学生符号意识的决定性因素。

(2)引用字母表示,是学习数学符号、学会运用符号表示具体情境中隐含的数量关系和变化规律的重要一步。

(3)理解符号所代表的数量关系和变化规律。

(4)会进行符号间的转换。

(5)能选择适当的程序和方法解决符号所表示的问题。

培养学生的符号意识还应尽可能在实际问题情境中帮助学生理解符号以及表达式、关系式的意义,在解决实际问题中发展学生的符号意识。

在教学中,对符号演算的处理应尽量避免让学生机械地练习和记忆,而应增加实际背景、探索过程、几何解释等,以帮助学生理解。

学生符号意识的发展不是一朝一夕就可以完成的,而应贯穿于数学学习的全过程,并随着学生数学思维的提高逐步发展。

24.【参考答案】本题考查教学设计。学习起点:学生是在学习了分数的认识、比较分数的大小、通分、同分母分数加减法的基础上学习异分母加减法的,这些知识是学习异分母分数加减法的基础。

教学重点:异分母分数加减法的计算法则。

教学难点:运用通分的方法解决异分母分数不能直接相加减的问题。

教学设计:

一、铺垫导入

1. 教师提问:前几节我们学习了什么?(通分、同分母分数加减法)

通分方法是什么?(先求原来几个分母的最小公倍数,然后把各分数分别化成用这个最小公倍数作分母的分数。)

同分母分数加减法的法则是什么?(同分母分数相加减,分母不变,只把分子相加减。)

2. 出示一组数:$\frac{1}{2}$、$\frac{7}{24}$、$\frac{11}{24}$、$\frac{1}{3}$、$\frac{5}{6}$、$\frac{7}{9}$、$\frac{3}{4}$、$\frac{4}{25}$。

(1)自己任选两个数组成加法算式和减法算式;

(2)学生可能出现的算式:

$\frac{11}{24}-\frac{7}{24}$、$\frac{1}{2}+\frac{1}{3}$、$\frac{7}{24}+\frac{5}{24}$、$\frac{5}{6}-\frac{1}{2}$、$\frac{11}{24}-\frac{5}{24}$、$\frac{1}{3}+\frac{5}{6}$、$\frac{7}{9}+\frac{1}{3}$、$\frac{3}{4}-\frac{1}{3}$、$\frac{1}{3}+\frac{3}{4}$、……

(3)引导学生把上面算式分成两类,一类为同分母分数加减法,一类为分母不同的分数加减法。

教师引入:分母相同的分数加减法我们已会做,那分母不同的分数加减法又怎样计算呢?这节课同学们自己解决这个问题,好不好?(板书:异分母分数加减法)

二、探究新知

(一)异分母分数加法(学生任选一个分母不同的加法算式)

1. 教师提示:你学过了同分母分数加减法,又学过了通分,请你用学过的知识把分母不同的分数加法计算出来,能行吗?

2. 学生分组讨论。

3. 汇报结果:你是怎么做出来的?把思路说出来。

引导学生明确:以$\frac{1}{2}+\frac{1}{3}$为例,$\frac{1}{2}$与$\frac{1}{3}$分母不同,不能直接相加,用通分的方法使他们分母相同,找分母2和3的最小公倍数,用最小公倍数6作分母,$\frac{1}{2}$就是$\frac{3}{6}$,$\frac{1}{3}$就是$\frac{2}{6}$,$\frac{1}{2}$加$\frac{1}{3}$就等于$\frac{3}{6}$加$\frac{2}{6}$,然后按照同分母分数加法的法则计算。

板书:$\frac{1}{2}+\frac{1}{3}=\frac{3}{6}+\frac{2}{6}=\frac{5}{6}$。

4. 你认为最关键的地方是什么?

运用通分把不同分母的分数转化为同分母分数。

5. 反馈练习:$\frac{3}{4}+\frac{1}{5}$。

(二)异分母分数减法(学生任选一个分母不同的减法算式)

1. 教师提示:请你依照异分母分数加法的计算方法解决异分母分数减法的计算问题。

2. 汇报结果。

3. 填空,并说明理由。

$\frac{5}{6}-\frac{3}{4}=\frac{(10)}{12}-\frac{(9)}{12}=\frac{(1)}{(12)}$

4. 反馈练习:$\frac{5}{8}-\frac{1}{6}$。

(三)整理法则

1. 启发学生:根据上面的做题过程,怎样把异分母分数加法法则和异分母分数减法法则合并成一个法则。

2. 学生汇报讨论结果,教师板书。

异分母分数相加、减,先通分,然后按照同分母分数加、减法的法则进行计算。

3. 反馈练习:$\frac{2}{3}+\frac{5}{6}$,$\frac{9}{10}-\frac{11}{15}$。

①学生独立完成。

②说说应用什么法则及计算过程。

③验算。

引导学生明确:分数加减法的验算方法,与整数加减的验算方法相同,都是用交换加数的位置再算一遍的方法验算加法:用差加减数的方法来验算减法。

三、全课小结

通过今天的学习你有什么收获?异分母分数加减法与同分母分数加减法有什么联系?

浙江省教师招聘考试小学数学押题试卷(六)

一、填空题

1. $-\sqrt{3}$

【解析】本题考查实数及其运算。原式 $=1+1-4+2-\sqrt{3}=-\sqrt{3}$。

2. 50%

【解析】本题考查小学数学百分数类应用题。设乙校学生为100,甲校学生为40,甲校女生:$40\times30\%=12$,乙校男生:$100\times42\%=42$,乙校女生:$100-42=58$。所以两校女生占学生总数的$\frac{12+58}{40+100}=\frac{70}{140}=50\%$。

3. 95.1

【解析】本题考查列方程类应用题。设甲班人数为 $m_{甲}$,乙班人数为 $m_{乙}$,则 $m_{乙}\times5=(m_{甲}+m_{乙})\times3.5$,解得$\frac{m_{乙}}{m_{甲}}=\frac{3.5}{1.5}=\frac{7}{3}$,设 $m_{甲}=3a$,$m_{乙}=7a$,则 $93\times(3a+7a)=$ 甲班平均分 $\times3a+$(甲班平均分 -3)$\times7a$,解得甲班平均分 $=(930+21)\div10=95.1$(分)。

4. 2.46

【解析】本题考查小学数学应用题。由题意得 $7.92-6.10=1.82$(元)是购买笔记本 1 本、铅笔 2 支的价钱;$6.10-1.82=4.28$(元)是购买笔记本 2 本、铅笔 3 支、格尺 1 把的价钱;$4.28-1.82=2.46$(元)是购买笔记本 1 本、铅笔 1 支、格尺 1 把的价钱。

5. 6

【解析】本题考查规律探究问题。令 $a=b=1$,得$f(2)=f(1)\cdot f(1)=4$,$f(3)=f(1)\cdot f(2)=8$,$f(4)=f(2)\cdot f(2)=16$,…,依此规律可知,$f(2)=2^2$,$f(3)=2^3$,$f(4)=2^4$,…,故当 $b=a+1$ 时,$\frac{f(b)}{f(a)}=2$,数列$\left\{\frac{f(b)}{f(a)}\right\}$是常数列,即通项为 2,故$\frac{f(2)}{f(1)}+\frac{f(4)}{f(3)}+\frac{f(6)}{f(5)}=2\times3=6$。

6. 77

【解析】本题考查质数与长方形面积的计算。由题意可知,长方形的长、宽之和为 18 厘米,小于 18 的质数有 2,3,5,7,11,13,17,其中两数之和为 18 的有 5 和 13,7 和 11,而 $5\times13=65$,$7\times11=77$,前者小于后者,所以长方形的面积最大为 77 平方厘米。

7. 2

【解析】本题考查推理与逻辑。用五个点表示这 5 个人,如果某两个之间已经进行了比赛,就在表示这两个人的点之间画一条线。现在 A 赛 4 盘,所以 A 应该与其余 4 个点都连线。B 赛了 3 盘,由于 D 只赛了 1 盘,是和 A 赛的,所以 B 应该与 C、小强连(B、A 已连线)。C 已连了 2 条线,小强也连了 2 条线,所以小强已赛了 2 盘。

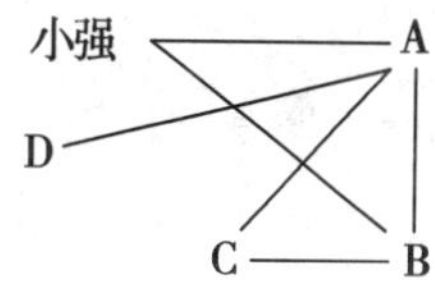

8. 9

【解析】本题考查数的基本运算。8 与 24 的公倍数是 24,$72\div24=3$,则 A 是 3 的倍数,A 取 3 的倍数中最大的一位数是 9。

9. $3-\frac{\pi}{3}$

【解析】本题考查平面几何图形。过点 D 作▱$ABCD$的高 h,因为 $AD=2$,$\angle A=30°$,所以 $h=\frac{1}{2}AD=1$,由题意可知$AE=AD=2$,$BE=AB-AE=2$,阴影部分的面积 $=S_{平行四边形ABCD}-S_{扇形DAE}-S_{\triangle BCE}=AB\cdot h-\frac{30}{360}\cdot\pi\cdot2^2-\frac{1}{2}BE\cdot h=3-\frac{\pi}{3}$。

10. 14π

【解析】本题考查外接球的表面积。依题意得长方体的体对角线长为 $\sqrt{3^2+2^2+1^2}=\sqrt{14}$,记长方体的外接球的半径为 R,则有 $2R=\sqrt{14}$,则 $R=\frac{\sqrt{14}}{2}$,故球 O 的表面积等于 $4\pi R^2=14\pi$。

二、单项选择题

11. C 【解析】本题考查工程问题。甲的效率为$\frac{1}{36}$,乙的效率为$\frac{1}{45}$,乙干了 18 天,则完成总工程的$\frac{1}{45}\times18$,则甲、乙合作干的天数为$\left(1-\frac{1}{45}\times18\right)\div\left(\frac{1}{36}+\frac{1}{45}\right)=12$(天),即甲

共干了 12 天。

12. C 【解析】本题考查规律探索及等差数列。由图形间的关系可以看出，第一个图中有 8 根火柴棒，第二个图中有 $8+6$ 根火柴棒，第三个图中有 $8+2\times6$ 根火柴棒，以此类推，可知该规律是以 8 为首项，公差为 6 的等差数列，即第 n 个"金鱼"需要火柴棒的根数是 $8+6(n-1)$，即$6n+2$。

13. C 【解析】本题考查三角形的综合应用。延长 AD,BC 交于点 F，则四边形 $DECF$ 为平行四边形，$\because EC/\!/AD,DE/\!/BC$，$\therefore \angle ADE=\angle DEC=\angle BCE,\angle CBE=\angle AED$，$\therefore \triangle CBE\backsim\triangle DEA$，又$\because S_{\triangle BEC}=1,S_{\triangle ADE}=3$，$\therefore \dfrac{BE}{AE}=\sqrt{\dfrac{1}{3}}=\dfrac{\sqrt{3}}{3}$，$\because$ 四边形 $CEDF$ 为平行四边形，$\therefore \triangle CDE\cong\triangle DCF$，$\therefore S_{\square CEDF}=2S_{\triangle CDE}$，$\because EC/\!/AD$，$\therefore \triangle BCE\backsim\triangle BFA$，$\therefore \dfrac{BE}{AE+BE}=\dfrac{\sqrt{3}}{3+\sqrt{3}}$，$S_{\triangle BCE}:S_{\triangle BFA}=\left(\dfrac{\sqrt{3}}{3+\sqrt{3}}\right)^2$，解得 $S_{\triangle BFA}=4+2\sqrt{3}$，$S_{\triangle CDE}=\sqrt{3}$。故选 C。

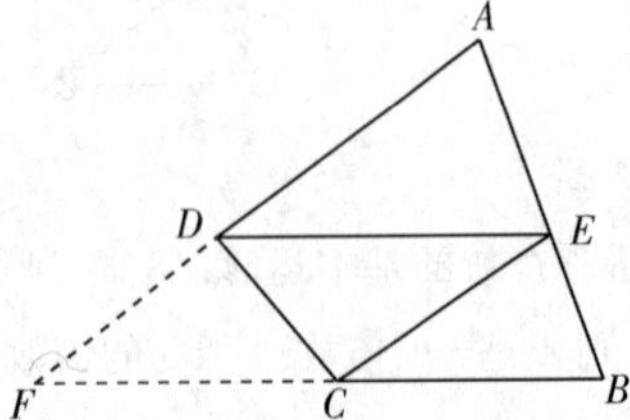

14. D 【解析】本题考查古典概型。从分别写有 1,2,3,4,5 的五张卡片中依次取两张，总的取法有 $A_5^2=20$ 种情况，两张卡片上的数字之和为偶数的有 $A_3^2+A_2^2=8$ 种情况，所以从分别写有 1,2,3,4,5 的五张卡片中依次取两张，这两张卡片上的数字之和为偶数的概率 $P=\dfrac{8}{20}=\dfrac{2}{5}$。

15. C 【解析】本题考查小学数学行程类应用题。设后半段路程车速每小时提高 x 千米，则$120\div\left(\dfrac{240}{6}+x\right)=3-0.5$，解得 $x=8$ 千米。

16. D 【解析】本题考查规律探索应用题。每撕一次纸片，创造了四片，减少了一片，即创造了 3 片，撕 10 次，共有 30 片，加上原来的一片，共有 31 片。

17. C 【解析】本题考查图形的对称。根据轴对称图形的性质分别得出轴对称图形即可，如下图所示，共有 4 种画法。

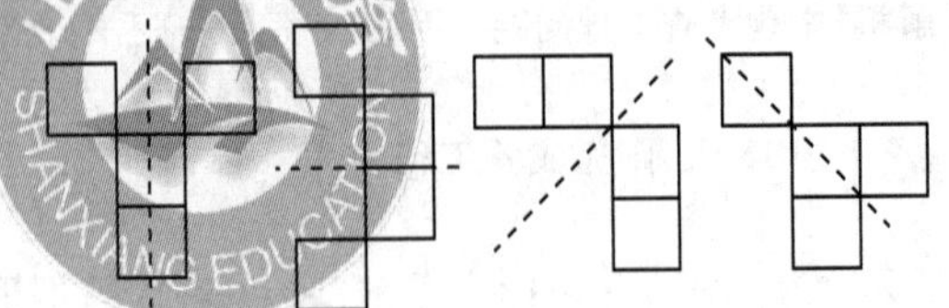

18. B 【解析】本题考查排列组合。构成的所有三位数的个数为 $9\times10\times10=900$，而无重复数字的三位数的个数为 $9\times9\times8=648$，故所求三位数的个数为 $900-648=252$ 个。故选 B。

三、解答题

19.【解析】本题考查扇形阴影部分面积的计算。如图，连结 BE，由题意可知，$BE=BC=2$，在 $\mathrm{Rt}\triangle ABE$ 中，$AE=\sqrt{BE^2-AB^2}=\sqrt{2^2-1^2}=\sqrt{3}$，$\therefore \tan\angle ABE=\dfrac{AE}{AB}=\sqrt{3}$，$\therefore \angle ABE=60°$，$\angle EBC=30°$，故 $S_{阴影}=S_{\triangle ABE}+S_{扇形EBC}-S_{半圆}=\dfrac{1}{2}\times\sqrt{3}\times1+\dfrac{30\cdot\pi\cdot2^2}{360}-\dfrac{1}{2}\pi\cdot\left(\dfrac{\sqrt{3}}{2}\right)^2=\dfrac{\sqrt{3}}{2}-\dfrac{\pi}{24}$。

20.【解析】本题考查行程问题。甲从 A 出发，去时用时 $25+5=30$（分钟），回时因速度提高 1 倍，用时 $30\div2=15$（分钟），甲往返用时 $30+15=45$（分钟），即 45 分钟正好是乙从 B 到 A 的时间，所以乙走完全程用时 45 分钟。

答：乙走完全程用时 45 分钟。

21.【解析】本题考查平面几何的证明及计算。

(1)证明：$\because \angle AFB=\angle ABC,\angle ABC=\angle ADC$，

$\therefore \angle AFB=\angle ADC$，$\therefore CD/\!/BF$，

又$\because CD\perp AB$，$\therefore AB\perp BF$，

$\therefore BF$ 是$\odot O$ 的切线。

(2)连结 OD，$\because CD\perp AB$，$\therefore PD=\dfrac{1}{2}CD=\sqrt{3}$，

$\because OP=1$，$\therefore OD=\sqrt{OP^2+PD^2}=2$，$\therefore AP=3$，

又$\because CD/\!/BF$，$\therefore \triangle APD\backsim\triangle ABF$，

$\therefore \dfrac{AP}{AB}=\dfrac{PD}{BF}$，即$\dfrac{3}{4}=\dfrac{\sqrt{3}}{BF}$，$\therefore BF=\dfrac{4}{3}\sqrt{3}$。

22.【解析】本题考查简单几何体的体积及底面积计算。设圆锥底面积为 S，圆锥高为 H，圆锥底面半径为 R，水面以上为圆锥的上部分，为一个小圆锥，设其高为 h，底面半径为 r，如图所示。

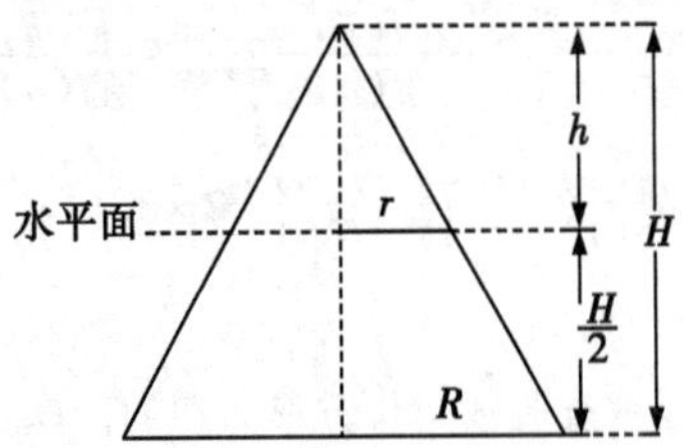

则 $H=(8+4)\times2=24$（厘米），$h=\dfrac{H}{2}=12$，$r=\dfrac{1}{2}R$。

圆锥在水中的体积 $=\frac{1}{3}\pi R^2H-\frac{1}{3}\pi r^2h$

$=\frac{1}{3}\pi R^2H-\frac{1}{3}\pi\left(\frac{R}{2}\right)^2\times\frac{H}{2}$

$=\frac{1}{3}\pi R^2H\left(1-\frac{1}{8}\right)$

$=\frac{7}{24}\pi R^2H$

$=\frac{7}{24}\times24\pi R^2$

$=7S$,

圆锥入水后,水面上升到 12 厘米,

则 $7S+14\times14\times8=14\times14\times12$,

所以 $S=\frac{14\times14\times12-14\times14\times8}{7}=112$(平方厘米)。

答:圆锥底面积为 112 平方厘米。

23.【参考答案】本题考查《义务教育数学课程标准》(2011 年版)的课程基本理念。教学活动是师生积极参与、交往互动、共同发展的过程。在教学中教师的教依赖于学生的学,学生的学也离不开教师的教,教与学是辩证统一的。有效的教学活动是学生学与教师教的统一,学生是学习的主体,教师是学习的组织者、引导者与合作者。

教师要以学生的认知发展水平和已有的经验为基础,面向全体学生,注重启发式和因材施教。教师要发挥主导作用,处理好讲授与学生自主学习的关系,引导学生独立思考、主动探索、合作交流,使学生理解和掌握基本的数学知识与技能,体会和运用数学思想与方法,获得基本的数学活动经验。在课堂教学过程中,教师应激发学生兴趣,调动学生积极性,引发学生的数学思考,鼓励学生的创造性思维;要注重培养学生良好的数学学习习惯,使学生掌握恰当的数学学习方法。

24.【参考答案】本题考查教学设计。

除数是整数的小数除法

教学目标:

1. 结合具体情境,体会小数除法在日常生活中的应用,进一步体会除法的意义;正确掌握小数除以整数的计算方法,并能利用这些方法去解决日常生活中的一些问题。

2. 利用生活经验和已有知识,经历探索小数除以整数计算方法的过程,发展推理能力。

3. 初步培养数学学习与生活建立联系的意识,培养在计算过程中认真仔细的计算习惯。

教学重点:小数除以整数的计算方法。

教学难点:让学生理解商的小数点是如何确定的。

教学过程:

1. 创设情境,提出学习目标。

(1)创设情境。

有一次,一个顾客与卖苹果的商贩讨价还价,顾客问:“老板,多少钱一斤?”“一块五一斤。”“太贵了,这样吧,五块五 3 斤卖不卖?”听到这里,你有什么想法?

师:五块五 3 斤,求每斤苹果多少钱?算式应该怎样列?

生:5.5 ÷ 3。

师:小数除法还没有学,估一估,5.5 ÷ 3 的结果大约是多少呢?今天我们一起来学习小数除法。

(2)提出学习目标。

请同学们想一想,有哪些问题值得我们研究呢?

①小数除以整数的计算方法。

②商的小数点是如何确定的。

③小数点为什么要与被除数的小数点对齐。

【设计意图】将生活中产生的矛盾事例用数学知识来解释,不但可以引发学生对将要学习的小数除法产生兴趣,而且能让学生体会到数学在生活中所发挥的作用。

2. 展示学习成果。

【自学例 1】

师:请同学们带着我们上面提到的问题来自学例题。边做边想:你是用什么方法来解决问题的?有困难时可求助同学和老师。

(1)小组内交流答案并互相说说是怎么想的。要求学生要优生教学困生,学困生要请教优生。

师:相信每一位同学得出答案都有自己的想法,请把你的想法在小组内交流吧,把不明白的弄明白,比比看,看哪个小组解决的问题最多,要加油噢!小组内交流,教师收集相关信息。

(2)分小组在指定的黑板上进行板演。强调全组人员参与。

在交流后,指定小组进行有针对性的板演,全组参与。

(3)全班分组展示。结合学生的发言适时引入知识冲突,突出学习目标。

①算法展示,对每一道的算法进行展示。

生 1:22.4 千米 = 22 400 米;

22 400 ÷ 4 = 5600 米;

5600 米 = 5.6 千米。

生 2:22.4 ÷ 4 = 5……2.4。

生 3:先把 22.4 扩大 10 倍,变成 224,用 224 ÷ 4 = 56,再把商缩小 10 倍,得出结果是 5.6。

生4:直接算出22.4 ÷ 4 = 5.6。

生5:列竖式计算。

师:分别介绍你是怎样想的? 5的后面为什么要点上小数点呢?

②比较算法间的不同,择优。

师:会用竖式计算了吗?

【设计意图】这一段教学的设计,为学生选准了独立探索的切入点,让他们在不同竖式的比较中形成冲突,产生思考。

3.激发知识冲突。

边展示边引发知识的冲突,让学生进行更深层次的思考:

(1)针对同学的展示,学生自由质疑问难。

(2)教师引导学生提出问题:

①第一步用22除以4,商5余2。这里的22表示什么意思? 第二步又怎样算?

②怎样在商上面表示6个十分之一呢? 观察这个竖式中被除数和商的小数点,你发现了什么?

③我们今天所学的22.4 ÷ 4和我们以前学的整数除法224 ÷ 4相比,有哪些相同点和不同点?

(3)经过上面的探讨,你觉得应该怎样计算小数除法呢?

①按整数除法的方法计算。②商的小数点要和被除数的小数点对齐。

【设计意图】在学生展示成果与数学知识的建构中怎样引发学生产生知识的冲突至关重要,通过学生间的互相质疑或教师的引领,使学生与学生、教师与学生互动交流、互相补充、集思广益,拓宽知识面,发展学生的数学思维。

4.拓展知识外延。

(1)列竖式计算。

25.2 ÷ 6　　　　34.5 ÷ 15

(2)计算下列各题。

9.42 ÷ 6　94.2 ÷ 6　87.64 ÷ 7　876.4 ÷ 7

反馈后教师问:如果计算出第一题的结果是1.57,你能估计出第二题的结果吗? 已知第三题的结果是12.52,你能说出第四题的结果吗? 为什么?

生:看被除数的小数点。

师:看被除数的小数点会想到什么?

生:想到商的小数点。

(3)根据5823 ÷ 3 = 1941,口算下列各题。

58.23 ÷ 3 =　　5.823 ÷ 3 =　　582.3 ÷ 3 =

【设计意图】这一环节是在学生已有整数除法竖式计算的基础上,学习估算,旨在让学生凭借已有的知识、经验和方法独立思考,自主探究对新知的理解,可以满足不同学生的需求,引领学生在学习中得到不同的发展,也为学生的后续学习做了铺垫。

浙江省教师招聘考试小学数学押题试卷(七)

一、单项选择题

1. A 【解析】本题考查比与比例。比例的两个内项互为倒数,即两个内项积为1,那么两个外项积也为1,一个外项是9,则另一个外项是$\frac{1}{9}$。

2. A 【解析】本题考查小学数学分数类应用题。如果增加2台机器,则只需用规定时间的$\frac{7}{8}$,可见增加2台机器后,速度增加到了原来的$\frac{8}{7}$,也就是说速度增加了$\frac{1}{7}$,因此单台机器的速度是$\frac{1}{14}$,故原来计划14台机器。如果减少2台机器,则要推迟$\frac{2}{3}$小时,速度减少了$\frac{1}{7}$,因此速度降低到原来的$\frac{6}{7}$,所用时间将增加到原来的$\frac{7}{6}$,即时间增加了$\frac{1}{6}$,也就是$\frac{2}{3}$小时,因此原来计划的时间是$\frac{2}{3} \div \frac{1}{6} = 4$小时,故全部工作量是$14 \times 4 = 56$,则单台速度是$\frac{1}{56}$,完成这项工程需要的时间是56小时。故选A。

3. C 【解析】本题考查根式方程。$\sqrt{72} = 6\sqrt{2}$,所以$\sqrt{x} + \sqrt{y} = 6\sqrt{2}$,又因为$0 < x < y$,且$x, y$都是整数,设$\sqrt{x} = m\sqrt{2}$,$\sqrt{y} = n\sqrt{2}$,其中$m + n = 6$,且$m < n$,则满足条件的整数值为$m = 1, n = 5$或$m = 2, n = 4$,故所求整数对有(2,50)(8,32)两组。

4. D 【解析】本题考查平面图形的面积。由题意知$AB = BC = CD = AD = 4$,又$\angle A = 60°$,$\therefore$ $\triangle ABD$与$\triangle BCD$是全等的等边三角形,$\therefore$ $\overset{\frown}{BD}$和$\overset{\frown}{CD}$是两个相等的弧,故阴影部分的面积为菱形$ABCD$面积的一半,即$S_{阴影} = \frac{1}{2} \times 4 \times 2\sqrt{3} = 4\sqrt{3}$。故选D。

5. C 【解析】本题考查小学数学应用题。用倒推:从最后结果倒推,丙不给甲、乙,则甲:16 ÷ 2 = 8千克,乙:16 ÷ 2 = 8千克,丙:16 + 8 × 2 = 32千克;乙不给甲、丙,则甲:8 ÷ 2 = 4千克,丙:32 ÷ 2 = 16千克,乙:8 + 4 + 16 = 28千克;甲不给乙、丙,则乙:28 ÷ 2 = 14千克,丙:16 ÷ 2 = 8千克,甲:4 +

14 + 8 = 26 千克。甲原来有 26 千克，乙原来有 14 千克，丙原来有 8 千克。

6. C 【解析】本题考查直线与圆的位置关系。圆心坐标为(1,2)，将圆平分的直线必经过圆心。故选 C。

7. C 【解析】本题考查无穷小量。非零无穷小量的倒数是无穷大量，故 A 项错误；无穷小量是以零为极限的变量，故 B 项错误，C 项正确；无界变量不一定是无穷大量，但无穷大量是无界变量，故 D 项错误。

8. D 【解析】本题考查平均数和方差。一组数的每个数减去同一个非零常数 a 后，和减少，故这组数的平均数减少，平均数虽然减少，但是这组数中的每个数与平均数的差不变，故这组数的方差不变。故选 D。

9. C 【解析】本题考查几何概型。由题可知，电台整点报时，事件总数包含的时间长度是 60 分钟，则满足他等待的时间不多于 10 分钟的事件包含的时间长度为 10，由几何概型可得，$P=\frac{10}{60}=\frac{1}{6}$。故选 C。

10. A 【解析】本题考查函数的零点问题。由$f(f(x))+1=0$，得$f(f(x))=-1$，由$f(-2)=f\left(\frac{1}{2}\right)=-1$，得$f(x)=-2$或$\frac{1}{2}$。若$f(x)=-2$，则$x=-3$或$x=\frac{1}{4}$；若$f(x)=\frac{1}{2}$，则$x=-\frac{1}{2}$或$x=\sqrt{2}$。综上可得，函数$y=f(f(x))+1$的零点个数是 4。

二、填空题

11. 已有知识背景；数学知识与技能；数学思想；方法

【解析】本题考查数学教学知识。

12. 2

【解析】本题考查质数的概念。因为 x,y,z 同为质数，而且 $x+y=z$，所以 x,y 中一定有一个为偶数，既为质数又为偶数的数只有 2。根据质数的定义可知，最小的质数是 2，因此三个质数中最小的数是 2。

13. 文学与艺术

【解析】本题考查推理。由丙说的话可知甲、乙两人至少选修了一门课程，且选修的课程中有一门课程是相同的，又甲比乙选修的课程多，且没有选修哲学初步，所以甲选修了文学与艺术和数学史，又乙没有选修数学史，所以乙选修的课程为文学与艺术。

14. $n+(n+1)+\cdots+(3n-2)=(2n-1)^2$

【解析】本题考查规律探索。把已知等式与行数对应起来，则每一个等式等号左边的式子的第一个数是行数 n，加数的个数是 $2n-1$；等式右边都是加数个数的完全平方数。所以第 n 个等式为 $n+(n+1)+\cdots+[n+(2n-1)-1]=(2n-1)^2$，即 $n+(n+1)+\cdots+(3n-2)=(2n-1)^2$。

15. $-2<a\leqslant-1$

【解析】本题考查求解不等式组的方法。解不等式组得$x\geqslant a$且$x<2$，由于不等式组只有 3 个整数解，即为 $-1,0,1$，则由数轴可得 $-2<a\leqslant-1$。

16. ①③④

【解析】本题考查函数的基本性质。因为$f(x)=\sin x\tan x=\cos^{-1}x-\cos x$，令 $y=\cos x$，则$f(x)=y^{-1}-y$，其中 $y=\cos x$ 是偶函数，最小正周期为 2π，单调增区间是$[2k\pi-\pi,2k\pi]$，$k\in\mathbf{Z}$，单调减区间是$[2k\pi,2k\pi+\pi]$，$k\in\mathbf{Z}$，函数图象关于直线 $x=k\pi$ 对称，所以函数 y^{-1} 和函数 $-y$ 也都是偶函数，最小正周期为 2π，函数图象关于直线 $x=k\pi$ 对称，但是它们的单调区间发生了变化，二者在区间$[2k\pi-\pi,2k\pi]$上都是单调递减的，在区间$[2k\pi,2k\pi+\pi]$上是单调递增的，根据函数的复合规律可知，说法正确的是①③④。

17. 4

【解析】本题考查小学数学分数类应用题。设再放进去 x 个红球，根据题意得$\frac{5+x}{5\div\frac{1}{10}+x}=\frac{1}{6}$，解得 $x=4$。

18. 486

【解析】本题考查简单几何体的三视图。如图，分别是该立体图形的俯视图、左视图、正视图，整个立体图形的表面积 $S=(S_{俯}+S_{左}+S_{正})\times2=(3\times3\times9+3\times3\times8+3\times3\times10)\times2=486$(平方厘米)。

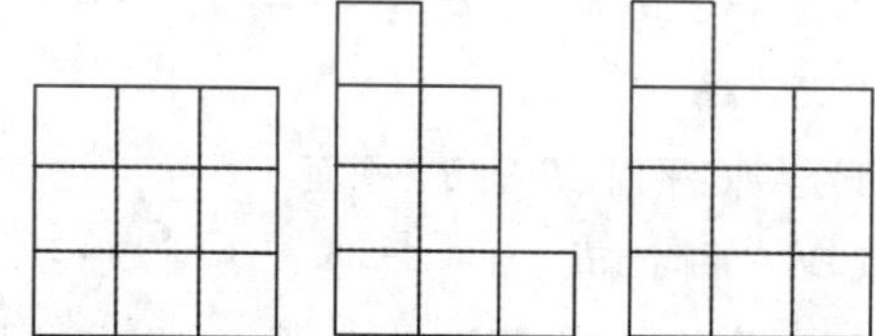

19. 4

【解析】本题考查极限与定积分。

$$\lim_{x\to0}\frac{\int_0^{\sin2x}\ln(1+t)dt}{1-\cos x}=\lim_{x\to0}\frac{\ln(1+\sin2x)2\cos2x}{\sin x}=\lim_{x\to0}2\cos2x\cdot\lim_{x\to0}\frac{\ln(1+\sin2x)}{\sin2x}\cdot\frac{\sin2x}{\sin x}=2\cdot\lim_{x\to0}\frac{\sin2x}{\sin2x}\cdot\frac{2\sin x\cos x}{\sin x}=4。$$

20. $2\sqrt{3}$

【解析】本题考查向量的运算。$\because|\boldsymbol{a}|=2,|\boldsymbol{b}|=1$，$\boldsymbol{a}$ 与 $\boldsymbol{b}$

的夹角为60°,∴ $|\boldsymbol{a}+2\boldsymbol{b}|^2=\boldsymbol{a}^2+4\boldsymbol{a}\cdot\boldsymbol{b}+4\boldsymbol{b}^2=4+4\times2\times1\times\cos60^\circ+4\times1=4+4+4=12$,

∴ $|\boldsymbol{a}+2\boldsymbol{b}|=2\sqrt{3}$。

三、解答题

21.【解析】本题考查小学数学分数类应用题。

方法一:$4.5\div\left(\frac{1}{3}-\frac{1}{4}\right)=54$(吨)。

答:这堆煤有54吨。

方法二:设这堆煤有 x 吨,则

$\frac{1}{3}x-\frac{1}{4}x=4.5$,解得 $x=54$。

答:这堆煤有54吨。

22.【解析】本题考查求解数列的通项公式的方法。(1)∵ $a_1=1,a_{n+1}=a_n+3^n$,∴ $a_2=a_1+3=4,a_3=a_2+3^2=13$。

(2)由 $a_{n+1}=a_n+3^n$ 可得 $a_{n+1}-a_n=3^n$,即 $a_2-a_1=3$,$a_3-a_2=3^2,\cdots,a_{n-1}-a_{n-2}=3^{n-2},a_n-a_{n-1}=3^{n-1}$,将以上式子两边分别相加可得,

$a_n-a_1=\frac{3(1-3^{n-1})}{1-3}=-\frac{3}{2}+\frac{3^n}{2}$,故 $a_n=\frac{3^n-1}{2}$。

23.【解析】本题考查定积分的计算。$\int_0^{\frac{\pi}{4}}\ln(1+\tan x)\mathrm{d}x=\int_0^{\frac{\pi}{4}}\ln\frac{\cos x+\sin x}{\cos x}\mathrm{d}x=\int_0^{\frac{\pi}{4}}\ln(\cos x+\sin x)\mathrm{d}x-\int_0^{\frac{\pi}{4}}\ln\cos x\mathrm{d}x$,

而$\int_0^{\frac{\pi}{4}}\ln(\cos x+\sin x)\mathrm{d}x=\int_0^{\frac{\pi}{4}}\ln\left[\sqrt{2}\cos\left(\frac{\pi}{4}-x\right)\right]\mathrm{d}x$,令 $x=\frac{\pi}{4}-u$,则有 $-\int_{\frac{\pi}{4}}^0(\ln\sqrt{2}+\ln\cos u)\mathrm{d}u=\frac{\pi\ln2}{8}+\int_0^{\frac{\pi}{4}}\ln\cos x\mathrm{d}x$,

故$\int_0^{\frac{\pi}{4}}\ln(1+\tan x)\mathrm{d}x=\frac{\pi\ln2}{8}$。

24.【解析】本题考查立体几何的证明。证明:(1)在平面 ABD 内,因为 $AB\perp AD,EF\perp AD$,

所以 $EF/\!/AB$,

又因为 $EF\not\subset$ 平面 ABC,$AB\subset$ 平面 ABC,

所以 $EF/\!/$ 平面 ABC。

(2)因为平面 $ABD\perp$ 平面 BCD,平面 $ABD\cap$ 平面 $BCD=BD$,$BC\subset$ 平面 BCD,$BC\perp BD$,所以 $BC\perp$ 平面 ABD。

因为 $AD\subset$ 平面 ABD,所以 $BC\perp AD$。

又 $AB\perp AD$,$BC\cap AB=B$,$AB\subset$ 平面 ABC,$BC\subset$ 平面 ABC,

所以 $AD\perp$ 平面 ABC,

又因为 $AC\subset$ 平面 ABC,所以 $AD\perp AC$。

四、分析题

25.【参考答案】本题考查小学数学运算及其规律探索的方法。两个两位数,如果十位数字相同,个位数之和是10,就称这两个数为“头同尾合十”的两位数。对于“头同尾合十”的乘法,可先用两个因数的个位相乘,并把积直接写在末尾。如果积不满十,十位上要补写0,然后将十位数乘它本身加1的和,把积写在两个个位数积的前面。

小学数学规律探索问题的解题方法:①在变化中引出探究的问题。联系已有的生活经验和知识背景,了解变化的过程,分析变化的主要因素,把握变化的关键特点,提出值得探究的问题,了解变化的数量、图形、算式。②在变化中发现不变的共性。小学数学中探索规律的活动主要是在数与形的变化过程中寻找不变的特征或关系。列举若干具体的例子,通过对这些例子的观察、比较和分析获得一些相互关联的数据,进而从变化的现象或数据中抽取出共同的特征,提炼出不变的关系。这个环节是探索规律活动中的核心环节。观察、比较后进行抽象概括,透过现象把握本质,从变化中发现内隐的规律。③在变化中形成丰富的感悟。从变化的角度研究现实世界的数量关系或图形特征,是一种十分重要的数学思想方法。核心是函数所涉及的变化观和对应观。函数观念的建立对数学的应用及其自身的发展有着十分重要的影响。小学阶段不可能真正理解函数的概念和方法,但结合具体的实例初步感受函数的基本思想却是有可能的。同时,也能感受抽象概括、归纳演绎、猜想验证等常用的数学思想方法,更好地体会数学内部以及数学与外部世界的广泛联系,形成各种有价值的感悟。④在变化中激发新的探索。探索规律的教学不能仅仅停留在规律的发现、表达和总结环节,而要通过适当的活动引出新的探究问题,激发产生新的思考,并主动探索、主动发现。

五、论述题

26.在教学时,如何培养学生形成初步的空间观念?

【参考答案】本题考查空间观念。(1)利用实物、模型演示,引导学生观察

在教学中,通过引入学生日常生活中熟悉的实物,引导学生观察,从而对简单几何图形的大小、形状和相互间的位置关系形成一些鲜明的表象,也就是常说的几何观念,实现对实物从感知到概念的过渡。

(2)加强动手操作,指导学生实验

空间观念的形成,只靠观察是不够的,还必须引导学生亲自动手实验,让他们自己去比一比、折一折、画一画。通过视觉、触觉、听觉等多种器官分析同类活动,空间观念便易于形成和巩固。教师要善于引导学生动手操作,让学生在

操作过程中学习知识、方法，使抽象知识变得形象具体，易于理解和记忆，而且富有趣味。

（3）重视理论联系实际和应用，促进学生空间观念的发展几何形体知识与实际生产和生活有着密切的联系。几何初步知识的成功教学，不仅要求学生掌握形体特征，形成正确概念，而且要在理解相应计算公式的基础上，学会根据实际情况，用数学的思维方法解决实际问题，从而培养和发展学生的空间观念。

六、案例分析题

27.【**参考答案**】本题考查数学思想方法。这里体现的是数学中的转化思想，接近整百、整千的数通过加上或减去一个较小的数，将原来的数化为整百、整千的数，再进行简化计算，是比较抽象的，很容易让学生弄不明白为什么原来的加（或减）法计算要再减（或加）一个数。

片段一中，张老师运用直接法教授学生，让学生体验了转化方法带来的便捷，却不易让学生明白转化的实质和在生活中的作用；片段二中，李老师用生活中的例子引导学生体验，将数转化成整百、整千的数计算，便于学生理解，却不利于学生抽象出转化的思想。

28.【**参考答案**】本题考查教学知识及教学设计。

（1）"三角形三边的关系"是四年级下册"三角形"中的第三课时，该课时是在学生初步了解三角形定义的基础上，进一步研究三角形的特征，即三角形任意两边的和大于第三边。三角形三边关系定理不仅给出了三角形三边之间的大小关系，更重要的是提供了判断三条线段能否组成三角形的标准，熟练灵活地运用三角形的两边之和大于第三边，是数学严谨性的一个体现，同时也有助于提高学生全面思考数学问题的能力，它还将在以后的学习中起着重要的作用。

本节课的教学目标包括：①通过量一量、摆一摆、算一算等实验活动，探索并发现三角形任意两边之和大于第三边，并应用这一关系解释一些生活现象，解决一些简单的生活问题。②在实验过程中培养学生的猜想意识以及自主探索、合作交流的能力。本节课的教学重点、难点是探索并发现三角形任意两边之和大于第三边。

（2）教学过程中应充分体现新课标理念，突显学生的主体地位，课堂活动力求从实验入手，让学生通过摆小棒，判定如何才能搭成三角形，引导学生经历"发现问题、大胆猜测、操作验证、修改完善、得出结论"的探究过程，最终发现三角形中三边之间的这一特殊关系。这样的设计符合学生的认知规律，既增加学生的学习兴趣，又使学生积累了大量的操作经验和研究经验。教学过程如下：

一、创设情境，激发兴趣

师：小明和我们一样每天都按时上学，请看小明到学校的线路图，小明上学共有几条路线？

生1：线路①小明家——学校

生2：线路②小明家——邮局——学校

生3：线路③小明家——商店——学校

师：想一想，有一天小明起来晚了，你们猜猜他肯定会走哪条路去学校？为什么？

生：小明上学会经常走"线路①"，因为这条路最近。

师：很好，大家发现学校和家可以看成两个点，两点间所有的连线中，直线最短。

师：观察线路①和线路②围成的是一个什么图形？线路①和线路③又是一个什么图形？根据大家的判断，走三角形的两条边的和要比第三边大，是不是所有的三角形的三条边都有这样的关系呢？这节课我们一起来研究一下，三角形的三边关系。

二、活动体验，探索新知

1. 活动1（比赛）：

师：我们来比赛，用三组纸条摆三角形，看谁摆的又快又好，大家分小组动手操作。

第一小组的纸条：3，4，5（厘米）

第二小组的纸条是：2，4，6（厘米）

第三小组的纸条是：3，6，10（厘米）

师：每小组的代表说说你是怎么摆的。

生：汇报（略）。

师：只有第一组的学生拼成了三角形，其他两组失败，第一小组取得了胜利，你们服不服气？

生：不服气。

师：为什么不服气？

生：给我们组的纸条有的不够长，所以让第一小组赢了。

师：原来三条线段不一定能围成三角形。

那么你们小组要求换哪一张纸条老师帮助你们，让你们再次比赛，超过第一组好吗？那请组长上来选一选，换一换。

2. 活动2：找出三角形任意两边的和大于第三边的特点。

师：请同学们拿出老师为你们准备的信封1，里面有3组纸条，请各小组拼拼各自的纸条，要求围成三角形，并完成表格，请大家看一下表，在能否围成下面填能或不能，之后再比较一下任意两边的和和第三边的大小关系。看哪一组完成的又快又好。

组别	任意两边的和是否大于第三边
1	3 + 4 ___ 5　3 + 5 ___ 4　4 + 5 ___ 3
2	5 + 4 ___ 6　5 + 6 ___ 2　5 + 6 ___ 4
3	5 + 6 ___ 10　5 + 10 ___ 6　6 + 10 ___ 5

师:谁想把你的答案和大家分享一下？能摆成三角形的三根小棒又有什么规律？

生:任意两边的和都大于第三边。

3. 活动 3:进一步探究三根小棒在什么情况下摆不成三角形。

师:既然我们知道了当任意两条边的和都大于第三边时能拼成三角形,那下面我们来探究一下什么情况下不能拼成三角形。请大家拿出信封 2,请你按照刚才的要求去拼一拼并完成表 2。

组别	任意两边的和是否大于第三边
4	2 + 4 ___ 6　4 + 6 ___ 2　2 + 6 ___ 4
5	3 + 6 ___ 10　10 + 6 ___ 3　10 + 3 ___ 6

师:观察上表结果,说一说不能摆成三角形的情况有什么规律？

生:当有两边的和与第三边相等时不能拼成,当两边的和小于第三边时不能。

师生归纳总结:三角形任意两边的和大于第三边。

师:我们一起来总结一下,能摆成三角形的三条边有什么关系,不能摆成三角形的三条边又有什么关系？

生:摆成三角形的小棒都符合两边的和大于第三边。

生:补充一下是任意两边的和。

生:不能摆成三角形的小棒有两条边的和比另一条最长的边还短些。

师生归纳总结并板书:三角形任意两边的和大于第三边。

三、应用深化,巩固新知

师:同学们刚才表现得非常棒。现在你们能运用三角形三边的关系很快判断给出的三条边能否组成一个三角形吗？我们来打手势,能拼成三角形的打"√",不能的打" ×"。有什么最快的方法？

四、课堂总结,反思提高

师:通过这节课程,你有什么收获？

浙江省教师招聘考试小学数学押题试卷(八)

一、单项选择题

1. D 【解析】本题考查三角形三边的性质。设腰长为 x,则底边为 $10-2x$。$\because 10-2x-x<x<10-2x+x$,$\therefore 2.5<x<5$,故 x 取 3 或 4,那么底边为 4 或 2。

2. C 【解析】本题考查时间问题。$\frac{实际时间}{小李手表时间}=\frac{60}{56}=\frac{15}{14}$,小李手表从 8:00 走到 15:00 用 t 小时,则 $\frac{t}{7}=\frac{15}{14}\Rightarrow t=7.5$,故 15:30 到达,故还需等 30 分钟。

3. A 【解析】本题考查函数的连续性。函数在顶点 $x=1$ 处左右导数不等,所以不可导,但 $x=1$ 处有意义,且 $\lim\limits_{x\to1^-}\frac{1-x}{x}=\lim\limits_{x\to1^+}\frac{x-1}{x}=0$,函数在 $x=1$ 处连续。

4. C 【解析】本题考查几何体的体积。旋转后得到的组合体为圆柱体掏去一个圆锥后的几何体。圆柱圆锥等高,等半径,计算可得体积为 $3^2\pi\times4\times\left(1-\frac{1}{3}\right)=75.36$ 立方厘米。

5. D 【解析】本题考查向量的坐标运算。设 $\boldsymbol{c}=(x,y)$,则 $\boldsymbol{c}+\boldsymbol{a}=(x+1,y+2)$,$\boldsymbol{a}+\boldsymbol{b}=(3,-1)$。$\because(\boldsymbol{c}+\boldsymbol{a})\parallel\boldsymbol{b}$,$\boldsymbol{c}\perp(\boldsymbol{a}+\boldsymbol{b})$,$\therefore\begin{cases}2(y+2)=-3(x+1),\\3x-y=0,\end{cases}$ 解得 $\begin{cases}x=-\frac{7}{9},\\y=-\frac{7}{3}。\end{cases}$ 故选 D。

6. C 【解析】本题考查直线与圆的方程及位置关系。由题意得,圆的方程可化为 $(x-3)^2+(y-4)^2=25$,则圆心 C 坐标为 $(3,4)$,半径 $r=5$。过点 A 的直线被圆所截得的最短弦应与 CA 垂直。由 $CA=1$,得所求的弦的长度为 $2\times\sqrt{r^2-1^2}=2\times\sqrt{25-1}=4\sqrt{6}$。故选 C。

7. B 【解析】本题考查统计的数字特征。统计对象是每天走的步数,每个步数出现的天数相当于是频数,众数就是一组数据里出现次数最多的数,在这里就是出现天数最多的步数,即 1.4 万步,中位数是一组数据按从小到大(或从大到小)的顺序排列,当数据是奇数个时就是位于中间的那个数,偶数个时就是位于中间的两个数的平均数。对于本组数据而言就是位于第 15 位和第 16 位的两个数的平均数,恰好是 1.3 万步。综上,在每天所走的步数这组数据中,众数和中位数分别是 1.4 万步、1.3 万步。故选 B。

8. C 【解析】本题考查规律探索。第一个图案有三角形 1 个;第二个图案有三角形 $1+3=4$ 个;第三个图案有三角形 $1+3+4=8$ 个;第四个图案有三角形 $1+3+4+4=12$;第五个图案有三角形 $1+3+4+4+4=16$。故选 C。

9. B 【解析】本题考查分数应用题。设长方形原来的长为 a,宽为 b,则面积为 ab,增加后面积变为 $\frac{4}{3}a\times\frac{5}{4}b=\frac{5}{3}ab$,所

以面积增加了$\dfrac{\frac{5}{3}ab-ab}{ab}=\dfrac{2}{3}$。

10. D 【解析】本题考查数学教学知识。数学的抽象性与学生思维的具体形象性之间的矛盾是小学生数学学习中的主要矛盾。

11. C 【解析】本题考查直角三角形的判定。$a^2=m^4+1-2m^2$；$b^2=m^4+1+2m^2$；$c^2=4m^2 \Rightarrow a^2+c^2=b^2$，故为直角三角形。

12. A 【解析】本题考查函数的变换、圆的方程及不等式的运算。三角函数 $y=\cos 2x$ 的图象向右平移$\dfrac{\pi}{3}$个单位后可得到 $y=\cos\left(2x-\dfrac{2\pi}{3}\right)$的图象，故①错误；否命题是既否定题设，也否定结论，故②的否命题为"若$|x|<2$，则$-2<x<2$"，②正确；方程 $x^2+y^2+Dx+Ey+F=0$ 表示圆的充要条件是$D^2+E^2-4F>0$，③错误；特称命题的否定是全称命题，④正确。故选 A。

二、填空题

13. 18000

【解析】本题考查二元一次方程解应用题。设每盒 x 个，乒乓球一共 y 个，则可得 $\begin{cases} y-120x=0.4y, \\ 0.4y-65x=1350 \end{cases} \Rightarrow x=90$，$y=18000$。

14. 20

【解析】本题考查小学数学应用题。设甲、乙两地的全长为单位"1"，则去时所用时间是$\dfrac{1}{15}$小时；返回所用的时间是$\dfrac{1}{30}$小时，所以往返的平均速度是：总路程 ÷ 总时间，即$(1+1)\div\left(\dfrac{1}{15}+\dfrac{1}{30}\right)=20$ 千米/时。

15. 10 000

【解析】本题考查规律探索问题。根据观察可得规律：结果等于中间数的平方。$\therefore 1+2+3+\cdots+99+100+99+\cdots+3+2+1=100^2=10\ 000$。

16. 36

【解析】本题考查数的基本运算。设被减数、减数、差分别为 a,b,c，则有$\begin{cases} a-b=c, \\ a+b+c=168, \\ \dfrac{b}{c}=\dfrac{3}{4}, \end{cases}$解得 $b=36$。

17. 2

【解析】本题考查小学数学应用题。由题意知，在整个过程中这个人一共花掉了 $8+10=18$（元），得到的钱数是 $9+11=20$（元），所以他赚到的钱是 $20-18=2$（元）。

18. $\dfrac{5}{4}$

【解析】本题考查根式的运算。$(a+b)^2=\left(\dfrac{1}{\sqrt{5}-3}+\dfrac{1}{\sqrt{5}+3}\right)^2=\left(\dfrac{\sqrt{5}+3}{-4}+\dfrac{\sqrt{5}-3}{-4}\right)^2=\left(\dfrac{2\sqrt{5}}{-4}\right)^2=\dfrac{5}{4}$。

19. 25

【解析】本题考查分数与百分数应用题。由题可知，今年女生 $200\times(1+20\%)=240$ 人，男生为 $240-30=210$ 人，今年男生比去年减少 70 人，$\dfrac{70}{280}=25\%$，所以减少 25%。

20. 1.6

【解析】本题考查列方程解应用题。设圆珠笔单价是 $4x$ 元，钢笔单价是 $7x$ 元，则可得 $20\times4x+30\times7x=116$，得 $x=0.4$。所以圆珠笔单价为 $4\times0.4=1.6$ 元。

21. 18

【解析】本题考查均值不等式。$\because x>0, y>0$，且 $y=\dfrac{8x}{x-2}>0$，$\therefore x>2$，$\therefore x+y=\dfrac{8x}{x-2}+x=\dfrac{8(x-2)+16}{x-2}+x=x-2+\dfrac{16}{x-2}+10\geqslant 2\sqrt{(x-2)\cdot\dfrac{16}{x-2}}+10=18$，当且仅当 $x=6$ 时取等号，故 $x+y$ 的最小值为 18。

22. $\dfrac{2}{5}$

【解析】本题考查排列与组合。基本事件总数为 $A_5^5=120$ 种，同一科目中有相邻情况的有 $A_4^4A_2^2+A_4^4A_2^2-A_3^3A_2^2A_2^2=72$ 种，故同一科目的书都不相邻的概率是$\dfrac{120-72}{120}=\dfrac{2}{5}$。

23. 动手实践；自主探索；合作交流

【解析】本题考查《义务教育数学课程标准》（2011 年版）教学知识。《义务教育数学课程标准》（2011 年版）明确指出，数学教学是数学学习活动的教学，而有效的数学学习活动不能是单纯地依赖模仿与记忆，动手实践、自主探索与合作交流，可以促进学生全面、持续、和谐的发展，是学生学习数学的重要方式。

24. 学生

【解析】本题考查教学知识。

三、解答题

25. 【解析】本题考查列方程类应用题。设甲、乙两个工程队每天各修路 x 米、y 米，

则$\begin{cases} y=x+100, \\ 3x+6(x+y)=4200, \end{cases}$解得$\begin{cases} x=240, \\ y=340, \end{cases}$

答:甲、乙两个工程队每天各修路 240 米、340 米。

26.【解析】本题考查三角形相似与面积。易得 $\triangle DEF \backsim \triangle AEB$,设 $DE=x$,$AE=4-x$,$AB=4$,$DF=\frac{4x}{4-x}$,$S_{\triangle DEF}=\frac{1}{2}x\times\frac{4x}{4-x}=\frac{2x^2}{4-x}$,$S_{\triangle ABE}=\frac{1}{2}\times 4\times(4-x)=2(4-x)$,由题可知,$\frac{2x^2}{4-x}-2(4-x)=6\Rightarrow x=\frac{28}{11}$,代入可得 $DF=7$。

27.【解析】本题考查数列的通项公式及数列求和。(1)由 $a_1=10$,a_2 为整数知,等差数列 $\{a_n\}$的公差 d 为整数,又 $S_n\leqslant S_4$,$\therefore a_4\geqslant 0$,$a_5\leqslant 0$,于是 $10+3d\geqslant 0$,$10+4d\leqslant 0$,解得 $-\frac{10}{3}\leqslant d\leqslant -\frac{5}{2}$,因此 $d=-3$,数列 $\{a_n\}$的通项公式 $a_n=10-3(n-1)=13-3n$。

(2) $b_n=\frac{1}{a_na_{n+1}}=\frac{1}{(13-3n)(10-3n)}=\frac{1}{3}\cdot\left(\frac{1}{10-3n}-\frac{1}{13-3n}\right)$,于是 $T_n=b_1+b_2+\cdots+b_n=\frac{1}{3}\left[\left(\frac{1}{7}-\frac{1}{10}\right)+\left(\frac{1}{4}-\frac{1}{7}\right)+\cdots+\left(\frac{1}{10-3n}-\frac{1}{13-3n}\right)\right]=\frac{1}{3}\left(\frac{1}{10-3n}-\frac{1}{10}\right)=\frac{n}{10(10-3n)}$。

28.【解析】本题考查导数的应用。$f'(x)=\frac{1}{1+x}-\frac{(1+2\lambda x)(1+x)-x(1+\lambda x)}{(1+x)^2}=\frac{-\lambda x^2-(2\lambda-1)x}{(1+x)^2}$,令 $f'(x)=0$,得 $x_1=0$,$x_2=-2+\frac{1}{\lambda}$,而 $f(0)=0$,要满足 $x\geqslant 0$ 时,$f(x)\leqslant 0$,$f(x)$在$(0,+\infty)$上不为增函数。当 $\lambda\leqslant 0$ 时,$f'(x)\geqslant 0$ 恒成立,即 $f(x)$在$(0,+\infty)$上为增函数,不符合条件;当 $0<\lambda<\frac{1}{2}$时,$-2+\frac{1}{\lambda}>0$,在$(0,-2+\frac{1}{\lambda})$上函数$f'(x)>0$,即 $f(x)$在$(0,-2+\frac{1}{\lambda})$上为增函数,不符合条件;当 $\lambda\geqslant\frac{1}{2}$时,$-2+\frac{1}{\lambda}<0$,则在$[0,+\infty)$是减函数,满足题意,所以$\lambda_{\min}=\frac{1}{2}$。

四、论述题

29. 试述小学数学教学渗透数学建模思想的必要性。

【参考答案】本题考查教学知识中的数学思想方法教学。数学模型是对某种事物系统的特征或数量依存关系概括或近似表述的数学结构。数学中的各种概念、公式和理论都是由现实世界的原型抽象出来的,从这个意义上讲,所有的数学知识都是刻画现实世界的模型。在小学阶段,数学模型的表现形式为一系列的概念系统、算法系统和关系、定律、公理系统等。

数学模型不仅为数学表达和交流提供了有效途径,也为解决现实问题提供了重要工具,可以帮助学生准确、清晰地认识与理解数学的意义。在小学数学教学活动中,教师应采取有效措施,加强数学建模思想的渗透,提高学生的学习兴趣,培养学生用数学的意识分析和解决实际问题的能力。数学在本质上就是在不断地抽象、概括、模式化的过程中发展和丰富起来的。数学学习只有深入到“模型”“建模”的意义上,才是一种真正的数学学习。这种“深入”,就小学数学教学而言,更多地是指用数学建模的思想和精神来指导数学教学,从学生已有的生活经验出发,让学生亲身经历将实际问题抽象成数学模型并进行解释与运用的过程,进而使学生在获得对数学的理解的同时,在思维能力、情感态度与价值观等多方面也得到进步和发展。

五、案例设计与案例分析题

30.【参考答案】本题考查教学过程设计及教学知识。(1)案例中内容体现了转化和极限的数学思想。

(2)教学目标:

①知识与技能目标:能利用已有的知识,推导出圆面积公式,并会用公式计算出具体圆的面积。

②过程与方法目标:经历推导圆面积公式的过程,发展分析、比较、判断、推理、归纳、概括的能力。

③情感态度与价值观目标:通过对圆面积公式的推导,体会转化的思想方法,初步感受极限思想。

(3)本节课的教学重点在于推导圆面积公式。针对这一教学重点,可以设计这样一个活动:发给每个学生一个画着 16 等分的圆与一把小剪刀,让学生用剪子把圆剪成 16 份后,由他们自己动手拼摆出学到的平面图形,如平行四边形、三角形、梯形、长方形等。然后找到求所拼成图形面积的条件,从转化成的图形面积推导出圆面积的公式。为了展示由不同图形推导圆面积公式的过程,教师应在电脑上准备好相应的图形,在学生阐述推导公式的过程中配合展示。这样能够增加直观效果,有利于同学间互相学习,互相交流。

浙江省教师招聘考试

小学数学真题试卷

(本真题试卷由山香教师招聘考试命题研究中心收集、整理)

2021 年 1 月浙江省杭州市教师招聘考试真题试卷(一)

小学数学

2021 年 1 月杭州
小学数学真题

(时间:120 分钟　总分:100 分)

本套试卷共 24 小题,包括填空题(10 小题),单项选择题(8 小题),解答题(6 小题)。

一、填空题(本大题共 10 小题,每小题 3 分,共 30 分)

1. $(0.5+0.25+0.125)\div(0.5\times0.25\times0.125)\times\dfrac{\dfrac{7}{18}\times\dfrac{9}{2}+\dfrac{1}{6}}{13\dfrac{1}{3}-\dfrac{15}{4}\times\dfrac{16}{5}}=$________。(常考)

2. 从 2020 枚棋子中依次取出 1 枚、3 枚、5 枚、7 枚、…、$(2n-1)$枚,则 n 的最大值是________。

3. 一个两位数,其个位数与十位数之和为 12,若将这个两位数的十位数与个位数对调,得到的新数比原来的数大 36,则原来的两位数是________。

4. 师徒二人共同加工 170 个零件,师傅加工零件个数的$\dfrac{1}{3}$比徒弟加工零件个数的$\dfrac{1}{4}$还多 10 个,那么师傅加工了________个零件。

5. 在一张方格纸上,每个方格边长为 1cm,按如图所示的规律,取点 $A_1, A_2, A_3, A_4, \cdots$,把点 A_1, A_2, A_3 连成三角形 S_1,把点 A_2, A_3, A_4 连成三角形 S_2,…,这样不断连下去,其中三角形 S_x 的面积为 625 平方厘米,那么 $x=$________。

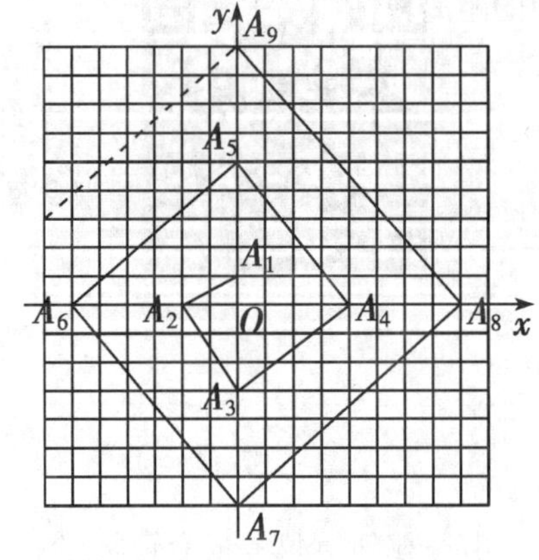

6. 如图是一个钉子板，共有 25 个钉子，横竖均以相同的间距排列，若用橡皮筋在此板上围成正方形，则共能围出________种面积不同的正方形。

7. 小明有 5 个面包，小林有 3 个面包，来了两个路人，大家把面包平分吃了，最后两个路人各留下了 8 元，小明应该分到________元。（常考）

8. 一组少先队员要为两条公路旁的树木浇水，第一条公路旁的树木是第二条公路的一半。上午全组的人都在第二条公路上浇水；下午一半的人留在第二条公路上浇水，到收工时正好浇完；另外一半人在第一条公路上浇水，收工时还剩一小部分的树木未浇，需由四个人浇一天才能完成。如果每人的工作效率相同，这组少先队员共有________人。

9. 用一些棱长为 3cm 的小正方体构成一个立体图形，下面各图是这个立体图形的正视图、左视图、俯视图，这个立体图形的体积最小是________立方厘米。

正视图　　左视图　　俯视图

10. A 码头在 B 码头的上游，遥控舰模从 A 码头出发，在两个码头之间往返航行。已知舰模在静水中的速度是每分钟 200 米，水流的速度是每分钟 40 米。出发 20 分钟后，舰模位于 A 码头下游 960 米处，并向 B 码头行驶。则 A 码头和 B 码头之间的距离为________米。

二、单项选择题（本大题共 8 小题，每小题 3 分，共 24 分）

11. 有甲、乙两瓶盐水，甲瓶盐水的浓度为 8%，乙瓶盐水的浓度为 5%，两瓶盐水混合后浓度为 6.2%。那么，四分之一的甲瓶盐水和六分之一的乙瓶盐水混合后的浓度为（　　）

A. 7.5%　　B. 5.5%　　C. 6%　　D. 6.5%

12. 已知 n 是一个两位数，它的各个数位上的数字之和为 a，当 n 分别乘 3，5，7，9 后得到四个乘积，如果其每一个乘积的各个数位上的数字之和仍为 a，那么这样的两位数 n 有（　　）

A. 3 个　　B. 5 个　　C. 7 个　　D. 9 个

13. 有 50 个女孩，她们的肤色是白色或浅黑色的，眼睛是蓝色或褐色的，如果 14 个女孩是蓝色眼睛白皮肤，31 个女孩是浅黑肤色的，18 个女孩是褐色眼睛的，那么褐色眼睛且浅黑皮肤的女孩有(　　)个。

A. 13　　B. 12　　C. 14　　D. 11

14. 如图所示，在平行四边形 $ABCD$ 中，P 为 BC 的中点，过点 P 作 BD 的平行线交 CD 于点 Q，连结 PA，PD，QA，QB，则图中与 $\triangle ABP$ 面积相等的三角形的个数为(　　)(易混)

A. 3　　B. 4　　C. 5　　D. 6

15. 四张完全相同的卡片上，分别画有圆、平行四边形、等边三角形、等腰梯形，现从中随机抽取一张，卡片上画的是中心对称图形的概率为(　　)

A. $\frac{1}{4}$　　B. $\frac{1}{2}$　　C. $\frac{3}{4}$　　D. 1

16. 如图，标有记号的十个角度数之和是(　　)度。(易错)

A. 540　　B. 720

C. 900　　D. 1080

17. 用 100 千克玉米可以兑换 60 千克大米，一个人用一个 4 千克重的容器，连同容器称了 100 千克玉米，兑换了连同容器重 60 千克的大米，这种兑换方式(　　)

A. 合理　　B. 不合理，大米少称了 1.6 千克

C. 不合理，玉米多称了 1.6 千克　　D. 不合理，大米多称了 1.6 千克

18. A、B、C 三项工程的工作量之比为 1∶2∶3，由甲、乙、丙三个工程队分别承担，同时开工，若干天后，甲完成的工作量是乙未完成工作量的二分之一，乙完成的工作量是丙未完成的工作量的三分之一，丙完成的工作量等于甲未完成的工作量，则甲、乙、丙三个队的工作效率之比为(　　)

A. 1∶2∶3　　B. 2∶4∶3　　C. 5∶6∶3　　D. 4∶6∶3

三、解答题(本大题共 6 小题，其中第 19 ~ 23 题，每小题 6 分，第 24 题 16 分，共 46 分)

19. 如图，圆的周长是 18.84 厘米，圆的面积等于长方形的面积，则阴影部分的周长是多少厘米？(π 取 3.14)

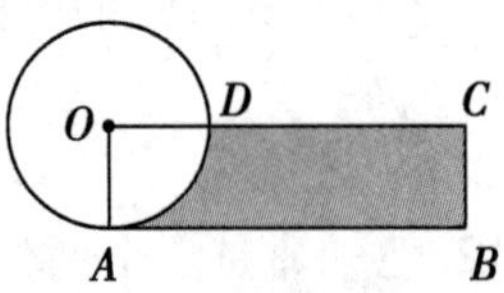

20. 某公园每张个人票 5 元，供 1 人入园。每张团体票 30 元，供不超过 10 人的团体入园。买 10 张或者更多团体票可优惠 10%。某单位秋游，原来准备的钱刚好够 145 人的门票用，临时又增加了两个人，这两个人每人带来了 m 元钱，结果 147 人刚好都能入园，则 m 的值最小是多少？

21. 一个棱长为 9 分米的正方体，沿每条棱的 $\frac{1}{3}$ 处截去 8 个顶点，得到一个新的几何体，求这个几何体的棱长总和与体积。

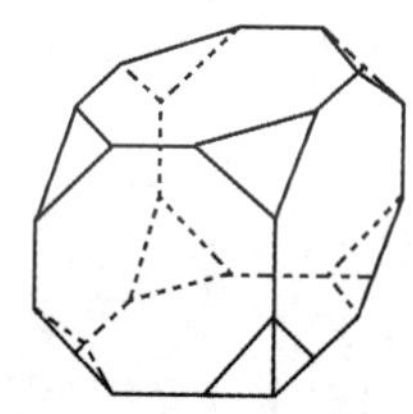

22. 如图，在足球表面有五边形和六边形图案，每个五边形与 5 个六边形相连，每个六边形与 3 个五边形相连。那么五边形和六边形的最简整数比是多少？

23. 数据分析观念是学生重要的数学能力和素养，也是《义务教育数学课程标准》（2011 年版）的核心概念之一。请阐述数据分析观念包括哪些内容？下面是人教版五年级上册“可能性”单元例题的教学内容，请围绕发展学生数据分析观念的概念，设计教学目标。

3 小组活动：盒子中装有红、黄两种颜色的球，每个小组的盒子里装的球都是一样的。从中摸出一个球后再放回去摇匀，重复 20 次并记录下球的颜色。

下面是八个小组的统计情况。

次数 小组 颜色	1	2	3	4	5	6	7	8	合计
●	15	16	12	18	15	16	14	17	123
○	5	4	8	2	5	4	6	3	37

做一做

1. 猜一猜，摸出哪种颜色棋子的可能性最大？摸出哪种颜色棋子的可能性最小？

2.

全班每人掷一次。

朝上的有________人，

朝上的有________人。

24. 下面是人教版义务教育三年级上册“倍的认识”的教学内容，简要叙述本单元例 1，例 2 的教学内容，再依据例 3 设计一篇教案。

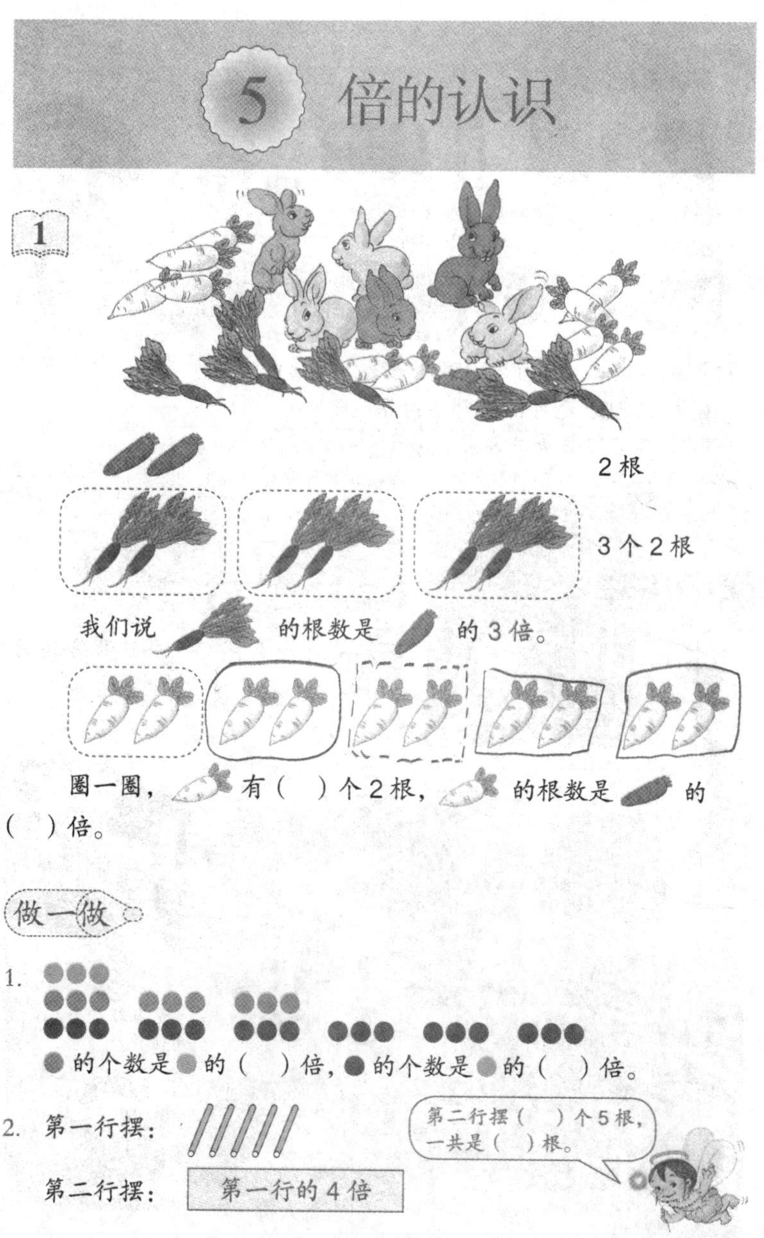

5 倍的认识

1

2 根

3 个 2 根

我们说 [胡萝卜] 的根数是 [红萝卜] 的 3 倍。

圈一圈，[白萝卜] 有（ ）个 2 根，[白萝卜] 的根数是 [红萝卜] 的（ ）倍。

做一做

1. ● 的个数是 ● 的（ ）倍，● 的个数是 ● 的（ ）倍。

2. 第一行摆：

第二行摆：第一行的 4 倍

第二行摆（ ）个 5 根，一共是（ ）根。

2

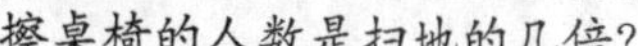
擦桌椅的人数是扫地的几倍？

阅读与理解

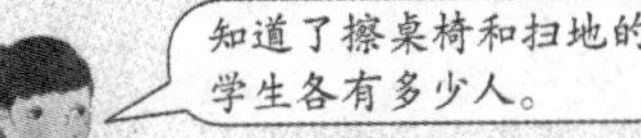

知道了擦桌椅和扫地的学生各有多少人。

问题是擦桌椅的人数是扫地的几倍。

分析与解答

我画了一张示意图，能清楚地看出擦桌椅的人数是扫地的3倍。

擦桌椅的：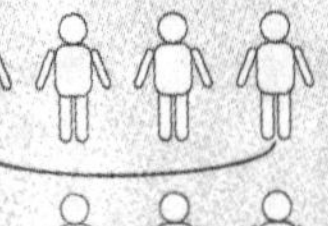 

扫地的：

要求擦桌椅的人数是扫地的几倍，就是求12里面有几个4，用除法计算。

$$12\div4=3$$

回顾与反思

扫地的4人，4的3倍是12，正好是擦桌椅的人数，解答正确。

答：擦桌椅的人数是扫地的3倍。

3

象棋的价钱是多少元？

阅读与理解

知道了军棋的价钱，要求象棋的价钱。

还知道了两种价钱之间的关系。

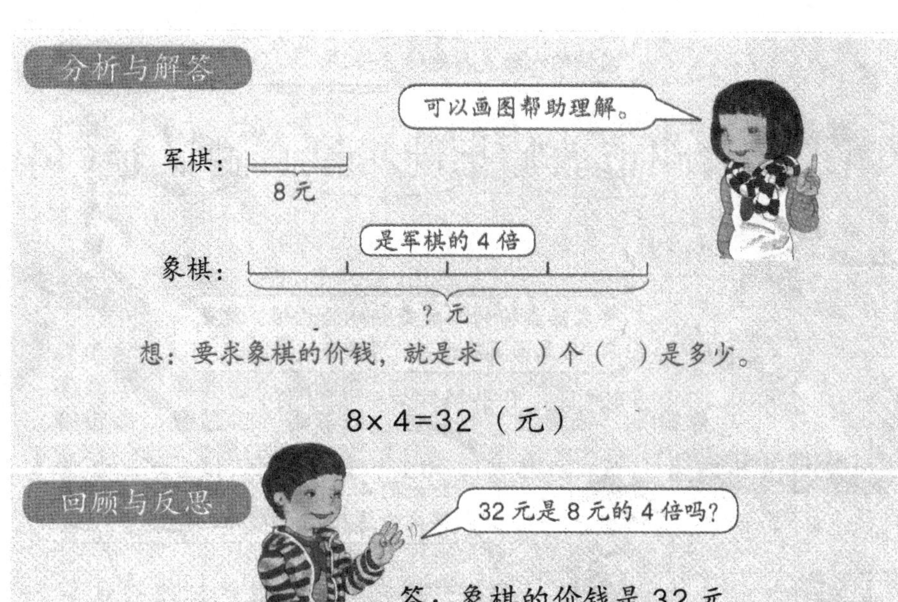
分析与解答
可以画图帮助理解。
军棋：
8 元
是军棋的 4 倍
象棋：
? 元
想：要求象棋的价钱，就是求（　）个（　）是多少。
8×4=32（元）
回顾与反思
32 元是 8 元的 4 倍吗？
答：象棋的价钱是 32 元。

2021 年浙江省台州市教师招聘考试真题试卷(精编)(二)

小学数学

(时间:120 分钟　总分:100 分)

本套试卷目前收录 13 小题,包括单项选择题(1 小题),填空题(5 小题),解答题(6 小题),论述题(1 小题)。

一、单项选择题(本大题共 3 分)

1. 下图中是轴对称图形的是(　　)

A. 　B. 　C. 　D. 

二、填空题(本大题共 5 小题,每小题 3 分,共 15 分)

2. $y=\dfrac{\sqrt{x-1}}{x-2}$的定义域为________。

3. 已知 s,t 满足 $s+t=6$,且 $m=st+3$,则 m 的最大值为________。(易错)

4. 关于 x,y 的方程组$\begin{cases}x-2y=m-3,\\2x+5y=1-2m,\end{cases}$当 $m>$________时,$x+y<0$。

5. $-2,0,1,2,4$ 的标准差是________。

6. 一个四边形其中三个内角之和为 280°,则第四个内角度数为________。

三、解答题(本大题共 6 小题,每小题 6 分,共 36 分)

7. 已知函数$f(x)=\begin{cases}mx+\dfrac{7}{8},0<x<m,\\2^{\frac{x}{m}}+1,m\leqslant x+1\end{cases}$满足$f(m^2)=1$。(常考)

(1)求常数 m 的值;(3 分)

(2)解不等式$f(x)\leqslant 4$。(3 分)

8. 已知关于 x 的方程 $x^2+2x+m=0$。

(1)若 $x=1$ 是方程的一个根,求 m;(2 分)

(2)若此方程有两个不相等的实数根,求 m 的取值范围;(2 分)

(3)在(2)的条件下,若此方程有两个不等实根 x_1,x_2,且 $x_1x_2\geqslant 0$,求 m 的取值范围。(2 分)

9. (1)若 x_1,x_2 是方程 $x^2-2x-4=0$ 的两个实数根,求 $(x_1-1)(x_2-1)$ 的值;(3 分)

(2)若 m,n 是方程 $x^2+x-2=0$ 的两个实数根,求 m^2-m-2n 的值。(3 分)

10. 在矩形 $ABCD$ 中，$\frac{AB}{AD}=\sqrt{3}$，点 P 在直线 AB 上，点 Q 在直线 BD 上，连结 PQ，且 $PQ=BQ$，将 PQ 绕点 P 顺时针旋转 $90°$后 Q 点对应点为 Q'，连结 QQ'。

(1) 如图 1，若点 P 在线段 AB 上，则 $\frac{PB}{QQ'}$ 的值是多少？（3 分）

(2) 如图 2，若点 P 在线段 BA 的延长线上，$QQ'=\sqrt{6}$，$PA=\frac{1}{8}AB$，求 AD 的长。（3 分）

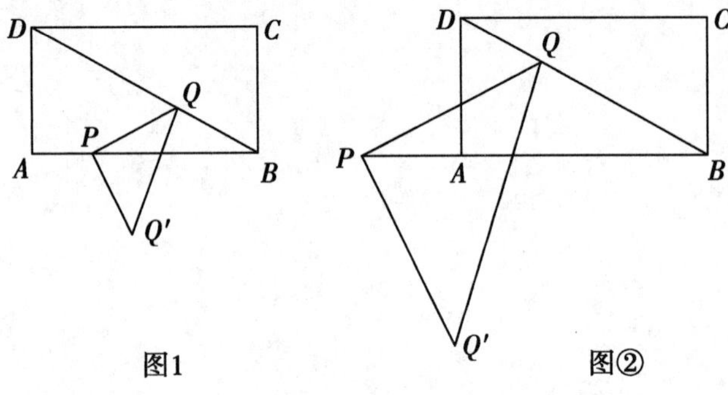

图1　　图②

11. 如图，在三棱柱 $ABC-A_1B_1C_1$ 中，$\triangle ABC$ 和 $\triangle AA_1C$ 均是边长为 2 的等边三角形，点 O 为 AC 中点，平面 $AA_1C_1C\perp$ 平面 ABC。

(1) 若 $AC_1\cap A_1C=P$，求证：直线 OP // 平面 ABA_1；（2 分）

(2) 求平面 ABC_1 与底面 ABC 所成锐二面角的余弦值。（4 分）

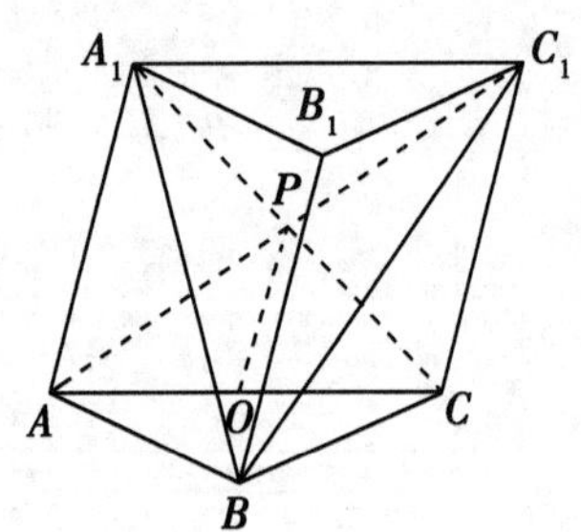

12. 某游泳馆进场的票价为：成人票 30 元，儿童票 15 元，团体票票价打九折（满 40 人可享，不足 40 人按 40 人计算），4 位游泳教练带领若干儿童去游泳馆，设儿童有 x 人。

（1）若儿童有 31 人，则买票至少花费多少钱？（2 分）

（2）若儿童有 36 人，则买票至少花费多少钱？（2 分）

（3）请用含 x 的代数式表示至少花费多少钱？（2 分）

四、论述题（本大题共 5 分）

13. 列举一个数学教材中渗透数学文化的案例，并简要说明数学文化对数学学习的作用。

2020 年 1 月浙江省杭州市教师招聘考试真题试卷(三)

小学数学

(时间:120 分钟　总分:100 分)

本套试卷共 24 小题,包括填空题(10 小题),单项选择题(8 小题),解答题(6 小题)。

一、填空题(本大题共 10 小题,每小题 3 分,共 30 分)

1. 计算:$\frac{1}{4}\times\left(4.85\div\frac{5}{18}-3.6+6.15\times3\frac{3}{5}\right)+\left[5.5-1.75\times\left(1\frac{2}{3}+\frac{19}{21}\right)\right]=$________。

2. 求得 7 个自然数的平均数是一个无限循环小数,已知这个平均数保留两位小数是 20.71,这 7 个自然数的和是________。

3. 一个三角形的三条边长是三个两位的连续偶数,它们的末位数字的和是 7 的倍数,这个三角形的最大周长等于________。

4. 在下左图中,正方形 $ABCD$ 的周长是 16 厘米,长方形 $DEFG$ 的长 DG 为 5 厘米,长方形的宽 DE 为________厘米。

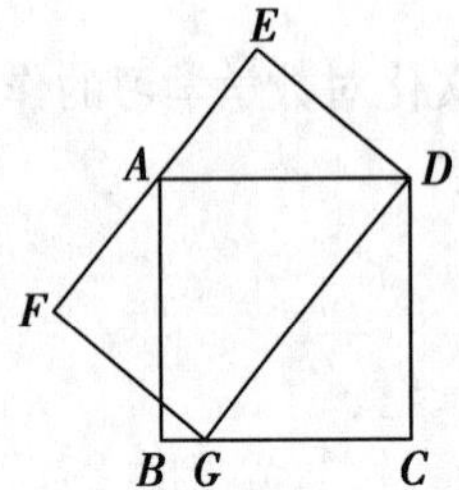

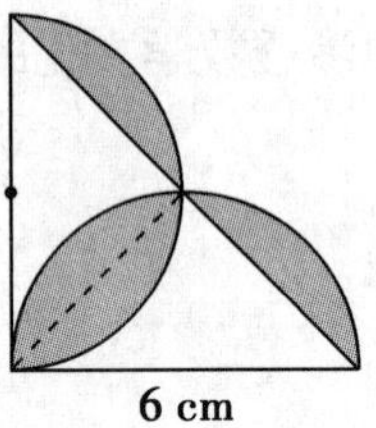

5. 在上右图中,三角形是等腰直角三角形,阴影部分的面积是________平方厘米。(π 取 3.14)

6. 如下图,一个底面半径是 1 分米的圆柱形玻璃杯内盛有一些水,恰好占杯子容量的$\frac{2}{5}$,现将两个同样大小的铁球沉入水中,这时水面上升了 6 厘米,刚好与杯口齐平。这个杯子容积是________立方分米。(π 取 3.14)

7. 有 4 位小朋友的体重都是整千克数，他们两两合称体重，共称了五次，称得的千克数分别为 99，113，125，130，144。其中有两人没有一起合称过，那么这两个人中较重的人的体重是________。（常考）

8. 小李有两种不同形状的纸板共 105 块，其中一种是正方形，一种是长方形（如下图）。他用这些纸板做成一些竖式（底面是正方形）和横式（底面是长方形）的无盖纸盒，正好将纸板用完，且竖式纸盒的只数与横式纸盒的只数比是 2∶1，其中正方形纸板有________块。

9. 某只袋中装有若干个红色或黄色的小球，小红第一次摸出两个红球。黄老师说："剩下的红球是黄球的 $\frac{3}{5}$"，把球放回后，再摸一次是一红一黄，黄老师说："剩下的红球是黄球的 $\frac{2}{3}$"。袋中原来共有________个球。

10. 甲、乙两地相距 80 千米，一辆汽车从甲地前往乙地需要 2 小时，司机按正常速度行驶 15 分钟后发现忘带某重要物品，需返回拿了再前往。由于必须在原定时间内到达，他至少要以平均每小时________千米的速度行完余下的路程。（得数取整千米数，掉头、取物时间不计）

二、单项选择题（本大题共 8 小题，每小题 3 分，共 24 分）

11. 天安门广场的面积为 44 万平方米，请你估算一下，它的百万分之一大约相当于以下四个面积中的（　　）

A. 教室地面面积　　B. 黑板面面积

C. 课桌面面积　　D. 钢笔盒面面积

12. 如下图，长方形 $AEGK$ 四周上共有 12 个点，相邻两点的距离都是 1 厘米，以这些点为顶点构成的三角形面积是 4 平方厘米的共有（　　）个。

A. 10　　B. 12　　C. 18　　D. 20

13. 有 81 颗人造珍珠，它们的大小、形状完全相同。其中 80 颗的质量相同并符合标准，还有一颗不符合标准，但不知道是轻一点还是重一点。用一架没有砝码的天平至少称（　　）次就能保证找出这颗次品，并判断出这颗次品是轻了还是重了。（易错）

A. 4　　B. 5　　C. 8　　D. 10

14. 在桌面上摆一些大小一样的正方体木块,从正南方向看如下图(1),从正东方向看如下图(2)。要摆出这样的图形最少要用(　　)块正方体木块。

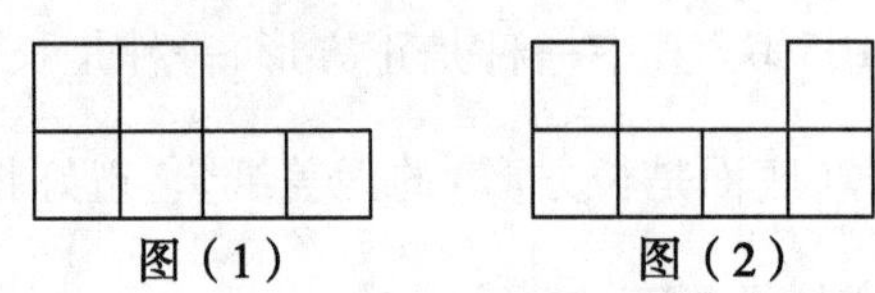

图(1)　　　图(2)

A. 6　　B. 7　　C. 12　　D. 20

15. 有一批长度分别为1,2,3,4,5,6,7,8,9,10和11厘米的细木条,它们的数量都足够多。从中适当选取3根木条作为三条边,可能围成(　　)个不同的三角形。

A. 70　　B. 81　　C. 160　　D. 161

16. 在一副扑克牌中(54张),至少要取出(　　)张,才能保证,能排出一组连环对。(例如2,2,3,3;3,3,4,4;…;10,10,J,J;…;K,K,A,A)

A. 4　　B. 17　　C. 20　　D. 37

17. 有A、B、C、D四人一起计划平均完成一件工作,但是D做了一天就因病请假了,结果A做了6天,B做了5天,C做了4天,D作为休息的代价,拿出750元给A、B、C三人作为报酬,若按天数计算劳务费,则这750元中A能够分到(　　)元。(常考)

A. 300　　B. 250　　C. 500　　D. 600

18. 若有十个人各拿着一只提桶同时到水龙头前打水,假设水龙头注满第一个人的桶需要1分钟,注满第二个人的桶需要2分钟,……。如此下去,当只有两个水龙头时,巧妙安排这十个人打水,使他们总的费时时间最少,这个时间等于(　　)分钟。(易错)

A. 30　　B. 55　　C. 110　　D. 125

三、解答题(本大题共6小题,其中第19~23小题,每小题6分,第24小题16分,共46分)

19. 某书店老板去图书馆批发市场购买某种图书,第一次购买书共用去100元,按该书定价2.8元出售,很快售完。第二次购书时,每本的批发价比第一次增多0.5元,共用去150元,所购数量比第一次多10本,当这批书售出$\frac{4}{5}$时出现滞销,便以定价的5折售完剩余图书。试问该老板第二次售书是赔钱还是赚钱?若赔,赔多少?若赚,赚多少?

20. 有 A,B,C 三个分数,它们分子之比是 3∶2∶4,分母之比是 5∶9∶15。这三个分数之和约分后是$\frac{28}{45}$,求其中最小的分数。

21. 在 AB 一段公路上,甲骑自行车从 A 往 B,乙骑摩托车从 B 往 A,他们同时出发,经过 80 分钟两人相遇,乙到 A 后马上折回,在第一次相遇后 40 分钟追上甲,乙到 B 地后马上返回,再过多少时间甲与乙再相遇?

22. 如图,把四边形 $ABCD$ 的各边都延长 2 倍,得到一个新的四边形 $EFGH$,如果四边形 $ABCD$ 的面积是 8 平方厘米,则四边形 $EFGH$ 的面积是多少平方厘米?

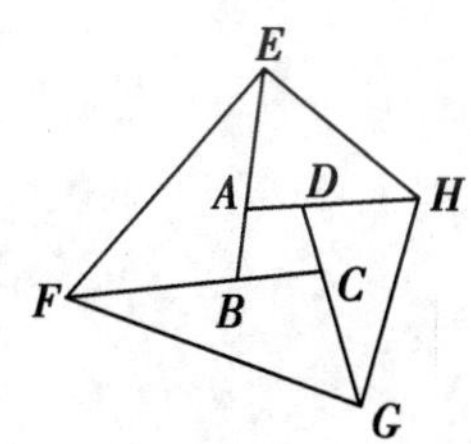

23. 我们小学开始就学习计算了,应该知道计算学习过程中“算理与算法”的学习与掌握是十分重要的,以下是“除数是一位数笔算除法”的教学内容。

(1)从教学内容来看,你能说说哪部分是帮助说明算理的,哪部分内容是帮助建立算法的吗?(3 分)

(2)你能结合教学内容来谈谈算理与算法的关系吗?(3 分)

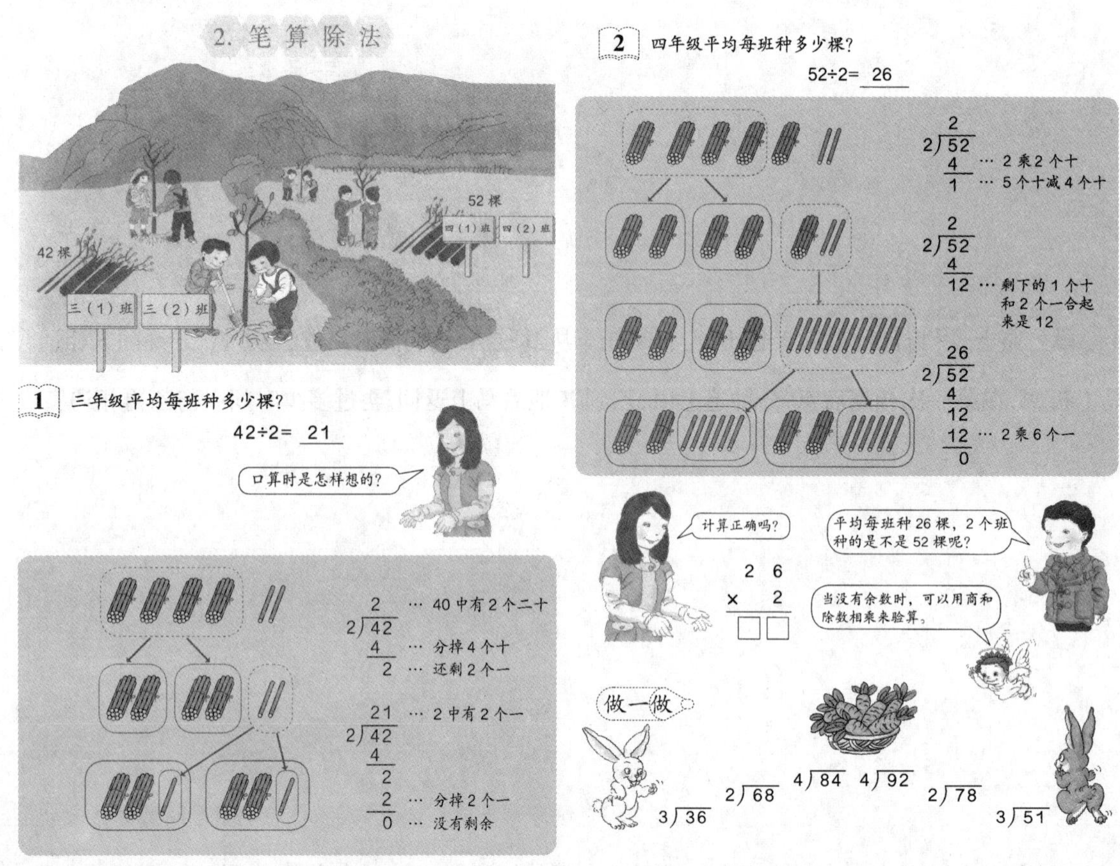

2. 笔算除法

1 三年级平均每班种多少棵?

42÷2= 21


```
   2        … 40 中有 2 个二十
2)42
  4         … 分掉 4 个十
  2         … 还剩 2 个一

  21        … 2 中有 2 个一
2)42
  4
  2
  2         … 分掉 2 个一
  0         … 没有剩余
```

2 四年级平均每班种多少棵?

52÷2= 26

```
   2
2)52
  4         … 2 乘 2 个十
  1         … 5 个十减 4 个十

   2
2)52
  4
  12        … 剩下的 1 个十和 2 个一合起来是 12

  26
2)52
  4
  12
  12        … 2 乘 6 个一
   0
```


$$\begin{array}{r} 2\ 6 \\ \times\ \ \ 2 \\ \hline \square\square \end{array}$$

做一做

3)36　2)68　4)84　4)92　2)78　3)51

24. 下面是《义务教育教科书四年级上册(人教版)》第五单元“平行四边形和梯形”中“平行与垂直”,请根据教学内容设计一份教案。

5 平行四边形和梯形

平行与垂直

1 在纸上任意画两条直线，会有哪几种情况？

把没有相交的两条直线再画长一些会怎样？

在同一个平面内不相交的两条直线叫做**平行线**，也可以说这两条直线**互相平行**。

上图中 a 与 b 互相平行，记作 $a \parallel b$，读作 a 平行于 b。

量一量，所画的两条相交直线组成的角分别是多少度。

两条直线相交成直角，就说这两条直线**互相垂直**，其中一条直线叫做另一条直线的**垂线**，这两条直线的交点叫做**垂足**。

上图中直线 a 与 b 互相垂直，记作 $a \perp b$，读作 a 垂直于 b。

做一做

下面各组直线，哪一组互相平行？哪一组互相垂直？

2019 年浙江省教师招聘考试真题试卷(四)

小学数学

(时间:120 分钟　总分:100 分)

本套试卷共 28 小题,包括单项选择题(10 小题),填空题(10 小题),解答题(4 小题),分析题(1 小题),论述题(1 小题),案例题(2 小题)。

一、单项选择题(本大题共 10 小题,每小题 3 分,共 30 分)

1. 对乘法算式 67×5,估算方法最合理的是(　　)

A. 67×10　　B. 65×5　　C. 70×5　　D. 60×5

2. (　　)平方米等于 1 公顷。

A. 10　　B. 100　　C. 1000　　D. 10 000

3. 在 12 时计时制中,中午 12:05 读作(　　)

A. 一十二时零时五分　　B. 一十二时零时零五分

C. 十二时五分　　D. 十二时零五分

4. 一个六位数 617□□□分别除以 3,5,7 的余数都是 1,这样的最小的六位数的十位上的数字是(　　)(常考)

A. 5　　B. 6　　C. 7　　D. 8

5. 有一家饮料厂商,准备用统计图来展示饮料的成分,比较合适的统计图是(　　)

A. 折线统计图　　B. 条形统计图　　C. 扇形统计图　　D. 雷达统计图

6. 存在实数 x 使得 $x^2-2ax+3a-2<0$ 成立,则 a 的取值范围是(　　)

A. $(-\infty,1)\cup(2,+\infty)$　　B. $(-\infty,1)$

C. $(2,+\infty)$　　D. $(1,2)$

7. 当 $x\to0$ 时,$e^x-\left(1+\frac{x}{2}\right)^2$ 与(　　)是同阶无穷小量。

A. x　　B. x^2　　C. x^3　　D. x^4

8. 函数 $f(x)=ax^3+bx+1$ 在 $x=1$ 处取得极值 3,则(　　)

A. $a=2,b=0$　　B. $a=1,b=1$

C. $a=0,b=2$　　D. $a=-1,b=3$

9. 设两向量 $\boldsymbol{a}=(1,-2,2)$，$\boldsymbol{b}=(0,-3,4)$ 的夹角为 θ，则 $\sin2\theta=$（　　）

A. $\frac{28}{225}$　　B. $\frac{\sqrt{29}}{225}$　　C. $\frac{28\sqrt{29}}{225}$　　D. $-\frac{28\sqrt{29}}{225}$

10. 在正方体中，六个面 12 条对角线中，夹角成 60°的对角线共有（　　）对。

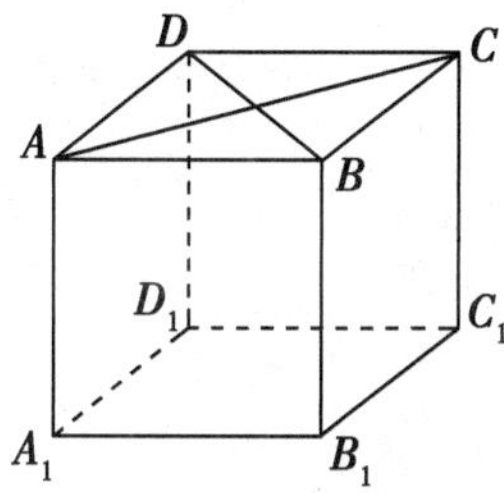

A. 60　　B. 48　　C. 36　　D. 24

二、填空题（本大题共 10 小题，每小题 2 分，共 20 分）

11. 若 $8_{(10)}=1000_{(2)}$，则 $0.25_{(10)}=$ ________$_{(2)}$。

12. 如果 $a\div b=q\cdots\cdots r$，则当 $n\neq0$ 时，$a\times n=b\times n\times$ ________ $+$ ________。

13. $\pi\approx$ ________（写到小数点后第 8 位）。

14. 如果某固态物质液化时体积减少$\frac{n}{m}$，那么该液态物质固化时体积增加________。（易错）

15. 凸多面体中的面数 F、棱数 E 与顶点数 V 之间的等量关系是________。

16. 设函数 $f(x)=\begin{cases}2x+1, x<2,\\ 3^x, x\geqslant2,\end{cases}$ 则 $f\left(f\left(\frac{1}{2}\right)\right)=$ ________。

17. 过圆 $x^2+y^2-2x+4y+3=0$ 的圆心且与直线 $x+2y=1$ 垂直的直线方程为________。（常考）

18. 设 $P(A)=0.5$，$P(\overline{A}\cup B)=0.8$，则 $P(A\cap B)=$ ________。

19. 设函数 $f(x)=\begin{cases}x^2\left[\sin\frac{1}{x}+\frac{\ln(1+x)}{\sqrt{1+x^2}-1}\right], x>0,\\ ae^x+b, x\leqslant0\end{cases}$ 可导，则 $a=$ ________，$b=$ ________。

20. 设 F 为抛物线 $y^2=4x$ 的焦点，P 为抛物线上的某点，已知 $M(11,5)$，则 $|PF|+|PM|$ 的最小值为________。

三、解答题（本大题共 4 小题，每小题 5 分，共 20 分）

21. 一个正整数可表示成“甲整数的 36 倍与 5 的和”，又可以表示成“乙整数的 48 倍与 5 的和”，求（最小的）这个数。

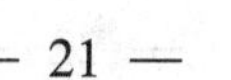

22. 设双曲线的一个焦点为(0, -5),其渐近线方程为 $y= \pm 2x$,求双曲线的方程与离心率。

23. 设曲线 $C:y=\sqrt{x-1}$,求:

(1)过原点与曲线 C 相切的切线方程;(2 分)

(2)求这条切线、直线 $y=0$ 与曲线 C 所围成的平面图形的面积。(3 分)

24. 设 $\{a_n\}$ 是一个公差不为零的等差数列,S_n 为数列 $\{a_n\}$ 的前 n 项和,且满足 $a_1^2+a_2^2=a_3^2+a_4^2$,$S_5=-5$,求数列 $\{a_n\}$ 的通项公式与其前 n 项和 S_n。

四、分析题(本大题共5分)

阅读材料1:“比的意义”的访谈对话。

“比的意义”课堂教学的课前对话:

师:喜欢数学还是喜欢语文?

生:喜欢数学。

师:为什么?

生:数学简单。

师:对今天的学习有信心吗?

生:有。

师:等“比的意义”这节课上完后,老师与你探讨一些问题,好不好?

生:好。

“比的意义”课堂教学的课后访谈:

师:今天学习了“比”,“两个数相除就叫作两个数的比”。

生:对。

师:“3∶0”是比吗?

生:不是。

师:为什么?

生:因为3∶0 =3 ÷0,除法算式中除数不能为0,也就是说,商不存在。

师:“0 ÷3”是比吗?

生:是。

师:足球比赛,两队的比分3∶0,是比吗?

生:不是。

师:足球比赛,两队的比分0∶3,是比吗?

生:是。

师:两个足球队的比分3∶0不是比,0∶3是比,调换一下前后顺序,就出现了是比与不是比!

生惊讶的样子。

旁边学生:好神奇呀!

25. 根据阅读材料1分析“比的意义”和“课前对话与课后访谈”的作用。

五、论述题(本大题共 5 分)

26. 根据(第四大题)的阅读材料 1 论述课间访谈对话的作用与注意问题。

六、案例题(本大题共 2 小题,每小题 10 分,共 20 分)

阅读材料 2:认识图形(义务教育人教版小学数学一年级上册 P34)

(情境一)

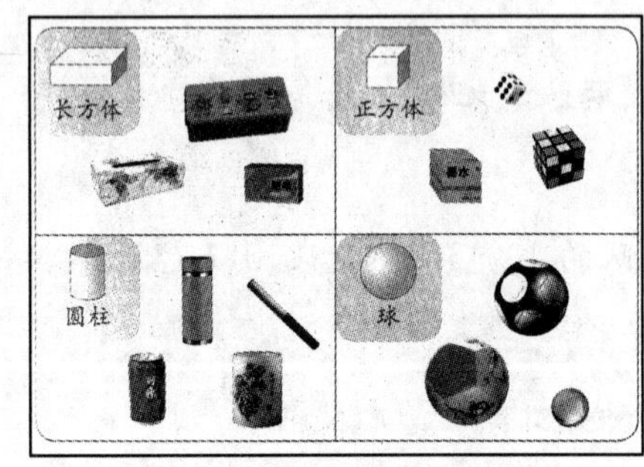

(情境二)

27. 教学内容分析:

(1)"认识图形"的教学内容是什么?(2 分)

(2)情境(一)与情境(二)的区别与联系是什么?(2 分)

(3)针对情境(一)的特征,应该设计怎样的教学活动?针对情境(二)的特征,又应该设计怎样的教学活动?(3 分)

(4)“认识图形”的教学重点在于充分认识几何图形的特征，你准备分别设计什么活动让学生充分感知长方体和正方体的特征、圆柱的特征和球的特征？（3 分）

28. 教学活动设计：

(1)“认识图形”的教学目标（结果目标与过程目标）设计。（5 分）

(2)“认识图形”的教学过程（概念形成的主要过程）设计。（5 分）

2019 年 5 月浙江省杭州市教师招聘考试真题试卷(五)

小学数学

(时间:120 分钟　总分:100 分)

本套试卷共 28 小题,包括填空题(10 小题),单项选择题(8 小题),解答题(6 小题)。

一、填空题(本大题共 10 小题,每小题 3 分,共 30 分)

1. 计算:[7.36 - 0.3 × (10.5 + 4.70)] ÷ 4 = ________。

2. 在下面的一列数中,只有一个九位数,它是________。

1234,5678,9 101 112,13 141 516,…

3. 一个盒子里放有相同质量且同样大小的红球、白球、蓝球各 3 个,从中摸 3 个(摸完放回)。至少摸________次才能保证其中有 3 次摸到的球相同。

4. 从下面每组数中各取一个数,将它们相乘,那么所有这样的乘积的总和是________。

第一组:0.48,$\frac{13}{25}$　　第二组:$\frac{1005}{2012}$,$\frac{236}{503}$

5. 十进制和二进制的表示如下:

10 进制	10^6	10^5	10^4	10^3	10^2	10	1
2 进制	2^6	2^5	2^4	2^3	2^2	2	1

如果$(1021)_3$表示三进制数,那么用二进制表示该数为________。

6. 如图所示,沿线段从 M 点走最短的路线到 P 点,且必须经过线段 AB,共有________种不同的走法。(易错)

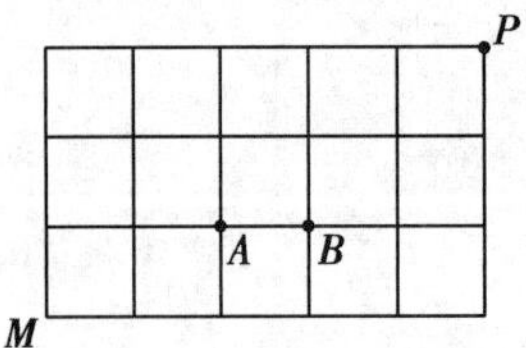

7. 如图所示,边长为 1 的小正方形中包含五角星,则包含五角星的矩形有________个。

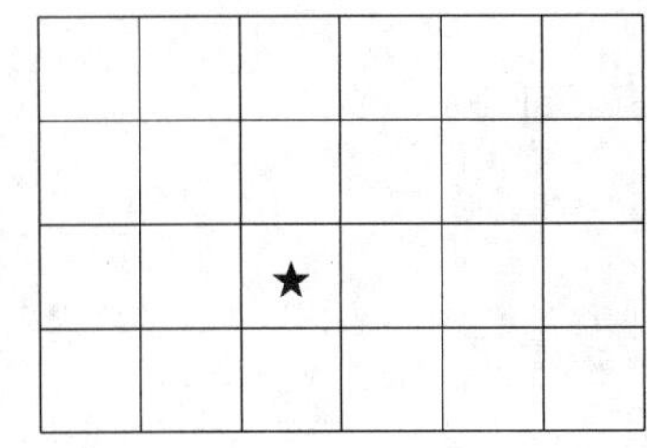

8. 如图所示，圆 O 为正方形 $ABCD$ 的内切圆。以 C 为圆心，BC 为半径的圆弧交正方形于点 D。则图中阴影①的面积是阴影②的面积的________。

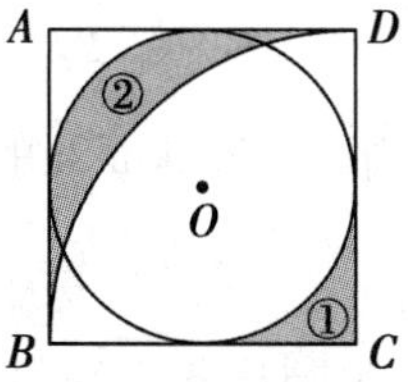

9. 一项工程，如果三个男生和四个女生合做，那么一天可以完成$\frac{17}{36}$。如果三个女生和四个男生合做，那么一天可以完成$\frac{1}{2}$。如果单独由一个女生来做，需要________天。（常考）

10. 如图所示，图中为 5 个相同的圆，且直径为 2012。现将圆 E 沿着图形外侧滚动一圈回到原来的位置，则圆心 E 走过的路程为________。（π 取 3.14）

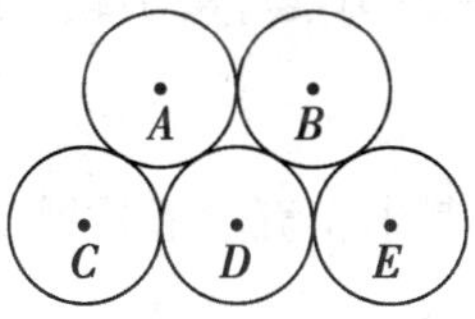

二、单项选择题（本大题共 8 小题，每小题 3 分，共 24 分）

11. 四位数$\overline{M0M5}$能被 3 整除，M 的取值有(　　)种情况。

A. 0　　B. 3

C. 9　　D. 无数

12. 某班有 30 人，其中一次考试当中，数学及格 22 人，语文及格 25 人，英语及格 20 人。三门都及格的人数至少为(　　)人。

A. 5　　B. 7　　C. 9　　D. 20

13. 有一个自然数 N 除 393 和 588，商取整数，余数之和是 31，那么这个自然数不可能是(　　)

A. 38　　B. 95　　C. 57　　D. 19

14. 桌上放着 6 张扑克牌，全部正面朝下，其中恰有 2 张老 K。若随机抽取两张牌并把它们翻开，则以下哪一个事件的概率最大？(　　)

A. 至少有一张老 K　　B. 两张都是老 K

C. 两张都不是老 K　　D. 一张是老 K

15. 用若干台计算机同时录入一部书稿，计划若干小时完成。如果增加三台计算机，则只需用原定时间的 75%；如果减少三台计算机，则比原定时间多用$\frac{5}{6}$小时。那么原定完成录入这部书稿的时间是(　　)小时。

A. $\frac{5}{3}$　　B. $\frac{10}{3}$　　C. $\frac{6}{5}$　　D. $\frac{11}{6}$

16. 把分数化成小数得到下列数，则下面是循环小数的有(　　)个。

0.666，1.454 5…，0.384 615…，$2.0\dot{1}\dot{8}$。

A. 4　　　　B. 3　　　　C. 2　　　　D. 1

17. 一条隧道长 2.5 km。一列长 300 m 的火车，以 75 km/h 的速度经过隧道。通过隧道所需的时间(　　)

A. 小于 1 分钟　　　　B. 小于 2 分钟　　　　C. 等于 2 分钟　　　　D. 大于 2 分钟

18. 如图所示，图中半圆的半径是 8 厘米。该半圆从 A 处经过 B 处滚动到 C 处。滚动之后，圆心走过的路程是(　　)

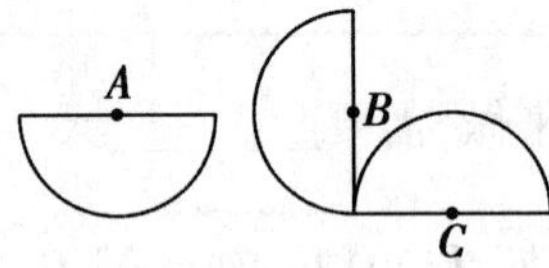

A. 8π　　　　B. 14　　　　C. 16π　　　　D. $14+8\pi$

三、解答题(本大题共 6 小题，其中第 19～21 小题，每小题 6 分，第 22 小题 8 分，第 23 小题 6 分，第 24 小题 14 分，共 46 分)

19. 一个足球由正五边形和正六边形组成，其中正五边形是黑皮，正六边形是白皮。已知黑皮加白皮一共 32 块，连接缝 90 条，求白皮和黑皮各有多少。

20. 已知等差数列$\{a_n\}$的首项为 a_1，公差为 d，前 n 项和为 S_n，且满足 $S_5 \cdot S_6+15=0$。若 $S_5=5$，求 a_1。

21. 一个底面半径为 7 cm 的圆柱体，里面注入水，液体高度 10 cm。放入一个圆锥体，水面上升至12 cm，此时水面刚好到达圆锥的一半高度。求圆锥体的底面积。（易错）

22. 一个立体图形，从上面往下看，得到如下俯视图，其中数字代表该列下面的物体个数。每个小立方体的边长都是 1，求该立方体图形的表面积。

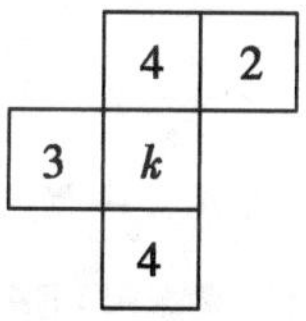

	4	2
3	k	
	4	

23. 人教版三年级（下册）有一章节是“数学广角—搭配”，通过这一章节的学习，简单论述学生认知目标和后续对学生发展的意义。

24. 下面是《义务教育教科书五年级下册(人教版)》“通分”单元中的“最小公倍数”一节，请根据教学内容设计一份教案。

5. 通分

最小公倍数

1 4和6公有的倍数是哪几个？公有的最小倍数是多少？

4的倍数有：4，8，12，16，20，24，28，32，36，40，…
6的倍数有：6，12，18，24，30，36，42，…
4和6公有的倍数有：12，24，36，…
其中公有的最小倍数是12。

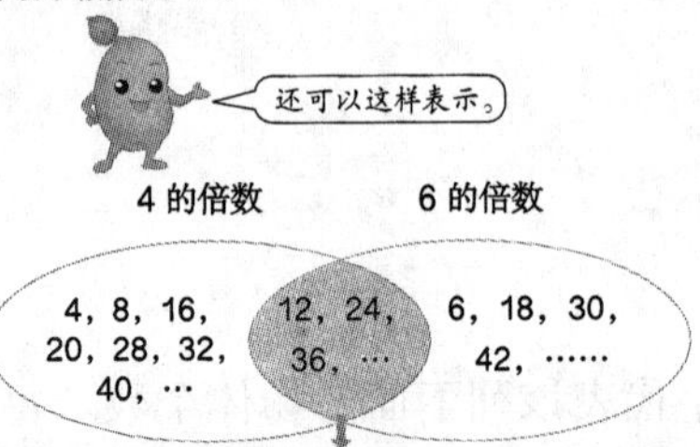

12，24，36，…是4和6公有的倍数，叫做它们的**公倍数**。其中，12是最小的公倍数，叫做它们的**最小公倍数**。

想一想：两个数有没有最大的公倍数？

做一做

把3和4的倍数、公倍数填在相应的位置，并圈出它们的最小公倍数。

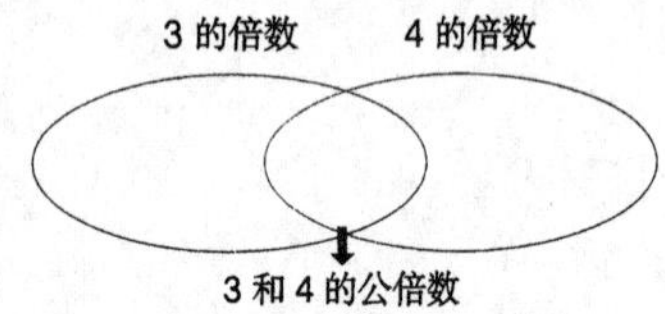

2 怎样求6和8的公倍数及最小公倍数？

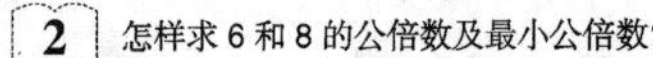

6的倍数：6，12，18，(24)，30，36，42，(48)，…
8的倍数：8，16，(24)，32，40，(48)，…

我在8的倍数中圈出6的倍数。

你还有其他方法吗？和同学讨论一下。
观察一下，两个数的公倍数和它们的最小公倍数之间有什么关系？

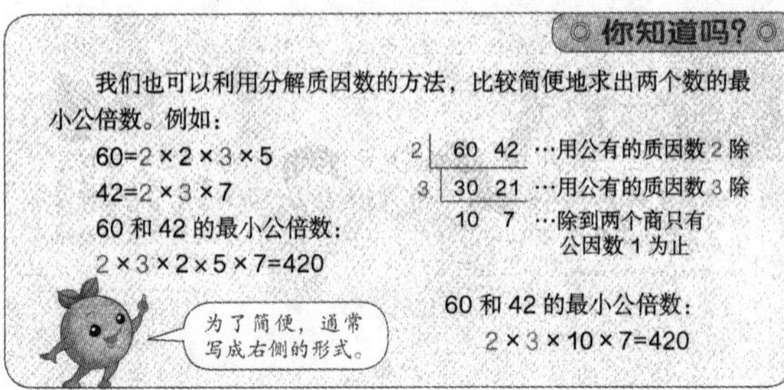

做一做

找出下列每组数的最小公倍数。你发现了什么？

3和6　　2和8　　5和6　　4和9　　3和9　　5和10

你知道吗？

我们也可以利用分解质因数的方法，比较简便地求出两个数的最小公倍数。例如：

$60=2\times2\times3\times5$
$42=2\times3\times7$
60和42的最小公倍数：
$2\times3\times2\times5\times7=420$

2 | 60 42 …用公有的质因数2除
3 | 30 21 …用公有的质因数3除
　 10 7 …除到两个商只有公因数1为止

60和42的最小公倍数：
$2\times3\times10\times7=420$

为了简便，通常写成右侧的形式。

2019年1月浙江省杭州市教师招聘考试真题试卷(六)

小学数学

(时间:120分钟　总分:100分)

本套试卷共24小题,包括填空题(10小题),单项选择题(8小题),解答题(6小题)。

一、填空题(本大题共10小题,每小题3分,共30分)

1. a,b是整数,且$a=2\times3\times m,b=3\times5\times m$,如果$a,b$的最大公因数是21,那么$a,b$的最小公倍数是________。(常考)

2. 商店打算进某种品牌服装100件,服装尺码与身高对照情况如下表:

	小码	中码	大码	加大码
标签	165cm	170cm	175cm	180cm
适合身高/cm	163~167	168~172	173~177	178~182

为提高进货的针对性,商店从它的客户中随意抽取200名调查了身高,结果如下表所示,商店应进大码服装________件左右。

身高/cm	163以下	163~167	168~172	173~177	178~182	182以上
人数/人	3	27	74	68	23	5

3. 一本书,如果每天读50页,那么5天读不完,6天又有余;如果每天读70页,那么3天读不完,4天又有余;如果每天读n页,那么n天恰好读完(n是自然数)。这本书的页数是________。

4. 黑板上写有1~100这100个自然数,划去前两个数后,把它们的和写在这串数的最后面;然后再划去前两个数后,再把这两个数的和写在这串数的最后面……照这样进行下去,直到只剩下一个数为止,最后一个数是________。

5. 客星球采用地球上的数与运算符号进行四则运算,下面是他们列的几个算式:$3+3=3,4\times4=4,43-8=8,6\times6\times6=5,46\div7=6,8-6=2$。从式子中看出,客星球的算术符号"+、-、×、÷、="与我们算术中的意义相同,进位也是十进制,只是每个数字虽然和我们写法相同,但代表的意义却不同,请你按照客星球的算术规则,计算:$46\times57=$________。

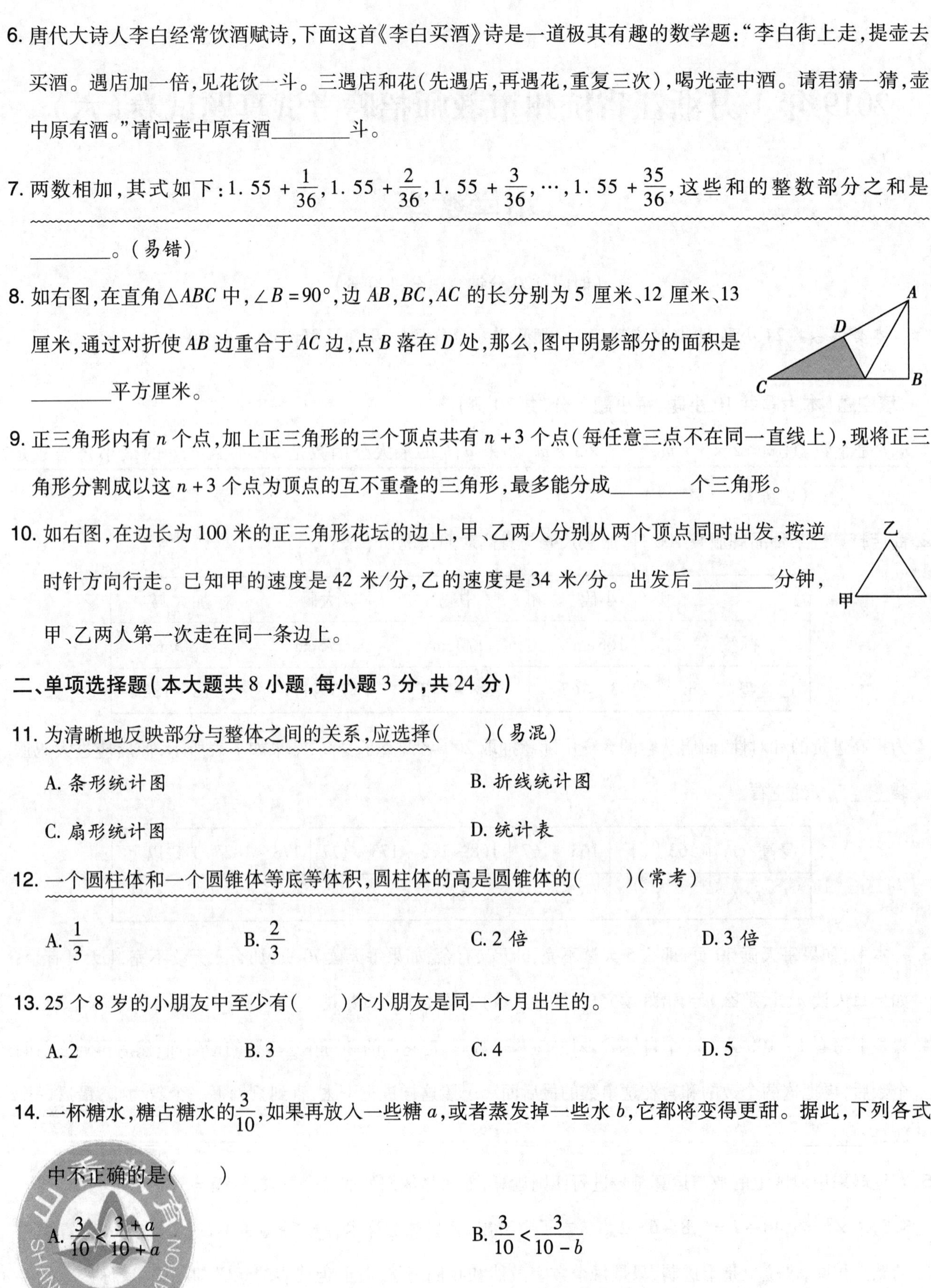

6. 唐代大诗人李白经常饮酒赋诗，下面这首《李白买酒》诗是一道极其有趣的数学题："李白街上走，提壶去买酒。遇店加一倍，见花饮一斗。三遇店和花（先遇店，再遇花，重复三次），喝光壶中酒。请君猜一猜，壶中原有酒。"请问壶中原有酒________斗。

7. 两数相加，其式如下：$1.55+\frac{1}{36}$，$1.55+\frac{2}{36}$，$1.55+\frac{3}{36}$，…，$1.55+\frac{35}{36}$，这些和的整数部分之和是________。（易错）

8. 如右图，在直角△ABC 中，$\angle B=90°$，边 AB，BC，AC 的长分别为 5 厘米、12 厘米、13 厘米，通过对折使 AB 边重合于 AC 边，点 B 落在 D 处，那么，图中阴影部分的面积是________平方厘米。

9. 正三角形内有 n 个点，加上正三角形的三个顶点共有 $n+3$ 个点（每任意三点不在同一直线上），现将正三角形分割成以这 $n+3$ 个点为顶点的互不重叠的三角形，最多能分成________个三角形。

10. 如右图，在边长为 100 米的正三角形花坛的边上，甲、乙两人分别从两个顶点同时出发，按逆时针方向行走。已知甲的速度是 42 米/分，乙的速度是 34 米/分。出发后________分钟，甲、乙两人第一次走在同一条边上。

二、单项选择题（本大题共 8 小题，每小题 3 分，共 24 分）

11. 为清晰地反映部分与整体之间的关系，应选择（　　）（易混）

A. 条形统计图　　B. 折线统计图

C. 扇形统计图　　D. 统计表

12. 一个圆柱体和一个圆锥体等底等体积，圆柱体的高是圆锥体的（　　）（常考）

A. $\frac{1}{3}$　　B. $\frac{2}{3}$　　C. 2 倍　　D. 3 倍

13. 25 个 8 岁的小朋友中至少有（　　）个小朋友是同一个月出生的。

A. 2　　B. 3　　C. 4　　D. 5

14. 一杯糖水，糖占糖水的$\frac{3}{10}$，如果再放入一些糖 a，或者蒸发掉一些水 b，它都将变得更甜。据此，下列各式中不正确的是（　　）

A. $\frac{3}{10}<\frac{3+a}{10+a}$　　B. $\frac{3}{10}<\frac{3}{10-b}$

C. $\frac{3}{10}<\frac{3+a}{10-b}$　　D. $\frac{3}{10}<\frac{3+a-b}{10+a-b}$

15. 教师把 5 个苹果放入 3 个抽屉(抽屉是敞开的)。学生 A 等教师放好后,选择其中苹果最多的 1 个抽屉,选到 5 个苹果的概率是(　　)

A. $\frac{1}{7}$　　B. $\frac{1}{6}$　　C. $\frac{1}{5}$　　D. $\frac{1}{3}$

16. 如右图,大小不同的两个正方形中两个阴影三角形的面积比是 3∶1,那么空白部分的面积比是(　　)

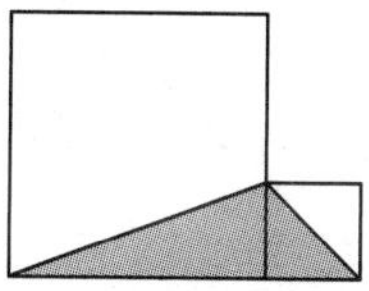

A. 6∶1　　B. 9∶1　　C. 12∶1　　D. 15∶1

17. 某商场为了庆祝开业 20 周年,周六在商场广场上做了 1000 只新气球。由于气球是易破损品,为了保证广场上气球的数量,每个周末(即周六)商场都将破损的气球换成新气球。如果新气球中的 10% 将在一周内破损,30% 将在第二周内破损,60% 将在第三周内破损。那么第三个周末要换上新气球的只数为(　　)

A. 630　　B. 660　　C. 661　　D. 689

18. 一次数学竞赛都是填空题,小亮答错 5 题,小明答错的题数恰是题目总数的$\frac{1}{4}$,两人都答错的题目占总题数的$\frac{1}{6}$。已知小明、小亮都答对的题目数不少于试题总数的一半,那么,他们都答对的题数为(　　)

A. 14　　B. 15　　C. 16　　D. 17

三、解答题(本大题共 6 小题,其中第 19 ~ 23 小题,每小题 6 分,第 24 小题 16 分,共 46 分)

19. 如图,厚度为 0.25 毫米的铜板纸被卷成一个高 1 米的空心圆柱(纸卷得很紧,没有空隙),它的外直径是 120 厘米,内直径是 60 厘米。(π 取 3.14)

(1)空心圆柱的底面积是多少平方厘米?(3 分)

(2)这卷铜板纸的总长是多少米?(3 分)

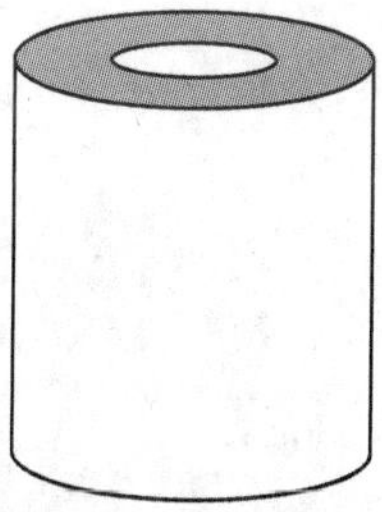

20. 一家书店推出一项优惠政策，凡购买同一种书 100 本以上，就按书价的 90% 收款。某校到书店购买甲、乙两种书，购得乙种书的册数是甲种书的$\frac{4}{5}$，甲种书的总价比乙种书的总价高 720 元。已知乙种书每本 15 元，甲种书每本 20 元。学校购得甲种书多少本？

21. 长为 2、宽为 α 的长方形纸片（$1<\alpha<2$），用如图所示的方法折叠，剪下折叠所得的正方形纸片（称为第一次操作）；再把剩下的长方形用同样的方法折叠，剪下折叠所得的正方形纸片（称为第二次操作），…，如此反复操作下去，若在第 n 次操作后，剩下的纸片为正方形，则操作终止。当 $n=3$ 时，求 α 的值。

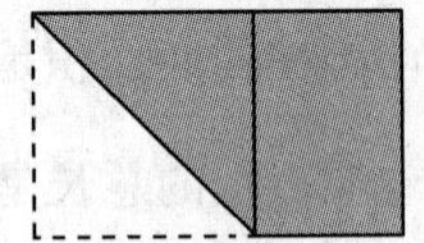
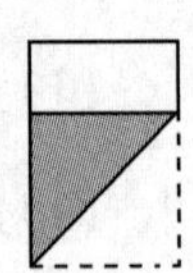

22. 某项工程，若由甲、乙两个工程队承包，$2\frac{2}{5}$天可以完成，需支付18万元；由乙、丙两个工程队承包，$3\frac{3}{4}$天可以完成，需支付15万元；由甲、丙两个工程队承包，$2\frac{6}{7}$天可以完成，需支付16万元。在保证一星期内完成的前提下，选哪个工程队单独承包费用最少？最少费用是多少？

23.《义务教育数学课程标准》(2011年版)提出了十个"核心概念"，"推理能力"是其中之一，请结合具体例子说明"推理能力"的内涵。

24. 下面是人教版义务教育教科书数学四年级上册《角的度量》单元中 P40～41 的“角的度量”的教材内容，请根据教学内容设计一份教案。

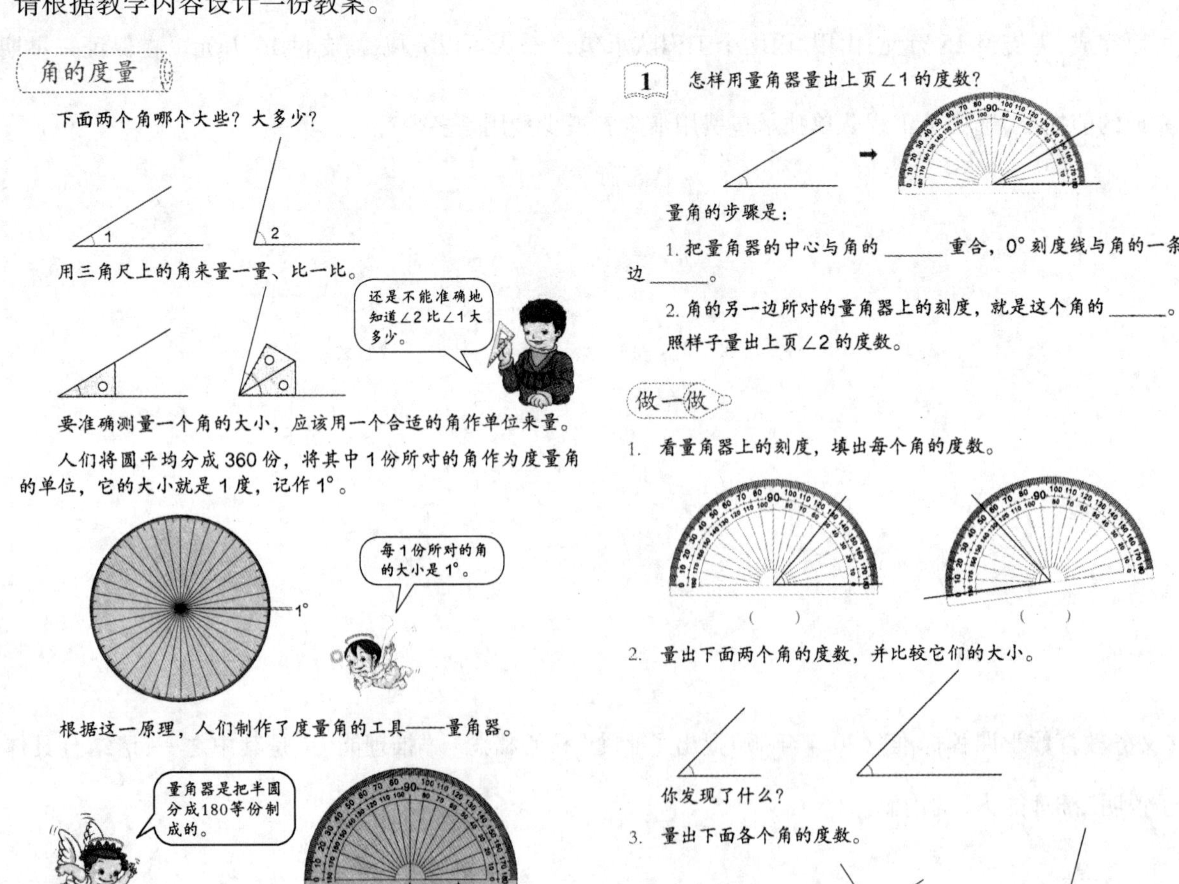

角的度量

下面两个角哪个大些？大多少？

用三角尺上的角来量一量、比一比。

还是不能准确地知道∠2 比∠1 大多少。

要准确测量一个角的大小，应该用一个合适的角作单位来量。

人们将圆平均分成 360 份，将其中 1 份所对的角作为度量角的单位，它的大小就是 1 度，记作 1°。

每 1 份所对的角的大小是 1°。

根据这一原理，人们制作了度量角的工具——量角器。

量角器是把半圆分成180等份制成的。

中心　0° 刻度线

1　怎样用量角器量出上页∠1 的度数？

量角的步骤是：

1. 把量角器的中心与角的 ______ 重合，0° 刻度线与角的一条边 ______。

2. 角的另一边所对的量角器上的刻度，就是这个角的 ______。

照样子量出上页∠2 的度数。

做一做

1. 看量角器上的刻度，填出每个角的度数。

(　　)　(　　)

2. 量出下面两个角的度数，并比较它们的大小。

你发现了什么？

3. 量出下面各个角的度数。

2018 年浙江省教师招聘考试真题试卷(七)

小学数学

(时间:120 分钟　总分:100 分)

本套试卷共 28 小题,包括单项选择题(10 小题),填空题(10 小题),解答题(4 小题),分析题(1 小题),论述题(1 小题),案例分析题(2 小题)。

一、单项选择题(本大题共 10 小题,每小题 3 分,共 30 分)

1. 一根电线,剪成两段,第一段长$\frac{5}{11}$米,第二段占全长的$\frac{5}{11}$,两段的长度比较结果是(　　)

A. 一样长　　B. 第二段长　　C. 第一段长　　D. 无法判断

2. 从 2,4,6,…,30 这 15 个偶数中,任取 9 个数,其中一定有两个数的和是(　　)

A. 34　　B. 36　　C. 38　　D. 40

3. 根据统计图,如果旺季(7 月、8 月)游泳衣价格不变,淡季按八折出售,已知 6 月比 5 月多卖了 3000 元,那么这个商店 5 月至 9 月的销售总额大约是(　　)

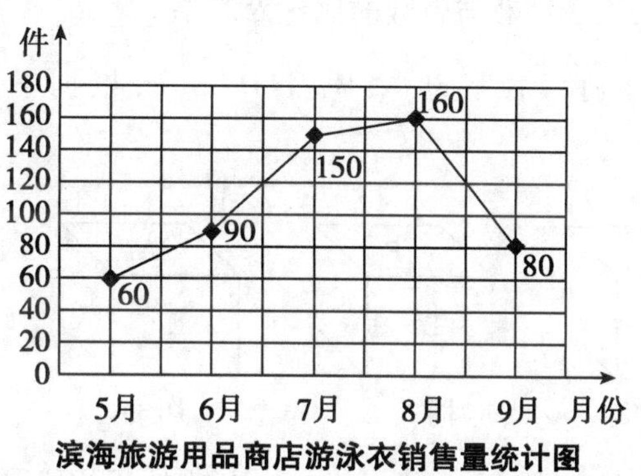

滨海旅游用品商店游泳衣销售量统计图

A. 60 万元　　B. 6 万元　　C. 40 万元　　D. 4 万元

4. 甲、乙两人从相距 33 千米的 A、B 两地出发,相向而行,甲每小时行 7 千米,乙每小时行 5 千米,两人相遇时经过的时间为(　　)

A. 2 点 3 刻　　B. 2 小时 45 分

C. 2.5 小时　　D. 以上都不对

5. 把一个平行四边形纸片剪成面积相等的两部分,这样的剪法(　　)

A. 只有一种　　B. 只有两种　　C. 有无数种　　D. 一种也没有

6. a,b 为实数,则 $a+b=0$ 是 $a^2+b^2=0$ 的(　　)(易错)

A. 充分必要条件　　B. 必要不充分条件

C. 充分不必要条件　　D. 既不充分又不必要条件

7. 函数 $y=\ln x, x\in(0,+\infty)$ 与函数 $x=e^y$ 的图象关系为(　　)

A. 关于直线 $y=x$ 对称　　B. 关于 x 轴对称

C. 关于 y 轴对称　　D. 同一图象

8. 函数 $f(x)=2\ln(1+x)+1$ 在点(0,1)处的切线与直线 $y=2x+3$ 的位置关系为(　　)(常考)

A. 平行　　B. 相交但不垂直　　C. 垂直　　D. 以上都不对

9. 若函数 $f(x)=\begin{cases} e^{2x}-1, x\geq 0, \\ \ln a, x<0 \end{cases}$ 在 $x=0$ 处连续,则 $a=$(　　)

A. e^2　　B. e　　C. 2　　D. 1

10. 已知 $f(x)$ 是定义在 $\mathbf{R}$ 上的函数,对任意两个不相等的正数 x,y 都有 $\frac{yf(x)-xf(y)}{x-y}>0$,记 $a=f(1)$,$b=\frac{f(2)}{2}$,$c=\frac{f(3)}{3}$,则(　　)

A. $a<b<c$　　B. $a<c<b$　　C. $c<b<a$　　D. $b<c<a$

二、填空题(本大题共 10 小题,每小题 2 分,共 20 分)

11. 2018 个 3 连乘的积,个位上的数字是________。

12. 如果甲数与乙数的比为 4∶8,那么乙数与甲数的比化简后是________。

13. 一个立方体积木,6 个面分别写着字母 A,B,C,D,E,F,根据下图,可推断出字母 A 对面的字母是________。

图1	图2	图3	图4
上 E,前 F,右 C	上 F,前 B,右 C	上 A,前 E,右 C	上 E,前 D,右 F

14. 鼓楼大钟,一点钟时敲一下,二点钟时敲二下,……,6 点钟时,军军听到钟声共敲了 30 秒,那么到 12 点钟时,敲钟的时间需要________秒。(易错)

15. 用分数表示下图阴影部分,

(第一次),(第二次),(第三次)

…

则第 5 次均分后是________。

16. 函数 $y=\sin 5x+\cos 3x$ 的最小正周期为________。

17. 任意 7 条直线最多能确定(用数值作答)________个不同平面。

18. A,B 是抛物线 $y^2=4x$ 上两点,且此抛物线的焦点在线段 AB 上,已知 A,B 两点的横坐标之和为 10, 则 $|AB|=$ ________。

19. 已知事件 A 与事件 B 相互独立且互斥,则 $\min(P(A), P(B))=$________。

20. $\lim\limits_{x\to 0}\dfrac{\sin 4x}{\tan 2x}=$________。

三、解答题(本大题共 4 小题,每小题 5 分,共 20 分)

21. 一辆汽车从甲城开往乙城,如果把车速提高 20%,可比原定时间提早 1 小时到达,如果按原速行驶 120 千米后,再提速 25%,可提前 40 分钟到达,求甲、乙两地的距离。(用算术方法求解)

22. 求 $\int_0^{\frac{\pi}{2}}\cos^3 x\mathrm{d}x$。

23. 求函数$f(x)=(x-2)x^{\frac{2}{3}}$的极值。

24. 设S_n为正项数列$\{a_n\}$的前n项和，满足$2S_n=a_n^2+a_n-2$，求$\{a_n\}$的通项公式。

四、分析题(本大题共 5 分)

25. 在 8671 瓶药中有一瓶少装了一些药,请说明如何用天平以最少的次数把它找出来,分析你的思考过程。

五、论述题(本大题共 5 分)

26. 写出小学数学教材中的五大运算定律,并选其中的一个定律说明规则学习的一般过程。

六、案例分析题(本大题共2小题,每小题10分,共20分)

27. 某小学教材中,学习小数乘法选择了以下五个例题:

例1　一个风筝3.5元,买3个风筝多少钱?

例2　$0.72\times5=$________。

例3　给一个长2.4 m、宽0.8 m的长方形宣传栏刷油漆,每平方米要用油漆0.9 kg,一共需要多少千克油漆?

例4　$0.56\times0.04=$________。

例5　非洲野狗的最高速度是56千米/时,鸵鸟的最高速度是非洲野狗的1.3倍,鸵鸟的最高速度是多少千米/时?

(1)请说出每个例题的编写意图;(5分)

(2)如何引导小学生概括出小数乘法的计算方法?(5分)

28. 仔细阅读下面的教材。

1. 圆的认识

从奇妙的自然界到文明的人类社会，从精巧的手工艺品到气势宏伟的各种建筑……到处都可以看到大大小小的圆。

你能想办法在纸上画一个圆吗？

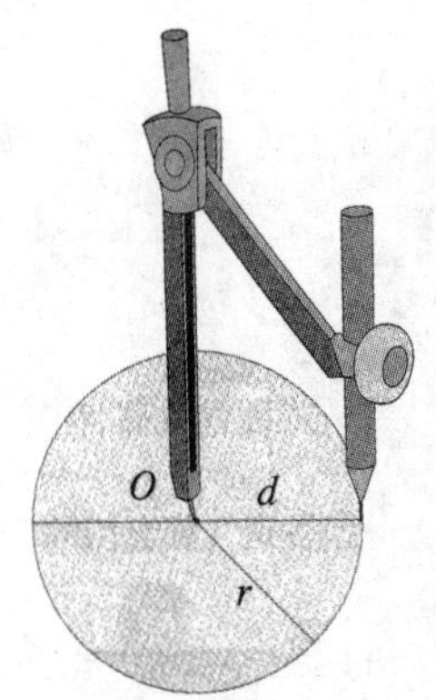

如左图，用圆规画圆时，针尖所在的点叫做**圆心**，一般用字母 O 表示。连接圆心和圆上任意一点的线段叫做**半径**，一般用字母 r 表示，半径的长度就是圆规两个脚之间的距离。通过圆心并且两端都在圆上的线段叫做**直径**，一般用字母 d 表示。

用圆规画几个不同大小的圆，剪下来，沿着直径折一折，画一画，量一量，会有什么发现？

做一做

1. 对于上页中用杯子盖、三角尺画出的圆，如何找到圆心？请你自己画一画，试一试。

2. 用圆规画一个半径是 2 cm 的圆，并用字母 O、r、d 标出它的圆心、半径和直径。

(1)从“四基”的角度分析该节课的教学目标；(5 分)

(2)根据新课程理念设计一个教学片段，说明如何在课堂教学中抓住重点，引导学生主动建构圆的概念。(5 分)

2018年5月浙江省杭州市教师招聘考试真题试卷(八)

小学数学

(时间:120分钟　总分:100分)

本套试卷共26小题,包括填空题(10小题),单项选择题(8小题),解答题(6小题)。

一、填空题(本大题共10小题,每小题3分,共30分)

1. 用2018^{2020}除以5,余数是________。

2. 有5个正整数,它们的平均数是5,中位数是5,众数是8,那么它们中最大与最小整数之差是________。

3. 学校在五年级成立了一个数学社团和一个科学社团,其中数学社团中有60%的同学也在科学社团里,同时科学社团中80%的同学也在数学社团里。已知科学社团有30名同学,那么数学社团有________名同学。(易错)

4. 小刚从8,9,10这三个数中任意选取两个不同的数并把它们相加。小红在3,5,6这三个数中任意选取两个不同的数并把它们相乘。那么,小刚得到的结果大于小红得到的结果的概率是________。

5. 先想好一个正整数,然后从这个数开始选择符合条件的一条规则进行计算,连续使用。规则1:如果这个整数小于10,将它乘以9;规则2:如果这个整数是偶数并且大于9,将它除以2;规则3:如果这个整数是奇数并且大于9,将它减去5。按照上面的规则,如果第一个数是23,那么从第二个开始的连续的数是18,9,81,…;如果第一个数是2018,那么第2018个数是________。

6. 甲、乙、丙三人各有一些钱,下面根据以下方式重新分配他们的钱:甲分给乙和丙一些钱,使他们的钱变成原来的2倍;然后,乙分给甲和丙一些钱,使他们的钱变成之前的2倍;最后,丙分给甲和乙一些钱,使他们的钱变成之前的2倍。如果丙在开始时有3600元,在结束时也是3600元,那么这三人总共有钱________元。(易错)

7. 有24个四位数的整数,这些四位数是由2,4,5和7这四个数字组成的,在同一个数中,每个数字只能用一次。这些四位数中,有这样的两个数,其中一个数是另一个数的倍数,这两个四位数是________。

8. 有3个A,3个B和3个C将它们放入如下图的九宫格中,使得每一列和每一行都有三个不同的字母。一共有________种不同的填写结果。

9. 如下图所示的五个图形可以排列成以下五个选项中的四个。其中________选项的图形无法排列出来。

（A）　（B）　（C）　（D）　（E）

10. 每天上学进校门,林林都要走 8 级台阶。他可以一步走 1 级、2 级或者 3 级。那么走完 8 级台阶,林林共有________种不同的走法。

二、单项选择题(本大题共 8 小题,每小题 3 分,共 24 分)

11. 玲玲准备在班级里演讲,她的演讲必须在半小时到 45 分钟之间,理想状态下演讲速度是每分钟 150 个字,如果玲玲演讲是按照这个速度进行,那么,下面适合她演讲的字数是(　　)。

A. 3000　　B. 4200　　C. 4350　　D. 5750

12. 下图是一个正方形,涂色部分的宽度与空白部分的宽度相等,其中涂色部分面积比空白部分面积多(　　)%。

A. 28.6　　B. 30　　C. 40　　D. 50

13. 有一个海岛。1998 年这个岛上只有 200 个居民,但是人口总数以每 25 年 3 倍的速度增长。如果规定每个人在岛上必须至少有 1.5 平方千米的居住面积。这个岛的总面积是 24 900 平方千米。从 1998 年开始大约需要(　　)年,在人口数可以支持的情况下,已经快要达到最多可居住的人数。

A. 50　　B. 75　　C. 100　　D. 125

14. 正方形 $ABCD$ 的边长为 3 厘米,线段 CM 和 CN 将正方形分割成三个面积相等的部分。线段 CM 的长度是(　　)厘米。

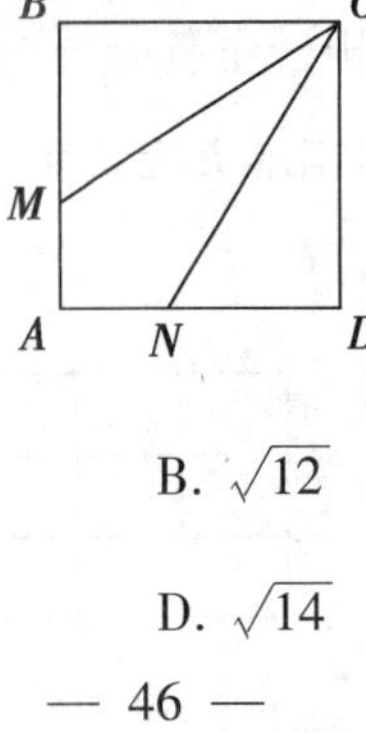

A. $\sqrt{10}$　　B. $\sqrt{12}$

C. $\sqrt{13}$　　D. $\sqrt{14}$

15. 小红从家里出发，沿着一个矩形区域 $JKLM$ 逆时针匀速跑（如下图），她住在 J 角上，下列（　　）图可以表示她与家里的直线距离。

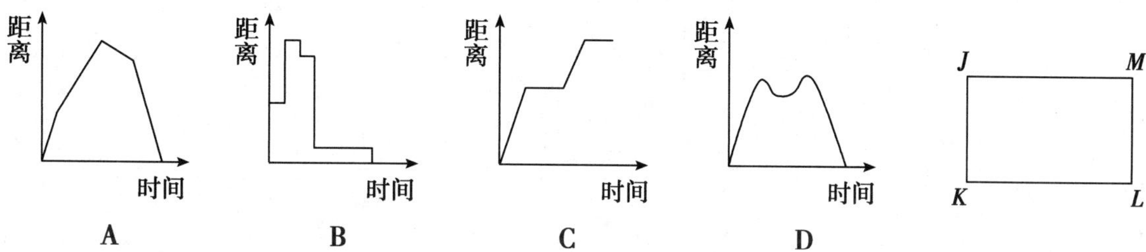

16. 如下图，七角星的七个顶角的度数和是（　　）度。

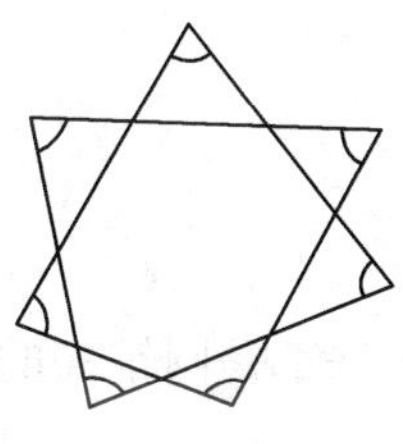

A. 180　　B. 360　　C. 540　　D. 720

17. 有 4 名运动员参加一项比赛。赛前，甲说："我肯定得最后一名。"乙说："我不可能是第一名，也不可能是最后一名。"丙说："我肯定得第一名。"丁说："我绝对不会是最后一名。"赛后，发现他们 4 人的预测中只有一人是错误的。请问（　　）的预测是错误的。

A. 甲　　B. 乙　　C. 丙　　D. 丁

18. 如右图，点 B,D,J 是三角形 ACG 三边的中点。点 K,E,I 是三角形 JDG 三边的中点，以此类推。如果分割和涂色的操作各进行了 2018 次（前三次已经显示在右图中），$AC=CG=6$，那么这些涂色的三角形的总面积最接近于（　　）。

A. 5　　B. 6　　C. 7　　D. 8

三、解答题（本大题共 6 小题，其中第 19 ~ 22 小题，每小题 6 分，第 23 小题 8 分，第 24 小题 14 分，共 46 分）

19. 两个杯中分别装有浓度 40% 与 10% 的食盐水，倒在一起后混合食盐水的浓度为 30%；若再加入 300 克 20% 的食盐水，则浓度变为 25%。那么原有 40% 的食盐水多少克？（常考）

20. A, B, C 三个分数,它们的分子之比是 $3:2:4$,分母之比是 $5:9:15$。这三个分数之和约分后是 $\frac{28}{45}$,求其中最小的分数。

21. 两个相同的圆锥容器中各装一些水,使水深都是圆锥高的三分之一,那么,甲、乙两容器中哪个水多?多的是少的几倍?

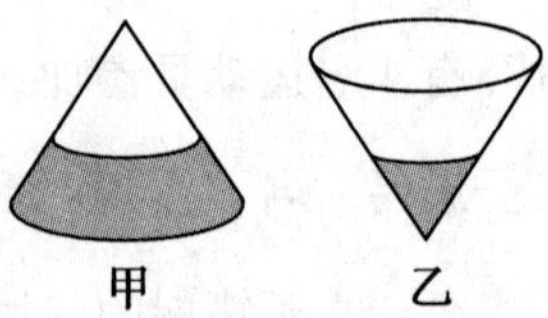

22. 如下图,长方形 $ABCD$ 的面积是 12 平方厘米,$EC=2DE$,F 是 DG 的中点,那么阴影部分的面积是多少平方厘米?

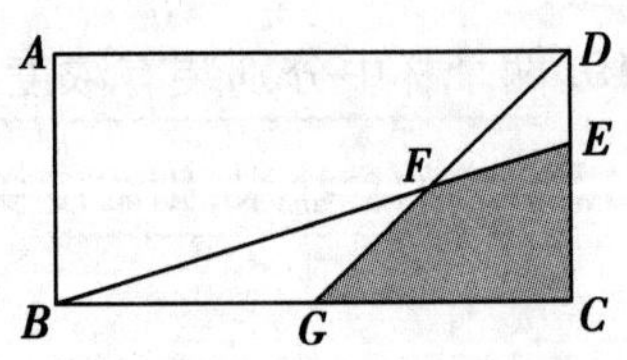

23.《义务教育数学课程标准》(2011 年版)提出由“双基”向“四基”转变的要求。

(1)你能说说“四基”指的是什么吗?(4 分)

(2)下面是五年级上册《多边形的面积》中“平行四边形的面积”,请你简要谈谈这节课中如何落实新增的“两基”呢?(4 分)

在方格纸上数一数，然后填写下表。(一个方格代表 1 m²，不满一格的都按半格计算。)

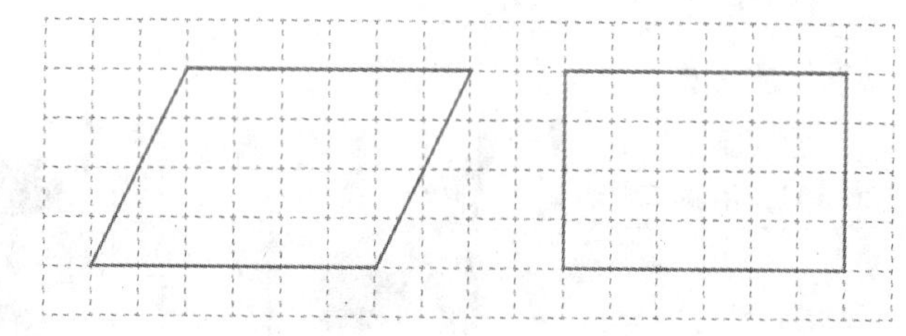

平行四边形	底	高	面积
长方形	长	宽	面积

24. 下面是人教版义务教育教科书数学三年级下册第七单元《小数的初步认识》中 P91－92 的“认识小数”的教材内容，请根据教学内容设计一份教案。

像 3.45、0.85、2.60、36.6、1.2 和 1.5 这样的数叫做**小数**。

1

把1米平均分成10份，每份是1分米。

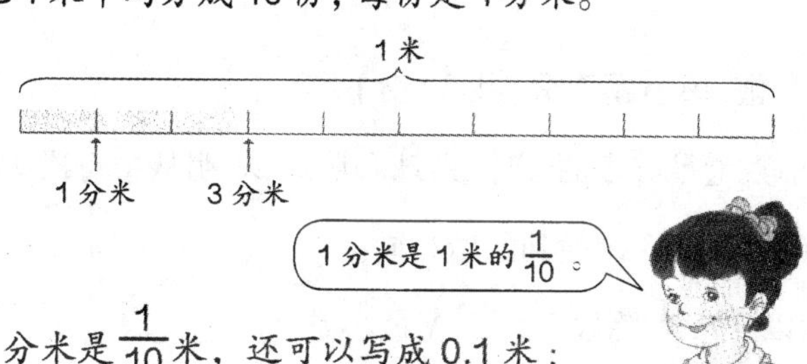

1分米是$\frac{1}{10}$米，还可以写成0.1米；

3分米是$\frac{3}{10}$米，还可以写成0.3米；

1米3分米写成小数是（　　）米。

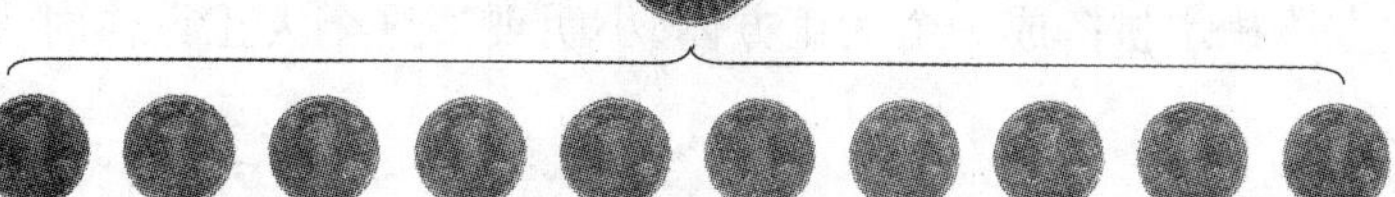

1角是1元的十分之一，是$\frac{1}{10}$元，还可以写成0.1元；

5角是$\frac{5}{10}$元，还可以写成（　　）元；

8元5角写成小数是（　　）元。

2018年1月浙江省杭州市教师招聘考试真题试卷(九)

小学数学

(时间:120分钟　总分:100分)

本套试卷共24小题,包括填空题(10小题),单项选择题(8小题),解答题(6小题)。

一、填空题(本大题共10小题,每小题3分,共30分)

1. 一只袋子里装有同样大小数量足够多的红球、白球和蓝球,小明从中每次摸出2个球(摸后放回),那么至少摸________次才能保证其中有3次摸到的球相同。

2. 自然数N除以3余2,除以5余4,除以7余6,N最小是________。

3. 已知$x^2=\overline{abc9}$,那么x的最小值与最大值之和是________。(x为自然数,$\overline{abc9}$表示一个四位数)

4. 用0~9这十个数字组成五个两位数,每个数字只用一次,如果要求这五个两位数之和为奇数,那么和最大是________。

5. 将8粒糖分给甲、乙、丙三人,每人至少1粒。则分配方案共有________种。

6. 将1000块相同的立方体积木拼搭成一个大正方体,小明观察这个大正方体时,同时能看到的积木最多是________块。

7. 下图中,$\angle A=30°$,$\angle C=45°$,$AB=4$ cm,则BC的长度是________cm。(常考)

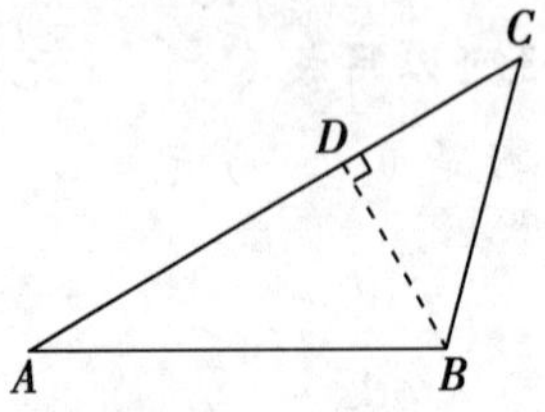

8. 生产一批零件,两天完成,第一天完成了总量的$\frac{3}{7}$,装满3箱后还剩90个;第二天生产的正好装满5箱。这批零件共有________个。(常考)

9. 我们规定:如果一个自然数能表示成两个非零自然数的平方之差,则把这个自然数称为“智慧数”。如$7=4^2-3^2$,则称7为“智慧数”。问:从1开始的自然数中,第2018个智慧数是________。

10. P是正方形$ABCD$外一点,$PB=12$ cm,$\triangle APB$的面积是90 cm^2,$\triangle CPB$的面积是48 cm^2,正方形$ABCD$的面积是________ cm^2。

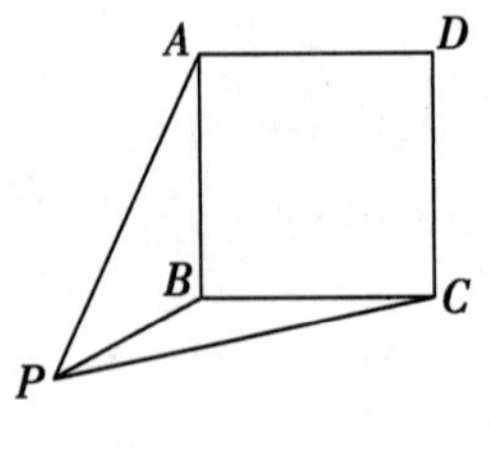

二、单项选择题(本大题共 8 小题,每小题 3 分,共 24 分)

11. 下面有四张纸片,不能沿边折成正方体的图形是(　　)

A. 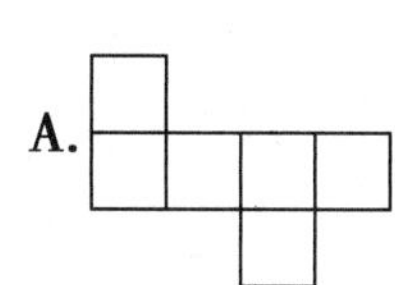　B. 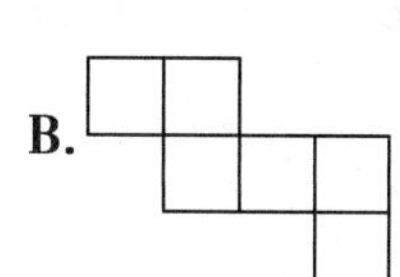　C. 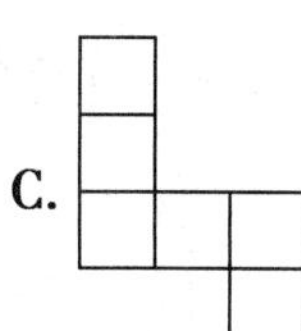　D. 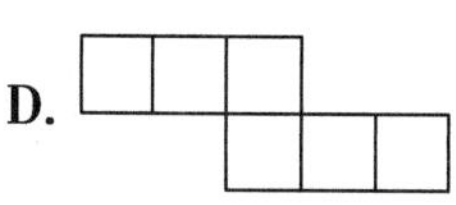

12. 下列算式中,计算结果互为倒数的两个算式是(　　)

①$\frac{5}{8}\div\frac{7}{4}$;②$\frac{5}{8}\times\frac{7}{4}$;③$\frac{5}{8}\div\frac{4}{7}$;④$\frac{7}{4}\div\frac{5}{8}$。

A. ①④　　B. ①③　　C. ②④　　D. ②③

13. 小王喝果汁,他第一次喝了一杯的$\frac{1}{6}$;然后用苏打水加满,第二次喝了$\frac{1}{3}$;接着又用苏打水加满,第三次喝了半杯;继续用苏打水加满后全部喝完。那么小王喝掉的果汁与喝掉的苏打水比较,(　　)

A. 喝掉的苏打水比果汁多　　B. 喝掉的苏打水与果汁一样多

C. 喝掉的果汁比苏打水多　　D. 无法确定

14. 一个小组的同学在一次单元测试中的成绩分别是:85,94,a,92,92,88,96,92(单位:分),已知成绩都是整数,则这组同学成绩的中位数是(　　)(易错)

A. a　　B. $(a+92)\div2$　　C. 92　　D. 93

15. 从$\frac{1}{2}$,$\frac{1}{3}$,$\frac{1}{4}$,$\frac{1}{5}$,$\frac{1}{6}$中去掉两个数,使得剩下的三个数之和与$\frac{6}{7}$最接近,去掉的两个数是(　　)(易错)

A. $\frac{1}{3}$和$\frac{1}{4}$　　B. $\frac{1}{2}$和$\frac{1}{6}$　　C. $\frac{1}{3}$和$\frac{1}{5}$　　D. $\frac{1}{2}$和$\frac{1}{5}$

16. 甲、乙两个朋友一起用相同的"V"型酒杯喝相同的酒,甲的喝法是一口一杯,乙的喝法是一口"半杯",即将酒倒至杯子高度的一半(如右图阴影部分),一口喝完。已知甲喝了 3 杯,那么乙要喝(　　)个"半杯"才与甲喝的一样多。

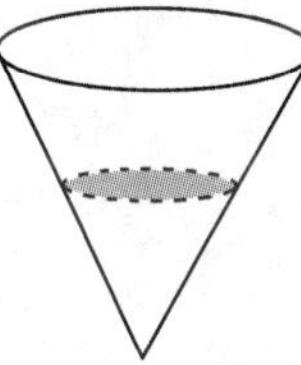

A. 6　　B. 9　　C. 12　　D. 24

17. 将所有十位上数字比个位上数字大的两位数写在相同的卡片上(每张卡片上写一个两位数),并放在密封的盒子里,从中任意摸出一张卡片,那么,十位上数字是个位上数字的 2 倍(像 42,63,…)的可能性是(　　)

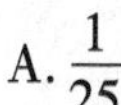

A. $\frac{1}{25}$　　B. $\frac{2}{25}$　　C. $\frac{2}{45}$　　D. $\frac{4}{45}$

18. 已知 N 是 1,2,3,4,…,2016,2017,2018 这 2018 个数的最小公倍数。那么 N 等于(　　)个 2 与一个奇数的连乘积。

A. 8　　B. 10　　C. 1009　　D. 1024

三、解答题(本大题共 6 小题,第 19 ~ 21 小题,每小题 6 分,第 22 小题 8 分,第 23 小题 6 分,第 24 小题 14 分,共 46 分)

19. 有含盐率为 20% 的盐水 600 克,加入多少克水就能制成含盐率为 12% 的盐水?

20. $\frac{a}{3}$,$\frac{b}{7}$都是真分数,且$\frac{a}{3}+\frac{b}{7}$的值用四舍五入法精确到 0.01 记作 1.38,那么分数$\frac{a}{b}$是多少?

21. $\overline{abc}$是一个十进制的三位数（a,b,c 可以是相同的数字，也可以是不同的数字），把它改写成二进制后是一个七位数，而且这个七位数的后六位是“$abcabc$”。这个十进制的三位数$\overline{abc}$是几？

22. 如下图，等腰 Rt△ABC 的斜边长为 4 cm，将这个三角形绕顶点 A 按顺时针旋转 90°，那么斜边扫过的面积是多少？（π 取 3.14）

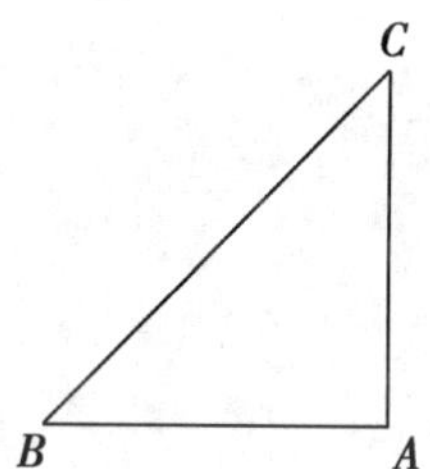

23. “几何直观”是《义务教育数学课程标准》(2011 年版)中提出的十个数学核心概念之一,请回答以下两个问题:

(1)你如何理解“几何直观”的意义和在数学学习中的作用;

(2)下图是三年级下册“两位数乘两位数”笔算乘法的例 1,请说说如何用直观的方法引导学生探索算式的积并理解计算过程。

2. 笔算乘法

1 每套书有 14 本,王老师买了 12 套。一共买了多少本?

14×12 = ______

小刚这样想:

小红这样想:

24. 下面是人教版义务教育教科书数学五年级下册第6单元“分数的加法和减法”中“异分母分数加、减法”的例1及部分练习。请根据教学内容设计一份教案。

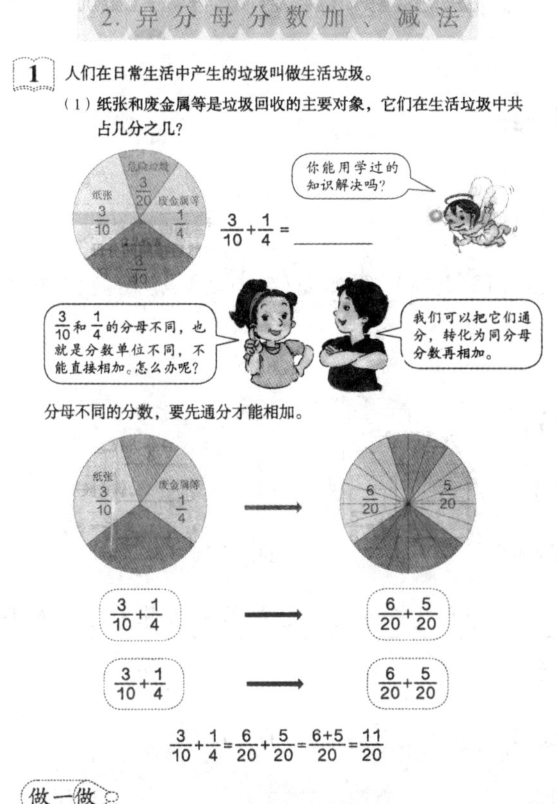

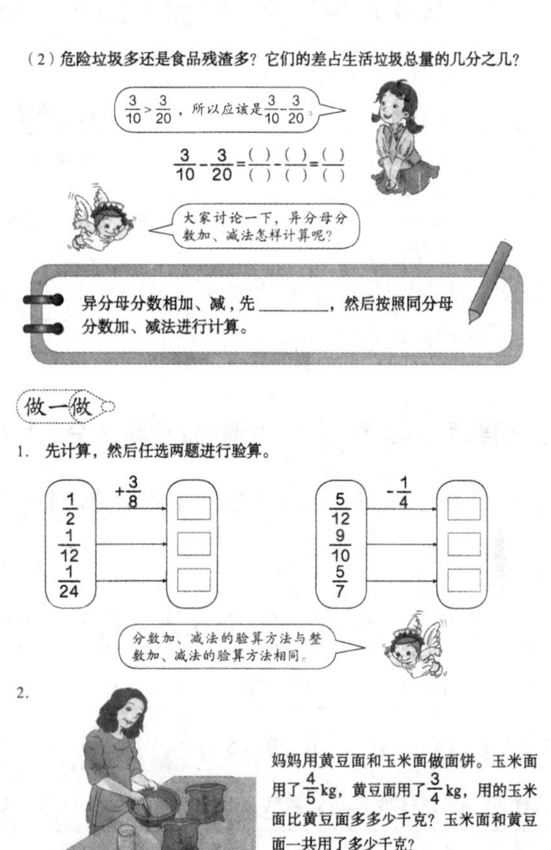

2017 年浙江省教师招聘考试真题试卷(十)

小学数学

(时间:120 分钟　总分:100 分)

本套试卷共 30 小题,包括单项选择题(12 小题),填空题(12 小题),解答题(4 小题),论述题(1 小题),案例设计和案例分析题(1 小题)。

一、单项选择题(本大题共 12 小题,每小题 2 分,共 24 分)

1. 设 $x\in(-5,0)$,则 $\sqrt{x^2+10x+25}-\sqrt{x^2}$ 化简后是(　　)

A. $10x+25$　　B. 5　　C. $2x+5$　　D. $-2x-5$

2. 现有一种糖水,它的糖和水的质量比为 4∶1,另一种糖水,它的糖和水的质量比为 3∶4,如果将这两种糖水等质量混合,则混合后的糖和水的质量比为(　　)(常考)

A. 43∶27　　B. 28∶15　　C. 20∶7　　D. 27∶43

3. 当 $x\to0$ 时,函数 $e^{\sin x}-\cos x$ 是函数 $\sin x$ 的(　　)(易错)

A. 低阶无穷小　　B. 高阶无穷小

C. 同阶但非等价无穷小量　　D. 等价无穷小

4. 某路口人行横道的信号灯为红灯和绿灯交替出现,红灯持续时间为 40 秒,绿灯持续时间为 60 秒,若一名行人来到该路口遇到红灯,则至少需要等待 15 秒才出现绿灯的概率是(　　)

A. $\frac{7}{10}$　　B. $\frac{5}{8}$　　C. $\frac{3}{8}$　　D. $\frac{3}{10}$

5. 无穷多个相同大小的等边三角形以下图的方式排成一行,在最左边三角形的中垂线(虚线)上有一点记为 0,位置如图,点 0 关于第一个三角形的右边 AB 的对称点记为 1,点 1 关于第二个三角形的右边 BC 的对称点记为 2,点 2 关于第三个三角形的右边 CD 的对称点记为 3,……,按此规律下去,点 2017 的大致位置是(　　)

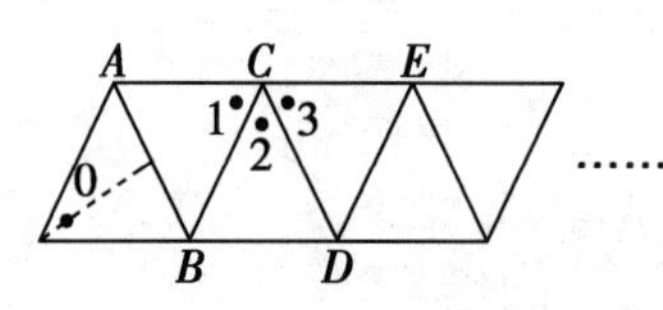

A. 　　B. 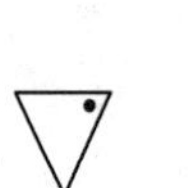　　C. 　　D. 无法确定

6. 设函数 $f(x)=\begin{cases}e^{x}+\sin x, x<0,\\ a\cos x+2, x\geqslant 0\end{cases}$ 在 $x=0$ 处连续,那么实数 a 等于(　　)

A. 0　　　B. 1　　　C. -1　　　D. 2

7. 直线 $x+y+1=0$ 与 $x^2+y^2+2x-4y=0$ 相交所得的弦长是(　　)(常考)

A. $\sqrt{3}$　　　B. 1　　　C. 2　　　D. $2\sqrt{3}$

8. 一块长方形绿地,长 120 米,宽 15 米,要在它的四周和四个角种树,要求每相邻两棵树之间的距离相等,最少要种树(　　)(易错)

A. 16 棵　　　B. 18 棵　　　C. 20 棵　　　D. 22 棵

9. 在长方形 $ABCD$ 中,$AB:AD=4:3$,分别以 AB,CD 的中点为圆心作半圆,如下图,图中三个阴影部分的面积分别记作 S_1,S,S_2,则 S_1+S_2 与 S 的大小关系为(　　)

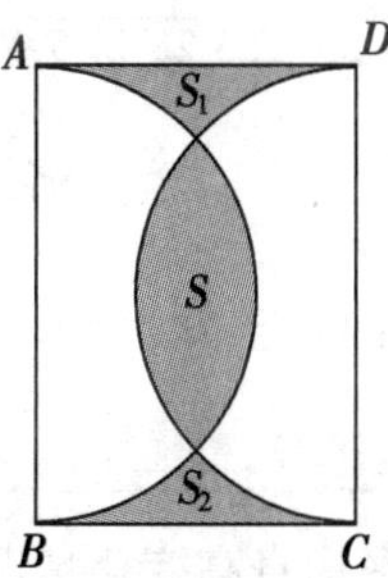

A. $S_1+S_2<S$　　　B. $S_1+S_2=S$　　　C. $S_1+S_2>S$　　　D. 无法确定

10. 下列命题正确的有(　　)

(1)如图,梯形 $ABCD$ 中,$AD\parallel BC$,则 $\triangle AEB$ 的面积与 $\triangle CED$ 的面积相等;

(2)设一辆汽车从 A 地开到 B 地的平均速度是 v_1,从 B 地返回 A 地的平均速度是 v_2,则汽车往返一次的平均速度是 $(v_1+v_2)\div 2$;

(3)三角形的三条高的交点一定在三角形内部;

(4)一件商品的价格上升 5% 后又下降 5%,则该商品的价格下降了;

(5)一刀最多可以把平面切成 2 块,两刀最多可以把平面切成 4 块,则四刀最多可以把平面切成11 块;

(6)设等比数列 $\{a_n\}$ 满足 $a_2a_4=6$,则 $a_1a_3^2a_5=36$。

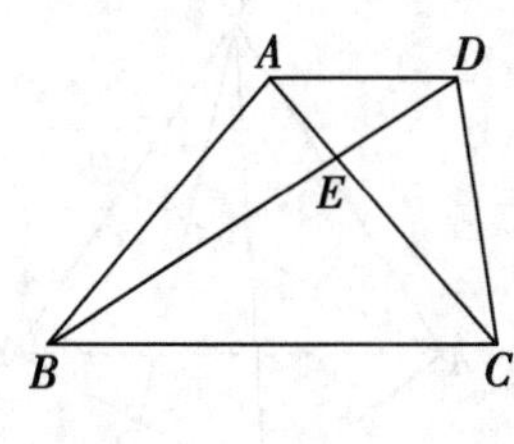

A. 2 个　　　B. 3 个　　　C. 4 个　　　D. 5 个

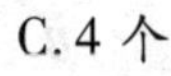

11. 实施小学数学思想方法教学模式的一般流程是(　　)

A. 操作—引导—显现—领悟　　B. 操作—显现—引导—领悟

C. 引导—操作—显现—领悟　　D. 引导—操作—领悟—显现

12. 某学校调查了 200 名学生每周的自习时间(单位:小时),制成了如下图所示的频率分布直方图,其中自习时间的范围是[17.5,30],样本数据分组为[17.5,20),[20,22.5),[22.5,25),[25,27.5),[27.5,30]。根据直方图,这 200 名学生中每周的自习时间不少于 22.5 小时的人数是(　　)

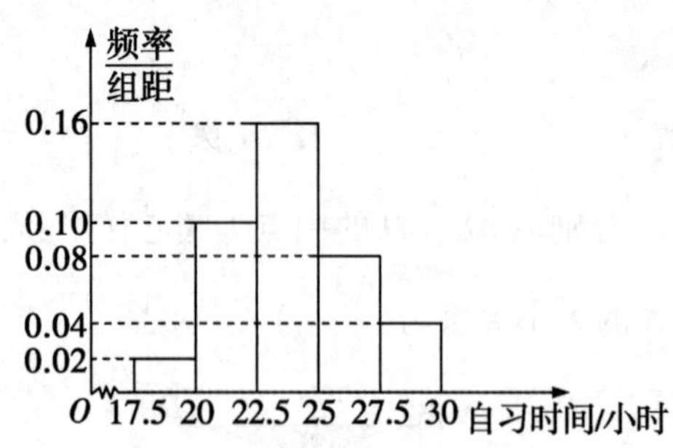

A. 56　　B. 60　　C. 120　　D. 140

二、填空题(本大题共 12 小题,每小题 2 分,共 24 分)

13. 义务教育阶段的数学课程应突出体现基础性、________、发展性。(常考)

14. 某校需要描述从一年级到六年级学生的平均身高变化情况,选用________统计图比较合适。

15. 已知向量 $\boldsymbol{a}=(1,1)$,$\boldsymbol{b}=(-1,1)$,$\boldsymbol{c}=(-1,7)$,设实数 x,y 满足 $\boldsymbol{c}=x\boldsymbol{a}+y\boldsymbol{b}$,则 $x=$________,$y=$________。

16. 一个六位数 1992□□能同时被 3,4,5 整除,这样的六位数中最大的一个是________。(常考)

17. 按一定规律排列的一列数:$\frac{3}{2},\frac{5}{4},\frac{7}{6},\frac{11}{8},\frac{17}{10},\frac{27}{12},\cdots$,则第 7 个数是________。

18. 山顶上有一棵橘子树,一只猴子偷吃橘子,第一天偷吃了总数的$\frac{1}{10}$,以后 8 天每天分别偷吃了当天现有橘子数的$\frac{1}{9},\frac{1}{8},\frac{1}{7},\cdots,\frac{1}{3},\frac{1}{2}$,偷吃了 9 天,树上还留下 10 只橘子,则树上原有橘子数为________只。

19. 正四面体 $O-ABC$ 中,D,E 分别是 BC,OC 的中点,则 OD 和 AE 所成角的余弦值是________。

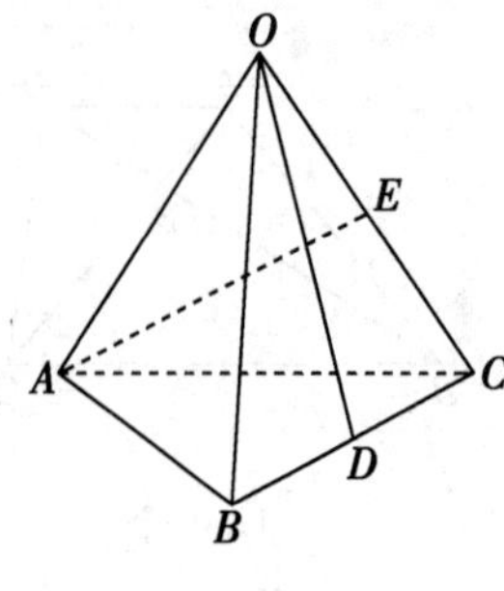

20. 数列极限$\lim\limits_{n\to\infty} n\cdot[\ln(n-1)-\ln n]=$________。(易错)

21. 在一桩谋杀案中,有两个嫌犯甲和乙,另有四个证人在受到讯问。

A 证人说:我知道甲是无罪的;

B 证人说:我知道乙是无罪的;

C 证人说:前面两个证词中至少有一个是真的;

D 证人说:我可以肯定 C 证人说的证词是假的。

通过调查,已证实 D 证人说了实话,则凶手是________。

22. 函数$f(x)=2\sqrt{3}\sin x\cos x-2\sin^2 x$的最小值为________。(常考)

23. 设 x 是自然数,且满足:$\frac{x}{19}<\frac{4}{5}<\frac{x+1}{19}$,则 $x=$________。

24. 数学学习的一般过程包括三个阶段:输入阶段、________和操作阶段。

三、解答题(本大题共 4 小题,每小题 5 分,共 20 分)

25. 脱式计算(能简要计算的要简要计算,并写出每一步计算的理由)。

$1\frac{2}{3}-\left[\left(3.62\times\frac{2}{15}+6.38\div 7\frac{1}{2}\right)\times 1.82-1\frac{1}{3}\times 0.82\right]$。

26. 设有一 Y 形支架，高为$\frac{16}{3}$米，顶端宽为 4 米，求杆长与两臂长之和的最小值。

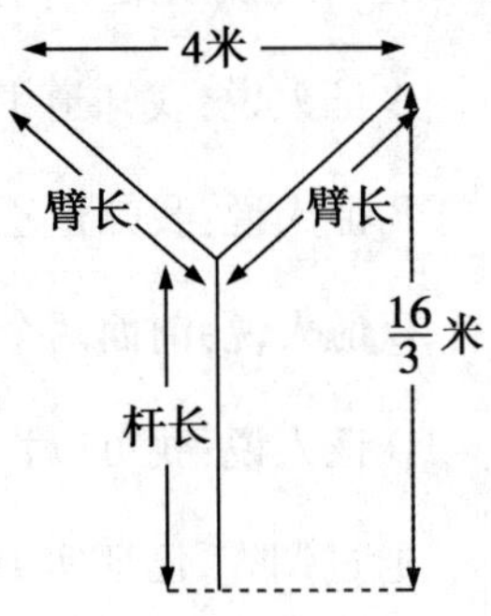

27. 计算$\int_0^1 \frac{x+1}{\sqrt{4-x^2}}\mathrm{d}x$。

28. 已知数列$\{a_n\}$满足$a_1=1, a_2=3$，且$a_{n+1}=3a_n-2a_{n-1}$（$n\geqslant 2$，且$n\in\mathbf{N}_+$），求数列$\{a_n\}$的通项公式。（常考）

四、论述题（本大题共9分）

29. 什么是数学概念形成？数学概念形成的学习过程分为哪几个阶段？（常考）

五、案例设计和案例分析题(本大题共 23 分)

30. 在某节数学课上,为了探究正比例关系,数学老师在课堂上开展活动,提出问题:某种黑色水笔每支 2 元,购买一支、两支、三支……黑色水笔分别需要多少钱?请同学们合作交流,完成下列问题:

(1)填一填:

水笔(支)	0	1	2	3	4	5	6	7	8	……
价格(元)										……

(2)将上述水笔的支数和价格对应的点描在坐标纸上,观察这些点是否在一条直线上。

……

课堂上,小明同学对这个问题非常感兴趣,积极加入与同学的合作交流中,并成为小组中的组织者,很快完成任务。

下课前,老师为检查本节课学生的学习情况,进行了一个小测验,结果小明成绩不太理想,数学老师把小明叫到办公室进行了批评,认为小明没有认真对待这节课的学习,希望他好好反省自己,小明觉得自己在课堂上非常认真,为何老师还是批评他呢?有点百思不得其解的感觉。因此,对数学学习有点失去了兴趣。

问题:(1)你认为该数学老师在课堂教学中开展这样的活动有必要吗?为什么?(6 分)

(2)你认为该数学老师批评小明对吗?请你谈谈新课程下教学评价的理念。(7 分)

(3)学生理解正比例关系的难点是什么?为帮助学生突破难点,请你设计一个解决难点的教学片段,要体现以学生为主体的教学理念。(10 分)

浙江省教师招聘考试

小学数学押题试卷

(本押题试卷由山香教师招聘考试命题研究中心精心编写)

浙江省教师招聘考试押题试卷(一)

小学数学

(时间:120 分钟　总分:100 分)

本套试卷共28小题,包括单项选择题(10小题),填空题(10小题),解答题(4小题),分析题(1小题),论述题(1小题),案例分析与案例设计题(2小题)。

一、单项选择题(本大题共10小题,每小题3分,共30分)

1. 一个四边形,截去一刀后得到的新多边形的内角和将(　　)

A. 增加180°　　B. 减少180°　　C. 不变　　D. 均有可能

2. 把一个长为 a 的正方体,任意截成两个长方体,这两个长方体的表面积之和是(　　)

A. a^3+2a^2　　B. $7a^2$　　C. $8a^2$　　D. 无法确定

3. 小红家住六楼,她和爸爸从四楼开始玩"剪刀、石头、布"的游戏上楼,规定每次获胜者可以上3级台阶,输的人需下1级台阶,当玩到第20次时,爸爸和小红都从四楼到了六楼,那么这两层之间有(　　)个台阶。

A. 17　　B. 18　　C. 19　　D. 20

4. 某班有学生45人,每人都参加体育训练队,其中参加足球队的有25人,参加排球队的有22人,参加游泳队的有24人,足球队、排球队都参加的有12人,足球队、游泳队都参加的有9人,排球队、游泳队都参加的有8人,则三项都参加的有(　　)人。

A. 3　　B. 4　　C. 5　　D. 6

5. 甲和乙跑100米,甲到终点时,乙跑了90米;乙又和丙跑100米,乙到终点时,丙也只跑了90米。那甲和丙跑100米,甲到终点时,丙跑了(　　)米(甲、乙、丙三人均匀速跑步)。

A. 20　　B. 80　　C. 81　　D. 100

6. 某种农药是用药和水按照1∶1200的比例配制而成的药液,现有6 kg药,能配制这种农药(液态)(　　)kg。

A. 7200　　B. 7206　　C. 7212　　D. 7218

7. 公差不为零的等差数列 $\{a_n\}$ 的前 n 项和为 S_n。若 a_4 是 a_3 与 a_7 的等比中项,$S_8=32$,则 S_{10} 等于(　　)

A. 18　　B. 24　　C. 60　　D. 90

8. 在下列命题中,不是公理的是(　　)

A. 平行于同一个平面的两个平面相互平行

B. 过不在同一条直线上的三点,有且只有一个平面

C. 如果一条直线上的两点在一个平面内,那么这条直线上所有的点都在此平面内

D. 如果两个不重合的平面有一个公共点,那么它们有且只有一条过该点的公共直线

9. 抛物线 $y^2=4x$ 的焦点到双曲线 $x^2-\frac{y^2}{3}=1$ 的渐近线的距离是(　　)

A. $\frac{1}{2}$　　B. $\frac{\sqrt{3}}{2}$　　C. 1　　D. $\sqrt{3}$

10. “会描述简单的路线图” 的教学要求,属于图形与几何内容中的(　　)

A. 图形认识　　B. 测量

C. 图形变换　　D. 图形与位置

二、填空题(本大题共 10 小题,每小题 2 分,共 20 分)

11. 搭积木:甲同学用 10 块 E 型积木搭,乙同学用 15 块 F 型积木搭,两人搭的高度相同;丙同学用一块 E 型、一块 F 型间隔地搭,如果丙同学搭的高度和甲乙同学相同,那么他需要 E 型积木________块,F 型积木________块。

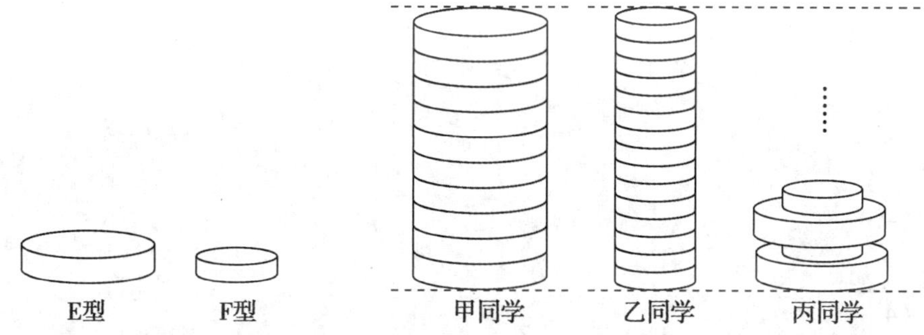

12. A,B 两个自然数(A,B 均不等于 0),如果 A 的 $\frac{5}{6}$ 恰好是 B 的 $\frac{1}{4}$,那么 A,B 之和的最小值是________。

13. 小蔡、小钱、小汪、小韩、小傅参加学校乒乓球比赛,而且都进入了前五名。发奖前,老师让他们猜一猜各自的名次。小蔡说:“小钱第三,小汪第五。”小钱说:“ 小傅第四,小韩第五。”小汪说:“小蔡第一,小傅第四。”小韩说:“小汪第一, 小钱第二。”小傅说:“小蔡第三, 小韩第四。”老师说:“每个名次都有人猜对。”那么,________获第四名。

14. 计算:$\frac{1}{1}+\left(\frac{2}{1}-\frac{1}{2}\right)+\left(\frac{3}{1}-\frac{2}{2}+\frac{1}{3}\right)+\left(\frac{4}{1}-\frac{3}{2}+\frac{2}{3}-\frac{1}{4}\right)+\cdots+\left(\frac{9}{1}-\frac{8}{2}+\frac{7}{3}-\frac{6}{4}+\cdots+\frac{1}{9}\right)=$________。

15. 如图: ……按照这样的规律,摆第 4 个图要用________根小棒,第 n 个图要用________根小棒。

16. 将二次函数 $y=x^2$ 的图象向右平移 1 个单位,再向上平移 2 个单位后,所得的图象的函数表达式是________。

17. 如右图,已知矩形 $OABC$ 与矩形 $ODEF$ 是位似图形,P 是位似中心,若点 B 的坐标为(2,4),点 E 的坐标为(-1,2),则点 P 的坐标为________。

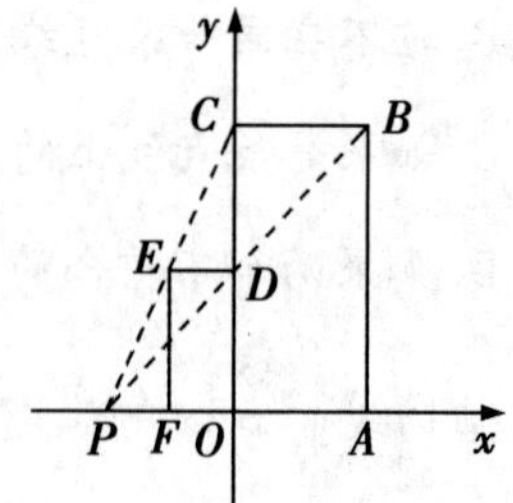

18. 在△ABC 中,M 是 BC 的中点,$AM=3$,$BC=10$,则$\overrightarrow{AB}\cdot\overrightarrow{AC}=$________。

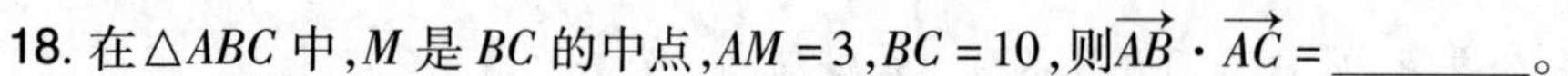

19. 设函数 $f(x)$ 在 $(0,+\infty)$ 内可导,且 $f(e^x)=x+e^x$,则 $f'(1)=$________。

20. ________主要是指能够根据法则和运算律正确地进行运算的能力。

三、解答题(本大题共 4 小题,每小题 5 分,共 20 分)

21. 如图,边长为 1 的正方形 $ABCD$ 绕点 A 逆时针旋转 30°,得到正方形 $AEFG$,求图中阴影部分的面积。

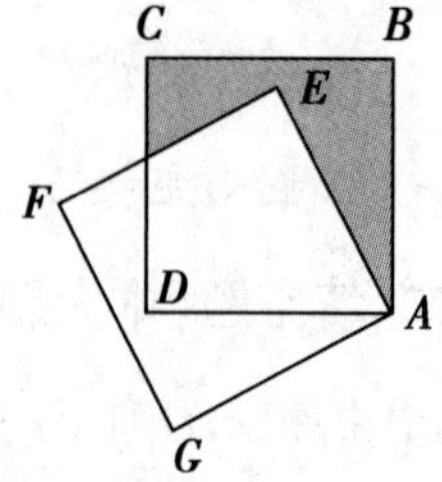

22. 求不定积分 $\int \frac{x\mathrm{d}x}{(4-5x)^2}$。

23. 已知函数 $f(x)=\dfrac{6\cos^4 x-5\cos^2 x+1}{\cos 2x}$,求 $f(x)$ 的定义域,判断它的奇偶性,并求值域。

24. 甲、乙两人进行围棋比赛,约定先连胜两局者赢得比赛,若赛完 5 局仍未出现连胜,则判定获胜局数多者赢得比赛。假设每局甲获胜的概率为 $\dfrac{2}{3}$,乙获胜的概率为 $\dfrac{1}{3}$,各局比赛结果相互独立。

(1)求甲在 4 局以内(含 4 局)赢得比赛的概率;(2 分)

(2)记 X 为比赛决出胜负时的总局数,求 X 的分布列和数学期望。(3 分)

四、分析题(本大题共5分)

仔细阅读下面人教版小学数学二年级《长方形的认识》的两个设计片段。

片段一:

引导学生认识长方形的特征之一——对边相等。

学具准备:每人一张长方形纸片(长8厘米,宽5厘米),三角尺一把。

活动要求:折一折,量一量,找一找长方形的边有什么特征?

反馈交流:

生1:一个长方形可以折成两个小长方形。

生2:对折、再对折。折成的是一个更小的长方形。

生3:长方形的边是直直的。

生4:长方形对折(斜着)后是两个三角形。

生5:我量了长方形的边,发现它们的长度都是不一样的。有一条是8厘米,另一条是8厘米多一点点,还有一条是5厘米,另外的一条5厘米稍微不到一点。……

片段二:

引导学生认识长方形的特征之一——对边相等。

学具准备:同桌两人一份,每份8根小棒(2根长12cm,2根长10cm,2根长8cm,2根长6cm)。

活动要求:同桌合作,每人4根,搭成一个长方形。

反馈交流:

(1)搭成长方形的学生谈经验

生1:4根小棒要2根一样长,另外2根也要一样长。

生2:开始我们两个人把8根小棒平均分了一下,结果我手里的4根都是不同长度的小棒,搭来搭去总是搭不成。后来我们把小棒交换了一下,换成2根,2根一样长的,就搭起来了。

生3:2根一样长的要面对面放,另外两根一样长的也要面对面放。

生4:长的对长的,短的对短的。

(2)搭不成长方形的学生谈问题

生1:我只有2根小棒是一样长的,另外2根不是一样长的,所以没搭起来,另外2根也要一样长才行。

25. 结合课程理念,对两个片段加以对比分析、评价。

五、论述题(本大题共 5 分)

26. 小学阶段统计与概率教学的意义是什么?

六、案例分析与案例设计题(本大题共 2 小题,每小题 10 分,共 20 分)

以下是两位老师在进行“分数的意义”第一节课教学时为巩固练习这个环节设计的练习。

<table>
<tr><th>教师 A</th><th>教师 B</th></tr>
<tr>
<td>
(1)如图,把什么看作单位“1”?阴影部分是单位“1”的几分之几?$\frac{3}{8}$表示什么意思?

▲▲△△
△△△△

(2)一条线段平均分成 10 份,请指出它的$\frac{3}{10}$,$\frac{7}{10}$,把什么看作单位“1”?

(3)请班级中第一组的前五名同学站起来,谁能说出他们占全班人数的几分之几?占第一组人数的几分之几?同样是 5 名同学为什么可用不同的分数来表示?
</td>
<td>
(1)谁能把搜集到的分数信息再展示给大家?如中国的人口占世界的$\frac{1}{5}$。从这些信息中,你能获得分数的哪些知识?(学生间相互补充分数的意义、分数的组成、分数单位的综合阐述)

(2)请你从$\frac{1}{2}$,$\frac{2}{3}$,$\frac{1}{4}$,$\frac{2}{6}$,$\frac{1}{12}$中任意选用一个分数,并在图上用阴影表示出来。

△△△△△△
△△△△△△

(3)根据下面提供的信息:

<table>
<tr><td>全组人数</td><td>全班人数</td><td>全校人数</td><td>全县小学生数</td><td>全县人数</td></tr>
<tr><td>14</td><td>56</td><td>1128</td><td>9653</td><td></td></tr>
</table>
请说说:你分别占了各类人数的几分之几?
为什么都是指同一名学生,而表示的分数却不同?你想知道你占了全县人数的几分之几,怎么办?(课后调查)
</td>
</tr>
</table>

27. (1)课堂巩固练习设计要注意哪些问题？（5 分）

(2)对两位老师的巩固练习设计进行比较评析。（5 分）

28. 设计“分数的意义”一课的结果目标与过程目标,并设计相应的教学过程。

浙江省教师招聘考试押题试卷(二)

小学数学

(时间:120 分钟　总分:100 分)

本套试卷共 28 小题,包括单项选择题(10 小题),填空题(10 小题),解答题(4 小题),分析题(1 小题),论述题(1 小题),案例分析与案例设计题(2 小题)。

一、单项选择题(本大题共 10 小题,每小题 3 分,共 30 分)

1. 两个自然数的差是 3,它们的最大公约数与最小公倍数的乘积为 180,这两个自然数是(　　)

A. 12,15　　B. 9,12

C. 15,18　　D. 12,18

2. 有一个自然数,除 345 和 543 所得的余数相同,且商相差 33,这个数是(　　)

A. 9　　B. 4　　C. 7　　D. 6

3. $2\frac{5}{7}$用循环小数的形式表示,这个小数的小数点后面第 200 位数字是(　　)

A. 5　　B. 1　　C. 2　　D. 7

4. 若直线 $y=x+b$ 与曲线 $y=3-\sqrt{4x-x^2}$ 有公共点,则 b 的取值范围为(　　)

A. $[-1,1+2\sqrt{2}]$　　B. $[1-2\sqrt{2},1+2\sqrt{2}]$

C. $[1-2\sqrt{2},3]$　　D. $[1+2\sqrt{2},3]$

5. 甲、乙、丙三人同时分别在 3 个条件和工作量相同的仓库工作,搬完货物甲用 10 小时,乙用 12 小时,丙用 15 小时。第二天三人又到两个大仓库工作,这两个仓库的工作量相同。甲在 A 仓库,乙在 B 仓库,丙先帮甲后帮乙,用了 16 个小时将两个仓库同时搬完。丙在 A 仓库搬货物的时间为(　　)

A. 6　　B. 4　　C. 2　　D. 8

6. 已知向量 $\boldsymbol{a},\boldsymbol{b}$ 满足:$|\boldsymbol{a}|=1,|\boldsymbol{b}|=2,|\boldsymbol{a}-\boldsymbol{b}|=2$,则 $|\boldsymbol{a}+\boldsymbol{b}|=$(　　)

A. 1　　B. $\sqrt{2}$　　C. $\sqrt{5}$　　D. $\sqrt{6}$

7. 已知圆柱的高为 1,它的两个底面的圆周在直径为 2 的同一个球的球面上,则该圆柱的体积为(　　)

A. π　　B. $\frac{3\pi}{4}$　　C. $\frac{\pi}{2}$　　D. $\frac{\pi}{4}$

8. 设$f(x)=2^x+3^x-2$,则当$x\to 0$时,有(　　)

A. $f(x)$与x是等价无穷小　　B. $f(x)$与x同阶但非等价无穷小

C. $f(x)$是比x高阶的无穷小　　D. $f(x)$是比x低阶的无穷小

9. 已知$x=\frac{1}{e}$是函数$f(x)=x\ln(ax)+1$的极值点,则$a=$(　　)

A. $\frac{1}{2}$　　B. 1　　C. $\frac{1}{e}$　　D. 2

10. 某次联欢会要安排3个歌舞类节目,2个小品类节目和1个相声节目的演出顺序,则同类节目不相邻的排法有(　　)种。

A. 72　　B. 144　　C. 168　　D. 120

二、填空题(本大题共10小题,每小题2分,共20分)

11. 三个连续自然数的乘积是120,它们的和是________。

12. 若$x=\frac{1}{\frac{1}{1980}+\frac{1}{1981}+\cdots+\frac{1}{1997}}$,则$x$的整数部分为________。

13. A、B两地之间的实际距离是1 200km,在比例尺1:3 000 000的地图上,应为________ cm。

14. 有男女同学325人,新学年男生增加25人,女生减少5%,总人数增加16人,那么现有男同学共________人。

15. 设甲、乙两个圆柱的底面积分别为S_1,S_2,体积分别为V_1,V_2。若它们的侧面积相等且$\frac{V_1}{V_2}=\frac{3}{2}$,则$\frac{S_1}{S_2}$的值是________。

16. 设变量x,y满足约束条件$\begin{cases}x-4y+3\leqslant 0\\3x+5y-25\leqslant 0\\x\geqslant 1\end{cases}$,则$z=5x+2y$的最大值为________。

17. 已知椭圆C的中心在坐标原点,长轴在x轴上,离心率为$\frac{\sqrt{3}}{2}$,且C上一点到C的两个焦点的距离之和为12,则椭圆C的标准方程为________。

18. 若$f(x)=\begin{cases}x\sin\frac{1}{x},x\neq 0,\\a+2,x=0\end{cases}$在$x=0$处连续,则$a=$________。

19. 直线$x-2y+5=0$与圆$x^2+y^2=8$相交于A,B两点,则$|AB|=$________。

20. 已知随机事件A和B互斥,且$P(A\cup B)=0.7$,$P(B)=0.2$,则$P(\overline{A})=$________。

三、解答题(本大题共 4 小题,每小题 5 分,共 20 分)

21. 某服装店的老板,在广州看到一种夏季衬衫,就用 8000 元购进若干件,以每件 58 元的价格出售,很快售完,又用 17 600 元购进同种衬衫,数量是第一次的 2 倍,但这次每件进价比第一次多 4 元,服装店仍按每件 58 元出售,全部售完。问:该服装店这笔生意是否盈利,若盈利,请你求出盈利多少元?

22. 一条斜率为 1 的直线 l 与离心率为$\sqrt{3}$的双曲线$\frac{x^2}{a^2}-\frac{y^2}{b^2}=1(a>0,b>0)$交于 P,Q 两点,直线 l 与 y 轴交于点 R,且$\overrightarrow{OP}\cdot\overrightarrow{OQ}=-3$,$\overrightarrow{PR}=3\overrightarrow{RQ}$,求直线和双曲线的方程。

23. 求抛物线 $y=-x^2+4x-3$ 及其在点 $(0,-3)$ 和 $(3,0)$ 处的切线所围成的图形的面积。

24. 已知数列 $\{a_n\}(n\in\mathbf{N}_+)$ 是递增的等差数列，$a_3=5$，且 a_1, a_7-a_5, a_3+a_6 成等比数列。

(1) 求数列 $\{a_n\}$ 的通项公式；(2 分)

(2) 若 $b_n=\frac{2}{a_na_{n+1}}$，数列 $\{b_n\}$ 的前 n 项和为 S_n，求满足 $S_n>\frac{24}{25}$ 的最小的 n 的值。(3 分)

四、分析题（本大题共 5 分）

阅读材料 1：杨老师在讲"分数的基本性质"。采用的导入方式是"猴子分饼"。猴山上的猴子最喜欢吃猴王做的饼了。有一天，猴王做了三块大小一样的饼分给小猴们吃，它先把第一块饼平均切成三块，分给猴 A 一块。猴 B 见到说："太少了，我要两块。"猴王就把第二块饼平均切成六块，分给猴 B 两块。猴 C 更贪，它抢着说："我要三块，我要三块。"于是，猴王又把第三块饼平均切成九块，分给猴 C 三块。那么，同学们，这只猴子这么贪心，你觉得它能吃完吗？

25. 根据阅读材料 1 评析杨老师所设计的教学导入环节。

五、论述题（本大题共 5 分）

26. 根据（第四大题）的阅读材料 1 论述如何有效地进行情境创设。

六、案例分析与案例设计题(本大题共2小题,每小题10分,共20分)

问题情境:学生在认识了射线的特征后,教师要求学生举生活中的例子。

师:我们把手电筒和太阳射出来的光线都看作射线,你还能举出一些射线的例子吗?

生:我认为手电筒和太阳射出来的光线不是射线,而是线段,因为它在发射的过程中被东西挡住了,我认为头发是射线。

(全班同学发出轰然的笑声)

师:同学们怎么看?

(大多数同学表示疑惑)

师:如果我们大胆地假定一下,假如你的头发都是朝着一端笔直地长,再假如你长生不老,而且永远不剪头发,那么你的头发就是射线。

(发言同学的脸上露出了微笑,听课同学若有所思地点头)

27. (1)分析上述教学片段,从数学课堂即兴评价角度谈谈你的看法。(5分)

(2)你认为学生学习射线的难点是什么?学习射线的重点又是什么?(5分)

28. 根据重难点,请你简要设计一个教学过程。

浙江省教师招聘考试押题试卷(三)

小学数学

(时间:120 分钟　总分:100 分)

本套试卷共 28 小题,包括单项选择题(10 小题),填空题(10 小题),解答题(4 小题),分析题(1 小题),论述题(1 小题),案例分析与案例设计题(2 小题)。

一、单项选择题(本大题共 10 小题,每小题 3 分,共 30 分)

1. 一些糖果,如果每天吃 3 颗,十多天吃完,最后一天只吃了 2 颗;如果每天吃 4 颗,不到十天就吃完了,最后一天吃了 3 颗,那么这些糖果原来有(　　)颗。

A. 32　　B. 34　　C. 35　　D. 36

2. 若 $a=\frac{1}{2013^2+2014-1}$, $b=\frac{1}{2013^2-2014\times2013+2014^2}$,则 a 与 b 的关系是(　　)

A. $a<b$　　B. $a>b$

C. $a=b$　　D. 无法比较

3. 某商品的原价为 y 元,春节促销,降价 20%,如果节后恢复到原价,则应将现售价提高(　　)

A. 15%　　B. 20%　　C. 25%　　D. 30%

4. 由若干个完全相同的小正方体组成一个立体图形,它的左视图和俯视图如图所示,则小正方体的个数不可能是(　　)

左视图　　俯视图

A. 5　　B. 6

C. 7　　D. 8

5. 两支蜡烛长短、粗细都不同,长的能点 7 小时,短的能点 10 小时,同时点燃 4 小时后,两支蜡烛的长度恰好相等,那么短蜡烛与长蜡烛的长度比是(　　)

A. 7∶4　　B. 10∶13　　C. 5∶7　　D. 7∶10

6. 两条直线相交最多有一个交点,三条直线相交最多有三个交点,四条直线相交最多有六个交点,像这样 10 条直线相交最多交点的个数是(　　)

A. 40 个　　B. 45 个　　C. 50 个　　D. 55 个

7. 若向量 $\boldsymbol{a}=(2,0)$, $\boldsymbol{b}=(1,1)$,则下列结论正确的是(　　)

A. $\boldsymbol{a}\cdot\boldsymbol{b}=1$　　B. $|\boldsymbol{a}|=|\boldsymbol{b}|$　　C. $(\boldsymbol{a}-\boldsymbol{b})\perp\boldsymbol{b}$　　D. $\boldsymbol{a}/\!/\boldsymbol{b}$

8. 设 a,b,c,d 是非零实数,则"$ad=bc$"是"a,b,c,d 成等比数列"的(　　)

A. 充分不必要条件　　B. 必要不充分条件

C. 充分必要条件　　D. 既不充分也不必要条件

9. 曲线 $y=x\ln x$ 在点(e,e)处的切线与直线 $x+ay=1$ 垂直,则实数 a 的值为(　　)

A. 2　　B. -2　　C. $\frac{1}{2}$　　D. $-\frac{1}{2}$

10. 函数 $f(x)$ 是周期为 4 的偶函数,当 $x\in[0,2]$ 时,$f(x)=x-1$,则不等式 $xf(x)>0$ 在 $(-1,3)$ 上的解集为(　　)

A. $(1,3)$　　B. $(-1,1)$

C. $(-1,0)\cup(1,3)$　　D. $(-1,0)\cup(0,1)$

二、填空题(本大题共 10 小题,每小题 2 分,共 20 分)

11. 从 0,4,5,8,9 中选取三个数字组成能被 3 整除的数,在这些数中最大的是________,最小的是________。

12. 三块重量相等的合金,第一块合金中锡与铁的比是 1∶5,第二块合金中锡与铁的比是 2∶7,第三块合金中锡与铁的比是 3∶4,如果把三块合金熔合成一块,那么新熔合成的合金中锡与铁的比是________。

13. 一个三位数,各位数字分别为 A,B,C,它们互不相等,且都不为 0。用 A,B,C 排得六个不同的三位数,若这六个三位数之和是 2442,则这六个三位数中最大的是________。

14. 二项式 $(ax-1)^5(a>0)$ 的展开式的第四项的系数为 -40,则 $\int_{-1}^{a}x^2\mathrm{d}x$ 的值为________。

15. 已知函数 $f(x)=\frac{\sqrt{2x^3+7x^2+6x}}{x^2+4x+3}$,$x\in[0,4]$,则 $f(x)$ 最大值是________。

16. 设 $f(x)=\begin{cases}\ln(1+ax)+b, x>0,\\ \mathrm{e}^{2x}, x\leqslant 0,\end{cases}$ 且 $f'(0)$ 存在,则 $a=$________,$b=$________。

17. 某工厂对一批元件进行了抽样检测,根据抽样检测后的元件长度(单位:mm)数据绘制了频率分布直方图(如下图)。若规定长度在[99,103)内的元件是合格品,则根据频率分布直方图估计这批产品的合格品率是________。

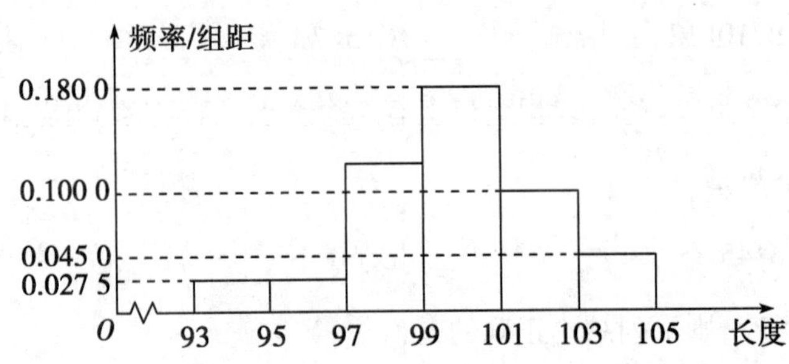

18. 已知在平面直角坐标系中,曲线 $f(x)=a\ln x+x$ 在 $x=a$ 处的切线过原点,则 $a=$________。

19. 已知 $\sin\theta+\cos\theta=\frac{1}{5}$，且$\frac{\pi}{2}\leqslant\theta\leqslant\frac{3\pi}{4}$，则 $\cos2\theta$ 的值是________。

20. $\lim\limits_{n\to\infty}\frac{2^n+3^n}{2^{n+1}+3^{n+1}}=$________。

三、解答题（本大题共 4 小题，每小题 5 分，共 20 分）

21. 一列快车从甲地开往乙地需要 5 小时，一列慢车从乙地开往甲地所需时间比快车多$\frac{1}{5}$，两车同时从甲、乙两地相对开出 2 小时后，慢车停止前进，快车继续行驶 40 千米后恰与慢车相遇，则甲、乙两地相距多少千米？

22. 求由抛物线 $y^2=x$ 与直线 $y=x-2$ 所围成的图形的面积。

23. 设数列$\{a_n\}$的前 n 项和为 S_n，且满足$\frac{S_n}{n}=n+2(n\in\mathbf{N}_+)$，求数列$\{a_n\}$的通项公式。

24. 设函数$f(x)=[ax^2-(3a+1)x+3a+2]e^x$。

(1)若曲线 $y=f(x)$ 在点$(2,f(2))$处的切线斜率为 0，求 a 的值；(2 分)

(2)若$f(x)$在 $x=1$ 处取得极小值，求 a 的取值范围。(3 分)

四、分析题（本大题共 5 分）

案例一 在教学生求平行四边形面积时，教师的讲授如下：连结 BD，因为三角形 ABD 与三角形 CDB 的三边分别相等，所以这两个三角形全等，三角形 ABD 的面积等于$\frac{1}{2}$底乘高，所以平行四边形 $ABCD$ 的面积等于底乘高，命题得到证明。然后，教师列举很多不同大小的平行四边形，要求学生求出它们的面积，结果每个问题都正确解决了。下课前，教师又布置了十几个类似的问题作为家庭作业。

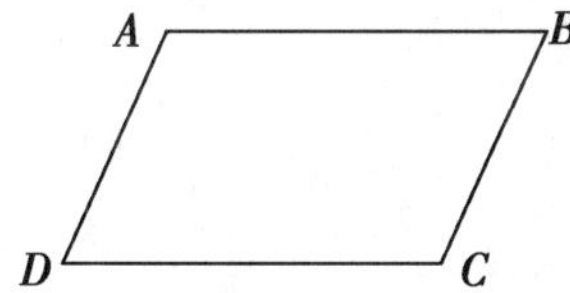

案例二 教师引导学生分析问题，即如何把一个平行四边形转变成一个长方形，然后组织学生自主探究，并获得计算平行四边形面积的公式。

25. 上述两个案例中教师的教学方法有何不同？两种教学方法对学生的学习将产生怎样的影响？

五、论述题（本大题共 5 分）

26. 有人认为讲授法必定与学生的探究性学习没有联系。你认为这种观点正确吗？请说明理由。

六、案例分析与案例设计题(本大题共2小题,每小题10分,共20分)

两位教师上“圆的认识”一课的教学片段如下。

【教师A】在教学“半径和直径的关系”时,组织学生动手测量、制表,然后引导学生发现“在同一圆中,圆的半径是直径的一半”。

【教师B】在教学这一知识点时这样设计:

师:通过自学,你知道半径和直径的关系吗?

生1:在同一圆里,所有的半径是直径的一半。

生2:在同一圆里,所有的直径是半径的2倍。

生3:如果用字母表示,则是 $d=2r, r=\frac{d}{2}$。

师:这是同学们通过自学获得的,你们能用什么方法证明这一结论是正确的呢?

生1:我可以用尺子测量一下直径和半径的长度,然后探究它们之间的关系。

师:那我们一起用这一方法检测一下。

……

师:还有其他方法吗?

生2:通过折纸,我能看出它们的关系。

27. (1)案例中两位教师的教学设计哪个更符合新课程的教学理念?(2分)

(2)结合新课程的理念对两位教师的教学设计进行具体评析;(4分)

(3)从本案例中你得到什么启示?(4分)

28. 根据案例及你的分析,设计“圆的认识”一课的结果目标与过程目标,并设计本节课的具体教学过程。

浙江省教师招聘考试押题试卷(四)

小学数学

(时间:120 分钟　总分:100 分)

本套试卷共 24 小题,包括填空题(10 小题),单项选择题(8 小题),解答题(6 小题)。

一、填空题(本大题共 10 小题,每小题 3 分,共 30 分)

1. 有 240 位同学去春游,需要准备一些饮料,商店“优惠告示”上写着:本店饮料,6 只空瓶可兑换一瓶饮料,240 人至少买________瓶饮料,就能保证每人都喝一瓶。

2. 烊烊、乐乐、花花参加歌唱比赛的决赛,有 200 位评委为他们投了票,每位评委只投一票,如果烊烊与乐乐所得票数的比是 3∶2,乐乐与花花所得票数的比是 6∶5,那么烊烊一共获得________张投票。

3. 若不等式组$\begin{cases}2x-a<1,\\ x-2b>3\end{cases}$的解集为 $-1<x<1$,则 $(a+1)(b-1)$ 的值为________。

4. 把一个长方体木块裁成两个完全一样的正方体,这两个正方体的棱长之和比原来长方体的棱长之和增加 40 厘米,则每个正方体的体积是________立方厘米。

5. 100 个自然数的和是 10000,且在这些数里,奇数比偶数多,那么,这些数里最多有________个偶数。

6. 学习完最小公倍数后,老师在黑板上写下三个数:108,396,M,让同学们求这三个数的最小公倍数。小明误将 108 当作 180 进行计算,结果竟然与正确答案一致。则 M 的最小值是________。

7. 在底面边长为 60cm 的正方形的一个长方体的容器里,直立着一个长 1m,且底面为正方形,边长为 15cm 的四棱柱(实心)。这时容器里的水半米深,现在把四棱柱轻轻向上提起 24cm,露出水面的四棱柱浸湿的部分的长是________ cm。

8. 移栽树苗若干棵,如果哥、弟二人合栽 8 小时完成,先由哥哥栽了 3 小时后,又由弟弟栽了 1 小时,还剩总棵数的$\frac{11}{16}$没有栽,已知哥哥每小时比弟弟多栽 7 棵,则共要移栽________棵树苗。

9. 口袋里有同样大小和同样质地的红、黄、蓝三种颜色的小球各 10 个,一次最少摸出________个球,才能保证至少有 4 个球的颜色相同。

10. 根据 1,6,7,12,13,18,19 的排列规律,可知接下来的两个数分别是________和________。

二、单项选择题(本大题共 8 小题,每小题 3 分,共 24 分)

11. A、B 两个商场,A 商场以“打九折”的优惠售货,B 商场以“满 200 元送 30 元”购物券形式促销,小明打算花掉 300 元,则他在(　　)商场购物更合算一些。

A. A　　B. B　　C. A、B 商场一样　　D. 无法确定

12. 一本书如果每天读 80 页,那么 4 天读不完,5 天又有余;如果读 90 页,那么 3 天读不完,4 天又有余;如果每天读 n 页,恰好用了 n(n 是自然数)天读完,则这本书的页数是(　　)

A. 320 页　　B. 330 页　　C. 360 页　　D. 324 页

13. 用单位小正方体摆出立体图形,使得从前面、上面、侧面看到的图形分别如下图所示,则要摆出这样的图形至少需要(　　)个单位小正方体。

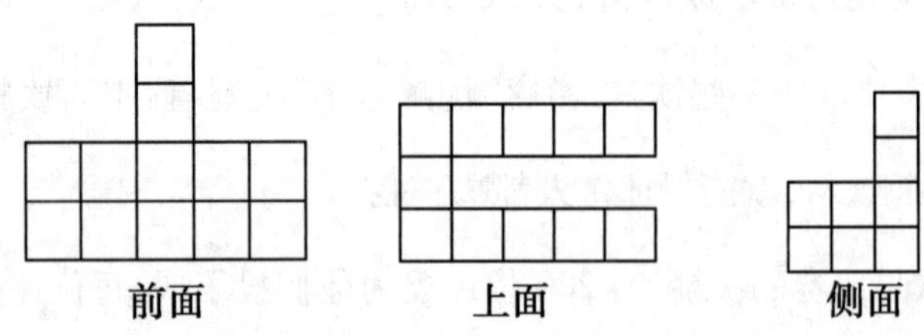

A. 16　　B. 18　　C. 20　　D. 22

14. 某次足球比赛的计分规则是:胜一场得 3 分,平一场得 1 分,负一场得 0 分,某球队参赛 15 场,累积 33 分,若不考虑比赛顺序,则该队胜、平、负的情况可能有(　　)种。

A. 15　　B. 11　　C. 5　　D. 3

15. 将正奇数按下表排成五列,按照这样的排列规律,2023 应该在(　　)

	第 1 列	第 2 列	第 3 列	第 4 列	第 5 列
第 1 行		1	3	5	7
第 2 行	15	13	11	9	
第 3 行		17	19	21	23
第 4 行	31	29	27	25	
……					

A. 251 行第 1 列　　B. 251 行第 5 列

C. 253 行第 1 列　　D. 253 行第 5 列

16. 在一个棋盒中有 x 颗白色棋子和 y 颗黑色棋子,从中任意取出一颗棋子,取得白色棋子的概率为$\frac{2}{5}$,放回后若再往盒中放入 3 颗黑色棋子,取得白色棋子的概率变为$\frac{1}{4}$,则原来盒中有白色棋子(　　)颗。

A. 1　　B. 2　　C. 3　　D. 4

17. 如果有一个 3×3 的点阵,同一行(列)相邻两个点的距离均为 1,以点阵中的三个点为顶点构成三角形,其中面积为 1 的形状不同的三角形有(　　)种。

A. 1　　B. 2　　C. 3　　D. 4

18. 极限 $\lim\limits_{x\to\infty}\dfrac{(2x-3)^3(3x+2)^4}{(4x+1)^7}=$(　　)

A. 1　　B. $\dfrac{81}{16}$　　C. 0　　D. $\dfrac{81}{2048}$

三、解答题(本大题共 6 小题,其中第 19 ~ 21 小题,每小题 6 分,第 22 小题 8 分,第 23 小题 6 分,第 24 小题 14 分,共 46 分)

19. 先化简,再求值:$\left(\dfrac{x^2+4}{x}-4\right)\div\dfrac{x^2-4}{x^2+2x}$,其中 x 是方程 $x^2+2x+1=0$ 的解。

20. 从甲站到乙站共有 800 千米,开始 400 千米是平路,接着 300 千米是上坡路,余下的是下坡路,已知火车在上坡路、平路、下坡路上的速度比是 3∶4∶5。

(1)若火车在甲乙两站间平路上的速度都是 80 千米/小时,那么它从甲站到乙站所用的时间比从乙站到甲站所用的时间多多少?(3 分)

(2)若要求火车来回所用的时间相等,那么火车从甲站到乙站在平路上的速度与从乙站到甲站在平路上的速度比是多少?(3 分)

21. 在等腰直角三角形 ABC 中，$AB=AC=4$，点 P 是边 AB 上异于 A,B 的一点，光线从点 P 出发，经 BC,AC 反射后又回到点 P（如图）。若光线 QR 经过 $\triangle ABC$ 的重心，求 AP 的值。

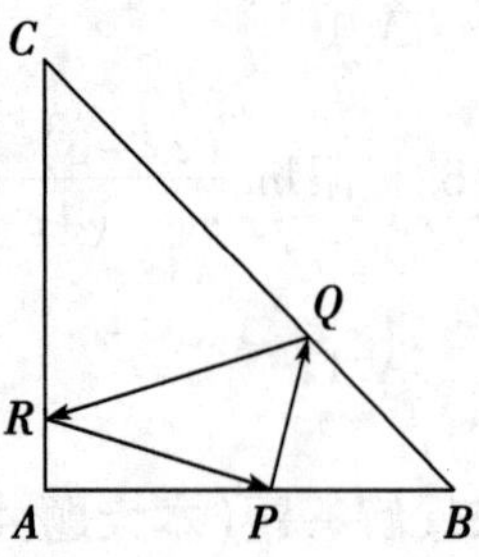

22. 如图，在一次数学课外实践活动中，要求测教学楼的高度 AB。小刚在 D 处用高 1.5 m 的测角仪 CD，测得教学楼顶端 A 的仰角为 30°，然后向教学楼前进 40 m 到达 E，又测得教学楼顶端 A 的仰角为 60°。求这幢教学楼的高度 AB。

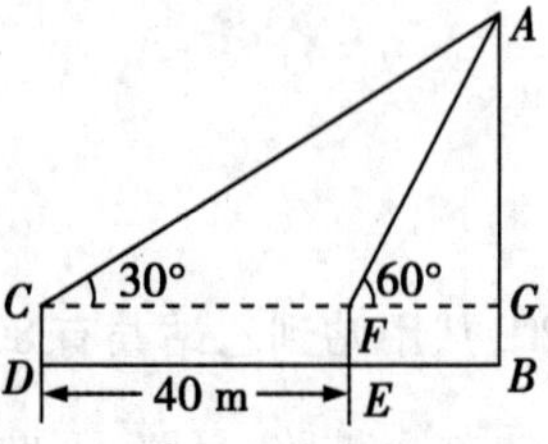

23. 教材通读通常只抓住四个核心要素即可，请简要说明这四个核心要素。

24. 教学设计：请根据所给教材内容简要设计一份教案。

1 观察一个圆柱形的物体，看一看它是由哪几部分组成的，有什么特征。

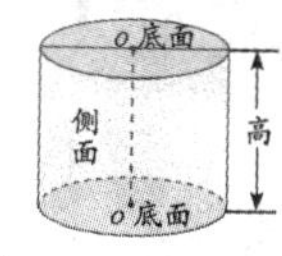

圆柱是由3个面围成的。圆柱的上、下两个面叫做**底面**。圆柱周围的面（上、下底面除外）叫做**侧面**。圆柱的两个底面之间的距离叫做**高**。

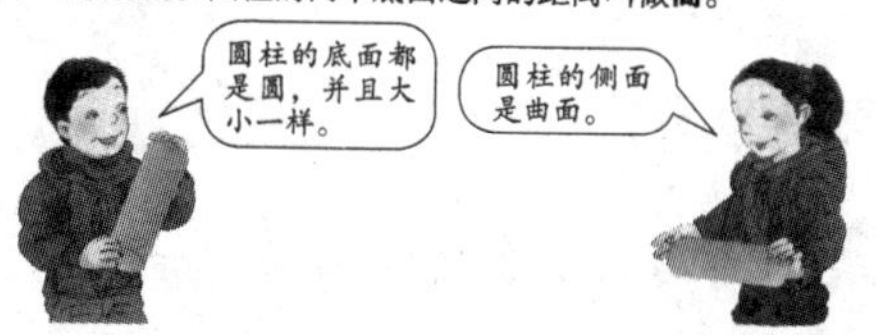

如右图所示，把一张长方形的硬纸贴在木棒上，快速转动木棒，看看转出来的是什么形状。

1. 指出下面圆柱的底面、侧面和高。

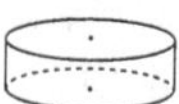  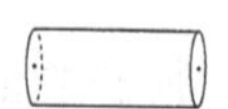

2. 转动长方形 $ABCD$，生成右面的两个圆柱。说说它们分别是以长方形的哪条边为轴旋转而成的，底面半径和高分别是多少。

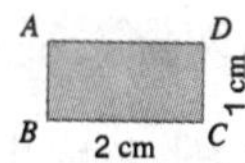

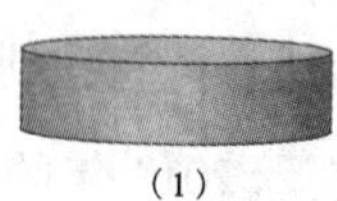
（1）

（2）

2 （1）圆柱的侧面展开后是什么形状？把罐头盒的商标纸如下图所示那样剪开，再展开。

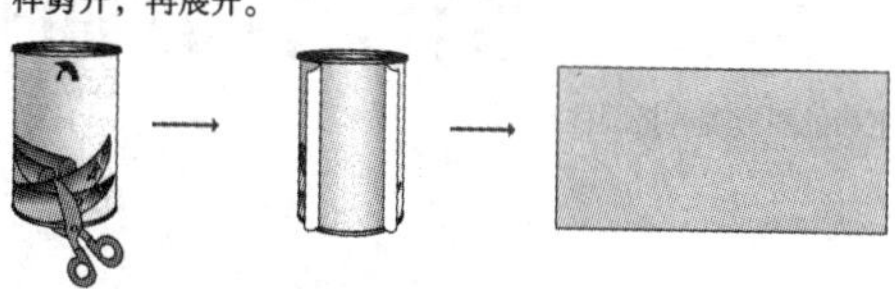

圆柱侧面展开后得到一个长方形。

（2）这个长方形的长、宽与圆柱有什么关系？把这个长方形重新包在圆柱上，你能发现什么？

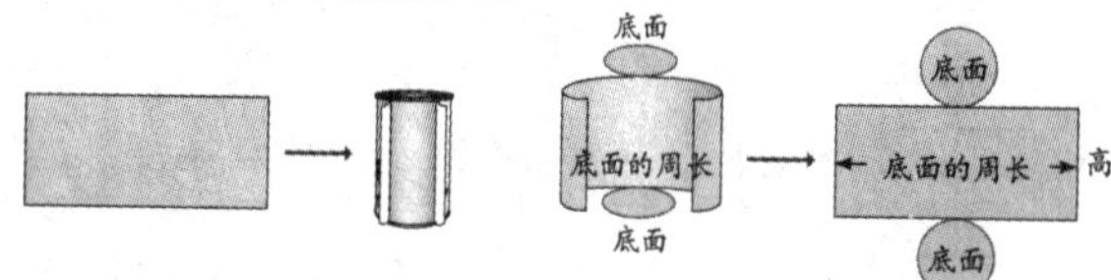

我们发现，长方形的长等于圆柱底面的周长，宽等于圆柱的高。

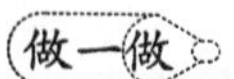

1. 下面是同一个圆柱的展开图，说一说每个图是怎样展开的。

2. 一个圆柱形茶叶筒的侧面贴着商标纸，圆柱底面半径是 5 cm，高是 20 cm。这张商标纸展开后是一个长方形，它的长和宽各是多少厘米？

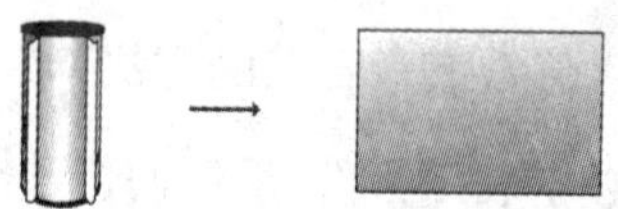

浙江省教师招聘考试押题试卷(五)

小学数学

(时间:120 分钟　总分:100 分)

本套试卷共24小题,包括填空题(10小题),单项选择题(8小题),解答题(6小题)。

一、填空题(本大题共10小题,每小题3分,共30分)

1. 若 a,b 互为相反数,c,d 互为倒数,m 的绝对值为2,则代数式 $(m-1)-cd+\frac{a+b}{m}$ 的值为________。

2. 如果长方体的长、宽、高之比为4:2:1,体积为64立方厘米,那么长比宽多________厘米。

3. 一个有弹性的球,每次弹起的高度是落下高度的 $\frac{2}{3}$,若想第二次弹起的高度超过书桌,书桌高1米,那么第一次至少应该把球放在高于________米处。

4. 有一种用六位数表示日期的方法,如130817表示的是2013年8月17日,即从左到右前两位数字表示年,中间两位数字表示月份,最后两位数字表示日期。如果用这种办法表示2014年的日期,那么全年中六个数字都不相同的日期共有________天。

5. 在一次五年级的英语比赛中,获得优秀等级的有15人,占参赛总人数的 $\frac{1}{4}$,统计结果显示优秀等级的平均分是96分,并且这15人得分之和是所有参赛人得分总和的37.5%。这次英语比赛的平均分是________分。

6. 甲、乙两人比赛跑步,甲速:乙速=5:4,当甲跑到100米时,停下来等乙,然后两人交换速度跑,当甲第二次跑了40米时,乙跑了________米。

7. 如图,一个4×2的矩形可用3种不同的方式分割成2或5或8个小正方形,那么一个5×3的矩形用不同的方式分割后,小正方形的个数可以是________。

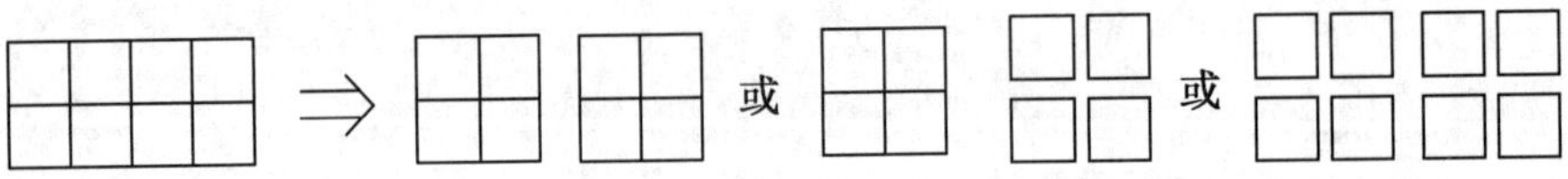

$\Rightarrow$　或　或

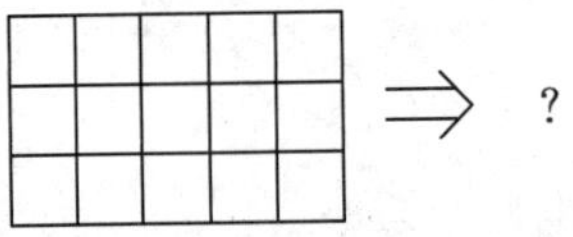

$\Rightarrow$?

8. 一排长椅共有90个座位,其中一些座位已经有人就座了。这时,又来了一个人要坐在这排长椅上,有趣的是,他无论坐在哪个座位上都与已经就座的某个人相邻。原来至少有________人已经就座。

9. 化简$\dfrac{3\sqrt{6}-2\sqrt{2}}{\sqrt{2}+2\sqrt{6}}=$________。

10. 若 x 是不等于 1 的实数，我们把$\dfrac{1}{1-x}$称为 x 的差倒数，如 2 的差倒数是$\dfrac{1}{1-2}=-1$，-1 的差倒数为$\dfrac{1}{1-(-1)}=\dfrac{1}{2}$。现已知 $x_1=-\dfrac{1}{3}$，x_2是 x_1的差倒数，x_3是 x_2的差倒数，x_4是 x_3的差倒数，……，以此类推，则 $x_{2021}=$________。

二、单项选择题(本大题共 8 小题，每小题 3 分，共 24 分)

11. 甲、乙、丙三人中有一人做了一件好事，他们各自都说了一句话，而其中只有一句是真的，甲说："是乙做的。"乙说："不是我做的。"丙说："也不是我做的。"问到底是谁做的好事(　　)

A. 甲　　B. 乙　　C. 丙　　D. 无法判断

12. 如图，将正方形纸片两次对折，并剪出一个菱形小洞后铺平，得到的图形是(　　)

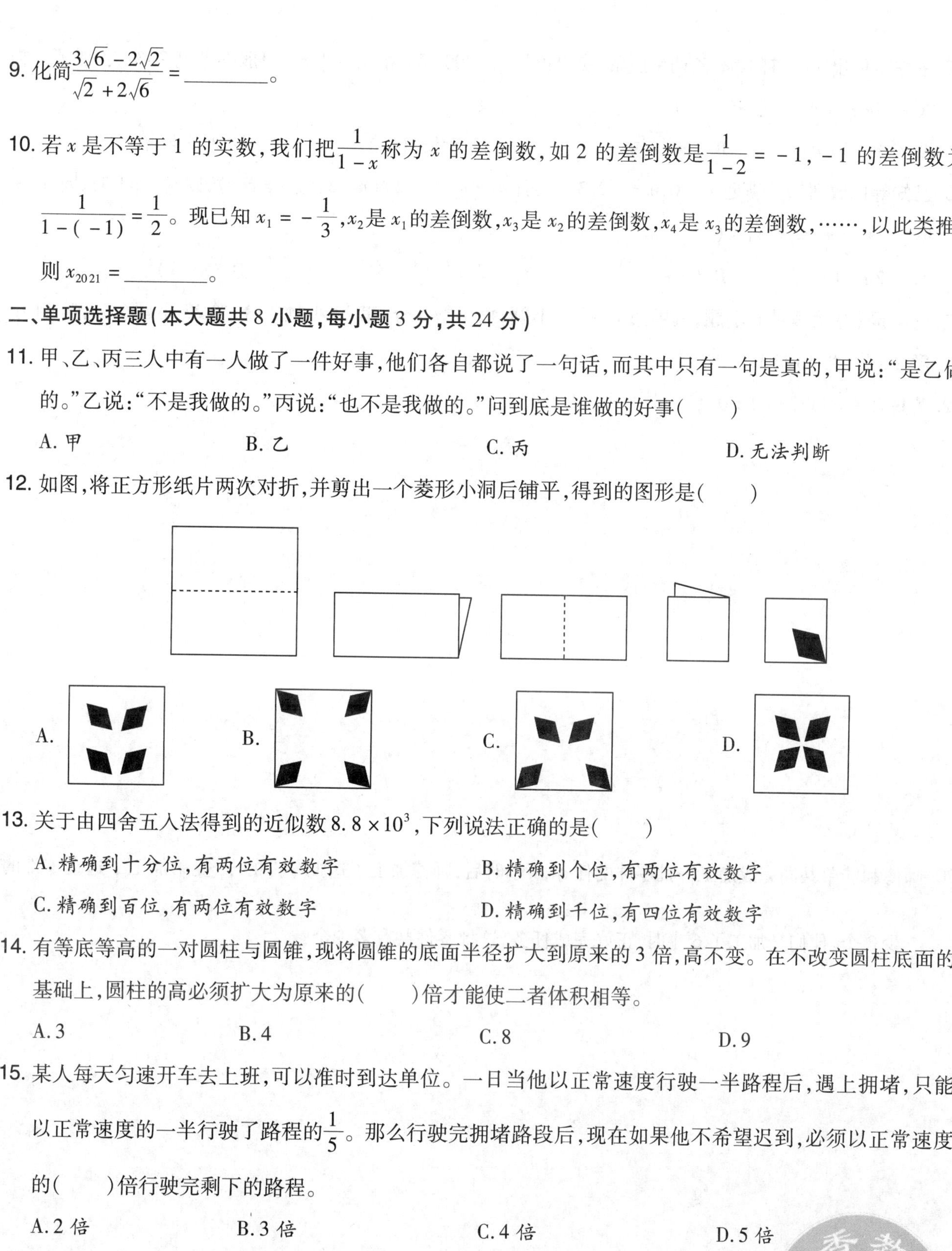

13. 关于由四舍五入法得到的近似数 8.8×10^3，下列说法正确的是(　　)

A. 精确到十分位，有两位有效数字　　B. 精确到个位，有两位有效数字

C. 精确到百位，有两位有效数字　　D. 精确到千位，有四位有效数字

14. 有等底等高的一对圆柱与圆锥，现将圆锥的底面半径扩大到原来的 3 倍，高不变。在不改变圆柱底面的基础上，圆柱的高必须扩大为原来的(　　)倍才能使二者体积相等。

A. 3　　B. 4　　C. 8　　D. 9

15. 某人每天匀速开车去上班，可以准时到达单位。一日当他以正常速度行驶一半路程后，遇上拥堵，只能以正常速度的一半行驶了路程的$\dfrac{1}{5}$。那么行驶完拥堵路段后，现在如果他不希望迟到，必须以正常速度的(　　)倍行驶完剩下的路程。

A. 2 倍　　B. 3 倍　　C. 4 倍　　D. 5 倍

16. 如果一个自然数的各个数码之积加上各个数码之和，正好等于这个自然数，我们就称这个自然数为"巧数"。例如，99 就是一个巧数，因为 $9\times9+(9+9)=99$。可以证明所有的巧数都是两位数，那么下列四个数中不是巧数的是(　　)

A. 19　　B. 29　　C. 39　　D. 48

17. 王先生售出所持有的甲、乙两种股票,卖出价均为1200元。相比买入价,甲股票盈利20%,乙股票亏损20%,王先生此次交易(　　)

A. 盈利100元　　B. 不赚不赔　　C. 亏损100元　　D. 无法计算

18. 已知等比数列$\{a_n\}$满足$a_n>0,n=1,2,3,\cdots$,且$a_5\cdot a_{2n-5}=2^{2n}(n\geqslant3$,且$n\in\mathbf{N}_+)$,则当$n\geqslant1$时,$\log_2a_1+\log_2a_3+\cdots+\log_2a_{2n-1}=$(　　)

A. $n(2n-1)$　　B. $(n+1)^2$　　C. n^2　　D. $(n-1)^2$

三、解答题(本大题共6小题,其中第19~21小题,每小题6分,第22小题8分,第23小题6分,第24小题14分,共46分)

19. 若集合$A=\{x|2x-1>0\}$,$B=\{x||x|<1\}$,求$A\cap B$。

20. 师傅和徒弟共同完成加工一批零件的任务,4小时后,师傅加工了这批零件的$\frac{1}{4}$,徒弟加工了这批零件的$\frac{1}{6}$少8个,他们又加工了6小时,正好完成任务,这批零件共有多少个?

21. 已知函数$f(x)=\log_a(x+1)(a>0$,且$a\neq1)$,$g(x)=\log_a(4-2x)$。

(1)求函数$f(x)-g(x)$的定义域;(3 分)

(2)求使函数$f(x)-g(x)$的值为正数时x的取值范围。(3 分)

22. 如图,有一个水平放置的透明无盖的正方体容器,容器高 8cm,将一个球放在容器口,再向容器内注水,当球面恰好接触水面时测得水深 6cm,如果不计容器的厚度,球的体积是多少?

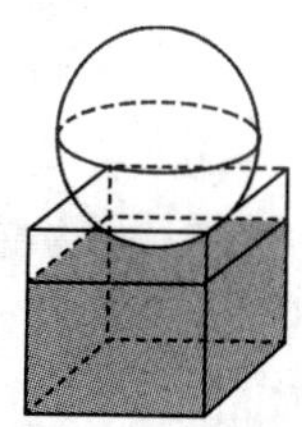

23. 符号表示是人类文明发展的重要标志之一,数学课程的一个任务就是使学生感受和拥有使用符号的能力。你认为应如何理解及培养学生的符号意识?

24. 教学设计：请根据教材内容设计一份教学简案。

2. 异分母分数加、减法

1 人们在日常生活中产生的垃圾叫做生活垃圾。

（1）纸张和废金属等是垃圾回收的主要对象，它们在生活垃圾中共占几分之几？

$\frac{3}{10}$和$\frac{1}{4}$的分母不同，也就是分数单位不同，不能直接相加。怎么办呢？

我们可以把它们通分，转化为同分母分数再相加。

分母不同的分数，要先通分才能相加。

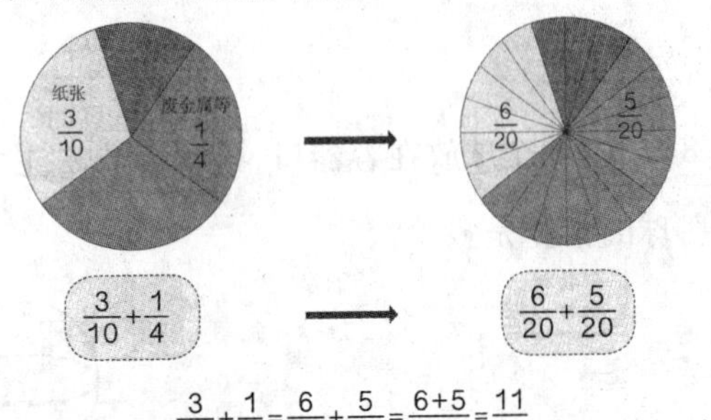

$\frac{3}{10}+\frac{1}{4}$ ⟶ $\frac{6}{20}+\frac{5}{20}$

$$\frac{3}{10}+\frac{1}{4}=\frac{6}{20}+\frac{5}{20}=\frac{6+5}{20}=\frac{11}{20}$$

做一做

计算。

$\frac{5}{8}+\frac{1}{3}=$　　$\frac{1}{4}+\frac{3}{8}=$　　$\frac{3}{4}+\frac{1}{7}=$　　$\frac{1}{5}+\frac{1}{8}=$

（2）危险垃圾多还是食品残渣多？它们的差占生活垃圾总量的几分之几？

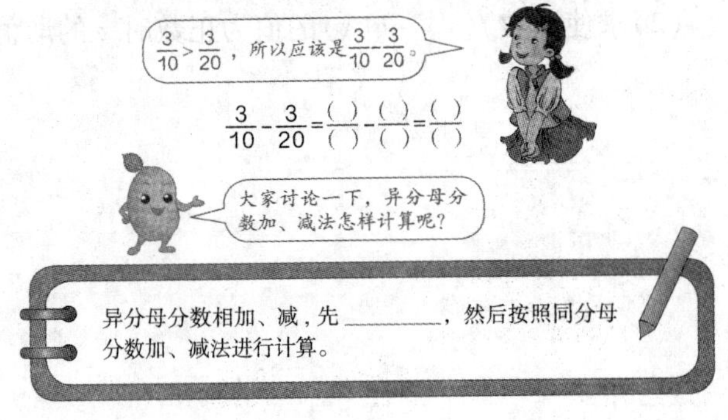

异分母分数相加、减，先________，然后按照同分母分数加、减法进行计算。

做一做

1. 先计算，然后任选两题进行验算。

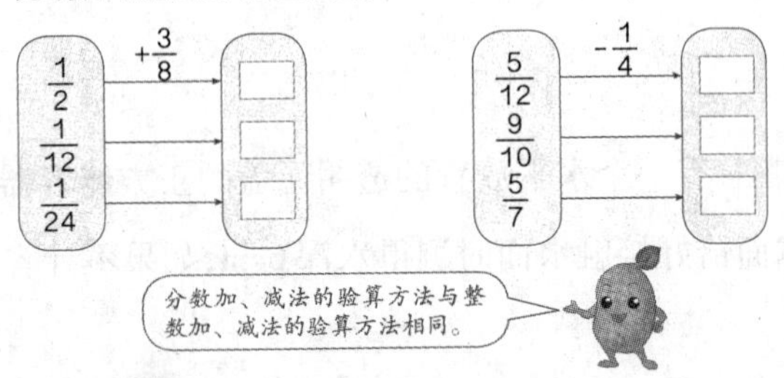

分数加、减法的验算方法与整数加、减法的验算方法相同。

2.

妈妈用黄豆面和玉米面做面饼。玉米面用了$\frac{4}{5}$ kg，黄豆面用了$\frac{3}{4}$ kg，用的玉米面比黄豆面多多少千克？玉米面和黄豆面一共用了多少千克？

浙江省教师招聘考试押题试卷(六)

小学数学

(时间:120 分钟　总分:100 分)

本套试卷共 24 小题,包括填空题(10 小题),单项选择题(8 小题),解答题(6 小题)。

一、填空题(本大题共 10 小题,每小题 3 分,共 30 分)

1. $\tan45° + (\sqrt{3}-\sqrt{2})^0 - \left(-\frac{1}{2}\right)^{-2} + |\sqrt{3}-2| =$________。

2. 甲校学生数是乙校学生数的 40%,甲校女生数是甲校学生数的 30%,乙校男生数是乙校学生数的 42%。两校女生数占两校学生总数的________。

3. 一次数学测验,甲、乙两班总平均分是 93 分,甲班平均分比乙班高 3 分,如果乙班平均分提高 5 分,则总平均分提高 3.5 分。问:甲班平均分是________。

4. 购买笔记本 3 本、铅笔 5 支、格尺 1 把,共需 6.10 元;若购买笔记本 4 本,铅笔 7 支,格尺 1 把,共需 7.92 元。问:购买笔记本、铅笔、格尺各一件共需________元。

5. 如果 $f(a+b)=f(a)f(b)$,且 $f(1)=2$,则 $\frac{f(2)}{f(1)}+\frac{f(4)}{f(3)}+\frac{f(6)}{f(5)}=$________。

6. 一个长方形的长和宽都是质数,并且周长是 36cm。这个长方形的面积最大是________ cm^2。

7. A、B、C、D 与小强五个同学一起参加象棋比赛,每两人都赛一盘,比赛一段时间后统计,A 赛了 4 盘,B 赛了 3 盘,C 赛了 2 盘,D 赛了 1 盘,则小强已经赛了________盘。

8. 老师在黑板上写下三个数:8,24,A,同学们求得它们的最小公倍数是 72。A 取一位数时,最大是________。

9. 如图,在▱$ABCD$ 中,$AD=2$,$AB=4$,$\angle A=30°$,以点 A 为圆心、AD 的长为半径画弧交 AB 于点 E,连结 CE,则阴影部分的面积是________。

10. 长方体的长、宽、高分别为 3,2,1,其顶点都在球 O 的球面上,则球 O 的表面积为________。

二、单项选择题(本大题共 8 小题,每小题 3 分,共 24 分)

11. 一项工程,甲做需 36 天完成,乙做需 45 天完成。若甲、乙合作一段时间后,只留乙单独干了 18 天才完成,则甲共干了(　　)天。

A. 8　　　B. 10　　　C. 12　　　D. 16

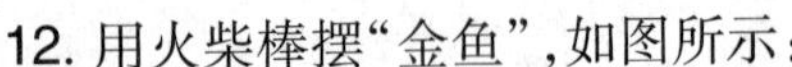

12. 用火柴棒摆“金鱼”，如图所示：

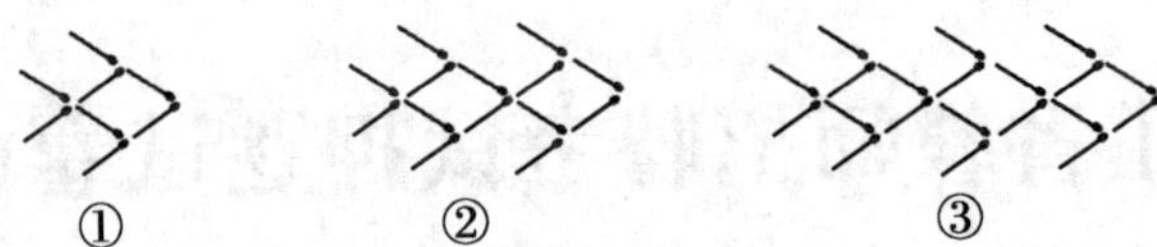

按照上面的规律，第 n 条“金鱼”需要火柴棒的根数为(　　)

A. $6n-2$　　B. $8n-2$　　C. $6n+2$　　D. $8n+2$

13. 如图，在四边形 $ABCD$ 中，E 是 AB 上一点，$EC/\!/AD$，$DE/\!/BC$，若 $S_{\triangle BEC}=1$，$S_{\triangle ADE}=3$，则 $S_{\triangle CDE}=$(　　)

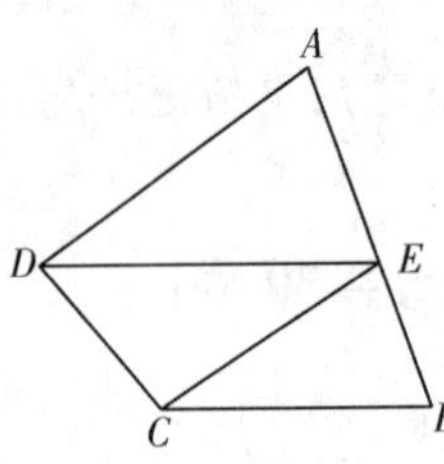

A. $\sqrt{2}$　　B. $\frac{\sqrt{3}}{2}$　　C. $\sqrt{3}$　　D. 2

14. 从分别写有 1,2,3,4,5 的五张卡片中依次取两张，假设每张卡片被取到的概率相等，且每张卡片上只有一个数字，则取到的两张卡片上的数字之和为偶数的概率为(　　)

A. $\frac{4}{5}$　　B. $\frac{16}{25}$　　C. $\frac{13}{25}$　　D. $\frac{2}{5}$

15. A、B 两城相距 240 千米，一辆汽车原计划 6 小时从 A 城到 B 城，汽车行驶一半路程后，因故途中停留 30 分钟。如果按原计划时间到达 B 城，后半段路程车速每小时应提高(　　)千米。

A. 6　　B. 7　　C. 8　　D. 9

16. 一张纸片，第一次将它撕成 4 片，以后每次在纸片中取一片，并将它撕成 4 片，这样撕 10 次，共有(　　)片纸片。

A. 33　　B. 34　　C. 30　　D. 31

17. 在平面内，该图是由三个面积相等的小正方形组成的图形，如果再补画一个小正方形，使补画后的图形成为轴对称图形，一共有(　　)种不同的补画方法。

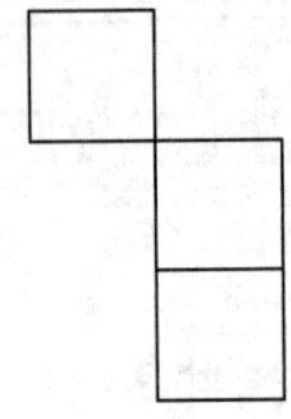

A. 2　　B. 3　　C. 4　　D. 5

18. 用 0,1,2,…,9 这十个数字，可以组成有重复数字的三位数的个数为(　　)

A. 243　　B. 252　　C. 261　　D. 279

三、解答题(本大题共 6 小题,其中第 19 ~22 小题,每小题 6 分,第 23 小题 8 分,第 24 小题 14 分,共 46 分)

19. 如图,在矩形 $ABCD$ 中,$AB=1$, $BC=2$,以点 B 为圆心,BC 长为半径画弧,交 AD 于点 E,再作以 AE 为直径的半圆,求图中阴影部分的面积。

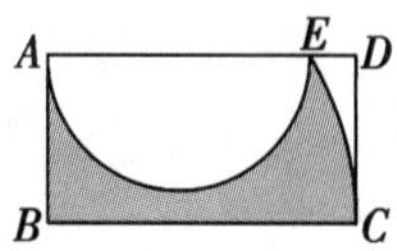

20. 甲、乙两人从 A、B 两地同时出发,相向而行,25 分钟后相遇,相遇后两人继续前进,5 分钟后甲到达 B 地,甲调头并将速度提高 1 倍,恰好在 A 地追上乙。问:乙走完全程需要多少时间?

21. 如图,AB 为⊙O 的直径,弦 $CD\perp AB$,垂足为点 P,直线 BF 与 AD 的延长线交于点 F,且 $\angle AFB=\angle ABC$。

(1)求证:BF 是⊙O 的切线。(3 分)

(2)若 $CD=2\sqrt{3}$,$OP=1$,求线段 BF 的长。(3 分)

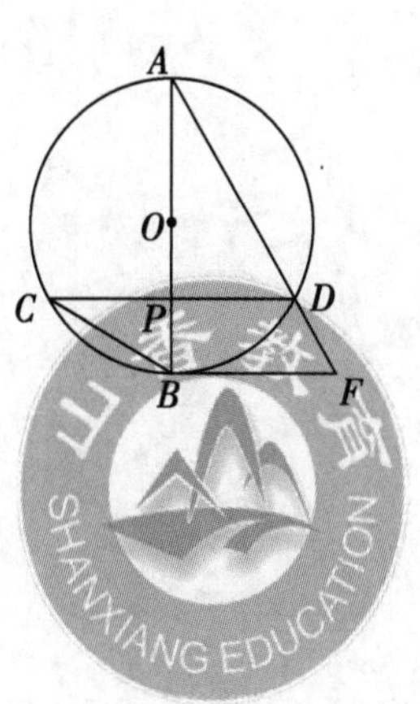

22. 一个底面是正方形的容器内放着水，从里面量底边长是 14 厘米，水的高度是 8 厘米。把一个实心圆锥直立在容器里以后，水的高度上升了 4 厘米，此时水的高度正好是圆锥高的一半。求圆锥底面积。

23. 如何正确理解教学过程中教师的教和学生的学之间的关系？教师怎样做才能实现这种关系？

24. 教学设计：请根据教材设计一份教学简案。

除数是整数的小数除法

1 王鹏坚持晨练。他平均每周应跑多少千米？

22.4÷4=________

想一想：被除数是小数该怎么除呢？

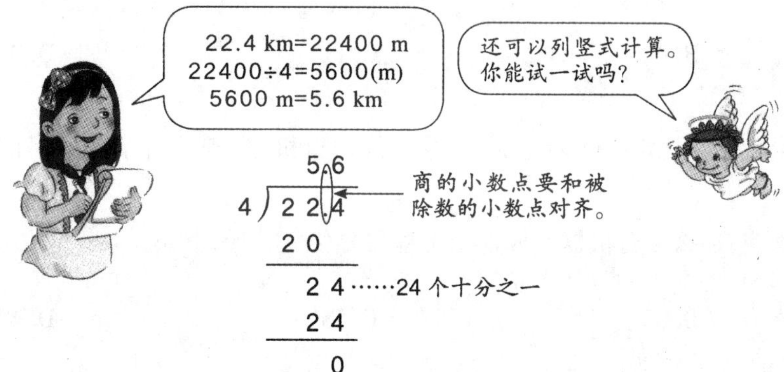


```
      5.6
  4 ) 22.4
      20
      ----
       24 ……24个十分之一
       24
      ----
        0
```

浙江省教师招聘考试押题试卷(七)

小学数学

(时间:120 分钟　总分:100 分)

本套试卷共 28 小题,包括单项选择题(10 小题),填空题(10 小题),解答题(4 小题),分析题(1 小题),论述题(1 小题),案例分析题(2 小题)。

一、单项选择题(本大题共 10 小题,每小题 3 分,共 30 分)

1. 比例的两个内项互为倒数,一个外项是 9,另一个外项是(　　)

A. $\frac{1}{9}$　　B. 9　　C. 1　　D. 0

2. 某工程可由若干台机器在规定时间内完成,如果增加两台机器,则节省了$\frac{1}{8}$的时间,如果减少两台机器,就要推迟$\frac{2}{3}$小时做完,那么一台机器完成这个工程需要(　　)小时。

A. 56　　B. 60　　C. 58　　D. 42

3. 已知$\sqrt{x}+\sqrt{y}=\sqrt{72}$,且$0<x<y$,那么满足题中式子的整数对$(x,y)$有(　　)组。

A. 0　　B. 1　　C. 2　　D. 4

4. 某种商品的商标图案如右图中阴影部分所示,已知菱形 $ABCD$ 的边长为 4,$\angle A=60°$,$\overset{\frown}{BD}$是以 A 为圆心,AB 长为半径的弧,$\overset{\frown}{CD}$是以 B 为圆心,CB 长为半径的弧,则该商标图案的面积为(　　)

A. 4　　B. $2\sqrt{3}$　　C. $8\sqrt{3}$　　D. $4\sqrt{3}$

5. 有甲、乙、丙三个油桶,各盛油若干千克。先将甲桶里的油倒入乙、丙两桶,使它们的油各增加一倍;再将乙桶里的油倒入丙、甲两桶,使它们的油各增加一倍;最后按同样的规律将丙桶里的油倒入甲、乙两桶。这时,各桶油都是 16 千克。甲桶原有油(　　)千克。

A. 18　　B. 28　　C. 26　　D. 14

6. 将圆$x^2+y^2-2x-4y+1=0$平分的直线是(　　)

A. $x+y-1=0$　　B. $x+y+3=0$　　C. $x-y+1=0$　　D. $x-y+3=0$

7. 下列命题正确的是(　　)

A. 无穷小量的倒数是无穷大量　　B. 无穷小量是绝对值很小很小的数

C. 无穷小量是以零为极限的变量

D. 无界变量一定是无穷大量

8. 如果一组数中每个数减去同一个非零常数 a,则这一组数的(　　)

A. 平均数不变,方差不变

B. 平均数改变,方差改变

C. 平均数不变,方差改变

D. 平均数改变,方差不变

9. 某人午觉醒来,发现表停了,他打开收音机,想听电台整点报时,则他等待的时间不多于 10 分钟的概率为(　　)

A. $\frac{1}{3}$

B. $\frac{2}{3}$

C. $\frac{1}{6}$

D. $\frac{5}{6}$

10. 已知函数 $f(x)=\begin{cases}x+1, x\leqslant 0,\\ \log_2 x, x>0,\end{cases}$ 则函数 $y=f(f(x))+1$ 的零点个数是(　　)

A. 4

B. 3

C. 2

D. 1

二、填空题(本大题共 10 小题,每小题 2 分,共 20 分)

11. 数学教学应该是从学生的生活经验和________出发,向他们提供充分的从事数学活动和交流的机会,帮助他们在自主探索的过程中真正理解和掌握基本的________、________和________。

12. x,y,z 为三个质数,如果 $x+y=z$,则这三个质数中最小的数是________。

13. 某校为高一学生开设了三门选修课程,分别是文学与艺术、哲学初步、数学史。调查某班甲、乙、丙三名学生的三门选修课程的选修情况时,甲说:“我选修的课程比乙多,但没有选修哲学初步。”乙说:“我没有选修数学史。”丙说“我们三人选修的课程中,有一门课程是相同的。”由此可以判断乙选修的课程为________。

14. 观察下列等式:

$1=1$,

$2+3+4=9$,

$3+4+5+6+7=25$,

$4+5+6+7+8+9+10=49$,

……

照此规律,第 n 个等式为________。

15. 已知关于 x 的不等式组 $\begin{cases}x-a\geqslant 0,\\ 5-2x>1\end{cases}$ 只有 3 个整数解,则实数 a 的取值范围是________。

16. 已知函数 $f(x)=\sin x\tan x$,给出下列结论:

①函数 $f(x)$ 是偶函数;

②函数 $f(x)$ 在区间 $\left(-\frac{\pi}{2},0\right)$ 上是增函数;

③函数 $f(x)$ 的最小正周期是 2π；

④函数 $f(x)$ 的图象关于直线 $x=\pi$ 对称。

其中正确结论的序号是________。

17. 有一个盒子里放了一些红球和白球，其中有 5 个红球，占总数的$\frac{1}{10}$，再放进________个红球，可使红球占总数的$\frac{1}{6}$。

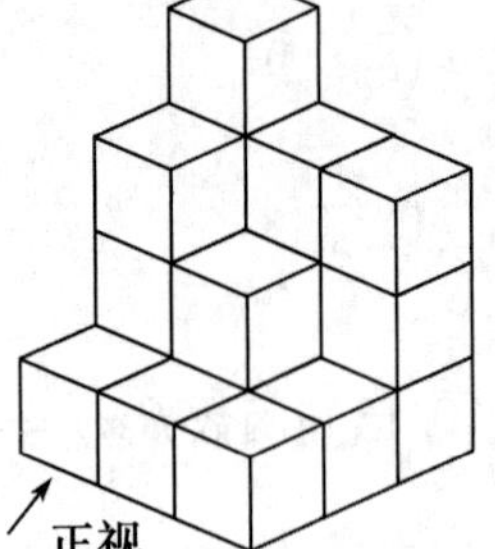

18. 把 19 个棱长为 3 厘米的正方体重叠起来，拼成一个立体图形如右图所示，则这个立体图形的表面积为________平方厘米。

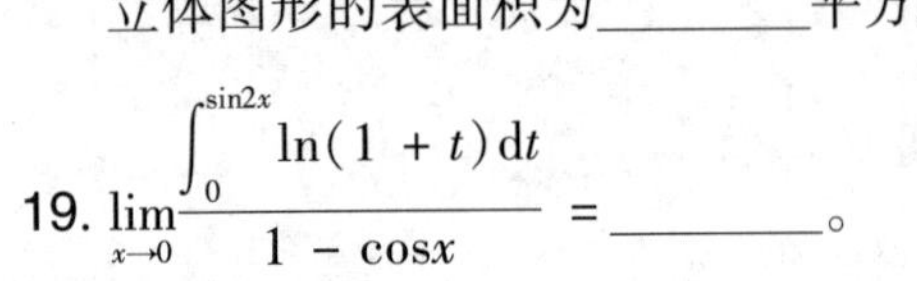

19. $\lim\limits_{x\to 0}\dfrac{\int_0^{\sin 2x}\ln(1+t)\,\mathrm{d}t}{1-\cos x}=$________。

20. 已知平面向量 $\boldsymbol{a}$，$\boldsymbol{b}$ 满足 $|\boldsymbol{a}|=2$，$|\boldsymbol{b}|=1$，$\boldsymbol{a}$ 与 $\boldsymbol{b}$ 的夹角为 $60°$，则 $|\boldsymbol{a}+2\boldsymbol{b}|=$________。

三、解答题（本大题共 4 小题，每小题 5 分，共 20 分）

21. 一堆煤，第一天运走的吨数与总吨数的比是 1∶4，第二天运走 4.5 吨后，两天正好运走了总数的 $\frac{1}{3}$，这堆煤有多少吨？

22. 已知数列 $\{a_n\}$ 满足 $a_{n+1}=a_n+3^n(n\geqslant 1,n\in\mathbf{N}_+)$，且 $a_1=1$，求：

（1）a_2，a_3 的值；（2 分）

（2）数列 $\{a_n\}$ 的通项公式。（3 分）

23. 计算$\int_0^{\frac{\pi}{4}} \ln(1+\tan x)\,\mathrm{d}x$。

24. 如图,在三棱锥 $A-BCD$ 中,$AB\perp AD$,$BC\perp BD$,平面 $ABD\perp$ 平面 BCD,点 E,F(E 与 A,D 不重合)分别在棱 AD,BD 上,且 $EF\perp AD$。

求证:(1)EF//平面 ABC;(2 分)

(2)$AD\perp AC$。(3 分)

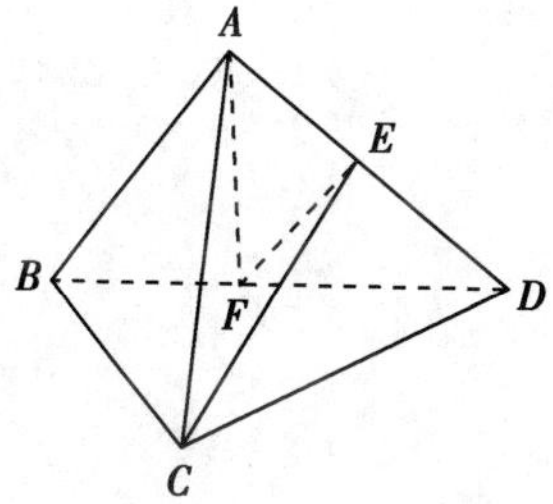

四、分析题（本大题共 5 分）

25. 简述小学数学运算中“头同尾合十”的计算过程，并结合计算过程分析小学数学规律探索问题的解题方法。

五、论述题（本大题共 5 分）

26. 在教学时，如何培养学生形成初步的空间观念？

六、案例分析题(本大题共 2 小题,每小题 10 分,共 20 分)

27. 下面是两位老师分别执教“接近整百、整千数加减法的简便计算”的教学片段,请你从数学思想方法的角度进行分析。

片段一:

张老师在甲班执教:

1. 做凑整(十、百)游戏。

2. 抛出算式 323 + 198 和 323 − 198,先让学生试算,再小组内部交流,班内汇报讨论,讨论的问题是:把 198 看作什么数能使计算简便? 加上(或减去)200 后,接下去要怎么做? 为什么? 然后师生共同概括速算方法……练习反馈表明,学生错误率相当高。主要问题是:在“323 + 198 = 323 + 200 − 2”中,原来是加法计算,为什么要减 2? 在“323 − 200 + 2”中,原来是减法计算,为什么要加 2?

片段二:

李老师执教乙班,给这类题目的速算方法找了一个合适的生活原型——生活实际中收付钱款时常常发生的“付整找零”活动,以此展开教学活动。

1. 创设情境:王阿姨到财务室领奖金,她口袋里原有 124 元人民币,这个月获奖金 199 元,现在她口袋里一共有多少元?

让学生来表演发奖金:先给王阿姨 2 张 100 元钞(200 元),王阿姨找还 1 元。

还表演:小刚带 217 元到商场购物,买一双运动鞋要付 198 元,他给营业员 2 张 100 元钞,营业员找还他 2 元。

2. 将上面发奖金的过程提炼为一道数学应用题:王阿姨原有 124 元,收入 199 元,现在共有多少元?

用算式表示:124 + 199 = 124 + 200 − 1,算出结果并检验结果是否正确。

3. 将上面买鞋的过程加工提炼成一道数学应用题:小刚原有 217 元,用了 198 元,现在还剩多少元? 结合表演列式计算并检验。

4. 引导对比,小结算理,概括出速算的法则。

练习反馈表明,学生“知其然,也知其所以然”。

28. 仔细阅读以下材料。

4 我们来做个实验。

剪出下面4组纸条（单位：cm）。

（1）6、7、8。　　　　　　（2）4、5、9。

（3）3、6、10。　　　　　　（4）8、11、11。

用每组纸条摆三角形。

三角形任意两边的和大于第三边

(1)本节课的教学内容是什么?(5分)

(2)请说明在教学中如何利用课堂活动设计引导学生构建概念,并根据新课程理念设计一个教学过程片段。(5分)

浙江省教师招聘考试押题试卷(八)

小学数学

(时间:120 分钟　总分:100 分)

本套试卷共 30 小题,包括单项选择题(12 小题),填空题(12 小题),解答题(4 小题),论述题(1 小题),案例设计与案例分析题(1 小题)。

一、单项选择题(本大题共 12 小题,每小题 2 分,共 24 分)

1. 若一个等腰三角形的三边长均为整数,且周长为 10,则底边长为(　　)

A. 4 或 6　　B. 2 或 4 或 6 或 8

C. 2 或 4 或 6　　D. 2 或 4

2. 小王和小李约定下午三点在图书馆门口见面,为此,两人在早上八点将自己的手表对准,小王于下午三点到达学校门口,可是小李还没到,原来小李的手表比实际时间每小时慢 4 分钟。如果小李按他自己的手表在三点到达,则小王还需要等(　　)分钟。

A. 26　　B. 28　　C. 30　　D. 32

3. 函数 $f(x)=\frac{|x-1|}{x}$ 在点 $x=1$ 处(　　)

A. 连续　　B. 间断　　C. 可导　　D. 无定义

4. 如图所示,$\triangle ABC$ 以直线 l 为轴旋转一周,形成的几何体体积是(　　)立方厘米。(π 取 3.14)

A. 28.26　　B. 37.68

C. 75.36　　D. 113.04

5. 已知向量 $\boldsymbol{a}=(1,2)$,$\boldsymbol{b}=(2,-3)$。若向量 $(\boldsymbol{c}+\boldsymbol{a})\parallel\boldsymbol{b}$,$\boldsymbol{c}\perp(\boldsymbol{a}+\boldsymbol{b})$,则 $\boldsymbol{c}=$(　　)

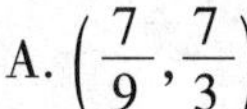

A. $\left(\frac{7}{9},\frac{7}{3}\right)$　　B. $\left(-\frac{7}{3},-\frac{7}{9}\right)$

C. $\left(\frac{7}{3},\frac{7}{9}\right)$　　D. $\left(-\frac{7}{9},-\frac{7}{3}\right)$

6. 已知圆 C 的方程为 $x^2+y^2-6x-8y=0$,过点 $A(3,5)$ 的直线被圆所截,则截得的最短弦的长度为(　　)

A. $2\sqrt{6}$　　B. $3\sqrt{6}$　　C. $4\sqrt{6}$　　D. $5\sqrt{6}$

7. 赵老师是一名健步走运动的爱好者,她用手机软件记录了某个月(30 天)每天健步走的步数(单位:万步),将记录结果绘制成了如图所示的统计图。在每天所走的步数这组数据中,众数和中位数分别

是(　　)

A. 1.2,1.3　　B. 1.4,1.3

C. 1.4,1.35　　D. 1.3,1.3

8. 如下图所示,是一组按照某种规律摆放而成的图案,则图 5 中三角形的个数是(　　)

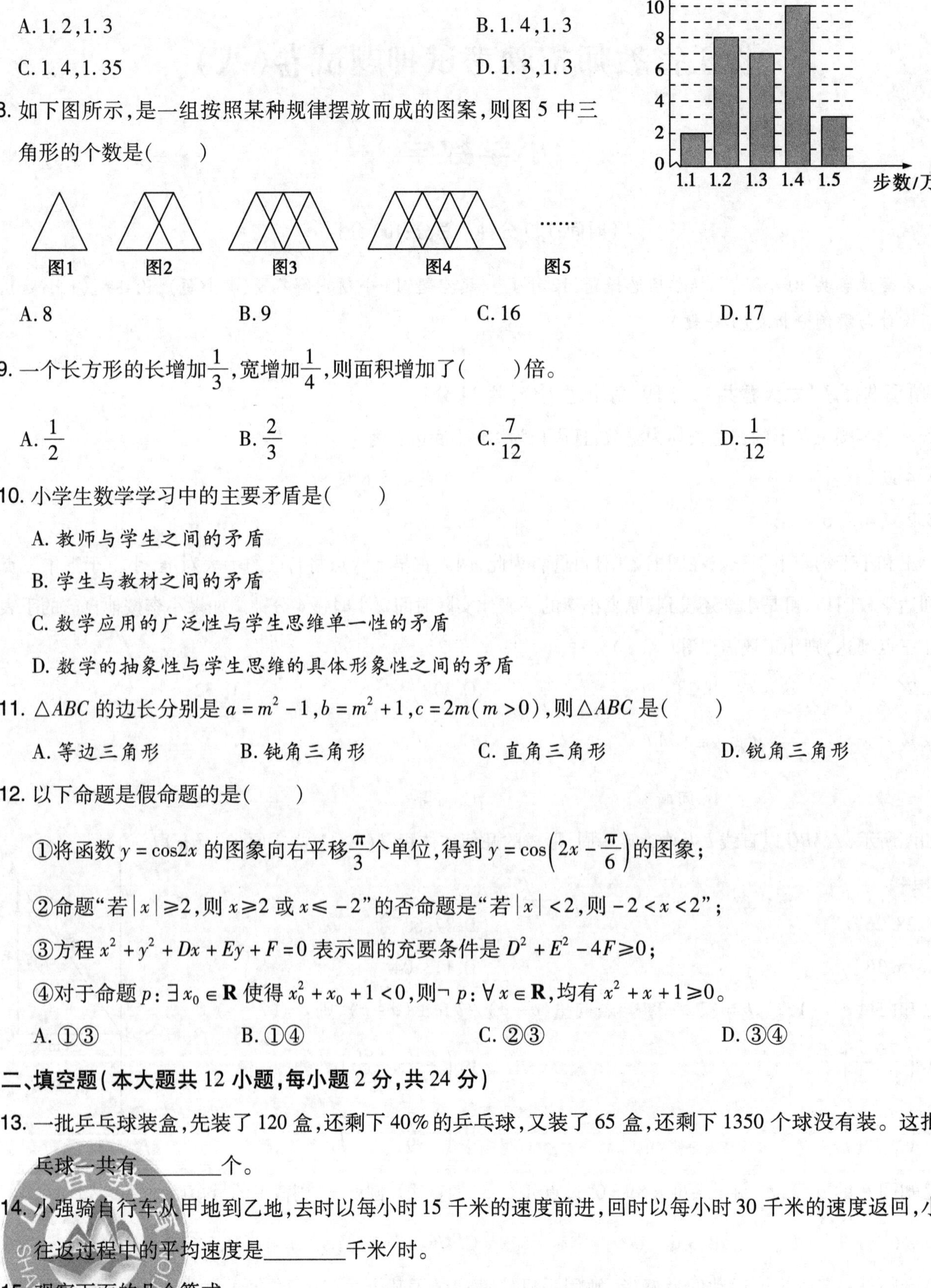

A. 8　　B. 9　　C. 16　　D. 17

9. 一个长方形的长增加$\frac{1}{3}$,宽增加$\frac{1}{4}$,则面积增加了(　　)倍。

A. $\frac{1}{2}$　　B. $\frac{2}{3}$　　C. $\frac{7}{12}$　　D. $\frac{1}{12}$

10. 小学生数学学习中的主要矛盾是(　　)

A. 教师与学生之间的矛盾

B. 学生与教材之间的矛盾

C. 数学应用的广泛性与学生思维单一性的矛盾

D. 数学的抽象性与学生思维的具体形象性之间的矛盾

11. $\triangle ABC$ 的边长分别是 $a=m^2-1,b=m^2+1,c=2m(m>0)$,则$\triangle ABC$ 是(　　)

A. 等边三角形　　B. 钝角三角形　　C. 直角三角形　　D. 锐角三角形

12. 以下命题是假命题的是(　　)

①将函数 $y=\cos 2x$ 的图象向右平移$\frac{\pi}{3}$个单位,得到 $y=\cos\left(2x-\frac{\pi}{6}\right)$的图象;

②命题"若 $|x|\geqslant 2$,则 $x\geqslant 2$ 或 $x\leqslant -2$"的否命题是"若 $|x|<2$,则 $-2<x<2$";

③方程 $x^2+y^2+Dx+Ey+F=0$ 表示圆的充要条件是 $D^2+E^2-4F\geqslant 0$;

④对于命题 $p:\exists x_0\in \mathbf{R}$ 使得 $x_0^2+x_0+1<0$,则$\neg p:\forall x\in \mathbf{R}$,均有 $x^2+x+1\geqslant 0$。

A. ①③　　B. ①④　　C. ②③　　D. ③④

二、填空题(本大题共 12 小题,每小题 2 分,共 24 分)

13. 一批乒乓球装盒,先装了 120 盒,还剩下 40% 的乒乓球,又装了 65 盒,还剩下 1350 个球没有装。这批乒乓球一共有________个。

14. 小强骑自行车从甲地到乙地,去时以每小时 15 千米的速度前进,回时以每小时 30 千米的速度返回,小强往返过程中的平均速度是________千米/时。

15. 观察下面的几个算式:

$1+2+1=4$,

$1+2+3+2+1=9$,

$1+2+3+4+3+2+1=16$,

$1+2+3+4+5+4+3+2+1=25$,

……

根据你所发现的规律,请你直接写出下面式子的结果:

$1+2+3+\cdots+99+100+99+\cdots+3+2+1=$________。

16. 在一个减法算式中,被减数、减数、差三个数的和是168,减数与差的比是3∶4,减数是________。

17. 一个人花8元钱买了一只鸡,9元钱卖掉了,然后他觉得不划算,花10元钱又买回来了,11元卖给另外一个人,则他赚了________元。

18. $a=\frac{1}{\sqrt{5}-3}$,$b=\frac{1}{\sqrt{5}+3}$,则$(a+b)^2$的值为________。

19. 某校去年参加社团活动的女生有200人,比男生少80人,因为今年女生增加了20%,男生减少了________%,所以女生比男生多了30人。

20. 圆珠笔与钢笔的单价比是4∶7,20支圆珠笔和30支钢笔共用了116元,则圆珠笔的单价是________元。

21. 若$x>0$,$y>0$,且$y=\frac{8x}{x-2}$,则$x+y$的最小值为________。

22. 有5本不同的书,其中语文书2本,数学书2本,物理书1本。若将其随机地并排摆放到图书架的同一层上,则同一科目的书都不相邻的概率是________。

23. 有效的数学学习活动不能单纯地依赖模仿与记忆,________、________与________是学生学习数学的重要方式。

24. 数学教学是数学活动的教学,是师生之间、________之间交往互动与共同发展的过程。

三、解答题(本大题共4小题,每小题6分,共24分)

25. 甲、乙两个工程队共同修筑一段长4200米的公路,乙工程队每天比甲工程队多修100米。现由甲工程队先修3天,余下的路段由甲、乙两队合修,正好花6天时间合修完。问:甲、乙两个工程队每天各修路多少米?

26. 如下图,四边形 $ABCD$ 是正方形,$\triangle DEF$ 的面积比 $\triangle ABE$ 的面积大 6 平方厘米。已知 CD 长 4 厘米,则 DF 长多少厘米?

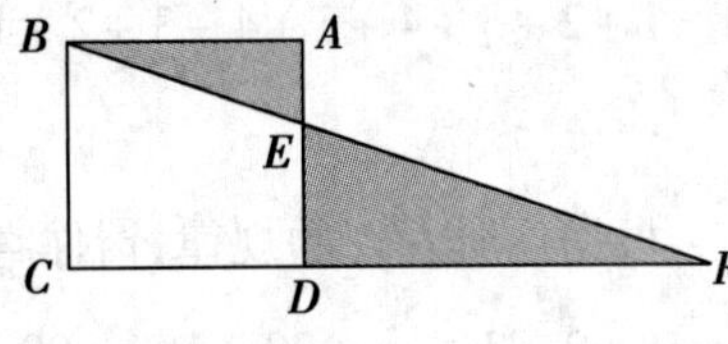

27. 等差数列 $\{a_n\}$ 的前 n 项和为 S_n。已知 $a_1=10$,a_2 为整数,且 $S_n \leqslant S_4$,$n \in \mathbf{N}_+$。

(1)求 $\{a_n\}$ 的通项公式;(3 分)

(2)设 $b_n=\dfrac{1}{a_n a_{n+1}}$,求数列 $\{b_n\}$ 的前 n 项和 T_n。(3 分)

28. 已知函数$f(x)=\ln(1+x)-\frac{x(1+\lambda x)}{1+x}$,若$x\geqslant 0$时,$f(x)\leqslant 0$,求$\lambda$的最小值。

四、论述题(本大题共10分)

29. 试述小学数学教学渗透数学建模思想的必要性。

五、案例设计与案例分析题(本大题共 18 分)

30. **案例**:怎样计算圆的面积,能否把圆转换成下面的图形来计算其面积?

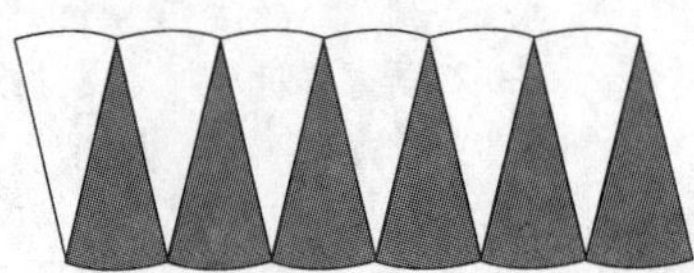

做实验。在硬纸上画个圆,分为若干(偶)等份,剪开,用这些类似等腰三角形的小纸片拼一拼,你发现了什么?若分的份数越多,每份越小,拼成的图形越近似长方形。

问题:

(1)案例中内容体现什么样的数学思想?(4 分)

(2)拟定该内容的教学目标。(4 分)

(3)该内容的教学重点是什么?针对重点设计相应的教学活动。(10 分)

浙江省教师招聘考试专用教材

学科专业知识

小学数学

山香教师招聘考试命题研究中心　主编

图书在版编目(CIP)数据

浙江省教师招聘考试专用教材. 小学数学 / 山香教师招聘考试命题研究中心主编. -- 北京 : 首都师范大学出版社, 2012.7(2021.7 重印)

ISBN 978-7-5656-0868-1

Ⅰ. ①浙… Ⅱ. ①山… Ⅲ. ①小学数学课 - 教学法 - 小学教师 - 聘用 - 资格考试 - 教材 Ⅳ. ①G451.1

中国版本图书馆 CIP 数据核字(2012)第 150998 号

浙江省教师招聘考试专用教材

XIAOXUE SHUXUE

小学数学

山香教师招聘考试命题研究中心　主编

策划编辑　张文强

责任编辑　曹亮亮　王慕飞　　　　封面设计　山香教育

首都师范大学出版社出版发行

地　　址　北京市西三环北路 105 号

邮　　编　100048

咨询电话　010 - 68418523(总编室)　　010 - 68982468(发行部)

网　　址　http://cnupn.cnu.edu.cn

印　　刷　河南黎阳印务有限公司

经　　销　全国新华书店

版　　次　2012 年 7 月第 1 版

印　　次　2021 年 7 月第 14 次印刷

开　　本　889mm × 1194mm　1/16

印　　张　35

字　　数　850 千

定　　价　91.00 元(全 2 册)

送给自己以及比自己

还要重要的人

你不需要很厉害才能开始

但你需要开始才能很厉害

姓　　名：________________

电　　话：________________

上岸目标：________________

我的学习计划

亲爱的____________

首先欢迎您使用山香图书。山香教育将以专业的水平和精确细致的考前指导陪伴你度过最为艰难、最为重要的备考阶段，与山香教育名师团队一起携手，帮助你夯实基础、突破瓶颈、攻克考试的难关！

计划表

第一章 时间： 学习目标： 加油□　很棒□　非常棒□	第二章 时间： 学习目标： 加油□　很棒□　非常棒□	第三章 时间： 学习目标： 加油□　很棒□　非常棒□
第二部分 时间： 学习目标： 加油□　很棒□　非常棒□	第一章 时间： 学习目标： 加油□　很棒□　非常棒□	第二章 时间： 学习目标： 加油□　很棒□　非常棒□
第三章 时间： 学习目标： 加油□　很棒□　非常棒□	第四章 时间： 学习目标： 加油□　很棒□　非常棒□	第五章 时间： 学习目标： 加油□　很棒□　非常棒□
第六章 时间： 学习目标： 加油□　很棒□　非常棒□	第七章 时间： 学习目标： 加油□　很棒□　非常棒□	第八章 时间： 学习目标： 加油□　很棒□　非常棒□
第九章 时间： 学习目标： 加油□　很棒□　非常棒□	第十章 时间： 学习目标： 加油□　很棒□　非常棒□	第十一章 时间： 学习目标： 加油□　很棒□　非常棒□
第一章 时间： 学习目标： 加油□　很棒□　非常棒□	第二章 时间： 学习目标： 加油□　很棒□　非常棒□	第三～四章 时间： 学习目标： 加油□　很棒□　非常棒□

前 言

近年来，教师招聘考试难度越来越大。一方面，随着教师招聘考试的“火热”及考生对招教考试不断探索，笔试分数的差距不断缩小；另一方面，教师招聘考试试题的难度和灵活性在不断增强。获得一套实用性强的教辅显得尤为重要。

学科专业知识作为浙江省各地市教师招聘考试的必考内容，其具有内容多、复习难、要求高的特点。鉴于此，山香教育结合多年研究成果和教学反馈，深入分析制约考生得高分的因素，对教材进行精心编排，旨在帮助考生通过阅读和学习能够收到理想的备考效果。依据浙江省近年来考情的变化，本书小学学科专业知识参照中学(初中)学科专业知识进行编写。

3大特色 破解学科专业知识

特色1 立足真题考情 归纳核心要点

考情最能体现命题人的思想。通过对考情与真题的分析梳理，整理出各部分的考点分布规律、命题特点和解题方法，以此作为教材的核心内容，做到“考什么，讲什么”。再对教材内容进行分析整理，通过文字、表格等的结合，知识结构清晰明了，在重要知识点后通过“山香指导”使整个知识体系成为一个闭环，帮助考生快速高效学习，做到真正的“字斟句酌，精益求精”。

特色2 融合教学经验 传授解题技法

考生要想在选拔性考试中顺利“上岸”，途径只有一个：考高分。每一道题的正误都决定着笔试是否能够通过。在这样的情形下，考生只有掌握每一道题的核心知识和答题方法，才能从众多竞争者中脱颖而出，顺利“吃面”。

本书的编写摈弃了简单枯燥的说教模式，倡导大家进行互动式学习，融合山香老师多年教学经验，通过“考法揭秘”“易错提示”“招教体验”等多模块设计，做到“有讲、有解、有练”，讲学练相结合，帮助考生快速掌握知识。

特色3 设计优质习题 分层巩固提升

根据对真题的分析，本书每章最后设置“强化练习”模块，分为“基础练”和“提升练”。练习题的题型、考点，与真题高度契合，使考生学有所练，牢固掌握所学知识。

愿诸君能够善用山香图书这件“利器”，在即将到来的教师招聘考试中打好有准备之战。预祝大家在有限的时间内选择最恰当最有效的方法备考。祝早日走上心目中的三尺讲台！

山香图书研发部

教材使用说明

★：没有标星的知识点为非重要考点，标星的知识点星星越多重要程度越高，最高为三颗星。

黑体字：知识点中需要重点掌握的词语。

波浪线：复习时需要重点掌握的句子。

红色句子：比画波浪线的句子更重要，需要着重掌握。

图解教材

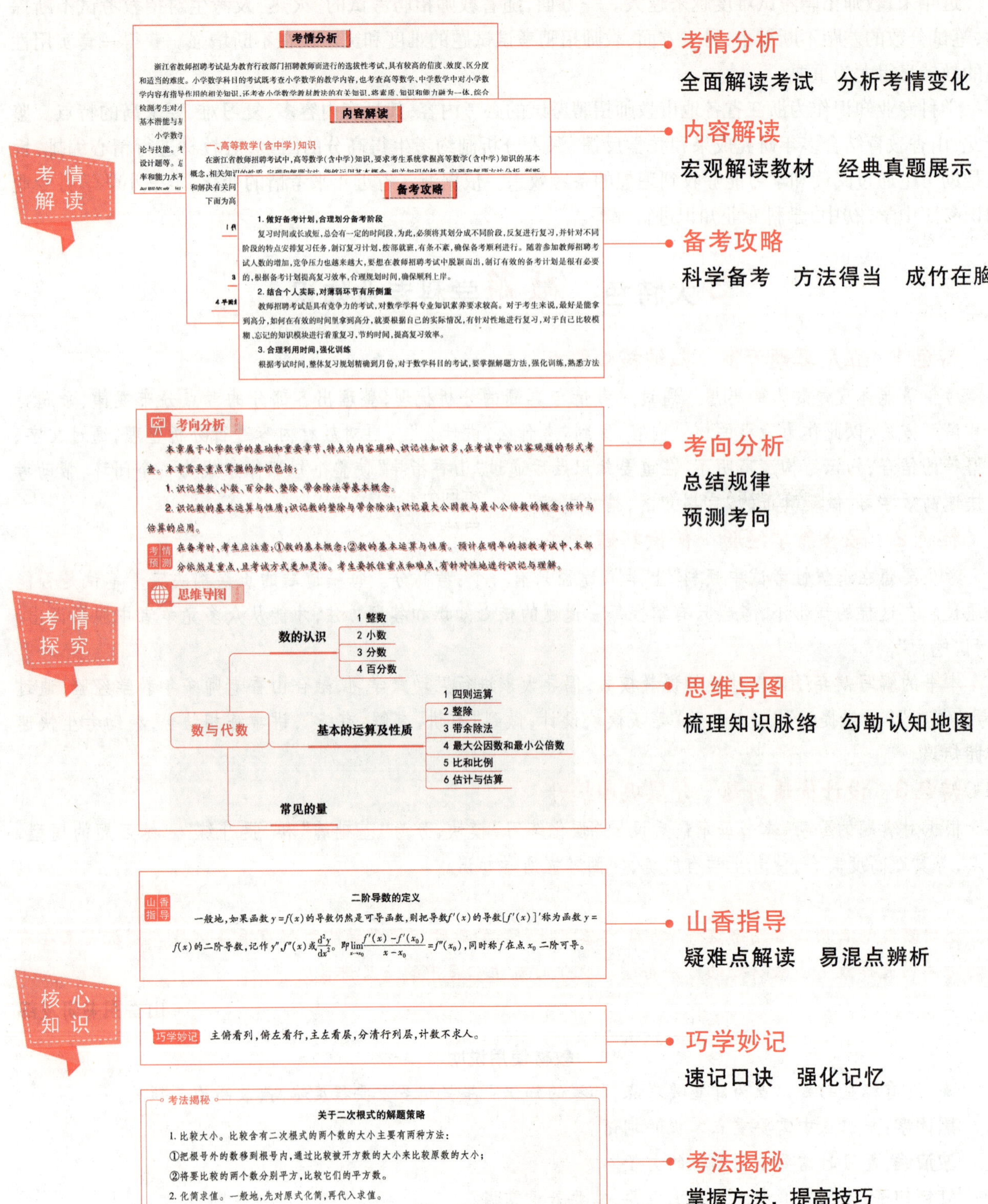

考情解读
考情分析
全面解读考试　分析考情变化
内容解读
宏观解读教材　经典真题展示
备考攻略
科学备考　方法得当　成竹在胸
考情探究
考向分析
总结规律
预测考向
思维导图
梳理知识脉络　勾勒认知地图
数与代数
数的认识
1 整数
2 小数
3 分数
4 百分数
基本的运算及性质
1 四则运算
2 整除
3 带余除法
4 最大公因数和最小公倍数
5 比和比例
6 估计与估算
常见的量
核心知识
山香指导
疑难点解读　易混点辨析
二阶导数的定义
巧学妙记
主俯看列，俯左看行，主左看层，分清行列层，计数不求人。
速记口诀　强化记忆
考法揭秘
关于二次根式的解题策略
1. 比较大小。比较含有二次根式的两个数的大小主要有两种方法：
①把根号外的数移到根号内，通过比较被开方数的大小来比较原数的大小；
②将要比较的两个数分别平方，比较它们的平方数。
2. 化简求值。一般地，先对原式化简，再代入求值。
掌握方法，提高技巧

目录

考情分析与解读

第一部分 小学数学知识

第一章 数与代数

第二章 空间与图形

第三章 统计与概率

第二部分 小学奥数

第三部分 中学数学（附高等数学）知识

第一章 代数式与方程

第二章 数 列

第三章 不等式

第四章 平面解析几何

山香教育
中国教师一站式服务平台

第四部分 小学数学教学理论与技能

专家微课视频索引

(扫描正文中下列知识点处的二维码,即可获取专家微课视频)

浙江省教师招聘考试
考情分析与解读

考情分析

浙江省教师招聘考试是为教育行政部门招聘教师而进行的选拔性考试，具有较高的信度、效度、区分度和适当的难度。小学数学科目的考试既考查小学数学的教学内容，也考查高等数学、中学数学中对小学数学内容有指导作用的相关知识，还考查小学数学教材教法的有关知识，将素质、知识和能力融为一体，综合检测考生对小学数学教学内容的掌握程度、对数学本质的理解水平以及进入小学从事小学数学教育工作的基本潜能与基本素质。

小学数学科目的考试范围主要涉及四个部分：小学数学知识、小学奥数、中学数学（附高等数学）知识、小学数学教学理论与技能。考试题型一般包括单项选择题、填空题、解答题、简答题、论述题、案例分析与案例设计题和教学设计题等。总体来看，试题难度适中，题型灵活多变，考生只需做到认真复习，强化训练，提高自己的做题效率和能力水平。

内容解读

一、小学数学知识

在浙江省教师招聘考试中，小学数学知识要求考生系统掌握小学数学知识的基本概念和解题方法，能够运用基本概念和解题方法分析、判断和解决有关问题。

下面为小学数学知识框架图：

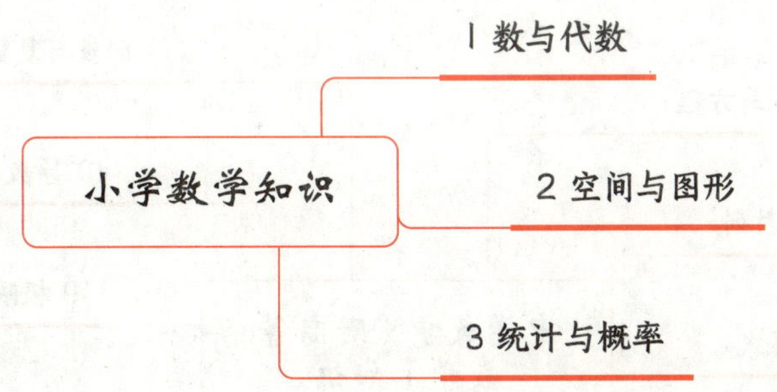

真题示例

[2021 年 1 月杭州]用 100 千克玉米可以兑换 60 千克大米，一个人用一个 4 千克重的容器，连同容器称了 100 千克玉米，兑换了连同容器重 60 千克的大米，这种兑换方式（　　）

A. 合理　　B. 不合理，大米少称了 1.6 千克

C. 不合理，玉米多称了 1.6 千克　　D. 不合理，大米多称了 1.6 千克

解析：$\frac{大米}{玉米}=\frac{60}{100}=\frac{3}{5}$，连同容器的 100 千克玉米应该兑换的大米为 $(100-4)\times\frac{3}{5}=57.6$ 千克。$57.6-(60-4)=1.6$ 千克。故这种方法不合理，大米少称了 1.6 千克。

答案：B

二、小学奥数

在浙江省教师招聘考试中，部分地区的考试会涉及大量小学奥数的题目，小数奥数要要求考生了解小学奥数的题型分类，要系统掌握对应小学奥数题目类型的解题策略，能够运用基础专业知识和解题技巧分析、判断和解决有关问题。

本部分内容罗列了三十种常见的小学奥数类型，包括：分数的计算、分数的大小比较、巧算分数的和、繁分数、分数和百分数应用题、浓度问题、利润与利息、植树与方阵问题、工程问题、行程问题、比和比例问题、圆的周长和面积、扇形、圆柱和圆锥、加法、乘法原理和容斥原理、探索规律问题、逻辑推理问题、钟面上的数学问题、上楼梯问题、同余问题、抽屉原理、不定方程的应用、最大与最小、从整体看问题、反过来考虑、不变量、染色问题、对策问题、规划与统筹问题、进位制问题。

真题示例

[2021 年 1 月杭州]如图，在足球表面有五边形和六边形图案，每个五边形与 5 个六边形相连，每个六边形与 3 个五边形相连。那么五边形和六边形的最简整数比是多少？

答案：正规的足球都是由 32 块六边形和五边形的图案组成的，设六边形有 x 块，则五边形有 $(32-x)$ 块，六边形的边数为 $6x$，五边形的边数为 $5(32-x)$，由题意得 $6x=3x+5(32-x)$，解得 $x=20$，$32-20=12$，所以六边形有 20 块，五边形有 12 块，则五边形与六边形的最简整数比是 $12:20=3:5$。

三、中学数学（附高等数学）知识

在浙江省教师招聘考试中，中学数学（附高等数学）知识，要求考生系统掌握中学数学（附高等数学）知识的基本概念，相关知识的性质、定理和解题方法，能够运用基本概念、相关知识的性质、定理和解题方法分析、判断和解决有关问题。

下面为中学数学（附高等数学）知识框架图：

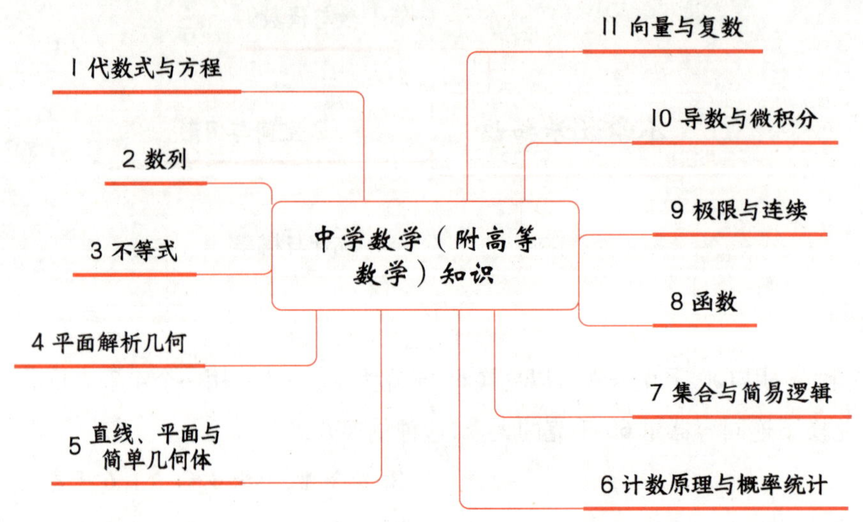

真题示例

[2021 台州]已知 s,t 满足 $s+t=6$，且 $m=st+3$，则 m 的最大值为________。

解析：$s+t=6\geqslant 2\sqrt{st}$，即 $0\leqslant st\leqslant 9$，当且仅当 $s=t=3$ 时等号成立，故 m 的最大值为 $(st)_{max}+3=12$。

答案：12

四、小学数学教学理论与技能

在浙江省教师招聘考试中，小学数学教学理论与技能知识要求考生掌握《义务教育数学课程标准》(2011 年版)、小学数学教学知识、小学数学教学设计、小学数学教学评价的基本理论知识，能够综合运用理论知识分析、判断和解决有关问题。

下面为小学数学教学理论与技能框架图：

小学数学教学理论与技能

1 小学数学课程标准与中国学生发展核心素养

2 小学数学教学知识

3 小学数学教学设计与技能

4 小学数学教学评价

真题示例

[2021 年 1 月杭州]数据分析观念是学生重要的数学能力和素养，也是《义务教育数学课程标准》(2011 年版)的核心概念之一。请阐述数据分析观念包括哪些内容？下面是人教版五年级上册“可能性”单元例题的教学内容，请围绕发展学生数据分析观念的概念，设计教学目标。

3 小组活动：盒子中装有红、黄两种颜色的球，每个小组的盒子里装的球都是一样的。从中摸出一个球后再放回去摇匀，重复 20 次并记录下球的颜色。

下面是八个小组的统计情况。

次数 小组 颜色	1	2	3	4	5	6	7	8	合计
●	15	16	12	18	15	16	14	17	123
○	5	4	8	2	5	4	6	3	37

1. 猜一猜，摸出哪种颜色棋子的可能性最大？摸出哪种颜色棋子的可能性最小？

2.

全班每人掷一次。

朝上的有________人，

朝上的有________人。

参考答案:《义务教育数学课程标准》(2011 年版)中指出,数据分析观念包括:了解在现实生活中有许多问题应当先做调查研究,收集数据,通过分析作出判断,体会数据中蕴含着信息;了解对于同样的数据可以有多种分析的方法,需要根据问题的背景选择合适的方法;通过数据分析体验随机性,一方面对于同样的事情每次收集到的数据可能不同,另一方面只要有足够的数据就可能从中发现规律。数据分析是统计的核心。

故制定如下教学目标:

知识与技能目标:进一步体会不确定现象的特点及事件发生的可能性的大小。

过程与方法目标:经历事件发生的可能性大小的探索过程,能根据试验的统计结果进行判断和推测,知道事件发生的可能性的大小与物体的数量有关,进一步体会随机现象的统计规律性。能根据数据推测事件发生的可能性的大小,并初步感受事件发生的等可能性。

情感、态度与价值观目标:感受数学与生活的密切联系,进一步培养学生的求实态度和科学精神。

备考攻略

1. 做好备考计划,合理划分备考阶段

复习时间或长或短,总会有一定的时间段,为此,必须将其划分成不同阶段,反复进行复习,并针对不同阶段的特点安排复习任务,制订复习计划,按部就班,有条不紊,确保备考顺利进行。随着参加教师招聘考试人数的增加,竞争压力也越来越大,要想在教师招聘考试中脱颖而出,制订有效的备考计划是很有必要的,根据备考计划提高复习效率,合理规划时间,确保顺利上岸。

2. 结合个人实际,对薄弱环节有所侧重

教师招聘考试是具有竞争力的考试,对数学学科专业知识素养要求较高。对于考生来说,最好是能拿到高分,如何在有效的时间里拿到高分,就要根据自己的实际情况,有针对性地进行复习,对于自己比较模糊、忘记的知识模块进行着重复习,节约时间,提高复习效率。

3. 合理利用时间,强化训练

根据考试时间,整体复习规划精确到月份,对于数学科目的考试,要掌握解题方法,强化训练,熟悉方法和知识点的运用,合理利用时间,提高做题效率和正确率。

第一部分

小学数学知识

01

2022

内容导学

浙江省教师招聘考试小学数学知识部分，共三章。

第一章主要是小学数学阶段“数与代数”的主要内容，考查题型多侧重于客观题。

第二章主要是小学数学阶段“空间与图形”的基础内容，考查题型多侧重于客观题。

第三章主要是小学数学阶段“统计与概率”的基础内容，考查题型多侧重于客观题。

考生要重点掌握第一章与第二章的内容，并结合历年考试真题有针对性地进行复习。

挑选好一个确定的研究对象，

锲而不舍。

你可能永远达不到终点，

但是一路上准可以发现一些有趣的东西。

——［德］克莱因

第一章　数与代数

考向分析

本章属于小学数学的基础和重要章节，特点为内容琐碎、识记性知识多，在考试中常以客观题的形式考查。本章需要重点掌握的知识包括：

1. 识记整数、小数、百分数、整除、带余除法等基本概念。

2. 识记数的基本运算与性质；识记数的整除与带余除法；识记最大公因数与最小公倍数的概念；估计与估算的应用。

考情预测　在备考时，考生应注意：①数的基本概念；②数的基本运算与性质。预计在明年的招教考试中，本部分依然是重点，且考试方式更加灵活。考生要抓住重点和难点，有针对性地进行识记与理解。

第一部分

思维导图

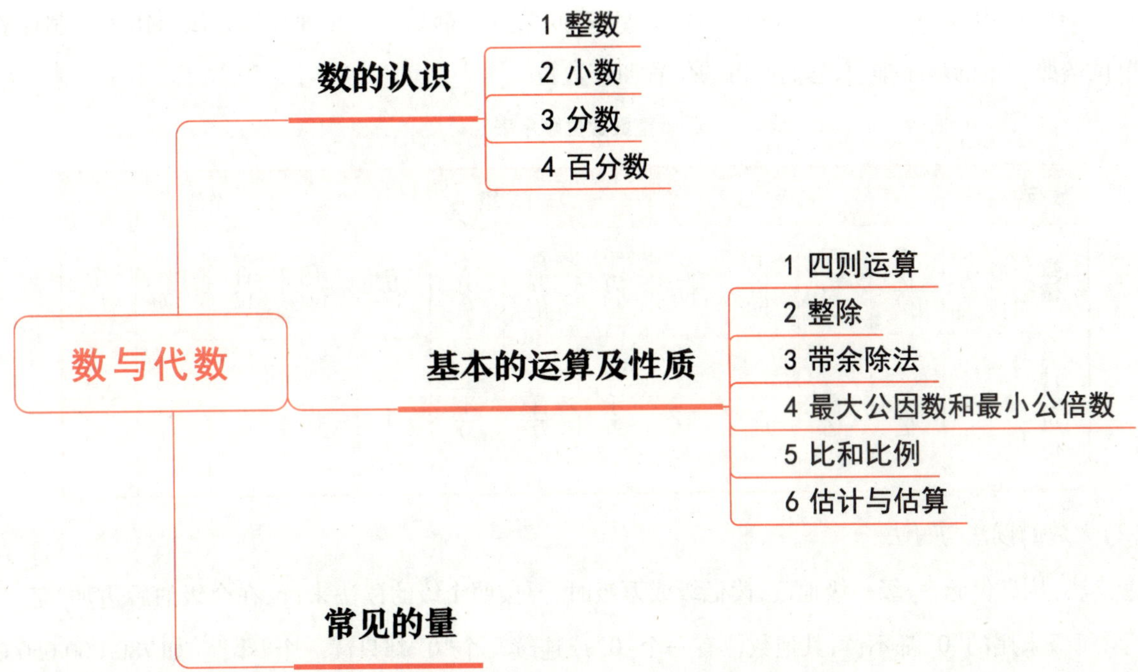

核心知识

一、数的认识 【单选、填空、解答】★★

知识点1 整数

1. 整数的分类

自然数:0 和正整数统称为自然数。

整数是负整数和自然数的集合,也可分为奇数和偶数。

整数 ⎧ 正整数:大于 0 的整数,如 1,2,3,…,n,
　　 ⎨ 0:既不是正整数也不是负整数,
　　 ⎩ 负整数:小于 0 的整数,如 -1, -2, -3,…, $-n$。

数 0 的意义:①表示占位;②表示没有;③表示起点;④表示分界点。

2. 大数的认识

(1)十进制计数法

一(个)、十、百、千、万、十万、百万、千万、亿……都叫作计数单位。其中,"一"是计数的基本单位。10 个 1 是 10,10 个 10 是 100……每相邻两个计数单位之间的进率都是十。这种计数方法叫作十进制计数法。计数单位按照一定的顺序排列,它们所占的位置叫作数位。

整数数位顺序表

数级		亿级				万级				个级			
数位	…	千亿位	百亿位	十亿位	亿位	千万位	百万位	十万位	万位	千位	百位	十位	个位
计数单位	…	千亿	百亿	十亿	亿	千万	百万	十万	万	千	百	十	一

(2)大数的读法与写法

①读法:从高位起,一级一级地读;读亿级或万级时,要按照个级的读法来读,在个级的后边加"亿"字或"万"字;每级末尾的"0"都不读,其他数位有一个"0"或连续几个"0"都只读一个"零"。如 780 000 050 000,读作:七千八百亿零五万。

②写法:从高位起,一级一级地往下写;数位上一个单位也没有,就在这个数位上写 0。如:两千八百三十万七千五百,写作:28 307 500。

根据以上读法和写法可知,比较两个整数的大小,关键看它们的数位,若数位相同,则相同数位上的数大的那个数就大;若数位不同,则数位多的那个数就大。

(3)大数的改写

一是整万(或整亿)的数的改写,直接把万位(或亿位)后的4个(或8个)"0"省略掉,换成一个"万"字(或一个"亿"字)。二是非整万、整亿的数的改写,先用"四舍五入"法找出它的近似数,再按照整万、整亿的数的改写方法去改写。究竟是"舍"还是"入",就要看省略的尾数部分的最高位,如果省略的尾数部分的最高位小于5,就要把尾数部分全部舍去,改写成0;如果省略的尾数部分的最高位等于或大于5,就要向前一位进1,再把尾数部分全舍去,改写成0。

(4)奇偶分析法

奇偶分析法:通过分析整数的奇偶性来解决问题的方法称为奇偶分析法。

整数中,能被2整除的数是偶数,不能被2整除的数是奇数。偶数可以用$2k$表示,奇数可以用$2k+1$表示,其中k是整数。

奇数和偶数的性质如下:

①两个连续整数中必有一个奇数和一个偶数;

②奇数个奇数的和是奇数,偶数个奇数的和是偶数,任意多个偶数的和仍是偶数;

③两个奇(偶)数的差是偶数,一个偶数与一个奇数的差是奇数;

④若a,b为整数,则$a+b$与$a-b$有相同的奇偶性,即$a+b$与$a-b$同为奇数或同为偶数;

⑤n个奇数的乘积是奇数,n个偶数的乘积是2^n的倍数,n个整数(若有一个是偶数)相乘,则乘积是偶数。

招教体验

1. [2020年1月杭州,填空,3′]一个三角形的三条边长是三个两位的连续偶数,它们的末位数字的和是7的倍数,这个三角形的最大周长等于________。

答案:264。三角形三边是三个连续的偶数,末位数字和是7的倍数,即个位数字和是7的倍数,则和只能为7或14。又因为三个偶数的个位数字只能是0,2,4,6,8,所以和只能是14,则0,6,8符合条件。故三角形三条边最大可能是86,88,90,那么周长最大为$86+88+90=264$。

2. [2018统考,单,3′]从2,4,6,…,30这15个偶数中,任取9个数,其中一定有两个数的和是(　　)

A. 34　　B. 36　　C. 38　　D. 40

答案:A。因为15个偶数中除去数字2,剩下的14个数中7组数的和都等于34,$4+30=6+28=8+26=10+24=12+22=14+20=16+18=34$,若这14个数分成的7组,每组只取一个,再取一个2,这8个数不能组成和是34,如果再取第9个数,则必定含有以上7组中的一组,所以其中一定有两个数的和是34。

3. [2018年1月杭州,填空,3′]用0到9这十个数字组成五个两位数,每个数字只用一次,如果要求这五个两位数之和为奇数,那么和最大是________。

答案:351。由0~9这10个数组成五个两位数,要求和尽可能大,则必须使每个数尽可能大,所以它们的十位上分别是9,8,7,6,5,个位上分别是0,1,2,3,4,但要求五个两位数之和为奇数,而$0+1+2+3+4=10$为偶数,所以应将4与5交换,可得和为奇数,则和最大为$(9+8+7+6+4)\times10+(0+1+2+3+5)=351$。

知识点2 小数

小数实质上是十进制分数的另一种表示形式，其依据是十进制位值原则。小数由三部分组成：整数部分、小数点和小数部分。整数部分不是零的小数叫作带小数，否则称为纯小数。一个小数中左边位置的位值是相邻右边位置的位值的十倍。小数可以看作单位小数的合成，如0.52是52个单位小数“0.01”合成的结果；还可以用位值概念来理解小数，如0.52是5个“0.1”和2个“0.01”合成的结果。

1. 小数的性质

在小数的末尾添上零或者去掉零，小数的大小不变。一定要注意两个地方：**末尾**和**大小不变**，而且必须是大小不变，不可以是性质不变。

小数点向左移动一位、两位、三位，原来的数就缩小10倍、100倍、1000倍；小数点向右移动一位、两位、三位，原来的数就扩大10倍、100倍、1000倍。

2. 小数的读法和写法

读法：读小数时，整数部分按照整数的读法来读（整数部分是“0”的读作“零”），小数点读作“点”，小数部分顺次读出每一个数位上的数字。

例如，150.083，读作：一百五十点零八三。

写法：整数部分按照整数的写法来写（整数部分是“零”的写作“0”），小数点写在个位的右下角，小数部分依次写出每一个数位上的数字。

例如，四点三九，写作：4.39。

3. 小数的分类

<table>
<tr><td rowspan="2">按整数部分来分</td><td colspan="3">纯小数：整数部分是零的小数</td></tr>
<tr><td colspan="3">带小数：整数部分不是零的小数</td></tr>
<tr><td rowspan="4">按位数来分</td><td colspan="3">有限小数：小数部分的位数是有限的</td></tr>
<tr><td rowspan="3">无限小数：小数部分的位数是无限的</td><td rowspan="2">循环小数</td><td>纯循环小数：循环节从小数部分第一位开始的</td></tr>
<tr><td>混循环小数：循环节不是从小数部分第一位开始的</td></tr>
<tr><td>非循环小数</td><td>无限不循环小数：一个数的小数部分，数字排列无规律且位数无限</td></tr>
</table>

循环小数：一个小数，从小数部分的某一位起，一个数字或几个数字依次不断地重复出现，这个数叫作无限循环小数。依次不断重复出现的数字，叫作这个循环小数的循环节。如，2.555 5……的循环节是5；2.434 343……的循环节是43。分别写作$2.\dot{5}$，$2.\dot{4}\dot{3}$。如果循环节中的数是三个或者三个以上，只需要在循环节的第一个和最后一个数上面点点，例如，3.143 414 341 434…的循环节是1434，写作$3.\dot{1}43\dot{4}$。

招教体验

1. [2020 年 1 月杭州，填空，3′] 求得 7 个自然数的平均数是一个无限循环小数，已知这个平均数保留两位小数是 20.71，这 7 个自然数的和是________。

答案：145。由题意，这 7 个自然数的平均数保留两位小数是 20.71，则设这 7 个自然数的和为 x，得 $\frac{x}{7}\approx 20.71$，故 x 除以 7 后，商为 20 且余数为 5，则 $x=20\times 7+5=145$。

2. [2016 统考，单选，2′] 甲、乙两个数的和是 15.95，甲数的小数点向右移动一位就等于乙数，那么甲数是(　　)

A. 1.75　　　　B. 1.47

C. 1.95　　　　D. 1.45

答案：D。由已知，乙数是甲数的 10 倍，设甲数为 1 份，乙数为 10 份，则甲数是 $15.95\div(1+10)=1.45$，选 D。

知识点 3　分数

把单位“1”平均分成若干份，表示这样的一份或者几份的数，叫作分数。

其中表示一份的数，叫作分数单位，即分子是 1，分母是正整数的分数，又叫作单位分数，记为 $\frac{1}{n}$ $(n\in\mathbf{N}_+)$。

1. 分数的分类

按照分数值和 1 的比较，分数可以分为真分数和假分数。真分数小于 1。假分数大于等于 1。带分数是假分数的一种，带分数就是将一个假分数写成一个非零的整数加上一个真分数的形式。

2. 约分、通分

(1) 分数的基本性质

分数的分子和分母同时乘或除以相同的数(0 除外)，分数的大小不变。

(2) 约分

把一个分数化成同它相等但是分子、分母都较小的分数的过程，叫作约分。通常用分子和分母的公约数(1 除外)同时去除分子、分母来约分。

最简分数：分子与分母是互质数的分数，叫作最简分数。

(3) 通分

几个分母不同的分数叫作异分母分数。把异分母分数分别化成和原来分数相等的同分母分数的过程，叫作通分。

通分的方法：先求出原来几个分母的最小公倍数，然后把各分数都化成用这个最小公倍数作分母的分数。

招教体验

[2018年1月杭州,单,3′]从$\frac{1}{2}$,$\frac{1}{3}$,$\frac{1}{4}$,$\frac{1}{5}$,$\frac{1}{6}$中去掉两个数,使得剩下的三个数之和与$\frac{6}{7}$最接近,去掉的两个数是(　　)

A. $\frac{1}{3}$和$\frac{1}{4}$　　B. $\frac{1}{2}$和$\frac{1}{6}$

C. $\frac{1}{3}$和$\frac{1}{5}$　　D. $\frac{1}{2}$和$\frac{1}{5}$

答案:A。由题意可得,将这五个分数进行通分可得$\frac{30}{60}$,$\frac{20}{60}$,$\frac{15}{60}$,$\frac{12}{60}$,$\frac{10}{60}$。选项A中,去掉$\frac{20}{60}$和$\frac{15}{60}$后,其余分数的和为$\frac{52}{60}$;选项B中,去掉$\frac{30}{60}$和$\frac{10}{60}$后,其余分数的和为$\frac{47}{60}$;选项C中,去掉$\frac{20}{60}$和$\frac{12}{60}$后,其余分数的和为$\frac{55}{60}$;选项D中,去掉$\frac{30}{60}$和$\frac{12}{60}$后,其余分数的和为$\frac{45}{60}$;得到的这四个数与$\frac{6}{7}$进行比较可得,选项A符合题意。故选A。

3. 分数的大小比较

分数的大小一般用“一个性质、三种情况”来比较。

一个性质就是分数的基本性质。三种情况如下:

(1)同分母分数,分子大的分数比较大。

(2)同分子分数,分母小的分数比较大。

(3)一般异分母分数,先通分,再按照同分母分数的情况来比较大小。

考法揭秘

分数大小比较的方法

1. 化成同分子分数比较大小。分子相同,分母小的分数反而大。

2. 十字相乘法。把两个分数的分子、分母交叉相乘,根据这两个乘积进行比较。例如,比较$\frac{a}{b}$和$\frac{c}{d}$(a,b,c,d均不为零)的大小,如图,$\frac{a}{b}\times\frac{c}{d}$。如果$a\cdot d>b\cdot c$,则$\frac{a}{b}>\frac{c}{d}$;如果$a\cdot d<b\cdot c$,则$\frac{a}{b}<\frac{c}{d}$;如果$a\cdot d=b\cdot c$,则$\frac{a}{b}=\frac{c}{d}$。

3. 比**“差数”**。与1相比,相差最少的那个数最大。例如,比较$\frac{666661}{666667}$和$\frac{777772}{777778}$的大小:$\because 1-\frac{666661}{666667}=\frac{6}{666667}$,$1-\frac{777772}{777778}=\frac{6}{777778}$,$\frac{6}{666667}>\frac{6}{777778}$,$\therefore \frac{666661}{666667}<\frac{777772}{777778}$。

4. 化成小数再比较大小。

5. 假分数通常要化成带分数再比较大小。

招教体验

1. [2019 统考,填空,2′] 如果某固态物质液化时体积减少$\frac{n}{m}$,那么,该液态物质固化时体积增加________。

答案:$\frac{n}{m-n}$。假设这种物质在固体形态下的体积为 m,则这种物质液化后的体积减少了$\frac{n}{m}\times m=n$,此时液化后的体积为 $m-n$,故这种物质由液态转化固态的过程中体积增加$\frac{n}{m-n}$。

2. [2019 年 1 月杭州,单,3′] 一杯糖水,糖占糖水的$\frac{3}{10}$,如果再放入一些糖 a,或者蒸发掉一些水 b,它都将变得更甜。据此,下列各式中不正确的是(　　)

A. $\frac{3}{10}<\frac{3+a}{10+a}$

B. $\frac{3}{10}<\frac{3}{10-b}$

C. $\frac{3}{10}<\frac{3+a}{10-b}$

D. $\frac{3}{10}<\frac{3+a-b}{10+a-b}$

答案:D。选项 A 表示在原来的糖水中加入了一些糖,甜度增加,A 正确;选项 B 表示原来的糖水中蒸发掉了一些水,甜度增加,B 正确;选项 C 表示在原来的糖水中加入了一些糖,原来的糖水蒸发掉了一些水,甜度增加,C 正确;选项 D 表示在原来的糖水中不仅加入了一些糖,还减少了一些糖水,但是 a 与 b 的大小不清楚,故甜度不一定增加,D 错误。故选 D。

3. [2019 统考,单,3′] 一根电线,剪成两段,第一段长$\frac{5}{11}$米,第二段占全长的$\frac{5}{11}$,两段的长度比较结果是(　　)。

A. 一样长

B. 第二段长

C. 第一段长

D. 无法判断

答案:C。设电线全长为单位“1”,把电线均分为 11 份,其中第二段占电线全长的$\frac{5}{11}$,则第一段占全长的$1-\frac{5}{11}=\frac{6}{11}$,因为$\frac{5}{11}<\frac{6}{11}$,所以第一段比第二段长。

4. 分数和小数的互化

(1)分数化小数

①分母是 10,100,1000,…的分数,可以直接去掉分母,看分母中 1 后面有几个 0,就在分子中从最后一位起向左数出几位点上小数点。

②分母不是 10,100,1000,…的分数,可以用分母去除分子;除不尽的,可以根据需要按四舍五入法保留几位小数。

第一部分

(2)小数化分数

原来有几位小数,就在1后面写几个0作分母,把原来的小数去掉小数点作分子,化成分数后,能约分的要约分。

招教体验

[2019年1月杭州,填空,3′] 两数相加,其式如下:$1.55+\frac{1}{36}$,$1.55+\frac{2}{36}$,$1.55+\frac{3}{36}$,…,$1.55+\frac{35}{36}$,这些和的整数部分之和是________。

答案:54。设 $a_n=1.55+\frac{n}{36}(n\in \mathbf{N}_+)$,因为当 $n=16$ 时,$\frac{16}{36}\approx 0.44$,$a_{16}=1.55+\frac{16}{36}\approx 1.99$;当 $n=17$ 时,$\frac{17}{36}\approx 0.47$,所以 $a_{17}=1.55+\frac{17}{36}\approx 2.02$,故当 $n<17$ 时,这些和的整数部分为1;当 $n\geqslant 17$ 时,这些和的整数部分为2,故这些和的整数部分之和为 $1\times 16+2\times(35-16)=54$。

第一部分

5. 倒数

乘积是1的**两个数**互为倒数。倒数是其本身的数是1和-1,0没有倒数。

求一个分数的倒数,只需把这个分数的分子和分母交换位置;求一个整数的倒数,只需把这个整数看成是分母为1的分数,然后再按求分数倒数的方法即可得到。

倒数的特点:一个正实数(1除外)加上它的倒数,一定大于2。

招教体验

[2018年1月杭州,单,3′] 下列算式中,计算结果互为倒数的两个算式是(　　)

①$\frac{5}{8}\div\frac{7}{4}$;②$\frac{5}{8}\times\frac{7}{4}$;③$\frac{5}{8}\div\frac{4}{7}$;④$\frac{7}{4}\div\frac{5}{8}$。

A. ①④　　B. ①③

C. ②④　　D. ②③

答案:A。由分数的运算性质及倒数的定义可知选A。

知识点4 百分数

1. 百分数的意义

表示一个数是另一个数的百分之几的数,叫作百分数,也叫百分率或百分比。百分数反映的是两个数的倍数关系,它的单位是1%,读法与分数相同,例如,54%读作:百分之五十四。

2. 百分数和小数的互化

把小数化成百分数,只需把小数点向右移动两位,同时在后面添上百分号;反之,把百分数化成小数,只需把百分号去掉,同时把小数点向左移动两位。

3. 百分数和分数的互化

把分数化成百分数,通常先把分数化成小数(除不尽时,通常保留三位小数),再把小数化成百分数;把百分数化成分数，先把百分数改写成分母是 100 的分数，能约分的再约成最简分数。

4. 百分数与分数的区别与联系

	百分数	分数
区别	①只能表示两个数之间的倍数关系，不能表示一具体的数量，其后不能带单位； ②常用于调查、统计、分析与比较； ③分母是固定的数且为 100，百分数不能约分； ④分子可以是自然数，也可以是小数	①可表示两数之间的倍数关系，也可表示一定的数量，其后可带单位； ②常常在测量、计算得不到整数的结果时使用； ③分母不固定，分子与分母之间可约分； ④分子只能是自然数，表示形式有真分数、假分数、带分数，且结果一定是最简分数
联系	都可表示两个量之间的倍比关系	

二、基本的运算及性质 【单选、填空、解答】 ★★★

知识点 1 四则运算

1. 运算法则

	整数和小数	分数
加法	相同数位对齐，从低位加起，满十进一	同分母分数，分母不变，分子相加（减）；异分母分数，先通分，再相加（减）
减法	相同数位对齐，从低位减起，哪一位不够减，从高位退一当十再减	
乘法	用其中一个因数每一位上的数去乘另一个因数，用哪一位上的数去乘，得数的末位就和哪一位对齐，最后把积相加，因数是小数的，积的小数位数与两位因数的小数位数之和相同	分子相乘的积作分子，分母相乘的积作分母。能约分的先约分，结果要化简
除法	除数有几位，就先看被除数的前几位（不够就多看一位），除到被除数的哪一位，商就写到哪一位上。除数是小数时，先化成整数再除，商中的小数点与被除数的小数点对齐	甲数除以乙数（0 除外），等于甲数乘乙数的倒数
运算顺序	只有加、减或只有乘、除，从左往右依次计算；既有加、减又有乘、除的，先乘除、后加减，有括号的先算括号内的	

2. 脱式计算

脱式计算（递等式计算），把计算过程完整写出来的运算，也就是脱离竖式的计算。在计算混合运算时，通常是一步计算一个算式（逐步计算，等号不能写在原式上），要写出每一步的过程。要先算乘、除，后算加、减。在乘、除连续计算时，按从左往右的顺序依次计算。遇到括号，要先计算括号内部的。

3. 简便运算

根据算式的结构和数的特征，灵活运用运算法则、定律、性质和某些公式，把一些较复杂的四则混合运算化繁为简，化难为易。

在计算过程中，先整体分析算式的特点，然后进行一定的转化。创造条件运用乘法分配律来简算，这种思考方法在四则运算中用处很大。

在进行分数运算时，除了牢记运算定律、性质外，还要仔细审题，仔细观察运算符号和数字特点，合理地把参加运算的数拆开或合并进行重新组合，使其变成符合运算定律的模式，以便于口算，从而简化运算。一般地，形如$\frac{1}{a(a+1)}$的分数可以拆成$\frac{1}{a}-\frac{1}{a+1}$；形如$\frac{1}{a(a+n)}$的分数可以拆成$\frac{1}{n}\left(\frac{1}{a}-\frac{1}{a+n}\right)$；形如$\frac{a+b}{ab}$的分数可以拆成$\frac{1}{a}+\frac{1}{b}$，等等。

招教体验

1. [2021 年 1 月杭州，填空，3′] $(0.5+0.25+0.125)\div(0.5\times0.25\times0.125)\times\frac{\frac{7}{18}\times\frac{9}{2}+\frac{1}{6}}{13\frac{1}{3}-\frac{15}{4}\times\frac{16}{5}}$ =________。

答案：$80\frac{1}{2}$。原式$=\left(\frac{1}{2}+\frac{1}{4}+\frac{1}{8}\right)\div\left(\frac{1}{2}\times\frac{1}{4}\times\frac{1}{8}\right)\times\frac{\frac{7}{4}+\frac{1}{6}}{13\frac{1}{3}-12}=\frac{7}{8}\times2\times4\times8\times\frac{\frac{23}{12}}{\frac{4}{3}}=56\times\frac{23}{16}=80\frac{1}{2}$。

2. [2017 统考，解答，5′] 脱式计算（能简要计算的要简要计算，并写出每一步计算的理由）。

$1\frac{2}{3}-\left[\left(3.62\times\frac{2}{15}+6.38\div7\frac{1}{2}\right)\times1.82-1\frac{1}{3}\times0.82\right]$。

答案：原式$=\frac{5}{3}-\left[\left(3.62\times\frac{2}{15}+(10-3.62)\times\frac{2}{15}\right)\times1.82-1\frac{1}{3}\times0.82\right]$

$=\frac{5}{3}-\left[10\times\frac{2}{15}\times1.82-1\frac{1}{3}\times0.82\right]$

$=\frac{5}{3}-\left[\frac{4}{3}\times1.82-\frac{4}{3}\times0.82\right]$

$=\frac{5}{3}-\frac{4}{3}$

$=\frac{1}{3}$。

知识点 2 整除

一般地，设 a，b 为整数，且 $b\neq0$，如果存在整数 q，使得 $a=bq$，那么称 b 整除 a，或者 a 能被 b 整除，记作 $b|a$，并且称 b 是 a 的因数，a 是 b 的倍数。如果这样的整数 q 不存在，就称 b 不整除 a，记作 $b\nmid a$。

注：(1)注意区分“除”和“除以”：①a 除以 b：$a\div b(b\neq0)$；②a 除 b：$b\div a(a\neq0)$；③a 能被 b 整除：$a\div b$ 的结果为整数。

(2)“整除”是整数范围内的除法，而“除尽”则不限于整数范围，只要求余数为零。“整除”也可以称作“除尽”，但是“除尽”不一定是“整除”。

1. 整除的性质

(1)$a|b,b|c \Rightarrow a|c$;

(2)$a|b,a|c \Rightarrow a|(b+c)$;

(3)$a|b,c \in \mathbf{Z} \Rightarrow a|bc$;

(4)$a|b_i,c_i \in \mathbf{Z}(i=1,2,\cdots,n) \Rightarrow a|(b_1c_1+\cdots+b_nc_n)$;

(5)每一个整数都可以被 1 和 -1 整除;

(6)每一个整数都可以被它自己和它的相反数整除;

(7)$a|b$,且 $b|a \Rightarrow b=a$ 或 $b=-a$;

(8)若 $a \neq b$,n 是自然数,则$(a-b)|(a^n-b^n)$;

(9)若 $a \neq -b$,n 是正偶数,则$(a+b)|(a^n-b^n)$;

(10)若 $a \neq -b$,n 是正奇数,则$(a+b)|(a^n+b^n)$。

2. 能被 2~11 整除的数的规律

整除数	特征
能被 2 整除	个位是 0,2,4,6,8 的数
能被 5 整除	个位是 0 或者 5 的数
能被 2 和 5 同时整除	个位是 0 的数
能被 2,3,5 同时整除	个位是 0,且各数位上的数字的和是 3 的倍数或能被 3 整除的数
能被 3(或 9)整除	各个数位上数字的和能被 3(或 9)整除
能被 6 整除	能同时被 2 和 3 整除
能被 4(或 25)整除	末两位的数字所组成的数能被 4(或 25)整除
能被 7(或 11、或 13)整除	末三位上数字所组成的数与末三位前面的数字所组成的数之差(大数减小数)能被 7(或 11、或 13)整除
能被 8(或 125)整除	末三位的数字所组成的数能被 8(或 125)整除

招教体验

[2017 统考,填空,2′]一个六位数 1992□□能同时被 3,4,5 整除,这样的六位数中最大的一个是________。

答案:199 260。1992□□能同时被 3,4,5 整除,则这个六位数的末位应该为 0,这个数能被 4 整除,那十位能填 0,2,4,6,8,能被 3 整除的数各个数位上的数的和是 3 的倍数,1+9+9+2+0=21,则十位上应填能被 3 整除的数,可能是 0,3,6,9,综合可知这样的六位数最大为 199 260。

知识点 3 带余除法

1. 概念

带余除法:一般地,设 a 为整数,b 为正整数,则存在**唯一**的一对整数 q 和 r,使得 $a=bq+r(0 \leq r < b)$。这里我们把带余除法中的唯一的 q 和 r 分别叫作 a 除以 b 的商和余数。如果 $r \neq 0$,则商 q 也叫作

不完全商。

带余除式还可以表示成:$a\div b=q\cdots\cdots r(0\leqslant r<b)$。

招教体验

1.[2019 统考,填空,2′]如果 $a\div b=q\cdots\cdots r$,则当 $n\neq0$ 时,$a\times n=b\times n\times$________ + ________。

答案:q;$r\times n$。由于 $a\div b=q\cdots\cdots r$ 可转化为 $a=bq+r$,$a\times n=b\times n\times q+r\times n$。

2.[2018 年 5 月杭州,填空,3′]用 2018^{2020} 除以 5,余数是________。

答案:3。由于一个数除以 5,余数与这个数的个位数字相关,2018 的个位数字为 8,8 的乘方运算个位数字依次是 4,2,6,8,4,2,6,8…即 4,2,6,8 四个数字为一个循环,$2020\div4=505$,所以 2018^{2020} 的个位数字为 8,个位数字为 8 的整数除以 5 余 3。

2. 性质

(1)在有余数的除法里,如果被除数和除数都能被同一非零自然数整除,那么余数也能被这个非零自然数整除。例如,$60\div25=2\cdots\cdots10$,$5|60$,$5|25$,那么一定有 $5|10$。

(2)在有余数的除法里,如果除数和余数能被同一非零自然数整除,那么被除数也能被这个非零自然数整除。

(3)一个自然数被另一个自然数 $n(n\neq0)$ 除时,余数可能且只能是 $0,1,2,\cdots,(n-1)$ 中的数,即余数小于除数。

(4)如果两个整数被 n 除时(n 为整数),余数相同,则这两个整数的差必定能被 n 整除。例如,$65\div3=21\cdots\cdots2$,$20\div3=6\cdots\cdots2$,则有 $3|(65-20)$。

(5)如果整数 a_1 和 b_1 除以同一个自然数 $m(m\neq0)$,所得的余数相同;a_2 和 b_2 除以同一个自然数 $m(m\neq0)$,所得的余数也相同,那么 a_1+a_2,b_1+b_2 除以 $m(m\neq0)$ 所得的余数也相同。

(6)如果整数 a 和 b 除以自然数 $m(m\neq0)$ 所得的余数相同,那么 a^n 和 b^n(n 是整数)除以 $m(m\neq0)$ 所得的余数也相同。

知识点 4 最大公因数和最小公倍数

1. 因数和倍数的基本概念

名称	定义
因数与倍数	设 a,b 为整数,如果 a 能被 $b(b\neq0)$ 整除,那么 a 就是 b 的倍数,b 就是 a 的因数
质数(素数)	只有 1 和它本身两个约数的数
合数	除了 1 和它本身还有别的约数的数
质因数	任何一个大于 1 的整数,总存在一个质数因数,通常把这个正整数的质数因数叫作这个数的质因数
公因(约)数	如果一个整数同时是几个整数的约数,称这个整数为它们的公约数
公倍数	如果一个整数同时是几个整数的倍数,称这个整数为它们的公倍数

注:1 不是质数也不是合数,自然数除了 0 和 1 外,不是质数就是合数。

2. 分解质因数与算术基本定理

(1)分解质因数

每一个合数都可以写成几个质数相乘的形式,这几个质数叫作这个合数的质因数。把一个合数用质因数连乘的形式表示出来,叫作分解质因数。如把 60 分解质因数得:$60=2\times2\times3\times5=2^2\times3\times5$,这时,2,3,5 都是 60 的质因数。

注:①被分解的合数写在等号左边;②分解出来的因数中不能出现合数;③不要把 1 作为因数写进去。

(2)算术基本定理

分解质因数有下面一个重要的定理:

算术基本定理 每个大于 1 的正整数均可分解成有限个质数的积,如果不计质因数在乘积中的次序,则其分解方式是唯一的,即 $n=p_1^{\alpha_1}p_2^{\alpha_2}\cdots p_k^{\alpha_k}$,其中,$p_i$ 为质数,$\alpha_i\in\mathbf{N}_+(i=1,2,\cdots,k)$。算术基本定理也称作唯一分解定理。

整数的约数个数公式:一个大于 1 的整数,约数的个数等于它的质因数分解式中,每个质因数的个数(指数)加 1 的连乘积。

3. 最大公因数和最小公倍数

当 a,b 不全为零时,在有限个公因数中最大的一个叫作 a,b 的**最大公因数**,记作 (a,b)。此时存在一对整数 m,n,使得 $(a,b)=am+bn$。

如果 a,b 的最大公因数为 1,那么称 a,b 是互素的。若 $a|bc$,且 $(a,b)=1$,则 $a|c$。

我们把 a,b 的最小的公倍数叫作 a,b 的**最小公倍数**,记作 $[a,b]$。

最小公倍数与最大公因数之间的关系:$(a,b)[a,b]=ab$。

特殊情况下几个数的最大公因数和最小公倍数:如果几个数中,较大数是较小数的倍数,较小数是较大数的约数,则较大数是它们的最小公倍数,较小数是它们的最大公因数。

如果几个数两两互质,则它们的最大公因数是 1,最小公倍数是这几个数连乘的积。

招教体验

[2019 统考,解答,5′]一个正整数既可表示成“甲整数的 36 倍与 5 的和”,又可以表示成“乙整数的 48 倍与 5 的和”,求(最小的)这个数。

答案:由题意知,这个数除以 36 余 5,除以 48 余 5,则这个数的最小值比 36 与 48 的最小公倍数多 5,则 $[36,48]=144$,故这个数的最小值为 $144+5=149$。

考法揭秘

求最大公因数与最小公倍数的方法

1. 最大公因数的求法,一般有以下几种:

(1)分解质因数法。先把各数分解质因数,再把各数公有的一切质因数连乘起来,就是所求的最大公因数。例如,求 2940,756 和 168 的最大公因数。$\because 2940=2^2\times3\times5\times7^2,756=2^2\times3^3\times7,168=2^3\times3\times7,\therefore(2940,756,168)=2^2\times3\times7=84$。

第一部分

(2)检验公约数法。“检验公约数法”即“试除法”或“短除法”。例如，求42和63的最大公因数与最小公倍数。

$$\begin{array}{r|rr} 3 & 42 & 63 \\ \hline 7 & 14 & 21 \\ \hline & 2 & 3 \end{array}$$

则42和63的最大公因数是$3\times7=21$，最小公倍数是$3\times7\times2\times3=126$。

(3)辗转相减法。用大数减小数，如果减得的差与较小的数不相等，便再以大减小求差，直到出现两数相等为止。这时，相等的数就是这两个数的最大公因数。例如，求792和594的最大公因数。$\because(792,594)=(792-594,594)=(198,594)=(198,594-198)=(198,396)=(198,396-198)=(198,198)=198$，$\therefore(792,594)=198$。

用辗转相减法求两个数的最大公因数，可以推广到求n个数的最大公因数，具体做法：可以不拘次序地挑选最方便的，从较大的数里减去较小的数……这样逐次做下去，直到所得的差全部相等为止。这个相等的差，就是这些数的最大公因数。

(4)辗转相除法。用辗转相除法求两个数的最大公约数，步骤如下：先用较小数去除较大的数，得到第一个余数；再用第一个余数去除较小的数，得到第二个余数；再用第二个余数去除第一个余数，得到第三个余数……这样逐次用后一个余数去除前一个余数，直到余数是0为止。这时，余数“0”前面的那个余数，便是这两个数的最大公约数。

2. 最小公倍数的求法，一般有以下几种：

(1)分解质因数法。先把各数分解质因数，在所有相同的质因数中，每一个取出指数最大的，与所有不同的质因数连乘起来，就是所求的最小公倍数。例如，求120，330和525的最小公倍数。$\because 120=2^3\times3\times5$，$330=2\times3\times5\times11$，$525=3\times5^2\times7$，$\therefore[120,330,525]=2^3\times3\times5^2\times7\times11=46\ 200$。

(2)检验公约数法(同上)。

(3)先求最大公因数法。由于两个数的乘积等于这两个数的最大公因数与最小公倍数的乘积，所以，两个数的最小公倍数可由这两个数的乘积除以这两个数的最大公因数来求得。

招教体验

1. **[2019年1月杭州，填空，3′]**a,b是整数，且$a=2\times3\times m$，$b=3\times5\times m$，如果a,b的最大公因数是21，那么a,b的最小公倍数是________。

答案:210。根据题意得，整数a,b的最大公因数为$(a,b)=3\times m=21$，则$m=7$，即可得$a=42$，$b=105$，则整数a,b的最小公倍数为$[a,b]=[42,105]=21\times2\times5=210$。

2. **[2018年1月杭州，单，3′]**已知N是1，2，3，4，…，2016，2017，2018这2018个数的最小公倍数。那么N等于(　　)个2与一个奇数的连乘积。

A. 8　　B. 10　　C. 1009　　D. 1024

答案:B。根据题意可知,1,2,3,4,…,2018,这 2018 个数的最小公倍数肯定是 2 的整数次方的倍数,由于 $2^{10}=1024$,$2^{11}=2048>2018$,因此,这个最小公倍数应为 2^{10} 乘一个奇数,即 1,2,3,4,…,2018 这 2018 个数的最小公倍数等于 10 个 2 与一个奇数的积。故选 B。

3. [2016 统考,填空,2′]若 a 和 b 都是正整数,$a\div b=6$,则 a 和 b 的最大公约数是________。

答案:b。因为 a 是 b 的倍数,所以 a 和 b 的最大公约数是 b。

知识点5 比和比例

1. 比和比例的概念

	定义	各部分名称	基本性质	比率
比	两个数相除,又叫作这两个数的比	比号前面的数叫作比的前项,比号后面的数叫作比的后项,比的后项不能为 0	比的前项和后项都乘或者除以相同的数(0 除外),比值不变	比的前项除以比的后项所得的商叫作比值,比值也叫作比率
比例	表示两个比相等的式子叫作比例	组成比例的四个数,叫作比例的项。两端的两项叫作比例的外项,中间的两项叫作比例的内项	在一个比例里,两个外项的积等于两个内项的积	要想判断两个比式能不能组成比例,要看它们的比值是不是相等

2. 比的化简

整数比化简:比的前项和后项同时除以它们的最大公约数使前项和后项互质。

小数比化简:一般是把前项、后项的小数点向右移动相同的位数(位数不够补 0),使它成为整数比,再用整数比化简的方法化简。

分数比化简:一般先把比的前项、后项同时乘分母的最小公倍数,使它成为整数比,再用整数比化简的方法化简。

招教体验

[2019 统考,填空,2′]如果甲数与乙数的比为 4∶8,那么乙数与甲数的比,化简后是________。

答案:2∶1。由题意,甲数与乙数的比为 4∶8,则乙数与甲数的比化简后是 2∶1。

3. 正比例和反比例

两种相关联的量,一种量变化,另一种量也随着变化,如果这两种量中相对应的两个数的比值(也就是商)一定,这两种量就叫作成正比例的量,它们的关系叫作正比例关系。两种量成正比例关系必须具备:$\frac{y}{x}=k$(k 为定值且不为 0)。

两种相关联的量,一种量变化,另一种量也随着变化,如果这两种量中相对应的两个数的积一定,这两种量就叫作成反比例的量,它们的关系叫作反比例关系。两种量成反比例关系必须具备:$x\cdot y=k$(k 为定值且不为 0)。

第一部分

知识点6 估计与估算

1. 整数的近似数

求一个整数的近似数，要看所省略的尾数的左起第一位上的数是不是满5，如果不满5，就把尾数舍去；如果满5，把尾数舍去后，再在它的前一位加1。这种求近似数的方法，叫作**四舍五入法**。

2. 小数的近似数

求小数的近似数同求整数的近似数相似，只需用"四舍五入法"保留一定的小数位数。在表示近似数的时候，小数末尾的零不能按照小数的性质去掉，因为它表明了取近似值时对小数精确度的要求。如果把末尾的零去掉，近似值的大小不变，但其精确度不同了。例如，3.997保留一位小数是4.0，保留两位小数是4.00。4.0和4.00表示的近似值的精确度不同。

精确度的形式有两种：(1)精确到哪一位；(2)保留几位有效数字。

第一部分

招教体验

1. [2018年1月杭州，解答，6′] $\frac{a}{3}$，$\frac{b}{7}$都是真分数，且$\frac{a}{3}+\frac{b}{7}$的值用四舍五入法精确到0.01记作1.38，那么分数$\frac{a}{b}$是多少？

答案：由题意知，$\frac{a}{3}+\frac{b}{7}=\frac{7a+3b}{21}\approx1.38$($a<3$，$b<7$，且$a$，$b$为整数)，可得$7a+3b\approx21\times1.38=28.98$，故利用试值法可得$a=2$，$b=5$，故分数$\frac{a}{b}$是$\frac{2}{5}$。

2. [2017年1月杭州，单，3′]小亮所在的班级人数不足40人，但比30人多，那么这个班男女生人数的比不可能是(　　)

A. 2∶3　　B. 3∶4　　C. 4∶5　　D. 3∶7

答案：D。假设男女生人数比为$x:y$，则全班人数一定是$x+y$的整数倍才可以保障男女生人数为整数，符合实际。选项D的人数最简比中两个数相加为10，则全班人数为10的整数倍，与题意小于40大于30矛盾。所以不可能是D。

考法揭秘

估计与估算的表现形式

估计与估算在生活实践和数学解题中有广泛的应用，其表现形式通常有以下3种：①省略尾数取近似值，即观其"大概"；②用放大或缩小的方法来确定某个数或整个算式的取值范围，即估计范围；③凑整估算。把数量看成比较接近的整十、整百、整千的整数再计算。

招教体验

[2019统考，单，3′]乘法算式67×5估算方法最合理的是(　　)

A. 67×10　　B. 65×5　　C. 70×5　　D. 60×5

答案：C。在小学数学学习中，凑整估算是基本的估算方法，对于乘法算式67×5的估算可用凑整估算，最合理的估算是70×5。故选C。

三、常见的量

用作计量标准的量叫作计量单位。常用的计量单位有时间、长度、面积、体积、质量单位 5 种。

量	单位	进率	备注
时间	年、月、日;时、分、秒;世纪	1 世纪 = 100 年(通常指连续的 100 年) 1 日 = 24 小时 1 小时 = 60 分 1 分 = 60 秒 1 年 = 12 月	平年 365 天,闰年 366 天;一、三、五、七、八、十、十二月每月 31 天;四、六、九、十一月,每月 30 天;二月平年 28 天,闰年 29 天
长度	千米(公里)、米、分米、厘米、毫米	1 千米 = 1000 米 1 米 = 10 分米 = 100 厘米 1 分米 = 10 厘米 1 厘米 = 10 毫米 1 毫米 = 1000 微米 1 微米 = 1000 纳米	国际单位制中,长度的标准单位是“米”,用符号“m”表示
面积	平方千米、平方米、平方分米、平方厘米、公顷	1 平方千米 = 100 公顷 1 公顷 = 10 000 平方米 1 平方米 = 100 平方分米 1 平方分米 = 100 平方厘米 1 平方厘米 = 100 平方毫米	面积单位是用来测量物体的表面或平面图形大小的单位;计算地积时,一般常用平方千米、公顷、平方米等
体积	立方米、立方分米、立方厘米、升、毫升	1 立方米 = 1000 立方分米 1 立方分米 = 1000 立方厘米 1 立方厘米 = 1000 立方毫米 1 升 = 1000 毫升 = 1 立方分米 1 毫升 = 1 立方厘米	体积是用来测量物体所占空间大小的单位。容积是指容器所能容纳物体的体积,一般用升、毫升作单位
质量	吨、千克、克、毫克、公斤、斤	1 吨 = 1000 千克 1 千克 = 1000 克 = 1 公斤 1 公斤 = 2 斤 1 克 = 1000 毫克	日常生活中也称为“重量”

注: 时间记法分为十二时制和二十四时制,其中十二时制把一日分为两个时段,上午(中午之前)和下午;二十四时制不分时段。

招教体验

1. [2019 统考,单,3′]在 12 时计时制中,中午 12:05 读作(　　)

A. 一十二时零时五分　　B. 一十二时零时零五分

C. 十二时五分　　D. 十二时零五分

答案:D。在 12 时计时制中,中午 12:05 读作十二时零五分。

2. [2019 统考,单,3′](　　)平方米等于 1 公顷。

A. 10　　B. 100

C. 1000　　D. 10 000

答案:D。在常见的量中,1 公顷 =10 000 平方米。故选 D。

强化练习

建议用时:90 分钟	实际用时:_____分钟	参考分值:102 分	实际得分:_____分

基础练 保分必拿

一、单项选择题(每小题 2 分,共 20 分)

1. 已知一个小数的小数点分别向右和向左移动一位,所得的两个数之差是 10.89,则原小数为(　　)

A. 1.01　　B. 1.1

C. 10.1　　D. 11

2. 在 38 克的盐水中,盐和水的质量比是 1:9,如果在盐水中再放入 2 克盐,则这时盐水中盐占盐水质量的(　　)

A. 14.5%　　B. 15%

C. $\frac{1}{3}$　　D. $\frac{1}{11}$

3. 甲、乙两辆车在途中分别统计了两组数据:甲车在 $\frac{3}{4}$ 小时内行驶了 90 千米,乙车在 $\frac{2}{3}$ 小时内行驶了 120 千米,则甲车与乙车的速度之比是(　　)

A. 9:8　　B. 8:9

C. 2:3　　D. 3:4

4. 在等式 $a\times1\frac{3}{4}=b$ 中,a,b 都是由三个数字 1,4,7 组成的带分数,这两个带分数的和是(　　)

A. $11\frac{4}{11}$　　B. $5\frac{25}{28}$

C. $11\frac{1}{11}$　　D. $11\frac{11}{28}$

5. 估算下面 4 个算式的计算结果,最大的是(　　)

A. $888\times\left(1+\frac{1}{9}\right)$　　B. $888\times\left(1-\frac{1}{9}\right)$

C. $888\div\left(1+\frac{1}{9}\right)$　　D. $888\div\left(1-\frac{1}{9}\right)$

6. 下列各分数不能化成有限小数的是(　　)

A. $\frac{3}{25}$　　B. $\frac{7}{8}$　　C. $\frac{14}{35}$　　D. $\frac{4}{15}$

7. 一罐可口可乐的容积大约是 335 (　　)

A. 升　　B. 立方分米

C. 毫升　　D. 立方米

8. 已知小强比小刚早出生 6 年,今年小强的年龄是小刚年龄的 2 倍少 3 岁,那么今年两人的年龄和是(　　)岁。

A. 6　　B. 9　　C. 15　　D. 24

9. 一座大楼共 15 层,每层一样高,甲上楼的速度比乙快一倍,两人同时从第一层向上走,当乙到达第六层时,甲在第(　　)层。

A. 10　　B. 11　　C. 12　　D. 13

10. 由四舍五入得到的近似数 6.208×10^4,(　　)

A. 精确到千分位,有 4 个有效数字

B. 精确到千分位,有 3 个有效数字

C. 精确到十位,有 4 个有效数字

D. 精确到十位,有 3 个有效数字

二、填空题(每小题 2 分,共 16 分)

11. $\frac{1993\times1994-1}{1993+1992\times1994}=$________。

12. 有一个自然数,用它分别去除 63,90,130 都有余数,3 个余数的和是 25。这 3 个余数中最大的一个是________。

13. 有一个三位数,百位数字是最小的质数,十位数字是算式 $0.3+\pi\times13$ 的结果中的小数点后第 1 位数字,个位数字是三位数中能被 17 整除的最小数的个位数字,则这个三位数是________。(π 取 3.14)

14. 有一串数,任何相邻的 4 个数之和等于 25。已知第 1 个数是 3,第 6 个数是 6,第 11 个数是 7。则这串数中第 24 个数是________,前 77 个数的和是________。

15. 某商店从外地购进 360 个玻璃制品,运送时损坏了 40 个,剩下的按进价的 117% 售出,商店可盈利百分之________。

16. 一个十进制的三位数,把它分别化为九进制和八进制数后,就又得到了两个三位数,老师发现这三个三位数的最高位数字恰好是 3,4,5,那这样的三位数一共有________个。

17. 有一张长 48 厘米、宽 36 厘米的长方形纸,如果要裁成若干同样大小的正方形而无剩余,裁成的小正方形的边长最大是________厘米。

18. 算式 $\frac{9}{10}+\frac{99}{100}+\frac{999}{1000}+\cdots+\frac{999\,999}{1\,000\,000}$ 结果的整数部分是________。

三、解答题(每小题 5 分,共 30 分)

19. 简便计算:$(2\frac{2}{9}\times\frac{4}{5}+2\frac{2}{9}\times6.2-5.8\times2\frac{2}{9}-\frac{1}{5}\div\frac{9}{20})\times\frac{9}{20}$。

20. 甲、乙两人分别从 A、B 两地出发,相向而行,出发时他们的速度比是 3∶2,他们第一次相遇后,甲的速度提高了 20%,乙的速度提高了 30%,这样,当甲到达 B 地时,乙离 A 还有 14 千米,那么 A、B 两地间的距离是多少千米?

21. 某船在静水中的速度是每小时 15 千米,它从上游甲地开往下游乙地共花去了 8 小时,水速每小时 3 千米,问从乙地返回甲地需要多少时间?

22. 有三堆棋子,每堆棋子一样多,并且都只有黑、白两色棋子。第一堆棋子中的黑子和第二堆中的白子一样多,第三堆中的黑子占全部黑子的 $\frac{2}{5}$。把这三堆棋子集中在一起。白子总数占全部棋子总数的几分之几?

23. A 有若干本书,B 借走一半加 1 本,剩下的书,C 借走一半加 2 本,再剩下的书,D 借走一半加 3 本,最后 A 还有 2 本书,问 A 原有多少本书?

24. 瓶子里装有浓度为 15% 的酒精 1000 克。现在又分别倒入 100 克和 400 克的 A、B 两种酒精,瓶子里的酒精浓度变为 14%。已知 A 种酒精的浓度是 B 种酒精的 2 倍,求 A 种酒精的浓度。

提升练 提分必争

一、单项选择题(每小题 2 分,共 16 分)

1. 已知 $A\times15\times1\frac{1}{99}=B\times\frac{2}{3}\div\frac{3}{4}\times15=C\times15.2\div\frac{4}{5}=D\times14.8\times\frac{73}{74}$,则 A,B,C,D 四个数中最大的是(　　)

A. A　　B. B　　C. C　　D. D

2. 一堆围棋子黑白两种颜色，拿走15枚白棋子后，黑子与白子的个数之比为2∶1，再拿走45枚黑棋子后，黑子与白子的个数比为1∶5，开始时黑棋子有(　　)枚。

A. 18　　B. 25　　C. 40　　D. 50

3. 在一个正方形水池边种树，四个顶点都种一棵，每边种10棵，四周一共种了(　　)棵树。

A. 40　　B. 44　　C. 36　　D. 38

4. 有一个四位数，它的个位数字与千位数字之和为10，且个位既是偶数又是质数，去掉个位数字和千位数字，得到一个两位数的质数，又知道这个四位数能被72整除。则这个四位数是(　　)

A. 8082　　B. 8262　　C. 8352　　D. 8712

5. 第一个图形由4根火柴棍组成，第二个图形由12根火柴棍组成，第三个图形由24根火柴棍组成，……，依次类推，第100个图形由(　　)根火柴棍组成。

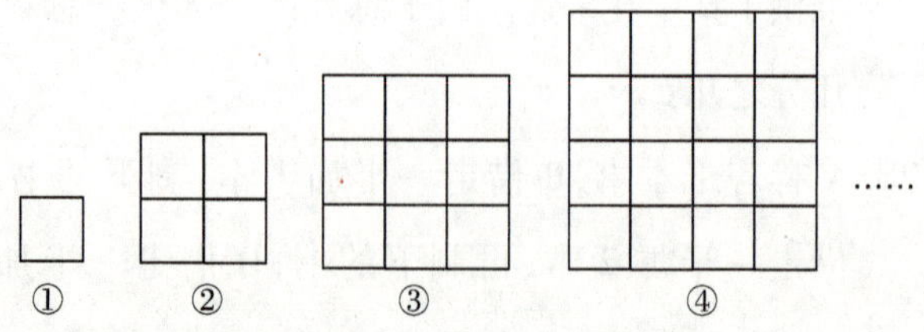

A. 10100　　B. 20000　　C. 20200　　D. 22000

6. 甲、乙、丙、丁四个人去图书馆借书，甲每隔5天去一次，乙每隔11天去一次，丙每隔17天去一次，丁每隔29天去一次。在某星期二，四个人恰好在图书馆相遇，则下一次相遇在星期(　　)

A. 四　　B. 五　　C. 六　　D. 日

7. 书法兴趣小组的72名同学每人都买了一本相同的字帖，共计$A85.B$元。则每本字帖(　　)元。(无分币)

A. 9.6　　B. 12.3　　C. 13.2　　D. 14.6

8. 有甲、乙两个容器，一个容器中的水是另一个容器中水的2倍，如果从每个容器中都倒出8升水，那么一个容器中的水是另一个容器中水的3倍，有较少水的容器原有水(　　)升。

A. 8　　B. 16　　C. 24　　D. 36

二、填空题(每小题2分，共10分)

9. 把三进制数201012化为八进制的数为________。

10. 自然数的平方按由小到大的顺序排成14 916 253 649…。则这串数的第346个位置上的数字是________。

11. 一年级某班42名同学围成一圈做游戏，由班长起从1开始按顺序报数，谁报到100就给同学们讲一个故事，然后再由这名同学开始报数。那么第一个讲故事的同学与第二个讲故事的同学中间隔着________个同学。

12. 一个四位数$\overline{xxyy}$，使它恰好等于两个相同自然数的乘积，则这个四位数是________。

13. $1+3\frac{1}{6}+5\frac{1}{12}+7\frac{1}{20}+9\frac{1}{30}+11\frac{1}{42}+13\frac{1}{56}+15\frac{1}{72}+17\frac{1}{90}=$________。

三、解答题(每小题5分，共10分)

14. 甲、乙两个工程队分别负责两项工程。晴天，甲完成工程需要10天，乙完成工程需要16天；雨天，甲和乙的工作效率分别是晴天时的30%和80%。实际情况是两队同时开工、同时完工。那么在施工期间，下雨的天数是多少？

15. 一只船发现漏水时，已经进了一些水，水匀速进入船内。如果10人淘水，3小时淘完；如果5人淘水，8小时淘完。如果要求2小时淘完，要安排多少人淘水？

参考答案及解析

基础练

一、单项选择题

1. B　[解析]设原小数为 x,则由题意可知 $10x-0.1x=10.89$,解方程得 $x=1.1$。

2. A　[解析]原盐水中盐的质量为3.8克,加入2克盐后,盐与盐水的比例为 $(2+3.8):40=14.5\%$。故选A。

3. C　[解析]由题意得,甲车速度为 $90\div\frac{3}{4}=120$(km/h),乙车速度为 $120\div\frac{2}{3}=180$(km/h),所以甲车与乙车速度比为 $120:180=2:3$。

4. D　[解析]由题意可得,由1,4,7这三个数字组成的带分数 a,b 有 $1\frac{4}{7},4\frac{1}{7},7\frac{1}{4}$,因为 $4\frac{1}{7}\times1\frac{3}{4}=7\frac{1}{4}$,所以 $a=4\frac{1}{7},b=7\frac{1}{4},a+b=4\frac{1}{7}+7\frac{1}{4}=11\frac{11}{28}$。

5. D　[解析]A项,原式可化为 $888\times\frac{10}{9}$;B项,原式可化为 $888\times\frac{8}{9}$;C项,原式可化为 $888\times\frac{9}{10}$;D项,原式可化为 $888\times\frac{9}{8}$,4个算式同时除以888,即可通过比较 $\frac{10}{9},\frac{8}{9},\frac{9}{10},\frac{9}{8}$ 的大小,来比较原算式的大小。四个分数大小关系满足 $\frac{9}{8}>\frac{10}{9}>\frac{9}{10}>\frac{8}{9}$,所以D项计算结果最大。

6. D　[解析]A、B、C三项均能化成有限小数,$\frac{4}{15}$ 不能化成有限小数。

7. C　[解析]一罐可口可乐的容积应该使用容积单位,根据生活经验,选C最合理。

8. D　[解析]设小刚今年 x 岁,则小强今年 $(2x-3)$ 岁,由题意可得 $2x-3-x=6,x=9$,小强的年龄 $2x-3=15$ 岁,两人今年的年龄之和是 $9+15=24$ 岁。

9. B　[解析]第一层是平地,把每层楼的距离看作1,则乙到达第6层楼时,乙行走的距离是5,甲上楼的速度比乙快一倍,则甲行走的距离是 $2\times5=10$,加上一楼,甲在第11层。

10. C　[解析]$6.208\times10^4=62080$,数字8在十位上,故 6.208×10^4 精确到十位,有4个有效数字。

二、填空题

11. 1　[解析]原式 $=\frac{(1992+1)\times1994-1}{1993+1992\times1994}=\frac{1992\times1994+1994-1}{1993+1992\times1994}=\frac{1992\times1994+1993}{1993+1992\times1994}=1$。

12. 20　[解析]设这个除数为 M,设它除63,90,130所得的余数依次为 a,b,c,商依次为 A,B,C,则 $a+b+c=25$,则 $(63+90+130)-(a+b+c)=$

$(A+B+C)\times M$，即 $283-25=258=(A+B+C)\times M$，所以 M 是 258 的约数，$258=2\times3\times43$，显然当除数 M 为 2，3，6 时，3 个余数的和最大为 $3\times(2-1)=3$，$3\times(3-1)=6$，$3\times(6-1)=15$，所以均不满足；而当除数 M 为 43×2，43×3，$43\times2\times3$ 时，它除 63 的余数均是 63，所以也不满足；那么除数 M 只能是 43，它除 63，90，130 的余数依次为 20，4，1，余数的和为 25，符合题意。显然这 3 个余数中最大的数为 20。

13. 212 ［解析］依题意，最小的质数是 2，则这个三位数的百位数字是 2；$0.3+\pi\times13=41.12$，则这个三位数的十位数字是 1；三位数中能被 17 整除的最小数是 102，其个位数字是 2。故所求的三位数是 212。

14. 9；478 ［解析］如下表，因为相邻的 4 个数的和等于 25，∴ ②＋③＋④＋⑤＝③＋④＋⑤＋⑥，得 ②＝⑥＝6，依次类推，①＝⑤＝⑨＝3，②＝⑥＝⑩＝6，③＝⑦＝⑪＝7，④＝25－3－6－7＝9，这串数为 3，6，7，9，3，6，7，9，…，即这串数按照 3，6，7，9 的顺序循环出现。则第 24 个数与第 4 个数相同，是 9。由 $77\div4=19\cdots\cdots1$ 知，前 77 个数中有 19 个周期零 1 个数，其和为 $25\times19+3=478$。

①	②	③	④	⑤	⑥	⑦	⑧	⑨	⑩	⑪	…
3					6					7	…

15. 四 ［解析］由于损坏了 40 个，则还剩 $360-40=320$ 个，设单个进价为 a 元，则盈利 $[320\times(117\%\cdot a)-360a]\div360a=14.4a\div360a=4\%$。

16. 60 ［解析］设 $3ab_{(10)}=4cd_{(9)}=5ef_{(8)}$，由于 $4cd_{(9)}$ 在 $400_{(9)}\sim488_{(9)}$ 之间，也就是 $4\times9^2\sim5\times9^2-1$，也就是 $324\sim404$；$5ef_{(8)}$ 在 $500_{(8)}\sim577_{(8)}$ 之间，也就是 $5\times8^2\sim6\times8^2-1$，也就是 $320\sim383$；又知道 $3ab_{(10)}$ 在 $300_{(10)}\sim399_{(10)}$ 之间，所以，这样的三位数应该在 $324\sim383$ 之间，于是满足条件的三位数共有 $383-324+1=60$ 个。

17. 12 ［解析］把 48 和 36 分解质因数：$48=2\times2\times2\times2\times3$，$36=2\times2\times3\times3$，则 48 和 36 的最大公因数是 $2\times2\times3=12$，故裁成的小正方形的边长最大是 12 厘米。

18. 5 ［解析］$\frac{9}{10}+\frac{99}{100}+\frac{999}{1000}+\cdots+\frac{999\ 999}{1\ 000\ 000}=(1+1+1+1+1+1)-(0.1+0.01+0.001+0.000\ 1+0.000\ 01+0.000\ 001)=6-0.111\ 111=5.888\ 889$，所以原算式结果的整数部分为 5。

三、解答题

19. ［解析］原式 $=(2\frac{2}{9}\times\frac{4}{5}+2\frac{2}{9}\times6.2-5.8\times2\frac{2}{9}-\frac{1}{5}\times2\frac{2}{9})\times\frac{9}{20}$

$=(\frac{4}{5}+6.2-5.8-\frac{1}{5})\times\frac{20}{9}\times\frac{9}{20}$

$=0.8+6.2-5.8-0.2$

$=6.2-0.2+0.8-5.8$

$=1$。

20. ［解析］相遇前甲、乙速度比为 3∶2，相遇时甲、乙分别走了全程的 $\frac{3}{5}$，$\frac{2}{5}$，相遇后，甲、乙速度比为 $(3\times120\%):(2\times130\%)=18:13$，$14\div\left(\frac{3}{5}-\frac{2}{5}\times\frac{13}{18}\right)=14\div\frac{14}{45}=45$（千米）。

答：A、B 两地间的距离是 45 千米。

21. ［解析］从甲地到乙地，顺水速度：$15+3=18$（千米/小时），甲、乙两地路程：$18\times8=144$（千米），从乙地到甲地的逆水速度：$15-3=12$（千米/小时），返回时逆行用的时间：$144\div12=12$（小时）。

答：从乙地返回甲地需要 12 小时。

22. ［解析］由于第一堆棋子中黑子和第二堆棋子中的白子一样多，则第一、二堆棋子混合后，第一、二堆中的黑子的数量占全部黑子总数的 $1-\frac{2}{5}$，并且相当于全部棋子的$\frac{1}{3}$。所以白子总数占全部棋子的$1-\frac{1}{3}\div(1-\frac{2}{5})=\frac{4}{9}$。

答:白子总数占全部棋子的$\frac{4}{9}$。

23. [解析](本题采用逆推法)由题意得,

$\{[(2+3)\div\frac{1}{2}+2]\div\frac{1}{2}+1\}\div\frac{1}{2}=50$(本)。

答:A 原有 50 本书。

24. [解析]设 B 种酒精的浓度为 x,则 A 种酒精的浓度为 $2x$。由题意得,

$\frac{15\%\times1000+100\times2x+400x}{1000+100+400}=14\%$,

解得 $x=10\%$。所以 $2x=20\%$。

答:A 种酒精的浓度为 20%。

提升练

一、单项选择题

1. B [解析]A,B,C,D 中最大的应是 $15\times1\frac{1}{99}$,$\frac{2}{3}\div\frac{3}{4}\times15$,$15.2\div\frac{4}{5}$,$14.8\times\frac{73}{74}$中最小的。将上面四个数整理后分别为 $15\times\frac{100}{99}$,$15\times\frac{8}{9}$,$15.2\times\frac{5}{4}$,$\frac{74}{5}\times\frac{73}{74}$,显然,$15\times\frac{8}{9}$最小,所以 B 最大。

2. D [解析]拿走 15 枚白棋子后,黑子:白子 = 2:1 = 10:5,再拿走 45 枚黑棋子后,黑子:白子 = 1:5,则减少的 45 枚黑棋子对应的就是(10 − 1)份,则每份的棋子个数是 45 ÷ (10 − 1) = 5(枚),原有白色棋子共有 5 × 5 + 15 = 40(枚),故原有黑色棋子 5 × 10 = 50(枚)。

3. C [解析]除去 4 个顶点分别种一棵外,每边分别再种 8 棵,则四周一共种了 4 × 8 + 4 = 36 棵。

4. D [解析]根据个位数既是偶数又是质数,确定个位上的数是 2,又根据个位数字与千位数字之和为 10,可知千位上的数是 8;这个四位数又能被 72 整除,72 = 8 × 9,所以这个四位数各个数位上的数的和必须是 9 的倍数,十位和百位上的数的和必须是 8 或 17;(2) 如果和是 17,则符合条件的四位数有:8982,8892,验证都不能被 72 整除;(2)如果和是 8,则符合条件的四位数有:8082,8172, 8262, 8353,8442, 8532, 8622,8712, 8802,验证其中 8352 和 8712 都能被 72 整除,再根据题意去掉个位数字和千位数字,得到一个两位质数,所以 8352 不符合此要求,符合条件的数只有 8712。

5. C [解析]∵ 第一个图形有 4 根火柴棍:$1\times2+1\times2=4$;第二个图形有 12 根火柴棍:$2\times3+2\times3=12$;第三个图形有 24 根火柴棍:$3\times4+3\times4=24$,……,∴ 第 n 个图形中火柴棍的根数为:$n(n+1)+n(n+1)=2n(n+1)$。则第 100 个图形中有火柴棍的根数为 $2\times100\times101=20200$。

6. D [解析]所谓每隔 n 天去一次的含义是每$(n+1)$天去一次,因此题目的条件可以变为“甲每 6 天去一次,乙每 12 天去一次,丙每 18 天去一次,丁每 30 天去一次”。由于 6,12,18,30 四个数的最小公倍数为 180,因此再过 180 天四个人才能够再在图书馆相遇。180 ÷ 7 = 25……5,即再过 25 周余 5 天四人再次相遇,相遇那天为星期日。

7. B [解析]72 名同学共买了 72 本字帖,共计 $A85.B$元,即 $A85B$ 角,则 $A85B$ 一定能被 72 整除。因为 72 = 8 × 9,而 8 和 9 互质,所以 $A85B$ 一定能被 8 和 9 同时整除,则根据能被 8 整除的数的特征,知 $85B$ 应是 8 的倍数,即 $B=6$,又根据能被 9 整除的数的特征,知 $A+8+5+6=A+19$ 是 9 的倍数,即 $A=8$,所以买字帖的总钱数为 885.6 元,每本字帖的价格为 885.6 ÷ 72 = 12.3 元。

8. B [解析]由这两个容器里面水的差不变可得,这个差是原来小容器水的 2 − 1 = 1 倍,也是现在小容器水的 3 − 1 = 2 倍,那么原来小容器的水是现在的

$2\div1=2$ 倍,根据差倍公式可得,小容器现在有水 $8\div(2-1)=8$(升),小容器原来有水 $8\times2=16$(升)。

二、填空题

9. 1006 [解析]把三进制的数转化为八进制的数,首先将三进制的数化为十进制的数,再将十进制的数化为八进制的数。$(201012)_3=2\times3^5+0\times3^4+1\times3^3+0\times3^2+1\times3^1+2\times3^0=486+27+3+2=(518)_{10}$,$(518)_{10}=1\times8^3+0\times8^2+0\times8^1+6\times8^0$。

10. 9 [解析]1~3 的平方都是一位数,有 3 个数字;4~9的平方都是两位数,有 $2\times6=12$ 个数字;10~31的平方都是三位数,有 $3\times22=66$ 个数字;32~99 的平方都是四位数,有 $4\times68=272$ 个数字。所以 1~99 的平方共有 $3+12+66+272=353$ 个数字,$353-346=7$,因此第 346 个数是 $98^2=9604$的千位上的数,即 9。

11. 14 [解析]由 $100\div42=2\cdots\cdots16$ 可知,每人报数两次后的第 16 人第一次报数到 100,然后以此人当第一个报数的人,同理可得在这人后的第 16 个人第二次报数到 100,故两人之间间隔 $16-2=14$ 人("2"是指第 1 个讲故事的人和第 2 个讲故事的人他们 2 个)。

12. 7744 [解析]$\overline{xxyy}=1000x+100x+10y+y=11(100x+y)$,可知所求数是 11 的倍数,又因为它是两个相同自然数的乘积,从而$\overline{xxyy}$必为 $11^2=121$ 的倍数,先从 1210 到 9999 找出 121 的倍数,共 73 个,即 $121\times10,121\times11,121\times12,\cdots,121\times81,121\times82$,再由$\overline{xxyy}=121\times k(k\in\mathbf{N}_+)$是完全平方数,知 k 也为两相同自然数的乘积,则 k 只能取 16,25,36,49,64,81,经验算,得所求四位数是 $7744=121\times64=(11\times8)\times(11\times8)$。

13. 81.4 [解析]原式 $=(1+3+5+7+9+11+13+15+17)+\left(\frac{1}{6}+\frac{1}{12}+\frac{1}{20}+\frac{1}{30}+\frac{1}{42}+\frac{1}{56}+\frac{1}{72}+\frac{1}{90}\right)=81+\left(\frac{1}{2\times3}+\frac{1}{3\times4}+\frac{1}{4\times5}+\frac{1}{5\times6}+\frac{1}{6\times7}+\frac{1}{7\times8}+\frac{1}{8\times9}+\frac{1}{9\times10}\right)=81+\left(\frac{1}{2}-\frac{1}{3}\right)+\left(\frac{1}{3}-\frac{1}{4}\right)+\left(\frac{1}{4}-\frac{1}{5}\right)+\left(\frac{1}{5}-\frac{1}{6}\right)+\left(\frac{1}{6}-\frac{1}{7}\right)+\left(\frac{1}{7}-\frac{1}{8}\right)+\left(\frac{1}{8}-\frac{1}{9}\right)+\left(\frac{1}{9}-\frac{1}{10}\right)=81+\frac{1}{2}-\frac{1}{10}=81.4$。

三、解答题

14. [解析]设施工期间晴天的天数为 x 天,下雨的天数为 y 天。根据题意列出方程组:

$$\begin{cases}\frac{1}{10}x+\frac{1}{10}\times0.3y=1,\\ \frac{1}{16}x+\frac{1}{16}\times0.8y=1,\end{cases}\text{解得}\begin{cases}x=6.4,\\ y=12。\end{cases}$$

答:在施工期间,下雨的天数是 12 天。

15. [解析]如果设每个人每小时的淘水量为"1 个单位",则船内原有水量与 3 小时内漏水总量之和等于每人每小时淘水量×时间×人数,即 $1\times3\times10=30$。船内原有水量与 8 小时漏水量之和为 $1\times5\times8=40$。每小时的漏水量等于 $(40-30)\div(8-3)=2$(即每小时漏进水量为 2 个单位,相当于每小时 2 人的淘水量)。船内原有的水量为 $30-(2\times3)=24$。如果这些水(24 个单位)要两小时淘完,并且在这 2 小时内漏进水量为 $2\times2=4$ 个单位,则需 $(24+4)\div2=14$(人)。

答:如果要求 2 小时淘完,需要安排 14 人淘水。

正确率 70% 以下		正确率 70% ~85%		正确率 85% 以上	

第二章　空间与图形

考向分析

本章属于小学数学的基础章节,特点为内容琐碎、识记和理解性知识多,在考试中常以客观题的形式考查。本章需要重点掌握的知识包括:

1. 识记常见平面图形的基本概念与性质。
2. 识记常见空间图形的基本概念与性质。
3. 识记常见平面图形与空间图形的体积和面积的计算。

考情预测　在备考时,考生应注意:①平面图形的基本概念;②三角形、四边形的性质;圆的相关定理与性质;图形变换的性质;③长方体与立方体的性质;④常见立体图形的表面积与体积的计算。预计在明年的招教考试中,本部分依然是重点,且考试方式更加灵活。考生要抓住重点和难点,有针对性地进行识记与理解。

思维导图

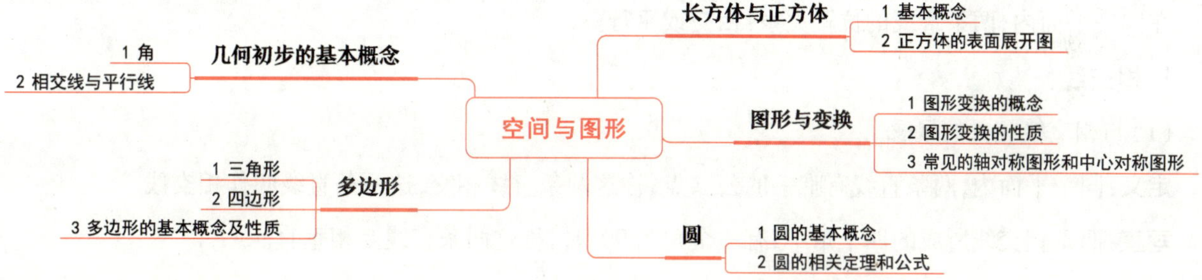

核心知识

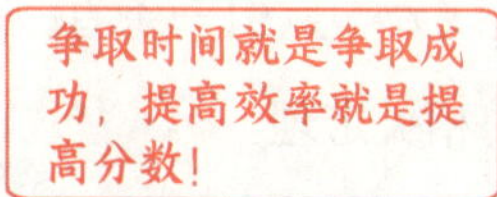

一、几何初步的基本概念

知识点1　角

1. 角的定义

角是由两条具有公共顶点的射线组成的图形,角也可以看成是由一条射线绕着它的顶点旋转而成的图形。

平角:一条射线绕它的顶点旋转,当终边与始边成一条直线时所成的角叫作平角。

周角:终边继续旋转,当它又和始边重合时所成的角叫作周角。

角度的换算：

规定周角的$\frac{1}{360}$为1度的角，用度作为单位来度量角的单位制叫作角度制，1度记作“1°”。

1°的$\frac{1}{60}$为1分，记作“1′”，即1°=60′。

1′的$\frac{1}{60}$为1秒，记作“1″”，即1′=60″。

2. 余角、补角和对顶角

名称	定义	性质
余角	如果两个角的和等于90°，那么这两个角互为余角，即其中一个角是另一个角的余角	同角或等角的余角相等
补角	如果两个角的和等于180°，那么这两个角互为补角，即其中一个角是另一个角的补角	同角或等角的补角相等
对顶角	两条直线相交所得的四个角中没有公共边的两个角叫作对顶角	对顶角相等

3. 角的平分线

从角的顶点引出的一条射线，把这个角分成两个相等的角，这条射线叫作这个角的角平分线。角平分线上的点到这个角的两边的距离相等。

判定定理 到角的两边距离相等的点在这个角的平分线上。

知识点2 相交线与平行线

在同一平面内，两条直线的位置关系：**相交或平行**。

1. 相交线

(1)与相交线相关的概念

定义：同一平面内，两条直线有唯一的公共点，称这两条直线相交，这两条直线叫作**相交线**。

垂直：两条相交线所成的四个角中，有一个角为90°时，称这两条直线互相垂直。

垂线：两条直线互相垂直，其中一条直线叫作另一条直线的垂线，交点叫作垂足。

垂线段：从直线外一点引一条直线的垂线，这点与垂足之间的线段叫作垂线段。

(2)相交线的相关定理

①过一点有且只有一条直线与已知直线垂直；

②连结直线外一点与直线上各点的所有线段中，垂线段最短。

注：①对于垂线的性质，必须强调“在同一平面内”，否则，在空间里，经过一点与已知直线垂直的直线有无数条；②“过一点”包括直线上一点和直线外一点，“有”表示存在，“只有”表示唯一。

2. 平行线

(1)定义

同一平面内，不相交的两条直线叫作**平行线**。

(2)定理与性质

①平行线的相关性质

公理	判定	性质
a. 经过直线外一点,有且只有一条直线与这条直线平行 b. 如果两条直线都与第三条直线平行,那么这两条直线互相平行	a. 同位角相等,两直线平行 b. 内错角相等,两直线平行 c. 同旁内角互补,两直线平行	a. 两直线平行,同位角相等 b. 两直线平行,内错角相等 c. 两直线平行,同旁内角互补

②平行线分线段成比例定理

三条平行线截两条直线,所得的对应线段成比例。

推论 平行于三角形一边的直线截其他两边(或两边的延长线),所得的对应线段成比例。

二、多边形 【单选、填空、解答】 ★★

知识点1 三角形

三角形

1. 基本概念

三角形:不在同一条直线上的三条线段首尾顺次相连所组成的平面图形。

三角形的**角平分线**:三角形的一个角平分线与这个角的对边相交,顶点和交点之间的线段叫作三角形的角平分线。

三角形的**中线**:在三角形中,顶点和它对边中点相连的线段叫作三角形的中线。

三角形的**中位线**:连结三角形两边的中点的线段叫作三角形的中位线。三角形的中位线平行于第三边,并且长度等于第三边长度的一半。

三角形的**重心**:三角形三条边上的中线交于一点,这个点就是三角形的重心,重心与一边中点的连线的长是对应中线长的$\frac{1}{3}$。

三角形的**高**:从三角形的一个顶点向它的对边作垂线,顶点和垂足间的线段叫作三角形的高。三角形三条高线的交点叫垂心。

三角形的**外角**:三角形的一条边与另一条边的反向延长线组成的角叫作三角形的外角。

2. 三角形的分类

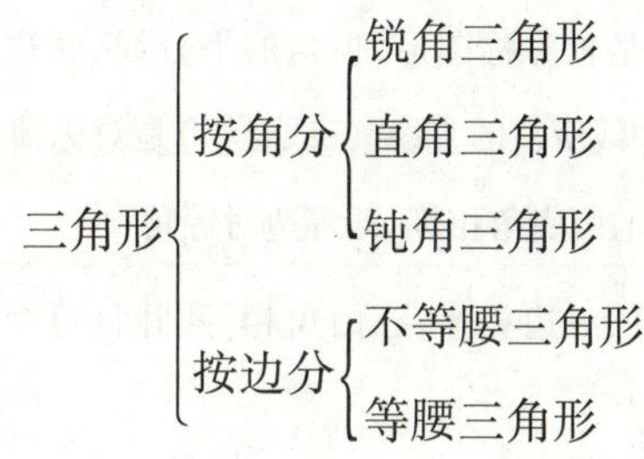

3. 三角形的性质

(1)三角形的两边的和一定大于第三边,由此可证明三角形的两边的差一定小于第三边。

(2)三角形内角和等于180°。

(3)三角形的外角等于与其不相邻的两个内角之和。

(4)一个三角形的3个内角中最少有2个锐角。

(5)三角形的三条角平分线交于一点,三条高线所在直线交于一点,三条中线交于一点。

(6)三角形的外角和是360°。

(7)等底等高的三角形面积相等。

(8)底相等的三角形的面积之比等于其高之比,高相等的三角形的面积之比等于其底之比。

(9)三角形三条中线的长度的平方和等于它的三边的长度平方和的$\frac{3}{4}$。

(10)$\triangle ABC$恒满足$\tan A\tan B\tan C=\tan A+\tan B+\tan C$。

(11)三角形的一个外角大于任何一个与它不相邻的内角。

(12)在三角形中至少有一个角大于等于60°,也至少有一个角小于等于60°。

招教体验

[2020年1月杭州,单,3′]有一批长度分别为1,2,3,4,5,6,7,8,9,10和11厘米的细木条,它们的数量都足够多。从中适当选取3根木条作为三条边,可能围成(　　)个不同的三角形。

A. 70　　B. 81　　C. 160　　D. 161

答案:D。围成三角形需满足两边之和大于第三边,两边之差小于第三边。①最长边为11厘米,次长为11,10,9,8,7,6厘米的三角形分别有11,9,7,5,3,1个,共计有$11+9+7+5+3+1=36$个;②最长边为10厘米的三角形有$10+8+6+4+2=30$个;③最长边为9厘米的三角形有$9+7+5+3+1=25$个;④最长边为8厘米的三角形有$8+6+4+2=20$个;⑤最长边为7厘米的三角形有$7+5+3+1=16$个;⑥最长边为6厘米的三角形有$6+4+2=12$个;⑦最长边为5厘米的三角形有$5+3+1=9$个;⑧最长边为4厘米的三角形有$4+2=6$个;⑨最长边为3厘米的三角形有$3+1=4$个;⑩最长边为2厘米的三角形有2个;⑪最长边为1厘米的三角形有1个。共有161个。故本题选D。

4. 特殊的三角形

(1)定义、性质与判定

名称	定义	性质	判定
等腰三角形	有两边相等的三角形叫作等腰三角形	①等腰三角形是轴对称图形,顶角的平分线、底边上的高、底边上的中线所在的直线(三线合一)是对称轴 ②等腰三角形的两底角相等,即等边对等角	①等角对等边 ②两底角相等
等边三角形	三边相等的三角形叫作等边三角形	①等边三角形的三边相等,三内角相等,并且每个角都为60° ②顶角的角平分线、底边上的中线、底边上的高互相重合(三线合一)	①三个内角或三个对应位置的外角都相等的三角形是等边三角形 ②有一个角等于60°的等腰三角形是等边三角形

续表

名称	定义	性质	判定
直角三角形	有一个角是直角的三角形叫作直角三角形	①在直角三角形中两锐角互余 ②在直角三角形中,斜边上的中线等于斜边的一半(即直角三角形的外心位于斜边的中点) ③直角三角形的两直角边的乘积等于斜边与斜边上高的乘积 ④直角三角形两直角边的平方和等于斜边的平方(**勾股定理**)	①如果三角形的三边长 a,b,c 满足关系 $a^2+b^2=c^2$,那么这个三角形是直角三角形(勾股定理逆定理) ②直角三角形中,斜边上的高是两直角边在斜边上射影的比例中项。每条直角边是这条直角边在斜边上的射影和斜边的比例中项

招教体验

[2018 年 1 月杭州,填空,3′]右图中,$\angle A=30°$,$\angle C=45°$,$AB=4$ cm,则 BC 的长度是________cm。

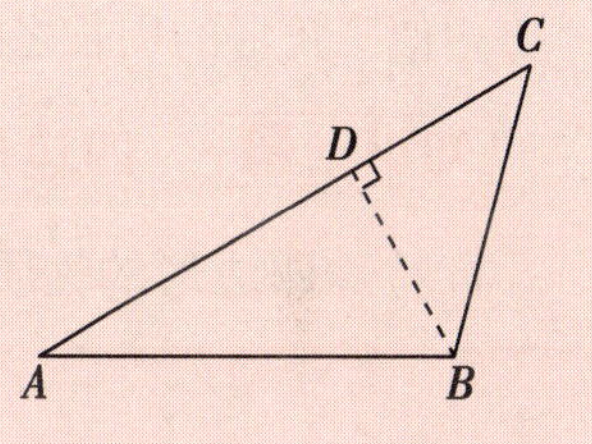

答案:$2\sqrt{2}$。根据题意可得,$CD=BD$,$BD=\frac{1}{2}AB=2$ cm,由于$\triangle BDC$是等腰直角三角形,则 $BC=2\sqrt{2}$ cm。

5. 三角形全等的判定

(1)如果两个三角形的两边及其夹角分别对应相等,那么这两个三角形全等(**SAS**)。

(2)如果两个三角形的两个角及其夹边分别对应相等,那么这两个三角形全等(**ASA**)。

(3)如果两个三角形的两个角和其中一个角的对边分别对应相等,那么这两个三角形全等(**AAS**)。

(4)如果两个三角形的三条边分别对应相等,那么这两个三角形全等(________)。

(5)如果两个直角三角形的斜边和一条直角边分别对应相等,那么这两个直角三角形全等(**HL**)。

招教体验

[2016 年 5 月杭州,填空,3′]如图是由 6 个边长相等的正方形组成的组合图形,则 $\angle 1+\angle 2+\angle 3=$________。

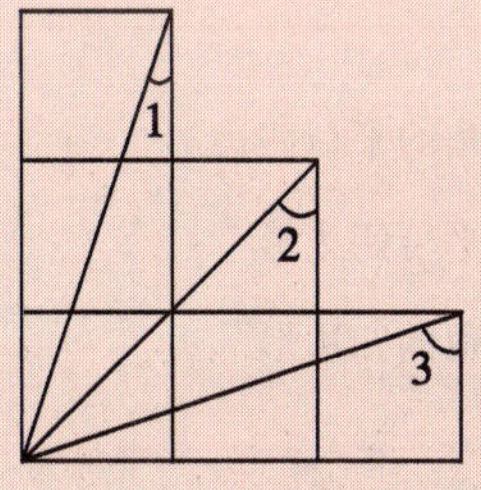

答案:135°。如图所示,由题意得,$\triangle AOE\cong\triangle ODC$,$\angle 1=\angle DOC$,所以$\angle 1+\angle 3=90°$,$\angle 2$ 所在的$\triangle BOF$为等腰直角三角形,所以$\angle 2=45°$,所以$\angle 1+\angle 2+\angle 3=90°+45°=135°$。

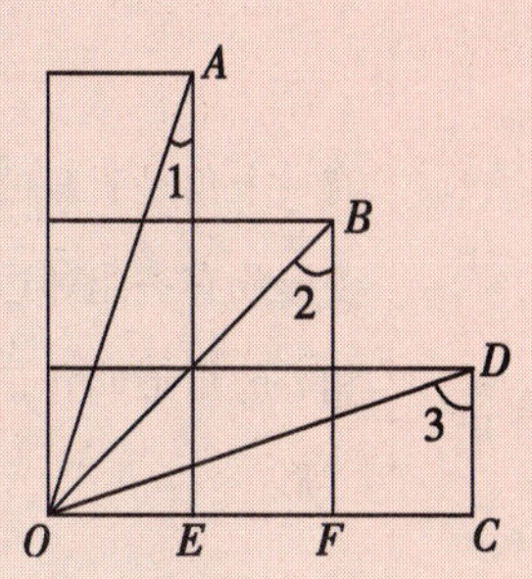

第一部分

6. 相似三角形

相似图形:具有相同形状的图形。相似图形的对应边成比例,对应角相等。

相似三角形:对应角相等、对应边成比例的两个三角形叫作相似三角形。

(1)相似三角形的判定

两角对应相等,两三角形相似;

两边对应成比例且夹角相等,两三角形相似;

三边对应成比例,两三角形相似。

(2)相似三角形的性质

相似三角形的对应角相等,对应边成比例,且对应边之比等于相似比;

相似三角形的对应高之比,对应角平分线之比,对应中线之比都等于相似比;

相似三角形的周长之比等于相似比,面积比等于相似比的平方。

知识点2 四边形 【单选、填空】 ★★★

1. 特殊四边形的性质与判定定理

名称	定义	判定	性质
平行四边形	两组对边分别平行的四边形叫作平行四边形	(1)两组对边分别平行 (2)两组对边分别相等 (3)两组对角分别相等 (4)两条对角线互相平分 (5)一组对边平行且相等 (6)一组对角相等且一组对边平行	(1)对角相等,邻角互补 (2)两组对边平行且相等 (3)两条对角线互相平分
菱形	一组邻边相等的平行四边形叫作菱形	(1)有一组邻边相等的平行四边形 (2)两条对角线互相垂直的平行四边形 (3)四条边都相等的四边形	(1)具有平行四边形的一切性质 (2)四条边都相等 (3)对角线互相垂直,每条对角线平分一组对角 (4)既是轴对称图形,又是中心对称图形
矩形	有一个角是直角的平行四边形叫作矩形	(1)有一个角是直角的平行四边形 (2)对角线相等的平行四边形 (3)有三个角是直角的四边形	(1)具有平行四边形的一切性质 (2)四个角都是直角 (3)对角线相等 (4)既是轴对称图形,又是中心对称图形
正方形	有一个角是直角的菱形或有一组邻边相等的矩形叫作正方形	(1)有一组邻边相等的矩形 (2)有一个角是直角的菱形 (3)有一组邻边相等且有一个角是直角的平行四边形 (4)对角线互相垂直平分且相等的四边形	(1)具有平行四边形、矩形、菱形的一切性质 (2)对角线互相垂直平分且相等 (3)既是轴对称图形,又是中心对称图形

续表

<table>
<tr><td rowspan="9">梯形</td><td>定义</td><td>只有一组对边平行的四边形叫作梯形</td></tr>
<tr><td>面积公式</td><td>$S=lh$(其中 l 为梯形的中位线,h 为梯形的高)</td></tr>
<tr><td rowspan="2">中位线</td><td>定义:连结梯形两腰中点的线段叫作梯形的中位线</td></tr>
<tr><td>性质:梯形的中位线平行于梯形的两底边,并且等于两底和的一半</td></tr>
<tr><td>直角梯形</td><td>定义:有一个角是直角的梯形叫作直角梯形</td></tr>
<tr><td rowspan="3">等腰梯形</td><td>定义:两腰相等的梯形叫作等腰梯形</td></tr>
<tr><td>性质:等腰梯形同一底边上的两个内角相等;等腰梯形的两条对角线相等</td></tr>
<tr><td>判定:两腰相等的梯形是等腰梯形;两条对角线相等的梯形是等腰梯形</td></tr>
</table>

2. 特殊四边形之间的关系

(1)平行四边形、(2)菱形、(3)矩形、(4)正方形四者之间的关系:

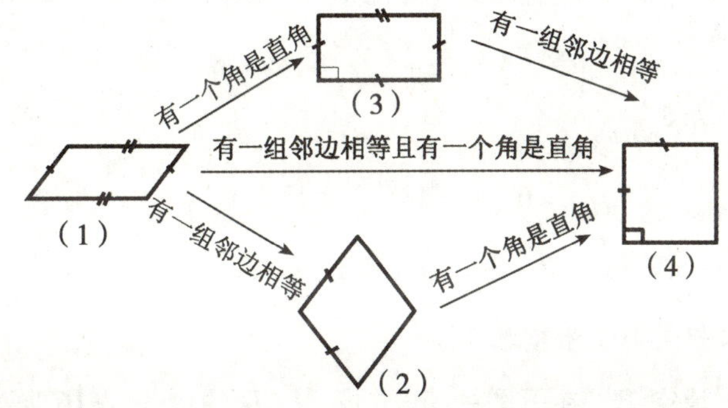

3. 四边形的周长与面积公式

图形	周长公式	面积公式
长方形	$C=2(a+b)$	$S=ab$(长×宽)
正方形	$C=4a$	$S=a^2$(边长×边长)
平行四边形	$C=2(a+b)$	$S=ah$(底×高)
梯形	$C=a+b+c+d$(a,b 为上、下底)	$S=(a+b)h\div2$[(上底+下底)×高÷2]

招教体验

1. [2021 年 1 月杭州,单选,3′]如图所示,在平行四边形 $ABCD$ 中,P 为 BC 的中点,过点 P 作 BD 的平行线交 CD 于点 Q,连结 PA,PD,QA,QB,则图中与 $\triangle ABP$ 面积相等的三角形的个数为( )

A. 3　　B. 4

C. 5　　D. 6

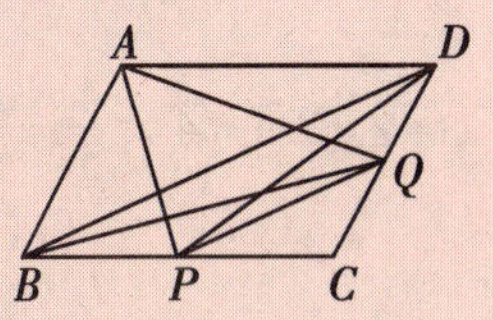

答案:C。$\because PQ/\!/BD$,P 为 BC 的中点,$\therefore Q$ 为 CD 的中点,$BP=PC$。$\because$ 四边形 $ABCD$ 是平行四边形,$\therefore AD/\!/BC,AB/\!/CD$,$\therefore$ 点 A 与点 D 到 BC 的距离相等。$\therefore S_{\triangle DBP}=S_{\triangle ABP}=S_{\triangle DPC}=\frac{1}{4}S_{\square ABCD}$。又$\because Q$ 为 CD 的中点,$\therefore CQ=DQ$,$\therefore S_{\triangle ADQ}=S_{\triangle BCQ}=S_{\triangle DBQ}=\frac{1}{4}S_{\square ABCD}$。综上所述,与 $\triangle ABP$ 面积相等的三角形有 $\triangle DBP,\triangle DPC,\triangle ADQ,\triangle BCQ,\triangle DBQ$,一共有 5 个。

2. [2020 年 1 月杭州，解答，6′] 如图，把四边形 $ABCD$ 的各边都延长 2 倍，得到一个新的四边形 $EFGH$，如果四边形 $ABCD$ 的面积是 8 平方厘米，则四边形 $EFGH$ 的面积是多少平方厘米？

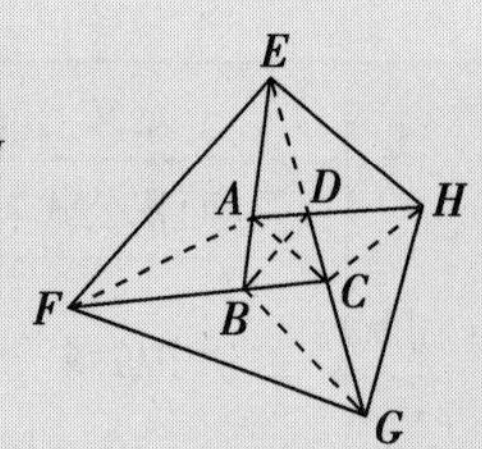

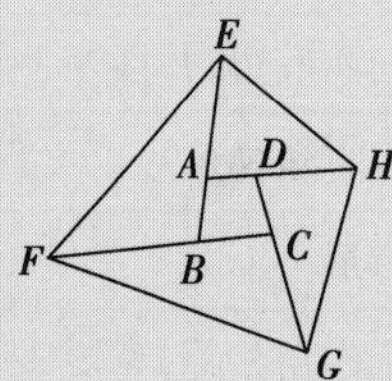

答案：连结 BD，ED，BG，则 $\triangle EAD$、$\triangle ADB$ 同高，

所以面积的比等于底的比，即 $S_{\triangle EAD}=\frac{EA}{AB}S_{\triangle ABD}=2S_{\triangle ABD}$，同理 $S_{\triangle EAH}=\frac{AH}{AD}S_{\triangle EAD}=6S_{\triangle ABD}$，

所以 $S_{\triangle EAH}+S_{\triangle FCG}=6(S_{\triangle ABD}+S_{\triangle BCD})=6S_{四边形ABCD}=6\times8=48$（平方厘米）；

连结 AF，AC，HC 可得：

$S_{\triangle EFB}=6S_{\triangle ABC}$，$S_{\triangle DHG}=6S_{\triangle ACD}$，

$S_{\triangle EFB}+S_{\triangle DHG}=6(S_{\triangle ABC}+S_{\triangle ACD})=6\times8=48$（平方厘米），

所以四边形 $EFGH$ 的面积 $=48+48+8=104$（平方厘米）。

答：四边形 $EFGH$ 的面积是 104 平方厘米。

3. [2020 年 1 月杭州，填空，3′] 在下图中，正方形 $ABCD$ 的周长是 16 厘米，长方形 $DEFG$ 的长 DG 为 5 厘米，长方形的宽 DE 为________厘米。

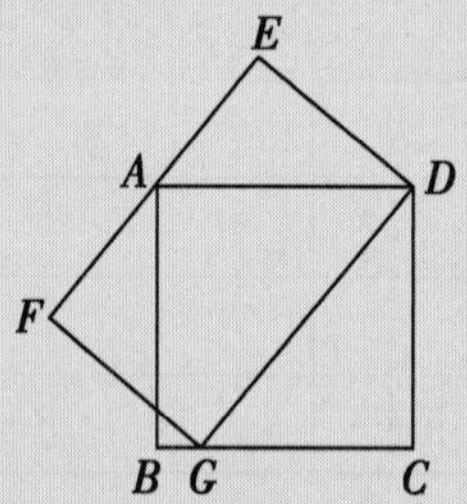

答案：$\frac{16}{5}$。正方形 $ABCD$ 的周长是 16 厘米，则 $CD=4$ 厘米，在 $\mathrm{Rt}\triangle DCG$ 中，又知 $DG=5$，所以 $CG=3$，则 $\cos\angle CDG=\frac{4}{5}$，又因为 $\angle EDA+\angle ADG=\angle ADG+\angle CDG$，得 $\angle EDA=\angle CDG$，故 $DE=AD\cdot\cos\angle EDA=4\times\frac{4}{5}=\frac{16}{5}$ 厘米。

知识点3 多边形的基本概念及性质

1. n 边形的定义

一般地，由 $n(n\geqslant3,n\in\mathbf{N}_+)$ 条不在同一直线上的线段首尾顺次连结组成的平面图形，记为 n 边形，又称多边形。一个 n 边形有 n 个内角，有 $2n$ 个外角。如果 n 边形的各边都相等，各内角也都相等，则称为正 n 边

形，如正三角形、正四边形（正方形）、正五边形等。

2. n 边形的性质

（1）从 n 边形的一个顶点出发，分别连结这个顶点与其余各顶点，可以把 n 边形分成 $(n-2)$ 个三角形。

（2）从 n 边形的一边上的一个点出发（顶点除外），分别连结这个点与其余各顶点，可以把 n 边形分成 $(n-1)$ 个三角形。

（3）从 n 边形内部的一个点出发，分别连结这个点与其余各顶点，可以把 n 边形分成 n 个三角形。

（4）连结 n 边形不相邻的两个顶点的线段叫作 n 边形的对角线，从 n 边形的一个顶点引对角线，可以引 $(n-3)$ 条，n 边形共有 $\frac{n(n-3)}{2}$ 条对角线。

（5）n 边形的内角和等于 $(n-2)\cdot180°$。

（6）任意 n 边形的外角和均为 360°。

招教体验

［2021 年 1 月杭州，单选，3′］如图，标有记号的十个角度数之和是（　　）度。

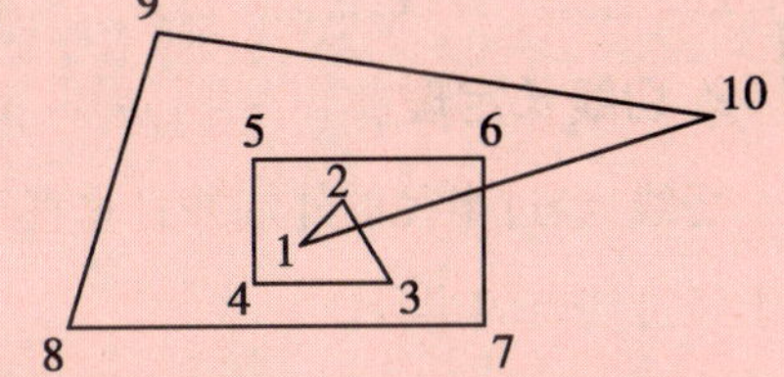

A. 540　　B. 720

C. 900　　D. 1080

答案：B。连结∠3 和∠6 的顶点，∠7 和∠10 的顶点，如图，根据三角形的性质定理，得∠1 + ∠2 = ∠11 + ∠12；根据五边形的内角和是 540°，得∠3 + ∠11 + ∠4 + ∠5 + ∠6 + ∠12 + ∠13 = ∠1 + ∠2 + ∠3 + ∠4 + ∠5 + ∠6 + ∠13 = 540°；根据四边形的内角和是 360°，得∠7 + ∠8 + ∠9 + ∠10 = 360° − ∠15 − ∠16。所以∠1 + ∠2 + ∠3 + ∠4 + ∠5 + ∠6 + ∠7 + ∠8 + ∠9 + ∠10 = 540° − ∠13 + 360° − ∠15 − ∠16 = 540° + 360° − (∠13 + ∠15 + ∠16) = 900° − (∠13 + ∠15 + ∠16)，因为∠13 = ∠14，所以∠13 + ∠15 + ∠16 = ∠14 + ∠15 + ∠16 = 180°，由此代入即可求出这 10 个角的度数之和为 720°。

三、圆 【单选、填空、解答】 ★★

知识点 1 圆的基本概念

1. 定义

圆：到定点的距离等于定长的点的集合。

等圆：能够重合的两个圆。

等弧：在同圆或等圆中能够完全重合的两段弧。

圆周角：顶点在圆上，并且两边都和圆相交的角。半圆或直径所对的圆周角都等于 90°；一条弧所对的圆周角等于该弧所对的圆心角的一半；等弧所对的圆周角相等；反之，在同圆或等圆中，度数相等的圆周角所对的弧相等。

扇形:一条弧和经过这条弧两端的两条半径所围成的图形叫作扇形(半圆与直径的组合也是扇形)。

2. 点与圆、直线和圆的位置关系

点和圆的位置关系:点在圆内、点在圆上、点在圆外。

直线和圆的位置关系:相交、相切、相离。

圆与圆的位置关系:外离、外切、相交、内切、内含。

两圆相交的性质:两相交圆的连心线垂直平分两圆的公共弦。

两圆相切的性质:如果两圆相切,那么切点一定在连心线上。

知识点2 圆的相关定理和公式

1. 垂径定理及其逆定理

垂径定理 垂直于弦的直径平分这条弦,并且平分弦所对的两条弧。

逆定理 平分非直径的弦的直径垂直于弦且平分弦所对的弧;平分弦所对的一条弧的直径垂直平分弦,弦的垂直平分线经过圆心。

2. 切线长定理

切线:经过半径的外端并且垂直于这条半径的直线是圆的切线,切线与圆的交点称为切点,圆的切线垂直于经过切点的半径。

推论 经过圆心且垂直于切线的直线必经过切点;经过切点且垂直于切线的直线必经过圆心。

切线长:经过圆外一点作圆的切线,这点和切点之间线段的长,叫作这点到圆的切线长。

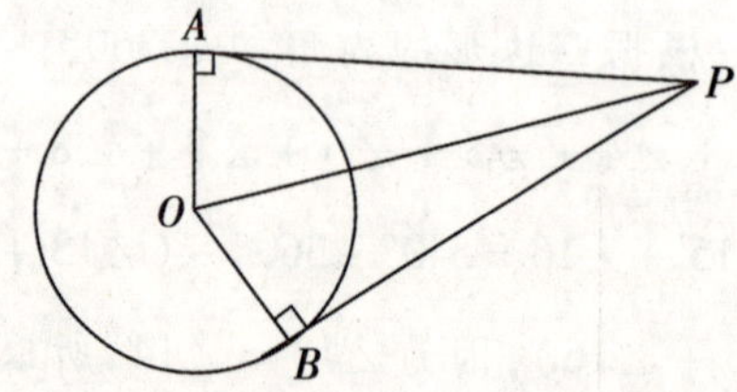

切线长定理 从圆外一点引圆的两条切线,它们的切线长相等,圆心和这一点的连线平分两条切线的夹角。如图,PA,PB 为从 P 点引出的圆 O 的两条切线,A,B 为对应的切点,则 $PA=PB$,OP 平分 $\angle APB$。

3. 弦切角定理

弦切角的度数等于它所夹的弧的圆心角度数的一半。(弦切角就是切线与弦所夹的角)

4. 相交弦定理

圆内的两条相交弦,被交点分成的两条线段长的积相等。如图,圆内的两条弦 AB,CD 相交于 E 点,则 $EA \cdot EB=EC \cdot ED$。

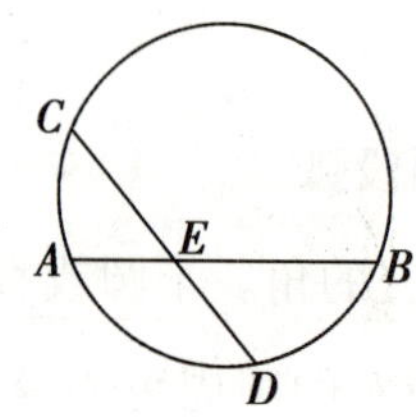

5. 切割线定理

从圆外一点引圆的切线和割线，切线长是这点到割线与圆交点的两条线段长的比例中项。

推论 从圆外一点引圆的两条割线，这一点到每条割线与圆的交点的两条线段长的积相等。

如图，从点 P 向圆 O 引出切线 PA，割线 PB，PC，则 $PA^2=PB\cdot PD=PC\cdot PE$。

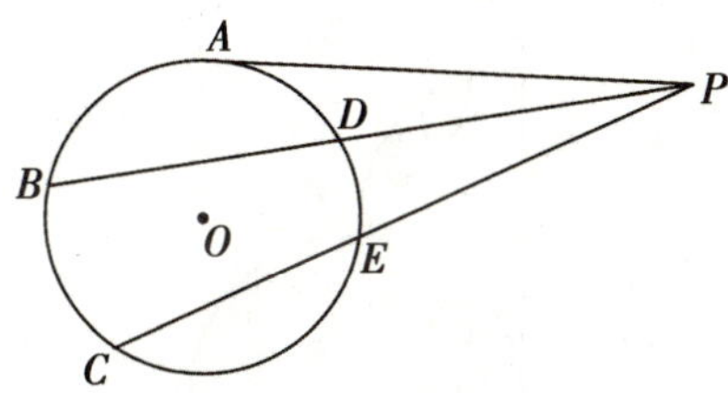

注：相交两圆的连心线垂直平分两圆的公共弦；相切两圆的连心线经过切点；两圆的两条外公切线的长相等，两圆的两条内公切线的长相等。

6. 公式汇总

圆周长公式：$C=2\pi R$（R 为圆的半径）。

弧长公式：$l=\frac{n\pi R}{180}$（n 为弧所对的圆心角度数，R 为圆的半径）。

圆的面积：$S=\pi R^2$（R 为圆的半径）。

注：所有周长相等的 n 边形，正 n 边形的面积最大；周长相等的所有四边形中，正方形的面积最大；在周长一定的所有封闭图形中，圆的面积最大。

招教体验

1. [2021 年 1 月杭州，解答，6′] 如图，圆的周长是 18.84 厘米，圆的面积等于长方形的面积，则阴影部分的周长是多少厘米？（π 取3.14）

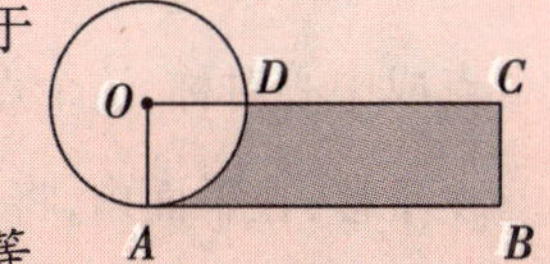

答案：设圆的半径为 $r$cm，由题意得长方形的宽也等于 $r$cm，因为圆的面积等于长方形的面积，所以 $\pi r^2=OA\cdot AB=r\cdot AB$，则 $AB=\pi r$，阴影部分的周长 $=AB+BC+CD+$ 圆的周长的$\frac{1}{4}=\pi r+r+\pi r-r+(18.84\div4)=2\pi r+4.71\approx18.84+4.71=23.55$cm。所以阴影部分的周长为 23.55 厘米。

2. [2020 年 1 月杭州，填空，3′] 在下图中，三角形是等腰直角三角形，阴影部分的面积是________平方厘米。（圆周率取 3.14）

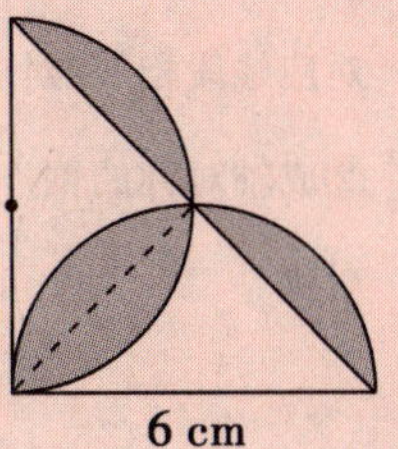

答案:10.26。如图,$\triangle ABD$ 为等腰直角三角形,且 $AB=BD=6$ 厘米,$BC=BD\cdot\sin\angle BDC=6\cdot\frac{\sqrt{2}}{2}=3\sqrt{2}$ 厘米。故 $S_{阴影}=2\times(S_{半圆O}-S_{\triangle ABC})=2\times\left(\frac{\pi\times3^2}{2}-\frac{1}{2}\times3\sqrt{2}\times3\sqrt{2}\right)=9\pi-18=10.26$ 平方厘米。

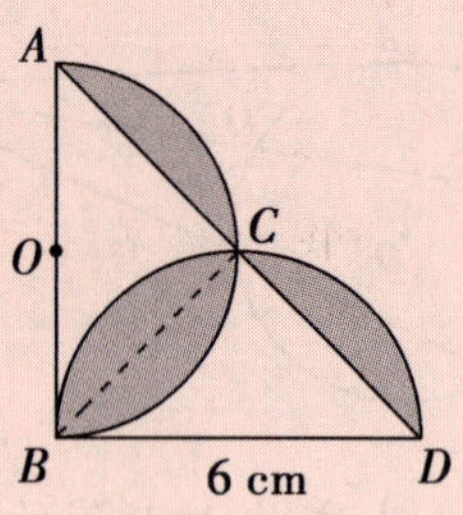

四、图形与变换 【填空、解答】 ★★

知识点1 图形变换的概念

1. **轴对称图形**:一个图形沿一条直线折叠后,直线两旁的部分能够互相重合,那么这个图形叫作轴对称图形,这条直线叫作对称轴。

轴对称:对于两个图形,如果沿一条直线对折后,它们能够完全重合,那么这两个图形成轴对称,这条直线就是对称轴。

2. **中心对称图形**:在平面内,一个图形绕某个点旋转 180°,如果旋转前后的图形互相重合,那么这个图形叫作中心对称图形,这个点叫作对称中心。

中心对称:在平面内一个图形绕某个点旋转 180°后,如果它能与另一个图形重合,那么这两个图形关于这个点成中心对称,这个点叫作对称中心。

3. **平移**:在平面内,将一个图形沿着某个方向移动一定的距离,这样的图形运动叫作平移。

4. **旋转**:在平面内,将一个图形绕一个定点沿某个方向转动一个角度,这样的图形运动叫作旋转。这个定点称为旋转中心,转动的角称为旋转角。

知识点2 图形变换的性质

名称	图形	性质
轴对称	中点 中点	①轴对称图形中对应点所连的线段被对称轴**垂直平分**;轴对称图形的**对应线段相等**,**对应角相等** ②成轴对称的两个图形一定是**全等形**;全等的两个图形不一定成轴对称

续表

名称	图形	性质
中心对称		①中心对称图形上的每一对对应点所连成的线段都被对称中心**平分** ②关于中心对称的两个图形是**全等形**;关于中心对称的两个图形,对称点连线都经过对称中心,并且被对称中心平分;关于中心对称的两个图形,对应线段平行(或者在同一直线上)且相等
平移	金鱼图向(左)平移了(7)格	平移前后的两个图形对应点所连的线段平行且相等,对应线段**平行且相等**,对应角相等
旋转		经过旋转,图形上每一个点都绕旋转中心沿相同方向转动了相同的角度,任意一对对应点与旋转中心的连线所成的角都是旋转角,对应点到旋转中心的距离相等

知识点3 常见的轴对称图形和中心对称图形

(1)**轴对称图形**:线段、角、等腰三角形、等边三角形、菱形、矩形、正方形、等腰梯形、圆。

(2)**中心对称图形**:线段、平行四边形、菱形、矩形、正方形、圆。

(3)既是轴对称图形又是中心对称图形:线段、菱形、矩形、正方形以及圆。

招教体验

1. [2021 台州,单选,3′]下图中是轴对称图形的是(　　)

A. 　B. 　C. 　D. 

答案:C。观察4个图形可知,只有C项图形是轴对称图形。

2. [2019年1月杭州,填空,3′]如图,在直角$\triangle ABC$中,$\angle B=90°$,边AB,BC,AC的长分别为5厘米、12厘米、13厘米,通过对折使AB边重合于AC边,点B落在D处,那么,图中阴影部分的面积是________平方厘米。

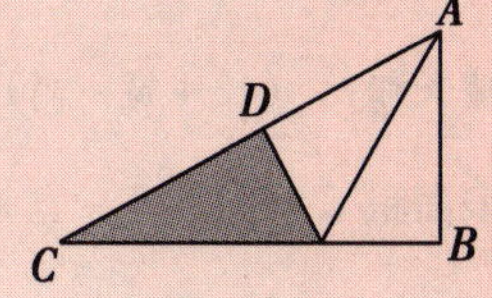

答案:$\frac{40}{3}$。设折痕与 BC 的交点为 E,$\because \angle B=90°$,且点 B 与点 D 重合,$\therefore AB=AD=5$ 厘米,$DE=BE$,$\sin C=\frac{5}{13}$,$DE\perp AC$,故 $\sin C=\frac{5}{13}=\frac{DE}{BC-BE}$,$\because BC=12$ 厘米,$\therefore DE=\frac{10}{3}$厘米,$\because DC=AC-AD=8$ 厘米,$\therefore S_{阴影}=\frac{1}{2}\times 8\times\frac{10}{3}=\frac{40}{3}$平方厘米。

3. [2018 年 1 月杭州,解答,3′]如下图,直角等腰三角形 ABC 的斜边长为 4 cm,将这个三角形绕顶点 A 按顺时针旋转 90°,那么斜边扫过的面积是多少?(π 取 3.14)

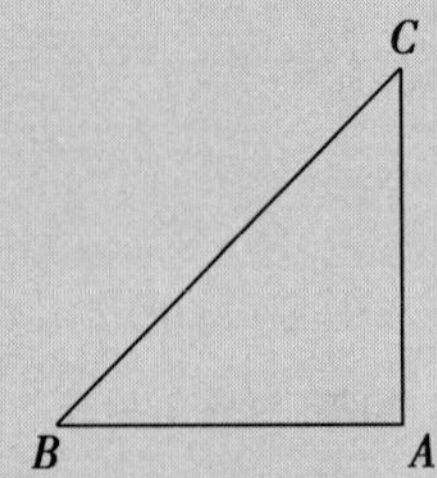

答案:根据题意,作图可知,$\triangle ABC$ 绕顶点 A 顺时针旋转 90°,斜边扫过的面积是如图阴影部分的面积,其中 AD,AE 为等腰 Rt$\triangle ABC$、AFC 斜边上的高,$AD=AE=CD=CE=\frac{1}{2}BC=2$ cm,$AB=2\sqrt{2}$ cm,$\angle DAE=90°$,$S_{阴影}=S_{半圆BCF}-2S_{\triangle ABD}-S_{扇形AED}=\frac{1}{2}\pi(2\sqrt{2})^2-2\times\frac{1}{2}\times 2\times 2-\frac{1}{4}\pi\times 2^2=5.42\ \text{cm}^2$。

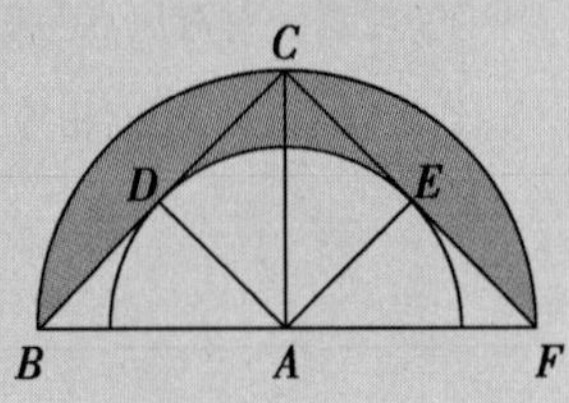

五、长方体与正方体 【单选、填空】 ★★★

知识点1 基本概念

	长方体	正方体
定义	由6个长方形(特殊情况有两个相对的面是正方形)围成的立体图形	由6个完全相同的正方形围成的立体图形
性质	①长方体有6个面,每组相对的面完全相同;②长方体有12条棱,相对的四条棱长度相等;③长方体有8个顶点,每个顶点连结三条棱	①正方体有8个顶点,每个顶点连结三条棱;②正方体有12条棱,每条棱长度相等;③正方体有6个面,每个面面积相等
棱长和	(长+宽+高)×4	棱长×12
表面积	(长×宽+宽×高+长×高)×2	棱长×棱长×6
体积	长×宽×高	棱长×棱长×棱长

考法揭秘

常见立体图形的表面积问题的解题技巧

在解答立体图形的表面积问题时，要注意以下几点：

(1)充分利用正方体六个面的面积都相等，每个面都是正方形的特点。

(2)把一个立体图形切成两部分，新增加的表面积等于2个切面的面积。反之，把两个立体图形黏合到一起，减少的表面积等于2个黏合面的面积。

(3)若把几个长方体拼成一个表面积最大的长方体，应把它们最小的面拼合起来。若把几个长方体拼成一个表面积最小的长方体，应把它们最大的面拼合起来。

(4)求若干小正方体堆积的组合体的表面积的两种解题思路：一是，看每个小正方体露在外面的面，数完后加在一起；二是，分别从正面、背面、上面、底面、侧(左右)面进行不同角度的观察，看每个角度都能看到多少个面，再加到一起。

(5)求组合体的表面积时，切忌直接把各个几何体的表面积直接相加，应时刻明白求组合体的体积时，可以把各个几何体的体积相加，而表面积不可以直接相加。

第一部分

招教体验

[2016年1月杭州，填空，3′]若要组成一个表面积为52的长方体，则至少需要棱长为1的小正方体________个。

答案：16。若长方体为$1\times1\times a$型，则表面积为$2+4a=52$，$4a=50$，a不为整数，不符合题意。若长方体为$1\times b\times a$型，则表面积为$2ab+2a+2b=52$，即$(a+1)\cdot(b+1)=27=3\times9$，此时，$a=2$，$b=8$，至少需要$2\times8=16$个小正方体。

知识点2 正方体的表面展开图

1. 不构成正方体的情况

凡是由6个小正方形组成的平面图形中，出现以下几种情形，必不是正方体的表面展开图：①“一”字型(如图1)；②“7”字型(如图2)；③“田”字型(如图3)；④“凹”字型(如图4)。

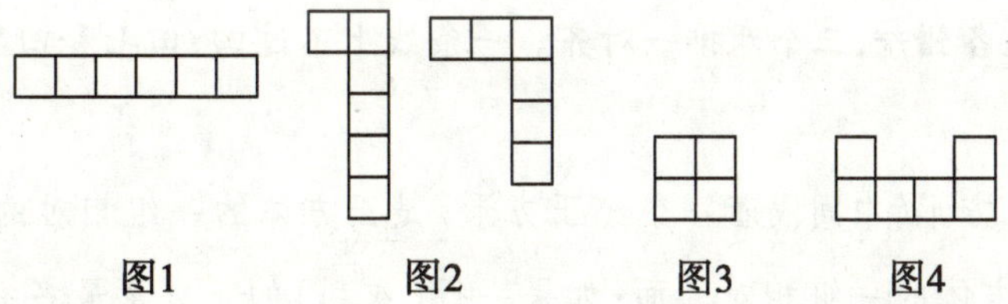

图1 图2 图3 图4

2. 正方体的表面展开图的11种情况

(1)“一四一”型。展开图中最长的一行(或列)有4个正方形，“直线”相连，其余2个正方形分别在“直线”两旁，位置任意，如图。

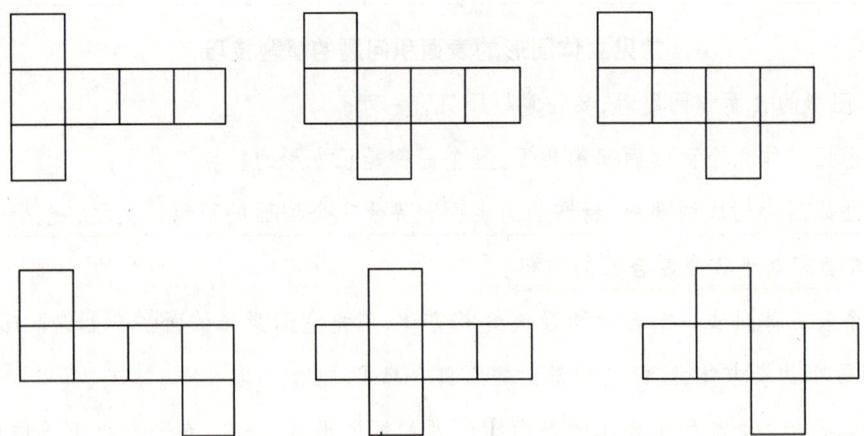

(2)“二三一”型。展开图中,最长的一行(或列)有 3 个正方形,“三”所在的行(或列)必须在中间,“二”“一”所在的行(或列)分属两边(前后不分),如图。

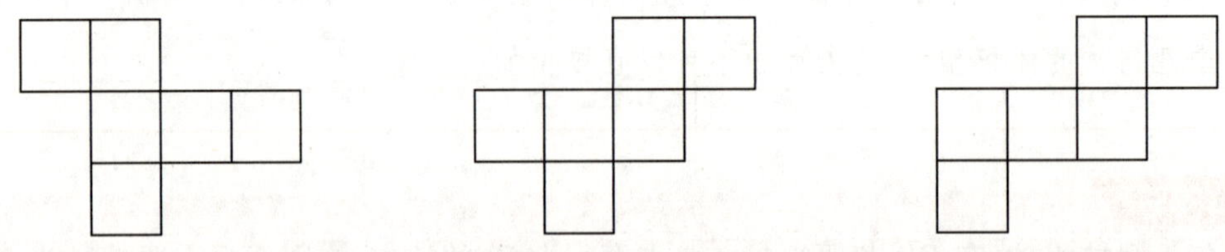

(3)“两个三”型。展开图的相对面:面 A 对面 C,面 B 对面 E,面 D 对面 F。

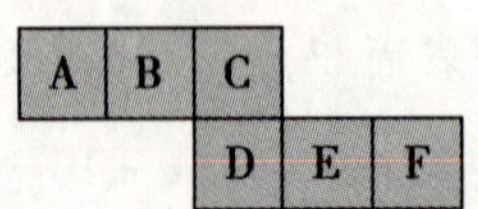

(4)“三个二”型。展开图的相对面:面 A 对面 D,面 B 对面 E,面 C 对面 F。

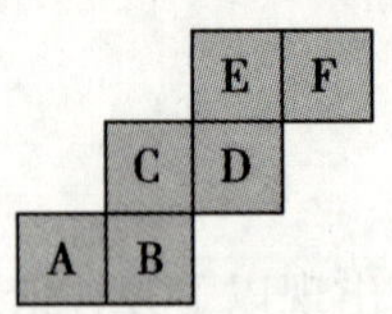

巧学妙记 正方体展开有规律,十一种类看仔细;中间四个成一行,两边各一无规矩;二三紧连错一个,三一相连一随意;两两相连各错一,三个两排一对齐。一条线上不过四,田七和凹要放弃;相间之端是对面,间二拐角面相邻。

规律:相间的两个小正方形(中间隔着一个小正方形)是正方体的一组相对的面;展开图中呈“Z”字型的两端处的小正方形是正方体的一组相对的面;如果一行(或列)的正方形最多有 2 个,那么相邻一行(或列)的不相连的正方形就是一组相对的面。中间隔着两个小正方形或拐角型 的三个面是正方体的邻面。

招教体验

1. [2018 统考,填空,2′]一个立方体积木,6 个面分别写着字母 A, B,C, D, E,F,根据下图,可推断出字母 A 对面的字母是________。

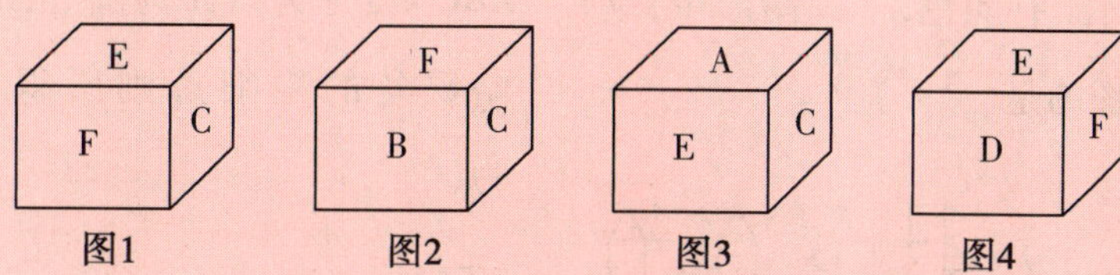

答案:F。从图 1、2、4 可以看出,与 F 相邻的四个面分别是 E,C,B,D,因此它的对面一定是 A;从图 1、3、4 可以看出,与 E 相邻的四个面分别是 F,C,A,D,因此,它的对面一定是 B;剩下两个面 C 和 D 相对。

2. [2018 年 1 月杭州,单,3′]下面有四张纸片,不能沿边折成正方体的图形是(　　)

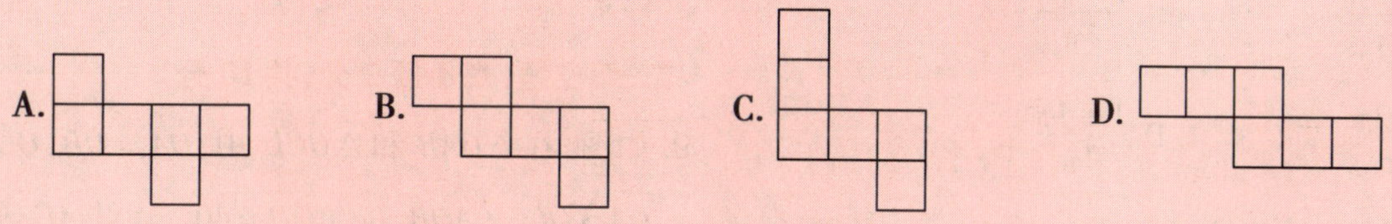

答案:C。由正方体的表面展开图可知,选项 C 不能折成正方体。

强化练习

建议用时:40 分钟	实际用时:______分钟	参考分值:68 分	实际得分:______分

基础练 保分必拿

一、单项选择题(每小题 2 分,共 16 分)

1. 如图,是由若干个相同的小立方体搭成的几何体的俯视图和左视图,则小立方体的个数可能是(　　)

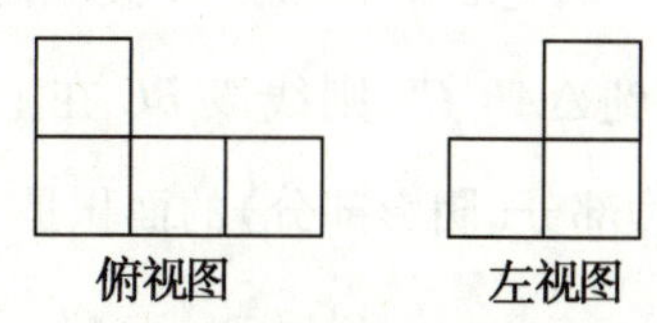

A. 5 或 6　　B. 5 或 7

C. 4 或 5 或 6　　D. 5 或 6 或 7

2. 平行四边形 $ABCD$ 中,AC,BD 是两条对角线,下列说法错误的是(　　)

A. 若 $\angle ABC=90°$,则四边形 $ABCD$ 为矩形

B. 若 $AC\perp BD$,则四边形 $ABCD$ 为矩形

C. 若 $AB=BC$,则四边形 $ABCD$ 为菱形

D. 若 $AC\perp BD$,且 $AC=BD$,则四边形 $ABCD$ 为正方形

3. 如图,在 $Rt\triangle ABC$ 中,$\angle C=90°$,$AB=5$,$BC=4$,点 P 是边 AC 上一动点,过点 P 作 $PQ/\!/AB$ 交 BC 于点 Q,D 为线段 PQ 的中点,当 BD 平分 $\angle ABC$ 时,AP 的长度为(　　)

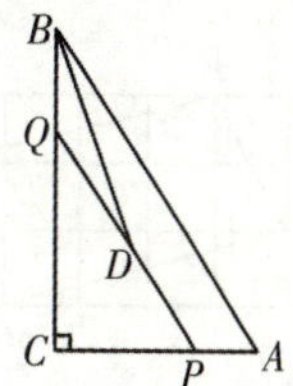

A. $\frac{8}{13}$　　B. $\frac{15}{13}$

C. $\frac{25}{13}$　　D. $\frac{32}{13}$

4. 如图，一个几何体上半部分为正四棱锥，下半部分为立方体，且有一个面涂有颜色，下列图形中，是该几何体的表面展开图的是(　　)

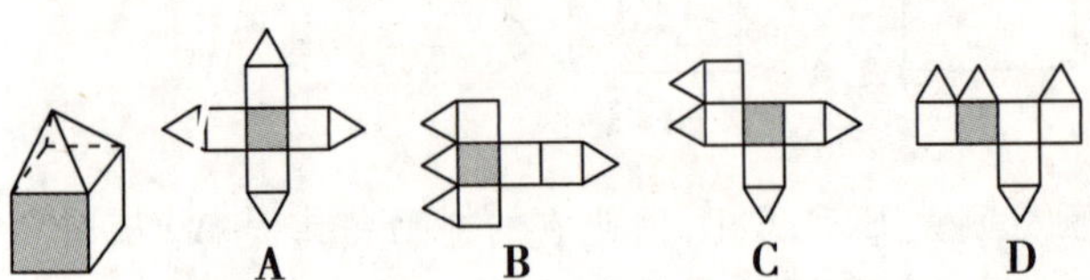

5. 一个圆柱的侧面展开图是一个正方形，这个圆柱的表面积与侧面积的比是(　　)

A. $\frac{1+2\pi}{2\pi}$　　B. $\frac{1+4\pi}{4\pi}$

C. $\frac{1+2\pi}{\pi}$　　D. $\frac{1+4\pi}{2\pi}$

6. 如图所示，点 P 是圆 O 外一点，PA，PB 是圆 O 的两条割线，已知 $\frac{PA}{PD}=2$，$\frac{PB}{PC}=4$，则 $S_{\triangle PCD}$：$S_{四边形ABCD}=$(　　)

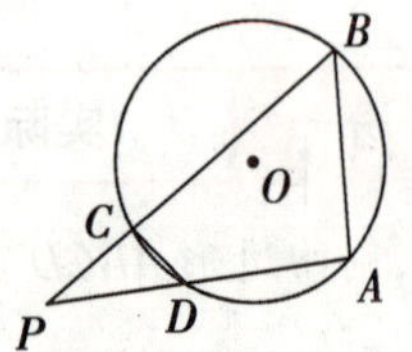

A. 2∶7　　B. 1∶7

C. 1∶8　　D. 1∶4

7. 如图，将矩形 $ABCD$ 分成 15 个大小相等的正方形，E，F，G，H 分别在 AD，AB，BC，CD 边上，且都是某个小正方形的顶点，若四边形 $EFGH$ 的面积为 1，则矩形 $ABCD$ 的面积为(　　)

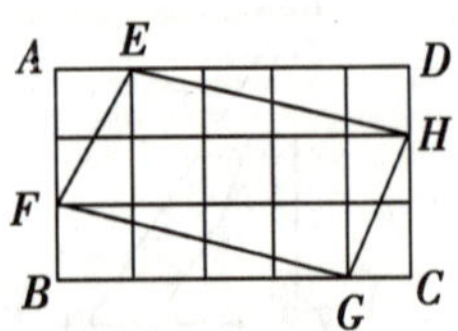

A. 2　　B. $\frac{4}{3}$

C. $\frac{3}{2}$　　D. $\frac{5}{3}$

8. 如图，某数学兴趣小组将边长为 3 的正方形铁丝框 $ABCD$ 变形为以 A 为圆心，AB 为半径的扇形（忽略铁丝的粗细），则所得的扇形 DAB 的面积为(　　)

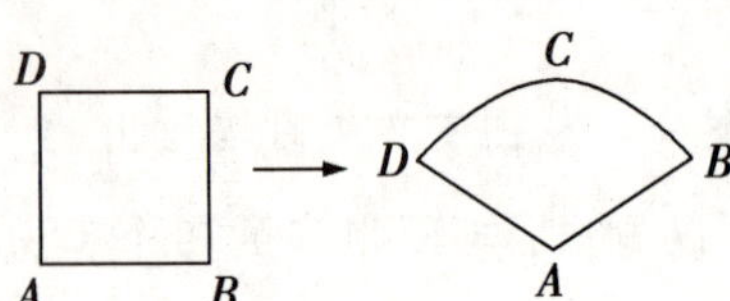

A. 6　　B. 7

C. 8　　D. 9

二、填空题（每小题 2 分，共 10 分）

9. 如图，在 $\triangle OAB$ 和 $\triangle OCD$ 中，$OA=OB$，$OC=OD$，$OA>OC$，$\angle AOB=\angle COD=40°$，连结 AC，BD 交于点 M，连结 OM。下列结论：①$AC=BD$；②$\angle AMB=40°$；③OM 平分 $\angle BOC$；④MO 平分 $\angle BMC$。其中正确的个数为(　　)

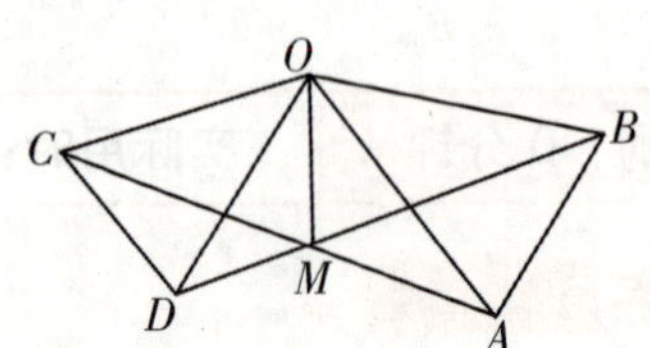

A. 4　　B. 3

C. 2　　D. 1

10. 如图，$\triangle ABC$ 是等腰直角三角形，$\angle ACB=90°$，$AC=BC=2$，把 $\triangle ABC$ 绕点 A 按顺时针方向旋转 45°后得到 $\triangle AB'C'$，则线段 BC 在上述旋转过程中所扫过部分(阴影部分)的面积是________。

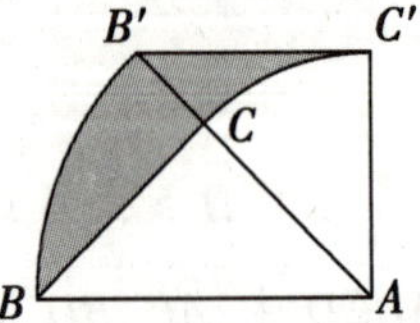

11. 如图，有 3 个长方形，长方形①的长为 16 厘米、宽是 8 厘米；长方形②的长、宽分别是长方

形①长、宽的一半；长方形③的长、宽分别是长方形②长、宽的一半，则这个图形的周长是________厘米。

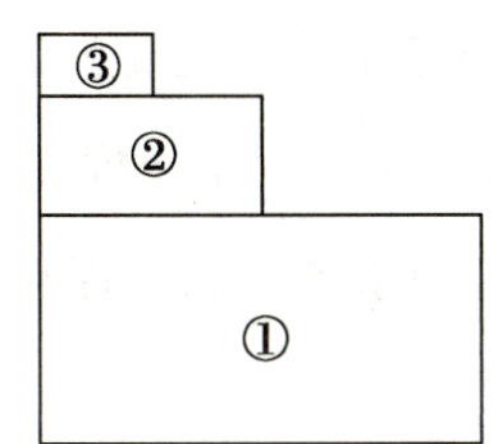

12. 如图所示，已知 $AC/\!/BE$，$\angle B=27^\circ$，$\angle ACF=87^\circ$，则 $\angle ADC=$________。

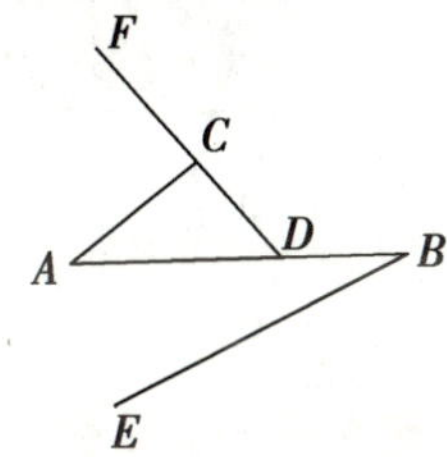

13. 如图，把 Rt△ABC 绕点 A 逆时针旋转 44°，得到 Rt△$AB'C'$，点 C' 恰好落在边 AB 上，连结 BB'，则 $\angle BB'C'=$________。

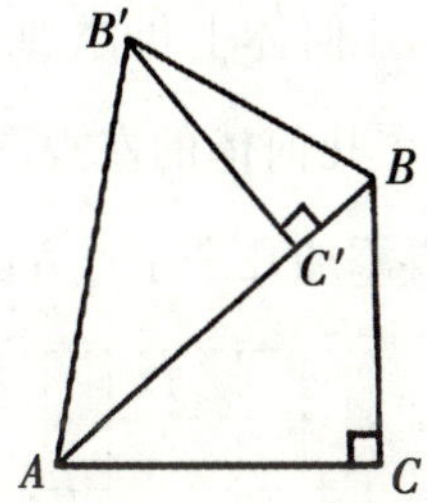

三、解答题（每小题 6 分，共 12 分）

14. 如图，在三角形 ABC 中，$BE=2CE$，$AE\perp BC$，F 是 CD 的中点，三角形 ABC 的面积是 1 平方厘米，那么阴影部分的面积是多少？

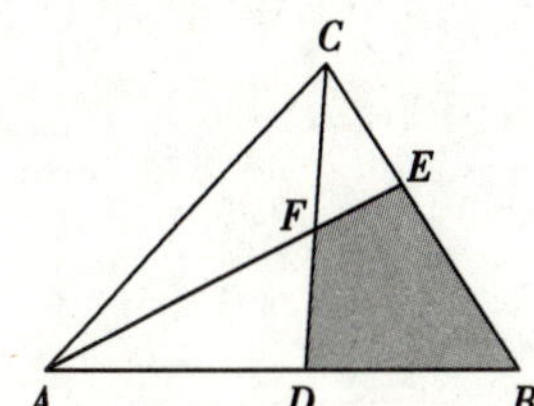

15. 如图，E，F 分别是矩形 $ABCD$ 的边 AD，AB 上的点，若 $EF=EC$，且 $EF\perp EC$。

（1）求证：$AE=DC$；

（2）已知 $DC=\sqrt{2}$，求 BE 的长。

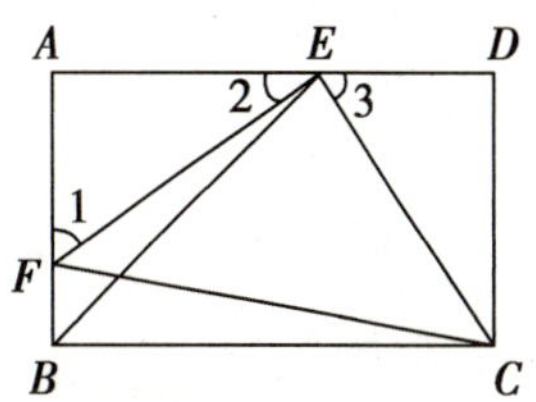

提升练 提分必争

一、单项选择题（每小题 3 分，共 18 分）

1. 7 张如图 1 的长为 a、宽为 b 的小长方形纸片，按照图 2 的方式不重叠地放在矩形 $ABCD$ 内，未被覆盖的部分（两个矩形）用阴影表示。设左上角与右下角的阴影部分的面积的差为 S，当 BC 的长度变化时，按照同样的放置方式，S 始终保持不变，则 a，b 满足（　　）

A. $a=\frac{5}{2}b$　　　B. $a=3b$

C. $a=\frac{7}{2}b$　　　D. $a=4b$

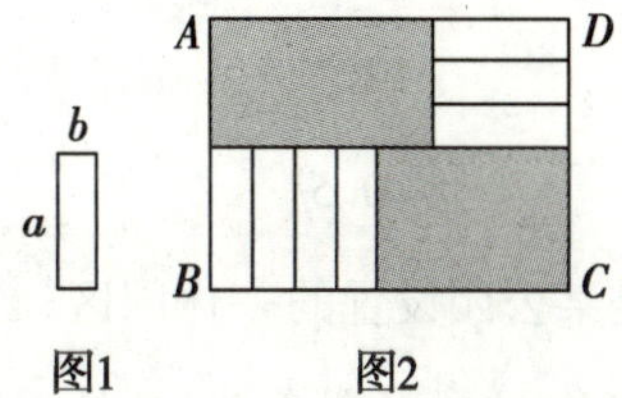

图1　　图2

2. 如图，由等边三角形、正方形、圆组成的轴对称图案中，等边三角形与三个正方形的面积和的比值为（　　）

A. $\frac{\sqrt{3}}{2}$　　　B. 1

C. $\sqrt{3}$　　　D. $\frac{3\sqrt{3}}{2}$

3. 如图，直线 l 和圆 O 相交于 A，B 两点，M，N 是圆 O

上的两个动点,且分别在直线 l 的两侧。若圆 O 的半径为2,$\angle AMB=45°$,则四边形 $MANB$ 面积的最大值为(　　)

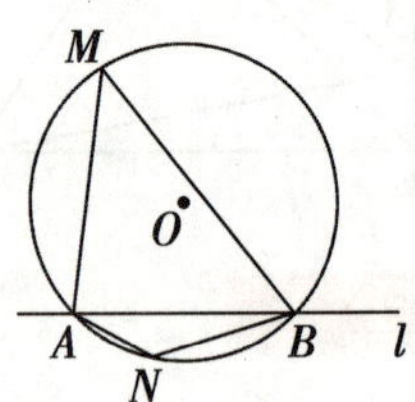

A. $2\sqrt{2}$　　B. $2\sqrt{3}$

C. $4\sqrt{2}$　　D. $3\sqrt{3}$

4. 如图,是一个用若干个相同的小立方块搭成的几何体的三视图,则组成这个几何体的小立方块的个数是(　　)

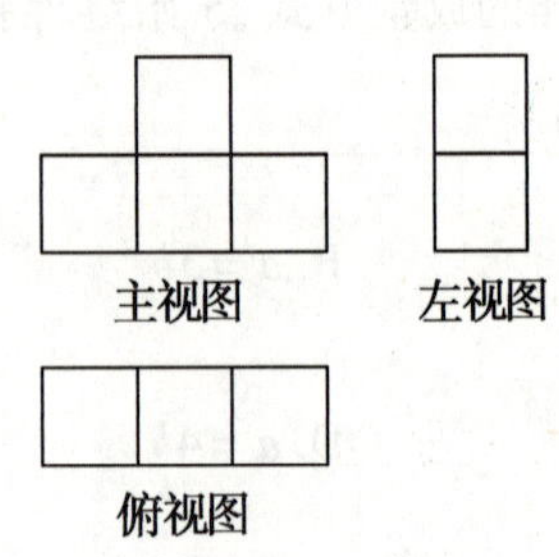

A. 2　　B. 3

C. 4　　D. 5

5. 如图所示是某公园设置的一休闲区,$\angle AOB=90°$,弧 AB 的半径 OA 的长是6米,C 是 OA 的中点,点 D 在弧 AB 上,$CD/\!/OB$,则图中休闲区(阴影部分)的面积是(　　)平方米。

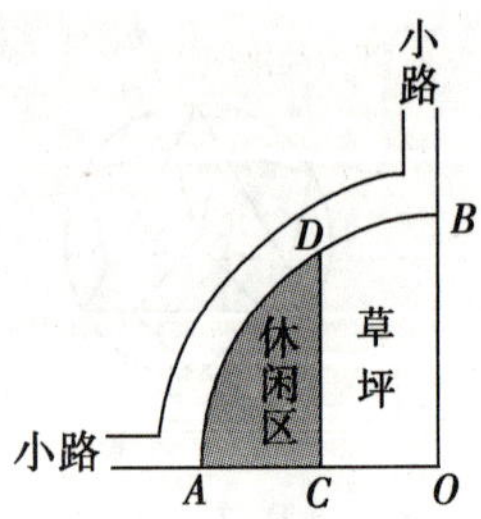

A. $10\pi-\frac{9\sqrt{3}}{2}$　　B. $\pi-\frac{9\sqrt{3}}{2}$

C. $6\pi-\frac{9\sqrt{3}}{2}$　　D. $6\pi-9\sqrt{3}$

6. 如图,有一内部装有水的直圆柱形水桶,桶高20公分,另有一直圆柱形的实心铁柱,柱高30公分,直立放置于水桶底面,水桶内的水面高度为12公分,且水桶与铁柱的底面半径之比为2∶1,现将铁柱移至水桶外部,在这个过程中水桶内的水量未变,若不计水桶厚度,则水桶内的水面高度变为(　　)公分。

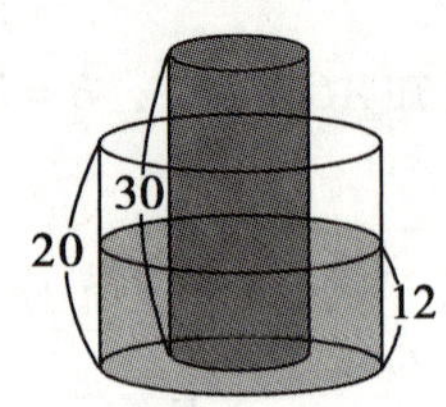

A. 4.5　　B. 6

C. 8　　D. 9

二、解答题(每小题6分,共12分)

7. 如图,是由若干个完全相同的小正方体组成的一个几何体。

(1)请画出这个几何体的左视图和俯视图;

(2)如果在这个几何体上再添加一些相同的小正方体,并保持这个几何体的左视图和俯视图不变,那么最多可以再添加几个小正方体?

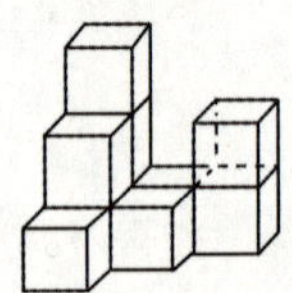
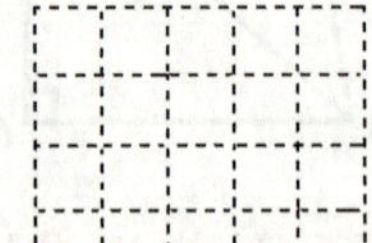
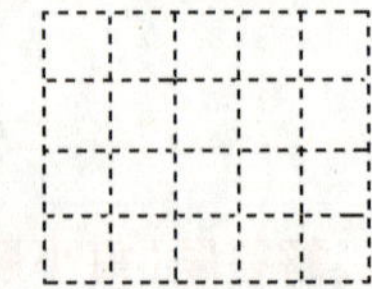

8. 一只集装箱,它的内尺寸是 $18\times18\times18$。现有一批货箱,它的外尺寸是 $1\times4\times9$。问这只集装箱最多能装多少只货箱?

参考答案及解析

基础练

一、单项选择题

1. D　[解析]由俯视图和左视图可知，前面一排共有 3 个小立方体，后面一排左侧共有 1 个立方体，前面一排的上面可以排放 1 个或 2 个或 3 个立方体，所以立方体的个数为 5 或 6 或 7 个。故选 D。

2. B　[解析]A 项，若$\angle ABC=90°$，通过平行线间的两角互补可推知该四边形是矩形，故正确；若$AC\perp BD$，则四边形 $ABCD$ 是正方形或菱形，当四边形为菱形时，它不是矩形，故 B 不正确；若 $AB=BC$，即邻边相等的平行四边形，即为菱形，故 C 项正确；若 $AC\perp BD$，且 $AC=BD$，即对角线垂直且相等的平行四边形，即为正方形，故 D 项正确。故选 B。

3. B　[解析]$\because\ \angle C=90°, AB=5, BC=4, \therefore AC=\sqrt{AB^2-BC^2}=3$，$\because PQ/\!/AB$，$\therefore \angle ABD=\angle BDQ$，又$\angle ABD=\angle QBD$，$\therefore \angle QBD=\angle BDQ$，$\therefore QB=QD$，$\therefore QP=2QB$，$\because PQ/\!/AB$，$\therefore \triangle CPQ\backsim\triangle CAB$，$\therefore \frac{CP}{CA}=\frac{CQ}{CB}=\frac{PQ}{AB}$，即$\frac{CP}{3}=\frac{4-QB}{4}=\frac{2QB}{5}$，解得，$CP=\frac{24}{13}$，$\therefore AP=CA-CP=\frac{15}{13}$。

4. B　[解析]涂有颜色的面在侧面，而 A、C 还原后，有颜色的面在底面，故不符合；D 无法还原，故不符合。故选 B。

5. A　[解析]设底面的半径为 R，则可知底面的周长为 $2\pi R$，即侧面展开图正方形的边长为 $2\pi R$，由题意可知，圆柱的高为 $2\pi R$，所以圆柱的侧面积为 $4\pi^2R^2$，底面积为 πR^2，所以表面积为 $2\pi R^2+4\pi^2R^2$，表面积与侧面积的比是$\frac{2\pi R^2+4\pi^2R^2}{4\pi^2R^2}=\frac{1+2\pi}{2\pi}$。

6. B　[解析]因为四边形 $ABCD$ 在圆上，圆内接四边形的任意一个外角等于它的内对角，所以$\angle A=\angle PCD$，$\angle B=\angle PDC$，即得$\triangle PCD\backsim\triangle PAB$，因此$\frac{PA}{PC}=\frac{PB}{PD}=\frac{AB}{CD}$，则$\left(\frac{AB}{CD}\right)^2=\frac{PA}{PC}\cdot\frac{PB}{PD}=8$，所以$\frac{S_{\triangle PCD}}{S_{四边形ABCD}}=\frac{S_{\triangle PCD}}{S_{\triangle PAB}-S_{\triangle PCD}}=\frac{1}{7}$。

7. D　[解析]设小正方形的边长 a，那么矩形 $ABCD$ 的面积$=(S_{\triangle AEF}+S_{\triangle BFG})\times2+S_{四边形EFGH}$，即 $3a\times5a=(2a\times a\div2+a\times4a\div2)\times2+1$，则 $9a^2=1$，解得 $a=\frac{1}{3}(a>0)$，$\therefore$ 矩形 $ABCD$ 的面积 $=3a\times5a=\frac{5}{3}$。故选 D。

8. D　[解析]显然扇形弧长为 $BC+CD$ 的长，即为 $l=6$，半径为 3，则 $S_{扇形}=\frac{1}{2}lR=\frac{1}{2}\times6\times3=9$。

二、填空题

9. B [解析]$\because \angle AOB=\angle COD=40°$，$\therefore \angle AOB+\angle AOD=\angle COD+\angle AOD$，即$\angle AOC=\angle BOD$，在$\triangle AOC$和$\triangle BOD$中，$\begin{cases}OA=OB,\\ \angle AOC=\angle BOD,\\ OC=OD,\end{cases}$ $\therefore \triangle AOC\cong\triangle BOD$，$\therefore \angle OCA=\angle ODB$，$AC=BD$，①正确；$\because \angle OAC=\angle OBD$，由三角形的外角性质得$\angle AMB+\angle OAC=\angle AOB+\angle OBD$，$\therefore \angle AMB=\angle AOB=40°$，②正确；如图，作$OG\perp MC$于$G$，$OH\perp MB$于$H$，则$\angle OGC=\angle OHD=90°$，在$\triangle OCG$和$\triangle ODH$中，$\begin{cases}\angle OCA=\angle ODB,\\ \angle OGC=\angle OHD,\\ OC=OD,\end{cases}$ $\therefore \triangle OCG\cong\triangle ODH$，$\therefore OG=OH$，$\therefore MO$平分$\angle BMC$，④正确。故正确的个数为3。

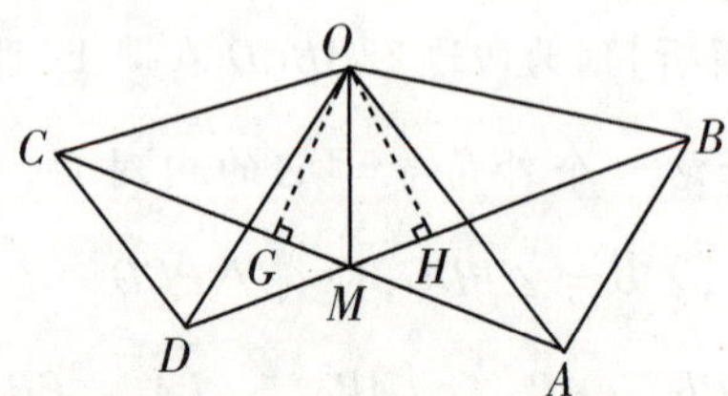

10. $\frac{1}{2}\pi$ [解析]由题意可得，$\angle BAB'=\angle B'AC'=45°$，$\triangle ABC\cong\triangle AB'C'$，$\because AC=BC=2$，$\angle ACB=90°$，$\therefore AB=2\sqrt{2}$，由全等三角形的性质可得，$S_{阴影}=S_{扇ABB'}-S_{扇ACC'}=\frac{45}{360}\pi\times(2\sqrt{2})^2-\frac{45}{360}\pi\times 2^2=\pi-\frac{\pi}{2}=\frac{\pi}{2}$。

11. 60 [解析]$\left(16+8+\frac{8}{2}+\frac{8}{2\times2}\right)\times2=60$厘米。

12. 60° [解析]因为$AC/\!/BE$，所以$\angle A=\angle B=27°$。由三角形的一个外角等于不和它相邻的两内角之和可知，$\angle ACF=\angle A+\angle ADC=87°$，所以$\angle ADC=87°-27°=60°$。

13. 22° [解析]$\because$ Rt$\triangle ABC$绕点A逆时针旋转44°得到Rt$\triangle AB'C'$，$\therefore AB=AB'$，$\angle BAB'=44°$，在$\triangle ABB'$中，$\angle ABB'=\frac{1}{2}(180°-\angle BAB')=\frac{1}{2}(180°-44°)=68°$，$\because \angle AC'B'=\angle C=90°$，$\therefore B'C'\perp AB$，$\therefore \angle BB'C'=90°-\angle ABB'=90°-68°=22°$。

三、解答题

14. [解析]连结BF，因为$S_{\triangle ACF}=\frac{1}{2}AF\times CE$，$S_{\triangle ABF}=\frac{1}{2}AF\times BE$，所以$S_{\triangle ACF}:S_{\triangle ABF}=1:2$，又因为$F$是$CD$的中点，所以$S_{\triangle ACF}=S_{\triangle ADF}$，$S_{\triangle BFC}=S_{\triangle BDF}$，所以$S_{\triangle ADF}=S_{\triangle BDF}$，所以$D$是$AB$的中点，故有$S_{\triangle ADC}=S_{\triangle BDC}$，设$S_{\triangle ECF}=1$份，则$S_{\triangle BEF}=2$份，$S_{\triangle BDF}=3$份，$S_{阴影}=5$份，$S_{\triangle ABC}=2S_{\triangle BDC}=2\times(1+2+3)=12$份，所以阴影部分面积为$\frac{5}{12}$平方厘米。

15. [解析](1)证明：在矩形$ABCD$中，$\angle A=\angle D=90°$，

$\therefore \angle 1+\angle 2=90°$，

$\because EF\perp EC$，$\therefore \angle FEC=90°$，

$\therefore \angle 2+\angle 3=90°$，$\therefore \angle 1=\angle 3$，

在$\triangle AEF$和$\triangle DCE$中，$\begin{cases}\angle A=\angle D,\\ \angle 1=\angle 3,\\ EF=EC,\end{cases}$

$\therefore \triangle AEF\cong\triangle DCE$(AAS)，$\therefore AE=DC$。

(2)由(1)得$AE=DC=\sqrt{2}$，

在矩形$ABCD$中，$AB=CD=\sqrt{2}$，

在Rt$\triangle ABE$中，$AB^2+AE^2=BE^2$，即$(\sqrt{2})^2+$

$(\sqrt{2})^2=BE^2$，$\therefore BE=2$。

提升练

一、单项选择题

1. B [解析]如图，设左上角阴影部分的长为 AE，宽为 $AF=3b$，右下角阴影部分的长为 PC，宽为 $CG=a$，$\because AD=BC$，$AE+ED=AE+a$，$BC=BP+PC=4b+PC$，$\therefore AE+a=4b+PC$，即 $AE-PC=4b-a$，$\therefore$ 阴影部分面积之差 $S=AE\cdot AF-PC\cdot CG=(PC+4b-a)\cdot 3b-PC\cdot a=(3b-a)\cdot PC+12b^2-3a\cdot b$。$\because S$ 始终保持不变，$\therefore 3b-a=0$，即 $a=3b$。故选 B。

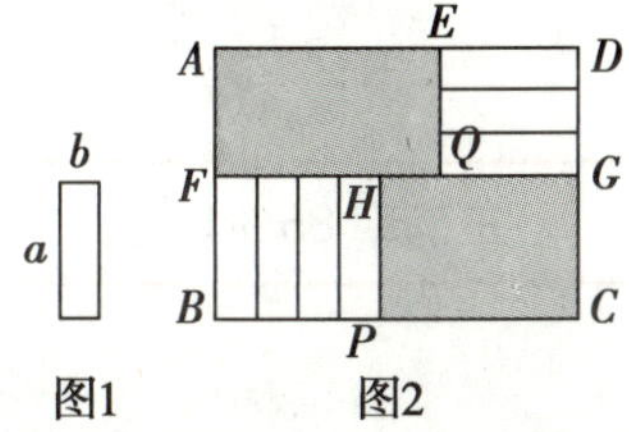

图1 图2

2. A [解析]如图，设圆的圆心为 O，由题意知，三角形的重心以及三个正方形的共用顶点即为点 O，过 A 作 $AD\perp BC$ 于 D，则 AD 必过点 O，且 $AO=2OD$。设 $\triangle ABC$ 的边长为 $2x$，则 $BD=x$，$AD=\sqrt{3}x$，$OD=\frac{\sqrt{3}}{3}x$，$\therefore$ 正方形的边长为 $\frac{\sqrt{6}}{3}x$，面积为 $\frac{2}{3}x^2$，三个正方形的面积和为 $2x^2$，易求得 $\triangle ABC$ 的面积为 $\frac{1}{2}\times 2x\times\sqrt{3}x=\sqrt{3}x^2$，$\therefore$ 等边三角形与三个正方形的面积和的比值为 $\frac{\sqrt{3}}{2}$。故选 A。

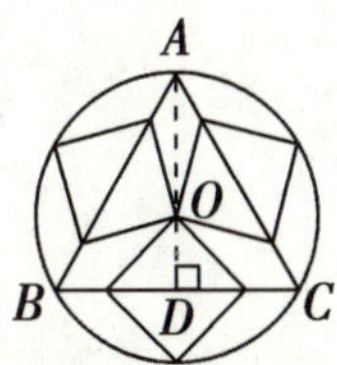

3. C [解析]过 M，N 分别作 l 的垂线，交 l 于 P，Q，则 $S_{\triangle ABM}=\frac{AB\cdot MP}{2}$，$S_{\triangle ABN}=\frac{AB\cdot NQ}{2}$，$S_{四边形AMBN}=S_{\triangle ABM}+S_{\triangle ABN}=\frac{(MP+NQ)\cdot AB}{2}$，这里 AB 是定值，只需考虑 $MP+NQ$ 的取值，显然 M，N 运动过程中，分别到优弧 AB 的中点 M' 和劣弧 AB 的中点 N' 时 MP，NQ 最大，此时 MN 恰为圆 O 的直径，连结 $M'N'$，则 $MP+NQ\leqslant M'N'=4$。连结 OA，OB，$\because\angle AMB=45°$，$\therefore\angle AOB=90°$，且 $OA=OB=2$，所以 $AB=2\sqrt{2}$，所以 $S_{四边形AMBN}=(MP+NQ)\cdot\frac{AB}{2}\leqslant M'N'\cdot\frac{AB}{2}=4\sqrt{2}$。故选 C。

4. C [解析]由俯视图知最底层共有 3 个小立方体，由另两个视图知第二层共有 1 个小立方体，则搭成这个几何体所用的小立方体的个数为 4 个，故选 C。

5. C [解析]如图，连结 OD，$\because$ 弧 AB 的半径 OA 的长是 6 米，C 是 OA 的中点，$\therefore AC=OC=\frac{1}{2}OA=3$，$\because\angle AOB=90°$，$CD\parallel OB$，$\therefore CD\perp OA$，在 Rt$\triangle OCD$ 中，$\because OD=6$，$OC=3$，$\therefore CD=\sqrt{OD^2-OC^2}=3\sqrt{3}$，$\therefore\sin\angle DOC=\frac{CD}{OD}=\frac{\sqrt{3}}{2}$，$\therefore\angle DOC=60°$，$\therefore S_{阴影}=S_{扇形AOD}-S_{\triangle OCD}=\frac{60\pi\times 6^2}{360}-\frac{1}{2}\times 3\times 3\sqrt{3}=6\pi-\frac{9\sqrt{3}}{2}$（平方米）。

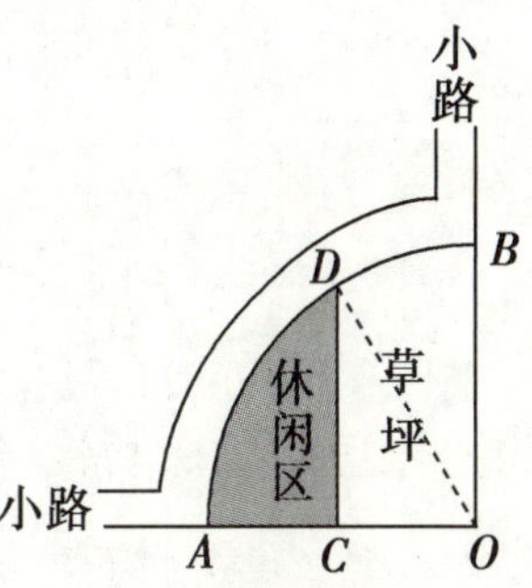

6. D [解析]$\because$ 水桶底面半径：铁柱底面半径 $=2:1$，

第一部分

$\therefore$ 水桶底面积:铁柱底面积 $=2^2:1^2=4:1$,设铁柱底面积为 a,水桶底面积为 $4a$,则水桶底面扣除铁柱部分的环形区域面积为 $4a-a=3a$,$\because$ 原有的水量为 $3a\times12=36a$,$\therefore$ 将铁柱移出后水桶内的水面高度变为 $\frac{36a}{4a}=9$(公分)。故选 D。

二、解答题

7. [解析](1)画图如下:

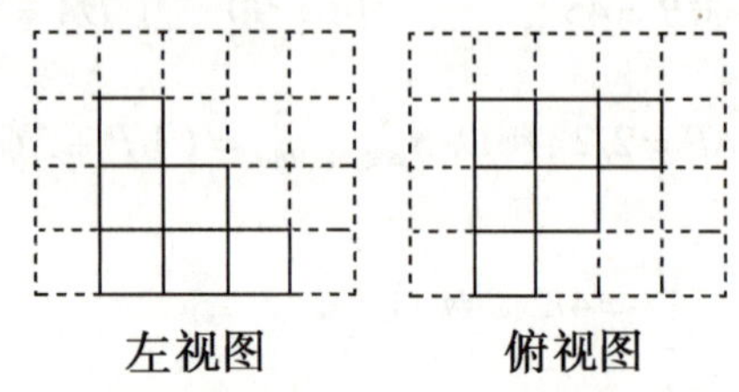

(2)在第二层第二列第二行和第三行各加 1 个;第三层第二列第三行加 1 个,第三行第三列加 1 个,$2+1+1=4$(个)。

故最多可再添加 4 个小正方体。

8. [解析]因为集装箱内尺寸 18 不是货箱尺寸 4 的倍数,所以,只能先在 $18\times16\times18$ 的空间放货箱,可放 $18\times16\times18\div(1\times4\times9)=144$(只)。这时还有 $18\times2\times18$ 的空间,但只能在 $18\times2\times16$ 的空间放货箱,可放 $18\times2\times16\div(9\times1\times4)=16$(只)。最后剩下 $18\times2\times2$ 的空间无法再放货箱,所以最多能装 $144+16=160$(只)货箱。

答:这只集装箱最多能装 160 只货箱。

正确率 70% 以下		正确率 70% ~85%		正确率 85% 以上	

山香寄语:

有个人非常迷信风水。一天他坐在一堵墙下,墙突然倒了将他砸在下面。他大喊救命,仆人听到后跟他说:“您先忍一忍,我们马上去问问风水先生,今天宜不宜动土。”

不能执着于形式,只有懂得灵活变通,才能在生活挑战中立于不败之地。

——山香女孩

第三章　统计与概率

考向分析

本章属于小学数学的基础章节，特点为内容琐碎、识记和理解性知识多，在考试中常以客观题的形式考查。本章需要重点掌握的知识包括：

1. 识记统计图的特征。

2. 识记统计的数据特征。

3. 理解事件的概念与概率的计算。

考情预测　在备考时，考生应注意：①统计图的特点；②平均数、中位数、众数、方差的计算；③等可能性事件的概率。预计在明年的招教考试中，本部分依然是重点，且考试方式更加灵活。考生要抓住重点和难点，有针对性地进行识记与理解。

第一部分

思维导图

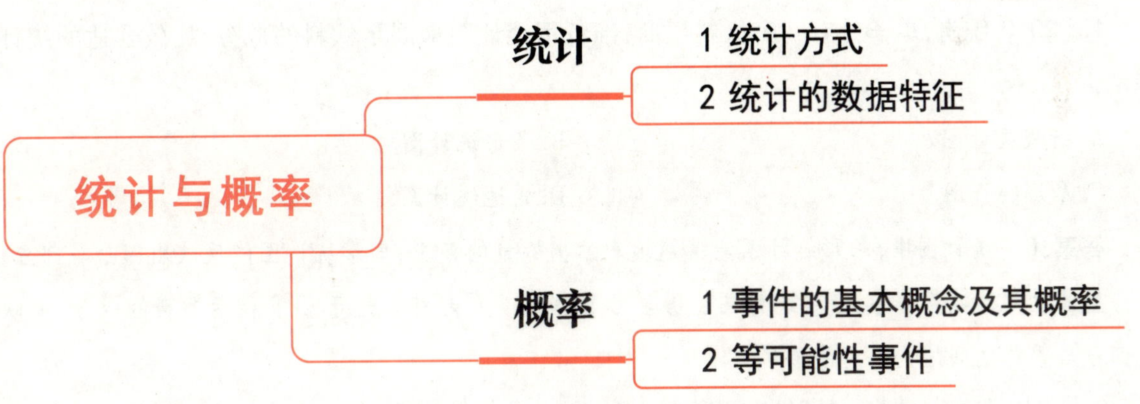

核心知识

一、统计　【单选、填空】★

知识点1　统计方式

1. 统计表

统计表是由纵横交叉线条所绘制的表格来表现统计资料的一种形式。

2. 统计图

(1)三种常见统计图

	定义	特点
条形统计图	用一个单位长度(如1厘米)表示一定的数量,根据数量的多少,画成长短相应成比例的直条,并按一定顺序排列起来,这样的统计图称为条形统计图	①能够使人们一眼看出各个数据的大小; ②易于比较数据之间的差别; ③能清楚地表示出数量的多少
扇形统计图	以一个圆的面积表示事物的总体,以扇形面积表示占总体的百分数的统计图,叫作扇形统计图,也叫作百分数比较图	①用扇形的面积表示部分在总体中所占的百分比; ②易于显示每组数据相对于总体的大小;可以比较清楚地反映出部分与部分、部分与整体之间的数量关系
折线统计图	用一个单位长度表示一定的数量,根据数量的多少找出各点,然后把各点用线段顺次连结起来,以折线的上升或下降来表示统计数量的增减变化的统计图,称为折线统计图	能够显示数据的变化趋势,反映事物的变化情况

(2)直方图

见第三部分第六章。

招教体验

1. [2019 统考,单,3′]有一家饮料厂商,准备用统计图来展示饮料的成分,比较合适的统计图是(　　)

A. 折线统计图　　B. 条形统计图

C. 扇形统计图　　D. 雷达统计图

答案:C。统计图中,条形统计图能清楚地表示出数量的多少;扇形统计图能反映出部分与部分、部分与整体之间的数量关系;折线统计图能够显示数据的变化趋势。题干要求展示饮料的成分,反映的是部分与整体之间的关系。故选C。

2. [2019 年 1 月杭州,单,3′]为清晰地反映部分与整体的关系,应选择(　　)

A. 条形统计图　　B. 折线统计图

C. 扇形统计图　　D. 统计表

答案:C。扇形统计图能够清晰地反映部分与整体的关系。

3. [2017 统考,填空,2′]某校需要描述从一年级到六年级学生的平均身高变化情况,选用________统计图比较合适。

答案:折线。折线统计图的优点是不但可以表示出数量的多少,还能够清楚地看出数据的增减变化情况。

知识点2 统计的数据特征

1. 平均数

平均数是指在一组数据中由所有数据之和除以这组数据的个数所得的数。平均数常用于表示统计对象的一般水平，它是描述数据集中程度的一个统计量，记作 $\bar{x}$。

平均数的大小与一组数据里的每个数据都有关系，任何一个数据的变动都会引起平均数的变动，平均数易受较大数和较小数的影响。

2. 中位数与众数

中位数是指将数据按由小到大(或由大到小)的顺序排列起来，形成一个数列，居于数列中间位置的那个数据。它不受少数几个极端值的影响，有时用它代表全体数据的一般水平更合适。如果是奇数个数据，则中位数是中间的那个数；如果是偶数个数据，则中位数是中间那两个数的平均数。

一般来说，一组数据中出现次数最多的数就叫这组数据的众数。

平均数、中位数和众数的特点：

平均数：需要用全组所有数据来计算；易受数据中极端数值的影响。

中位数：仅需把数据按顺序排列后即可确定；不易受数据中极端数值的影响。

众数：通过计数得到；不易受数据中极端数值的影响。

3. 方差与标准差

方差就是和中心偏离的程度，用来衡量一批数据的波动大小(即这批数据偏离平均数的情况)，记作 S^2，$S^2=\dfrac{(x_1-\bar{x})^2+(x_2-\bar{x})^2+\cdots+(x_n-\bar{x})^2}{n}$。在样本容量相同的情况下，方差越大，说明数据的波动越大，越不稳定。标准差的平方是方差。

性质：①若 $x_1,x_2,\cdots,x_n$ 的平均数为 $\bar{x}$，那么 $mx_1+a,mx_2+a,\cdots,mx_n+a$ 的平均数为 $m\bar{x}+a$。

②数据 $x_1,x_2,\cdots,x_n$ 与数据 $x_1+a,x_2+a,\cdots,x_n+a$ 的方差相等。

③若 $x_1,x_2,\cdots,x_n$ 的方差为 s^2，那么 $ax_1+b,ax_2+b,\cdots,ax_n+b$ 的方差为 a^2s^2。

4. 频数与频率

频数：在一组依大小顺序排列的测量值中，按一定的组距将其分组时出现在各组内的测量值的数目，即落在各类别(分组)中的数据个数。

频数也称“次数”，对总数据按某种标准进行分组，统计出各个组内所含个体的个数，一般我们称落在不同小组中的数据个数为该组的频数，频数与总数的比为频率。

5. 极差

一组数据中最大数据与最小数据的差叫作**极差**。

在统计中常用极差来刻画一组数据的离散程度，极差反映的是变量分布的范围和离散幅度，在总体中任何两个单位的标准值之差都不能超过极差。同时，极差能体现一组数据波动的范围。极差越大，离散程度越大，反之，离散程度越小。

招教体验

[2021 台州,填空,3′] $-2,0,1,2,4$ 的标准差是________。

答案:2。该组数据的平均值为 $(-2+0+1+2+4)\div5=1$,则这组数据的方差为 $\frac{(-2-1)^2+(0-1)^2+(1-1)^2+(2-1)^2+(4-1)^2}{5}=4$,则其标准差为 $\sqrt{4}=2$。

二、概率 【单选、填空】 ★★

知识点1 事件的基本概念及其概率

1. 事件的分类及其定义

事件的分类	定义
必然事件	在条件 S 下,一定会发生的事件叫相对于条件 S 的必然事件
不可能事件	在条件 S 下,一定不会发生的事件叫相对于条件 S 的不可能事件
随机事件	在条件 S 下,可能发生也可能不发生的事件叫作相对于条件 S 的随机事件

注:不可能事件发生的概率为 0,概率为 0 的事件未必是不可能事件,同样的,必然事件发生的概率为 1,但概率为 1 的事件未必是必然事件。

2. 事件概率的定义与性质

一般地,在 n 次重复试验中,事件 A 发生的频率 $\frac{m}{n}$,当 n 很大时,它总是在某个常数附近摆动,随着 n 的增加,摆动幅度越来越小,这时就把这个常数叫作事件 A 的概率,记作 $P(A)$。事件 A 发生的频数 m 满足 $0\leqslant m\leqslant n$,所以 $0\leqslant\frac{m}{n}\leqslant1$。

概率的性质:必然事件的概率为 1,不可能事件的概率为 0,随机事件的概率为 $0\leqslant P(A)\leqslant1$,必然事件和不可能事件是随机事件的两个极端的情形。

知识点2 等可能性事件

如果一次试验中可能出现的结果有 n 个,而且所有结果出现的可能性都相等,那么每个基本事件发生的概率都是 $\frac{1}{n}$,这种事件叫作等可能性事件。

等可能性事件的概率:如果一次试验由 n 个基本事件组成,而且所有的基本事件出现的可能性都相等,那么每一个基本事件的概率都是 $\frac{1}{n}$。如果事件 A 包含 m 个结果,那么事件 A 的概率 $P(A)=\frac{m}{n}$。

解决等可能性事件的概率问题的关键:正确求出基本事件总数 n 和事件 A 包含的基本事件数 m,这需要有较好的排列、组合知识。

考法揭秘

求事件概率的方法

(1)运用列举法(包括列表、画树状图)计算简单随机事件的概率。

(2)通过试验,获得事件发生的概率。大量重复试验时,频率可作为事件发生的概率的估计值。

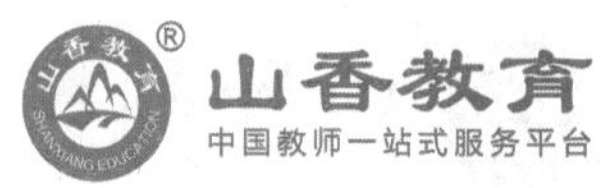

招教体验

1. [2021 年 1 月杭州，单选，3′] 四张完全相同的卡片上，分别画有圆、平行四边形、等边三角形、等腰梯形，现从中随机抽取一张，卡片上画的是中心对称图形的概率为(　　)

A. $\frac{1}{4}$　　B. $\frac{1}{2}$　　C. $\frac{3}{4}$　　D. 1

答案: B。由题意得圆、平行四边形为中心对称图形，则抽到的卡片是中心对称图形的概率为 $\frac{2}{4}=\frac{1}{2}$。

2. [2018 统考，填空，2′] 小刚从 8，9，10 这三个数中任意选取两个不同的数并把它们相加。小红在 3，5，6 这三个数中任意选取两个不同的数并把它们相乘。那么，小刚得到的结果大于小红得到的结果的概率是________。

答案: $\frac{4}{9}$。小刚在三个数中任选两个数相加，其和共有 3 种情况，分别为 17，18，19；小红在三个数中任选两个数相乘，其积共有 3 种情况，分别为 15，18，30，则小刚得到的结果大于小红得到的结果的概率为 $\frac{1+1+2}{3\times3}=\frac{4}{9}$。

3. [2018 年 1 月杭州，单，3′] 将所有十位上数字比个位上数字大的两位数写在相同的卡片上(每张卡片上写一个两位数)，并放在密封的盒子里，从中任意摸出一张卡片，那么，十位上数字是个位上数字的 2 倍的两位数(像 42，63，…)的可能性是(　　)

A. $\frac{1}{25}$　　B. $\frac{2}{25}$　　C. $\frac{2}{45}$　　D. $\frac{4}{45}$

答案: D。十位上数字是个位上数字 2 倍的两位数有 21，42，63，84；十位上数字比个位上数字大的两位数共有 $9+8+7+6+5+4+3+2+1=45$ 个，故十位上数字是个位上数字的 2 倍的两位数的可能性是 $\frac{4}{45}$。故选 D。

强化练习

建议用时:20 分钟	实际用时:_____分钟	参考分值:26 分	实际得分:_____分

基础练 保分必拿

一、单项选择题(每小题 2 分，共 8 分)

1. 下列说法中，正确的个数为(　　)

①扇形统计图是用圆代表总体，圆中的各个扇形分别代表总体中的不同部分；

②要清楚地表示出各部分在总体中所占的百分比应选择条形统计图；

③要反映某日气温的变化情况，应选择折线统计图。

A. 0　　B. 1

C. 2　　D. 3

2. 下列说法正确的是(　　)

A. 方差反映了一组数据的分散或波动的程度

B. 数据 1，5，3，7，10 的中位数是 3

C. 任何一组数据的平均数和众数都不会相等

D. 明天我市一定下雨是必然事件

3. 在端午节到来之前，儿童福利院对全体小朋友爱吃哪几种粽子做调查，以决定最终买哪种粽子。下面的调查数据中最值得关注的是(　　)

A. 方差

B. 平均数

C. 中位数

D. 众数

4. 某种号码锁有3个拨号盘，每个拨号盘上有从0到9的十个数字，当3个拨号盘上的数字组成某一个3位数字的开锁号码时，锁才能打开，则试开一次就能把锁打开的概率为(　　)

A. $\frac{1}{10^2}$　　B. $\frac{1}{10^3}$

C. $\frac{1}{3^2}$　　D. $\frac{1}{3^{10}}$

二、填空题(每小题2分，共6分)

5. 自然数4，5，5，x，y 从小到大排列后，其中位数为4，如果这组数据唯一的众数是5，那么，所有满足条件的 x，y 中，$x+y$ 的最大值是________。

6. 现有5根竹竿，它们的长度(单位：m)分别为2.5，2.6，2.7，2.8，2.9，若从中一次随机抽取2根竹竿，则它们的长度恰好相差0.3 m的概率为________。

7. 已知一组从小到大排列的数据：2，5，x，y，$2x$，11的平均数与中位数都是7，则这组数据的众数是________。

提升练 提分必争

填空题(每小题2分，共12分)

1. 一组连续自然数1，2，3，…，k，去掉其中一个数 $x(1<x<k)$ 后剩下的数的平均数为16，则去掉的数 x 是________。

2. 一组数据：−1，0，2，3，x。这组数据的极差是5，那么这组数据的平均数是________。

3. 已知数据：10，10，x，8的中位数与平均数相等，则这组数据的中位数为________。

4. 已知函数 $f(x)=\frac{1}{3}x^3+ax^2+b^2x+1$，若 a 是从1，2，3三个数中任取的一个数，b 是从0，1，2三个数中任取的一个数，则该函数有两个极值点的概率为________。

5. 将长度为8厘米的木棍截成三段，每段长度均为整数厘米。如果截成的三段木棍长度分别相同算作一种截法(如5，2，1和1，5，2)，那么截成的三段木棍能构成三角形的概率是________。

6. 某工程队有14名员工，他们的工种及相应每人每月工资如下表所示：

工种	人数	每人每月工资(元)
电工	5	7000
木工	4	6000
瓦工	5	5000

现该工程队进行了人员调整：木工减少2名，电工、瓦工各增加1名，与调整前相比，该工程队员工月工资的方差________。(填“变小”“不变”或“变大”)

参考答案及解析

基础练

一、单项选择题

1. C　[解析]根据扇形统计图的意义，可知圆代表总体，圆中的各个扇形分别代表总体中的不同部分，故①正确；从扇形统计图中能知道部分在总体中所占的百分比，故②错误；折线统计图能够直观地

展示出数据的变化情况，故③正确。故选 C。

2. A [解析]方差反映了一组数据的分散或波动的程度，A 正确；数据 1,5,3,7,10 的中位数是 5，B 错误；一组数据的平均数和众数是可能相等的，C 错误；明天我市一定下雨不是必然事件，D 错误。故选 A。

3. D [解析]最值得关注的应该是哪种粽子爱吃的人数最多，由于众数是数据中出现次数最多的数，故儿童福利院最值得关注的应该是统计调查数据的众数。故选 D。

4. B [解析]每个拨号盘上的数字都有 10 个可能，可重复排列，共有 10^3 种号码，而能开锁的号码只有 1 个，所以其概率为 $\frac{1}{10^3}$。

二、填空题

5. 5 [解析]$\because$ 这组数据的中位数为 4，$\therefore x\leqslant 4, y\leqslant 4$，$\because$ 这组数据唯一的众数是 5，$\therefore x\neq 4$ 且 $y\neq 4$，$\because$ 要求 $x+y$ 的最大值，$\therefore x=2, y=3$，或 $x=3, y=2$，即 $x+y$ 的最大值为 $2+3=5$。

6. $\frac{1}{5}$ [解析]从 5 根竹竿中一次随机抽取 2 根的可能的事件总数为 $C_5^2=10$，它们的长度恰好相差 0.3 m的事件数为 2，即抽到的长度分别是 2.5 m 和2.8 m、2.6 m 和 2.9 m，故所求概率为 $\frac{2}{10}=\frac{1}{5}$。

7. 5 [解析]由题意可得，$2x<11$，因为这组数据的平均数与中位数都是 7，所以根据平均数和中位数的定义可得，$\begin{cases}\frac{1}{6}(2+5+x+y+2x+11)=7,\\ \frac{1}{2}(x+y)=7,\end{cases}$ 解得 $x=5, y=9$。故这组数据的众数是 5。

提升练

填空题

1. 16 [解析]$\because$ 这组数据去掉其中一个数 x 后剩下的数的平均数为 16，$\therefore 1+2+3+\cdots+k=16(k-1)+x=\frac{k(k+1)}{2}$，$\therefore x=\frac{k(k+1)}{2}-16(k-1)=\frac{1}{2}(k^2-31k+32)$，即 $2<k^2-31k+32<2k$，解得 $30<k<32(k\in\mathbf{N})$，$\therefore k=31, x=16$，故去掉的数 x 是 16。

2. 1.6 或 0.4 [解析]由于数据 $-1,0,2,3,x$ 的极差是 5，所以 x 只能为最大数或最小数。当 x 为最大数时，$x-(-1)=5$，$x=4$，平均数是 $(-1+0+2+3+4)\div 5=1.6$；当 x 是最小数时，$3-x=5$，解得 $x=-2$，平均数是 $(-1+0+2+3-2)\div 5=0.4$。

3. 9 或 10 [解析]这组数据的平均数为 $(10+10+x+8)\div 4=\frac{28+x}{4}$，因该组数据只有 4 个数，故中位数应为将该组数据按从小到大的顺序排列后，处于最中间两个数的平均数：(1) 当 $x\leqslant 8$ 时，该组数据按从小到大的顺序排列应为 x,8,10,10，这时中位数为 9，则 $\frac{28+x}{4}=9$，解得 $x=8$，所以此时中位数为 9；(2) 当 $8<x\leqslant 10$ 时，该组数据按从小到大的顺序排列应为 8,x,10,10，这时中位数为 $\frac{x+10}{2}$，则 $\frac{28+x}{4}=\frac{x+10}{2}$，解得 $x=8$，不在 $8<x\leqslant 10$ 内，即此时 x 不存在；(3) 当 $x\geqslant 10$ 时，该组数据按从小到大的顺序排列应为 8,10,10,x，这时中位数为 10，则 $\frac{28+x}{4}=10$，解得 $x=12$，所以此时中位数为 10。综上所述，这组数据的中位数为 9 或 10。

4. $\frac{2}{3}$ [解析]由题意得，$f'(x)=x^2+2ax+b^2$，要使函数 $f(x)$ 有两个极值点．则有 $\Delta=(2a)^2-4b^2>0$，即 $a^2>b^2$。由题意知，所有的基本事件共 9 种，即 (1,0)，(1,1)，(1,2)，(2,0)，(2,1)，(2,2)，(3,

第一部分

0),(3,1),(3,2),其中第一个数表示 a 的取值,第二个数表示 b 的取值,满足 $a^2>b^2$ 的有 6 种情况,即(1,0),(2,0),(2,1),(3,0),(3,1),(3,2),所以所求事件的概率为 $\frac{6}{9}=\frac{2}{3}$。

5. $\frac{1}{5}$ [解析]将长度为 8 厘米的木棍截成三段,每段长度均为整数厘米,共有 5 种情况,分别是 1,2,5;1,3,4;2,3,3;4,2,2;1,1,6。其中能构成三角形的只有 2,3,3 这一种情况,所以截成的三段木棍能构成三角形的概率是 $\frac{1}{5}$。

6. 变大 [解析]减少木工 2 名,增加电工、瓦工各 1 名,这组数据的平均数不变,但是每个数据减去平均数后平方和增大,则该工程队员工月工资的方差变大。

正确率 70% 以下		正确率 70% ~85%		正确率 85% 以上	

山香寄语:

天塌下来,有个高的人帮你扛着,可是你能保证,天塌下来的时候,个儿高的人没在弯腰吗? 之后,还不是得靠自己!

——山香女孩

第二部分

小学奥数

02

2022

内容导学

浙江省教师招聘考试小学奥数部分，包含了分数的计算、分数的大小比较、巧算分数的和、繁分数、分数和百分数应用题、浓度问题、利润与利息、植树与方阵问题、工程问题、行程问题、比和比例问题、圆的周长与面积、扇形、圆柱和圆锥、加法、乘法原理和容斥原理、探索规律问题、逻辑推理问题、钟面上的数学问题、上楼梯问题、同余问题、抽屉原理、不定方程的应用、最大与最小、从整体看问题、反过来考虑、不变量、染色问题、对策问题、规划与统筹问题、进位制问题共三十种奥数类型，考查题型多侧重于客观题。

奥数题相对来说比较灵活，难度稍高，因此考生要重点掌握奥数题的解题思路与技巧的总结，并结合考试历年真题有针对性地进行复习。

既然没有所谓的“一帆风顺”，

就让自己勇敢地“乘风破浪”！

考向分析

本部分属于小学数学的常考内容，特点为内容琐碎、灵活多变，理解和应用性知识多，在考试中常以客观题的形式考查。本部分内容重点掌握罗列的三十种奥数类型。

考情预测 在备考时，考生要注意总结和应用各种类型的解题思路与方法，预计在明年的招教考试中，本部分依然是重点，且考试方式更加灵活。考生要抓住重点和难点，有针对性地进行识记、理解与应用。

核心知识

肩上扛着风脚下踩着土，心中一句话不让输！

一、分数的计算

分数计算同整数计算一样，既有知识要求又有能力要求，法则、定律、性质是进行计算的依据，要使计算快速、准确，关键是掌握运算技巧。对算式进行认真观察，剖析算式的特点及各数之间的关系，巧妙、灵活地运用运算定律，合理改变运算顺序，使计算简便易行，这对培养综合分析、推理能力和灵活的运算能力，都有很大的帮助。

[例1]计算$\left[\left(84\times\frac{5}{7}+12\right)\div1\frac{5}{13}-\frac{2}{3}\right]\times\frac{2}{11}+0.\dot{3}$。

作答思路：本题有分数乘法、除法，还有循环小数，可以根据分数乘除法之间的关系，循环小数与分数的关系，进行转化，使计算灵活、简便。

答案：原式$=\left[(12\times5+12)\times\frac{13}{18}-\frac{2}{3}\right]\times\frac{2}{11}+\frac{1}{3}$

$=\left(72\times\frac{13}{18}-\frac{2}{3}\right)\times\frac{2}{11}+\frac{1}{3}=\left(4\times13-\frac{2}{3}\right)\times\frac{2}{11}+\frac{1}{3}$

$=\frac{52\times2}{11}-\frac{2}{3}\times\frac{2}{11}+\frac{1}{3}=\frac{52\times2\times3}{11\times3}-\frac{4}{33}+\frac{11}{33}=9\frac{2}{3}$。

招教体验

[2020杭州1月，填空，3′]计算：$\frac{1}{4}\times\left(4.85\div\frac{5}{18}-3.6+6.15\times3\frac{3}{5}\right)+\left[5.5-1.75\times\left(1\frac{2}{3}+\frac{19}{21}\right)\right]$ = ________。

答案：10。原式$=\frac{1}{4}\times(4.85\times3.6-3.6+6.15\times3.6)+\left(5.5-1.75\times\frac{18}{7}\right)=\frac{1}{4}\times(4.85-1+6.15)\times3.6+\left(5.5-1.75\times\frac{18}{7}\right)=9+(5.5-0.25\times18)=9+1=10$。

[例2]$\frac{1960}{2014}\times\frac{3058}{4102}\times\frac{5567}{2014+4102}$。

作答思路：本题分子、分母的数都比较大，较难约分。可考虑先把第三个分数的分母算出来，然后逐个发现分子、分母的公因数。在正常的解题过程中，要敢于运用大的公因数。2014 和 5567 有公因数 19，4102 与 1960 有公因数 14，……（也可先分解分子，分母，从中发现公因数）

答案： 原式 $=\frac{1960}{2014}\times\frac{3058}{4102}\times\frac{5567}{6116}=\frac{1960}{2014}\times\frac{1}{4102}\times\frac{5567}{2}$

$=\frac{140}{106}\times\frac{1}{293}\times\frac{293}{2}=\frac{35}{53}$。

注： 此处斜线表示两数约分，并不表示约尽。

［例 3］$\left[\left(1-\frac{1}{2}\right)\times\left(1-\frac{1}{3}\right)\times\left(1-\frac{1}{4}\right)\times\cdots\left(1-\frac{1}{2017}\right)\right]\times\left[\left(1+\frac{1}{2}\right)\times\left(1+\frac{1}{3}\right)\times\left(1+\frac{1}{4}\right)\times\cdots\left(1+\frac{1}{2017}\right)\right]$。

作答思路： 发现$\left(1-\frac{1}{2}\right)$与$\left(1+\frac{1}{2}\right)$相乘，可能会考虑用"$a^2-b^2$"计算，但是并不简单。转化思路，把每个小括号里的值计算出来，便可迎刃而解。

答案： 原式 $=\frac{1\times2\times3\times\cdots\times2016}{2\times3\times4\times\cdots\times2017}\times\frac{3\times4\times5\times\cdots\times2018}{2\times3\times4\times\cdots\times2017}$，乘号左边分子中 $2\times3\times4\times\cdots\times2016$ 与乘号右边分母中 $2\times3\times4\times\cdots\times2016$ 约分，留下$\frac{1}{2017}$；乘号右边分子 $3\times4\times5\times\cdots\times2017$ 与乘号左边分母中 $3\times4\times5\times\cdots\times2017$ 约分，留下$\frac{2018}{2}$，从而原式 $=\frac{1}{2017}\times\frac{2018}{2}=\frac{1009}{2017}$。

招教体验

［2019 年 5 月杭州，填空，3′］从下面每组数中各取一个数，将它们相乘，那么所有这样的乘积的总和是________。

第一组：0.48，$\frac{13}{25}$　　　　第二组：$\frac{1005}{2012}$，$\frac{236}{503}$

答案： $\frac{1949}{2012}$。分别将两组数进行通分得 $0.48=\frac{12}{25}$，$\frac{236}{503}=\frac{944}{2012}$，由题意得，$\frac{12}{25}\times\frac{1005}{2012}+\frac{13}{25}\times\frac{944}{2012}+\frac{12}{25}\times\frac{944}{2012}+\frac{13}{25}\times\frac{1005}{2012}=\frac{(12+13)(1005+944)}{25\times2012}=\frac{1949}{2012}$。

二、分数的大小比较

［例 1］分数$\frac{5}{11}$、$\frac{6}{13}$、$\frac{116}{231}$、$\frac{30}{64}$、$\frac{153}{305}$中最小的数是________。

作答思路： 如果五个分数进行通分，那么计算量太大。可以找中间数进行比较，比如以$\frac{1}{2}$为中间数。

答案： $\frac{5}{11}$。$\because\frac{5}{11}<\frac{1}{2}$，$\frac{6}{13}<\frac{1}{2}$，$\frac{30}{64}<\frac{1}{2}$，$\frac{116}{231}>\frac{1}{2}$，$\frac{153}{305}>\frac{1}{2}$，$\therefore$ 只要求$\frac{5}{11}$、$\frac{6}{13}$、$\frac{30}{64}$中的最小者即可。将这三个分数通分，得到$\frac{5}{11}<\frac{6}{13}<\frac{30}{64}$。则这五个分数中最小的是$\frac{5}{11}$。

［例 2］比较大小：$2017\frac{2015}{2016}+2016\frac{2013}{2017}$________$2018\frac{2015}{2016}+2015\frac{2013}{2017}$。

作答思路:观察式子,不求和,可以求差。

答案:= 。$\left(2017\frac{2015}{2016}+2016\frac{2013}{2017}\right)-\left(2018\frac{2015}{2016}+2015\frac{2013}{2017}\right)$

$=\left(2017+\frac{2015}{2016}+2016+\frac{2013}{2017}\right)-\left(2018+\frac{2015}{2016}+2015+\frac{2013}{2017}\right)$

$=(2017+2016-2018-2015)+\left(\frac{2015}{2016}+\frac{2013}{2017}-\frac{2015}{2016}-\frac{2013}{2017}\right)$。

$=0+0=0$。

[例 3]$A=\dfrac{1}{\frac{1}{2160}+\frac{1}{2161}+\cdots+\frac{1}{2177}}$,求 A 的整数部分。

答案:120。先估算分母的大小,$\because\ \frac{1}{2160}+\frac{1}{2161}+\cdots+\frac{1}{2177}<\frac{1}{2160}+\frac{1}{2160}+\cdots+\frac{1}{2160}=\frac{18}{2160}$,$\therefore\ \frac{2160}{18}<A<\frac{2177}{18}$,即 $120<A<120\frac{17}{18}$,则 A 的整数部分是 120。

三、巧算分数的和

有一些分数计算题如果按照常规方法计算就会十分复杂,必须运用某些技巧,寻找简单计算的方法,当分母之间存在某种特殊规律时,运用这些规律就能简化计算。若分母是相邻的两个自然数的乘积,可以通过拆项的方法,使得其中一部分分数可以相互抵消,从而简化计算过程。

一般地,可以利用下面的等式,巧妙地计算一些分数求和的问题。

$\frac{1}{n(n+1)}=\frac{1}{n}-\frac{1}{n+1}$;$\frac{1}{A}=\dfrac{1}{\frac{A}{a_1}(a_1+a_2)}+\dfrac{1}{\frac{A}{a_2}(a_1+a_2)}$。

[例 1]计算:$\frac{1}{1\times2\times3}+\frac{1}{2\times3\times4}+\cdots+\frac{1}{98\times99\times100}$。

答案:$\because\ \frac{1}{1\times2\times3}=\frac{1}{2}\times\left(\frac{1}{1\times2}-\frac{1}{2\times3}\right)$,$\frac{1}{2\times3\times4}=\frac{1}{2}\times\left(\frac{1}{2\times3}-\frac{1}{3\times4}\right)$,…,$\frac{1}{98\times99\times100}=\frac{1}{2}\times\left(\frac{1}{98\times99}-\frac{1}{99\times100}\right)$,$\therefore$ 原式 $=\frac{1}{2}\times\left(\frac{1}{1\times2}-\frac{1}{2\times3}+\frac{1}{2\times3}-\frac{1}{3\times4}+\cdots+\frac{1}{98\times99}-\frac{1}{99\times100}\right)=\frac{1}{2}\left(\frac{1}{2}-\frac{1}{99\times100}\right)=\frac{4949}{19800}$。

[例 2]计算:$\dfrac{3+\frac{1}{2}}{2+\frac{1}{3}}\times\dfrac{4-\frac{1}{3}}{3-\frac{1}{4}}\times\dfrac{5+\frac{1}{4}}{4+\frac{1}{5}}\times\dfrac{6-\frac{1}{5}}{5-\frac{1}{6}}\times\cdots\times\dfrac{2016-\frac{1}{2015}}{2015-\frac{1}{2016}}\times\dfrac{2017+\frac{1}{2016}}{2016+\frac{1}{2017}}$。

答案:原式 $=\dfrac{\frac{2\times3+1}{2}}{\frac{2\times3+1}{3}}\times\dfrac{\frac{4\times3-1}{3}}{\frac{4\times3-1}{4}}\times\dfrac{\frac{5\times4+1}{4}}{\frac{5\times4+1}{5}}\times\dfrac{\frac{6\times5-1}{5}}{\frac{6\times5-1}{6}}\times\cdots\times\dfrac{\frac{2016\times2015-1}{2015}}{\frac{2016\times2015-1}{2016}}\times\dfrac{\frac{2017\times2016+1}{2016}}{\frac{2017\times2016+1}{2017}}=\frac{3}{2}\times\frac{4}{3}\times\frac{5}{4}\times\frac{6}{5}\times\cdots\times\frac{2016}{2015}\times\frac{2017}{2016}=\frac{2017}{2}$。

四、繁分数

分子和分母中还含有分数和四则混合运算的分数叫作繁分数，通常无法应用运算定律和运算性质进行计算，因此繁分数的运算过程就是化简的过程，要分别对分子和分母逐步进行运算，其间需要扎实的基本功；概念清楚，运算迅速正确，而且还需要探索和掌握一些灵活的解题方法，化“繁”为“简”。

[例1]计算：$\dfrac{3.875\times\frac{1}{5}+38.75\times0.09-0.155\div0.4}{2\frac{1}{6}\times\left[\left(4.32-1.68-1\frac{8}{25}\right)\times\frac{5}{11}-\frac{2}{7}\right]\div1\frac{9}{35}+1\frac{11}{24}}$。

答案：原式 $=\dfrac{3.875\times0.2+3.875\times0.9-0.155\times2.5}{\frac{13}{6}\times\left[(4.32-1.68-1.32)\times\frac{5}{11}-\frac{2}{7}\right]\times\frac{35}{44}+1\frac{11}{24}}$

$=\dfrac{3.875\times0.2+3.875\times0.9-0.3875}{\frac{13}{6}\times\left(1.32\times\frac{5}{11}-\frac{2}{7}\right)\times\frac{35}{44}+1\frac{11}{24}}=\dfrac{3.875\times(0.2+0.9-0.1)}{\frac{13}{6}\times\left(0.12\times5-\frac{2}{7}\right)\times\frac{35}{44}+1\frac{11}{24}}$

$=\dfrac{3.875}{\frac{13}{6}\times\frac{11}{35}\times\frac{35}{44}+1\frac{11}{24}}=\dfrac{3.875}{\frac{13}{6\times4}+1\frac{11}{24}}=\dfrac{3.875}{2}=1.9375$。

[例2]计算：$\dfrac{\frac{1}{1}+\frac{1}{3}}{\frac{1}{1}\times\frac{1}{2}\times\frac{1}{3}}+\dfrac{\frac{1}{2}+\frac{1}{4}}{\frac{1}{2}\times\frac{1}{3}\times\frac{1}{4}}+\dfrac{\frac{1}{3}+\frac{1}{5}}{\frac{1}{3}\times\frac{1}{4}\times\frac{1}{5}}+\cdots+\dfrac{\frac{1}{9}+\frac{1}{11}}{\frac{1}{9}\times\frac{1}{10}\times\frac{1}{11}}$。

答案：因为 $\dfrac{\frac{1}{1}+\frac{1}{3}}{\frac{1}{1}\times\frac{1}{2}\times\frac{1}{3}}=\dfrac{\frac{4}{3}}{\frac{1}{6}}=2\times4$，$\dfrac{\frac{1}{2}+\frac{1}{4}}{\frac{1}{2}\times\frac{1}{3}\times\frac{1}{4}}=\dfrac{\frac{3}{4}}{\frac{1}{24}}=3\times6$，…，

所以原式 $=2\times4+3\times6+4\times8+5\times10+6\times12+7\times14+8\times16+9\times18+10\times20=2\times(2^2+3^2+\cdots+10^2)=2\times(10\times11\times21\div6-1^2)=768$。

五、分数和百分数应用题

分数、百分数应用题有一个显著的特点：每一个具体的实际数量对应着一个分率(几分之几或百分之几)，每一个分率也总有一个具体的实际数量和它对应。乘法，先要抓准所求问题和已知条件中的分率的对应，然后再求分率所对应的具体数量；除法，要抓住已知条件中所给的具体数量和分率的对应，然后求出单位“1”。简单地讲，解答较难的分数、百分数应用题，一定要找准单位“1”和对应分率这“两件宝”。

考法揭秘

分数、百分数问题常用的解题方法

1. 转化法

一道数学应用题如果用某种方法难以解决，或者计算比较繁琐，我们可根据知识间的内在联系，恰当地转化题目中的数量关系，把一种问题转化成另一种问题，往往能化难为易。

复杂的分数应用题，常常含有几个不同的单位“1”，根据题目的具体情况，将不同的单位“1”转化成统一的单位“1”，使隐蔽的数量关系明朗化。转化的方法：从分数的意义出发，把分数变成份数进行“率”的转化；直接运用分率计算，进行“率”的转化；通过恒等变形，进行“率”的转化。

2. 逆推法

在分数、百分数的应用题中有两个以上的单位“1”，虽然用分率的转化也能计算，但比较复杂，如果用逆推法解答，则比较简便；另外，有的题目用分率的转化很难计算，而必须用逆推法才能解答。

3. 假设法

假设法解题的思考方法是先通过假设来改变题目的条件，然后再和已知条件配合推算。运用假设法时，可以假设数量增加或减少，从而与已知条件产生联系；也可以假设某个量的分率与另一个量的分率一样，再根据乘法分配律求出这个分率对应的和，最后依据它与实际条件的矛盾来求解。

[**例**]一条公路修了1000米后，剩下部分比全长的$\frac{3}{5}$少200米，这条公路全长多少米？

答案：由题意知，假设少修200米，也就是修$1000-200=800$（米），那么剩下部分正好是全长的$\frac{3}{5}$，因此已修的800米占全长的$\left(1-\frac{3}{5}\right)$，所以这条公路全长为$(1000-200)\div\left(1-\frac{3}{5}\right)=2000$（米）。

答：这条公路全长2000米。

4. 图解法

图解法是我们在解答分数、百分数应用题时常用到的一种解题方法，即在了解题目中的条件和所求的问题以后，用图表示出来，这样便于看清题目的数量关系，寻找解题方法。

[**例**]有一书架，上层书架的图书占总数的$\frac{2}{5}$，若从下层拿出16本放入上层书架，则两层的书本数就相等，求书架共有图书多少本？

答案：从下层拿出16本书放入上层后两层书本数相等，则原来的下层就比上层多16×2本书，

那么书架共有图书$16\times2\div\left(1-\frac{2}{5}-\frac{2}{5}\right)=160$（本）。

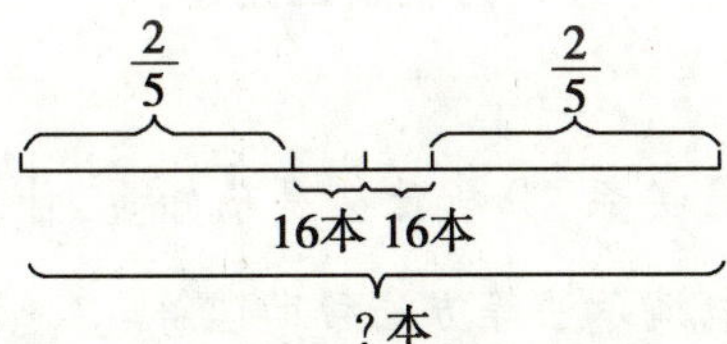

答：书架共有图书160本。

5. 其他

当工程应用题和分数应用题混合在一起时，主要利用工程应用题的特点：工作总量、工作效率和工作时间之间的关系来解答。

第二部分

招教体验

1. [**2021 年 1 月杭州，填空，3′**]师徒二人共同加工 170 个零件，师傅加工零件个数的$\frac{1}{3}$比徒弟加工零件个数的$\frac{1}{4}$还多 10 个，那么师傅加工了________个零件。

答案：90。设师傅加工零件个数为 x 个，由题意得$\frac{1}{3}x-\frac{1}{4}(170-x)=10$，解得 $x=90$，故师傅加工了 90 个零件。

2. [**2019 年 1 月杭州，填空，3′**]唐代大诗人李白经常饮酒赋诗，下面这首《李白买酒》诗是一道极其有趣的数学题："李白街上走，提壶去买酒。遇店加一倍，见花饮一斗。三遇店和花（先遇店，再遇花，重复三次），喝光壶中酒。请君猜一猜，壶中原有酒。"请问壶中原有酒________斗。

答案：0.875。用逆推法，根据题意，"三遇店和花，喝光壶中酒"，当李白遇见最后一朵花时，喝了 1 斗，他每次遇见一个店，壶里的酒就加一倍，则他遇见最后一个店前，酒壶里还有酒 $1\div2=0.5$ 斗；当他遇见第二朵花前，酒壶里应该有酒 $0.5+1=1.5$ 斗，遇见第二个店前，酒壶里应该有酒 $1.5\div2=0.75$ 斗；当他遇见第一朵花前，酒壶里有酒 $0.75+1=1.75$ 斗，遇见第一个店前，即出发前，酒壶里有酒 $1.75\div2=0.875$ 斗。

3. [**2018 统考，解答，5′**]一辆汽车从甲城开往乙城，如果把车速提高 20%，可比原定时间提早 1 小时到达，如果按原速行驶 120 千米后，再提速 25%，可提前 40 分钟到达，求甲乙两地的距离。（用算术方法求解）

答案：由题意得，原来的车速和提高后车速的比是 $1:(1+20\%)=5:6$，车速提高 20% 后时间减少：$1-1\div(1+20\%)=\frac{1}{6}$，可得计划用时为：$1\div\frac{1}{6}=6$（小时）

车速提高 25%，则时间减少：$1-1\div(1+25\%)=\frac{1}{5}$，$\frac{1}{5}\times6=\frac{6}{5}$（小时），而实际提前：40 分 $=\frac{2}{3}$小时，相差：$\frac{6}{5}-\frac{2}{3}=\frac{8}{15}$小时，所以全程为：$120\div\left(\frac{8}{15}\div\frac{6}{5}\right)=120\div\frac{4}{9}=270$（千米）。

考法揭秘

列方程解应用题

1. 列方程解应用题的一般步骤

①审，审题。就是弄清题意和数量关系，分析什么是已知量，什么是未知量，要求的是什么。可采用线段图示法、列表法、直观模型法、实物演示法等方法帮助理解。

②设，设未知数。一般是采取直接设元法，即题目中求什么，就设什么为未知数，也可以采取间接设元法和辅助设元法。

③找，找相等关系。充分利用题目中所给出的已知条件，根据分析，找出能够表示题目全部含义的一个相等关系，这是关键一步。

④列,列方程。把文字表示的相等关系用符号进行表示。

⑤解,解方程。求出未知数的值。

⑥验,检验。检验所求的未知数的值是否使代数式无意义或无实际意义。

2. 列方程解应用题的方法

①综合法:先把应用题中已知数(量)和所设未知数(量)列成有关的代数式,再找出它们之间的等量关系,进而列出方程。这是从部分到整体的一种思维过程,其思考方向是从已知到未知。

②分析法:先找出等量关系,再根据建立等量关系的具体需要,把应用题中已知数(量)和所设的未知数(量)列成有关的代数式进而列出方程。这是从整体到部分的一种思维过程,其思考方向是从未知到已知。

招教体验

1. [**2020 年 1 月杭州,填空,3′**]某只袋中装有若干个红色或黄色的小球,小红第一次摸出两个红球。黄老师说:“剩下的红球是黄球的$\frac{3}{5}$”,把球放回后,再摸一次是一红一黄,黄老师说:“剩下的红球是黄球的$\frac{2}{3}$”。袋中原来共有________个球。

答案:42。设黄球个数为 x,则红球个数为$\frac{3}{5}x+2$。由题意得$\left(\frac{3}{5}x+2\right)-1=\frac{2}{3}(x-1)$,解得 $x=25$,则袋中原来有球 $25+\frac{3}{5}\times25+2=42$ 个。

2. [**2020 年 1 月杭州,解答,6′**]某书店老板去图书馆批发市场购买某种图书,第一次购买书共用去 100 元,按该书定价 2.8 元出售,很快售完。第二次购书时,每本的批发价比第一次增多 0.5 元,共用去 150 元,所购数量比第一次多 10 本,当这批书售出$\frac{4}{5}$时出现滞销,便以定价的 5 折售完剩余图书。试问该老板第二次售书是赔钱还是赚钱?若赔,赔多少?若赚,赚多少?

答案:设第二次购书 x 本,则第一次购书 $(x-10)$ 本,根据题意得$\frac{100}{x-10}+0.5=\frac{150}{x}$,化简得 $x^2-110x+3000=0$,解得 $x_1=50$,$x_2=60$。经检验,$x_1=50$,$x_2=60$ 都是方程的根。

当 $x=50$ 时,每本书的批发价为 $150\div50=3$(元),高于书的定价,不合题意,舍去;当 $x=60$ 时,符合题意,故第二次购书 60 本。

则 $2.8\times60\times\frac{4}{5}+2.8\times0.5\times60\times(1-\frac{4}{5})=151.2$(元),则 $151.2-150=1.2$(元),故赚了 1.2 元。

第二部分

六、浓度问题

浓度问题

与溶质、溶剂、溶液、浓度有关的问题，统称为浓度问题，这是小学数学应用题中的一个重要内容。对于任何溶液，它有四个量：溶质质量、溶剂质量、溶液质量以及浓度，这四个量由其中任两个量确定。

溶质、溶剂、溶液及浓度满足以下基本的关系式：

溶质质量 + 溶剂质量 = 溶液质量；

浓度 $=\frac{\text{溶质质量}}{\text{溶液质量}}\times 100\%$；

$1-$浓度 $=\frac{\text{溶剂质量}}{\text{溶液质量}}$。

考法揭秘

浓度问题的解题技巧

1. 溶剂增加或减少引起的浓度变化。解题关键是溶质是不变的。

2. 溶质增加引起的浓度的变化。解题关键是溶剂是不变的。

3. 两种或几种不同浓度的溶液配比问题。解题关键是混合前后各溶液的溶质与混合后溶液的溶质质量相等。

具体解答浓度问题的时候，通常会按照基本公式或使用十字相乘法、列方程等方法求解。

招教体验

1. [2021 年 1 月杭州，单选，3′]有甲、乙两瓶盐水，甲瓶盐水的浓度为 8%，乙瓶盐水的浓度为 5%，两瓶盐水混合后浓度为 6.2%。那么，四分之一的甲瓶盐水和六分之一的乙瓶盐水混合后的浓度为(　　)

A. 7.5%　　B. 5.5%

C. 6%　　D. 6.5%

答案：D。设甲瓶盐水的质量为 x，乙瓶盐水的质量为 y。由题意得$\frac{8\%x+5\%y}{x+y}=6.2\%$，化简得 $x=\frac{2}{3}y$。第二次混合后浓度为$\frac{\frac{1}{4}x\times 8\%+\frac{1}{6}y\times 5\%}{\frac{1}{4}x+\frac{1}{6}y}$，将 $x=\frac{2}{3}y$ 代入得，原式 $=\frac{\frac{1}{50}\times\frac{2}{3}y+\frac{1}{120}y}{\frac{1}{3}y}=6.5\%$。

2. [2018 年 5 月杭州，解答，6′]两个杯中分别装有浓度为 40% 与 10% 的食盐水，倒在一起后混合食盐水的浓度为 30%；若再加入 300 克 20% 的食盐水，则浓度变为 25%。那么原有浓度为 40% 的食盐水多少克？

答案：设原有的 40% 的食盐水有 x 克，原有的 10% 的食盐水有 y 克，由题意列方程组得：

$$\begin{cases}\dfrac{40\%x+10\%y}{x+y}=30\%,\\ \dfrac{30\%(x+y)+300\times20\%}{x+y+300}=25\%,\end{cases}\text{解得}\begin{cases}x=200,\\ y=100。\end{cases}$$

答:原有浓度为40%的食盐水200克。

3. [2018年1月杭州,解答,6′]有含盐率为20%的盐水600克,加入多少克水就能制成含盐率为12%的盐水?

答案:设加入x克水就能制成含盐率为12%的盐水。由题意列出方程:$\dfrac{600\times20\%}{600+x}=12\%$,解得$x=400$。

答:加入400克水就能制成含盐率为12%的盐水。

七、利润与利息

与利息相关的问题常见的是百分率问题,因为利润不仅表示买入价(进价或成本)与卖出价的差价,还更多地用百分率表示:

$$\frac{\text{卖出价}-\text{成本}}{\text{成本}}\times100\%=\text{利润率}。$$

与利润相关的生活中的问题,常用“打折”来表示,“几折”就是百分之几十。

利润和利息包括利息与利率相关的百分数问题:本金×利率×时间=利息。利率指一定时期内利息占本金的百分之几。所以,利润和利息相关的问题也是常见的百分数问题。

[**例1**]张伯伯将一笔钱存入银行,定期2年,到期利息是1125元,本利和是26125元,年利率是多少?

答案:设年利率是x,则$(26125-1125)\times x\times2=1125$,解得$x=0.0225$。

所以年利率是$0.0225\times100\%=2.25\%$。

答:年利率是2.25%。

[**例2**]某银行定期储蓄的种类和利率如下图所示,假如你有10000元钱,想存4年,那么你最多可以得到多少元利息?(注意:存款到期取出后可连本带息一起再存)

存期	年利率	到期利率
1	0.01098	0.01098
2	0.01170	0.02340
3	0.01224	0.03672

答案:根据乘法交换律可知,存期排列顺序与利息无关。故只有四种存法:①四次一年期;②两次一年期,一次两年期;③一次一年期,一次三年期;④两次两年期。注意到$(1+0.01098)\times(1+0.01098)\approx1.02208<1+0.02340$,即连续存两次一年期的收益小于存一次两年期的收益,因此①、②两种存法不如④合

算。经计算可知，存法③能获利 1.01098 × 1.03672 − 1 ≈ 0.04810，存法④能获利 1.02340 × 1.02340 − 1 = 0.04734。故存法③可获得最大收益，将得到利息约 10000 × 0.04810 = 481(元)。

八、植树与方阵问题

1. 植树问题

	植树问题一	植树问题二	植树问题三	植树问题四
基本类型	在直线或者不封闭的曲线上植树，两端都植树	在直线或者不封闭的曲线上植树，两端都不植树	在直线或者不封闭的曲线上植树，只有一端植树	封闭曲线上植树
基本公式	棵数 = 段数 + 1 棵距 × 段数 = 总长	棵数 = 段数 − 1 棵距 × 段数 = 总长	棵数 = 段数 棵距 × 段数 = 总长	
解题关键思路	确定所属类型，从而确定棵数与段数的关系			

2. 方阵问题

方阵其实是一种队形，一个团队排队，横着排叫行，竖着排叫列，若行数与列数都相等，正好排成一个正方形，这种队形就叫作方阵。

方阵一般分两类：**实心方阵**和**空心方阵**。中心区域没有空缺的方阵称为实心方阵。如下左图所示，是一个最外层每边人数为 5 的实心方阵。

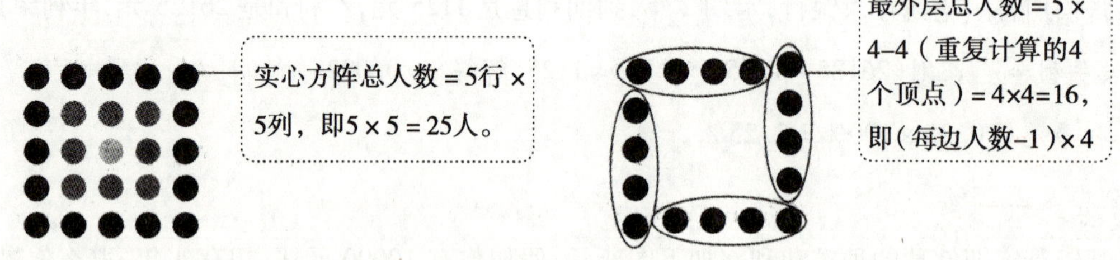

实心方阵（最外层每边人数为 N 人）核心公式：

方阵最外层总人数 = (最外层每边人数 − 1) × 4　　　　方阵总人数 = N^2

实心方阵内部缺少几层便是空心方阵，如下左图所示。

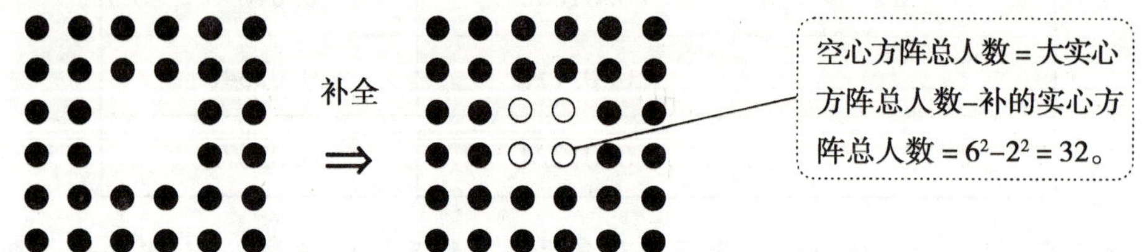

空心方阵（最外层每边人数为 N 人）核心公式：

总人数 = (最外层每边人数 N − 层数) × 层数 × 4

注:方阵中,从外到里,每边人数依次减少 2,每层人数依次减少 8。特殊地,当方阵最里层人数为 1 时,第二层人数为 8,两层相差 7。

[**例 1**]为了迎接“六一”儿童节,某小学准备了团体体操表演,三年级学生排成的方阵为实心方阵,最外一层每边上的人数均为 16 人,求:

(1)实心方阵的总人数;

(2)实心方阵最外层的人数;

(3)若实心方阵外加一行一列仍为实心方阵,则需要增加的人数。

答案:(1)由于实心方阵的最外一层每边上的人数均为 16 人,则可知实心方阵为 16×16 的方阵,即实心方阵的总人数为 16×16=256(人)。

答:实心方阵的总人数为 256 人。

(2)实心方阵最外层都有 1 个人在拐角处,故 4 个拐角处有 4 个人,则实心方阵的最外层的总人数为 16×4-4=60(人)。

答:实心方阵最外层的人数为 60 人。

(3)若实心方阵的外层加一行一列,仍为实心方阵,则这一行一列要比原来最外层每行每列的人数多 1,即需加的人数为 17+16=33(人)。

答:需要增加的人数为 33 人。

[**例 2**]时钟 3 点敲 3 下,6 秒钟敲完。那么 7 点钟敲 7 下,(　　)秒钟敲完。

A. 10　　B. 12　　C. 14　　D. 18

答案:D。时钟敲 3 下,6 秒钟敲完,有 2 个间隔,则每隔 3 秒敲一下。7 点钟敲 7 下,有 6 个间隔,需 3×6=18(秒)敲完,故选 D。

九、工程问题

1. 基本概念

基本数量关系:工作效率×工作时间=工作总量。

基本特点:设工作总量为“1”,工作效率$=\frac{1}{\text{工作时间}}$。

基本方法:算术方法、比例方法、方程方法。

2. 工程问题

(1)两个人的工程问题:这里的“两个人”,也可以是两个组、两个队等两个集体。

(2)多人工程问题:我们说的多人,至少有 3 个人,当然多人问题要比 2 人问题复杂一些,但是解题的基本思路差不多。

招教体验

1. [2021 年 1 月杭州,单选,3′]A、B、C 三项工程的工作量之比为 1∶2∶3,由甲、乙、丙三个工程队分别承担,同时开工,若干天后,甲完成的工作量是乙未完成工作量的二分之一,乙完成的工作量是丙未完成的工作量的三分之一,丙完成的工作量等于甲未完成的工作量,则甲、乙、丙三个队的工作效率之比为(　　)

A. 1∶2∶3　　B. 2∶4∶3　　C. 5∶6∶3　　D. 4∶6∶3

答案:D。设甲、乙、丙的工作效率分别为$\frac{1}{a}$,$\frac{1}{b}$,$\frac{1}{c}$,三项工程的工作量分别为 1,2,3,设若干天为 k。k 天后,甲完成的工作量为$\frac{k}{a}$,未完成的工作量为 $1-\frac{k}{a}$;乙完成的工作量为$\frac{k}{b}$,未完成的工作量为 $2-\frac{k}{b}$;丙完成的工作量为$\frac{k}{c}$,未完成的工作量为 $3-\frac{k}{c}$。由题意得$\frac{k}{a}=\frac{1}{2}\left(2-\frac{k}{b}\right)$,$\frac{k}{b}=\frac{1}{3}\left(3-\frac{k}{c}\right)$,$\frac{k}{c}=1-\frac{k}{a}$,化简得$\frac{1}{a}+\frac{1}{2b}=\frac{1}{b}+\frac{1}{3c}=\frac{1}{c}+\frac{1}{a}$,即$\frac{1}{a}:\frac{1}{b}:\frac{1}{c}=4:6:3$。

2. [2020 年 1 月杭州,单,3′]有 A、B、C、D 四人一起计划平均完成一件工作,但是 D 做了一天就因病请假了,结果 A 做了 6 天,B 做了 5 天,C 做了 4 天,D 作为休息的代价,拿出 750 元给 A、B、C 三人作为报酬,若按天数计算劳务费,则这 750 元中 A 能够分到(　　)元。

A. 300　　B. 250　　C. 500　　D. 600

答案:C。完成这项工作四人一共做了 $1+6+5+4=16$ 天,即平均每个人需做 4 天。A 多做了 2 天,B 多做了 1 天,C 没有多做。则 A 可得 $750\times\frac{2}{2+1}=500$ 元。故本题选 C。

3. 水管问题

从数学的角度来看,水管问题与工程问题是一样的,水池的注水或排水相当于一项工程,注水量或排水量就是工作量,单位时间里的注水量或排水量就是工作效率,至于注入与排出的问题,仅是工作量的加减。其核心解题公式如下:

实际进水效率 = 进水管效率 - 排水管效率

实际排水效率 = 排水管效率 - 进水管效率

[例]一个水池上装有 3 根水管。甲管为进水管,乙管为出水管,20 分钟可将满池水放完,丙管也是出水管,30 分钟可将满池水放完。现在先打开甲管,当水池水刚溢出时,打开乙、丙两管用了 18 分钟放完,当打开甲管注满水时,再打开乙管,而不开丙管,多少分钟将水放完?

答案:$\frac{1}{\left(\frac{1}{20}+\frac{1}{30}\right)}=12$ 表示乙、丙合作将满池水放完需要的分钟数,则$\frac{1}{12}$表示乙、丙合作的效率,即每分钟的放水量。

18 - 12 = 6 表示乙、丙合作将满池水放完后，还多放了6分钟的水，也就是甲18分钟进的水。

$(\frac{1}{12}\times6)\div18=\frac{1}{36}$表示甲每分钟的进水量，

则当打开甲管注满水时，再打开乙管，而不开丙管，将水放完所需时间为$1\div\left(\frac{1}{20}-\frac{1}{36}\right)=45$（分钟）。

答：当打开甲管注满水时，再打开乙管，而不开丙管，将水放完需要45分钟。

4. 牛吃草问题

对于同一片草地，由于每头牛吃草的速度不变，所以牛头数越多（少），草能够吃的天数越少（多）。假设每头牛每天吃草的速度为"1"份，由此我们可以总结出解决牛吃草问题常用到的四个基本公式，分别是：

①草的生长速度 = 某时间段内草生长的量 ÷ 对应的天数 =（草能够吃的较多天数 × 相应的牛头数 - 草能够吃的较少天数 × 相应的牛头数）÷ 天数差；

②原有草量 = 牛吃的总量 - 这段时间新生长的草的量 = 牛头数 × 吃的天数 - 草的生长速度 × 吃的天数；

③吃的天数 = 草量 ÷ 草每天减少的量 = 原有草量 ÷（牛头数 - 草的生长速度）；

④牛头数 = 原有草量 ÷ 吃的天数 + 草的生长速度。

牛吃草问题的难点在于草每天都在不断的生长，草的数量在不断地变化，关键是找出不变的量，即原有草量。其解题步骤如下：

①求出每天长草量；

②求出牧场原有草量；

③求出每天实际消耗原有草量（牛吃的草量 - 生长的草量 = 消耗原有的草量）；

④最后求出牛可吃的天数。

[**例**]有一片牧场的草，如果放牧27头牛，则6星期可以把草吃光；如果放牧23头牛，则9星期可以把草吃光；如果放牧21头牛，问几个星期可以把草吃光？

答案：设每头牛每星期的吃草量为1，

27头牛6个星期的吃草量为 27 × 6 = 162，这既包括牧场上原有的草，也包括6个星期长的草，

23头牛9个星期的吃草量为 23 × 9 = 207，这既包括牧场上原有的草，也包括9个星期长的草。

则每个星期草的生长量是(207 - 162) ÷ (9 - 6) = 15，牧场上原有的草量是 162 - 15 × 6 = 72，

因为每头牛每星期的吃草量为1，所以每个星期新长出的草可供15头牛吃，要放牧21头牛，还余下21 - 15 = 6头牛要吃牧场上原有的草，这个牧场上原有的草量被6头牛吃完的时间，就是21头牛吃完牧场上草的时间，72 ÷ 6 = 12（星期）。

答：放牧21头牛，12个星期可以把牧场上的草吃光。

十、行程问题

行程问题包括追及、行船、相遇问题，解题的关键是根据时间、速度、路程三个量之间的关系，计算相向、相背和同向运动的问题。

1. 追及问题

两个人（或车辆）同时从两地同向行驶，后面快的人（或车辆）经过一段时间赶上前面慢的人（或车辆），由此问题衍生出来的一类应用题称为追及问题。

基本数量关系：追及路程 = 速度差 × 追及时间；追及时间 = 追及路程 ÷ 速度差。

［**例**］小明和小华相约骑摩托车从甲地到一处游览胜地去玩。两人同时出发，小明的车每小时行 30 千米，小华的车每小时行 34 千米，途中，小华的车因故障耽误了 24 分钟，结果两人同时到达。问甲地和游览胜地之间的距离是多少千米？

答案：如果小华的车子不坏的话，当小明到达终点时，小华将会比小明多行 $34\times24\div60=13.6$ 千米，小华每小时比小明多行 $34-30=4$ 千米，多行 13.6 千米需要 $13.6\div4=3.4$ 小时，而实际上，小明行驶时间也是 3.4 小时，故总路程为 $30\times3.4=102$ 千米。

本题也可直接列方程求解。设路程为 S 千米，则可列方程 $\frac{S}{30}=\frac{S}{34}+\frac{24}{60}$，解得 $S=102$。

2. 流水问题

顺水行程 =（静水船速 + 水速）× 顺水时间；

逆水行程 =（静水船速 − 水速）× 逆水时间；

顺水速度 = 静水船速 + 水速；

逆水速度 = 静水船速 − 水速；

水速 =（顺水速度 − 逆水速度）÷ 2；

静水船速 =（顺水速度 + 逆水速度）÷ 2。

招教体验

［**2021 年 1 月杭州，填空，3′**］A 码头在 B 码头的上游，遥控舰模从 A 码头出发，在两个码头之间往返航行。已知舰模在静水中的速度是每分钟 200 米，水流的速度是每分钟 40 米。出发 20 分钟后，舰模位于 A 码头下游 960 米处，并向 B 码头行驶。则 A 码头和 B 码头之间的距离为________米。

答案：1536。往的总时间 + 返的总时间 + 顺水 960 米的时间 = 20 分钟。设两个码头之间的距离为 x 米，舰模往返 y 次，则可以得到方程 $\frac{x}{200+40}\times y+\frac{x}{200-40}\times y+\frac{960}{200+40}=20$，因为 $x>960$，y 为自然数，可以求得 $y=1$，$x=1536$，故 A 码头和 B 码头之间的距离为 1536 米。

3. 相遇问题

（1）直线运动：甲的路程 + 乙的路程 = 总路程。

(2)环形运动:甲的路程 + 乙的路程 = 环形周长。

招教体验

1. [2018 统考,单,3′]甲、乙两人从相距 33 千米的 A、B 两地出发,相向而行,甲每小时行 7 千米,乙每小时行 5 千米,两人相遇时经过的时间为(　　)

A. 2 点 3 刻　　　　B. 2 小时 45 分

C. 2.5 小时　　　　D. 以上都不对

答案:B。设甲、乙两人出发后 x 小时相遇,则 $7x+5x=33$,$x=2.75$(小时)=2 小时 45 分。

2. [2017 年 1 月杭州,填空,3′]甲、乙两人同时从 A 地到 B 地,12 分钟后甲到达 B 地立即返回,又过了 3 分钟与乙相遇,则甲与乙的速度比为(　　)

A. 4∶3　　　　B. 3∶4

C. 5∶3　　　　D. 5∶4

答案:C。甲、乙用 15 分钟合走了全程的两倍,甲用 12 分钟走了全程,设甲、乙的速度分别为 $v_{甲}$,$v_{乙}$,则 $15(v_{甲}+v_{乙})=2\times12v_{甲}$,整理可得 $v_{甲}:v_{乙}=5:3$。

十一、比和比例问题

1. 按比例分配问题的含义

所谓按比例分配,就是把一个数按照一定的比分成若干份。这类题的已知条件一般有两种形式:一是用比或连比的形式反映各部分占总数量的份数,另一种是直接给出份数。总份数 = 比的前后项之和。

2. 按比例分配问题数量关系

从条件看,已知总量和几个部分量的比;从问题看,求几个部分量各是多少。

3. 按比例分配问题解题思路和方法

先把各部分量的比转化为各占总量的几分之几,把比的前后项相加求出总份数,再求各部分占总量的几分之几(以总份数作分母,比的前后项分别作分子),再按照求一个数的几分之几是多少的计算方法,分别求出各部分量的值。

招教体验

1. [2019 年 1 月杭州,单,3′]如图,大小两个正方形中两个阴影三角形的面积比是 3∶1,那么空白部分的面积比是(　　)

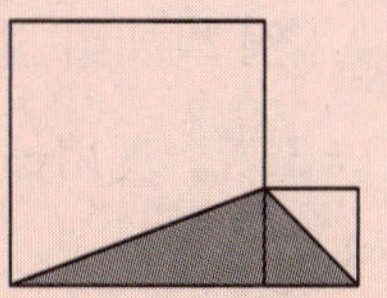

A. 6∶1　　　　B. 9∶1

C. 12∶1　　　　D. 15∶1

答案:D。设大正方形的边长为 x,小正方形的边长为 y,根据题意得,$\frac{1}{2}xy:\frac{1}{2}y^2=3:1\Rightarrow x=3y$,由以上关系式可得,两个正方形空白部分的面积比是 $\left(x^2-\frac{1}{2}xy\right):\frac{1}{2}y^2=15:1$。

2.[2017 年 1 月杭州,填空,3′]将一堆糖果全部分给甲、乙、丙三个小朋友,原计划甲、乙、丙三人所得糖果数的比是5∶4∶3,实际上甲、乙、丙三人所得糖果数的比为 7∶6∶5,其中一位小朋友比原计划多得了 15 块糖果,那么这位小朋友是________(填“甲”“乙”或“丙”),他实际所得的糖果数为________块。

答案:丙;150。原计划甲、乙、丙三人所得占总数的$\frac{5}{12}$,$\frac{4}{12}$,$\frac{3}{12}$,实际上三人所得占总数的$\frac{7}{18}$,$\frac{6}{18}$,$\frac{5}{18}$,比较分数可知乙没变,甲少了,丙多了。丙多了总量的$\frac{1}{36}$,也就是 15 个,因此总量为 36×15,丙实际所得糖果数为$36\times15\times\frac{5}{18}=150$(块)。

十二、圆的周长与面积

圆的周长和面积计算的基本方法是仔细观察,发现特点,找出内在的联系,常常通过图形割补、旋转、平移、等积变形等方法加以解决。需要精巧的构思和恰当的设计,把形象思维与抽象思维结合起来。

[**例 1**]如图,一个半径为 8 的轮子沿着一个半圆的直径滚动直到它撞到半圆上(半圆的半径为 25),问轮子不能接触到的直径有多长?

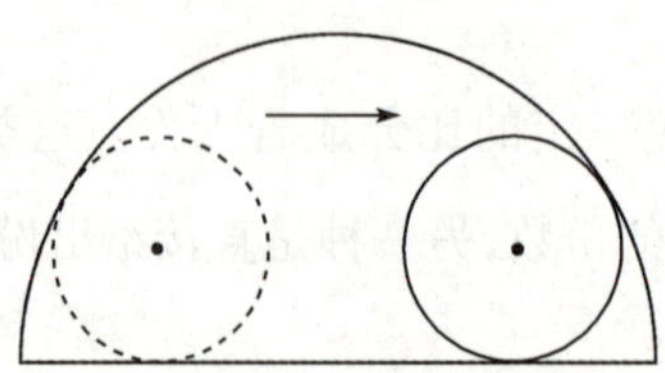

答案:如图,由题有 $OO_1=25-8=17$,$O_1A=8$,由勾股定理有 $OA^2=17^2-8^2=225=15^2$,$OA=15$,所以轮子不能接触到的直径长是$(25-15)\times2=20$。

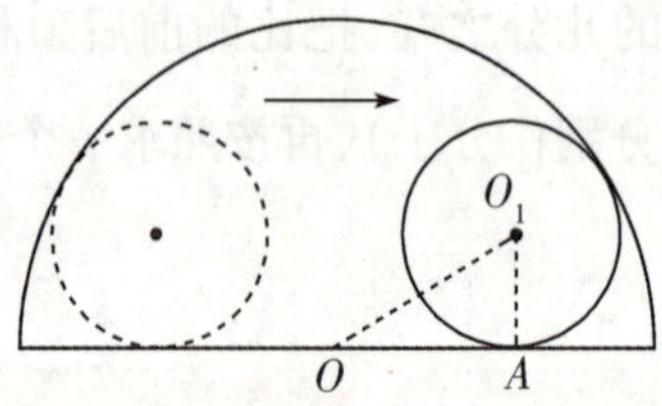

[**例 2**]如图,边长为 12 米的正方形池塘的周围是草地,池塘边 A、B、C、D 处各有一根木桩,且 $AB=BC=CD=3$ 米。现用长为 4 米的绳子将一头羊拴在其中的某根木桩上,为了使羊在草地上活动区域的面积最大,应将绳子拴在哪一处的木桩上?

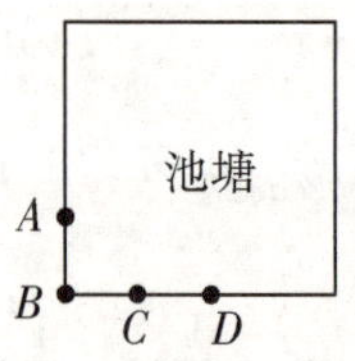

答案:如图,各图中阴影部分的面积即为将绳子分别拴在 A、B、C、D 处时羊的活动区域,图(1)中阴影部分

分面积为一个半径为 4 m 的半圆加上一个圆心角 90°，半径为 1 m 的小扇形面积之和；图(2)中阴影部分的面积为一个半径为4m的半圆加上一个圆心角为 90°，半径为4m的大扇形面积之和；图(3)中阴影部分面积与图(1)阴影部分面积相等；图(4)中阴影部分面积为一个半径为 4m 的半圆面积。这样，不用计算就能发现：$S_{阴影2} > S_{阴影1} = S_{阴影3} > S_{阴影4}$。

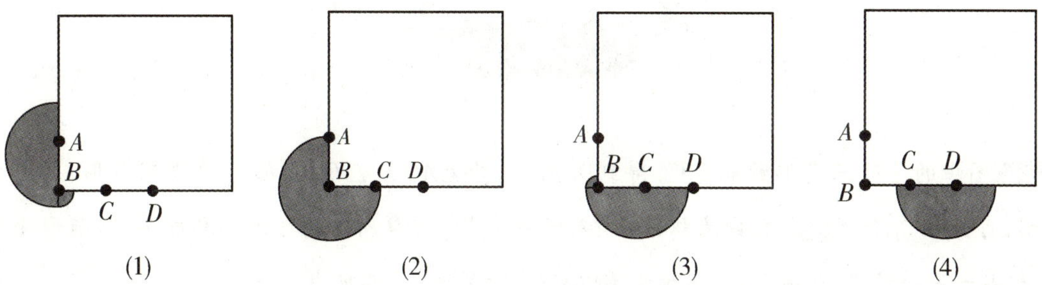

十三、扇形

扇形是圆的一部分，它是由圆心角的两条半径和圆心角所对的弧围成的图形，扇形的大小由它的半径和弧所对的圆心角的大小决定。因为扇形是圆的一部分，所以扇形的弧长和面积的计算方法就从圆周长和面积的计算方法中引申出来：

设扇形的圆心角是 n 度，则

扇形的弧长计算公式：$L = \frac{n}{360} \times 2\pi r = \frac{n}{180} \times \pi r$；

扇形的面积计算公式：$S = \frac{n}{360} \times \pi r^2 = \frac{1}{2}Lr$。

一些特殊角的扇形可以看作是$\frac{1}{6}$、$\frac{1}{4}$、$\frac{1}{3}$、$\frac{3}{4}$、…的圆来计算。

[例 1]如图，扇形 ABD 的半径是 4 厘米，阴影部分②比阴影部分①大 6.56 平方厘米，求直角梯形 $ABCD$ 的面积。(π 取 3.14)

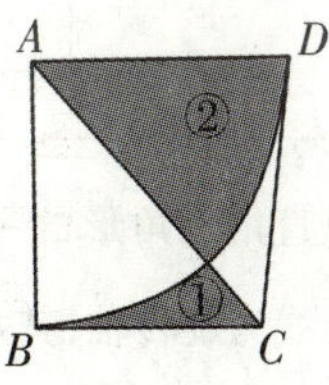

答案：$S_{\triangle ABC} = \frac{1}{4}\pi \times 4^2 - 6.56 = 6$(平方厘米)，$BC = 6 \times 2 \div 4 = 3$(厘米)，$(4+3) \times 4 \div 2 = 14$(平方厘米)。

答：直角梯形 $ABCD$ 的面积为 14 平方厘米。

[例 2]传说古老的天堂国有一座钟楼，钟楼上有一座大钟，这座大钟的钟面有 10 平方米。每当太阳西下，钟面就会出现奇妙的阴影(如图)，那么，阴影部分的面积是多少平方米？(π 取 3.14)

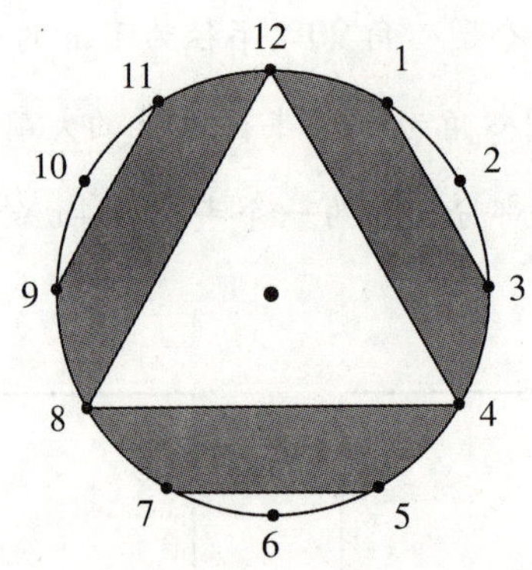

答案:将原图中的等边三角形旋转30°,得到如图,因为△AOD、△BOD都是等边三角形,所以四边形$AOBD$是菱形,可知$S_{\triangle AOB}=S_{\triangle ADB}$,又因为弦$AD$所对的弓形与弦$BD$所对的弓形面积相等,则扇形$AOB$中的阴影部分面积占一半。同理,在扇形$AOC$,扇形$BOC$中,阴影部分面积也占一半。

所以,阴影部分面积占圆面积的一半,为$10\div2=5$(平方米)。

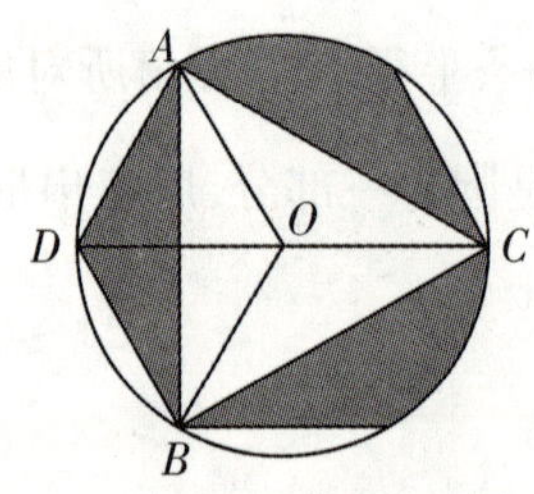

十四、圆柱和圆锥

	圆柱	圆锥	圆台
图形	轴 底面 O' A' 侧面 母线 底面 O A	轴 S 顶点 母线 侧面 O 底面 A	母线 侧面 轴 底面 A O B
定义	以矩形的一边所在直线为旋转轴,其余三边旋转一周形成的面所围成的旋转体叫作圆柱	以直角三角形的一条直角边所在直线为旋转轴,其余两边旋转一周形成的面所围成的旋转体叫作圆锥	用平行于圆锥底面的平面去截圆锥,底面与截面之间的部分叫作圆台
结构特征	(1)两底面相互平行; (2)母线平行于圆柱的轴; (3)侧面展开图是一个矩形	(1)底面是圆; (2)侧面展开图是一个扇形; (3)母线交于圆锥的顶点	两底面相互平行

续表

	圆柱	圆锥	圆台
公式	$S_{侧}=2\pi rh$（r 是底面半径，h 是高）； $S_{表}=2\pi r(r+l)$（r 是底面半径，l 是母线长） $V=\pi r^2h$（r 是底面半径，h 是高）	$S_{侧}=\pi rl$（r 是底面半径，l 是母线长）； $S_{表}=\pi r(r+l)$（r 是底面半径，l 是母线长） $V=\frac{1}{3}\pi r^2h$（r 是底面半径，h 是高）	$S_{表}=\pi(r'^2+r^2+r'l+rl)$（$r'$，$r$ 分别为上、下底面半径，l 为母线长） $V=\frac{1}{3}\pi h(r'^2+r'r+r^2)$（$r'$，$r$ 分别为上、下底面半径，h 是高）

招教体验

［**2019 年 1 月杭州，解答，6′**］如图，厚度为 0.25 毫米的铜版纸被卷成一个高 1 米的空心圆柱（纸卷得很紧，没有空隙），它的外直径是 120 厘米，内直径是 60 厘米。（π 取 3.14）

（1）空心圆柱的底面积是多少平方厘米？

（2）这卷铜版纸的总长是多少米？

答案：（1）空心圆柱的底面积为：$\pi\times\left[\left(\frac{120}{2}\right)^2-\left(\frac{60}{2}\right)^2\right]=3.14\times2700=8478$（平方厘米）。

（2）由题意知，这卷铜版纸的层数：$(120-60)\times10\div0.25\div2=1200$（层），这卷铜版纸的平均直径：$\frac{(120+60)}{2}=90$（厘米）$=0.9$（米），这卷铜版纸的平均周长：$0.9\times3.14=2.826$（米），这卷铜版纸的长度即总周长：$2.826\times1200=3391.2$（米）。

答：空心圆柱的底面积为 8478 平方厘米，这卷铜版纸的总长为 3391.2 米。

考法揭秘

立体图形的体积问题解题技巧

解答立体图形的体积问题时，要注意以下几点：

（1）物体沉入水中，水面上升部分的体积等于物体的体积。把物体从水中取出，水面下降部分的体积等于物体的体积。这是物体全部浸没在水中的情况。如果物体不全部浸在水中，那么排开水的体积就等于浸在水中的那部分物体的体积。

（2）把一种形状的物体变为另一种形状的物体后，形状变了但它的体积保持不变。

（3）求一些不规则形体的体积时，可以通过变形的方法求体积。

（4）求与体积相关的最大值、最小值时，要大胆想象，多思考多尝试，防止思维定势。

招教体验

1. [2021 年 1 月杭州,解答,6′]在 AB 一段公路上,甲骑自行车从 A 往 B,乙骑摩托车从 B 往 A,他们同时出发,经过 80 分钟两人相遇,乙到 A 后马上折回,在第一次相遇后 40 分钟追上甲,乙到 B 地后马上返回,再过多少时间甲与乙再相遇?

答案:由题意得截去的几何体为 8 个全等的三棱锥。$(9-9\times\frac{1}{3}\times2)\times12+8\times3\times\sqrt{3^2+3^2}=(36+72\sqrt{2})$ dm,所以几何体的棱长总和为 $(36+72\sqrt{2})$ dm。$V_{正方体}-8V_{三棱锥}=9^3-8\times3\times3\times\frac{1}{2}\times3\times\frac{1}{3}=693\text{dm}^3$,所以几何体的体积为 693dm^3。

2. [2020 年 1 月杭州,填空,3′]如下图,一个底层半径是 1 分米的圆柱形玻璃杯内盛有一些水,恰好占杯子容量的 $\frac{2}{5}$,现将两个同样大小的铁球沉入水中,这时水面上升了 6 厘米,刚好与杯口齐平。这个杯子容积是________立方分米。(圆周率取 3.14)

答案:3.14。本由题意放入铁球后,水面上升 6 厘米,且与杯口齐平,则增加体积为 $V_1=0.6\times\pi\times1^2$,水的体积为 $V_2=\frac{2}{5}V_{杯}$,则 $V_1+V_2=V_{杯}$,得 $V_{杯}=1\pi=3.14$,则杯子的容积为3.14立方分米。

十五、加法、乘法原理和容斥原理

1. 计数原理的概念

(1)分类加法计数原理

做一件事情,完成它可以有 ***n* 类办法**,在第一类办法中有 m_1 种不同的方法,在第二类办法中有 m_2 种不同的方法,……,在第 n 类办法中有 m_n 种不同的方法。那么完成这件事共有 $N=m_1+m_2+\cdots+m_n$ 种不同的方法。

(2)分步乘法计数原理

做一件事情,完成它需要分成 ***n* 个步骤**,第一步有 m_1 种不同的方法,第二步有 m_2 种不同的方法,……,第 n 步有 m_n 种不同的方法,那么完成这件事有 $N=m_1\cdot m_2\cdot\cdots\cdot m_n$ 种不同的方法。

[**例 1**]如图,马从点 A 按照"马走日"到 B,至少走几步?如此步数有几种走法?

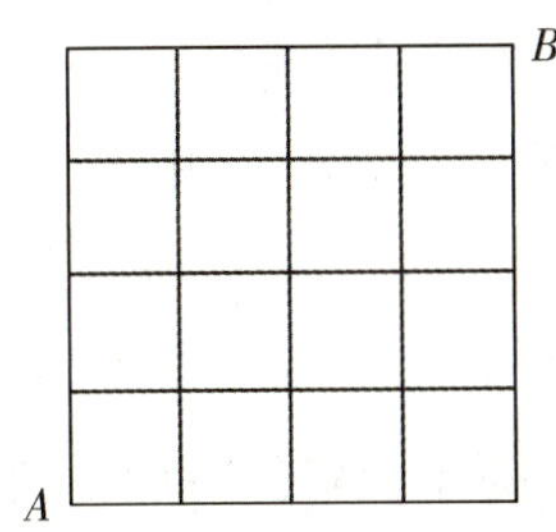

答案:如图,经试验可知至少 4 步,按照 4 步走,第一步只能从 A 走到点"×"有 2 种走法,第四步只能从点"○"走到点 B 有两种走法,第二、三步从一个点"×"到一个点"○"有两种方法。共有 $2\times2\times2=8$ 种方法。

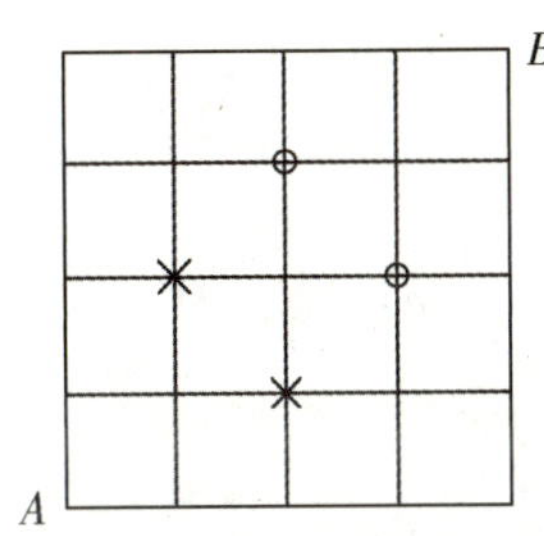

[**例 2**]M 博士有 6 个宝箱,编号为 1、2、3、4、5、6,每个宝箱对应有一把钥匙,6 把钥匙各不相同。现在每个宝箱放进一把钥匙并锁好,然后先用斧头破开 1 号和 2 号宝箱,可以取出钥匙去开钥匙对应宝箱上的锁,如果最终能把 6 把锁都打开,则说这是一种放钥匙的"妙"方法,那么"妙"的方法共多少种?

答案:240。思路一:分析设 6 个宝箱对应钥匙的编号为 A、B、C、D、E、F,则①有 2 个或以上箱子放入自己对应钥匙时,其他无法打开。②几个(少于 6 个)箱子的钥匙形成循环,也无法打开。

所以,除去上述的情况还有以下两种情况:

(ⅰ)1、2 号宝箱放入 A、B 中一把,假定为 A。第一步:$A\to2$ 种,另一宝箱$\to4$ 种,$2\times4=8$(种);

第二步:1、2 号中的钥匙对应宝箱→3 种放法;

上面宝箱中钥匙对应宝箱→2 种;

前面宝箱中钥匙对应宝箱→1 种放法;

最后宝箱中放入的只有 A 或 B 则 $3\times2\times1=6$(种);

一共 $8\times6=48$(种),同理,放 B 也有 48 种,则 $48+48=96$(种)。

(ⅱ)1、2 号宝箱中既不放 A,也不放 B。

第一步:1、2 中放钥匙→$4\times3=12$(种);

第二步:用 1、2 号宝箱中钥匙开对应宝箱,这两个宝箱分三种情况:

①放入 A、B 就无法打开;②放入 A、B 中一个,$2\times2\times2=8$(种);

③A、B 都不放 $2\times1\times(2\times1)=4$(种),共有 $8+4=12$(种)。

则共有 $96+144=240$ 种方法。

思路二:把开箱的顺序排一行,"妙"法一定是包含 1~6 这 6 个数字的六位数,且以 1 或 2 开始。那么本题实际上是求首位是1或2且由1~6组成的六位数的个数，共2×5×4×3×2×1 = 240（个）。例如，132465表示开箱顺序是1→3→2→4→6→5。

2. 排列

（1）基本概念

排列：从n个不同元素中，任取$m(m\leq n)$个元素（这里的被取元素各不相同）按照一定的顺序排成一列，叫作从n个不同元素中取出m个元素的一个排列。

排列数：从n个不同元素中，任取$m(m\leq n)$个元素的所有排列的个数叫作从n个元素中取出m个元素的排列数，用符号A_n^m表示。

排列数公式：$A_n^m=n(n-1)(n-2)\cdots(n-m+1)=\dfrac{A_n^n}{A_{n-m}^{n-m}}=\dfrac{n!}{(n-m)!}$。

全排列：n个不同元素全部取出的排列。

阶乘：从自然数1到n的连乘积，记为$A_n^n=n!$，规定$0!=1$。

（2）排列数性质

$A_n^m=nA_{n-1}^{m-1}$；$A_n^m=mA_{n-1}^{m-1}+A_{n-1}^m$。

3. 组合

（1）基本概念

组合：从n个不同元素中，任取$m(m\leq n)$个元素（这里的被取元素各不相同）并成一组，叫作从n个不同元素中取出m个元素的一个组合。

组合数：从n个不同元素中，任取$m(m\leq n)$个元素的所有组合的个数叫作从n个元素中取出m个元素的组合数，用符号C_n^m表示。

组合与排列的区别：组合无序，排列有序。

组合数公式：$C_n^m=\dfrac{A_n^m}{A_m^m}=\dfrac{n(n-1)(n-2)\cdots(n-m+1)}{m!}=\dfrac{n!}{m!\,(n-m)!}(n,m\in \mathbf{N}_+,m\leq n)$。

（2）组合数性质

$C_n^m=C_n^{n-m}$；$C_{n+1}^m=C_n^m+C_n^{m-1}$；$C_n^m=\dfrac{n}{m}C_{n-1}^{m-1}$；

$C_n^m=C_r^mC_{n-r}^0+C_r^{m-1}C_{n-r}^1+\cdots+C_r^1C_{n-r}^{m-1}+C_r^0C_{n-r}^m$，规定$C_n^0=1$。

考法揭秘

排列组合问题的常见解题策略

1. 相邻问题捆绑法。题目中规定相邻的几个元素捆绑成一个组，当作一个大元素参与排列。

排列组合问题策略

［**例**］3位男生和3位女生共6位同学排成一排，若男生甲不站两端，且3位女生中有且仅有2位女生相邻，则不同的排法共有（　　）种。

A. 360　　B. 288　　C. 216　　D. 144

招教体验

[2018 年 1 月杭州，填空，3′]已知 $x^2=\overline{abc9}$，那么 x 的最小值与最大值之和是________。(x 为自然数，$\overline{abc9}$表示一个四位数)

答案：130。由于 $x^2=\overline{abc9}$是一个四位数，且是一个末位是 9 的完全平方数，则这个四位数最小是 33 的平方数，最大是 97 的平方数，故 x 的最小值与最大值之和为 130。

考法揭秘

进制数与十进制数之间的转化

(1)将十进制数转化为 k 进制数的方法是**除 k 取余法**。即：用 k 连续去除这个数或所得的商，一直到商为 0 为止，然后把每次所得的余数倒过来排成一个数，就是相应的 k 进制数。例如，十进制数 30 转化为二进制数：

```
2 | 30            余数
  2 | 15           0  ↑
    2 | 7          1  |
      2 | 3        1  |
        2 | 1      1  |
            0      1  |
```

把上式中各步所得的余数从下到上排列，得到 $30=11110_{(2)}$。

又如，十进制数 100 转化为八进制数，用类似的方法得到 $100=144_{(8)}$。

```
8 | 100      ↑
  8 | 12   4 |
    8 | 1  4 |
        0  1 |
```

(2)将一个 k 进制数转化为十进制数的方法：先将该 k 进制数写成不同数位上的数字与基数的幂的乘积之和的形式，再计算等式右边的值，就得到相应的十进制数。即：$a_na_{n-1}\cdots a_1a_{0(k)}=a_nk^n+a_{n-1}k^{n-1}+\cdots+a_1k^1+a_0k^0$。($0<a_n<k,0\leqslant a_{n-1},\cdots,a_1,a_0<k$)

例如，$11110_{(2)}=1\times2^4+1\times2^3+1\times2^2+1\times2^1+0=30$；又如 $144_{(8)}=1\times8^2+4\times8^1+4\times8^0=100$。

(3)小数之间的进位制转化。在这里以二进制与十进制小数的转化为例。

①十进制小数转换为二进制小数

一般需要将十进制数的整数部分与小数部分分开处理。

整数部分计算方法：除 2 取余法。

小数部分计算方法：**乘 2 取整法**。即用 2 乘十进制纯小数部分，所得积的小数点左边的数字(0 或 1)作为二进制表示法中的数字。

具体操作步骤如下：

A. 第一次乘法所得的整数部分为最高位；

B. 将第一次的结果去掉整数部分后再乘 2 得到第二位数字；

C. 如此循环继续，直到余下的纯小数部分为 0 或者满足所要求的精度为止。

D. 最后将每次得到的整数部分(0 或 1)按先后顺序从左到右排列即可得到对应的二进制小数。

a. 纯小数的转化

[例]将十进制小数 0.6875 转化为二进制小数。

答案：$0.6875\times2=1.375$(取 1)，$(1.375-1)\times2=0.75$(取 0)，$0.75\times2=1.5$(取 1)，$(1.5-1)\times2=1$(取 1)，$1-1=0$(结束)，由上可得 $0.6875_{(10)}=0.1011_{(2)}$。

b. 带有整数部分小数的转化。此种情况下，转化过程中需要运算步骤比较多时，转化的结果要根据精度的要求进行。

[例]将十进制小数 211.213 转化为二进制小数，小数部分精确到万分位。

答案：整数部分 $211_{(10)}=11010011_{(2)}$，

小数部分：$0.213\times2=0.426$(取 0)，$0.426\times2=0.852$(取 0)，$0.852\times2=1.704$(取 1)，$(1.704-1)\times2=1.408$(取 1)，

由上可知 $211.213_{(10)}=11010011.0011_{(2)}$。

②二进制小数转化为十进制小数

小数点前边的数，2 的幂与整数情况下的转化一样，是从 $0\sim n-1$；小数点后面的数，2 的幂是从 $-1\sim-n$。

例：$1101.1011_{(2)}=1\times2^3+1\times2^2+0\times2^1+1\times2^0+1\times2^{-1}+0\times2^{-2}+1\times2^{-3}+1\times2^{-4}=8+4+0+1+\frac{1}{2}+0+\frac{1}{2^3}+\frac{1}{2^4}=13+0.5+0.125+0.0625=13.6875$。

招教体验

1. [2019 统考，填空，3′]若 $8_{(10)}=1000_{(2)}$，则 $0.25_{(10)}=$______$_{(2)}$。

答案：0.01。$0.25_{(10)}=2\times10^{-1}+5\times10^{-2}=\frac{1}{4}=1\times2^{-2}=0.01_{(2)}$。

2. [2018 年 1 月杭州，解答，6′]$\overline{abc}$是一个十进制的三位数(a,b,c 可以是相同的数字，也可以是不同的数字)，把它改写成二进制后是一个七位数，而且这个七位数后六位是“$abcabc$”。这个十进制的三位数$\overline{abc}$是几?

答案：由于二进制七位数的最小值为1 000 000，其对应的十进制数为 64，二进制七位数的最大值为 1 111 111，其对应的十进制数为 127，因此，这个十进制数$\overline{abc}$应当在 64 ~ 127 之间，且 $a\neq0$。又这个二

进制七位数的后六位是$\overline{abcabc}$，所以这个二进制七位数是$\overline{1abcabc}$，且$0 \leqslant b, c \leqslant 1$（二进制中没有超过2的数）。$\overline{1abcabc}_{(2)} = 1\times2^6 + a\times2^5 + b\times2^4 + c\times2^3 + a\times2^2 + b\times2^1 + c\times2^0 = 64 + 32a + 16b + 8c + 4a + 2b + c = 64 + 36a + 18b + 9c$，则$64 \leqslant 64 + 36a + 18b + 9c \leqslant 127$，故$a$只能为1，则$\overline{1abcabc}_{(2)} = 100 + 18b + 9c$，由于$\overline{abc}_{(10)} = 100a + 10b + c$，$\overline{abc}_{(10)} = \overline{1abcabc}_{(2)}$，所以$10b + c = 18b + 9c$，可得$b = c = 0$。故这个十进制的三位数$\overline{abc}$是100。

强化练习

建议用时:45分钟	实际用时:_____分钟	参考分值:62分	实际得分:_____分

一、填空题(每小题2分,共20分)

1. 计算:$1\frac{1}{1024} + 2\frac{1}{512} + 4\frac{1}{256} + \cdots + 256\frac{1}{4} + 512\frac{1}{2}$ = ________。

2. 如图,有八个半径为1厘米的小圆,用它们圆周的一部分连成一个花瓣图形,图中黑点是这些圆的圆心,这个花瓣图形的面积是________平方厘米(π取3.14)。

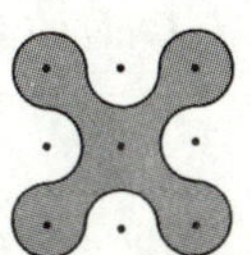

3. 两人做一种游戏:轮流报数,报出的数只能是1,2,3,4,5,6,7,8。把两人报出的数连加起来,谁报数后,加起来的数是123,谁就获胜,如果让你先报数且一定会赢,那么你第一个数应报________。

4. 甲、乙两人练习跑步,若甲让乙先跑10米,则甲跑5秒钟可追上乙,若甲让乙先跑2秒钟,则甲跑4秒钟就可追上乙。那么甲、乙两人的速度比为________。

5. 在前2001个正整数中,既不是平方数也不是立方数的有________个。

6. 有一批书分给三个组,平均每人正好分15本。如果只分给第一组,每人分到35本;如果只分给第二组,每人分到42本,那么,三个组中第________组人数最多,第________组人数最少。

7. 如图所示,用4种颜色给每个小方格染色,每个小方格用一种颜色,若要求邻近的方格(至少有一个公共点)必须用不同的颜色,那么共有________种不同的染色方案。

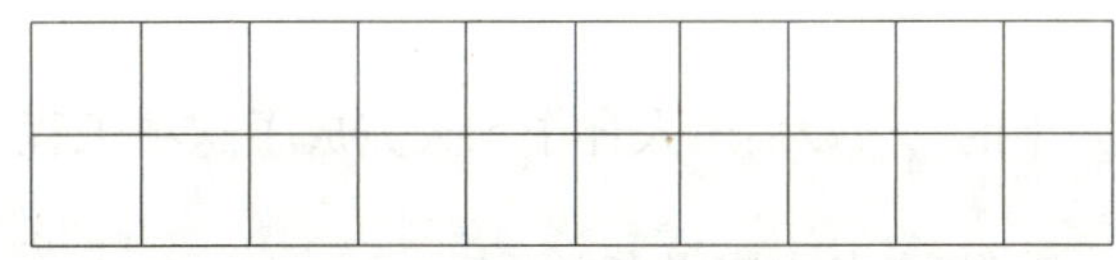

8. 将一根绳子连续对折3次,然后每隔一定长度剪一刀,共剪了6刀,这样原来的绳子被剪成________段。

9. 甲、乙二人都要自己掌握时间,在上午11点半到火车站,甲的手表实际上慢5分钟,但他认为自己的手表快5分钟;乙的手表实际上快5分钟,但他认为自己的手表慢5分钟。甲、乙二人中________先到达火车站。

10. 六年级的五个班举行象棋比赛,每班派两人参加,比赛规则规定,每两人之间至多赛一场,且同班的两人之间不比赛,比赛若干场后发现,除一班队员甲以外,其他每人已赛过的场数各不相同,那么一班队员乙已赛过________场。

二、解答题(每小题7分,共42分)

11. A、B、C三辆摩托车同时从甲地出发到乙地去。

第二部分

按原定速度,A 车应比 B 车早到 10 分钟,在他们同时从甲地出发 20 分钟后,遇上下雨道路泥泞,A 车速度下降 $\frac{1}{3}$,B 车速度下降 $\frac{1}{4}$,C 车速度下降 $\frac{1}{5}$,结果三车同时到达乙地。问:C 车原定行驶完全程要用多少分钟?

12. 六年级 100 名同学,每人至少爱好体育、文艺和科学三项中的一项。其中,爱好体育的 55 人,爱好文艺的 56 人,爱好科学的 51 人,三项都爱好的 15 人,只爱好体育和科学的 4 人,只爱好体育和文艺的 17 人。问:有多少人只爱好科学和文艺两项?只爱好体育的有多少人?

13. 甲、乙、丙三人合作完成一件工程,共得报酬 1800 元。三人完成这项工程的情况是:甲、乙合作 8 天完成工程的 $\frac{1}{3}$;接着乙、丙又合作 2 天完成余下的 $\frac{1}{4}$;以后三人合作 5 天完成了这项工程,按劳付酬,各人应得多少元?

14. 高老师请班上每位同学分别在黑板上写一个两位数,并且每个同学写的数互不相同,高老师宣称无论同学们怎样写这些数,黑板上至少有 3 个数两位数字相加的和相等,那么班上至少有多少位同学才能保证所说的话正确?

15. 如图,向装有 $\frac{1}{3}$ 水的圆柱体容器内放入三个半径都是 1 分米的小球,此时水面没过小球,且水面上升到容器高度的 $\frac{2}{5}$ 处,则圆柱体容器最多装水多少立方分米?

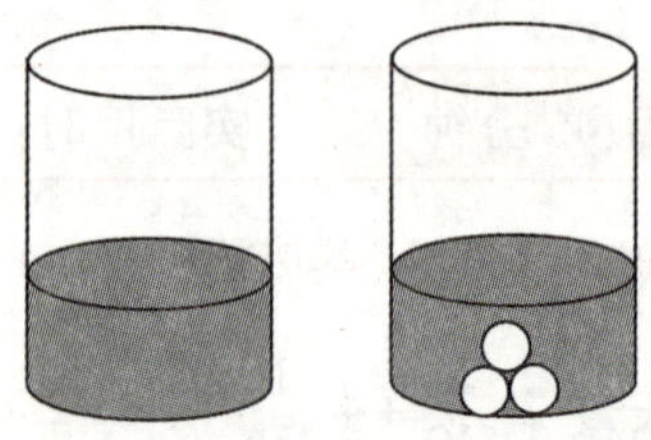

16. 如图所示的 3×3 表格已固定,将 4 枚相同的棋子放入格子里,每个格子里最多放一枚,如果要求每行、每列都有棋子,共有几种不同的方法?

参考答案及解析

一、填空题

1. $1023\frac{1023}{1024}$ [解析]原式 $=S=\frac{1}{1024}+\frac{1}{512}+\cdots+\frac{1}{4}+\frac{1}{2}+1+2+4+\cdots+256+512$,$2S=\frac{1}{512}+\frac{1}{256}+\cdots+\frac{1}{4}+\frac{1}{2}+1+2+4+\cdots+256+512+1024$,$2S-S=S=1024-\frac{1}{1024}=1023\frac{1023}{1024}$。

2. 19.14 [解析]正方形以外的阴影部分分为 4 个 $\frac{3}{4}$ 圆,正方形内的空白部分分为 4 个半圆,所以阴影部分的面积等于正方形面积加 1 个圆的面积,则 $S_{阴影}=4\times4+3.14=19.14$ 平方厘米。

3. 6 [解析]对方至少要报数 1,至多报 8,不论对方报什么数,只要可以做到两人所报数之和为 9,而 $123\div9=13\cdots\cdots6$,即第一次报数 6,以后对方报数后,再报数,使一轮中两人报的数和为 9,就能在 13 轮后达到 123。

4. 3:2 [解析]$v_{甲}-v_{乙}=10\div5=2$(米/秒),设 $v_{乙}=x$,则 $v_{甲}=x+2$,由题意可得 $(4+2)x=4(x+2)$,解

得 $x=4$。即甲、乙的速度分别为每秒 6 米，每秒 4 米，即 $V_{甲}:V_{乙}=3:2$。

5. 1948 ［解析］因为 $44^2<2001<45^2$，$12^3<2001<13^3$，所以在前 2001 个正整数中有 44 个平方数，12 个立方数，同时还有 3 个六次方数（$1^6,2^6,3^6$），由此得到所求正整数共有 $2001-44-12+3=1948$ 个。

6. 第一组；第三组 ［解析］设三个组共有 x 人，则这批书有 $15x$ 本，第一组有 $15x\div35=\frac{3}{7}x$（人）；第二组有 $15x\div42=\frac{5}{14}x$（人）；第三组有 $x-(\frac{3}{7}x+\frac{5}{14}x)=\frac{3}{14}x$（人）；因为 $\frac{3}{7}>\frac{5}{14}>\frac{3}{14}$，所以第一组人数最多，第三组人数最少。

7. 6144 ［解析］如图，共有 $4\times3\times2^9\times1^9=6144$ 种不同的染色方案。

4	2	2	2	2	2	2	2	2	2
3	1	1	1	1	1	1	1	1	1

8. 49 ［解析］考虑绳子被对折后形成的弯。绳子对折 3 次，绳子共折成 8 段，其中有 7 个弯；绳子被剪 6 刀，即每段绳子被剪成 7 段，这样绳子共被剪成 56 段，由于有 7 个弯，把两段绳子连在一起，所以原来的绳子被剪成 $56-7=49$ 段。

9. 乙 ［解析］甲认为的正确时间比标准时间慢 10 分钟，乙认为的正确时间比标准时间快 10 分钟，所以乙先到火车站。

10. 4 ［解析］因为每人至多赛 8 场，所以除甲外，另外 9 人比赛的场数分别是 0，1，2，3，4，5，6，7，8，由于同班两人不比赛，所以赛过 8 场的队员与赛过 0 场的队员同班，赛过 5 场的队员与 3 场的队员同班，所以乙赛过 4 场。

二、解答题

11. ［解析］设 A 车原来需要 t 分钟，则 B 车需要 $(t+10)$ 分钟，由 A，B 两车同时到达乙地可得方程 $(t-20)\div(1-\frac{1}{3})=(t+10-20)\div(1-\frac{1}{4})$，解得 $t=100$。由题意得，三辆车降速后行驶的时间都是 $(t-20)\div(1-\frac{1}{3})=120$ 分钟，而 C 车降速行驶的这段路程正常行驶需要 $\left(120\times\frac{4}{5}\right)$ 分钟，所以 C 车正常行驶完全程需 $20+120\times\frac{4}{5}=116$ 分钟。

答：C 车原定行驶完全程要用 116 分钟。

12. ［解析］如图，只爱好体育的有 $55-4-15-17=19$ 人。设只爱好科学和文艺两项的有 x 人，由容斥定理，得 $55+56+51-17-4-x-15\times2=100$，解得 $x=11$，即只爱好科学和文艺两项的有 11 人。

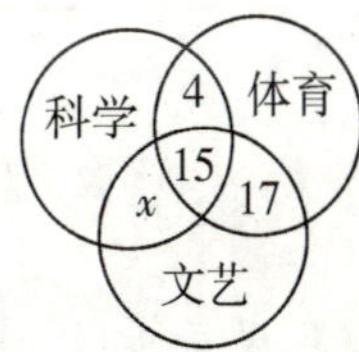

答：有 11 人只爱好科学和文艺两项；有 19 人只爱好体育。

13. ［解析］甲、乙的工作效率之和为 $\frac{1}{3}\div8=\frac{1}{24}$，乙、丙的工作效率之和为 $\left(1-\frac{1}{3}\right)\times\frac{1}{4}\div2=\frac{1}{12}$，甲、乙、丙的工作效率为 $\left[\left(1-\frac{1}{3}\right)-\left(1-\frac{1}{3}\right)\times\frac{1}{4}\right]\div5=\frac{1}{10}$，丙的工作效率为 $\frac{1}{10}-\frac{1}{24}=\frac{7}{120}$，甲的工作效率为 $\frac{1}{10}-\frac{1}{12}=\frac{1}{60}$，甲应得报酬 $1800\times\frac{7}{120}(2+5)=735$（元），丙应得报酬 $1800\times\frac{1}{60}(8+5)=390$（元），乙应得报酬 $1800-390-$

735 =675(元)。

答:甲应得报酬 390 元,乙应得报酬 675 元,丙应得报酬 735 元。

14. [解析] 两位数的数字和最小是 1,最大是 18,共 18 种。但数字和为 1 的只有 10 这一个数,数字和 18 的也只有 99 这一个数;数字和为 2 的只有 20,11;数字和为 17 的只有 98,89;数字和为 3 ~ 16 的两位数都有 3 个或 3 个以上。根据抽屉原理,班上至少有 $1+1+2+2+2\times14+1=35$ 位同学。

答:班上至少有 35 位同学才能保证所说的话正确。

15. [解析] 三个小球体积为 $\frac{4}{3}\times\pi\times1^3\times3=4\pi$, $\frac{2}{5}-\frac{1}{3}=\frac{1}{15}$,所以圆柱容器高的 $\frac{1}{15}$ 可装水 4π,容器最多可装水 $4\pi\div\frac{1}{15}=60\pi\approx188.4$(立方分米)。

答:圆柱体容器最多装水 188.4 立方分米。

16. [解析] 先选出一行放 2 个,有 $C_3^1=3$ 种,排列这一行有 $C_3^2=3$ 种,共有 $3\times3=9$ 种;

如果第二行选择与放 2 个的行所在列不同,有 1 种,那么第三行就有 3 种选择,共有 $1\times3=3$ 种;

如果第二行选择与放 2 个的行所在列相同,有 2 种,那么第三行就有 1 种选择,共有 $2\times1=2$ 种;

所以总共有:$9\times(3+2)=45$(种)。

第二部分

正确率 70% 以下		正确率 70% ~85%		正确率 85% 以上	

山香寄语:

阳光总在风雨后,请相信有彩虹!

——山香女孩

第三部分
中学数学（附高等数学）知识

03

内容导学

浙江省教师招聘考试中学数学(附高等数学)知识部分,共十一章。

第一章主要是中学数学(附高等数学)阶段“代数式与方程”的基础内容,考查题型多侧重于客观题。

第二章主要是中学数学(附高等数学)阶段“数列”的主要内容,考查题型多侧重于客观题。

第三章主要是中学数学(附高等数学)阶段“不等式”的基本内容,考查题型多侧重于客观题。

第四章主要是中学数学(附高等数学)阶段“平面解析几何”的主要内容,考查题型多侧重于客观题。

第五章主要是中学数学(附高等数学)阶段“直线、平面与简单几何体”的主要内容,考查题型多侧重于客观题。

第六章主要是中学数学(附高等数学)阶段“统计与概率”的基本内容,考查题型多侧重于客观题。

第七章主要是中学数学(附高等数学)阶段“集合与简易逻辑”的主要内容,考查题型多侧重于客观题。

第八章主要是中学数学(附高等数学)阶段“函数”的主要内容,考查题型多侧重于客观题。

第九章主要是中学数学(附高等数学)阶段“极限与连续”的基本内容,考查题型多侧重于客观题。

第十章主要是中学数学(附高等数学)阶段“导数与积分”的基本内容,考查题型多侧重于客观题。

第十一章主要是中学数学(附高等数学)阶段“向量与复数”的主要内容,考查题型多侧重于客观题。

考生要重点掌握第一章、第二章、第四章、第五章、第六章、第八章、第九章和第十章的内容,并结合历年考试真题有针对性地进行复习。

2022

要利用时间，思考一下一天之中做了些什么，是“正号”还是“负号”，倘若是“+”，则进步；倘若是“-”，就得吸取教训，采取措施。

——季米特洛夫

第一章　代数式与方程

考向分析

本章属于初中数学的基础章节，特点为内容基础，记忆和应用性知识较多，在考试中常以客观题的形式考查。本章需要重点掌握的知识包括：

1. 理解代数式的化简与运算。

2. 理解方程的应用。

考情预测　在备考时，考生应注意：①代数式的化简变形及运算法则；②一元一次方程和二元一次方程组的实际应用。预计在明年的招教考试中，本部分依然是重点，且考试方式更加灵活。考生要抓住重点和难点，有针对性地进行识记与应用。

思维导图

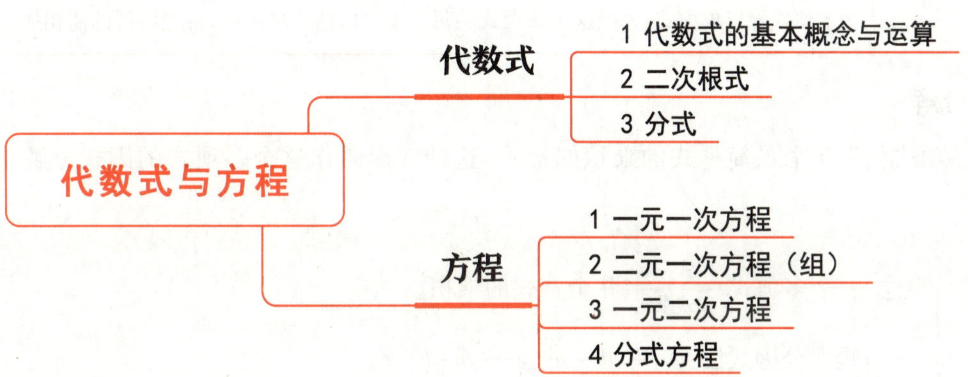

第三部分

核心知识

在数学的天地里，重要的不是我们知道什么，而是我们怎么知道。

一、代数式　【单选、填空】★★★

知识点 1　代数式的基本概念与运算

1. 代数式的定义及其分类

代数式的定义：由数和表示数的字母经有限次加、减、乘、除、乘方和开方等代数运算所得的式子，或含有字母的数学表达式称为代数式。其分类如下：

- 代数式
  - 有理式
    - 整式
      - 单项式：由数字或字母的积组成的代数式
      - 多项式：几个单项式的和
    - 分式：有除法运算并且除式中含有字母的有理式
  - 无理式：含有关于字母开方运算的代数式

2. 整式的运算

整式的运算	定义或注意点
幂的运算	$a^m \cdot a^n = a^{m+n}$；$(a^m)^n = a^{mn}$；$(ab)^n = a^n b^n$；$a^m \div a^n = a^{m-n}(a \neq 0)$；$a^0 = 1(a \neq 0)$；$a^{-n} = \frac{1}{a^n}(a \neq 0)$
加减法（实质是合并同类项）	①合并同类项的法则：同类项的系数相加，所得的结果作为系数，字母和字母的指数不变 ②去括号时注意括号前边是“－”号的要变号
乘法	①单项式×单项式：系数、字母分别相乘 ②单项式×多项式：根据分配律用单项式乘多项式的每一项，再把所得的积相加 ③多项式×多项式：先用一个多项式的每一项乘另一个多项式的每一项，再把所得的积相加
除法	①单项式相除：把系数同底数幂分别相除后，作为商的因式，对于只在被除式里含有的分母，则连同它的指数一起作为商的一个因式 ②多项式除以单项式：先把这个多项式的每一项除以这个单项式，再把所得的商相加

3. 因式分解

把一个多项式化为几个最简整式的乘积的形式，这种变形叫作这个多项式的因式分解（也叫作分解因式）。

- 因式分解
  - 概念：一个多项式$\underset{\text{整式乘法}}{\overset{\text{因式分解}}{\rightleftharpoons}}$几个整式的乘积。
  - 方法
    - 提取公因式法：$ma + mb - mc = m(a + b - c)$。
    - 运用公式法：①$a^2 - b^2 = (a + b)(a - b)$；
      ②$a^2 \pm 2ab + b^2 = (a \pm b)^2$；
      ③$a^3 \pm b^3 = (a \pm b)(a^2 \mp ab + b^2)$；
      ④$a^3 \pm 3a^2b + 3ab^2 \pm b^3 = (a \pm b)^3$。
    - 二次三项式因式分解（十字相乘法）
      - $x^2 + (p + q)x + pq = (x + p)(x + q)$；
      - $a_1a_2x^2 + (a_1c_2 + a_2c_1)x + c_1c_2 = (a_1x + c_1)(a_2x + c_2)$。

知识点2 二次根式

1. 二次根式的基本概念

定义：式子$\sqrt{a}(a \geqslant 0)$叫作二次根式，其中 a 叫作被开方数。

性质:①$\sqrt{a}(a\geqslant 0)$是非负数;②$(\sqrt{a})^2=a(a\geqslant 0)$;③$\sqrt{a^2}=|a|$。

满足以下两个条件的二次根式叫作**最简二次根式**:

(1)被开方数的因数是整数,因式是整式;

(2)被开方数中不含有开得尽方的整数或整式。

几个二次根式化成最简二次根式后,如果被开方数相同,那么这几个二次根式叫作同类二次根式。

注:①一个二次根式不能叫同类二次根式,至少两个二次根式才有可能称为同类二次根式。要判断几个根式是不是同类二次根式,需先把非最简二次根式化成最简二次根式,然后判断。

②不论几个二次根式是否为最简二次根式,都有:a. 若被开方数相同,必为同类二次根式;b. 经过一步或几步变形,若被开方数相同,必为同类二次根式。

③几个二次根式能合并的条件是能化为同类二次根式。

2. 二次根式的运算法则

(1)加减法:二次根式相加减,先把各个二次根式化成最简二次根式,再合并同类二次根式;

(2)乘法:$\sqrt{ab}=\sqrt{a}\cdot\sqrt{b}(a\geqslant 0,b\geqslant 0)$;

(3)除法:$\sqrt{\frac{a}{b}}=\frac{\sqrt{a}}{\sqrt{b}}(a\geqslant 0,b>0)$;

(4)混合运算:二次根式的混合运算顺序与实数的混合运算顺序一样,先乘方,后乘除,最后加减,有括号的先算括号内的。

3. 二次根式的变形

(1)**因式的内移**:因式内移时,若$m>0$,则将因式平方移入根号内,即:若$m>0$,则$m\sqrt{x}=\sqrt{m^2x}$;若$m<0$,则将负号留在根号外,且m附加“$-$”然后平方移入根号内,即:若$m<0$,则$m\sqrt{x}=-\sqrt{(-m)^2x}$,若字母$x$不能与$(-m)^2$相消,则此式能继续化简为$-\sqrt{m^2x}$。

(2)**因式的外移**:若被开方数中字母取值范围已指明,则当$a\geqslant 0$时,$\sqrt{a^2}=a$;当$a<0$时,$\sqrt{a^2}=-a$。若被开方数中字母取值范围未指明,则要进行讨论,即:$\sqrt{x^2y}=|x|\sqrt{y}=\begin{cases}x\sqrt{y},x\geqslant 0,\\-x\sqrt{y},x<0。\end{cases}$

考法揭秘

关于二次根式的解题策略

1. 比较大小。比较含有二次根式的两个数的大小主要有两种方法:

①把根号外的数移到根号内,通过比较被开方数的大小来比较原数的大小;

②将要比较的两个数分别平方,比较它们的平方数。

2. 化简求值。一般地,先对原式化简,再代入求值。

第三部分

招教体验

1. [2017 统考,单,2′]设 $x\in(-5,0)$,则 $\sqrt{x^2+10x+25}-\sqrt{x^2}$ 化简后是(　　)

A. $10x+25$　　B. 5　　C. $2x+5$　　D. $-2x-5$

答案:C。因为 $x\in(-5,0)$,所以 $\sqrt{x^2+10x+25}-\sqrt{x^2}=\sqrt{(x+5)^2}-(-x)=x+5-(-x)=2x+5$。

2. [2016 统考,填空,2′]已知 $x+y=12$,$xy=9$,且 $x<y$,则 $\dfrac{x^{\frac{1}{2}}-y^{\frac{1}{2}}}{x^{\frac{1}{2}}+y^{\frac{1}{2}}}=$______。

答案:$-\dfrac{\sqrt{3}}{3}$。$\left(\dfrac{x^{\frac{1}{2}}-y^{\frac{1}{2}}}{x^{\frac{1}{2}}+y^{\frac{1}{2}}}\right)^2=\dfrac{x+y-2\sqrt{xy}}{x+y+2\sqrt{xy}}=\dfrac{12-6}{12+6}=\dfrac{1}{3}$,由于 $y>x>0$,则 $\dfrac{x^{\frac{1}{2}}-y^{\frac{1}{2}}}{x^{\frac{1}{2}}+y^{\frac{1}{2}}}<0$,所以 $\dfrac{x^{\frac{1}{2}}-y^{\frac{1}{2}}}{x^{\frac{1}{2}}+y^{\frac{1}{2}}}=-\sqrt{\dfrac{1}{3}}=-\dfrac{\sqrt{3}}{3}$。

知识点3 分式

1. 分式的定义

A,B 表示两个整式,$A\div B$ 就可以表示成 $\dfrac{A}{B}$ 的形式,如果 B 中含有字母且 $B\neq0$,则式子 $\dfrac{A}{B}$ 就叫作分式,A,B 分别叫作分式的分子和分母。

2. 分式的运算法则

同分母分式加减	分母不变,分子相加
异分母分式加减	先通分化为同分母分式,再根据同分母分式的加减法则进行计算
分式的乘法	把分子的积作为积的分子,把分母的积作为积的分母
分式的除法	把除式的分子和分母颠倒位置后再与被除式相乘

招教体验

[2017 年 1 月杭州,填空,3′]已知:$A\div B\div C=6$,$A\div B-C=6$,$A-B=62$ 则 $A=$______。

答案:72。由 $A\div B\div C=6$ 可得 $A\div B=6C$,代入 $A\div B-C=6$ 得 $C=\dfrac{6}{5}$,则 $A\div B=\dfrac{36}{5}$,将 $A=\dfrac{36}{5}B$ 代入 $A-B=62$ 得 $A=72$,$B=10$。

二、方程 【填空、解答】 ★★★

知识点1 一元一次方程

只含有一个未知数,并且未知数的最高次数是 1,等号两边都是整式的等式叫作一元一次方程。

一元一次方程的解法:

(1)去分母。在方程两边同乘各分母的最小公倍数(不含分母的项也要乘)。

(2)去括号。先去小括号,再去中括号,最后去大括号(括号外若有减号则要变号)。

（3）移项。把含有未知数的项移到方程的一边，其他项都移到方程的另一边（移项要变号）。

（4）合并同类项。把方程化成 $Ax=B(A\neq0)$ 的形式。

（5）未知数系数化为 1。在方程两边同时除以未知数的系数 A，得到方程的解 $x=\frac{B}{A}(A\neq0)$。

招教体验

[2019 年 1 月杭州，解答，6′]一家书店推出一项优惠政策，凡购买同一种书 100 本以上，按书价的 90% 收款。某校到该书店购买甲、乙两种书，购得乙种书的册数是甲种书的 $\frac{4}{5}$，甲种书的总价比乙种书的总价高 720 元。已知乙种书每本 15 元，甲种书每本 20 元。学校购得甲种书多少本？

答案：设学校购得甲种书 x 本，则学校购得乙种书 $\frac{4}{5}x$ 本。根据题意，有以下三种情况：①当 $x<100$ 时，学校购得甲、乙两种书都小于 100 本，可得 $20x-720=15\times\frac{4}{5}x$，解得 $x=90$；②当 $x\geqslant100$，$\frac{4}{5}x<100$，即 $100\leqslant x<125$ 时，可得 $90\%\times20x-720=15\times\frac{4}{5}x$，解得 $x=120$；③当 $\frac{4}{5}x\geqslant100$，即 $x\geqslant125$ 时，可得 $90\%\times20x-720=90\%\times15\times\frac{4}{5}x$，解得 $x=100$（不符合题意），故舍去。

答：学校购得甲种书 90 或 120 本。

知识点 2 二元一次方程（组）

如果一个方程含有两个未知数，并且未知数的最高次项的次数都是 1 的整式方程叫作二元一次方程。（二元一次方程的一般形式为：$ax+by+c=0$，其中 a,b 不为零）

两个或多个含有共同未知数的二元一次方程组成的方程组，叫作二元一次方程组。

二元一次方程与方程组的常用解法为消元法，分为代入消元法和加减消元法。“消元”即减少未知数的个数，使多元方程转化为一元方程，解出未知数。

招教体验

[2021 台州，填空，3′]关于 x,y 的方程组 $\begin{cases}x-2y=m-3,\\2x+5y=1-2m,\end{cases}$ 当 $m>$________时，$x+y<0$。

答案：-2。$\begin{cases}x-2y=m-3,\\2x+5y=1-2m\end{cases}\Rightarrow\begin{cases}2x-4y=2m-6,\\2x+5y=1-2m,\end{cases}$ 两式相减可得 $9y=7-4m$，则 $y=\frac{7-4m}{9}$，将 y 值代入 $x-2y=m-3$，可得 $x=m-3+\frac{2(7-4m)}{9}=\frac{m-13}{9}$，当 $x+y<0$ 时，$\frac{m-13}{9}+\frac{7-4m}{9}<0$，解得 $m>-2$。

知识点 3 一元二次方程

一元二次方程就是只有一个未知数且未知数最高次项的次数为 2 的整式方程，其一般形式为 $ax^2+bx+c=0(a\neq0)$。

第三部分

1. 一元二次方程根与系数之间的关系

韦达定理:设一元二次方程 $ax^2+bx+c=0(a\neq0)$ 的两根为 x_1,x_2,则有:① $x_1+x_2=-\frac{b}{a}$;② $x_1x_2=\frac{c}{a}$。

2. 一元二次方程的解法

(1)直接开平方法

能变形为 $(x+a)^2=b(b\geqslant0)$ 的方程可用直接开平方法求解,即 $x+a=\sqrt{b}$ 或 $x+a=-\sqrt{b}$,所以 $x_1=-a+\sqrt{b}$,$x_2=-a-\sqrt{b}$。

(2)因式分解法

如果一元二次方程可化成 $A\cdot B=0$ 的形式,且 A,B 都是含有未知数的一次式,那么就可以转化成两个一元一次方程来求解,这种解一元二次方程的方法叫作因式分解法。

(3)配方法

通过**配方**把一元二次方程 $ax^2+bx+c=0(a\neq0)$ 变形为 $\left(x+\frac{b}{2a}\right)^2=\frac{b^2-4ac}{4a^2}$ 的形式,再利用直接开平方法求解的方法叫作配方法。

一元二次方程 $ax^2+bx+c=0(a\neq0)$ 是否有实根,取决于"b^2-4ac"的符号,于是将 $\Delta=b^2-4ac$ 叫作一元二次方程根的判别式。

当 $\Delta=b^2-4ac>0$ 时,方程有两个不相等的实数根 $x=\frac{-b\pm\sqrt{b^2-4ac}}{2a}$;

当 $\Delta=b^2-4ac=0$ 时,方程有两个相等的实数根 $x=-\frac{b}{2a}$;

当 $\Delta=b^2-4ac<0$ 时,方程无实数根。

(4)公式法

利用求根公式求出一元二次方程的解的方法,叫作公式法。

化方程为一般形式 $ax^2+bx+c=0(a\neq0)$,确定 a,b,c 的值,并计算 b^2-4ac 的值(注意符号)。

当 $b^2-4ac\geqslant0$ 时,将 a,b,c 的值代入求根公式 $x=\frac{-b\pm\sqrt{b^2-4ac}}{2a}$,得出方程的解;

当 $b^2-4ac<0$ 时,方程无解。

招教体验

[2021 台州,解答,6′]已知关于 x 的方程 $x^2+2x+m=0$。

(1)若 $x=1$ 是方程的一个根,求 m;

(2)若此方程有两个不相等的实数根,求 m 的取值范围;

(3)在(2)的条件下,若此方程有两个不等实根 x_1,x_2,且 $x_1x_2\geqslant0$,求 m 的取值范围。

答案:(1)若 $x=1$ 是方程的一个根,则 $1+2+m=0$,故 $m=-3$。

(2)若方程有两个不等实根,则 $\Delta=4-4m>0$,解得 $m<1$。

(3)由(2)知,$m<1$,又 $x_1x_2=m\geqslant0$,则 m 的取值范围是 $0\leqslant m<1$。

知识点4 分式方程

分式方程是方程的一种,指等号两边至少有一项分母里含有未知数的有理方程。

1. 解分式方程的步骤

(1)方程的两边都乘以最简公分母,化成整式方程;

(2)解这个整式方程;

(3)验根并作答。

增根:在分式方程化为整式方程的过程中,若整式方程的根使最简公分母为0,那么这个根叫作原分式方程的增根。

验根方法:把整式方程的根代入原方程,若原方程的分母不为0,则不是增根;若为0,则是增根。

2. 用换元法解分式方程的一般步骤

(1)设辅助未知数,并用含辅助未知数的代数式去表示方程中另外的代数式;

(2)解所得到的关于辅助未知数的新方程,求出辅助未知数的值;

(3)把辅助未知数的值代入原假设中,求出原未知数的值;

(4)检验作答。

3. 分式方程的应用

解分式方程的应用题与一元一次方程应用题类似,不同的是要注意检验。

(1)检验所求的解是否是所列整式方程的解;

(2)检验所求的解是否是原方程的增根。

第三部分

建议用时:45 分钟	实际用时:_____分钟	参考分值:57 分	实际得分:_____分

基础练 保分必拿

一、单项选择题(每小题 2 分,共 16 分)

1. 一个两位数去除 251,得到的余数是 41,则这个两位数是(　　)

A. 42

B. 70

C. 35

D. 42 或 70

2. 若 $x=-2$ 是关于 x 的一元二次方程 $x^2+\frac{3}{2}ax-a^2=0$ 的一个根,则 a 的值是(　　)

A. -1 或 4

B. -1 或 -4

C. 1 或 -4

D. 1 或 4

3. 下列各式中属于最简二次根式的是(　　)

A. $\sqrt{a^2+2}$

B. $\sqrt{x^2y}$

C. $\sqrt{12}$

D. $\sqrt{0.5}$

4. 已知 $m=\sqrt{4}+\sqrt{3}$，则以下对 m 的估算正确的是（　　）

A. $2<m<3$

B. $3<m<4$

C. $4<m<5$

D. $5<m<6$

5. 实数 a,b 在数轴上的位置如图所示，则必有（　　）

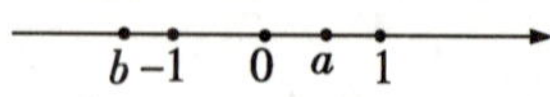

A. $a+b>0$

B. $a-b<0$

C. $ab>0$

D. $\frac{b}{a}<0$

6. 已知 $x=\sqrt{2}-3$，则 $\left(x-2-\frac{5}{x+2}\right)\div\frac{x-3}{2x+4}$ 的值为（　　）

A. $2\sqrt{2}-12$

B. $2\sqrt{2}+6$

C. $2\sqrt{2}$

D. $2\sqrt{2}-6$

7. 某商品计划经过两个月的时间将售价提高 20%，设每月平均增长率为 x，则列出的方程为（　　）

A. $x+x(1+x)=1+20\%$

B. $(1+x)^2=20\%$

C. $(1+x)^2=1.2$

D. $(1+x\%)^2=1+20\%$

8. 某学校八年级师生共 466 人准备参加社会实践活动，现已预备了 49 座和 37 座两种客车共 10 辆，刚好坐满。设 49 座客车 x 辆，37 座客车 y 辆，根据题意可列出方程组（　　）

A. $\begin{cases}x+y=10,\\49x+37y=466\end{cases}$

B. $\begin{cases}x+y=10,\\37x+49y=466\end{cases}$

C. $\begin{cases}x+y=466,\\49x+37y=10\end{cases}$

D. $\begin{cases}x+y=466,\\37x+49y=10\end{cases}$

二、填空题（每小题 2 分，共 8 分）

9. 已知 $\frac{1}{x}-\frac{1}{y}=5$，则 $\frac{3x+5xy-3y}{x-y-3xy}=$ ________。

10. 已知 $A=\frac{1}{x-2}, B=\frac{2}{x^2-4}, C=\frac{x}{x+2}$，当 $x=3$ 时，$A-B\div C$ 的值为________。

11. 若 $x^a\cdot y^b\cdot x^{c-1}=x^6$，则 $a+b+c=$ ________。

12. 如果 a,b 互为相反数，c,d 互为倒数，$|n-1|=4$，则 $2n+cd+\frac{a+b}{n^2}=$ ________。

三、解答题（每小题 5 分，共 15 分）

13. 先化简，再求值：$\frac{x-2}{x^2-1}\div\frac{2x+2}{x^2+2x+1}+\frac{1}{x-1}$，其中 $x=\sqrt{2}+1$。

14. 小王以两种不同形式分别储蓄 2000 元和 1000 元，一年后全部取出可得利息 114.57 元，已知两种储蓄年利率的和为 7.92%，问：两种储蓄形式的年利率各是百分之几？

15. 某书店老板去图书批发市场购买某种图书，第一次购书共用去 100 元，按该书定价 2.8 元出售。第二次购书时，每本的批发价比第一次增多 0.5 元，共用去 150 元，所购数量比第一次多 10 本，当这批书售出 $\frac{4}{5}$ 时出现滞销，便以定价额 5 折售完

答案:B。先考虑3位女生中有且只有2位相邻的排列,从3位女生中选2位(这2位全排列)捆绑在一起($C_3^2A_2^2$),3位男生相当于3个隔板(全排列A_3^3),形成4个空位,因为有且只有2位女生相邻,则从这4个空位中选2个空位并进行全排列(A_4^2),则共有$C_3^2A_2^2A_4^2A_3^3=432$种排法;而在3位女生中有且仅有2位相邻且男生甲在两端的排法有$2C_3^2A_2^2A_3^2A_2^2=144$种。∴不同的排列方法共有$432-144=288$种。故选B。

2. 不相邻问题"插空法"。对于某几个元素不相邻的排列问题,可先将其他元素排好,再将不相邻元素在已排好的元素之间及两端空隙中插入即可。

[**例**]马路上有编号为1,2,3,…,9的九盏路灯,现要关掉其中的三盏,但不能关掉相邻的两盏或三盏,也不能关掉两端的两盏,则满足条件的关灯方案有________种。

答案:10。把此问题当作一个排队模型,在6盏亮灯的5个空隙中插入3盏不亮的灯,有$C_5^3=10$种方法,所以满足条件的关灯方案有10种。

3. 定序问题。解决定序问题有缩倍法、空位法、插入法。

[**例**]A、B、C、D、E五人并排站成一排,如果B必须站在A的右边(A、B可以不相邻),那么不同的排法种数有(　　)

A. 60种　　B. 48种　　C. 36种　　D. 24种

答案:A。B在A的右边与B在A的左边的排法种数相同,五人全排列有A_5^5种排法,所以,B在A的右边共有$\frac{1}{2}A_5^5=60$种排法。

4. 多元问题分类法。元素多,取出的情况也有多种,可按问题要求分成不相容的几类情况分别计数,最后总计。

5. 隔板法。对于元素相同的"至少"型组合问题,先转化为"至少一个"型组合问题,再用n个隔板插在相应元素的空隙(不包括首尾)中,将元素分成$(n+1)$份求解。

招教体验

1. [2016年5月杭州,填空,3′]一个自然数,如果它顺着数和倒过来数都是一样的,则称这个数为"回文数"。例如1331,7,202都是回文数,而220则不是回文数。那么,从一位数到六位数的回文数一共有________个。

答案:1999。一位数的回文数有10个,即从0到9的整数;两位数的回文数有9个,即十位与个位相同的两位数;三位数的回文数有$9\times10=90$个,即所有百位与个位相同的三位数;四位数的回文数有$9\times10=90$个,即所有千位与个位相同,百位与十位相同的四位数(百位与十位可以同时取0,而千位与个位不可取0);五位数的回文数有$9\times10\times10=900$个,即万位与个位相同,取1到9的任意一个整数,千位与十位相同,取0到9的任意一个整数,百位取0到9的任意一个整数;六位数的回文数有$9\times10\times10=900$个,即十万位与个位相同,取1到9的任意一个整数,万位与十位相同,取0到9的任意一个整

第二部分

数,千位与百位相同,取 0 到 9 的任意一个整数。综上,从一位数到六位数的回文数一共有 10 + 9 + 90 + 90 + 900 + 900 = 1999 个。

2. [2018 年 1 月杭州,填空,3′]将 8 粒糖分给甲、乙、丙三人,每人至少 1 粒。则分配方案共有________种。

答案:21。根据题意,将 8 粒糖分为 3 组,可将 8 粒糖排成一排,在排除两端的 7 个空位中(用隔板法)选取 2 个空位插入隔板即可,可得 $C_7^2 = 21$ 种分配方法。

3. [2019 年 5 月杭州,单,3′]桌上放着 6 张扑克牌,全部正面朝下,其中恰有 2 张老 K。若随机抽取两张牌并把它们翻开,则以下哪一个事件概率最大( )

A. 至少有一张老 K　　B. 两张都是老 K　　C. 两张都不是老 K　　D. 一张是老 K

答案:A。由题意知两张都是 K 的概率为 $\frac{C_2^2}{C_6^2} = \frac{1}{15}$,两张都不是 K 的概率为 $\frac{C_4^2}{C_6^2} = \frac{6}{15}$,一张是老 K 的概率为 $\frac{C_2^1 C_4^1}{C_6^2} = \frac{8}{15}$,至少有一张老 K 的概率为 $\frac{C_2^2}{C_6^2} + \frac{C_2^1 C_4^1}{C_6^2} = \frac{9}{15}$。故选 A。

第二部分

4. 容斥原理

在计数时,要保证无一重复、无一遗漏。先不考虑重叠的情况,把包含于某内容中的所有对象的数目先计算出来,然后再把计数时重复计算的数目排斥出去,使得计算的结果既无遗漏又无重复,这种计数的方法称为容斥原理。

(1)容斥原理 1——两个集合的容斥原理

如果被计数的事物有 A,B 两类,那么,先把 A,B 两个集合的元素个数相加,发现既是 A 类又是 B 类的部分重复计算了一次,所以要减去。如图所示。

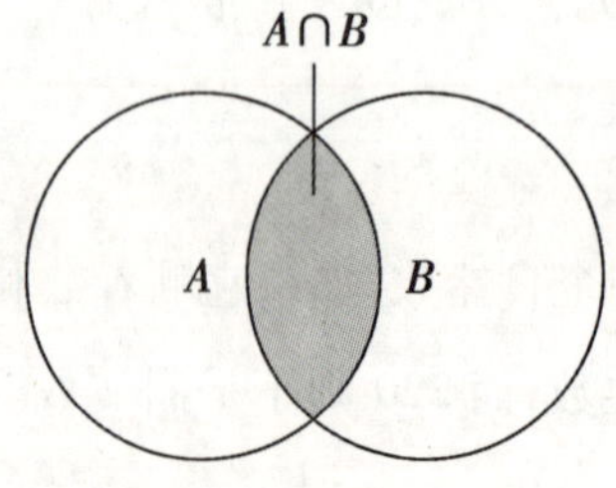

元素的个数公式:$n(A\cup B) = n(A) + n(B) - n(A\cap B)$。

[**例**]一次期末考试中,某班有 15 人数学得满分,有 12 人语文得满分,并且有 4 人语、数都是满分,那么这个班至少有一门得满分的同学有多少人?

答案:数学得满分的记为 A,语文得满分的记为 B,数学、语文都是满分的记为 $A\cap B$,则至少有一门得满分的为 $A\cup B$。$n(A\cup B) = 15 + 12 - 4 = 23$,即共有 23 人至少有一门得满分。

(2)容斥原理 2——三个集合的容斥原理

如果被计数的事物有 A,B,C 三类,那么,将 A,B,C 三个集合的元素个数相加后发现两两重叠的部分重复计算了 1 次，三个集合公共部分被重复计算了 2 次。如图所示。

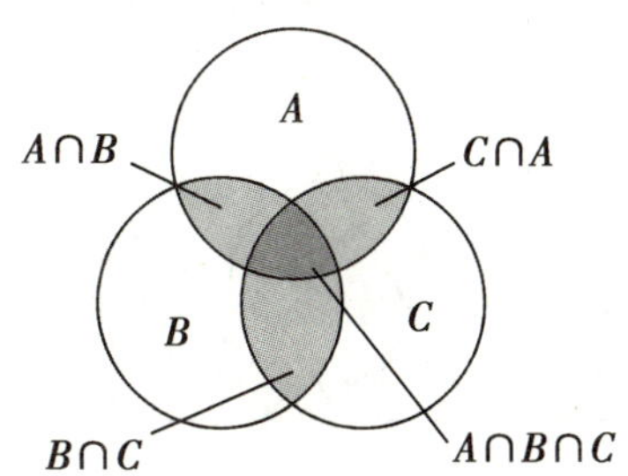

元素的个数公式：$n(A\cup B\cup C)=n(A)+n(B)+n(C)-n(A\cap B)-n(B\cap C)-n(C\cap A)+n(A\cap B\cap C)$。

招教体验

[2021 年 1 月杭州，单选，3′]有 50 个女孩，她们的肤色是白色或浅黑色的，眼睛是蓝色或褐色的，如果 14 个女孩是蓝色眼睛白皮肤，31 个女孩是浅黑肤色的，18 个女孩是褐色眼睛的，那么褐色眼睛且浅黑皮肤的女孩有(　　)个。

A. 13　　B. 12　　C. 14　　D. 11

答案：A。设蓝色眼睛白皮肤、蓝色眼睛浅黑皮肤、褐色眼睛白皮肤、褐色眼睛浅黑皮肤的女孩个数分别为 a,b,c,d。由题意得 $a+b+c+d=50$，$b+d=31$，$c+d=18$，$a=14$，化简得 $(b+c+d)+d=49$，解得 $d=13$。

十六、探索规律问题

探索规律问题立意新颖、灵活多变、知识覆盖面广、综合性强，具有探究性、发展性和创新性，渗透了类比、归纳、分类讨论、数形结合等思想。探索规律问题的解法比较灵活，要求考生根据问题情境，通过观察、比较、分析、综合、类比联想、猜想、归纳、抽象概括等发散性探究活动，寻求解题途径。

考法揭秘

探索规律问题的几种解答策略

1. 要抓题目里的变量。找数学规律的题目，都会涉及一个或者几个变化的量。所谓找规律，多数情况下，是指变量的变化规律。所以，抓住了变量，就等于抓住了解决问题的关键。

2. 要善于比较。通过比较，可以发现事物的相同点和不同点，更容易找到事物的变化规律。找规律的题目，通常是按照一定的顺序给出一系列量，要求我们根据这些已知的量找出一般规律。揭示的规律，常常包含着事物的序列号。所以，把变量和序列号放在一起加以比较，就容易发现其中的奥秘。

3. 要善于寻找事物的循环节。有些题目包含着事物的循环规律，找到了事物的循环规律，其他问题就可以迎刃而解。

4. 要抓住题目中隐藏的不变量。有些题目，虽然形式发生了变化，但是本质并没有改变。我们只要在观察形式变化的过程中，始终注意寻找它的不变量，就可以揭示出事物的本质规律。

[例]请仔细观察图中等边三角形图形的变换规律,写出你发现关于等边三角形内一点到三边距离的数学事实:________。

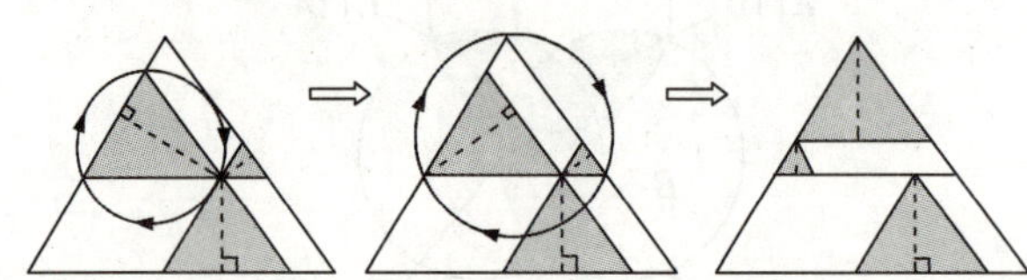

在这三个图形中,大三角形是等边三角形,里边镶嵌着三个黑色三角形。从左向右观察,其中上边两个黑色三角形按照顺时针的方向发生了旋转,但是形状没有发生变化,当然黑色三角形的高也没有发生变化。左起第一个图形中黑色三角形的高的和是等边三角形中一点到三边的距离之和,最后一个图形中,三个黑色三角形高的和是等边三角形的高。所以,等边三角形中任意一点到三边的距离之和等于它的高。

5. 要进行计算尝试找规律,当然是找数学规律。而数学规律,多数是函数的解析式。函数的解析式里常常包含着数学运算。因此,找规律,在很大程度上是在找能够反映已知量之间关系的数学运算式子。所以,从运算入手,尝试着做一些计算,也是解答找规律题的好途径。

第二部分

招教体验

1. [2021 年 1 月杭州,填空,3′]在一张方格纸上,每个方格边长为 1cm,按如图所示的规律,取点 A_1,A_2,A_3,A_4,…,把点 A_1,A_2,A_3连成三角形 S_1,把点 A_2,A_3,A_4连成三角形 S_2,…,这样不断连下去,其中三角形 S_x 的面积为 625 平方厘米,那么 $x=$________。

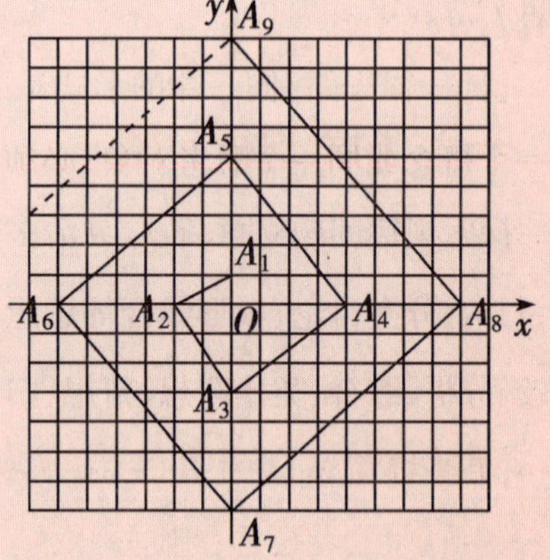

答案:24。$S_1=\frac{1}{2}\times4\times2=4=2^2$;

$S_2=\frac{1}{2}\times6\times3=9=3^2$;

$S_3=\frac{1}{2}\times8\times4=16=4^2$;

…

$S_x=\frac{1}{2}\times2(x+1)\times(x+1)=(x+1)^2$。

由题意得$(x+1)^2=625$,解得 $x=24$。

2. [2019 年 1 月杭州,填空,3′]正三角形内有 n 个点,加上正三角形的三个顶点共有 $n+3$ 个点(每任意三点不在同一直线上),现将正三角形分割成以这 $n+3$ 个点为顶点的互不重叠的三角形,最多能分成________个三角形。

答案:$2n+1$。当三角形内有 1 个点时,能分成 3 个小三角形;当有 2 个点时,能分成 5 个小三角形;

当 $n=3$ 时，能分成 7 个三角形，……，故当三角形内有 n 个点，连同三角形的顶点共 $n+3$ 个点时，共能分成 $2n+1$ 个三角形。

3. [**2018 年 1 月杭州，填空，3′**] 我们规定：如果一个自然数能表示成两个非零自然数的平方之差，则把这个自然数称为“智慧数”。如 $7=4^2-3^2$，则称 7 为“智慧数”。问：从 1 开始的自然数中，第 2018 个智慧数是________。

答案：2693。显然 1 不是“智慧数”。由于 $(k+1)^2-k^2=2k+1$，$(k+1)^2-(k-1)^2=4k$，所以每个大于 1 的奇数与每个大于 4 且是 4 的倍数的数都是“智慧数”，而形如 $4k+2$ 的数都不是“智慧数”，4 也不是“智慧数”。从 1 开始的自然数中前 4 个自然数中只有 3 是“智慧数”，此后，从 5 开始，“智慧数”是 5，7，8，9，11，12，13，15，16，17，19，20，…，即 2 个奇数、1 个 4 的倍数，3 个一组依次排下去。因为 $(2018-1)\div3=672\cdots\cdots1$，所以，第 2018 个数是属于第 673 组的第一个数，因为 $673\times4+1=2693$，所以第 2018 个“智慧数”是 2693。

十七、逻辑推理问题

逻辑推理不涉及数据，也没有几何图形，只涉及一些相互关联的条件，它依照逻辑规律，从一定的前提出发，通过一系列的推理来获取某种结论。逻辑推理在考试中往往考查必然性推理，必然性推理常运用以下四种思路来解决。

【同一律思路】同一律的形式是“甲是甲”，或“如果甲，那么甲”。它的基本内容是：在同一思维过程中，同一个概念或同一个思考对象，必须保持前后一致，亦即保持确定性。这是逻辑推理的一条重要思维规律。

【不矛盾律思路】不矛盾律的形式是“甲不是非甲”。它的基本内容是：同一对象，在同一时间内和同一关系下，不能具有两种互相矛盾的性质，它是逻辑推理的又一重要规律。运用不矛盾律来推理思考某些问题的思路，叫作不矛盾律思路。

【排中律思路】排中律的形式是“或者是甲，或者是非甲”。它的基本内容是：同一对象在同一时间内和同一关系下，或者是具有某种性质，或者是不具有某种性质，二者必居其一，不能有第三种情况。它是处理肯定判断与否定判断之间的关系的一个规律。运用这一规律来推理的思路，我们把它叫排中律思路。

【充足理由律思路】充足理由律的形式是“所以有甲，是因为有乙”。它的意思是说，任何正确的思想一定有它的充足理由；任何思想，只有当它具有充足的理由时，这种思想才能被认为是正确的。

考法揭秘

逻辑推理问题的解决方法

1. 排除法：当题干给出多个确定条件时，直接根据题干的条件排除不正确的选项。

2. 代入法：将选项依次代入题设条件，看是否存在矛盾，如存在矛盾可直接排除。

3. 假设法：对于无法直接推理的题目，可根据题干条件进行适当的假设，依次代入找出矛盾，然后运用排除法解决问题。

招教体验

1. [2018 年 5 月杭州,单,3′]有 4 名运动员参加一项比赛。赛前,甲说:“我肯定得最后一名。”乙说:“我不可能是第一名,也不可能是最后一名。”丙说:“我肯定得第一名。”丁说:“我绝对不会是最后一名。”赛后,发现他们 4 人的预测中只有一人是错误的。请问(　　)的预测是错误的。

A. 甲　　B. 乙　　C. 丙　　D. 丁

答案:C。若甲说的是错误的,则最后得出与乙说的矛盾,故甲是正确的;若乙说的是错误的,则最后与甲说的矛盾,故乙说的是正确的;若丙说的是错误的,则四个人的名次是丁丙乙甲或丁乙丙甲,符合题意;若丁说的是错误的,与甲说的矛盾。故选 C。

2. [2017 统考,填空,2′]在一桩谋杀案中,有两个嫌犯甲和乙,另有四个证人受到讯问。

A 证人说:我知道甲是无罪的;

B 证人说:我知道乙是无罪的;

C 证人说:前面两个证词中至少有一个是真的;

D 证人说:我可以肯定 C 证人说的证词是假的。

通过调查,已证实 D 证人说了实话,则凶手是________。

答案:甲、乙。D 证人说了实话,则 C 证人说的证词是假的,则 A、B 两个证人说的没有一个是真的,即都是假的,所以甲、乙都有罪。

十八、钟面上的数学问题

时钟问题就是研究钟面上时针、分针、秒针关系的问题,如两针重合、两针垂直、两针成一线、两针夹角为 60 度等。时钟问题可与追及问题相类比。

【数量关系】分针的速度是时针的 12 倍,二者的速度差为$\frac{11}{12}$。通常按追及问题来对待,也可以按差倍问题来计算。

[**例 1**]从时针指向 4 点开始,大概再经过多少分钟时针正好与分针重合?

答案:钟面的一周分为 60 格,分针每分钟走一格,每小时走 60 格;时针每小时走 5 格,每分钟走$\frac{5}{60}=\frac{1}{12}$格。每分钟分针比时针多走$1-\frac{1}{12}=\frac{11}{12}$格。4 点整,时针在前,分针在后,两针相距 20 格。所以分针追上时针的时间为$20\div\left(1-\frac{1}{12}\right)\approx 22$(分)。

答:大概再经过 22 分钟时针正好与分针重合。

[**例 2**]四点和五点之间,时针和分针大概在什么时候成直角?

答案:钟面上有 60 格,它的$\frac{1}{4}$是 15 格,因而两针成直角的时候相差 15 格(包括分针在时针的前或后 15 格两种情况)。

第二部分

四点整的时候，分针在时针后(5×4)格，如果分针在时针后与它成直角，那么分针就要比时针多走(5×4－15)格，如果分针在时针前与它成直角，那么分针就要比时针多走(5×4＋15)格。

再根据1分钟分针比时针多走$\left(1-\frac{1}{12}\right)$格就可以求出两针成直角的时间。

$(5\times4-15)\div\left(1-\frac{1}{12}\right)\approx6$(分)，$(5\times4+15)\div\left(1-\frac{1}{12}\right)\approx38$(分)。

答：大概4点06分及4点38分时两针成直角。

十九、上楼梯问题

[**例1**]有一座高楼，小张每上一层需要2分钟，每下一层需要1分30秒。小张于12时20分开始不停地从最底层往上走，到了最高层后立即往下走(假设上楼和下楼速度各自相同，且中途没有停留)，13时零2分返回最底层，这座高楼一共有多少层？

作答思路：知道从最底层到最高层再返回，上、下的层数相同，且上、下每层所用的时间分别相同是解题的关键。设这座高楼一共有x层，则上、下的层数均为$(x-1)$层。所以上楼用时$2(x-1)$分钟，下楼用时$1.5(x-1)$分钟，即一共用时$3.5(x-1)$分钟。从12时20分到13时零2分共用时42分钟，则可列方程为$3.5(x-1)=42$。

答案：设这座高楼一共有x层。$(2+1.5)(x-1)=42$，解得$x=13$。

答：这座高楼一共有13层。

[**例2**]商场的自动扶梯以匀速由下往上行驶，两个孩子嫌扶梯走得太慢，于是在行驶的扶梯上，男孩每秒钟向上走2梯级，女孩每2秒钟向上走3梯级。结果男孩用40秒钟到达，女孩用50秒钟到达。问当该扶梯静止时，扶梯可看到的梯级共有多少级？

作答思路：两个孩子从下走到上，他们各自走过的梯级加上自动扶梯在他们各自需要的时间内上升的梯级数都等于扶梯的长度。

答案：设每秒钟自动扶梯上升a级，那么扶梯的长度等于男孩在40秒钟走过的$40\times2=80$级加上自动扶梯上升的$40a$级，也等于女孩50秒钟走过的$50\div2\times3=75$级加上自动扶梯上升的$50a$级，则可得：$40\times2+40a=50\div2\times3+50a$，解得$a=0.5$。所以当扶梯静止时，扶梯可看见的阶梯共有$40\times2+40a=80+40\times0.5=100$(级)。

二十、同余问题

两个整数a,b，如果它们同时除以一个正整数m，所得的余数相同，则称a,b对于模m同余，记作$a\equiv b(\mathrm{mod}\ m)$，读作：$a$同余于$b$模$m$。

所谓同余问题，就是给出一个数除以几个不同的数的余数，反求这个数。

同余问题计算口诀：差同减差，和同加和，余同取余，最小公倍n倍加(减)($n\in\mathbf{N}_+$)。以有关4，5，6(其最小公倍数为60)的同余问题为例，上述口诀解释如下：

①差同减差：用一个数除以几个不同的数，得到的余数与除数的差相同，此时反求的这个数，可以用除

数的最小公倍数的 n 倍减去这个相同的差数,称为“差同减差”。

例如,一个数除以 4 余 1,除以 5 余 2,除以 6 余 3,求这个数。因为 $4-1=5-2=6-3=3$,差数都为 3,“差同”,4,5,6 的最小公倍数是 60,利用“差同减差”得出这个数表示为 $60n-3$。

②和同加和:用一个数除以几个不同的数,得到的余数与除数的和相同,此时反求的这个数,可以用除数的最小公倍数的 n 倍加上这个相同的和数,称为“和同加和”。

例如,一个数除以 4 余 3,除以 5 余 2,除以 6 余 1,求这个数。因为 $4+3=5+2=6+1=7$,得到的余数与除数的和相同,都为 7。4,5,6 的最小公倍数是 60,利用“和同加和”得出这个数表示为 $60n+7$。

③余同取余:用一个数除以几个不同的数,得到的余数相同,此时反求的这个数,可以用除数的最小公倍数的 n 倍加上这个相同的余数,称为“余同取余”。

例如,一个数除以 4 余 1,除以 5 余 1,除以 6 余 1,求这个数。因为余数都是 1,除数的最小公倍数是 60,利用“余同取余”得出这个数表示为 $60n+1$。

④最小公倍 n 倍加:所选取的数加上除数的最小公倍数的任意整数倍(即上面①②③中的 $60n$),称为“最小公倍 n 倍加”,也称为“公倍数作周期”。

第二部分

招教体验

1. [2019 统考,单,3′]一个六位数 617□□□分别除以 3,5,7 的余数都是 1,这样的最小的六位数的十位上的数字是( )

A. 5　　B. 6　　C. 7　　D. 8

答案:D。由题意知,617□□□最小是 617000,能被 3,5,7 整除的最小数是 105,则这个六位数减去 1 是 105 的整数倍,设这个倍数为 $t(t\in\mathbf{Z})$,由于 617 000 能整除 5,则这个六位数大于 617 000,从而有 $105t+1>617\ 000$,解得 $t>5876$,即 $t_{\min}=5877$,代入 $105t+1=617\ 086$,故这个六位数的十位数字是 8。

2. [2018 年 1 月杭州,填空,3′]自然数 N 除以 3 余 2,除以 5 余 4,除以 7 余 6,N 最小是________。

答案:104。根据题意,N 除以 3 余 2,除以 5 余 4,除以 7 余 6,故 N 再加 1 就是 3,5,7 的最小公倍数。由于 3,5,7 的最小公倍数是 105,$105-1=104$,则这个自然数最小是 104。解决这样的问题有个口诀:差同减差,和同加和,余同取余,公倍数作周期。

二十一、抽屉原理

抽屉原理

如果有 5 盒饼干,把它们放到 4 个抽屉里,那么可以肯定有一个抽屉里至少有 2 盒饼干;如果把 4 封信投到 3 个邮箱里,那么可以肯定有一个邮箱中至少有 2 封信。这些简单的例子就是数学中的“抽屉原理”。

基本的抽屉原理有 2 条:

(1)如果把 $x+k(k\geqslant1$ 且 $k\in\mathbf{N})$ 个元素放到 x 个抽屉里,那么至少有一个抽屉里含有 2 个或 2 个以上的元素。

(2)如果把 $m\times x+k(x>k\geqslant1,k\in\mathbf{N})$ 个元素放到 x 个抽屉里,那么至少有一个抽屉里含有 $m+1$ 个或更

多的元素。

考法揭秘

抽屉问题的解决方法

1. 构造抽屉

①构造抽屉，指出元素；②把元素放入（或取出）抽屉；③说明理由，得出结论。

构造抽屉思考角度：一是从问题出发，相同的就是"抽屉"；二是从数量关系出发，多的是"物品"，少的是"抽屉"。

[例]某班学生去买语文书、数学书、外语书。买书的情况是：有买一本的、两本的、三本的（每种书最多买一本），问：至少要去几位同学才能保证一定有两位同学买到相同的书？

答案：首先考虑买书的几种可能性，买一本、两本、三本共有7种类型（即语、数、外、语数、语外、数外、语数外），那把7种类型的书看作7个抽屉，把人看成元素。要保证至少有一个抽屉里有2个人，那么去的人数应大于抽屉数。所以至少要去 $7+1=8$（名）学生才能保证一定有两位同学买到相同的书。

2. 最不利原则

为保证某件事情一定发生，我们必须首先确定最不利于这件事情发生的情况，然后在此基础上去实现这些事情。这就是**最不利原则**。

针对题目中含有"至少……才能保证……""要保证……至少……"等叙述的抽屉问题，我们常用的解题方法就是利用最不利原则。

招教体验

1. [2020年1月杭州，单，3′]在一副扑克牌中(54张)，至少要取出(　　)张，才能保证，能排出一组连环对。(例如2,2,3,3;3,3,4,4;…;10,10,J,J;…;K,K,A,A)

A. 4　　B. 17　　C. 20　　D. 37

答案：D。首先建立抽屉：一副扑克牌有54张，大小王不相同，那么 $(54-2)\div4=13$，所以一共有 $13+2=15$ 个抽屉；分别是：A、2、3、…、K、小王、大王，由此利用抽屉原理考虑最差情况，先分别取出15张大小不相等的牌，此时再间隔抽取出A,2,4,6,…,Q，每个数字剩余3张全部抽出，共 $3\times7=21$ 张，则第三次抽取时任取一张，即能构成一组连续对。所以至少需要取出 $15+21+1=37$ 张。故本题选D。

2. [2019年1月杭州，单，3′]25个8岁的小朋友中至少有(　　)个小朋友是同一个月出生的。

A. 2　　B. 3　　C. 4　　D. 5

答案：B。由于一年中有12个月，$25\div12=2\cdots\cdots1$，根据抽屉原理，可知25个8岁的小朋友中至少有3个小朋友在同一个月出生。

二十二、不定方程的应用

方程的个数少于未知数的个数的方程（或方程组）称为不定方程（或不定方程组）。它的解是不定的。

第二部分

一般地说，如果没有给不定方程某种制约的条件，那么它就有无限多个解。下面所涉及的不定方程根据题目的要求和实际情况把解局限在一定的范围内，它可能有解，也可能无解，如果有解，也只能是有限个解。

[**例1**]根据用水收费规定，如果每月每户用水不超过24吨，按每吨3元收费；超过24吨时，超过部分每吨收5元，并规定用水按整数吨收费。某月甲户和乙户共用水65吨，甲户比乙户多交了35元，甲、乙两户这个月各交水费多少元？各用水多少吨？

答案：设乙户用水 x 吨，甲户用水 y 吨，且 $x,y\in\mathbf{N}$，根据题意有 $x+y=65$，其中 $y>24$，则：当 $0\leqslant x\leqslant 24$ 时，$24\times3+5(y-24)-3x=35$，则 $72+5y-120-3x=35$，将 $y=65-x$ 代入化简，得 $8x=242$，无解。

当 $x>24,y>24$ 时，$5(y-24)-5(x-24)=35$，则 $5y-120-5x+120=35$，化简得 $y-x=7$，将 $y=65-x$ 代入得到 $10x=290$，解得 $x=29$，符合题意，甲户用水量为 $65-29=36$ 吨。

答：甲户这个月交水费：$3\times24+5\times(36-24)=132$ 元；乙户这个月应交水费：$132-35=97$ 元。

[**例2**]不定方程 $37x-107y=25$ 的一组整数解为________。

答案：$(-8,-3)$（说明：答案不唯一，通解为 $(-8+107t,-3+37t)$，$t\in\mathbf{Z}$）。因为37和107的最大公约数为1，1能整除25，所以此不定方程有整数解。利用辗转相除法求解。$107=37\times2+33$；$37=33\times1+4$；$33=4\times8+1$。从最后一个式子向上逆推，得到 $1=33-4\times8=33-(37-33)\times8=33\times9+37\times(-8)=(107-37\times2)\times9+37\times(-8)=37\times(-26)-107\times(-9)$，所以 $37\times[(-26)\times25]-107\times[(-9)\times25]=25$，则特解为 $\begin{cases}x_0=(-26)\times25=-650,\\ y_0=(-9)\times25=-225,\end{cases}$ 进而其通解为 $\begin{cases}x=-650+107t=-8+107(t-6),\\ y=-225+37t=-3+37(t-6),\end{cases}$ $t\in\mathbf{Z}$，即为 $\begin{cases}x=-8+107t,\\ y=-3+37t,\end{cases}$ $t\in\mathbf{Z}$。当 $t=0$ 时，得不定方程的一组整数解，为 $(-8,-3)$。

二十三、最大与最小

数学中的最大值、最小值问题涉及的知识面很广，题目也较复杂。其中有一小部分题，可以利用一定的解题模式来求解，而其余大部分题没有固定的解题模式，要根据题中给出的条件去分析、判断、推理，最后才能得出正确的答案。

[**例1**]从自然数 $1,2,\cdots,2015$ 中取出 n 个数，所取的数中任意三个数之和能被15整除。求 n 的最大值。

答案：设 a、b、c、d 是所取出的任意四个数，由题意有 $a+b+c=15m$，$a+b+d=15n$，其中，m、n 为正整数。所以，$c-d=15(m-n)$，上式表明，所取出的数中任意两数之差是15的倍数，即所取的每个数除以15所得的余数相同。

设这个余数为 k，于是 $a=15a_1+k$，$b=15b_1+k$，$c=l5c_1+k$，其中 a_1、b_1、c_1 是整数，$0\leqslant k<15$。则 $a+b+c=15(a_1+b_1+c_1)+3k$。因为 $a+b+c$ 能被15整除，所以 $3k$ 能被15整除，即 k 能被5整除。

因此，$k=0,5$ 或 10。

当 $k=0$ 时，可取 $15,30,45,\cdots,2010$ 共134个数，符合题意；当 $k=5$ 时，可取 $5,20,35,\cdots,2015$ 共135个数，符合题意；当 $k=10$ 时，可取 $10,25,40,\cdots,2005$ 共134个数，符合题意。综上可知，n 最大值是135。

[**例2**]如图，把边长为6的正方形分成9个小正方形，在有阴影的2个小正方形中（含边界）分别取点

第二部分

P,R,与已有格点 Q(每个小正方形的顶点叫格点)构成三角形,则$\triangle PQR$ 的最大面积是多少?

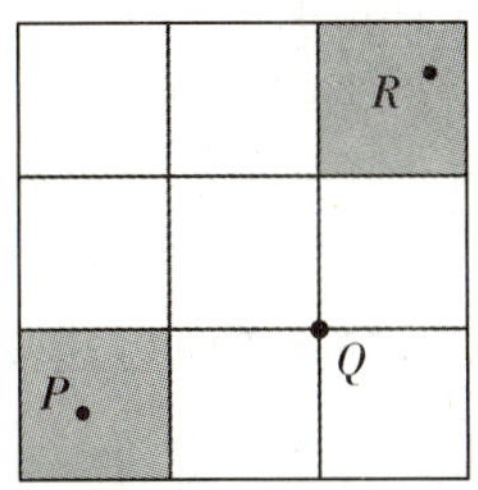

答案:对任意位置的 P,R 应取格点,如图所示,才能使 PQ 边上的高 RB 最长。然后再使 PQ 尽量大,即 P 应在正方形的边上,如图标示的字母,由"沙漏模型",得$\frac{PQ}{RQ}=\frac{AQ}{RB}$,则 $PQ\times RB=AQ\times RQ=4\times4=16$,由构造过程可得,$S_{\triangle PQR}=\frac{1}{2}\times PQ\times RB=8$。

答:$\triangle PQR$ 的最大面积为 8。

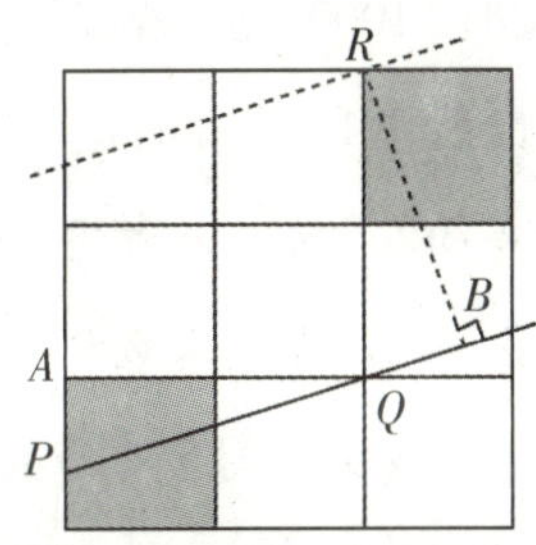

二十四、从整体看问题

解数学题,常常是化"整"为"零",把问题变为简单,以利于解决问题,但是有时解题需要"反其道而行之",不用过分注意细节,而忽略全局,需要站在整体的立场上,综观全局研究问题,进而从中找出解决问题的方法。

[**例 1**]两只同样的墨水瓶,一只墨水瓶中装了 100 毫升红墨水,另一个墨水瓶中装了 20 毫升蓝墨水。用一根吸管,先从红墨水瓶中吸出 1 毫升墨水,滴入蓝墨水瓶中后搅匀,再从蓝墨水瓶中吸出 1 毫升墨水,滴入红墨水瓶中。问红墨水瓶子中的蓝墨水和蓝墨水瓶中的红墨水哪个多?

作答思路:题目中有具体的数值,可能你会去算含量的百分比,通过这样的计算能算出结论,但是如果深入想想,撇开具体的中间过程,撇开具体的数值,从整体考虑,就不难想到两个墨水瓶的总容量不变。

答案:红墨水瓶中仍有 100 毫升墨水,蓝墨水瓶中也仍然有 20 毫升墨水。假设红墨水瓶中有 x 毫升红墨水倒入蓝墨水瓶中,那么同样有 x 毫升蓝墨水被倒入红墨水瓶中。所以红墨水瓶子中的蓝墨水和蓝墨水瓶中红墨水同样多。

[**例 2**]某装订车间的三名工人要将一批图书打包后送往邮局(要求每包的图书本数同样多)。第一次,他们领来这批图书的$\frac{7}{12}$,结果打了 14 包还多 35 本;第二次,他们把剩下的图书全部领来,正好又打了 11 个包。这批图书共有多少本?

作答思路：按照解一般分数应用题的方法，这道题的关键是找到“35 本”书的对应分率，但是结合题意，寻找这个对应分率较为困难，可以采用整体分析的方法。

答案：两次打包共打了 $14+11=25$ 包，由此可得每包书的本数正好占这批书的$\frac{1}{25}$，那么，开始打的 14 包则占这批书的$\frac{14}{25}$，显然，第一次打包后所剩的“35 本”就占这批书的$\frac{7}{12}$与$\frac{14}{25}$的差，因此，这批图书有 $35\div\left(\frac{7}{12}-\frac{14}{25}\right)=35\div\frac{7}{300}=1500$（本）。

答：这批图书共有 1500 本。

二十五、反过来考虑

在解题时经常会碰到这样的情况，从已知条件出发，顺着考虑下去，可能因歧路很多而陷入解题困境，这时可以考虑转换思考方向，倒着想想，可能会“柳暗花明又一村”。

[例 1]一支队伍的人数是 5 的倍数，且超过 1000 人。若按每排 4 人编队，则最后差 3 人；若按每排 3 人编队，则最后差 2 人；若按每排 2 人编队，则最后差 1 人。问：这支队伍至少有多少人？

答案：把条件“若按每 4 人编队，则最后差 3 人”反过来考虑，可理解为“若按每排 4 人编队，则最后多 1 人”同理，按 3 人、2 人排队都可理解为最后多 1 人。即总人数被 12 除余 1，这样，原题就化为：一个 5 的倍数大于 1000，且它被 12 除余 1。问：这个数最小是多少？是 5 的倍数且除以 12 余 1 的最小自然数是 25。因为人数超过 1000，$[3,4,5]=60$，所以这支队伍至少有 $25+60\times17=1045$（人）。

[例 2]甲、乙、丙三人打牌。第一局，甲输给了乙和丙，使得乙、丙手中的点数都翻了一番；第二局，甲和乙赢了，从而甲、乙手中的点数都翻了一番；最后一局，甲和丙获胜，两人手中的点数都翻了一番。这样，甲、乙、丙三人每人都是两赢一输，并且每人手中的点数完全相等，可是甲发现自己输了 100 点。那么，开始时，甲手中有多少点？（每局三人的点数总和保持不变）

答案：设第三局后每人手中都有 x 点，由题意可列如下表：

	甲（点）	乙（点）	丙（点）	点数总和
第三局后	x	x	x	$3x$
第二局后	$\frac{x}{2}$	$2x$	$\frac{x}{2}$	$3x$
第一局后	$\frac{x}{4}$	x	$\frac{7x}{4}$	$3x$
开始时	$\frac{13x}{8}$	$\frac{x}{2}$	$\frac{7x}{8}$	$3x$

因为三局后甲手中的点数比开始时减少了 100 点，即$\frac{13}{8}x-x=100$，解得 $x=160$。于是$\frac{13}{8}x=\frac{13}{8}\times160=260$（点）。

答：开始时，甲手中有 260 点。

二十六、不变量

［例 1］阅读：$(x-1)(x+1)=x^2-1$；$(x-1)(x^2+x+1)=x^3-1$；$(x-1)(x^3+x^2+x+1)=x^4-1$。

根据你所发现的规律，回答问题：

(1)$3.1415926^6+3.1415926^5+3.1415926^4+3.1415926^3+3.1415926^2+3.1415926+1=\dfrac{x^y-1}{3.1415926-1}$，求 $x+y$ 的值。（x 为有理数，y 为大于 1 的正整数）

(2)$2015^4+2015^2+1=\dfrac{x^6-1}{2015^2-1}$，求 x 的值。

答案：(1)设 $3.1415926=A$，则原式 $=A^6+A^5+A^4+A^3+A^2+A+1=\dfrac{x^y-1}{A-1}$，即 $(A-1)(A^6+A^5+A^4+A^3+A^2+A)=x^y-1$，则 $3.1415926^7=x^y$，所以 $x=3.1415926$，$y=7$。所以 $x+y=10.1415926$。

(2)设 $2015^2=B$，则 $B^2+B+1=\dfrac{x^6-1}{B-1}$，即 $(B^2+B+1)(B-1)=x^6-1$，即 $B^3-1=x^6-1$，则 $(2015^2)^3=x^6$，所以 $x=2015$。

［例 2］如图，设 AB，CD 为相距 15 厘米的两条平行线，已知直角三角形沿着直线 AB 以每秒 1 厘米的速度向右运动，长方形沿直线 CD 以每秒 3 厘米的速度向左运动，那么，在运动过程中，直角三角形与长方形有重叠部分的时间有多少秒？其中重叠部分的面积保持不变的时间有多少秒？

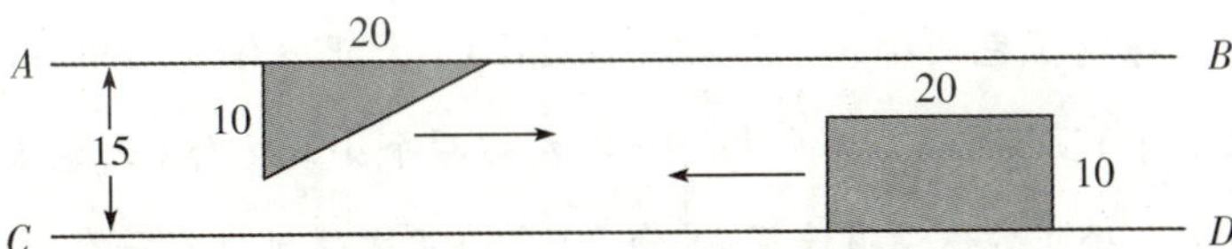

答案：直角三角形与长方形有重叠部分的过程即由图(1)的状态变为图(2)的状态，三角形与长方形共移动了 $10+20=30$（厘米），用时 $30\div(1+3)=7.5$（秒）。

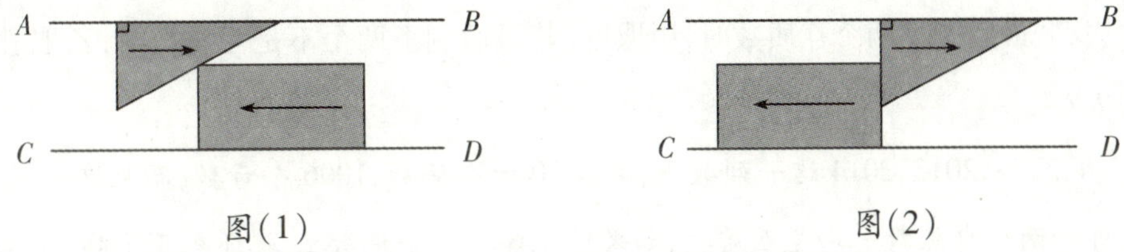

图(1)　　图(2)

直角三角形与长方形在移动过程中有重叠部分的面积不变的过程即由图(3)的状态变为图(4)的状态，三角形与长方形共移动了 10 厘米，用时 $10\div(1+3)=2.5$（秒）。

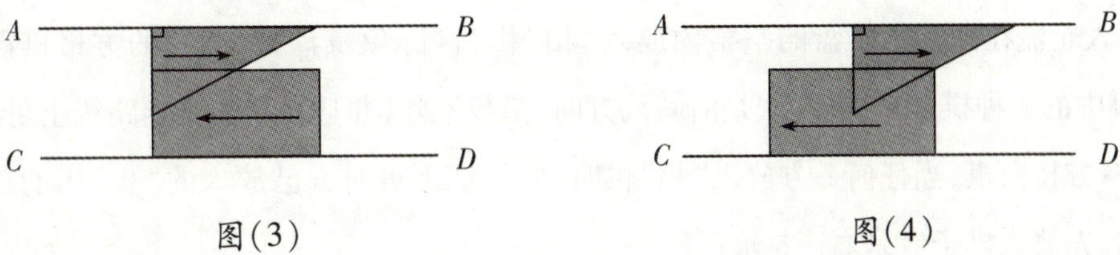

图(3)　　图(4)

二十七、染色问题

［例 1］如图所示是一个 4×5 的方格盘，先将其中的 4 个方格染黑，然后按以下规则继续染色：如果某个

格与两个黑格都有公共边，就将这个格染黑，这样操作下去，能否将整个方格盘都染成黑色？

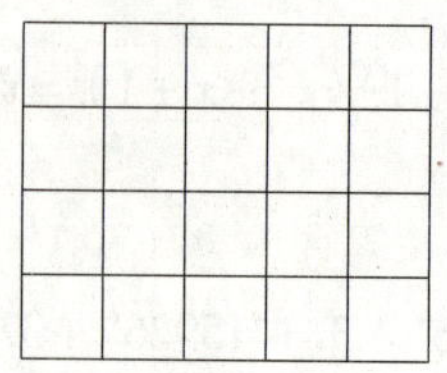

答案：不能。开始时染黑4个方格，这4个方格的总周长不超过$4\times4=16$，以后每染黑一个格，因为这个格至少与两个黑格有公共边，所以染黑后，所有黑格的周长不会增加。也就是说，所有黑格的总周长永远不会超过16，而4×5方格盘的周长是18，所以不能将整个方格盘染黑。

［例2］将27个大小形同的小正方体组成一个大正方体，现将大正方体各面上的某些小方格涂上黑色（如图），而且上与下、前与后、左与右两个面上的涂色方式相同，这时，至少有一个面上涂有黑色的小正方体有多少个？

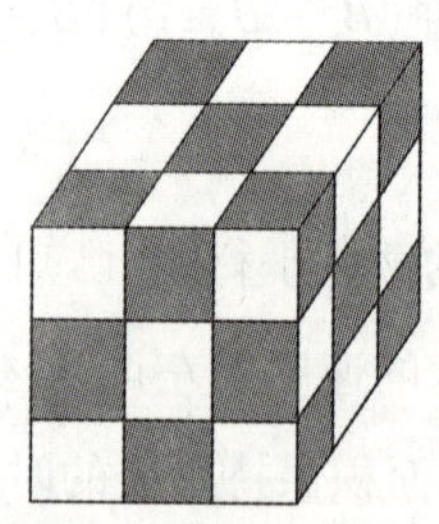

答案：至少有一个面上涂有黑色的小正方体的个数是20。大正方体前面中心的一个小正方体，以及它后面的两个小正方体（共3个）没有涂黑，顶面中间一排左右两个小正方体，及其底面相对应的两个小正方体没有涂黑，所以总共有7个小正方体没有涂黑，其余20个小正方体至少有一个面涂黑了。

二十八、对策问题

［例1］在黑板上写下一列自然数2，3，4，5，…，2013，2014，甲先擦去其中一个数，然后乙再擦去一个数，如此轮流地擦下去，若最后剩下两个互质数时，甲取胜，若最后剩下两个不是互质数时，乙取胜，这个游戏中谁取胜的可能性大？

答案：在2，3，4，5，…，2013，2014这一列数中，共有1007个偶数，1006个奇数，而且这一列数是连续的自然数。又因为相邻的两个自然数一定是互质数，如果甲先擦去一个偶数2，就还剩下1006个偶数和1006个奇数，这时乙擦去某一个奇数时，甲就擦去其后面相邻的那个偶数，乙擦去某一个偶数时，甲就擦去其前面相邻的那个奇数，如此这般地擦下去，就只剩下相邻的一奇数一偶数，它们必是互质数，甲必胜。

［例2］两个人轮流在国际象棋盘的空格内放入“相”棋（国际象棋盘为8×8的方格棋盘，共64个格，“相”是国际象棋中的一种棋子，它的走法是沿斜线方向，格数不限，并且在它的行走路线上可攻击其他棋），一方持黑棋，另一方持白棋，当任何一方放入“相”棋时，要保证不被对方已放入的“相”棋的攻击，谁先无法放入棋子时为输，先放入棋子者是赢还是输？

作答思路：由“相”棋的特点，每一“相”棋在棋盘上可以控制两条斜路，如图所示，凡落入这两条斜线上的棋都要受到攻击，双方在放“相”棋时必须避开对方“相”棋所控制的路线方可安全，由棋盘的“轴对称性”,可以判断,只要后放者有合适的策略,必定能够取胜。

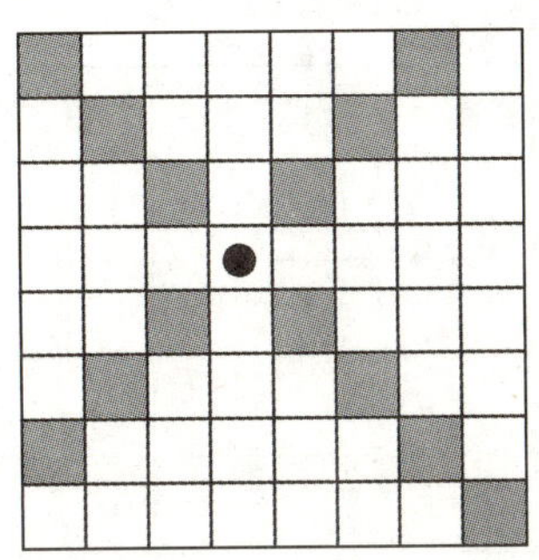

答案:如图,在棋盘上建立一条对称轴(粗实线),无论先放棋子的人将棋子放在什么位置,后放棋子的人都可以将棋子放在其对称的位置上,并且不被攻击,这样能保证:①只要先放棋子的人能够在棋盘上放入棋子,后放入棋子的人就一定可以在棋盘上放入棋子。

②后放入的棋子与先放入的棋子在一条水平线上,所以不会受到先放入的棋子的攻击。

如此摆放下去,必定是先放棋子的人找不到放棋的位置,从而认输。

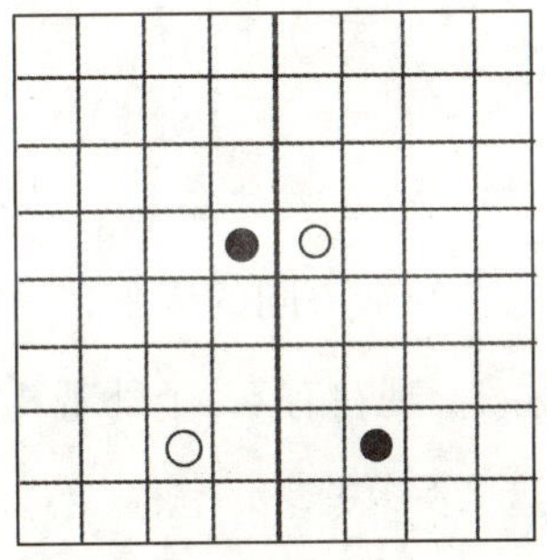

二十九、规划与统筹问题

在日常生活和工作中,我们经常会遇到下列问题:完成一件事情时怎样合理安排才能做到用时最少、效果最好。这类问题在数学中称为统筹问题。解决此类问题时,必须树立统筹思想,能同时做的事,尽量同时做。有时,我们还会遇到求“费时最省”“面积最大”“损耗最小”等问题,这些问题往往可以从极端情况去探索它的最大(小)值。在数学中称为极值问题。统筹问题和极值问题实际上都属于优化问题。

思考角度:①用时最省:把两件或两件以上的事同时做。

②费时最少:费时少者优先。

③面积最大:周长一定的图形越正,面积越大。

④乘积最大:和一定的两数相差越小,乘积越大。

招教体验

1.[2020 年 1 月杭州,单选,3′]若有十个人各拿着一只提桶同时到水龙头前打水,假设水龙头注满第一个人的桶需要 1 分钟,注满第二个人的桶需要 2 分钟,……。如此下去,当只有两个水龙头时,巧妙安排这十个人打水,使他们总的费时时间最少,这个时间等于(　　)分钟。

A. 30　　B. 55　　C. 110　　D. 125

答案:D。要使他们总的费时时间最少,应先安排所需时间较短的人打水。如下表所示:

	第一个水龙头	第二个水龙头
第一组	1	2
第二组	3	4
第三组	5	6
第四组	7	8
第五组	9	10

由于第一组的时间被计算了5次,二组4次,……,五组一次,所以十人所费总时间最少为:$(1+2)\times5+(3+4)\times4+(5+6)\times3+(7+8)\times2+(9+10)\times1=125$分钟。在本题中要注意是求"他们总的费时时间最少"而不是"他们打完水所用时间最少"。故本题选D。

2. [2017统考,单,3′]一块长方形绿地,长120米,宽15米,要在它的四周和四个角种树,要求每相邻两棵树之间的距离相等,最少要种树(　　)

A. 16棵　　B. 18棵　　C. 20棵　　D. 22棵

答案:B。$120\div15=8$,在四个角各种一棵,在两边各种7棵,共$4+7\times2=18$棵。

3. [2017年1月杭州,填空,2′]有一个与众不同的天平,它有三个托盘,每个托盘内都可以放物品,并且能测算出三个托盘内最轻的一个物品。现在有63个外观相同的乒乓球,其中一个较轻,则用该天平最少测量________次,就能保证找出这个乒乓球。

答案:3。①将63个乒乓球分成个数分别为16,16,16,15的4份,每个托盘上放16个球。②如果重量一样,那么较轻的在15个球的那份里,然后将15个球分成个数分别为4,4,4,3的四份,每个托盘上放4个;如果重量不一样,则把较轻一堆的16个球分成4,4,4,4的四份,称其中的三份。③通过第二步找出较轻的那一份,做最后一次称重即可。

三十、进位制问题

进位制是人们为了计数和运算方便而约定的计数系统。约定满二进一,就是二进制;满八进一就是八进制;满十进一就是十进制,等等。即"满k进一"就是k进制,k进制的基数就是k,k进制数是由$0\sim k-1$之间的数字构成的,因此k进制需要用k个数字表示。

十进制计数法就是采取逢十进一的法则进行计数的方法。例如,1995就是由1个一千、9个一百、9个十和5个一组成,因此,1995这个数就可以写成$1995=1\times1000+9\times100+9\times10+5$。

对于任意一个$n+1(n\in\mathbf{N}_+)$位的正整数,为了表示方便,对于用字母表示数字的多位数,在这个多位数上面加一个横线,以避免和乘法混淆,例如,$\overline{5a276}$就表示一个五位数。

注:若一个数为十进制数,其基数可以省略不写;若是其他进位制的数,在没有特别说明的前提下,其基数必须写出,常在数的右下角标明基数,例如,二进制数101表示为$101_{(2)}$。

剩余图书。试问该老板第二次售书时赔钱还是赚钱？若赔，赔多少？若赚，赚多少？

提升练 提分必争

一、填空题（每小题 2 分，共 8 分）

1. 已知 $a+\frac{1}{a}=2, a^2+\frac{1}{a^2}=2, a^3+\frac{1}{a^3}=2$，则 $a^4+\frac{1}{a^4}=$________。

2. 已知 α 是方程 $x^2+x-\frac{1}{4}=0$ 的根，则 $\frac{\alpha^3-1}{\alpha^5+\alpha^4-\alpha^3-\alpha^2}$ 的值等于________。

3. 已知方程组 $\begin{cases}2x-3y=3,\\ax+by=-1\end{cases}$ 与 $\begin{cases}3x+2y=11,\\2ax+3by=3\end{cases}$ 的解相同，则 $a^2+2ab+b^2$ 的值为________。

4. 已知多项式 $m^2+m-1=0$，则多项式 m^3+2m^2+2006 的值为________。

二、解答题（每小题 5 分，共 10 分）

5. 一商人将掸子放进两种盒子里，每个大盒子装 12 个，每个小盒子装 5 个，恰好装完。如果掸子数为 99，盒子数大于 9，问两种盒子各有多少个？

6. 在某校举办的足球比赛中规定：胜一场得 3 分，平一场得 1 分，负一场得 0 分。某班足球队参加了 12 场比赛，共得 22 分，已知这个队只负了 2 场，那么这个队胜了几场？平了几场？

参考答案及解析

基础练

一、单项选择题

1. D ［解析］∵ 被除数 ÷ 除数 = 商……余数，即被除数 = 除数 × 商 + 余数，∴ 251 = 除数 × 商 + 余数，即 251 − 41 = 除数 × 商，∴ 210 = 除数 × 商，∵ $210=2\times3\times5\times7$，∴ 210 的两位数的约数有 10、14、15、21、30、35、42、70，其中 42 和 70 大于余数 41，∴ 除数是 42 或 70，即要求的两位数是 42 或 70。

2. C ［解析］将 $x=-2$ 代入方程得到 $4-3a-a^2=0$，解得 $a=-4$ 或 1。

3. A ［解析］选项 B，$\sqrt{x^2y}=|x|\sqrt{y}$；选项 C，$\sqrt{12}=2\sqrt{3}$；选项 D，$\sqrt{0.5}=\sqrt{\frac{1}{2}}=\frac{\sqrt{2}}{2}$。故选 A。

4. B ［解析］由题知，$m=\sqrt{4}+\sqrt{3}=2+\sqrt{3}$，因为 $\sqrt{1}<\sqrt{3}<\sqrt{4}$，所以 $1<\sqrt{3}<2$，所以 $3<2+\sqrt{3}<4$，即 $3<m<4$。

5. D ［解析］由数轴上 a,b 两点的位置可知 $0<a<1, b<-1$。根据异号的两个数相加，取绝对值较大的数的符号，知 $a+b<0$，故 A 选项错误；在数轴上右边的数总比左边的数大，所以 $a-b>0$，故 B 选项错误；因为 a,b 异号，所以 $ab<0$，故 C 选项错误；因为 a,b 异号，所以 $\frac{b}{a}<0$，故 D 选项正确。故选 D。

6. C ［解析］$\left(x-2-\frac{5}{x+2}\right)\div\frac{x-3}{2x+4}=\frac{x^2-4-5}{x+2}\div\frac{x-3}{2x+4}=\frac{(x+3)(x-3)}{x+2}\times\frac{2(x+2)}{x-3}=2(x+3)$，当 $x=\sqrt{2}-3$ 时，原式 $=2\sqrt{2}$。

7. C ［解析］由题意列方程得 $(1+x)^2=1.2$。故选 C。

8. A ［解析］根据题意可列方程组 $\begin{cases}x+y=10,\\49x+37y=466\end{cases}$ 故

第三部分

选A。

二、填空题

9. $\frac{5}{4}$ [解析] $\frac{1}{x}-\frac{1}{y}=5\Rightarrow x-y=-5xy$，所以 $\frac{3x+5xy-3y}{x-y-3xy}=\frac{3(x-y)+5xy}{(x-y)-3xy}=\frac{3(-5xy)+5xy}{-5xy-3xy}=\frac{5}{4}$。

10. $\frac{1}{3}$ [解析] $A-B\div C=\frac{1}{x-2}-\frac{2}{x^2-4}\div\frac{x}{x+2}=\frac{1}{x-2}-\frac{2}{(x+2)(x-2)}\cdot\frac{x+2}{x}=\frac{1}{x-2}-\frac{2}{x(x-2)}=\frac{1}{x}$，当 $x=3$ 时，原式 $=\frac{1}{3}$。

11. 7 [解析]根据幂的运算性质可知，$b=0,a+c-1=6$，故 $a+b+c=7$。

12. 11 或 -5 [解析]由互为相反数的两个数的和为 0 可得 $a+b=0$，由互为倒数的两个数乘积为 1 可得 $cd=1$，由 $|n-1|=4$，可得 $n-1=4$ 或 $n-1=-4$，解得 $n=5$ 或 $n=-3$，因此 $2n+cd+\frac{a+b}{n^2}=2\times5+1+0=11$ 或 $2n+cd+\frac{a+b}{n^2}=2\times(-3)+1+0=-5$。

三、解答题

13. [解析]原式 $=\frac{x-2}{(x+1)(x-1)}\div\frac{2(x+1)}{(x+1)^2}+\frac{1}{x-1}=\frac{x-2}{(x+1)(x-1)}\times\frac{(x+1)^2}{2(x+1)}+\frac{1}{x-1}=\frac{x-2}{2(x-1)}+\frac{1}{x-1}=\frac{x}{2(x-1)}=\frac{x}{2x-2}$，

当 $x=\sqrt{2}+1$ 时，原式 $=\frac{\sqrt{2}+1}{2(\sqrt{2}+1)-2}=\frac{\sqrt{2}+1}{2\sqrt{2}}=\frac{2+\sqrt{2}}{4}$。

14. [解析]设第一种储蓄形式的年利率为 x，第二种储蓄形式的年利率为 y，则 $\begin{cases}2000x+1000y=114.57,\\x+y=7.92\%,\end{cases}$

解得 $\begin{cases}x=0.03537\approx3.54\%,\\y=0.04383\approx4.38\%。\end{cases}$

答：第一种储蓄形式的年利率约为 3.54%，第二种储蓄形式的年利率约为 4.38%。

15. [解析]设第二次购书 x 本，则第一次购书 $(x-10)$ 本，由题意可得 $\frac{100}{x-10}+0.5=\frac{150}{x}$，化简得 $x^2-110x+3000=0$，解得 $x_1=50,x_2=60$。经检验，$x_1=50,x_2=60$ 都是方程的根。

当 $x=50$ 时，每本书的批发价为 $150\div50=3$（元），高于书的定价，不合题意，舍去；当 $x=60$ 时，每本书的定价为 $150\div60=2.5<2.8$，符合题意，故第二次购书 60 本。

则 $2.8\times60\times\frac{4}{5}+2.8\times0.5\times60\times\left(1-\frac{4}{5}\right)=151.2$（元），则 $151.2-150=1.2$（元），故赚了 1.2 元。

提升练

一、填空题

1. 2 [解析] $a^4+\frac{1}{a^4}=\left(a^2+\frac{1}{a^2}\right)^2-2=2$。

2. 20 [解析]由题意 α 是方程 $x^2+x-\frac{1}{4}=0$ 的根，所以 $\alpha^2+\alpha=\frac{1}{4}$ 且 $\alpha\neq1$，又因为 $\alpha^3-1=(\alpha-1)(\alpha^2+\alpha+1)$，$\alpha^5+\alpha^4-\alpha^3-\alpha^2=\alpha^2(\alpha-1)(\alpha+1)^2$，所以 $\frac{\alpha^3-1}{\alpha^5+\alpha^4-\alpha^3-\alpha^2}=\frac{(\alpha-1)(\alpha^2+\alpha+1)}{\alpha^2(\alpha-1)(\alpha+1)^2}=\frac{\alpha^2+\alpha+1}{\alpha^2(\alpha+1)^2}=\frac{\frac{1}{4}+1}{\left(\frac{1}{4}\right)^2}=20$。

3. 9 [解析]根据题意，两个方程组的解相同，可得 $\begin{cases}3x+2y=11,\\2x-3y=3\end{cases}$ ①的解与 $\begin{cases}ax+by=-1,\\2ax+3by=3\end{cases}$ ②的解也相

同，解①得$\begin{cases}x=3,\\y=1,\end{cases}$将 x，y 代入②，解得$\begin{cases}a=-2,\\b=5,\end{cases}$则 $a^2+2ab+b^2=9$。

4. 2007 ［解析］由多项式 $m^2+m-1=0$ 可知 $m^2+m=1$，则 $m^3+2m^2+2006=m^3-1+2m^2+2007=(m-1)(m^2+m+1)+2m^2+2007=2m-2+2m^2+2007=2(m^2+m)+2005=2007$。

二、解答题

5. ［解析］设大盒子有 x 个，小盒子有 y 个，则 $12x+5y=99(x>0,y>0,x+y>9)$，即 $y=(99-12x)\div 5$，由整除 5 的数的规律，并经检验，知符合条件的解有：$x=2$，$y=15$，或 $x=7$，$y=3$。

答：大盒子有 2 个，小盒子有 15 个，或大盒子有 7 个，小盒子有 3 个。

6. ［解析］设这个队胜了 x 场，平了 y 场。根据题意得$\begin{cases}x+y=12-2,\\3x+y=22,\end{cases}$解得 $x=6$，$y=4$。

答：这个队胜了 6 场，平了 4 场。

正确率 70% 以下		正确率 70% ~85%		正确率 85% 以上	

山香寄语：

学习中的困难莫过于一节一节的台阶，虽然台阶很陡，但只要一步一个脚印的踏，攀登一层一层的台阶，才能实现学习的最高理想。祝你学习有进步！

——山香女孩

第二章　数　列

考向分析

本章属于高中数学的重要章节，特点为内容多、识记性知识多，在考试中常以单选、填空和解答题的形式考查。本章需要重点掌握的知识包括：

1. 识记数列的递推公式。
2. 识记等差数列的基本概念；重点识记等差数列的性质；识记等差数列的前 n 项和的推导与性质。
3. 识记等比数列的基本概念；重点识记等比数列的性质；识记等比数列前 n 项和的性质。
4. 识记并理解数列通项公式与前 n 项和的常用求法。

考情预测　在备考时，考生应注意：①数列的概念与表示；②等差数列的基本概念、性质与前 n 项和；③等比数列的基本概念、性质与前 n 项和；④数列通项公式与前 n 项和的常用求法。预计在明年的招教考试中，本部分依然是重点，且考试方式更加灵活。考生要抓住重点和难点，有针对性地进行识记与理解。

思维导图

第三部分

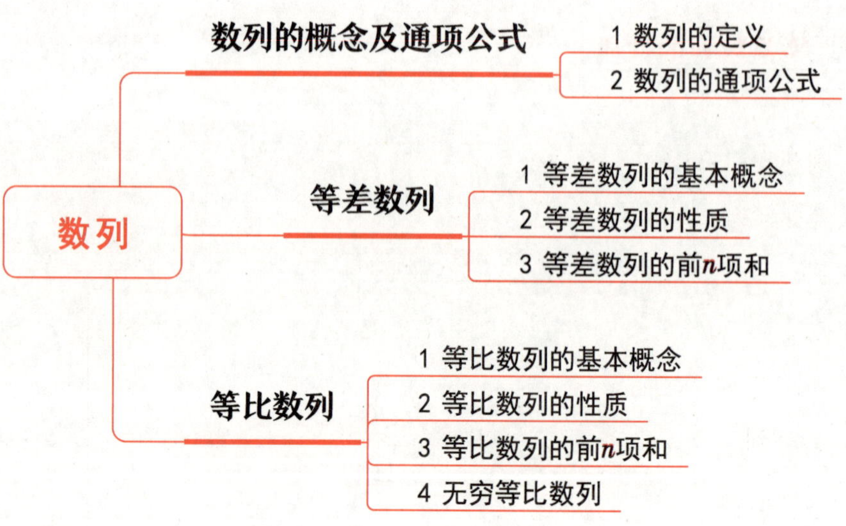

核心知识

真正打倒你的是自己的心态，志在必得，舍我其谁！

一、数列的概念及通项公式

知识点 1　数列的定义

按照一定顺序排列的一列数称为数列，数列中的每一个数叫作这个数列的项。

知识点 2 数列的通项公式

1. 通项公式

如果数列$\{a_n\}$的第 n 项与序号 n 之间的关系可以用一个公式 $a_n=f(n)$来表达，那么这个公式叫作这个数列的通项公式。

2. 递推公式

如果已知数列$\{a_n\}$的第一项（或前几项），且从第二项（或某一项）开始的任一项 a_n与它的前一项 a_{n-1}（或前几项）间的关系可以用一个公式来表示，那么这个公式就叫作这个数列的递推公式。

已知数列$\{a_n\}$的前 n 项和为 S_n，则 $a_n=\begin{cases}S_1, n=1,\\ S_n-S_{n-1}, n\geqslant 2。\end{cases}$

二、等差数列 【单选、填空、解答】 ★★

知识点 1 等差数列的基本概念

定义：一般地，如果一个数列从第 2 项起，每一项与它的前一项的差都等于同一个常数，那么这个数列叫作等差数列，这个常数叫作等差数列的公差，公差通常用字母 d 表示。

递推公式：$a_n-a_{n-1}=d(n\geqslant 2)$或者 $a_{n+1}-a_n=d(n\geqslant 1)$。公差 d 可以为正数、负数或零。

等差数列的通项公式：$a_n=a_1+(n-1)d$，$a_n=a_m+(n-m)d$，其中 a_n，a_m 必须是数列中的项。

等差中项：如果三个数 x，A，y 组成等差数列，那么 A 叫作 x 和 y 的等差中项，则 $A=\frac{x+y}{2}$。

知识点 2 等差数列的性质

1. 若公差 $d>0$，则此数列为递增数列；

若公差 $d<0$，则此数列为递减数列；

若公差 $d=0$，则此数列为常数列。

2. $a_1+a_n=a_2+a_{n-1}=a_3+a_{n-2}=\cdots=2a_{\frac{n+1}{2}}$（$n$ 为奇数）；

$a_1+a_n=a_2+a_{n-1}=a_3+a_{n-2}=\cdots=a_{\frac{n}{2}}+a_{\frac{n+2}{2}}$（$n$ 为偶数）。

3. $m,n,p,k\in\mathbf{N}_+$，且 $m+n=p+k$，则 $a_m+a_n=a_p+a_k$。

此性质还可以推广到三项、四项等情形。使用该性质时，一定要注意等式两边**下标和相等**，注意等式两边和的项数一样多。

4. 在等差数列中，每隔相同的项抽出来的项按照原来的顺序排列，构成的新数列仍然是等差数列，但剩下的项按原顺序排列构成的数列不一定是等差数列。

5. 等差数列中连续几项之和顺次排列，构成的新数列仍然是等差数列。

6. 若数列$\{a_n\}$和$\{b_n\}$均为等差数列，则$\{ma_n+kb_n\}$仍为等差数列，其中 m，k 均为常数。

7. 等差数列的通项公式 $a_n=a_1+(n-1)d$ 或 $a_n=a_m+(n-m)d$ 也可以表示为 $a_n=kn+b$，其中 k 为等差数列的公差。

知识点3 等差数列的前 n 项和

1. 等差数列前 n 项和公式的推导

设等差数列$\{a_n\}$的前 n 项和为 S_n，则 $S_n=a_1+a_2+a_3+\cdots+a_n$，

而 $a_2=a_1+d, a_3=a_1+2d, \cdots, a_n=a_1+(n-1)d$，

故 $S_n=a_1+(a_1+d)+(a_1+2d)+\cdots+[a_1+(n-1)d]$①，

再把项的顺序反过来，S_n又可以表示为

$S_n=a_n+(a_n-d)+(a_n-2d)+\cdots+[a_n-(n-1)d]$②。

①+②，得 $2S_n=(a_1+a_n)+(a_1+a_n)+\cdots+(a_1+a_n)=n(a_1+a_n)$，

所以 $S_n=\dfrac{n(a_1+a_n)}{2}$。

还可以变形为 $S_n=na_1+\dfrac{n(n-1)}{2}d$。

2. 等差数列前 n 项和的性质

(1)等差数列前 n 项和公式为 $S_n=\dfrac{n(a_1+a_n)}{2}$，或 $S_n=na_1+\dfrac{n(n-1)}{2}d$，也可以表示为 $S_n=an^2+bn$。

(2)$S_n, S_{2n}-S_n, S_{3n}-S_{2n}, \cdots$仍成等差数列。

(3)在等差数列$\{a_n\}$中，$a_1>0, d<0$，则 S_n存在最大值；若 $a_1<0, d>0$，则 S_n存在最小值。

(4)若$\{a_n\}$，$\{b_n\}$都为等差数列，S_n，T_n分别为它们的前 n 项和，则$\dfrac{a_m}{b_m}=\dfrac{S_{2m-1}}{T_{2m-1}}$。

(5)若等差数列的项数为 $2n$，则 $S_{2n}=n(a_n+a_{n+1})$，且 $S_{偶}-S_{奇}=nd$，$\dfrac{S_{偶}}{S_{奇}}=\dfrac{a_{n+1}}{a_n}$；

若项数为 $2n-1$，则 $S_{2n-1}=(2n-1)a_n$（a_n为中间项），且 $S_{偶}-S_{奇}=a_n$，$\dfrac{S_{偶}}{S_{奇}}=\dfrac{n-1}{n}$，$S_{奇}=na_n$，$S_{偶}=(n-1)a_n$。

招教体验

[2016 年 1 月杭州，填空，3′]已知数列 $a_1, a_2, \cdots, a_n$为一等差数列，平均数为 71，若把每相邻的四个数相加，其和为一个新的数列，这一新数列的总和为 28 400，则 n 的值为________。

答案：103。新数列的和为$(a_1+a_2+a_3+a_4)+(a_2+a_3+a_4+a_5)+\cdots+(a_{n-3}+a_{n-2}+a_{n-1}+a_n)=a_1+2a_2+3a_3+4(a_4+\cdots+a_{n-3})+3a_{n-2}+2a_{n-1}+a_n=4(a_1+a_2+\cdots+a_n)-3a_1-2a_2-a_3-a_{n-2}-2a_{n-1}-3a_n=4(a_1+a_2+\cdots+a_n)-3(a_1+a_n)-2(a_2+a_{n-1})-(a_3+a_{n-2})=2(a_1+a_n)n-6(a_1+a_n)=2\times2\times71n-6\times2\times71$，由题意得，$2\times2\times71n-6\times2\times71=28\ 400$，解得 $n=103$。

二、等比数列 ★★ 【单选、解答】

知识点1 等比数列的基本概念

定义：一般地，如果一个数列从第 2 项起，每一项与它的前一项的比都等于同一个常数，那么这个数列叫作

第三部分

等比数列,这个常数叫作等比数列的公比,公比通常用字母 $q(q\neq0)$ 表示,$q=\frac{a_n}{a_{n-1}}(n\geq2)$ 或者 $q=\frac{a_{n+1}}{a_n}(n\geq1)$。

通项公式:$a_n=a_1q^{n-1}$。

知识点2 等比数列的性质

1. 设 $a_n=a_1q^{n-1}(a_1,q\neq0)$。当 $q>1,a_1>0$ 或 $0<q<1,a_1<0$ 时,$\{a_n\}$ 是递增数列;当 $q>1,a_1<0$ 或 $0<q<1,a_1>0$ 时,$\{a_n\}$ 是递减数列;当 $q=1$ 时,$\{a_n\}$ 是常数列;当 $q<0$ 时,$\{a_n\}$ 是摆动数列。

2. 数列 $\{a_n\}$ 为等比数列,则

(1)$a_1a_n=a_2a_{n-1}=a_3a_{n-2}=\cdots=a^2_{\frac{n+1}{2}}$($n$ 为奇数);

(2)$a_1a_n=a_2a_{n-1}=a_3a_{n-2}=\cdots=a_{\frac{n}{2}}a_{\frac{n+2}{2}}$($n$ 为偶数)。

3. $m,n,p,k\in\mathbf{N}_+$,且 $m+n=p+k$,则 $a_ma_n=a_pa_k$。

4. 等比数列中连续几项之积构成的新数列仍然是等比数列。

5. 若数列 $\{a_n\}$ 和 $\{b_n\}$ 均为等比数列,公比分别为 q_1,q_2,则 $\left\{\frac{1}{a_n}\right\}$,$\{ka_n\}(k\in\mathbf{R},k\neq0)$,$\{|a_n|\}$,$\{ma_nb_n\}$ 和 $\left\{m\frac{a_n}{b_n}\right\}$ 仍为等比数列,且公比分别为 $\frac{1}{q_1}$,q_1,$|q_1|$,q_1q_2,$\frac{q_1}{q_2}$,其中 m 是不为零的常数。

6. 等比数列的通项公式为 $a_n=a_1q^{n-1}(a_1,q\neq0)$ 或 $a_n=a_mq^{n-m}(a_m,q\neq0)$,也可以表示为 $a_n=c\cdot q^n$,其中 $c=\frac{a_1}{q}$,q 为公比。

7. 等比中项:等比数列 $\{a_n\}$ 中,从第二项起,每一项(有穷数列的末项除外)都是它的前一项与后一项的等比中项。等比中项公式:$a_{n+1}^2=a_na_{n+2}$。

8. $\{a_n\}$ 是等比数列,当 $m,n,p(m,n,p\in\mathbf{N}_+)$ 成等差数列时,a_m,a_n,a_p 成等比数列。

知识点3 等比数列的前 n 项和

1. 等比数列前 n 项和公式的推导

(1)当 $q=1$ 时,$S_n=na_1$;

(2)(错位相减法)当 $q\neq1$ 时,由数列的前 n 项和定义,得

$S_n=a_1+a_2+\cdots+a_n=a_1+a_1q+\cdots+a_1q^{n-1}$,

$qS_n=a_1q+a_1q^2+\cdots+a_1q^n$,

两式相减,得 $(1-q)S_n=a_1-a_1q^n=a_1(1-q^n)$,

所以 $S_n=\frac{a_1(1-q^n)}{1-q}$。

综上,$S_n=\begin{cases}na_1,q=1,\\ \frac{a_1(1-q^n)}{1-q},q\neq1。\end{cases}$

第三部分

2. 等比数列前 n 项和的性质

(1)等比数列的前 n 项和为 $S_n=\begin{cases}na_1,q=1,\\ \dfrac{a_1(1-q^n)}{1-q},q\neq1,\end{cases}$ 也可以表示为 $S_n=k-k\cdot q^n$,这里 q 为公比,且$q\neq0$,$q\neq1$,$k=\dfrac{a_1}{1-q}$。

(2)$S_n,S_{2n}-S_n,S_{3n}-S_{2n},\cdots$仍成等比数列。

注:运用求和公式时要先讨论 q 是否为 1。

知识点 4 无穷等比数列

当等比数列$\{a_n\}$的项数 n 为无穷大时,称$\{a_n\}$为无穷等比数列。

当 $n\to\infty$ 时,把$|q|<1$ 的无穷等比数列的前 n 项和 S_n 的极限叫作无穷等比数列的各项的和,并用符号 S 表示,记作 $S=\lim\limits_{n\to\infty}S_n=\dfrac{a_1}{1-q}(|q|<1)$。

注:只有当无穷等比数列的公比 q 满足$|q|<1$ 时,其前 n 项和的极限才存在。

考法揭秘

数列通项公式与求和的方法

1. 求数列通项公式的常用方法

(1)公式法

已知或根据题目的条件能够推出数列$\{a_n\}$为等差或等比数列,则根据数列的通项公式 $a_n=a_1+(n-1)d$或 $a_n=a_1q^{n-1}$进行求解。

(2)由数列的前几项求通项公式

①分式形式的数列,分别求分子、分母的通项,较复杂的还要考虑分子、分母的关系;

②若第 n 项和第 $n+1$ 项正负交错,那么符号用$(-1)^n$或$(-1)^{n+1}$或$(-1)^{n-1}$来调控;

③对于较复杂数列的通项公式,其项与序号之间的关系不容易发现,需要将数列各项的结构形式加以变形,可使用添项、通分、分割等方法,将数列的各项分解成若干个常见数列对应项的“和”“差”“积”“商”后再进行归纳。

[**例**]写出下面数列的一个通项公式:

(1)3,33,333,3333,…;

(2)3,5,7,9,…。

答案:(1)将数列各项改写为$\dfrac{9}{3},\dfrac{99}{3},\dfrac{999}{3},\dfrac{9999}{3},\cdots$,分母都是 3,而分子分别是 $10-1,10^2-1,10^3-1,10^4-1,\cdots$,所以 $a_n=\dfrac{1}{3}(10^n-1)$。

(2)各项式减去 1 后为正偶数,所以 $a_n=2n+1$。

第三部分

(3)a_n与S_n的关系式法

①S_n与a_n关系问题的求解思路

根据所求结果的不同要求,将问题向不同的两个方向转化:一是利用$a_n=S_n-S_{n-1}(n\geqslant2)$转化为只含$S_n$,$S_{n-1}$的关系式,再求解;二是利用$S_n-S_{n-1}=a_n(n\geqslant2)$转化为只含$a_n$,$a_{n-1}$的关系式,再求解。

②已知S_n求a_n的三个步骤:

a. 先利用$a_1=S_1$求出a_1;

b. 用$n-1$替换S_n中的n得到一个新的关系,利用$a_n=S_n-S_{n-1}(n\geqslant2)$便可求出当$n\geqslant2$时$a_n$的表达式;

c. 注意检验a_1是否可以与$n\geqslant2$的表达式合并。

[例]已知数列$\{a_n\}$的前n项和S_n满足$a_{n+1}=\frac{1}{3}S_n$,其中$a_1=1$,求a_n。

答案:由题意知$S_n=3a_{n+1}$,$\therefore S_{n-1}=3a_n(n\geqslant2)$,两式相减得$a_n=S_n-S_{n-1}=3a_{n+1}-3a_n$,则$4a_n=3a_{n+1}$,即$\frac{a_{n+1}}{a_n}=\frac{4}{3}(n\geqslant2)$,又$a_2=\frac{1}{3}S_1=\frac{1}{3}a_1$不适合上式,$\therefore$数列$\{a_n\}$从第二项起是以$\frac{4}{3}$为公比的等比数列,$a_n=a_2\cdot\left(\frac{4}{3}\right)^{n-2}=\frac{1}{3}\left(\frac{4}{3}\right)^{n-2}(n\geqslant2)$,$\therefore a_n=\begin{cases}1,n=1,\\ \frac{1}{3}\left(\frac{4}{3}\right)^{n-2},n\geqslant2。\end{cases}$

(4)由递推关系式求通项公式的常用方法

①累加法

当数列$\{a_n\}$中有$a_n-a_{n-1}=f(n)$,$n\in\mathbf{N}_+$,即第n项与第$n-1$项的差是个有“规律”的数时,就可以用累加法。$a_n=(a_n-a_{n-1})+(a_{n-1}-a_{n-2})+\cdots+(a_2-a_1)+a_1(n\geqslant2)$。

②累乘法

它与累加法类似,当数列$\{a_n\}$中有$\frac{a_n}{a_{n-1}}=f(n)$,$n\in\mathbf{N}_+$,即第n项与第$n-1$项的商是个有“规律”的数时,就可以用累乘法。$a_n=\frac{a_n}{a_{n-1}}\cdot\frac{a_{n-1}}{a_{n-2}}\cdot\cdots\cdot\frac{a_2}{a_1}\cdot a_1(n\geqslant2)$。

[例]在数列$\{a_n\}$中,$a_1=1$,$(n+1)a_{n+1}=na_n$,求a_n的表达式。

答案:由$(n+1)a_{n+1}=na_n$,得$\frac{a_{n+1}}{a_n}=\frac{n}{n+1}$,$\therefore a_n=\frac{a_n}{a_{n-1}}\cdot\frac{a_{n-1}}{a_{n-2}}\cdot\cdots\cdot\frac{a_2}{a_1}\cdot a_1=\frac{n-1}{n}\cdot\frac{n-2}{n-1}\cdot\cdots\cdot\frac{2}{3}\cdot\frac{1}{2}\cdot1=\frac{1}{n}$。又$a_1=1$符合此式,故$a_n=\frac{1}{n}(n\geqslant1$,且$n\in\mathbf{N}_+)$

数列求和方法
裂项相消法

2. 数列求和裂项相消法

常见的裂项相消方法如下表:

数列($n\in\mathbf{N}_+$)	裂项方法($n\in\mathbf{N}_+$)
$\left\{\frac{1}{n(n+k)}\right\}$($k$为非零常数)	$\frac{1}{n(n+k)}=\frac{1}{k}\left(\frac{1}{n}-\frac{1}{n+k}\right)$

第三部分

续表

数列($n\in\mathbf{N}_+$)	裂项方法($n\in\mathbf{N}_+$)
$\left\{\dfrac{1}{n(n+1)(n+2)}\right\}$	$\dfrac{1}{n(n+1)(n+2)}=\dfrac{1}{2}\left[\dfrac{1}{n(n+1)}-\dfrac{1}{(n+1)(n+2)}\right]$
$\left\{\dfrac{1}{\sqrt{n}+\sqrt{n+k}}\right\}$	$\dfrac{1}{\sqrt{n}+\sqrt{n+k}}=\dfrac{1}{k}(\sqrt{n+k}-\sqrt{n})$
$\left\{\log_a\left(1+\dfrac{1}{n}\right)\right\}$	$\log_a\left(1+\dfrac{1}{n}\right)=\log_a(n+1)-\log_a n$
$\left\{\dfrac{2^n}{(2^n-1)(2^{n+1}-1)}\right\}$	$\dfrac{2^n}{(2^n-1)(2^{n+1}-1)}=\dfrac{1}{2^n-1}-\dfrac{1}{2^{n+1}-1}$

招教体验

[2017 统考,解答,5′]已知数列$\{a_n\}$满足$a_1=1,a_2=3$,且$a_{n+1}=3a_n-2a_{n-1}(n\geqslant2$,且$n\in\mathbf{N}_+)$,求数列$\{a_n\}$的通项公式。

答案:$a_{n+1}=3a_n-2a_{n-1}$,$a_{n+1}-a_n=2a_n-2a_{n-1}=2(a_n-a_{n-1})(n\geqslant2)$,

令$b_{n-1}=a_n-a_{n-1}$,则$b_1=3-1=2$,$b_n=2b_{n-1}(n\geqslant2)$,

又$b_1=3-1=2$,则数列$\{b_n\}$是以2为首项,2为公比的等比数列,$b_n=2^n$,

则$a_n-a_{n-1}=2^{n-1}$,

$a_{n-1}-a_{n-2}=2^{n-2}$,

$a_{n-2}-a_{n-3}=2^{n-3}$,

……

$a_2-a_1=2$,

上述各式累加可得,$a_n-a_1=2^{n-1}+\cdots+2=\dfrac{2(1-2^{n-1})}{1-2}=2^n-2$,

$a_n=2^n-2+a_1=2^n-1$。

强化练习

建议用时:45 分钟	实际用时:_____分钟	参考分值:54 分	实际得分:_____分

基础练 保分必拿

一、单项选择题(每小题 2 分,共 12 分)

1. 设$\{a_n\}$是公比为正数的等比数列,若$a_3=4,a_5=16$,则数列$\{a_n\}$的前5项和为(　　)

A. 41　　B. 15　　C. 32　　D. 31

2. 设S_n是等差数列$\{a_n\}$的前n项和,若$\dfrac{a_5}{a_3}=\dfrac{5}{9}$,则$\dfrac{S_9}{S_5}=$(　　)

A. 1　　B. −1

C. 2 D. $\frac{1}{2}$

3. 在数列$\{a_n\}$中，$a_3=3,a_9=27$，其通项公式是项数n的一次函数，则数列$\{a_n\}$的通项公式为(　　)

A. $a_n=4n-1$ B. $a_n=2n+1$

C. $a_n=4n-9$ D. $a_n=6n-3$

4. 记数列$\{a_n\}$的前n项和为S_n，若$a_3=108$，且$(n+1)a_{n+1}-3(n+2)a_n=0$，则(　　)

A. $a_1=8$ B. $a_8=3^{11}$

C. $S_n=(n+1)\cdot 3^n$ D. $S_5=2004$

5. 各项均为正数的等比数列$\{a_n\}$的前n项和为S_n，若$S_n=2,S_{3n}=14$，则S_{4n}等于(　　)

A. 80 B. 26 C. 30 D. 16

6. 已知等差数列$\{a_n\}$的前n项和为S_n，$S_9=-18$，$S_{13}=-52$，$\{b_n\}$为等比数列，且$b_5=a_5,b_7=a_7$，则$b_{15}=$(　　)

A. 64 B. 128

C. -64 D. -128

二、填空题(每小题2分，共6分)

7. 数列$\{a_n\}$不是常数列，满足$a_1=\frac{1}{4},a_5=\frac{1}{8}$，且$a_1a_2+a_2a_3+\cdots+a_na_{n+1}=na_1a_{n+1}$对任何的正整数$n$都成立，则$\frac{1}{a_1}+\frac{1}{a_2}+\cdots+\frac{1}{a_{50}}$的值为________。

8. 已知数列$\{a_n\}$是公差不为0的等差数列，$\{b_n\}$是等比数列，其中$a_1=3,b_1=1,a_2=b_2,3a_5=b_3$，若存在常数$u,v$对任意正整数$n$都有$a_n=3\log_u b_n+v$，则$u+v=$________。

9. 设各项都是正数的等比数列$\{a_n\}$，S_n为其前n项和，$S_{10}=10,S_{30}=70$，那么$S_{40}=$________。

三、解答题(共7分)

10. 设数列$\{a_n\}$的前n项和为S_n。已知$a_1=1$，$S_{n+1}=4a_n+2$。

(1)设$b_n=a_{n+1}-2a_n$，证明数列$\{b_n\}$是等比数列；

(2)求数列$\{a_n\}$的通项公式。

提升练 提分必争

一、单项选择题(每小题2分，共8分)

1. 已知各项均为正数的等比数列$\{a_n\}$中，$a_1a_2a_3=5$，$a_7a_8a_9=10$，则$a_4a_5a_6$等于(　　)

A. $4\sqrt{2}$ B. 6 C. 7 D. $5\sqrt{2}$

2. 设$\{a_n\}$是等比数列，公比$q=2$，S_n为$\{a_n\}$的前n项和，记$T_n=\frac{17S_n-S_{2n}}{a_{n+1}}(n\in\mathbf{N}_+)$，设$T_{n_0}$为数列$\{T_n\}$的最大项，则$n_0=$(　　)

A. 2 B. 3 C. 4 D. 5

3. 若a,b是函数$f(x)=x^2-px+q(p>0,q>0)$的两个不同的零点，且$a,b,-2$这三个数可适当排序后成等差数列，也可适当排序后成等比数列，则$p+q$的值等于(　　)

A. 6 B. 7 C. 8 D. 9

4. 若等比数列$\{a_n\}$的各项均为正数，且$a_{10}a_{11}+a_9a_{12}=2e^5$，则$\ln a_1+\ln a_2+\cdots+\ln a_{20}=$(　　)

A. 10 B. 50 C. -50 D. 20

二、解答题(每小题7分，共21分)

5. 已知$\{a_n\}$是等比数列，前n项和为$S_n(n\in\mathbf{N}_+)$，且$\frac{1}{a_1}-\frac{1}{a_2}=\frac{2}{a_3}$，$S_6=63$。

(1)求$\{a_n\}$的通项公式；

(2)若对任意的$n\in\mathbf{N}_+$，b_n是$\log_2a_n$和$\log_2a_{n+1}$的等差中项，求数列$\{(-1)^nb_n^2\}$的前$2n$项和。

6. 已知各项都为正数的数列$\{a_n\}$满足$a_1=1$，$a_n^2-(2a_{n-1}-1)a_n-2a_{n-1}=0(n\geqslant 2,n\in\mathbf{N}_+)$，数列$\{b_n\}$满足$b_1=1$，$b_1+\frac{1}{2}b_2+\frac{1}{3}b_3+\cdots+\frac{1}{n}b_n=b_{n+1}-1(n\in\mathbf{N}_+)$。

(1)求$\{a_n\}$，$\{b_n\}$的通项公式；

(2)求数列$\{a_n\cdot b_n\}$的前n项和T_n。

7. 已知在数列$\{a_n\}$中，$a_1=1$，前n项和$S_n=\frac{n+2}{3}a_n$。

(1)求a_2,a_3；

(2)求$\{a_n\}$的通项公式。

第三部分

参考答案及解析

基础练

一、单项选择题

1. D [解析]由于 $a_3=4,a_5=16$,则 $q^2=\frac{a_5}{a_3}=\frac{16}{4}=4$,又 $\{a_n\}$ 是公比为正数的等比数列,则 $q=2$,$\because a_3=4$,$\therefore a_1=1$,$\therefore$ 数列 $\{a_n\}$ 的前5项和 $S_5=\frac{1\times(1-2^5)}{1-2}=2^5-1=31$。故选D。

2. A [解析]因为 $\frac{a_5}{a_3}=\frac{5}{9}$,所以 $\frac{S_9}{S_5}=\frac{9a_5}{5a_3}=\frac{9}{5}\times\frac{5}{9}=1$。故选A。

3. C [解析]设数列的通项公式为 $a_n=kn+b$,则根据题意可得 $\begin{cases}3k+b=3,\\9k+b=27,\end{cases}$ 解得 $\begin{cases}k=4,\\b=-9。\end{cases}$

则数列 $\{a_n\}$ 的通项公式为 $a_n=4n-9$。

4. D [解析]依题意,$\frac{a_{n+1}}{n+2}-3\cdot\frac{a_n}{n+1}=0$,故 $\left\{\frac{a_n}{n+1}\right\}$ 是公比为3的等比数列,而 $a_3=108$,且 $3a_3-12a_2=0$,解得 $a_2=27$,又 $2a_2-9a_1=0$,解得 $a_1=6$,A项错误;由上可知 $\frac{a_n}{n+1}=3^n$,即 $a_n=(n+1)\cdot3^n$,C项错误;$a_8=9\cdot3^8=3^{10}$,B项错误;由通项公式可知 $a_4=405,a_5=1458$,因此 $S_5=a_1+a_2+a_3+a_4+a_5=6+27+108+405+1458=2004$,选项D正确。

5. C [解析] $\frac{S_{3n}}{S_n}=\frac{14}{2}=\frac{1-q^{3n}}{1-q^n}$,解得 $q^n=2$。所以 $S_{4n}=S_n\cdot\frac{1-q^{4n}}{1-q^n}=30$,故选C。

6. C [解析]由等差数列前 n 项和公式得,$S_9=\frac{9}{2}(a_1+a_9)=9a_5=-18$,$S_{13}=\frac{13}{2}(a_1+a_{13})=13a_7=-52$,解得 $a_5=-2,a_7=-4$,所以 $b_5=a_5=-2$,$b_7=a_7=-4$,设数列 $\{b_n\}$ 的公比为 q,则有 $q^2=2$,则 $b_{15}=b_7\cdot q^8=-4\times16=-64$。

二、填空题

7. 1425 [解析]因为 $a_1a_2+a_2a_3+\cdots+a_na_{n+1}=na_1a_{n+1}$,所以当 $n\geqslant2$ 时,$a_1a_2+a_2a_3+\cdots+a_{n-1}a_n=(n-1)a_1a_n$,两式相减可得 $a_na_{n+1}=na_1a_{n+1}-(n-1)a_1a_n$,即 $\frac{1}{a_1}=\frac{n}{a_n}-\frac{n-1}{a_{n+1}}$,则 $\frac{1}{a_1}=\frac{n+1}{a_{n+1}}-\frac{n}{a_{n+2}}$,则 $\frac{n}{a_n}-\frac{n-1}{a_{n+1}}=\frac{n+1}{a_{n+1}}-\frac{n}{a_{n+2}}$,即 $\frac{1}{a_n}+\frac{1}{a_{n+2}}=\frac{2}{a_{n+1}}$,即数列 $\left\{\frac{1}{a_n}\right\}$ 是等差数列,又由 $a_1=\frac{1}{4}$,$a_5=\frac{1}{8}$ 可得数列 $\left\{\frac{1}{a_n}\right\}$ 的公差 $d=1$,则 $\frac{1}{a_{50}}=53$,则 $\frac{1}{a_1}+\frac{1}{a_2}+\cdots+\frac{1}{a_{50}}=\frac{50\times(4+53)}{2}=1425$。

8. 6 [解析]设数列 $\{a_n\}$ 的公差为 d,数列 $\{b_n\}$ 的公比为 q,$\because a_1=3,b_1=1,a_2=b_2,3a_5=b_3$,$\therefore a_2=3+d=b_2=q$,$3a_5=3(3+4d)=b_3=q^2$,解方程得 $q=3$ 或 $q=9$。当 $q=3$ 时,$d=0$,不符合题意,故舍去;当 $q=9$ 时,$d=6$。所以 $a_n=3+(n-1)\times6=6n-3$,$b_n=q^{n-1}=9^{n-1}$,$\because a_n=3\log_u b_n+v=\log_u(9^{3n-3})+v$,$\therefore 6n-3-v=\log_u(9^{3n-3})$,当 $n=1$ 时,有 $3-v=\log_u1=0$,$\therefore v=3$,当 $n=2$ 时,有 $12-3-3=\log_u9^3$,$\therefore u^6=9^3$,则 $u=3$,$\therefore u+v=6$。

9. 150 [解析]依题意,知等比数列 $\{a_n\}$ 的公比 $q\neq-1$,数列 $S_{10},S_{20}-S_{10},S_{30}-S_{20},S_{40}-S_{30}$ 成等比数列,因此有 $(S_{20}-S_{10})^2=S_{10}(S_{30}-S_{20})$,即 $(S_{20}-10)^2=10(70-S_{20})$,解得 $S_{20}=-20$ 或 $S_{20}=30$,又 $S_{20}>0$,因此 $S_{20}=30$,则 $S_{20}-S_{10}=20$,$S_{30}-S_{20}=40$,$S_{40}-S_{30}=80$,故 $S_{40}=150$。

三、解答题

10. [解析](1)由 $a_1=1$ 及 $S_{n+1}=4a_n+2$,得 $a_1+a_2=4\times a_1+2=6$,$a_2=5$,则 $b_1=a_2-2a_1=3$。

第三部分

由 $S_{n+1}=4a_n+2$①，

当 $n\geqslant2$ 时，有 $S_n=4a_{n-1}+2$②，

①－②得 $a_{n+1}=4a_n-4a_{n-1}$，

可化为 $a_{n+1}-2a_n=2(a_n-2a_{n-1})$。

又 $b_n=a_{n+1}-2a_n$，则 $b_n=2b_{n-1}$，故 $\{b_n\}$ 是首项为 $b_1=3$，公比为 2 的等比数列。

(2)由(1)可得 $b_n=a_{n+1}-2a_n=3\cdot2^{n-1}$，

则 $\frac{a_{n+1}}{2^{n+1}}-\frac{a_n}{2^n}=\frac{3}{4}$。

$\therefore$ 数列 $\left\{\frac{a_n}{2^n}\right\}$ 是首项为 $\frac{1}{2}$，公差为 $\frac{3}{4}$ 的等差数列，

$\therefore \frac{a_n}{2^n}=\frac{1}{2}+(n-1)\times\frac{3}{4}=\frac{3}{4}n-\frac{1}{4}$，

$\therefore a_n=(3n-1)\cdot2^{n-2}$。

提升练

一、单项选择题

1. D ［解析］$\because \{a_n\}$ 为等比数列，$\therefore a_1a_2a_3, a_4a_5a_6, a_7a_8a_9$ 也成等比数列，$\therefore (a_4a_5a_6)^2=(a_1a_2a_3)(a_7a_8a_9)=5\times10$，又 $\{a_n\}$ 各项均为正数，$\therefore a_4a_5a_6=5\sqrt{2}$。

2. A ［解析］设等比数列的首项为 a_1，则 $a_n=a_12^{n-1}$，$S_n=\frac{a_1(1-2^n)}{1-2}=a_1(2^n-1)$，$T_n=\frac{17S_n-S_{2n}}{a_{n+1}}=\frac{17a_1(2^n-1)-a_1(2^{2n}-1)}{a_1\cdot2^n}=\frac{17\times2^n-2^{2n}-16}{2^n}=17-\left(2^n+\frac{16}{2^n}\right)\leqslant17-2\sqrt{2^n\times\frac{16}{2^n}}=9$，当且仅当 $2^n=\frac{16}{2^n}$，即 $n=2$ 时等号成立。所以 $n_0=2$，本题选 A。

3. D ［解析］由题意得 $\begin{cases}a+b=p>0,\\ab=q>0,\end{cases}$ 则 $\begin{cases}a>0,\\b>0。\end{cases}$ 不妨设 $a<b$，则 $a,b,-2$ 这三个数适当排序后成等差数列时，a 为等差中项，$a,b,-2$ 这三个数适当排序后成等比数列时，-2 必为等比中项，则 $\begin{cases}-2+b=2a,\\ab=(-2)^2,\end{cases}$ 解得 $\begin{cases}a=1,\\b=4,\end{cases}$ 所以 $\begin{cases}p=5,\\q=4,\end{cases}$ 故 $p+q=9$。

4. B ［解析］因为 $\{a_n\}$ 为等比数列，所以可得 $a_{10}a_{11}=a_9a_{12}=a_1a_{20}=e^5$，于是 $\ln a_1+\ln a_2+\cdots+\ln a_{20}=\ln(a_1a_2\cdots a_{20})$，而 $a_1a_2\cdots a_{20}=(a_1a_{20})^{10}=e^{50}$，因此 $\ln a_1+\ln a_2+\cdots+\ln a_{20}=\ln e^{50}=50$。

二、解答题

5. ［解析］(1)设 $\{a_n\}$ 的公比为 q，则由 $\frac{1}{a_1}-\frac{1}{a_2}=\frac{2}{a_3}$ 可得 $\frac{1}{a_1}-\frac{1}{a_1q}=\frac{2}{a_1q^2}$，

即 $1-\frac{1}{q}=\frac{2}{q^2}$，解得 $q=2$ 或 $q=-1$，

若 $q=-1$，则 $S_6=0$，不符合题意，$\therefore q=2$，

$\therefore S_6=\frac{a_1(1-2^6)}{1-2}=63$，解得 $a_1=1$，

$\therefore a_n=2^{n-1}(n\in\mathbf{N}_+)$。

(2)$\because b_n$ 是 $\log_2a_n$ 和 $\log_2a_{n+1}$ 的等差中项，

$\therefore b_n=\frac{1}{2}(\log_2a_n+\log_2a_{n+1})=\frac{1}{2}(\log_22^{n-1}+\log_22^n)=n-\frac{1}{2}$，

$\therefore b_{n+1}-b_n=1, b_1=\frac{1}{2}$。

$\therefore \{b_n\}$ 是以 $\frac{1}{2}$ 为首项，1 为公差的等差数列。

设数列 $\{(-1)^nb_n^2\}$ 的前 $2n$ 项和为 T_{2n}，则 $T_{2n}=(-b_1^2+b_2^2)+(-b_3^2+b_4^2)+\cdots+(-b_{2n-1}^2+b_{2n}^2)=[(b_2+b_1)(b_2-b_1)+(b_4+b_3)(b_4-b_3)+\cdots+(b_{2n}+b_{2n-1})(b_{2n}-b_{2n-1})]=b_1+b_2+b_3+\cdots+b_{2n-1}+b_{2n}=\frac{b_1+b_{2n}}{2}\times2n=\frac{\frac{1}{2}+2n-\frac{1}{2}}{2}\times2n=2n^2$。

6. ［解析］(1)将 $a_n^2-(2a_{n-1}-1)a_n-2a_{n-1}=0$ 变形可得 $(a_n-2a_{n-1})(a_n+1)=0$，

即有 $a_n=2a_{n-1}$ 或 $a_n=-1$，

又数列 $\{a_n\}$ 各项均为正数，则有 $a_n=2a_{n-1}(n\geqslant2)$，

当 $n=2$ 时，$a_2^2-(2a_1-1)a_2-2a_1=0$，解得 $a_2=2$ 或 -1(舍去)，则 $\frac{a_2}{a_1}=2$，

故数列 $\{a_n\}$ 是首项为 $a_1=1$，公比为 2 的等比数

第三部分

列，则 $a_n=2^{n-1}(n\in\mathbf{N}_+)$。

由题意知，当 $n=1$ 时，$b_1=b_2-1$，故 $b_2=2$，

当 $n\geqslant 2$ 时，$b_1+\frac{1}{2}b_2+\frac{1}{3}b_3+\cdots+\frac{1}{n-1}b_{n-1}=b_n-1$①，

$b_1+\frac{1}{2}b_2+\frac{1}{3}b_3+\cdots+\frac{1}{n}b_n=b_{n+1}-1$②，

②－①得，$\frac{1}{n}b_n=b_{n+1}-b_n$，整理得 $\frac{b_n}{n}=\frac{b_{n+1}}{n+1}$，

$\therefore \frac{b_n}{n}=\frac{b_{n-1}}{n-1}=\cdots=\frac{b_1}{1}=1$，

$\therefore b_n=n$。

(2)由(1)知，$a_n\cdot b_n=n\cdot 2^{n-1}$，

因此，$T_n=1+2\cdot 2+3\cdot 2^2+\cdots+n\cdot 2^{n-1}$，

$2T_n=1\cdot 2+2\cdot 2^2+3\cdot 2^3+\cdots+n\cdot 2^n$，

两式作差得，$-T_n=1+2+2^2+2^3+\cdots+2^{n-1}-n\cdot 2^n=-1+(1-n)2^n$，

$\therefore T_n=(n-1)2^n+1(n\in\mathbf{N}_+)$。

7. [解析](1)由 $S_2=\frac{4}{3}a_2$，得 $3(a_1+a_2)=4a_2$，解得 $a_2=3a_1=3$，由 $S_3=\frac{5}{3}a_3$，得 $3(a_1+a_2+a_3)=5a_3$，解得 $a_3=\frac{3}{2}(a_1+a_2)=6$。

(2)由题设知 $a_1=1$，当 $n\geqslant 2$ 时，有 $S_n-S_{n-1}=a_n=\frac{n+2}{3}a_n-\frac{n+1}{3}a_{n-1}$，整理得 $a_n=\frac{n+1}{n-1}a_{n-1}$，于是

$a_1=1$，$a_2=\frac{3}{1}a_1$，$a_3=\frac{4}{2}a_2$，…，$a_{n-1}=\frac{n}{n-2}a_{n-2}$，

$a_n=\frac{n+1}{n-1}a_{n-1}$，将以上 n 个等式两端分别相乘，整理得 $a_n=\frac{n(n+1)}{2}$，当 $n=1$ 时，$a_1=1$ 也符合上式。

综上，$\{a_n\}$ 的通项公式 $a_n=\frac{n(n+1)}{2}$，$n\in\mathbf{N}_+$。

正确率 70% 以下		正确率 70% ~85%		正确率 85% 以上	

第三部分

山香寄语：

摆招势，双目瞪，为了理想和圆梦；天地拳，南北脚，技能知识记心牢；丹田气，步履捷，发挥智慧学细节；一气成，玲珑燕，开天辟地把梦圆！

——山香女孩

第三章 不等式

考向分析

本章属于高中数学的基础章节，特点为内容基础，记忆和应用性知识较多，在考试中常以单选、填空和解答题的形式考查。本章需要重点掌握的知识包括：

1. 识记和理解不等式的性质。
2. 掌握不等式及不等式组的解法。
3. 掌握不等式的证明。
4. 应用简单的线性规划解决实际问题。

考情预测 在备考时，考生应注意：①不等式的性质、均值不等式的应用；②不等式解法的应用与不等式的证明；③简单的线性规划。预计在明年的招教考试中，本部分依然是重点，且考试方式更加灵活。考生要抓住重点和难点，有针对性地进行识记与应用。

思维导图

- 不等式
  - 不等式的基本概念与性质
    - 1 不等式的基本概念
    - 2 不等式的基本性质
    - 3 均值不等式
  - 不等式及不等式组的解法
    - 1 一元一次不等式及不等式组的解法
    - 2 一元二次不等式的解法
    - 3 绝对值不等式的解法
    - 4 常见不等式的解法
  - 线性规划
    - 1 线性规划的基本概念
    - 2 线性规划的应用

第三部分

核心知识

收获在积累，继续前行，你会发现更多有趣的地方！

一、不等式的基本概念与性质 【单选】

知识点1 不等式的基本概念

不等式：用不等号连接的式子叫作不等式。

不等式的解:能使不等式成立的未知数的值叫作不等式的解。

不等式的解集:不等式的解构成的集合,简称这个不等式的解集。

解不等式:求不等式解集的过程叫作解不等式。

几个含有未知数的不等式联立起来,叫作不等式组;形如 $A<B<C$ 形式的不等式,叫作连不等式;求不等式组解集的过程叫作解不等式组。

知识点2 不等式的基本性质

定理1 如果 $a>b$,那么 $b<a$;如果 $b<a$,那么 $a>b$。

定理2 如果 $a>b,b>c$,那么 $a>c$。

定理3 如果 $a>b$,那么 $a+c>b+c$。

推论 如果 $a>b$,且 $c>d$,那么 $a+c>b+d$。

定理4 如果 $a>b$,且 $c>0$,那么 $ac>bc$;如果 $a>b$,且 $c<0$,那么 $ac<bc$。

推论1 如果 $a>b>0$,且 $c>d>0$,那么 $ac>bd$。

推论2 如果 $a>b>0,n\in\mathbf{N}_+$,那么 $a^n>b^n$。

定理5 如果 $a>b>0,n\in\mathbf{N}_+$,那么 $\sqrt[n]{a}>\sqrt[n]{b}$。

知识点3 均值不等式

定理 如果 $a,b\in\mathbf{R}_+$,那么 $\frac{a+b}{2}\geqslant\sqrt{ab}$,当且仅当 $a=b$ 时,等号成立。

这里 a,b 均为正数,我们称 $\frac{a+b}{2}$ 为 a,b 的算术平均数,$\sqrt{ab}$ 为 a,b 的几何平均数;两个正数的算术平均数不小于(即大于或等于)它们的几何平均数。

最值定理 当两个正数的和一定时,其乘积有最大值;当两个正数的乘积一定时,其和有最小值。

几个重要的不等式:

(1)$ab\leqslant\left(\frac{a+b}{2}\right)^2\leqslant\frac{a^2+b^2}{2}$;

(2)$abc\leqslant\left(\frac{a+b+c}{3}\right)^3$;

(3)如果 $a,b\in\mathbf{R}_+$,则 $\sqrt{\frac{a^2+b^2}{2}}\geqslant\frac{a+b}{2}\geqslant\sqrt{ab}\geqslant\frac{2}{\frac{1}{a}+\frac{1}{b}}$。

注:利用重要不等式求函数最值时,注意前提"一正、二定、三相等",如果没有满足前提,则应根据题目创设情境。重要不等式有放缩功能,如果多处用到,请注意每处取等号的条件是否一致。

二、不等式及不等式组的解法 【单选、填空、解答】 ★★

知识点1 一元一次不等式及不等式组的解法

1. 一元一次不等式的解法

形如 $ax>b(a\neq0)$ 的不等式叫作一元一次不等式,其中当 $a>0$ 时,$x>\frac{b}{a}$;当 $a<0$ 时,$x<\frac{b}{a}$。

解一元一次不等式的一般步骤如下：去分母，去括号，移项，合并同类项，未知数的系数化为1。

招教体验

[2019年1月杭州，单，3′]一次数学竞赛都是填空题，小亮答错5题，小明答错的题数恰是题目总数的$\frac{1}{4}$，两人都答错的题目占总题数的$\frac{1}{6}$。已知小明、小亮都答对的题目数不少于试题总数的一半，那么，他们都答对的题数为（　　）

A. 14　　　　B. 15

C. 16　　　　D. 17

答案：D。设题目总数为x道。两人共同答错的有$\frac{x}{6}$道题，除去两人共同答错的题目，小明、小亮各自答错的题目分别是$\frac{x}{4}-\frac{x}{6}=\frac{x}{12}$道、$5-\frac{x}{6}$道，可以看出$5-\frac{x}{6}>0$，即$x<30$，且$x$是12的倍数；两人都答对的题有$x-\frac{x}{6}-\frac{x}{12}-\left(5-\frac{x}{6}\right)=\frac{11x}{12}-5$道，则有$\frac{11x}{12}-5\geqslant\frac{x}{2}$，得$x\geqslant12$。综上可得$12\leqslant x<30$，$x\in\mathbf{N}_+$，且$x$是12的倍数，则$x=24$，所以$\frac{11x}{12}-5=22-5=17$，故他们共同答对的题有17道。

2. 一元一次不等式组的解法

由几个含有同一个未知数的一元一次不等式组成的不等式组叫作一元一次不等式组，其解集表示如下：

不等式组（$a<b$）	数轴表示	解集	口诀
$\begin{cases}x>a,\\x>b\end{cases}$	a　b	$x>b$	同大取大
$\begin{cases}x<a,\\x<b\end{cases}$	a　b	$x<a$	同小取小
$\begin{cases}x>a,\\x<b\end{cases}$	a　b	$a<x<b$	大小小大中间找
$\begin{cases}x<a,\\x>b\end{cases}$	a　b	无解	大大小小解不了

注：(1) 用数轴表示不等式的解集，应记住下面的规律：大于向右画，小于向左画，有等号的画实心圆点，无等号的画空心圆圈。

(2) 求不等式组的解集，可以在数轴上先画出各个不等式的解集，**公共部分**即为不等式组的解集。公共部分也就是各不等式解集在数轴上的重合部分。

招教体验

[2017 年 1 月杭州，解答，6′]解不等式$\frac{x}{2}-1\leqslant 7-\frac{x}{3}$，并把解集在数轴上表示出来。

答案：$\frac{x}{2}-1\leqslant 7-\frac{x}{3}$，移项得$\frac{x}{2}+\frac{x}{3}\leqslant 7+1$，

通分得$\frac{5x}{6}\leqslant 8$，解得 $x\leqslant\frac{48}{5}$。

解集在数轴上的表示如下图所示。

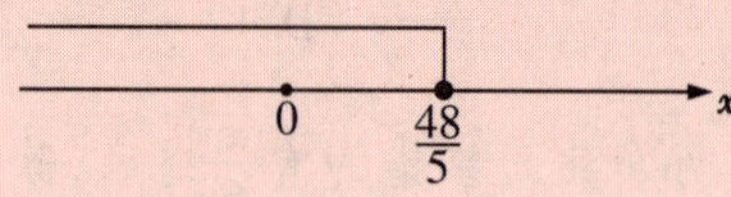

知识点 2　一元二次不等式的解法

形如 $ax^2+bx+c>0(a\neq 0)$的不等式叫作一元二次不等式，其解法如下：

	$\Delta>0$	$\Delta=0$	$\Delta<0$
$y=ax^2+bx+c$ $(a>0)$的图象			
$ax^2+bx+c=0$ $(a>0)$的根	$x=x_1$ 或 $x=x_2$	$x_1=x_2=-\frac{b}{2a}$	无实根
$ax^2+bx+c>0$ $(a>0)$的解集	$\{x\mid x<x_1$ 或 $x>x_2\}$	$\left\{x\mid x\neq-\frac{b}{2a}\right\}$	**R**
$ax^2+bx+c<0$ $(a>0)$的解集	$\{x\mid x_1<x<x_2\}$	$\varnothing$	$\varnothing$

招教体验

[2019 统考，单，2′]存在实数 x 使得 $x^2-2ax+3a-2<0$ 成立，则 a 的取值范围是(　　)

A. $(-\infty,1)\cup(2,+\infty)$　　B. $(-\infty,1)$

C. $(2,+\infty)$　　D. $(1,2)$

答案：A。令 $f(x)=x^2-2ax+3a-2$，由题意知，函数$f(x)$的图象开口向上，若存在实数 x 满足函数 $f(x)<0$ 成立，只需 $\Delta=4a^2-4(3a-2)>0$，解得 $a\in(-\infty,1)\cup(2,+\infty)$。故选 A。

知识点 3　绝对值不等式的解法

1. 单绝对值号不等式

①分段讨论法去绝对值符号。

②利用公式去绝对值符号：

$|f(x)|<a,a\geqslant 0\Leftrightarrow -a<f(x)<a$；

$|f(x)|>a,a\geqslant 0\Leftrightarrow f(x)>a$ 或 $f(x)<-a$；

$|f(x)|<g(x)\Leftrightarrow\begin{cases}g(x)\geqslant 0,\\-g(x)<f(x)<g(x)；\end{cases}$

$|f(x)|>g(x)\Leftrightarrow\begin{cases}g(x)\geqslant 0,\\f(x)>g(x)\text{或}f(x)<-g(x)\end{cases}$ 或 $g(x)<0$。

③平方法。

④数形结合法（利用绝对值的几何意义）。

2. 双绝对值号不等式

①可利用绝对值的几何意义，数形结合来解；

②令各个绝对值号里面的代数式为零，分段讨论去绝对值号；

③令 $T(x)=|f(x)|\pm|g(x)|-c$，分段讨论该函数的解析式，结合图象来解；

④若 $c=0$，亦可两边平方来解。

知识点4 常见不等式的解法

1. 分式不等式的解法

$\dfrac{f(x)}{g(x)}>0\Leftrightarrow\begin{cases}f(x)>0,\\g(x)>0\end{cases}$ 或 $\begin{cases}f(x)<0,\\g(x)<0\end{cases}\Leftrightarrow f(x)\cdot g(x)>0$；

$\dfrac{f(x)}{g(x)}<0\Leftrightarrow\begin{cases}f(x)>0,\\g(x)<0\end{cases}$ 或 $\begin{cases}f(x)<0,\\g(x)>0\end{cases}\Leftrightarrow f(x)\cdot g(x)<0$；

$\dfrac{f(x)}{g(x)}\geqslant 0\Leftrightarrow\begin{cases}f(x)\geqslant 0,\\g(x)>0\end{cases}$ 或 $\begin{cases}f(x)\leqslant 0,\\g(x)<0\end{cases}\Leftrightarrow f(x)\cdot g(x)\geqslant 0$ 且 $g(x)\neq 0$；

$\dfrac{f(x)}{g(x)}\leqslant 0\Leftrightarrow\begin{cases}f(x)\geqslant 0,\\g(x)<0\end{cases}$ 或 $\begin{cases}f(x)\leqslant 0,\\g(x)>0\end{cases}\Leftrightarrow f(x)\cdot g(x)\leqslant 0$ 且 $g(x)\neq 0$。

2. 无理不等式的解法

$\sqrt{f(x)}>\sqrt{g(x)}\Leftrightarrow\begin{cases}f(x)\geqslant 0,\\g(x)\geqslant 0,\\f(x)>g(x)；\end{cases}$

$\sqrt{f(x)}>g(x)\Leftrightarrow\begin{cases}f(x)>0,\\g(x)\geqslant 0,\\f(x)>[g(x)]^2\end{cases}$ 或 $\begin{cases}f(x)\geqslant 0,\\g(x)<0；\end{cases}$

$\sqrt{f(x)}<g(x)\Leftrightarrow\begin{cases}f(x)\geqslant 0,\\g(x)>0,\\f(x)<[g(x)]^2。\end{cases}$

3. 指数不等式与对数不等式的解法

当 $a>1$ 时，$a^{f(x)}>a^{g(x)}\Leftrightarrow f(x)>g(x)$；当 $0<a<1$ 时，$a^{f(x)}>a^{g(x)}\Leftrightarrow f(x)<g(x)$。

当 $a>1$ 时，$\log_a f(x)>\log_a g(x)\Leftrightarrow\begin{cases}f(x)>0,\\g(x)>0,\\f(x)>g(x);\end{cases}$

当 $0<a<1$ 时，$\log_a f(x)>\log_a g(x)\Leftrightarrow\begin{cases}f(x)>0,\\g(x)>0,\\f(x)<g(x)。\end{cases}$

4. 恒成立与有解问题

$f(x)\leqslant a$ 恒成立 $\Leftrightarrow f(x)_{\max}\leqslant a$；$f(x)\leqslant a$ 有解 $\Leftrightarrow f(x)_{\min}\leqslant a$；

$f(x)\leqslant a$ 解集为 $\varnothing\Leftrightarrow f(x)_{\min}>a$；$f(x)<a$ 解集为 $\varnothing\Leftrightarrow f(x)_{\min}\geqslant a$；

$f(x)\geqslant a$ 恒成立 $\Leftrightarrow f(x)_{\min}\geqslant a$；$f(x)\geqslant a$ 有解 $\Leftrightarrow f(x)_{\max}\geqslant a$；

$f(x)\geqslant a$ 解集为 $\varnothing\Leftrightarrow f(x)_{\max}<a$；$f(x)>a$ 解集为 $\varnothing\Leftrightarrow f(x)_{\max}\leqslant a$。

三、线性规划 【单选】 ★

知识点 1 线性规划的基本概念

名称	意义
约束条件	变量 x,y 满足的条件
线性约束条件	由 x,y 的一次不等式(方程)组成的不等式组
目标函数	欲求最大值或最小值涉及变量 x,y 的解析式
线性目标函数	目标函数是关于 x,y 的一次解析式
可行解	满足线性约束条件的解 (x,y)
可行域	约束条件对应的二元一次不等式(组)表示的平面区域(或其内部的部分点)，即所有可行解组成的集合
最优解	使目标函数取得最大值或最小值的可行解
线性规划问题	在线性约束条件下求线性目标函数的最值问题

注：其中最优解可能唯一存在，也可能存在无穷多个，还可能没有，若有的话一般会出现在可行域边界处。

知识点 2 线性规划的应用

1. 二元一次不等式(组)表示的平面区域

一般地，直线 $l:Ax+By+C=0$ 把直角坐标平面分成了三部分：

(1)直线 l 上的点 (x,y) 的坐标满足 $Ax+By+C=0$；

(2)直线 l 一侧的平面区域内的点 (x,y) 的坐标满足 $Ax+By+C>0$；

(3)直线 l 另一侧的平面区域内的点(x,y)的坐标满足 $Ax+By+C<0$。

不等式组表示的平面区域是各个不等式所表示的平面区域的公共部分。

一般地,在平面直角坐标系中,二元一次不等式 $Ax+By+C>0$ 表示在直线 $Ax+By+C=0$ 的某一侧所有点组成的平面区域,把直线画成虚线,以表示区域的边界,区域不包含直线上的点;不等式 $Ax+By+C\geqslant0$ 表示的平面区域包括边界,把边界画成实线。

在判断不等式表示的平面区域时,只需要在直线 l 的某一侧的平面区域内,任取一特殊点(x_0,y_0),从 Ax_0+By_0+C 的值的正负即可判断不等式表示的平面区域在直线的哪一侧,如果直线不过原点,就用原点的坐标来进行判断。

注:在实际问题中需要整数解时,应适当调整,以确定最优解。如果可行域内的整数数目不多时,可采用逐个检验的方法确定整数解。

考法揭秘

线性规划求最值

求目标函数 $z=ax+by(a,b\in\mathbf{R}$,且 a,b 为常数)最优解的方法:利用围成可行域的直线的斜率来判断。若围成可行域的直线 $l_1,l_2,\cdots,l_n$ 的斜率为 $k_1,k_2,\cdots,k_n(k_1<k_2<\cdots<k_n)$,且目标函数的斜率 k 满足 $k_i<k<k_{i+1}$,则直线 l_i 与 l_{i+1} 的交点一般为最优解。在求解最优解之前,令 $z=0$ 的目的是确定目标函数在可行域的什么位置有可行解。

利用线性规划求最值问题时,要充分理解目标函数的几何意义,如代表两点间的距离、点到直线的距离、过已知两点的直线的斜率等。

招教体验

[2015 年 5 月杭州,单,3′]若变量 x,y 满足约束条件 $\begin{cases}y\leqslant2x,\\x+y\leqslant1,\\y\geqslant-1,\end{cases}$ 则 $x+2y$ 的最大值是(　　)

A. $-\frac{5}{2}$　　B. 0

C. $\frac{5}{3}$　　D. $\frac{5}{2}$

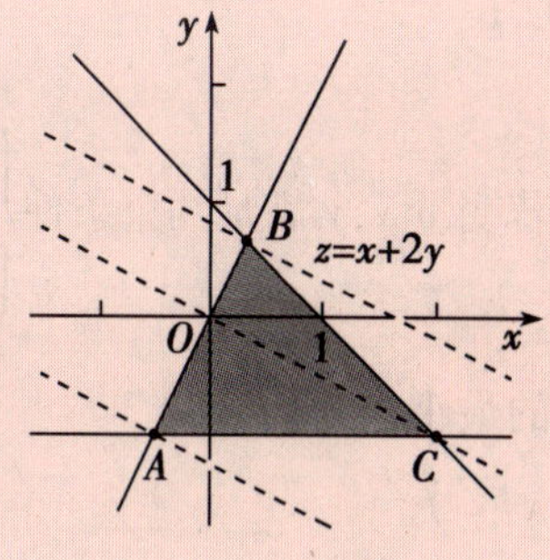

答案:C。作出不等式组表示的平面区域,如图所示。令 $z=x+2y$,则 $y=-\frac{1}{2}x+\frac{1}{2}z$,平行移动直线 $l:y=-\frac{1}{2}x+\frac{1}{2}z$,当直线 l 经过直线 $y=2x$ 与 $x+y=1$ 的交点 $B\left(\frac{1}{3},\frac{2}{3}\right)$时,$z$ 取最大值,$z_{\max}=\frac{1}{3}+2\times\frac{2}{3}=\frac{5}{3}$。

第三部分

强化练习

建议用时:20 分钟	实际用时:____分钟	参考分值:41 分	实际得分:____分

基础练 保分必拿

一、单项选择题(每小题 2 分,共 10 分)

1. 已知一元二次不等式 $2kx^2+kx+\frac{1}{2}\geqslant 0$ 对一切实数 x 都成立,则实数 k 的取值范围是( )

A. $(0,4)$　　B. $(0,4]$

C. $[0,4]$　　D. $(4,+\infty)$

2. 若关于 x 的一元一次不等式组 $\begin{cases}1-2x>x-2,\\x-a>0\end{cases}$ 无解,则 a 的取值范围是( )

A. $a\geqslant 1$　　B. $a>1$

C. $a\leqslant -1$　　D. $a<-1$

3. 若不等式 $2kx^2+kx-\frac{3}{8}<0$ 对一切实数 x 都成立,则 k 的取值范围为( )

A. $(-3,0)$　　B. $[-3,0)$

C. $[-3,0]$　　D. $(-3,0]$

4. 设正实数 x,y 满足 $x+y=1$,则 $\frac{1}{x}+\frac{4x}{y}$ 的最小值为( )

A. 4　　B. 5

C. 6　　D. 7

5. 若变量 x,y 满足约束条件 $\begin{cases}x+y\geqslant -1,\\2x-y\leqslant 1,\\y\leqslant 1,\end{cases}$ 则 $z=3x-y$ 的最小值为( )

A. -7　　B. -1

C. 1　　D. 2

二、填空题(每小题 2 分,共 4 分)

6. 若满足不等式 $20<5-2(2+2x)<50$ 的最大整数解为 a,最小整数解为 b,则 $a+b=$________。

7. 若不等式 $ax^2+bx+2>0$ 的解集为 $\left\{x\middle|-\frac{1}{2}<x<\frac{1}{3}\right\}$,则不等式 $2x^2+bx+a<0$ 的解集是________。

三、解答题(每小题 7 分,共 21 分)

8. 已知 $m>1$,且存在 $x\in[-2,0]$,使不等式 $x^2+2mx+m^2-m\leqslant 0$ 成立,求 m 的最大值。

9. 某旅店有两种客房,甲种客房每间可安排 4 位客人入住,乙种客房每间可安排 3 位客人入住。如果将某班男生都安排到甲种客房,将有一间客房住不满;若都安排到乙种客房,还有 2 人没处住。已知该旅店两种客房的数量相等,求该班男生人数。

10. 某物流公司购买了一块长 $AM=30$ 米,宽 $AN=20$ 米的矩形地块 $AMPN$,规划建设占地如图中矩形 $ABCD$ 的仓库,其余地方为道路和停车场,要求顶点 C 在地块对角线 MN 上,B,D 分别在边 AM,AN 上,假设 AB 长 x 米。

(1)要使仓库 $ABCD$ 占地的面积不少于 144 平方米,AB 的长度应在什么范围内?

(2)若规划建设的仓库是高度与 AB 长度相同的长方体形建筑,问 AB 长度为多少时仓库的库容最大?(墙体及楼板所占空间忽略不计)

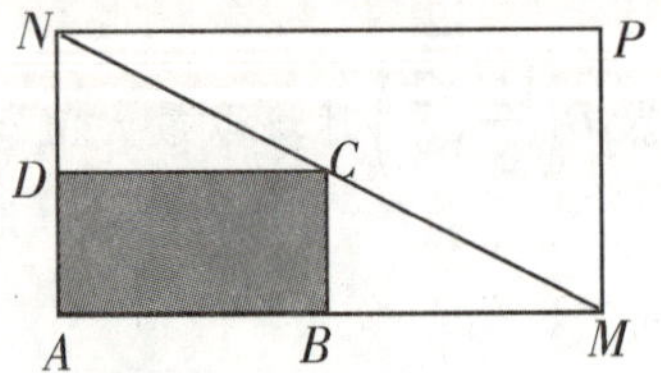

提升练 提分必争

一、单项选择题(每小题 2 分,共 4 分)

1. 不等式$|x-2|+|x+3|\geqslant 7$的解集是(　　)

A. $x\geqslant 3$

B. $x\leqslant -4$

C. $x\leqslant -4$ 或 $x\geqslant 3$

D. 无解

2. 如果函数$f(x)=\frac{1}{2}(m-2)x^2+(n-8)x+1$ $(m\geqslant 0,n\geqslant 0)$在区间$\left[\frac{1}{2},2\right]$上单调递减,那么$mn$的最大值为(　　)

A. 16　　B. 18

C. 25　　D. $\frac{81}{2}$

二、填空题(共 2 分)

3. 设$a+b=2,b>0$,则当$a=$________时,$\frac{1}{2|a|}+\frac{|a|}{b}$取得最小值。

参考答案及解析

基础练

一、单项选择题

1. B　[解析]∵ 一元二次不等式$2kx^2+kx+\frac{1}{2}\geqslant 0$对一切实数$x$都成立,∴ $k\neq 0$,且有$\begin{cases}2k>0,\\ \Delta=k^2-4k\leqslant 0,\end{cases}$解得$0<k\leqslant 4$。故选 B。

2. A　[解析]$\begin{cases}1-2x>x-2,①\\ x-a>0,②\end{cases}$由①得$x<1$,由②得$x>a$。由于此不等式组无解,所以$a\geqslant 1$。

3. D　[解析]当$k=0$时,显然成立;当$k\neq 0$时,即一元二次不等式$2kx^2+kx-\frac{3}{8}<0$对一切实数x都成立,则$\begin{cases}k<0,\\ k^2-4\times 2k\times\left(-\frac{3}{8}\right)<0,\end{cases}$解得$-3<k<0$。综上,满足不等式$2kx^2+kx-\frac{3}{8}<0$对一切实数$x$都成立的$k$的取值范围是$(-3,0]$。故选 D。

4. B　[解析]由$x+y=1$且$x,y\in\mathbf{R}_+$,得$\frac{1}{x}+\frac{4x}{y}=\frac{x+y}{x}+\frac{4x}{y}=1+\frac{y}{x}+\frac{4x}{y}\geqslant 1+2\sqrt{\frac{y}{x}\cdot\frac{4x}{y}}=5$,当且仅当$\frac{y}{x}=\frac{4x}{y}$,即$x=\frac{1}{3},y=\frac{2}{3}$时取等号。故选 B。

5. A　[解析]画出线性约束条件所表示的区域如图,$z=3x-y$转化为$y=3x-z$,直线$y=3x-z$的截距为$-z$,所以当直线$y=3x-z$的截距最大时,z最小,移动直线$y=3x-z$可知,当$x=-2,y=1$时,截距最大,则$z_{\min}=3\times(-2)-1=-7$,选 A。

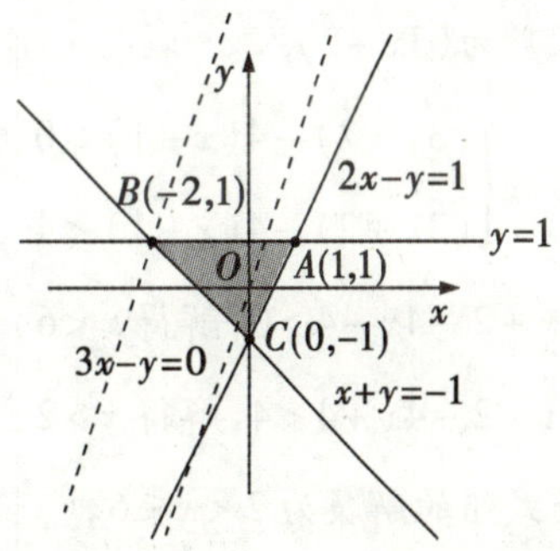

二、填空题

6. -17　[解析]解不等式$20<5-2(2+2x)<50$,可得解集为$\left\{x\,\middle|\,-\frac{49}{4}<x<-\frac{19}{4}\right\}$,∴ 不等式的最大整数解$a=-5$,最小整数解$b=-12$,则$a+b=$

第三部分

-17。

7. $\{x|-2<x<3\}$ [解析]由题意知 $-\frac{1}{2}$ 和 $\frac{1}{3}$ 是一元二次方程 $ax^2+bx+2=0$ 的两根且 $a<0$，所以

$$\begin{cases}-\frac{1}{2}+\frac{1}{3}=-\frac{b}{a},\\ -\frac{1}{2}\times\frac{1}{3}=\frac{2}{a},\end{cases}$$ ，解得 $\begin{cases}a=-12,\\ b=-2,\end{cases}$ 则不等式 $2x^2+bx+a<0$，即 $2x^2-2x-12<0$，即 $x^2-x-6<0$，解得 $-2<x<3$。

三、解答题

8. [解析]令 $f(x)=x^2+2mx+m^2-m$，记 $f(x)$ 在 $[-2,0]$ 上的值域为 C，由已知可知值域 C 内存在非正数，$\therefore f(x)$ 的最小值应为非正数。$f(x)$ 的对称轴为 $x=-m$。①当 $m\geqslant2$，即 $-m\leqslant-2$ 时，$f(x)$ 在 $[-2,0]$ 上是增函数，则 $f(x)$ 的最小值为 $f(-2)$，由 $f(-2)\leqslant0$ 得 $4+2m\times(-2)+m^2-m\leqslant0$，即 $m^2-5m+4\leqslant0$，解得 $1\leqslant m\leqslant4$，$\therefore 2\leqslant m\leqslant4$；②当 $1<m<2$ 时，$-2<-m<-1$，$f(x)$ 在 $[-2,0]$ 上先减后增，最小值为 $f(-m)$，由 $f(-m)\leqslant0$ 得 $-m\leqslant0$，即 $m\geqslant0$，$\therefore 1<m<2$。综上可知，m 的最大值为 4。

9. [解析]设甲种客房有 x 间，则乙种客房有 x 间，该班男生人数为 $(3x+2)$ 人。

根据题意得 $\begin{cases}(3x+2)-4(x-1)>0,①\\ (3x+2)-4(x-1)<4,②\end{cases}$

由①得 $3x+2-4x+4>0$，解得 $x<6$，

由②得 $3x+2-4x+4<4$，解得 $x>2$，

所以不等式组的解集为 $2<x<6$。

因为 x 为整数，所以 $x=3,4,5$。

当 $x=3$ 时，$3x+2=11$；

当 $x=4$ 时，$3x+2=14$；

当 $x=5$ 时，$3x+2=17$。

答：该班男生人数为 11 人或 14 人或 17 人。

10. [解析](1)由题意可知，$\triangle NDC\backsim\triangle NAM$，

所以 $\frac{DC}{AM}=\frac{ND}{NA}$，即 $\frac{x}{30}=\frac{20-AD}{20}$，所以 $AD=20-\frac{2}{3}x$。矩形 $ABCD$ 的面积 $S=20x-\frac{2}{3}x^2(0<x<30)$，

要使仓库 $ABCD$ 占地的面积不少于 144 平方米，

只需 $20x-\frac{2}{3}x^2\geqslant144$，

化简得 $x^2-30x+216\leqslant0$，解得 $12\leqslant x\leqslant18$，

所以 AB 长度的范围是 12～18 米。

(2)仓库体积 $V=20x^2-\frac{2}{3}x^3(0<x<30)$，令 $V'=40x-2x^2=0$，解得 $x=0$ 或 $x=20$，

当 $0<x<20$ 时，$V'>0$；当 $20<x<30$ 时，$V'<0$，

所以当 $x=20$ 时，V 取最大值 $\frac{8000}{3}$，

即 AB 长度为 20 米时仓库的库容最大。

提升练

一、单项选择题

1. C [解析]原不等式等价于 $\begin{cases}x\leqslant-3,\\ -x+2-x-3\geqslant7,\end{cases}$ 或 $\begin{cases}-3<x<2,\\ -x+2+x+3\geqslant7,\end{cases}$ 或 $\begin{cases}x\geqslant2,\\ x-2+x+3\geqslant7,\end{cases}$ 解得 $x\leqslant-4$ 或 $x\geqslant3$。故选 C。

2. B [解析]当 $m=2$ 时，$f(x)=(n-8)x+1$，由 $f(x)$ 在区间 $[\frac{1}{2},2]$ 上单调递减，知 $n-8<0$，即 $n<8$，所以 $mn<16$。当 $m\neq2$ 时，$f(x)$ 的图象是以 $x=\frac{8-n}{m-2}$ 为对称轴的抛物线。根据题意，当 $m>2$ 时，抛物线开口向上，若满足题意，则 $\frac{8-n}{m-2}\geqslant2$，即 $2m+n\leqslant12$，因为 $\sqrt{2m\cdot n}\leqslant\frac{2m+n}{2}\leqslant6$，所以 $mn\leqslant18$，

第三部分

当且仅当 $2m=n$ 且 $2m+n=12$，即 $m=3,n=6$ 时取等号；当 $m<2$ 时，抛物线开口向下，若满足题意，则 $\frac{8-n}{m-2}\leqslant\frac{1}{2}$，即 $m+2n\leqslant18$，因为 $\sqrt{m\cdot2n}\leqslant\frac{m+2n}{2}\leqslant9$，所以 $mn\leqslant\frac{81}{2}$，当且仅当 $2n=m$ 且 $m+2n=18$ 时取等号，此时 $m=9>2$，不合题意，故应舍去。综上，mn 的最大值为 18。

二、填空题

3. -2 ［**解析**］因为 $a+b=2$，所以 $1=\frac{a+b}{2}$，则 $\frac{1}{2|a|}+\frac{|a|}{b}=\frac{\frac{a+b}{2}}{2|a|}+\frac{|a|}{b}=\frac{a}{4|a|}+\frac{b}{4|a|}+\frac{|a|}{b}\geqslant\frac{a}{4|a|}+2\sqrt{\frac{b}{4|a|}\cdot\frac{|a|}{b}}=\frac{a}{4|a|}+1$，当 $a>0$ 时，$\frac{a}{4|a|}+1=\frac{5}{4}$，此时 $\frac{1}{2|a|}+\frac{|a|}{b}\geqslant\frac{5}{4}$；当 $a<0$ 时，$\frac{a}{4|a|}+1=\frac{3}{4}$，此时 $\frac{1}{2|a|}+\frac{|a|}{b}\geqslant\frac{3}{4}$，当且仅当 $b=2|a|$ 时等号成立。故原式的最小值为 $\frac{3}{4}$，因为 $b>0$，所以原式取最小值时 $b=-2a$，又 $a+b=2$，所以当 $a=-2$ 时，原式取得最小值。

正确率 70% 以下		正确率 70% ~85%		正确率 85% 以上	

山香寄语：

成功的大道上荆棘丛生，这也是好事，常人望而却步，只有努力坚强的人例外。相信你，就是那个努力的人！

——山香女孩

第三部分

第四章　平面解析几何

考向分析

本章属于高中数学的重要章节，特点为内容琐碎、识记与理解性知识多，在考试中常以客观题的形式考查。本章需要重点掌握的知识包括：

1. 识记直线的倾斜角与斜率、直线方程的形式、两直线的位置关系、距离、圆的方程，识记点、直线与圆的位置关系。

2. 识记圆锥曲线的定义、图形与几何性质；识记并理解圆锥曲线的有关概念；识记求曲线方程的基本步骤；识记并理解圆锥曲线的综合问题及其解法。

考情预测 在备考时，考生应注意：①直线与圆的基本概念及其位置关系的判断；②圆锥曲线的定义、图形与几何性质；③曲线与方程；④圆锥曲线的综合问题。预计在明年的招教考试中，本部分内容依然是重点，且考试方式更加灵活。考生要抓住重点和难点，有针对性地进行识记与理解。

思维导图

- 平面解析几何
  - 直线与圆的方程
    - 1 直线方程
    - 2 圆的方程
  - 圆锥曲线
    - 1 圆锥曲线的定义、图形与几何性质
    - 2 曲线和方程

核心知识

成功来自积极的努力，要分解目标，循序渐进，坚持到底。

一、直线与圆的方程 【单选、填空】 ★★

知识点1 直线方程

1. 基本概念

(1)倾斜角与斜率

倾斜角：当直线 l 与 x 轴相交时，我们取 x 轴作为基准，x 轴正方向与直线 l 向上方向之间所成的角 α 叫作直线 l 的**倾斜角**$(0\leqslant\alpha<\pi)$。

斜率:直线倾斜角 α 的正切值叫作这条直线的斜率,斜率用小写字母 k 表示,$k=\tan\alpha(\alpha\neq\frac{\pi}{2})$。经过两点 $P_1(x_1,y_1),P_2(x_2,y_2)(x_1\neq x_2)$ 的直线的斜率 $k=\frac{y_2-y_1}{x_2-x_1}$。

当 $\alpha\in\left[0,\frac{\pi}{2}\right)$ 时,$k\geqslant0$,且 k 随 α 的增大而增大;当 $\alpha=\frac{\pi}{2}$ 时,k 不存在,此时直线有倾斜角,但没有斜率;当 $\alpha\in\left(\frac{\pi}{2},\pi\right)$ 时,$k<0$,且 k 随 α 的增大而增大。

(2)夹角与到角

直线 l_1 的斜率为 k_1,l_2 的斜率为 k_2,l_1 与 l_2 不垂直,l_1 到 l_2 的角为 $\theta(0<\theta<\pi)$,l_1 与 l_2 的夹角为 $\alpha(0<\alpha<\frac{\pi}{2})$,则 $\tan\theta=\frac{k_2-k_1}{1+k_2k_1}$,$\tan\alpha=\left|\frac{k_2-k_1}{1+k_2k_1}\right|$。

2. 直线方程的几种形式

名称	已知条件	方程的形式	局限性
点斜式	(x_1,y_1) 为直线上一定点,k 为斜率	$y-y_1=k(x-x_1)$	不包括垂直于 x 轴的直线
斜截式	k 为斜率,b 是直线在 y 轴上的截距	$y=kx+b$	不包括垂直于 x 轴的直线
两点式	(x_1,y_1),(x_2,y_2) 是直线上两定点	$\frac{y-y_1}{y_2-y_1}=\frac{x-x_1}{x_2-x_1}$ $(x_1\neq x_2$,且 $y_1\neq y_2)$	不包括垂直于 x 轴和 y 轴的直线
截距式	a 是直线在 x 轴上的非零截距,b 是直线在 y 轴上的非零截距	$\frac{x}{a}+\frac{y}{b}=1(a\neq0,b\neq0)$	不包括垂直于 x 轴和 y 轴及过原点的直线
一般式	A,B,C 为系数	$Ax+By+C=0(A^2+B^2\neq0)$	无限制,可表示任何位置的直线

注:直线方程的参数式:$\begin{cases}x=x_0+mt,\\y=y_0+nt\end{cases}$ (t 为参数)

3. 两直线的位置关系

设直线 $l_1:y=k_1x+b_1$ 或 $A_1x+B_1y+C_1=0$;$l_2:y=k_2x+b_2$ 或 $A_2x+B_2y+C_2=0$。

(1)平行的充要条件是 $k_1=k_2$,且 $b_1\neq b_2$,或 $A_1B_2-A_2B_1=0$,且 $A_1C_2-A_2C_1\neq0$;

(2)重合的充要条件是 $k_1=k_2$,且 $b_1=b_2$,或 $A_1B_2-A_2B_1=0$,且 $A_1C_2-A_2C_1=0$;

(3)相交的充要条件是 $k_1\neq k_2$ 或 $A_1B_2-A_2B_1\neq0$;

(4)垂直的充要条件是 $k_1\cdot k_2=-1$ 或 $A_1A_2+B_1B_2=0$。

注:判断两直线平行或垂直时,不要忘记考虑两条直线中有一条或两条直线的斜率不存在的情形。

经过直线 $A_1x+B_1y+C_1=0$ 与 $A_2x+B_2y+C_2=0$ 交点的直线的方程为 $\lambda(A_1x+B_1y+C_1)+\mu(A_2x+B_2y+C_2)=0(\lambda,\mu$ 不同时为 $0)$。

第三部分

招教体验

[2016 统考,单,2′]已知直线 $l_1:ax-y+2a=0,l_2:(2a-1)x+ay+a=0$ 互相垂直,则实常数 a 的值是(　　)

A. 0　　B. 1　　C. 0 或 1　　D. 0 或 -1

答案:C。直线 l_1 的斜率为 $k_1=a$。当 $a=0$ 时,$k_1=0$,直线 l_2 的斜率不存在,满足 $l_1\perp l_2$;当 $a\neq0$ 时,直线 l_2 的斜率 $k_2=-\frac{2a-1}{a}$,由 $l_1\perp l_2$ 得,$k_1k_2=a\cdot\left(-\frac{2a-1}{a}\right)=1-2a=-1$,解得 $a=1$。故选 C。

4. 点点、点线、线线距离

(1)平面上两点间的距离:设 $P_1(x_1,y_1)$,$P_2(x_2,y_2)$,则 P_1,P_2 两点之间的距离为 $|P_1P_2|=\sqrt{(x_2-x_1)^2+(y_2-y_1)^2}$。

(2)点到直线的距离:点 (x_0,y_0) 到直线 $Ax+By+C=0$ 的距离 $d=\frac{|Ax_0+By_0+C|}{\sqrt{A^2+B^2}}$。

(3)平行线间的距离:两平行直线 $Ax+By+C_1=0$ 与 $Ax+By+C_2=0$ 的距离 $d=\frac{|C_1-C_2|}{\sqrt{A^2+B^2}}$。

知识点 2　圆的方程

1. 圆的方程的概念

圆的标准方程:$(x-a)^2+(y-b)^2=r^2$,表示圆心为 $A(a,b)$,半径为 r 的圆的方程。

圆的一般方程:$x^2+y^2+Dx+Ey+F=0(D^2+E^2-4F>0)$,圆心坐标为 $\left(-\frac{D}{2},-\frac{E}{2}\right)$,半径长为 $\frac{1}{2}\sqrt{D^2+E^2-4F}$。

注:对于 $x^2+y^2+Dx+Ey+F=0$,当 $D^2+E^2-4F>0$ 时,表示圆;当 $D^2+E^2-4F=0$ 时,表示一点 $\left(-\frac{D}{2},-\frac{E}{2}\right)$;当 $D^2+E^2-4F<0$ 时,什么图形都不表示。

圆心为 $O_1(a,b)$,半径为 r 的圆的参数方程为 $\begin{cases}x=a+r\cos\theta,\\ y=b+r\sin\theta,\end{cases}0\leqslant\theta<2\pi$。

2. 直线与圆的位置关系

已知直线 $l:Ax+By+C=0$,圆 $C:(x-a)^2+(y-b)^2=r^2$,则圆心 C 到直线 l 的距离 $d=\frac{|Aa+Bb+C|}{\sqrt{A^2+B^2}}$。

将直线方程与圆的方程联立消元,得到一个一元二次方程后,令判别式为 Δ,则有:$d>r\Leftrightarrow$ 相离 $\Leftrightarrow\Delta<0$;$d=r\Leftrightarrow$ 相切 $\Leftrightarrow\Delta=0$;$d<r\Leftrightarrow$ 相交 $\Leftrightarrow\Delta>0$。

圆的弦长:直线 l 被圆 C 截得的弦 AB 的长的公式有两种形式:①几何式,$|AB|=2\sqrt{r^2-d^2}$(r 为圆 C 的半径,d 为圆心 C 到直线 l 的距离);②$|AB|=\sqrt{1+k^2}|x_1-x_2|$(斜率为 k 的直线 l 与圆 C 交于 $A(x_1,y_1)$,$B(x_2,y_2)$ 两点)

招教体验

1. [2019 统考,填空,2′]过圆 $x^2+y^2-2x+4y+3=0$ 的圆心且与直线 $x+2y=1$ 垂直的直线方程为________。

答案:$y=2x-4$。由题意知圆的标准方程为 $(x-1)^2+(y+2)^2=2$,则圆心为 $(1,-2)$,与直线 $x+2y=1$ 垂直的直线的斜率为 2,则所求的直线方程为 $y=2x-4$。

2. [2017 统考,单,2′]直线 $x+y+1=0$ 与 $x^2+y^2+2x-4y=0$ 相交所得的弦长是(　　)

A. $\sqrt{3}$　　B. 1　　C. 2　　D. $2\sqrt{3}$

答案:D。$x^2+y^2+2x-4y=0\Leftrightarrow(x+1)^2+(y-2)^2=5$,圆心为 $(-1,2)$,半径为 $\sqrt{5}$,圆心到直线 $x+y+1=0$ 的距离 $d=\frac{|-1+2+1|}{\sqrt{1^2+1^2}}=\sqrt{2}$,则直线与圆相交所得弦长为 $2\sqrt{5-(\sqrt{2})^2}=2\sqrt{3}$。

3. 两圆的位置关系

设两圆圆心分别为 O_1,O_2,半径分别为 r_1,r_2,圆心距 $O_1O_2=d$,

$d>r_1+r_2\Leftrightarrow$外离$\Leftrightarrow$4 条公切线;

$d=r_1+r_2\Leftrightarrow$外切$\Leftrightarrow$3 条公切线;

$|r_1-r_2|<d<r_1+r_2\Leftrightarrow$相交$\Leftrightarrow$2 条公切线;

$d=|r_1-r_2|\Leftrightarrow$内切$\Leftrightarrow$1 条公切线;

$0<d<|r_1-r_2|\Leftrightarrow$内含$\Leftrightarrow$无公切线。

二、圆锥曲线

知识点 1 圆锥曲线的定义、图形与几何性质

	椭圆		双曲线		抛物线
定义	若 F_1,F_2 是两定点,P 为动点,且 $\|PF_1\|+\|PF_2\|=2a>\|F_1F_2\|$($a$ 为常数),则动点 P 的轨迹是椭圆		若 F_1,F_2 是两定点,P 为动点,且 $\|\|PF_1\|-\|PF_2\|\|=2a<\|F_1F_2\|$($a$ 为常数),则动点 P 的轨迹是双曲线		到定点 F 与定直线 $l(F\notin l)$ 的距离相等的点的轨迹是抛物线
统一定义	到定点 F 与到定直线 $l(F\notin l)$ 的距离之比等于定值 e 的点的集合。$0<e<1$ 时,轨迹是椭圆;$e>1$ 时,轨迹是双曲线;$e=1$ 时,轨迹是抛物线。其中 e 是圆锥曲线的离心率,定点 F 为圆锥曲线的焦点,定直线 l 是圆锥曲线的(与点 F 对应的)准线				
标准方程	焦点在 x 轴上:$\frac{x^2}{a^2}+\frac{y^2}{b^2}=1$ $(a>b>0)$	焦点在 y 轴上:$\frac{y^2}{a^2}+\frac{x^2}{b^2}=1$ $(a>b>0)$	焦点在 x 轴上:$\frac{x^2}{a^2}-\frac{y^2}{b^2}=1$ $(a>0,b>0)$	焦点在 y 轴上:$\frac{y^2}{a^2}-\frac{x^2}{b^2}=1$ $(a>0,b>0)$	①焦点在 x 轴上,开口向右:$y^2=2px$ ②焦点在 x 轴上,开口向左:$y^2=-2px$ ③焦点在 y 轴上,开口向上:$x^2=2py$ ④焦点在 y 轴上,开口向下:$x^2=-2py$

第三部分

续表

	椭圆		双曲线		抛物线
图象	焦点在 x 轴上： 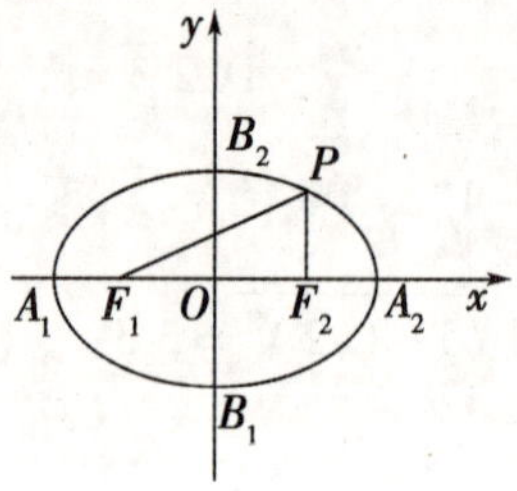 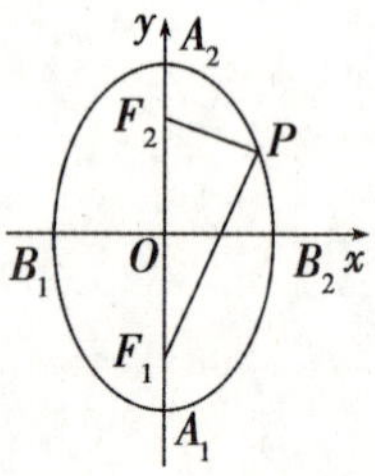	焦点在 y 轴上：	焦点在 x 轴上： 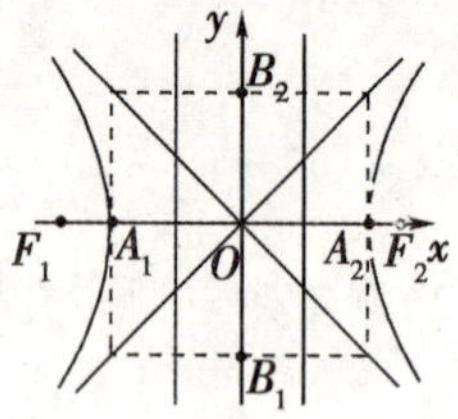 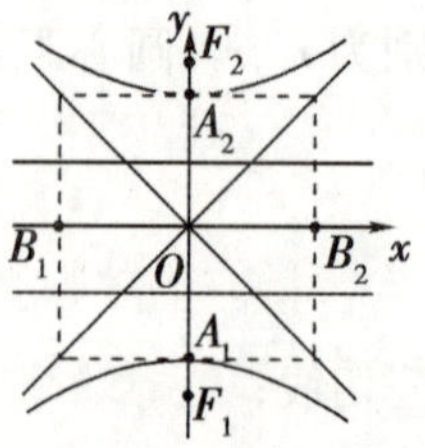	焦点在 y 轴上：	① 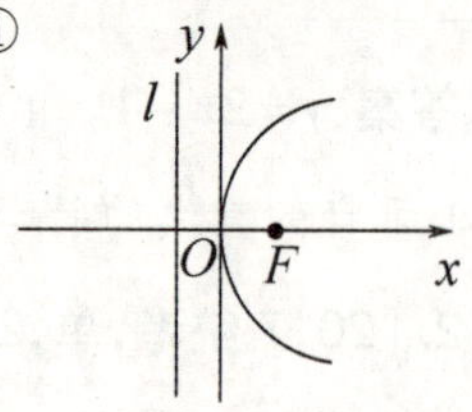 ② 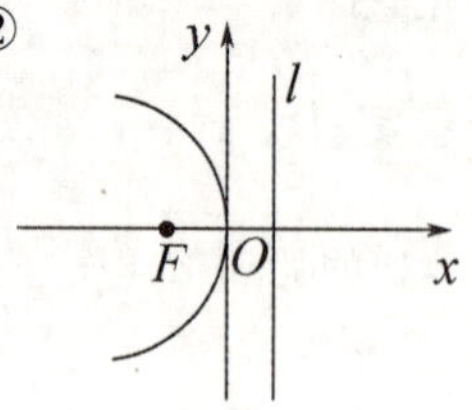 ③ 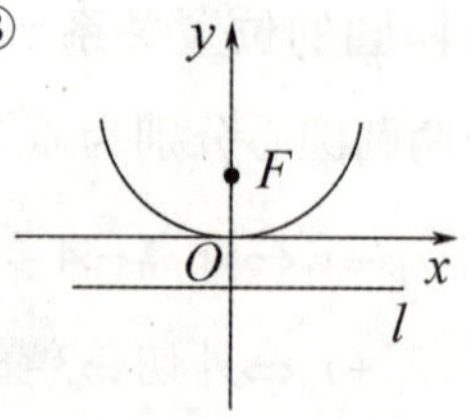 ④ 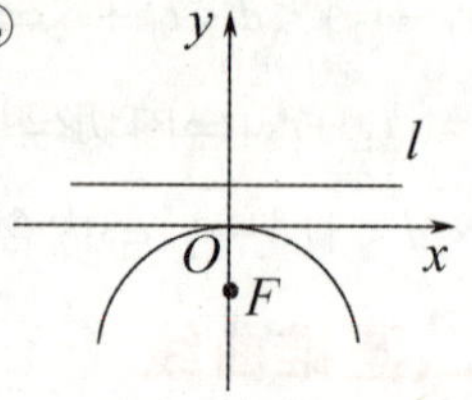
顶点	$(\pm a,0)$，$(0,\pm b)$	$(0,\pm a)$，$(\pm b,0)$	$(\pm a,0)$	$(0,\pm a)$	$(0,0)$
焦点	$(\pm c,0)$	$(0,\pm c)$	$(\pm c,0)$	$(0,\pm c)$	①$F\left(\frac{p}{2},0\right)$；②$F\left(-\frac{p}{2},0\right)$；③$F\left(0,\frac{p}{2}\right)$；④$F\left(0,-\frac{p}{2}\right)$
焦距	$\|F_1F_2\|=2c(c>0)$		$\|F_1F_2\|=2c(c>0)$		——
焦半径	$\|PF_1\|=a+ex_0$，$\|PF_2\|=a-ex_0$	$\|PF_1\|=a+ey_0$，$\|PF_2\|=a-ey_0$	$\|PF_1\|=\|ex_0+a\|$，$\|PF_2\|=\|ex_0-a\|$	$\|PF_1\|=\|ey_0+a\|$，$\|PF_2\|=\|ey_0-a\|$	①$x_0+\frac{p}{2}$；②$-x_0+\frac{p}{2}$；③$y_0+\frac{p}{2}$；④$-y_0+\frac{p}{2}$
关系	$c^2=a^2-b^2(a>b>0)$		$c^2=a^2+b^2(a>0,b>0)$		p 为焦点到准线的距离
轴	长轴长 $\|A_1A_2\|=2a$，短轴长 $\|B_1B_2\|=2b$		实轴长 $\|A_1A_2\|=2a$，虚轴长 $\|B_1B_2\|=2b$		——

续表

	椭圆		双曲线		抛物线
离心率	$e=\frac{c}{a}(0<e<1)$		$e=\frac{c}{a}(e>1)$		$e=1$
准线	$x=\pm\frac{a^2}{c}$	$y=\pm\frac{a^2}{c}$	$x=\pm\frac{a^2}{c}$	$y=\pm\frac{a^2}{c}$	①$x=-\frac{p}{2}$;②$x=\frac{p}{2}$; ③$y=-\frac{p}{2}$;④$y=\frac{p}{2}$
渐近线	——		$y=\pm\frac{b}{a}x$	$y=\pm\frac{a}{b}x$	——

招教体验

1. [2019 统考,填空,2′]设 F 为抛物线 $y^2=4x$ 的焦点,P 为抛物线上的某点,$M(11,5)$,则 $|PF|+|PM|$ 的最小值为________。

答案:12。由题意知,抛物线的焦点为(1,0),准线为 $x=-1$,设点 P 在准线上的射影为 D,则根据抛物线的定义可知 $|PF|=|PD|$,要使 $|PF|+|PM|$ 的值最小,只需 P,M,D 三点共线,即 $|PF|+|PM|=|PD|+|PM|=|DM|=11+1=12$。

2. [2019 统考,解答,5′]设双曲线的一个焦点为(0,-5),其渐近线方程为 $y=\pm2x$,求双曲线的方程与离心率。

答案:由双曲线的渐近线方程知,$y=\pm\frac{a}{b}x=\pm2x$,则 $\frac{a}{b}=2$,因为焦点为(0,-5),所以 $c=5$,由 $a^2+b^2=c^2$ 可得,$b^2=5$,$a^2=20$,所以双曲线的方程为 $\frac{y^2}{20}-\frac{x^2}{5}=1$,离心率为 $e=\frac{c}{a}=\frac{\sqrt{5}}{2}$。

知识点 2 曲线和方程 【解答】 ★

1. 曲线与方程的概念

曲线与方程的**概念**:一般地,在直角坐标系中,如果曲线 C 上的点与一个二元方程 $f(x,y)=0$ 的实数解建立了如下的关系:曲线上的点的坐标都是这个方程的解,以这个方程的解为坐标的点都是曲线上的点,那么,这个方程叫作曲线的方程,这条曲线叫作方程的曲线。

点在曲线上的充要条件:如果曲线 C 的方程是 $f(x,y)=0$,那么点 $P_0(x_0,y_0)$ 在曲线 C 上的充要条件是 $f(x_0,y_0)=0$。

2. 直线与圆锥曲线的弦长公式

若斜率为 k 的直线与圆锥曲线交于两点 $A(x_1,y_1)$,$B(x_2,y_2)$,则弦长

$$AB=\sqrt{1+k^2}\cdot|x_2-x_1|$$
$$=\sqrt{(1+k^2)[(x_1+x_2)^2-4x_1x_2]};$$

第三部分

或 $AB=\sqrt{1+\frac{1}{k^2}}\cdot|y_2-y_1|=\sqrt{\left(1+\frac{1}{k^2}\right)[(y_1+y_2)^2-4y_1y_2]}\ (k\neq0)$。

考法揭秘

求曲线方程的方法与步骤

1. 求曲线方程的一般步骤

(1)在坐标系中用有序数对(x,y)表示曲线上任一点M的坐标;

(2)寻找适合题中条件P的点M的集合,即寻找并写出符合题设条件的几何条件;

(3)用坐标表示P,列出式子$f(x,y)=0$,即将几何条件P转化为代数条件;

(4)将$f(x,y)=0$化为最简式;

(5)证明以化简后的方程$f(x,y)=0$的实数解为坐标的点都是曲线上的点。

2. 求圆锥曲线标准方程的基本步骤

(1)定型(确定圆锥曲线的类型);(2)定位(判断它的中心在哪,焦点在哪条坐标轴上);(3)定量(建立关于基本量的方程或方程组,求出基本量a,b或p的值)。

3. 向量法求曲线的轨迹方程

根据题干中提供的信息(特别是涉及共线、定比、夹角等)引入恰当的向量(如由共线、角联系到向量中的共线定理、夹角公式等),通过向量坐标化、数量化、符号化等运算,结合平面解析几何中直线与圆、圆锥曲线的定义,而求出动点轨迹方程的方法叫作向量法。用向量法求轨迹方程时,可充分利用向量垂直和共线的充要条件,从而避免讨论直线斜率是否存在,并使计算得到简化。

第三部分

招教体验

[2016年5月杭州,解答,8′]已知以点P为圆心的圆过点$A(-1,0)$和$B(3,4)$,AB的垂直平分线交圆P于点C,D,且$|CD|=4\sqrt{10}$。求圆P的方程。

答案:由题意知,AB为圆P的一条弦,它的垂直平分线与圆的一条直径所在的直线重合,所以CD为圆P的一条直径,因为$|CD|=4\sqrt{10}$,所以圆P的半径为$2\sqrt{10}$,A,B的中点E的坐标为$(1,2)$,设P点的坐标为(x,y),

则$|EP|=\sqrt{(2\sqrt{10})^2-[(3-1)^2+(4-2)^2]}=4\sqrt{2}$,

因为EP在AB的中垂线上,所以$\overrightarrow{EP}\cdot\overrightarrow{AB}=0$,

因为$\overrightarrow{EP}=(x-1,y-2)$,$\overrightarrow{AB}=(4,4)$,

所以有$4(x-1)+4(y-2)=0$,可得$x=3-y$①,

又$|EP|=\sqrt{(x-1)^2+(y-2)^2}=4\sqrt{2}$②,

将①代入②可得$\begin{cases}x=5,\\y=-2,\end{cases}$或$\begin{cases}x=-3,\\y=6,\end{cases}$

当点 P 的坐标为 $(5,-2)$ 时,圆 P 的方程是 $(x-5)^2+(y+2)^2=40$;

当点 P 的坐标为 $(-3,6)$ 时,圆 P 的方程是 $(x+3)^2+(y-6)^2=40$,

综上,圆 P 的方程是 $(x-5)^2+(y+2)^2=40$ 或 $(x+3)^2+(y-6)^2=40$。

强化练习

建议用时:60 分钟	实际用时:_____分钟	参考分值:45 分	实际得分:_____分

基 础 练 保分必拿

一、单项选择题(每小题 2 分,共 12 分)

1. 已知直线 $3x+4y-3=0$ 与直线 $6x+my+14=0$ 平行,则它们之间的距离是(　　)

A. 1　　B. 2

C. $\frac{1}{2}$　　D. 4

2. 三条直线 $l_1:x-y=0$, $l_2:x+y-2=0$, $l_3:5x-ky-15=0$ 构成一个三角形,则 k 的取值范围是(　　)

A. $k\in\mathbf{R}$

B. $k\in\mathbf{R}$ 且 $k\neq\pm1$, $k\neq0$

C. $k\in\mathbf{R}$ 且 $k\neq\pm5$, $k\neq-10$

D. $k\in\mathbf{R}$ 且 $k\neq\pm5$, $k\neq1$

3. 从点 $P(1,-2)$ 引圆 $(x+1)^2+(y-1)^2=4$ 的切线,则切线长是(　　)

A. 4　　B. 3

C. 2　　D. 1

4. 直线 $\sqrt{3}x-y+m=0$ 与圆 $x^2+y^2-2x-2=0$ 相切,则实数 m 等于(　　)

A. $\sqrt{3}$ 或 $-\sqrt{3}$

B. $-\sqrt{3}$ 或 $3\sqrt{3}$

C. $-3\sqrt{3}$ 或 $\sqrt{3}$

D. $-3\sqrt{3}$ 或 $3\sqrt{3}$

5. 已知椭圆 $C:\frac{x^2}{2}+y^2=1$ 的右焦点为 F,右准线为 l,点 $A\in l$,线段 AF 交椭圆 C 于点 B,若 $\overrightarrow{FA}=3\overrightarrow{FB}$,则 $|AF|=$(　　)

A. $\sqrt{2}$　　B. 2

C. $\sqrt{3}$　　D. 3

6. AB 是抛物线 $y^2=2x$ 的一条焦点弦,$|AB|=4$,则 AB 的中点 C 的横坐标是(　　)

A. 2　　B. $\frac{1}{2}$

C. $\frac{3}{2}$　　D. $\frac{5}{2}$

二、填空题(每小题 2 分,共 6 分)

7. 已知点 $A(8,-6)$ 与圆 $C:x^2+y^2=25$, P 是圆 C 上任意一点,则 $|AP|$ 的最小值是________。

8. 已知直线 $y=kx+1$ 与 $x^2+y^2+kx-y-9=0$ 的两个交点关于 y 轴对称,则 $k=$________。

9. 若椭圆的长轴长与短轴长之比为 2,它的一个焦点是 $(2\sqrt{15},0)$,则椭圆的标准方程是________。

三、解答题(共 7 分)

10. 已知双曲线 $\frac{x^2}{2}-y^2=1$ 的左、右顶点分别为 A_1, A_2,点 $P(x_1,y_1)$, $Q(x_1,-y_1)$ 是双曲线上不同的两个动点,求直线 A_1P 与 A_2Q 交点的轨迹 E 的方程。

提 升 练 提分必争

一、单项选择题(每小题 2 分,共 6 分)

1. 以抛物线 C 的顶点为圆心的圆交 C 于 A, B 两点,交 C 的准线于 D, E 两点,已知 $|AB|=4\sqrt{2}$, $|DE|=$

第三部分

$2\sqrt{5}$,则 C 的焦点到准线的距离为(　　)

A. 2　　B. 4

C. 6　　D. 8

2. 过点$(\sqrt{2},0)$引直线 l 与曲线 $y=\sqrt{1-x^2}$ 相交于 A,B 两点,O 为坐标原点,当$\triangle AOB$ 的面积取最大值时,直线 l 的斜率等于(　　)

A. $\frac{\sqrt{3}}{3}$　　B. $-\frac{\sqrt{3}}{3}$

C. $\pm\frac{\sqrt{3}}{3}$　　D. $-\sqrt{3}$

3. 已知双曲线$\frac{x^2}{a^2}-\frac{y^2}{b^2}=1$ $(a>0,b>0)$的两条渐近线与抛物线 $y^2=2px(p>0)$的准线分别交于 A,B 两点,O 为坐标原点,若双曲线的离心率为 2,$\triangle AOB$ 的面积为$\sqrt{3}$,则 $p=$(　　)

A. 1　　B. $\frac{3}{2}$

C. 2　　D. 3

二、解答题(每小题 7 分,共 14 分)

4. 已知圆 C:$(x-1)^2+(y-2)^2=25$,直线 l:$(2m+1)x+(m+1)y-7m-4=0(m\in\mathbf{R})$。

(1)求证:不论 m 取什么实数,直线 l 与圆 C 恒交于两点。

(2)求直线 l 被圆 C 截得的弦长的最短长度,及此时直线 l 的方程。

5. 已知椭圆 C:$\frac{x^2}{a^2}+\frac{y^2}{b^2}=1(a>b>0)$与 y 轴的交点为 A,B(点 A 位于点 B 的上方),F 为左焦点,原点 O 到直线 FA 的距离为$\frac{\sqrt{2}}{2}b$。

(1)求椭圆的离心率;

(2)设 $b=2$,直线 $y=kx+4$ 与椭圆 C 交于不同的两点 M,N,求证:直线 BM 与直线 AN 的交点 G 在定直线上。

参考答案及解析

基础练

一、单项选择题

1. B [解析]由题意得$\frac{6}{3}=\frac{m}{4}\neq\frac{14}{-3}$,解得 $m=8$,所以直线 $6x+my+14=0$ 可化为 $3x+4y+7=0$,此两平行直线之间的距离 $d=\frac{|-3-7|}{\sqrt{3^2+4^2}}=2$。

2. C [解析]由 $l_1/\!/l_3$ 得 $k=5$;由 $l_2/\!/l_3$,得 $k=-5$;由$x-y=0$ 与 $x+y-2=0$,得 $x=1,y=1$,若 l_1,l_2的交点$(1,1)$在 l_3上,则 $k=-10$,若 l_1,l_2,l_3能构成一个三角形,则 $k\neq\pm5$,且 $k\neq-10$。故选 C。

3. B [解析]由圆的方程知,圆心坐标为$(-1,1)$,圆的半径为 2。点 P 到圆心的距离为 $d=\sqrt{(-1-1)^2+[1-(-2)]^2}=\sqrt{13}$,则切线长为$\sqrt{(\sqrt{13})^2-2^2}=3$。

4. C [解析]圆 $x^2+y^2-2x-2=0$ 的标准方程为$(x-1)^2+y^2=3$,所以此圆的圆心坐标为$(1,0)$,半径为$\sqrt{3}$。因为直线$\sqrt{3}x-y+m=0$ 与圆相切,所以圆心到直线的距离等于半径$\sqrt{3}$,即 $d=\frac{|\sqrt{3}-0+m|}{\sqrt{(\sqrt{3})^2+(-1)^2}}=\sqrt{3}$,解得 $m=\sqrt{3}$或 $m=-3\sqrt{3}$。故选 C。

5. A [解析]过点 B 作 $BM\perp l$ 于点 M,并设右准线 l:$x=2$ 与 x 轴的交点为 N,易知$|FN|=1$,椭圆离心率$e=\frac{\sqrt{2}}{2}$。由题意$\overrightarrow{FA}=3\overrightarrow{FB}$,故$|BM|=\frac{2}{3}$。又由椭圆的第二定义,得$|BF|=\frac{\sqrt{2}}{2}\cdot\frac{2}{3}=\frac{\sqrt{2}}{3}$,

$\therefore |AF|=3|BF|=\sqrt{2}$。故选 A。

6. C　[解析] 由题意知，抛物线的焦点坐标为 $\left(\frac{1}{2},0\right)$，准线为 $x=-\frac{1}{2}$。已知 $|AB|=4$，所以中点 C 到准线的距离为 2，则点 C 的横坐标为 $2-\frac{1}{2}=\frac{3}{2}$。

二、填空题

7. 5　[解析] 点 $A(8,-6)$ 与圆 C 的圆心 $(0,0)$ 的距离等于 $\sqrt{64+36}=10$，故 $|AP|$ 的最小值是 10 减去圆的半径 5，等于 5。

8. 0　[解析] 联立直线与圆的方程 $\begin{cases}y=kx+1,\\x^2+y^2+kx-y-9=0,\end{cases}$ 消去 y 得 $(k^2+1)x^2+2kx-9=0$。设方程的两根分别为 x_1,x_2，由题意得 $x_1+x_2=\frac{-2k}{k^2+1}=0$，解得 $k=0$。

9. $\frac{x^2}{80}+\frac{y^2}{20}=1$　[解析] 设椭圆的标准方程为 $\frac{x^2}{a^2}+\frac{y^2}{b^2}=1$，由题设条件知 $a=2b$，$c=2\sqrt{15}$，又 $a^2=b^2+c^2$，可得 $4b^2=b^2+60$，解得 $b^2=20$，$a^2=80$，$\therefore$ 椭圆的标准方程为 $\frac{x^2}{80}+\frac{y^2}{20}=1$。

三、解答题

10. [解析] 由题意知，$|x_1|>\sqrt{2}$，$A_1(-\sqrt{2},0)$，$A_2(\sqrt{2},0)$，

则直线 A_1P 的方程为 $y=\frac{y_1}{x_1+\sqrt{2}}(x+\sqrt{2})$①，

直线 A_2Q 的方程为 $y=\frac{-y_1}{x_1-\sqrt{2}}(x-\sqrt{2})$②，

联立①②解得 $\begin{cases}x=\frac{2}{x_1},\\y=\frac{\sqrt{2}y_1}{x_1},\end{cases}$ 即 $\begin{cases}x_1=\frac{2}{x},\\y_1=\frac{\sqrt{2}y}{x},\end{cases}$ ③

且 $x\neq0$，$|x|<\sqrt{2}$，

而点 $P(x_1,y_1)$ 在双曲线 $\frac{x^2}{2}-y^2=1$ 上，

$\therefore \frac{x_1^2}{2}-y_1^2=1$，

将③代入上式，整理得所求轨迹 E 的方程为 $\frac{x^2}{2}+y^2=1$，$x\neq0$，且 $x\neq\pm\sqrt{2}$。

提升练

一、单项选择题

1. B　[解析] 设抛物线的方程为 $y^2=2px(p>0)$，圆的方程为 $x^2+y^2=r^2$。因为 $|AB|=4\sqrt{2}$，$|DE|=2\sqrt{5}$，抛物线的准线方程为 $x=-\frac{p}{2}$，所以不妨设 $A\left(\frac{4}{p},2\sqrt{2}\right)$，$D\left(-\frac{p}{2},\sqrt{5}\right)$，因为点 A，D 在圆 $x^2+y^2=r^2$ 上，所以 $\begin{cases}\frac{16}{p^2}+8=r^2,\\\frac{p^2}{4}+5=r^2,\end{cases}$ 所以 $\frac{16}{p^2}+8=\frac{p^2}{4}+5$，所以 $p=4$，所以 C 的焦点到准线的距离为 4。

2. B　[解析] 曲线 $y=\sqrt{1-x^2}$ 与过点 $(\sqrt{2},0)$ 的直线 l 相交于 A，B 两点，则直线 l 的斜率 $k<0$，设 $l:y=k(x-\sqrt{2})$，则原点 O 到 l 的距离 $d=\frac{-\sqrt{2}k}{\sqrt{k^2+1}}$。由垂径定理得 $|AB|=2\sqrt{1-d^2}$，又 $S_{\triangle AOB}=\frac{1}{2}|AB|\cdot d=\frac{1}{2}\times2\sqrt{1-d^2}\cdot d=\sqrt{(1-d^2)\cdot d^2}\leqslant\frac{1-d^2+d^2}{2}=\frac{1}{2}$，当且仅当 $1-d^2=d^2$，即 $d^2=\frac{1}{2}$ 时，$S_{\triangle AOB}$ 取得最大值。所以 $\triangle AOB$ 的面积取最大值时 $d^2=\frac{2k^2}{k^2+1}=\frac{1}{2}$，即 $k^2=\frac{1}{3}\Rightarrow k=-\frac{\sqrt{3}}{3}$。故选 B。

3. C　[解析] 因为双曲线的离心率 $e=\frac{c}{a}=2$，所以 $b=\sqrt{3}a$，所以双曲线的渐近线方程为 $y=\pm\frac{b}{a}x=\pm\sqrt{3}x$，与抛物线的准线 $x=-\frac{p}{2}$ 相交于点 $A\left(-\frac{p}{2},\frac{\sqrt{3}}{2}p\right)$，点 $B\left(-\frac{p}{2},-\frac{\sqrt{3}}{2}p\right)$，所以 $\triangle AOB$ 的

第三部分

面积为$\frac{1}{2}\times\frac{p}{2}\times\sqrt{3}p=\sqrt{3}$，又 $p>0$，所以 $p=2$。

二、解答题

4. [解析](1)证明：直线 l 的方程整理得$(x+y-4)+m(2x+y-7)=0$，

$\because m\in\mathbf{R}$，$\therefore\begin{cases}x+y-4=0,\\2x+y-7=0,\end{cases}$ 解得$\begin{cases}x=3,\\y=1,\end{cases}$

则直线 l 恒过定点 $A(3,1)$。圆 C 的圆心坐标为$(1,2)$。

由于$|AC|=\sqrt{5}<5$(半径)，$\therefore$ 点$A(3,1)$在圆 C 内，故直线 l 与圆 C 恒交于两点。

(2)$\because$ 直线 l 恒过圆 C 内一点 $A(3,1)$，

$\therefore$ 当直线 l 过点 A，且与 AC 垂直时，弦长最小，

$\because |AC|=\sqrt{5}$，$r=5$，

$\therefore$ 最短弦长$=2\sqrt{r^2-|AC|^2}=4\sqrt{5}$，

直线 $l\perp AC$，而 $k_{AC}=-\frac{1}{2}$，则 $k_l=2$，

故此时直线 l 的方程为 $y-1=2(x-3)$，即 $2x-y-5=0$。

5. [解析](1)设 F 的坐标为$(-c,0)$，由题意知 $A(0,b)$，$B(0,-b)$，$k_{AF}=\frac{b}{c}$，

直线 FA 的方程为 $bx-cy+bc=0$，则有$\frac{|bc|}{\sqrt{b^2+c^2}}=\frac{\sqrt{2}}{2}b$，即 $bc=\frac{\sqrt{2}}{2}ab$，

$\therefore$ 椭圆的离心率 $e=\frac{c}{a}=\frac{\sqrt{2}}{2}$。

(2)若 $b=2$，由(1)并结合 $a^2=b^2+c^2$，得 $a=2\sqrt{2}$，

$\therefore$ 椭圆方程为$\frac{x^2}{8}+\frac{y^2}{4}=1$，

$\therefore A(0,2)$，$B(0,-2)$，

联立方程$\begin{cases}\frac{x^2}{8}+\frac{y^2}{4}=1,\\y=kx+4,\end{cases}$ 化简得$(2k^2+1)x^2+16kx+24=0$，

由 $\Delta=32(2k^2-3)>0$，解得 $k^2>\frac{3}{2}$，

设 $M(x_M,kx_M+4)$，$N(x_N,kx_N+4)$，

由韦达定理得，$x_M+x_N=\frac{-16k}{2k^2+1}$，$x_Mx_N=\frac{24}{2k^2+1}$，

MB 方程为 $y=\frac{kx_M+6}{x_M}x-2$①，

NA 方程为 $y=\frac{kx_N+2}{x_N}x+2$②，

由①②解得 $y=\frac{2(kx_Mx_N+x_M+3x_N)}{3x_N-x_M}=\frac{2\left(\frac{24k}{2k^2+1}+\frac{-16k}{2k^2+1}+2x_N\right)}{4x_N-\frac{-16k}{2k^2+1}}=\frac{2\left(\frac{8k}{2k^2+1}+2x_N\right)}{4x_N+\frac{16k}{2k^2+1}}=1$，

即 $y_G=1$，

$\therefore$ 直线 BM 与直线 AN 的交点 G 在定直线上。

正确率 70% 以下		正确率 70% ~85%		正确率 85% 以上	

山香寄语：

撑不住的时候，可以对自己说声："我好累"，但永远不要在心里承认说："我不行"。

——山香女孩

第三部分

第五章　直线、平面与简单几何体

考向分析

本章属于高中数学的重要章节，特点为内容多、识记与理解性知识多，在考试中常以客观题的形式考查。本章需要重点掌握的知识包括：

1. 识记空间向量的坐标表示及运算。

2. 识记棱柱与棱锥的定义、结构特征及有关公式；球的相关概念、球的截面性质。

3. 识记并理解直线与平面间平行与垂直的判定定理和性质定理；平面间的平行与垂直的判定定理和性质定理；直线与平面所成的角的计算；二面角的计算。

考情预测 在备考时，考生应注意：①空间向量的坐标表示及运算；②棱柱、棱锥、棱台、球的相关概念及公式；③空间中点、直线与平面之间的位置关系。预计在明年的招教考试中，本部分依然是重点，且考试方式更加灵活。考生要抓住重点和难点，有针对性地进行识记与理解。

思维导图

- 直线、平面与简单几何体
  - 线、面、角
    - 1 直线与平面的位置关系
    - 2 平面与平面的位置关系
    - 3 线线角、线面角、二面角
  - 空间几何体
    - 1 基本立体图形
    - 2 立体图形的三视图

核心知识

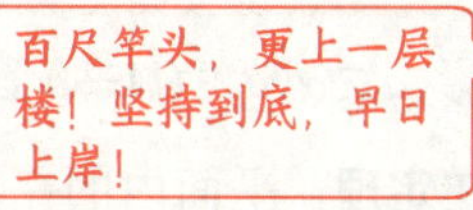

一、线、面、角

知识点 1　直线与平面的位置关系

1. 直线与平面的位置关系

(1)直线在平面内。

(2)直线与平面相交(包括垂直)。

	文字语言	图形语言	符号语言
判定定理	如果一条直线与一个平面内的两条相交直线都垂直，则该直线与此平面垂直		$a,b\subset\alpha,a\cap b=O,l\perp a,l\perp b\Rightarrow l\perp\alpha$
性质定理	垂直于同一个平面的两条直线平行		$a\perp\alpha,b\perp\alpha\Rightarrow a/\!/b$

(3)直线与平面平行。

	文字语言	图形语言	符号语言
判定定理	平面外一条直线与此平面内的一条直线平行，则该直线与此平面平行（简记为“线线平行⇒线面平行”）		$l\not\subset\alpha,a\subset\alpha,l/\!/a\Rightarrow l/\!/\alpha$
性质定理	一条直线与一个平面平行，则过这条直线的任一平面与此平面的交线与该直线平行（简记为“线面平行⇒线线平行”）		$l/\!/\alpha,l\subset\beta,\alpha\cap\beta=b\Rightarrow l/\!/b$

2. 三垂线定理及其逆定理

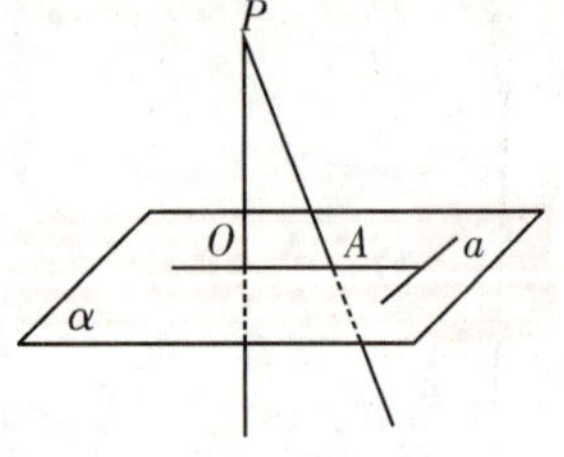

三垂线定理 平面内的一条直线如果和这个平面的一条斜线的射影垂直，那么它也和这条斜线垂直。如图所示，PO，PA 分别是平面 α 的垂线、斜线，OA 是 PA 在平面 α 上的射影，$a\subset\alpha,a\perp OA\Rightarrow a\perp PA$。

三垂线定理逆定理 平面内的一条直线如果和这个平面的一条斜线垂直，那么它也和这条斜线在平面内的射影垂直。如图所示，PO，PA 分别是平面 α 的垂线、斜线，OA 是 PA 在在平面 α 上的射影，$a\subset\alpha,a\perp PA\Rightarrow a\perp OA$。

知识点2 平面与平面的位置关系

两个平面的位置关系有两种：平行、相交（包括垂直）。

1. 平面与平面平行

	文字语言	图形语言	符号语言
判定定理	一个平面内的两条相交直线与另一个平面平行,则这两个平面平行(简记为“线面平行⇒面面平行”); 推论:垂直于同一条直线的两个平面平行;平行于同一平面的两个平面互相平行	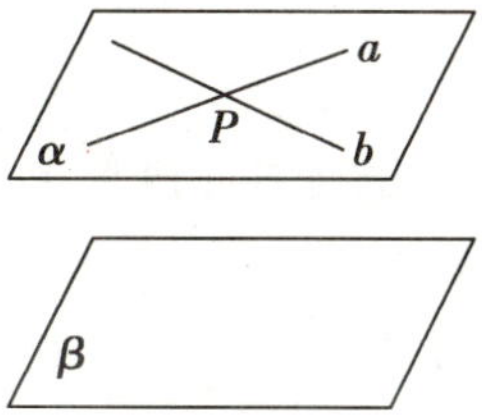	$a\subset\alpha,b\subset\alpha,a\cap b=P,a/\!/\beta,b/\!/\beta\Rightarrow\alpha/\!/\beta$
性质定理	如果两个平行平面同时和第三个平面相交,那么它们的交线平行	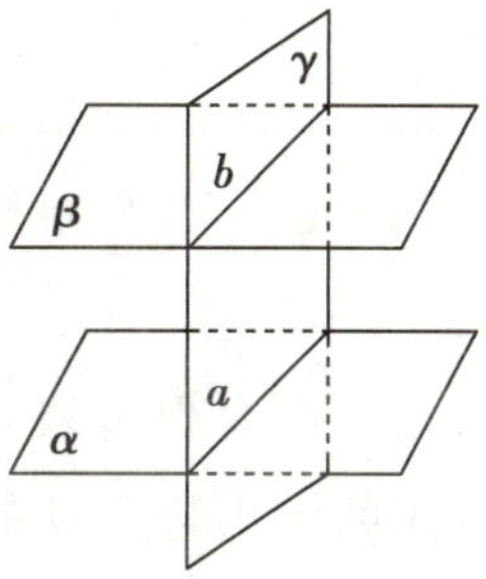	$\alpha/\!/\beta,\alpha\cap\gamma=a,\beta\cap\gamma=b\Rightarrow a/\!/b$

2. 平面与平面垂直

	文字语言	图形语言	符号语言
判定定理	一个平面过另一个平面的一条垂线,则这两个平面互相垂直	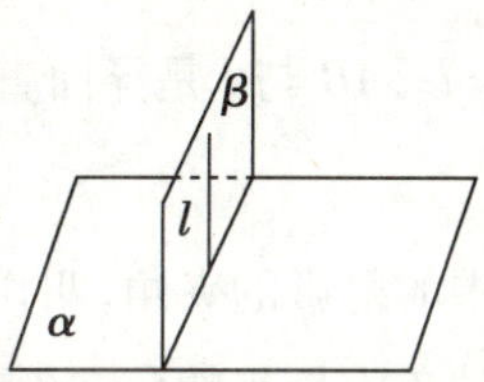	$l\subset\beta,l\perp\alpha\Rightarrow\alpha\perp\beta$
性质定理	两个平面互相垂直,则一个平面内垂直于交线的直线与另一个平面垂直	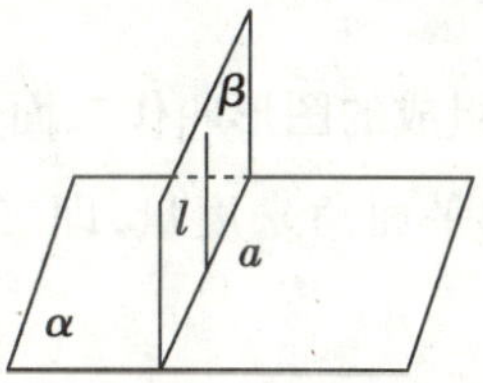	$\alpha\perp\beta,l\subset\beta,\alpha\cap\beta=a,l\perp a\Rightarrow l\perp\alpha$

考法揭秘

判定直线与平面、平面与平面平行的常用方法

1. 判定直线与平面平行的常用方法

(1)利用定义(常用反证法)。

(2)利用判定定理:关键是找出平面内与已知直线平行的直线。可先直观判断平面内是否已有,若没有,则需作出该直线,常考虑三角形的中位线、平行四边形的对边或过已知直线作一平面找其交线。即 $a/\!/b,\ a\not\subset\alpha,b\subset\alpha\Rightarrow a/\!/\alpha$。

(3)利用面面平行的性质定理:当两平面平行时,其中一个平面内的任一直线平行于另一平面。即 $\alpha /\!/ \beta, a \subset \alpha \Rightarrow a /\!/ \beta$。

2. 判定平面与平面平行的常用方法

(1)利用定义(常用反证法)。

(2)利用判定定理:转化为判定一个平面内的两条相交直线分别平行于另一个平面。

(3)利用面面平行的传递性: $\left.\begin{array}{l}\alpha /\!/ \beta \\ \gamma /\!/ \beta\end{array}\right\} \Rightarrow \alpha /\!/ \gamma$。

(4) $\left.\begin{array}{l}\alpha \perp l \\ \beta \perp l\end{array}\right\} \Rightarrow \alpha /\!/ \beta$。

知识点3 线线角、线面角、二面角 【单选、填空】★★★

1. 异面直线所成的角

已知两条异面直线 a, b,经过空间任一点 O 作直线 $a' /\!/ a, b' /\!/ b$,把 a', b' 所成的锐角(或直角)叫作异面直线 a, b 所成的角(或夹角)。角的大小与点 O 的选择无关,为了简便,点 O 通常取在其中一条异面直线上。异面直线所成的角的范围是 $\left(0, \frac{\pi}{2}\right]$。若两条异面直线所成的角是直角,则这两条异面直线垂直,记作 $a \perp b$。

异面直线的判定定理:连结平面内一点与平面外一点的直线,和这个平面内不经过此点的直线是异面直线。符号语言: $A \notin \alpha, B \in \alpha, l \subset \alpha, B \notin l \Rightarrow AB$ 与 l 是异面直线。

2. 斜线与平面所成的角

一个平面的斜线和它在这个平面中的射影的夹角,叫作斜线和平面所成的角(即线面角)。此角也是这条斜线和这个平面内任一条直线所成的角中最小的角。斜线和平面所成的角的范围: $0° \leqslant \theta \leqslant 90°$。

3. 二面角

从一条直线出发的两个半平面所组成的图形叫作二面角。这条直线叫作二面角的棱,这两个半平面叫作二面角的面。二面角的大小用它的平面角来度量,即二面角的平面角是几度,我们就说这个二面角是几度。

以二面角的棱上任意一点 O 为端点,在两个面内分别作垂直于棱的两条射线 OA, OB,这两条射线所成的角 $\angle AOB$ 叫作这个二面角的平面角。

二面角的平面角的范围是 $[0, \pi]$,两个半平面重合时为 0,共面时为 π。

考法揭秘

空间中角的计算方法

1. 线线角求法

用"平移转化"的方法,使之成为两相交直线所成的角,当异面直线垂直时,应用线面垂直定义或三垂线定理及其逆定理判定所成的角为 $90°$。

设异面直线 AB，CD 所成的角为 θ，则 $\cos\theta=\left|\cos\langle\overrightarrow{AB},\overrightarrow{CD}\rangle\right|=\left|\dfrac{\overrightarrow{AB}\cdot\overrightarrow{CD}}{|\overrightarrow{AB}|\cdot|\overrightarrow{CD}|}\right|$，$\theta=\arccos\left|\dfrac{\overrightarrow{AB}\cdot\overrightarrow{CD}}{|\overrightarrow{AB}|\cdot|\overrightarrow{CD}|}\right|\left(0<\theta\leqslant\dfrac{\pi}{2}\right)$。

2. 线面角求法

定义法：根据线面角的定义，作(找)出该角，再通过解三角形求出该角。

射影法：设斜线段 AB 在平面 α 内的射影为 $A'B'$，AB 与 α 所成角为 θ，则 $\cos\theta=\dfrac{|A'B'|}{|AB|}$。

空间向量法：设 $\boldsymbol{n}$ 是平面 α 的法向量，$\overrightarrow{AB}$ 是直线 l 的方向向量，则直线 l 与平面 α 所成的角 $\theta=\arcsin\left|\dfrac{\overrightarrow{AB}\cdot\boldsymbol{n}}{|\overrightarrow{AB}|\cdot|\boldsymbol{n}|}\right|$。

注：直线与平面的夹角和直线与平面法向量的夹角互余。

3. 二面角求法

定义法：根据二面角的平面角的定义，分别向交线作垂线，求两线的夹角。

三垂线法：过某一半平面内一点向另一半平面和交线作垂线，找出射影并解三角形求出。

垂面法：作一与棱垂直的平面，该垂面与二面角两半平面相交，得到交线，交线所成的角为二面角的平面角。

射影法：设 $\triangle ABC$ 在平面 α 内的射影三角形为 $\triangle A'B'C'$，平面 ABC 与平面 α 所成角为 θ，则 $\cos\theta=\dfrac{S_{\triangle A'B'C'}}{S_{\triangle ABC}}$。

空间向量法：设 $\boldsymbol{n}_1,\boldsymbol{n}_2$ 是二面角 $\alpha-l-\beta$ 的两个面 α,β 的法向量，则 $\langle\boldsymbol{n}_1,\boldsymbol{n}_2\rangle=\arccos\dfrac{\boldsymbol{n}_1\cdot\boldsymbol{n}_2}{|\boldsymbol{n}_1|\cdot|\boldsymbol{n}_2|}$ 就是与二面角的平面角大小相等或互补的角。(平面的法向量有两种指向，必须结合图形确定法向量的夹角与所求二面角的平面角是相等的还是互补的)

招教体验

[2021 年 1 月杭州，解答，6′] 如图，在三棱柱 $ABC-A_1B_1C_1$ 中，$\triangle ABC$ 和 $\triangle AA_1C$ 均是边长为 2 的等边三角形，点 O 为 AC 中点，平面 $AA_1C_1C\perp$ 平面 ABC。

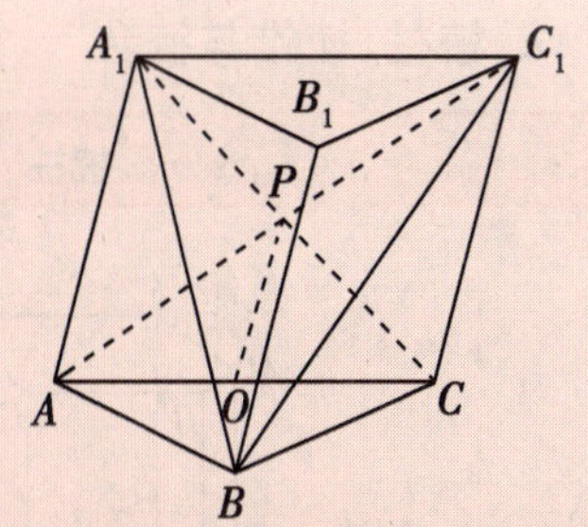

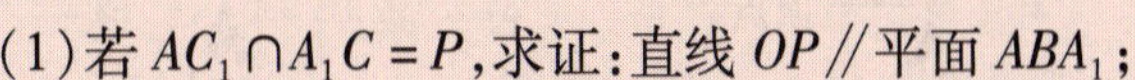
(1)若 $AC_1\cap A_1C=P$，求证：直线 OP∥平面 ABA_1；

(2)求平面 ABC_1 与底面 ABC 所成锐二面角的余弦值。

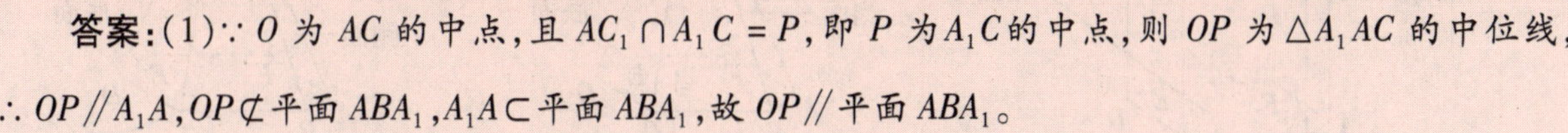
答案：(1)$\because$ O 为 AC 的中点，且 $AC_1\cap A_1C=P$，即 P 为 A_1C 的中点，则 OP 为 $\triangle A_1AC$ 的中位线，$\therefore OP$∥A_1A，$OP\not\subset$ 平面 ABA_1，$A_1A\subset$ 平面 ABA_1，故 OP∥平面 ABA_1。

(2)连结 A_1O,OB,$\because \triangle AA_1C$ 是等边三角形,且 O 是 AC 的中点,$\therefore A_1O\perp AC$,$\because$ 平面 $AA_1C_1C\perp$ 平面 ABC,且平面 $AA_1C_1C\cap$ 平面 $ABC=AC$,$\therefore A_1O\perp$ 平面 ABC,$\therefore A_1O\perp OB$,又 $\triangle ABC$ 为等边三角形,O 为 AC 中点,则 $AB=BC$,$OB\perp AC$,$\therefore A_1O,OB,AC$ 两两垂直。以 O 为原点,分别以 $\overrightarrow{OB},\overrightarrow{OC},\overrightarrow{OA_1}$ 为 x 轴,y 轴,z 轴建立空间直角坐标系,则 $O(0,0,0)$,$\because \triangle ABC$ 和 $\triangle AA_1C$ 均是边长为 2 的等边三角形,点 O 为 AC 中点,则 $AO=OC=1$,$OB=OA_1=\sqrt{3}$,则 $A(0,-1,0)$,$B(\sqrt{3},0,0)$,$A_1(0,0,\sqrt{3})$,$C(0,1,0)$,则 $\overrightarrow{A_1B}=(\sqrt{3},0,-\sqrt{3})$,$\overrightarrow{AB}=(\sqrt{3},1,0)$,在三棱柱 $ABC-A_1B_1C_1$ 中,$A_1C_1=AC$ 且 $A_1C_1/\!/AC$,则 $\overrightarrow{A_1C_1}=\overrightarrow{AC}=(0,2,0)$,则 $C_1(0,2,\sqrt{3})$,$\overrightarrow{AC_1}=(0,3,\sqrt{3})$,设平面 ABC_1 的法向量为 $\boldsymbol{n}=(x,y,z)$,则可得 $\begin{cases}\boldsymbol{n}\cdot\overrightarrow{AB}=0,\\ \boldsymbol{n}\cdot\overrightarrow{AC_1}=0,\end{cases}$ 即 $\begin{cases}\sqrt{3}x+y=0,\\ 3y+\sqrt{3}z=0,\end{cases}$ 解得 $\boldsymbol{n}=\left(\dfrac{\sqrt{3}}{3},-1,\sqrt{3}\right)$。底面 ABC 的法向量可取 $\overrightarrow{A_1O}=(0,0,-\sqrt{3})$,设平面 ABC_1 与底面 ABC 所成锐二面角为 θ,则 $\cos\theta=\left|\dfrac{\boldsymbol{n}\cdot\overrightarrow{A_1O}}{|\boldsymbol{n}||\overrightarrow{A_1O}|}\right|=\dfrac{|(-\sqrt{3})\times\sqrt{3}|}{\sqrt{\left(\frac{\sqrt{3}}{3}\right)^2+1^2+(\sqrt{3})^2}\cdot\sqrt{(-\sqrt{3})^2}}=\dfrac{3\sqrt{13}}{13}$。

二、空间几何体

知识点 1 基本立体图形

1. 多面体

多面体:由若干个多边形围成的空间图形叫作多面体;每个多边形叫作多面体的面,两个面的公共边叫作多面体的棱,棱和棱的公共点叫作多面体的顶点,连结不在同一面上的两个顶点的线段叫作多面体的对角线。多面体至少有四个面,按照它的面数分别叫作四面体、五面体、六面体等。

凸多面体:把多面体的任一个面伸展成平面,如果其他各面都位于这个面的同侧,这样的多面体叫作凸多面体。

多面体欧拉公式:对于简单多面体,其顶点数 V、棱数 E、面数 F 之间的规律:$V-E+F=2$。

2. 棱柱、棱锥与棱台

	棱柱	棱锥	棱台
图形	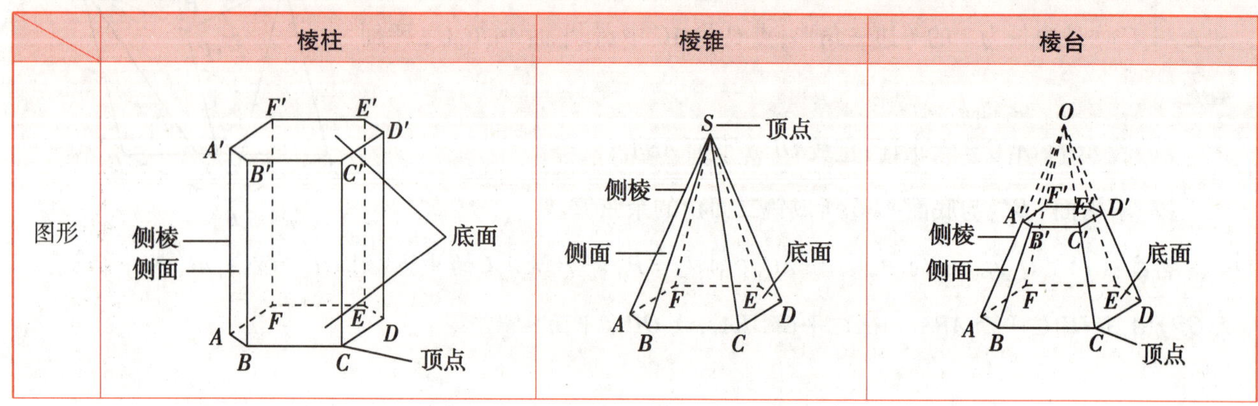		

续表

	棱柱	棱锥	棱台
定义	有两个面互相平行，其余各面都是四边形，并且相邻两个四边形的公共边都互相平行，由这些面所围成的多面体叫作棱柱	有一个面是多边形，其余各面都是有一个公共顶点的三角形，由这些面所围成的多面体叫作棱锥	用一个平行于棱锥底面的平面去截棱锥，底面和截面之间那部分多面体叫作棱台
分类	以底面多边形的边数为标准分为三棱柱、四棱柱、五棱柱等；以侧棱是否与底面垂直分为直棱柱和斜棱柱；底面是正多边形的直棱柱叫作正棱柱	以底面多边形的边数为标准分为三棱锥、四棱锥、五棱锥等；底面是正多边形，并且顶点与底面中心的连线垂直于底面的棱锥叫作正棱锥	以底面多边形的边数为标准分为三棱台、四棱台、五棱台等
结构特征	(1)底面互相平行； (2)侧面都是平行四边形； (3)每相邻两个侧面的公共边互相平行	(1)底面是多边形； (2)侧面都是三角形； (3)侧棱有一个公共点	(1)上、下底面互相平行； (2)各侧棱的延长线交于一点； (3)各侧面为梯形
公式	$S_{直棱柱侧}=Ch$(C是底面周长，h是高) $V=Sh$(S是底面面积，h是高)	$S_{正棱锥侧}=\frac{1}{2}Ch'$(C是底面周长，h'是斜高) $V=\frac{1}{3}Sh$(S是底面面积，h是高)	$S_{正棱台侧}=\frac{1}{2}(C+C')h'$($C'$,$C$分别是上、下底面的周长，$h'$是斜高) $V=\frac{1}{3}h(S'+\sqrt{S'S}+S)$($S'$,$S$分别是上、下底面面积，$h$是棱台的高)

3. 球

(1)基本概念

球：空间中到定点的距离等于或小于定长的点的集合，叫作球体，简称球。定点叫作球心，定长叫作球的半径。到定点的距离等于定长的点的集合叫作球面。一个球或球面常用它的球心的字母表示，如球 O。

球的截面：用一平面 α 去截一个球 O，所得的截面是一个圆，设截面圆的圆心为 O'，连结 OO'，则 OO' 与截面圆垂直，且截面圆半径 $r=\sqrt{R^2-d^2}$(R 为球的半径，$d=OO'$)。球面被经过球心的平面截得的圆叫作大圆，被不经过球心的平面截得的圆叫作小圆。

两点的球面距离就是经过两点的大圆在这两点间的一段劣弧的长度，我们把这段弧长叫作两点的球面距离。

正方体与长方体的外接球直径等于其体对角线长；正方体的内切球直径等于正方体的棱长。

(2)相关计算公式

球的表面积：$S=4\pi R^2$(球的半径为 R)。

第三部分

球的体积：$V=\frac{4}{3}\pi R^3$（球的半径为 R）。

知识点2 立体图形的三视图

1. 三视图的概念

将物体在三个相互垂直的平面内作垂直投影所得的三个图形，称为三视图。分别为主（正）视图、侧（左）视图和俯视图。

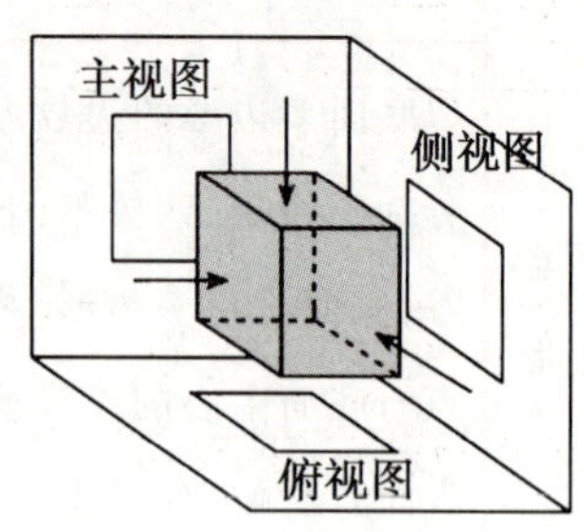

2. 通过三视图确定几何体原图

（1）直接法

适用情况：由三视图比较容易推出原图。

解题步骤：直接利用三视图的作图规则，不断调整，画出原图。

（2）拼凑法

适用情况：从三视图中比较容易找到原图。

解题步骤：①画出正视图；②平移俯视图到恰当的位置（长对正，高平齐），使它和正视图在一起；③把侧视图顺时针旋转90°再平移到恰当的位置（高平齐，宽相等），使它和正视图、俯视图在一起；④调整它们的位置，找到顶点，找到原图。

（3）模型法

适用情况：观察三视图不容易得出原图。

解题步骤：①画出一个长方体、正方体或其他几何体；②补点；③结合三视图排除某些点；④确定那些排除的点附近的点是否是几何体的顶点；⑤结合实线、虚线和确定的点找到几何体的顶点，从而找到符合三视图的原图。

考法揭秘

利用三视图计算小正方体的个数的方法

通过三视图计算组合图形的小正方体的个数，关键是要弄清楚这个小正方体组合图形共有多少行、多少列，每行、每列中各有多少层，理清了这些行、列、层的数量，小正方体的个数就容易确定了，其确定方法如下：

（1）通过主视图、俯视图可以确定组合图形的列数；

（2）通过俯视图、左视图可以确定组合图形的行数；

（3）通过主视图、左视图可以确定行与列中的最高层数。

三视图求小正方体个数

巧学妙记 主俯看列，俯左看行，主左看层，分清行列层，计数不求人。

招教体验

[2020 年 1 月杭州，单，3′]在桌面上摆一些大小一样的正方体木块，从正南方向看如下图(1)，从正东方向看如下图(2)。要摆出这样的图形最少要用(　　)正方体木块。

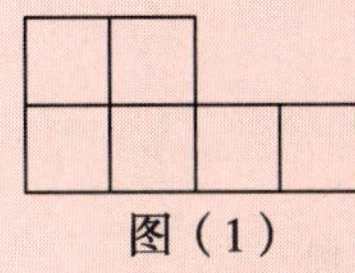
图(1)

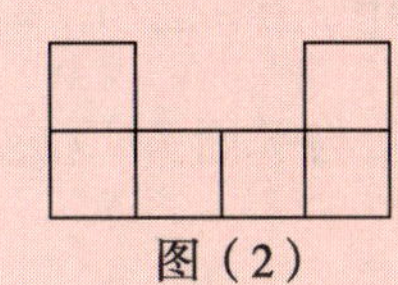
图(2)

A. 6　　B. 7

C. 12　　D. 20

答案：A。正南方向为正视图，正东方向为侧视图，则如图所示，空白处不摆放木块，题目中图形至少需要 2 + 2 + 1 + 1 = 6 块正方体木块才能摆出。故本题选 A。

强化练习

建议用时:40 分钟	实际用时:_____分钟	参考分值:36 分	实际得分:_____分

基础练 保分必拿

一、单项选择题(每小题 2 分，共 12 分)

1. 已知一个四面体有五条棱长都等于 2，则该四面体的体积最大值为(　　)

A. $\frac{1}{2}$　　B. $\frac{\sqrt{2}}{2}$

C. 1　　D. 2

2. 已知 a,b 是异面直线，$a\perp$平面 M，$b\perp$平面 N，则平面 M,N 的位置关系是(　　)

A. 斜交

B. 平行

C. 重合

D. 不能确定

3. 如图是三棱锥 $D-ABC$ 的三视图，点 O 在三个视图中都是所在边的中点，则异面直线 DO 和 AB 所成角的余弦值等于(　　)

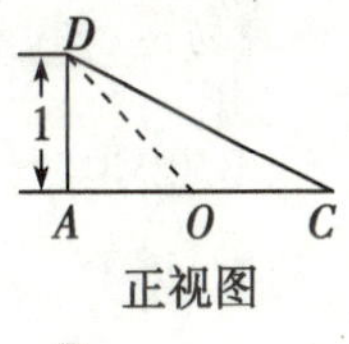

正视图

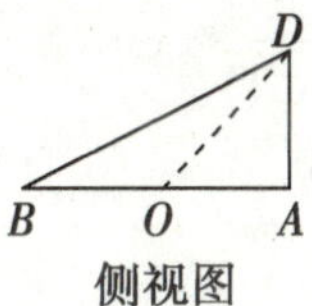

侧视图

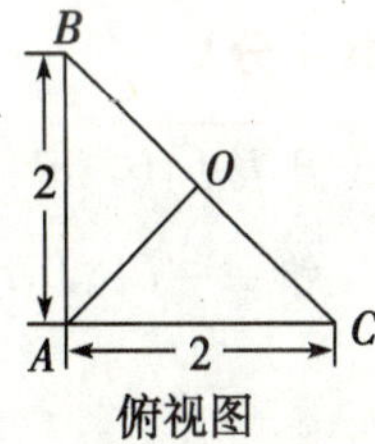

俯视图

A. $\frac{\sqrt{3}}{3}$　　B. $\frac{1}{2}$

C. $\sqrt{3}$　　D. $\frac{\sqrt{2}}{2}$

4. 在一个 45°的二面角的一个平面内有一条直线与

二面角的棱成45°,则此直线与二面角的另一个平面所成角的大小为(　　)

A. 30°　　B. 45°

C. 60°　　D. 90°

5. 已知正四棱柱 $ABCD-A_1B_1C_1D_1$ 中,$AB=2$,$CC_1=2\sqrt{2}$,E 为 CC_1 的中点,则直线 AC_1 与平面 BED 的距离为(　　)

A. 2　　B. $\sqrt{3}$

C. $\sqrt{2}$　　D. 1

6. 下列四个正方体图形中,A,B 为正方体的两个顶点,M,N,P 分别为其所在棱的中点,能得到 AB∥平面 MNP 的图形的序号是(　　)

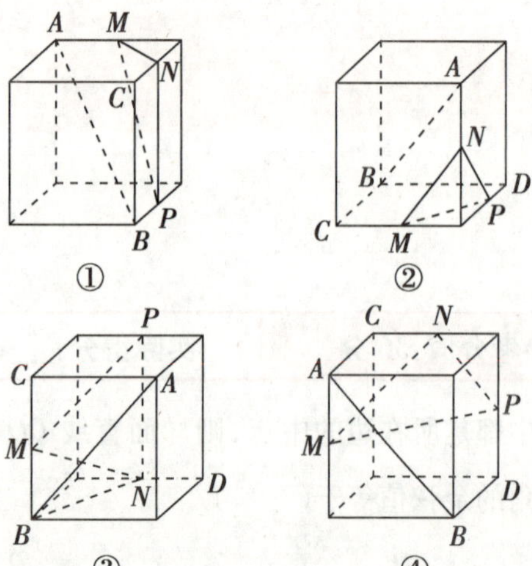

A. ①③　　B. ②③

C. ①④　　D. ②④

二、填空题(每小题 2 分,共 4 分)

7. 如图,在长方体 $ABCD-A_1B_1C_1D_1$ 中,$AB=AD=3$ cm,$AA_1=2$ cm,则四棱锥 $A-BB_1D_1D$ 的体积为________cm^3。

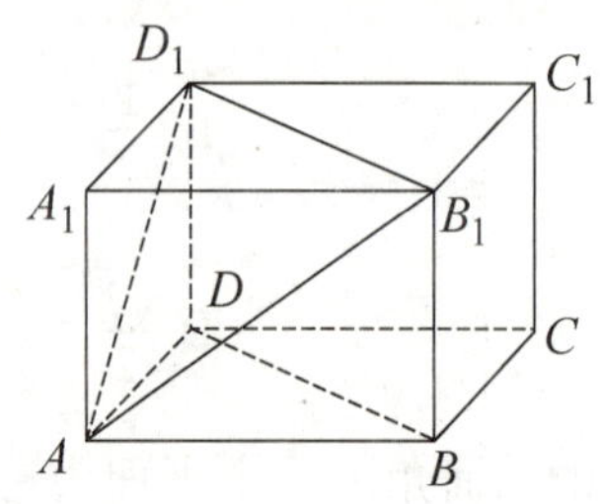

8. 圆柱形容器内部盛有高度为 8 cm 的水,若放入三个相同的球(球的半径与圆柱的底面半径相同)后,水恰好淹没最上面的球(如图所示),则球的半径是________cm。

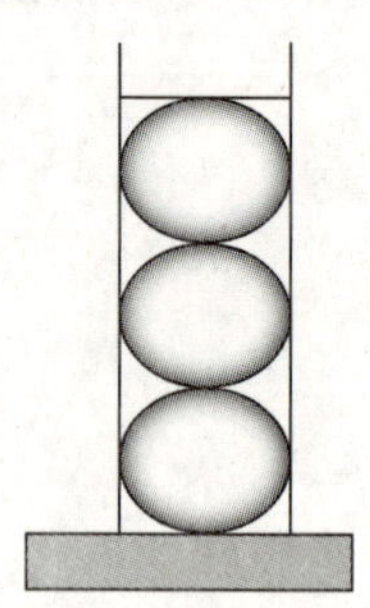

三、解答题(共 7 分)

9. 如图所示,在正方体 $ABCD-A_1B_1C_1D_1$ 中,侧面的对角线 AB_1,BC_1上分别有两点 E,F,且 $B_1E=C_1F$,求证:EF∥平面 $ABCD$。

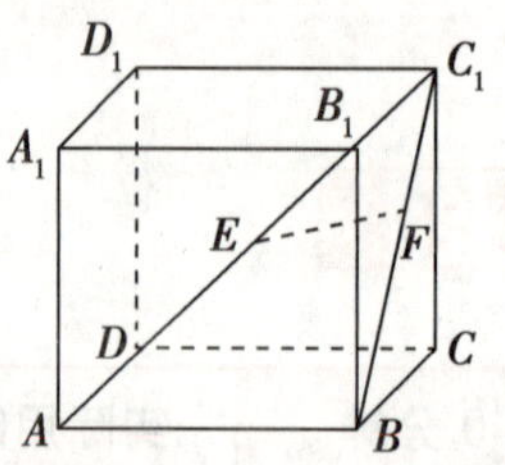

提升练 提分必争

一、单项选择题(每小题 2 分,共 6 分)

1. 一条直线 l 上有相异三个点 A,B,C 到平面 α 的距离相等,那么直线 l 与平面 α 的位置关系是(　　)

A. l∥α

B. $l\perp\alpha$

C. l 与 α 相交但不垂直

D. l∥α 或 $l\subset\alpha$

2. 在空间四边形 $ABCD$ 中,AB,BC,CD 的中点分别为 P,Q,R,且 $AC=4$,$BD=2\sqrt{5}$,$PR=3$,则 AC 和 BD 所成的角为(　　)

A. 90°　　B. 60°

C. 45°　　D. 30°

3. 如图,在下列四个正方体中,A,B 为正方体的两个

第三部分

顶点，M,N,Q 为所在棱的中点，则在这四个正方体中，直线 AB 与平面 MNQ 不平行的是(　　)

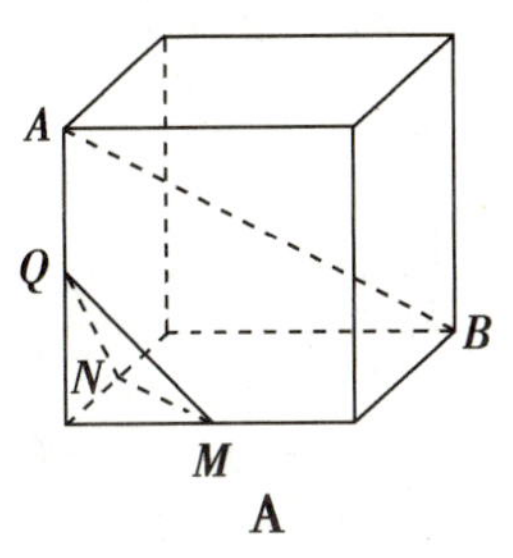

A

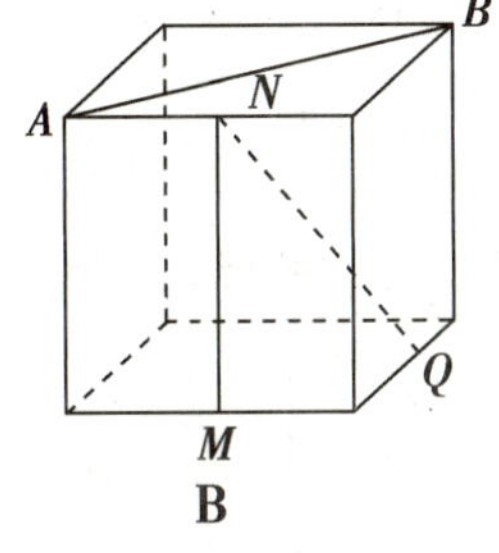

B

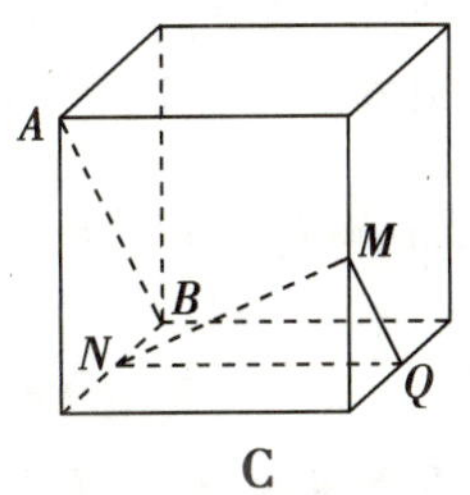

C

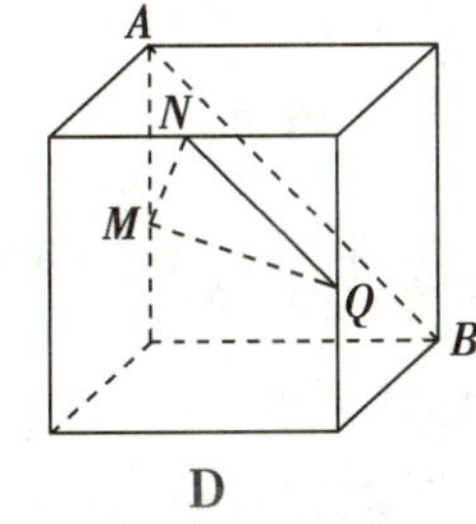

D

三、解答题(共 7 分)

4. 如图，在四棱锥 $P-ABCD$ 中，底面为直角梯形，$AD/\!/BC$，$\angle BAD=90°$，$PA\perp$ 底面 $ABCD$，且 $PA=AD=AB=2BC$，M,N 分别为 PC,PB 的中点。

(1)求证：$PB\perp DM$；

(2)求 CD 与平面 $ADMN$ 所成的角。

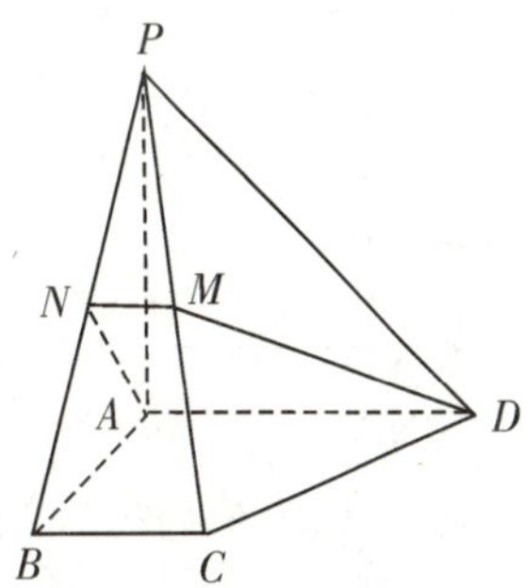

参考答案及解析

基础练

一、单项选择题

1. C　[解析]如图所示，在四面体 $S-ABC$ 中，$SB=SC=BC=AB=AC=2$，设点 S 到平面 ABC 的距离为 h，$S_{\triangle ABC}=\frac{\sqrt{3}}{4}\times 2^2=\sqrt{3}$，则 $V_{\text{四面体}S-ABC}=\frac{1}{3}\times S_{\triangle ABC}\times h=\frac{\sqrt{3}}{3}h$，所以当 h 取得最大值时，四面体的体积最大。取 BC 的中点 D，连结 SD，则 $SD\perp BC$，且 $SD=\sqrt{3}$，显然当 $SD\perp$ 平面 ABC 时，h 取得最大值，此时 $h=SD=\sqrt{3}$，故 $V_{\text{四面体}S-ABC}=\frac{1}{3}\times\sqrt{3}\times\sqrt{3}=1$。

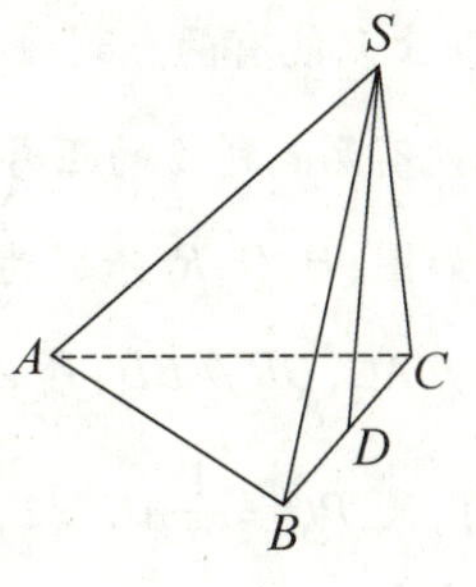

2. A　[解析]如果平面 $M/\!/$平面 N，则必有 $a/\!/b$；若平面 M 与平面 N 重合，则有 $a/\!/b$，这两种情况都与 a，b 是异面直线矛盾。故平面 M,N 必斜交。故选 A。

3. A　[解析]由三视图及题意得如图所示的直观图，从 A 出发的三条线段 AB,AC,AD 两两垂直且 $AB=AC=2$，$AD=1$，O 是 BC 的中点，取 AC 的中点 E，连结 DE,DO,OE，则 $OE=1$，又可知 $AE=1$，由于 $OE/\!/AB$，故 $\angle DOE$ 即为所求两异面直线所成的角或其补角。在 Rt$\triangle DAE$ 中，$DE=\sqrt{2}$，由于 O 是 BC 的中点，在 Rt$\triangle DAO$ 中，$DO=\sqrt{3}$，在 $\triangle DOE$ 中，由余弦定理得 $\cos\angle DOE=\frac{1+3-2}{2\times 1\times\sqrt{3}}=\frac{\sqrt{3}}{3}$，故所求异面直线 DO 与 AB 所成角的余弦值为 $\frac{\sqrt{3}}{3}$。

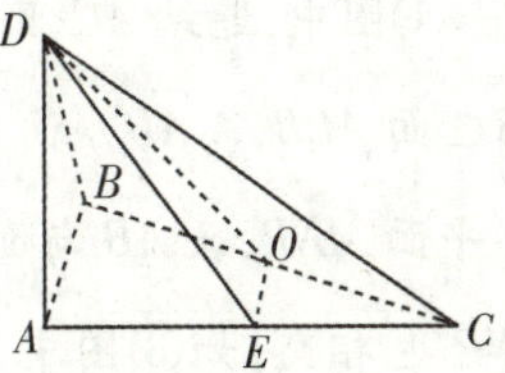

第三部分

4. A [解析]如图,二面角 $\alpha-l-\beta$ 为 $45°$,$AB\subset\beta$,且与棱 l 成 $45°$,过 A 作 $AO\perp\alpha$ 于点 O,作 $AH\perp l$ 于点 H。连结 OH,OB,由三垂线定理知 $OH\perp l$,则 $\angle AHO$ 为二面角 $\alpha-l-\beta$ 的平面角,$\angle ABO$ 为 AB 与平面 α 所成角。不妨设 $AH=\sqrt{2}$,在 $Rt\triangle AOH$ 中,易得 $AO=1$;在 $Rt\triangle ABH$ 中,易得 $AB=2$。故在 $Rt\triangle ABO$ 中,$\sin\angle ABO=\dfrac{AO}{AB}=\dfrac{1}{2}$,$\therefore\ \angle ABO=30°$,即所求线面角为 $30°$。

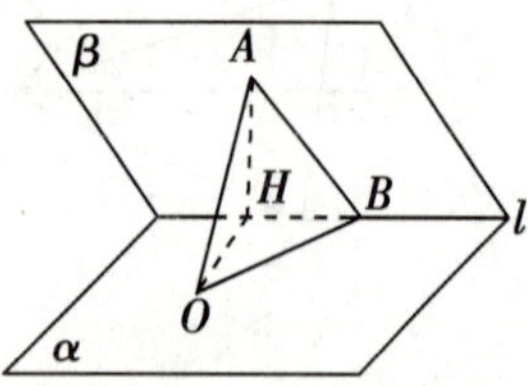

5. D [解析]如图,连结 AC,交 BD 于点 O,连结 OE,由题意得 $AC_1/\!/OE$,所以 $AC_1/\!/$平面 BED,直线 AC_1 到平面 BED 的距离等于点 A 到平面 BED 的距离,设为 h,在三棱锥 $E-ABD$ 中,$V_{E-ABD}=\dfrac{1}{3}S_{\triangle ABD}\times EC=\dfrac{1}{3}\times\dfrac{1}{2}\times2\times2\times\sqrt{2}=\dfrac{2\sqrt{2}}{3}$,在三棱锥 $A-BDE$ 中,$BD=2\sqrt{2}$,$BE=DE=\sqrt{6}$,$\therefore S_{\triangle BDE}=\dfrac{1}{2}\times2\sqrt{2}\times\sqrt{6-2}=2\sqrt{2}$,$\therefore V_{A-BDE}=\dfrac{1}{3}S_{\triangle BDE}\times h=\dfrac{2\sqrt{2}}{3}$,$\therefore h=1$。故选 D。

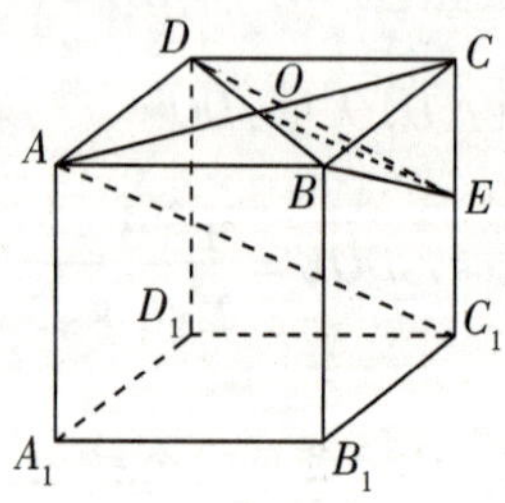

6. C [解析]如①图中,连结 AC,则平面 $ACB/\!/$平面 MNP,又 $AB\subset$面 ACB,$\therefore AB/\!/$面 MNP;如②图中,平面 $ACD/\!/$平面 MNP,又 AB 与面 ACD 相交,所以 AB 与面 MNP 也相交;如③图中,因为 AB 与平面 $NPCB$ 相交,所以 AB 与平面 MNP 相交;如④图中,$AB/\!/CD$,$CD/\!/NP$,那么 $AB/\!/NP$,所以 $AB/\!/$平面 MNP。综上所述,正确答案为①④。故选 C。

二、填空题

7. 6 [解析]因为 $V_{A-A_1B_1D_1}=\dfrac{1}{3}\times\dfrac{1}{2}\times3\times3\times2=3\ cm^3$,$V_{ABD-A_1B_1D_1}=\dfrac{1}{2}\times3\times3\times2=9\ cm^3$,所以 $V_{A-BB_1D_1D}=V_{ABD-A_1B_1D_1}-V_{A-A_1B_1D_1}=6\ cm^3$。

8. 4 [解析]设球的半径为 r,则有 $3V_{球}+V_{水}=V_{柱}$,可得 $3\times\dfrac{4}{3}\pi r^3+8\pi r^2=\pi r^2\times6r$,解得 $r=4$。

三、解答题

9. [解析]证明:如图,作 $EM\perp AB$ 于点 M,$FN\perp BC$ 于点 N,连结 MN。$\because BB_1\perp$平面 $ABCD$,$\therefore BB_1\perp AB$,$BB_1\perp BC$,$\therefore EM/\!/BB_1$,$FN/\!/BB_1$,$\therefore EM/\!/FN$。又 $B_1E=C_1F$,$AB_1=BC_1$,$\therefore EM=FN$,故四边形 $MNFE$ 是平行四边形,$\therefore EF/\!/MN$,又 $MN\subset$平面 $ABCD$,所以 $EF/\!/$平面 $ABCD$。

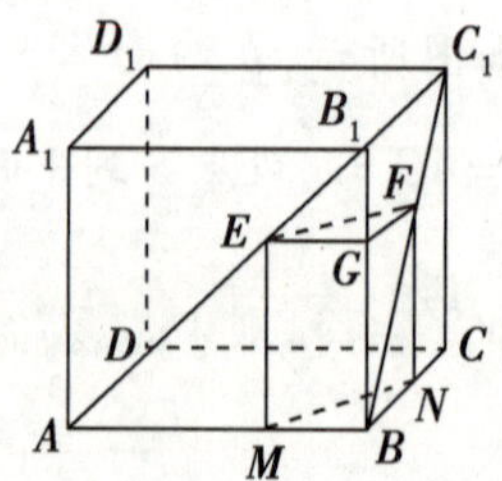

提升练

一、单项选择题

1. D [解析]$l/\!/\alpha$ 时,直线 l 上任意一点到 α 的距离都相等;$l\subset\alpha$ 时,直线 l 上的所有点到 α 的距离都是 0;$l\perp\alpha$ 时,直线 l 上只能有两点到 α 的距离相等;l 与 α 斜交时,也只能有两点到 α 的距离相等。故选 D。

2. A [解析]如图,P,Q,R 分别为 AB,BC,CD 的中点,所以 $PQ/\!/AC$,$QR/\!/BD$,所以 $\angle PQR$ 为 AC 和 BD 所成的角,又 $PQ=\dfrac{1}{2}AC=2$,$QR=\dfrac{1}{2}BD=\sqrt{5}$,

$RP=3$，所以 $PR^2=PQ^2+QR^2$，所以 $\angle PQR=90°$，即 AC 和 BD 所成的角为 $90°$。

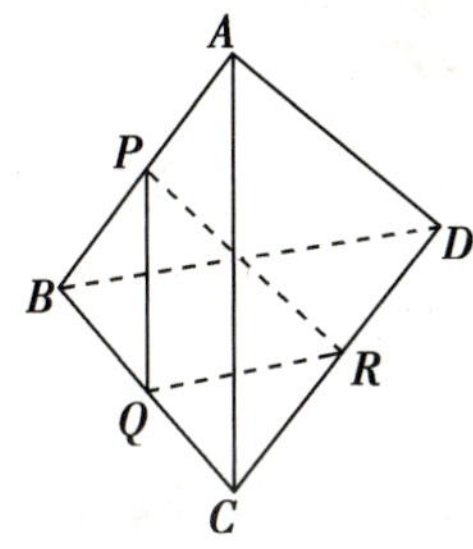

3. A　[解析]对于 B 项，如图所示，连结 CD，因为 $AB // CD$，M，Q 分别是所在棱的中点，所以 $MQ // CD$，所以 $AB // MQ$，又 $AB \not\subset$ 平面 MNQ，$MQ \subset$ 平面 MNQ，所以 $AB //$ 平面 MNQ，同理可证，C，D 项中均有 $AB //$ 平面 MNQ。故选 A。

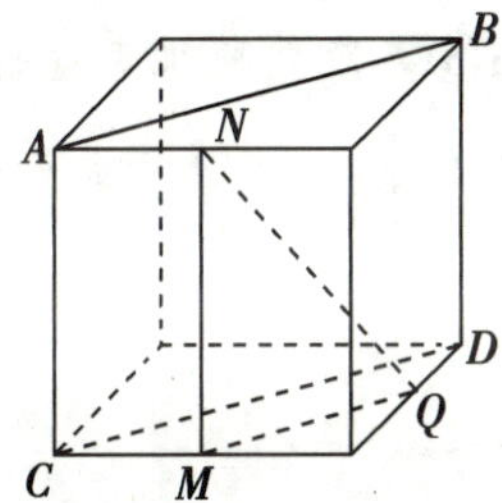

二、解答题

4. [解析]（1）因为 N 是 PB 的中点，$PA=AB$，所以 $AN \perp PB$。

因为 $PA \perp$ 平面 $ABCD$，所以 $PA \perp AD$。

因为 $\angle BAD=90°$，所以 $AD \perp AB$，

所以 $AD \perp$ 平面 PAB，所以 $AD \perp PB$，

又 $AN \cap AD=A$，

所以 $PB \perp$ 平面 $ADMN$。

因为 $DM \subset$ 平面 $ADMN$，所以 $PB \perp DM$。

（2）如图，取 AD 的中点 G，连结 BG，NG，则 $BG // CD$，BG 与平面 $ADMN$ 所成的角和 CD 与平面 $ADMN$ 所成的角相等。

因为 $PB \perp$ 平面 $ADMN$，

所以 $\angle BGN$ 是 BG 与平面 $ADMN$ 所成的角。

设 $BC=1$，则可求得 $BG=\sqrt{5}$，$BN=\frac{1}{2}BP=\sqrt{2}$，

在 $\mathrm{Rt}\triangle BGN$ 中，$\sin\angle BGN=\frac{BN}{BG}=\frac{\sqrt{10}}{5}$。

故 CD 与平面 $ADMN$ 所成的角是 $\arcsin\frac{\sqrt{10}}{5}$。

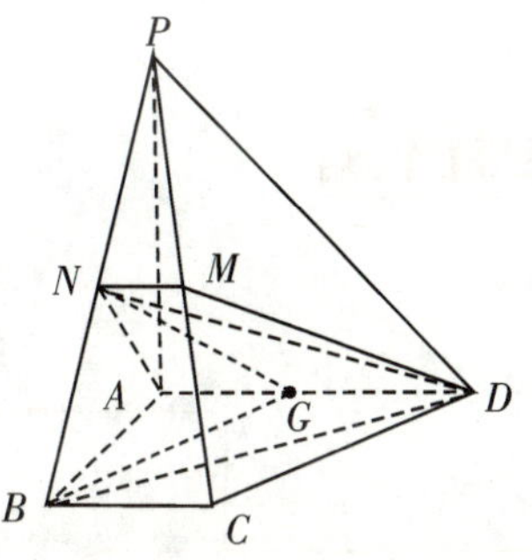

正确率 70% 以下		正确率 70% ~85%		正确率 85% 以上	

山香寄语：

努力不一定成功，但放弃一定失败。命运不是机会，而是一种选择；命运不能靠等待，只能靠争取。

——山香女孩

第三部分

第六章　统计与概率

考向分析 考什么

本章属于高中数学的重要章节，特点为内容琐碎，识记与理解性知识较多，在考试中常以客观题的形式考查。本章需要重点掌握的知识包括：

1. 理解抽样方法的定义与操作步骤；识记频率分布直方图与茎叶图。

2. 识记并理解事件的关系；理解随机事件的概率与相互独立事件；理解独立重复试验与等可能性事件。

3. 识记离散型随机变量的分布列、数学期望与方差；识记正态分布的图象与性质。

考情预测 在备考时，考生应注意：①抽样方法与总体估计的概念；②事件的关系；③随机事件概率、等可能性事件与相互独立事件的定义与性质；④独立重复试验的概率公式；⑤离散型随机变量的分布列、数学期望与方差、正态分布。预计在明年的招教考试中，本部分依然是重点，且考试方式更加灵活。考生要抓住重点和难点，有针对性地进行识记与理解。

思维导图 有什么

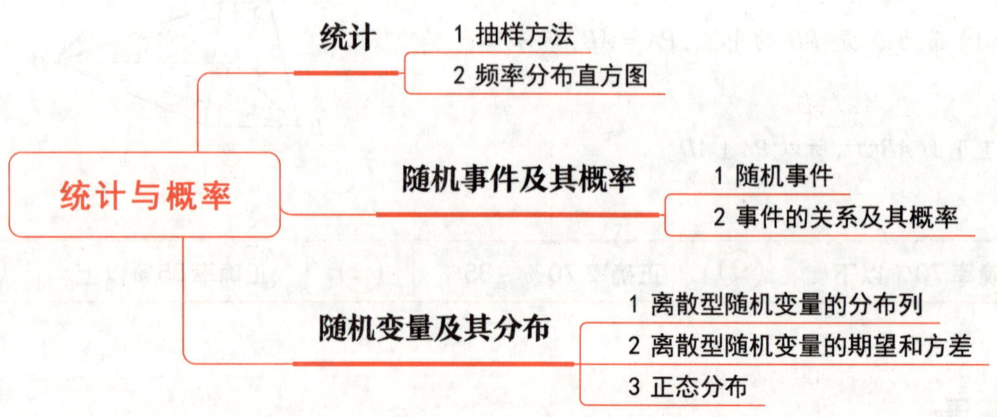

核心知识

一、统计 【单选、填空】★

知识点 1 抽样方法

类别	共同点	各自特点	相互联系	适用范围
简单随机抽样	抽样过程中每个个体被抽到的可能性相等	被抽取样本的总体的个数有限；从总体中逐个抽取	——	总体中的个体数较少
系统抽样		将总体均匀分成几部分，按事先确定的规则在各部分抽取	在起始部分抽样时采用简单随机抽样	总体中的个体数较多
分层抽样		将总体分成几层，分层进行抽取	各层抽样时采用简单随机抽样或系统抽样	总体由差异明显的几部分组成

招教体验

[2019 年 1 月杭州，填空，3′]商店打算进某种品牌服装 100 件，服装尺码与身高对照情况如下表：

	小码	中码	大码	加大码
标签	165 cm	170 cm	175 cm	180 cm
适合身高/cm	163～167	168～172	173～177	178～182

为提高进货的针对性，商店从它的客户中随意抽取 200 名调查了身高，结果如下表所示，商店应进大码服装________件左右。

身高/cm	163 以下	163～167	168～172	173～177	178～182	182 以上
人数/人	3	27	74	68	23	5

答案：34。由图表可知，大码服装适合身高在173～177 cm 之间的人群，在这个区间的人数为 68 人，占随机调查人数的$\frac{68}{200}\times100\%=34\%$，该商店打算进这种品牌的服装 100 件，故该商店应进大码服装 $100\times34\%=34$ 件左右。

知识点 2 频率分布直方图

1. 总体分布的估计

总体分布是指总体取值的概率分布规律，一般要用样本分布估计总体分布。

用样本估计总体，是研究统计问题的一个基本思想方法，即用样本平均数估计总体平均数，用样本方差估计总体方差。一般地，样本容量越大，估计就越准确。当总体中的个体取的不同数值很少时，可以用样本的频率分布表和频率分布直方图来估计总体分布。

2. 制作频率分布直方图的步骤

①找出所有数据中的最大值和最小值，并算出它们的差；

②决定组距和组数；

③将数据分组；

④计算各小组的频率，作频率分布表，各小组的频率 $=\frac{\text{小组频数}}{\text{样本容量}}$；

⑤画频率分布直方图。

频率分布直方图中小矩形的面积 = 组距 × $\frac{\text{频率}}{\text{组距}}$ = 频率；各小矩形的面积之和等于 1；小矩形的高等于 $\frac{\text{频率}}{\text{组距}}$，所有小矩形的高的和为 $\frac{1}{\text{组距}}$。

如下面的频率分布直方图：

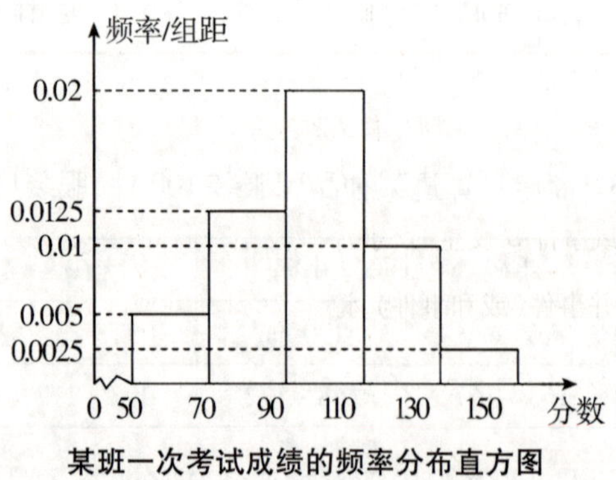

某班一次考试成绩的频率分布直方图

招教体验

[2017 统考，单，2′]某学校调查了 200 名学生每周的自习时间（单位：小时），制成了如下图所示的频率分布直方图，其中自习时间的范围是[17.5,30]，样本数据分组为[17.5,20)，[20,22.5)，[22.5,25)，[25,27.5)，[27.5,30]。根据直方图，这 200 名学生中每周的自习时间不少于 22.5 小时的人数是（　　）

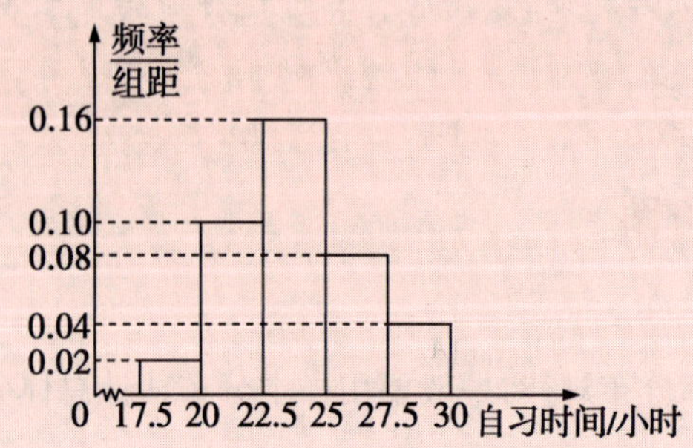

A. 56　　B. 60　　C. 120　　D. 140

答案：D。每周的自习时间不少于 22.5 小时的人数是 $(0.16+0.08+0.04)\times2.5\times200=140$。

二、随机事件及其概率 【单选】★★

知识点1 随机事件

1. 基本事件的定义

在相同条件下多次观察同一现象，每次观察到的结果不一定相同，事先很难预料哪一种结果会出现，这种现象叫作随机现象。观察和模拟随机现象的过程叫作试验，试验的每一种可能结果就是一个事件。

基本事件：在一次试验中，我们常常要关心的是所有可能发生的基本结果，它们是试验中不能再分的最简单的随机事件，其他事件可以用它们来描绘，这样的事件称为基本事件，所有基本事件构成的集合称为基本事件空间，常用大写希腊字母 Ω 表示。

知识点2 事件的关系及其概率

事件的关系	定义	概率
包含关系	当事件 A 发生时，事件 B 一定发生，则 $A\subset B(B\supset A)$	$0\leqslant P(A)\leqslant P(B)\leqslant 1$
相等事件	若 $B\supset A$，且 $A\supset B$，则称事件 A 与事件 B 相等，记作 $A=B$	事件 A,B 要么同时发生，要么同时不发生，$P(A)=P(B)$
并(和)事件	当且仅当事件 A 或事件 B 发生时，事件 C 发生，则称事件 C 为事件 A 与事件 B 的并事件(或和事件)，记作 $C=A\cup B$(或 $A+B$)	$P(A\cup B)=P(A)+P(B)-P(A\cap B)$
交(积)事件	当且仅当事件 A 发生且事件 B 发生时，事件 C 发生，则称事件 C 为事件 A 与事件 B 的交事件(或积事件)，记作 $C=A\cap B$(或 AB)	$P(A\cap B)=P(A)+P(B)-P(A\cup B)$
互斥事件	两个事件的交事件为不可能事件，即 $A\cap B=\varnothing$ 时，称事件 A 与 B 互斥	事件 A 与事件 B 不会同时发生，且 $P(A+B)=P(A)+P(B)$
对立事件	若 $A\cap B$ 为不可能事件，$A\cup B$ 为必然事件，则称事件 A 与事件 B 互为对立事件	事件 A 与事件 B 有且仅有一个发生，$P(A)=1-P(B)$
相互独立事件	事件 A(或 B)是否发生对事件 B(或 A)发生的概率没有影响，则称事件 A 与事件 B 为相互独立事件	$P(AB)=P(A)\cdot P(B)$

①交换律：$A\cup B=B\cup A, AB=BA$。

②结合律：$(A\cup B)\cup C=A\cup(B\cup C),(A\cap B)\cap C=A\cap(B\cap C)$。

③分配律：$(A\cup B)\cap C=AC\cup BC,(A\cap B)\cup C=(A\cup C)\cap(B\cup C)$。

④德·摩根定律：$\overline{A\cup B}=\bar{A}\,\bar{B},\overline{AB}=\bar{A}\cup\bar{B},\overline{\bigcup_{i=1}^{n}A_i}=\bigcap_{i=1}^{n}\overline{A_i},\overline{\bigcap_{i=1}^{n}A_i}=\bigcup_{i=1}^{n}\overline{A_i}$。

注：互斥事件与对立事件都表示两个事件的关系，互斥事件是不可能同时发生的两个事件，而对立事件除要求这两个事件不同时发生外，还要求二者之一必须有一个发生，因此，对立事件是互斥事件的特殊情况，而互斥事件未必是对立事件，即“互斥”是“对立”的必要但不充分条件，“对立”是“互斥”的充分但不必要条件。

招教体验

[2018统考,填空,2′]已知 A 与 B 相互独立,且互斥,则 $\min(P(A),P(B))=$ ______。

答案:0。已知 A 与 B 相互独立且互斥,所以 $P(AB)=P(A)P(B)=0$,两个里面至少有一个是0,又因为 $P(A)$,$P(B)$ 都是大于等于0,所以 $\min(P(A),P(B))=0$。

考法揭秘

求事件概率的方法

1. 基本步骤

(1)确定事件性质,将所给的问题归结为四类事件中的某一种:$\begin{cases}\text{等可能事件,}\\ \text{互斥事件,}\\ \text{对立事件,}\\ n\text{ 次独立重复试验;}\end{cases}$

(2)判断事件的运算,是和事件还是积事件,即至少有一个发生还是同时发生,从而确定是相加或是相乘事件;

(3)运用公式求解:$\begin{cases}\text{等可能事件:}P(A)=\dfrac{m}{n},\\ \text{互斥事件:}P(A+B)=P(A)+P(B),\\ \text{相互独立事件:}P(AB)=P(A)P(B),\\ n\text{ 次独立重复试验:}P_n(k)=C_n^kp^k(1-p)^{n-k}\text{。}\end{cases}$

2. 常用的一些通用结论

(1)设 A,B 为任意两个随机事件,则 $P(A+B)=P(A)+P(B)-P(AB)$;

(2)设 A 为任意事件,则 $P(\overline{A})=1-P(A)$;

(3)设 A,B 为任意两个随机事件,若 $A\subseteq B$,则 $P(B-A)=P(B)-P(A)$;

(4)设 A,B 为任意两个随机事件,则 $P(A)=P(AB)+P(A\overline{B})$。

招教体验

1. [2017统考,单,2′]某路口人行横道的信号灯为红灯和绿灯交替出现,红灯持续时间为40秒,绿灯持续时间为60秒,若一名行人来到该路口遇到红灯,则至少需要等待15秒才出现绿灯的概率是( )

A. $\frac{7}{10}$　　B. $\frac{5}{8}$　　C. $\frac{3}{8}$　　D. $\frac{3}{10}$

答案:B。至少需要等待15秒才出现绿灯的概率是 $1-\frac{15}{40}=\frac{5}{8}$。

第三部分

2. [2016 统考,单,2′]设事件 A 和 B 的概率满足 $P(AB)=P(\bar{A}\bar{B})$,且 $P(A)=0.4$,则$P(B)$的值为(　　)

A. 0.4　　B. 0.5　　C. 0.6　　D. 0.7

答案:C。$P(AB)=P(\overline{A}\overline{B})=P(\bar{A})-P(\bar{A}B)$,则$P(B)=P(AB)+P(\bar{A}B)=P(\bar{A})=1-P(A)=0.6$,选 C。

三、随机变量及其分布

如果随机试验的结果用一个变量来表示,那么这样的变量叫作随机变量。随机变量常用希腊字母 ξ,η 等表示。按一定次序可以一一列出的随机变量叫作离散型随机变量,可以取某一区间内的一切值的变量叫作连续型随机变量。

知识点 1 离散型随机变量的分布列

一般地,离散型随机变量 ξ 可能取的不同值为 $x_1,x_2,\cdots,x_i,\cdots,x_n$,$\xi$ 取每一个值 $x_i(i=1,2,\cdots,n)$ 的概率为 $P(\xi=x_i)=p_i$,用表格表示为

ξ	x_1	x_2	$\cdots$	x_i	$\cdots$	x_n
P	p_1	p_2	$\cdots$	p_i	$\cdots$	p_n

则该表称为随机变量 ξ 的概率分布列,简称 ξ 的分布列。

任何随机事件发生的概率都满足 $0\leqslant P(A)\leqslant 1$,这里不可能事件的概率为 0,必然事件的概率为 1。

离散型随机变量的分布列都具有如下两个**性质**:

(1)$p_i\geqslant 0(i=1,2,\cdots,n)$;

(2)$p_1+p_2+\cdots+p_i+\cdots+p_n=1$。

对于离散型随机变量,它在某一范围内取值的概率等于它取这个范围内各个值的概率的和。即

$$P(\xi\geqslant x_k)=P(\xi=x_k)+P(\xi=x_{k+1})+\cdots。$$

知识点 2 离散型随机变量的期望和方差

一般地,若离散型随机变量 ξ 的概率分布列为:

ξ	x_1	x_2	$\cdots$	x_n	$\cdots$
P	p_1	p_2	$\cdots$	p_n	$\cdots$

则 $E\xi=x_1p_1+x_2p_2+\cdots+x_np_n+\cdots$,称为 ξ 的均值或数学期望。它是离散型随机变量的一个特征数,反映了离散型随机变量取值的平均水平。

$D\xi=(x_1-E\xi)^2\cdot p_1+(x_2-E\xi)^2\cdot p_2+\cdots+(x_n-E\xi)^2\cdot p_n+\cdots$,称为随机变量 ξ 的平均方差,简称方

第三部分

差,式中的 $E\xi$ 是随机变量 ξ 的期望。

若 $\eta=a\xi+b$,其中 a,b 为常数,则 η 也是随机变量,且 $E(\eta)=E(a\xi+b)=aE\xi+b$;$D(\eta)=D(a\xi+b)=a^2D\xi$。

知识点3 正态分布

	一般正态分布(μ,σ 为常数,$\sigma>0$),$X\sim N(\mu,\sigma^2)$	标准正态分布($\mu=0,\sigma=1$);$X\sim N(0,1)$
密度函数	$p(x)=\dfrac{1}{\sigma\sqrt{2\pi}}e^{-\frac{(x-\mu)^2}{2\sigma^2}}(-\infty<x<+\infty)$	$p(x)=\dfrac{1}{\sqrt{2\pi}}e^{-\frac{x^2}{2}}(-\infty<x<+\infty)$
图象	$f(x)$;$(\mu,\frac{1}{\sqrt{2\pi}\sigma})$;$x=\mu-\sigma$;$O$;$x=\mu$;$x=\mu+\sigma$;$x$	y;$\mu=0$;$\sigma=1$;-3 -2 -1 O 1 2 3 x
性质	①曲线在 x 轴上侧,与 x 轴不相交 ②曲线关于 $x=\mu$ 对称,$P(X<\mu)=P(X>\mu)=0.5$,$P(X<\mu-\sigma)=P(X>\mu+\sigma)$ ③曲线在 $x=\mu$ 时位于最高点 ④曲线在 $x<\mu$ 时上升,在 $x>\mu$ 时下降 ⑤在 $x\to\infty$ 时以 x 轴为渐近线 ⑥当 μ 一定时,曲线形状由 σ 决定,σ 越大,曲线越低宽,即总体分布分散;反之,数据总体分布越集中	
关系	当 $X\sim N(\mu,\sigma^2)$ 时,$Y=\dfrac{X-\mu}{\sigma}\sim N(0,1)$	
一般正态分布标准化	$P(a<X\leqslant b)=\Phi\left(\dfrac{b-\mu}{\sigma}\right)-\Phi\left(\dfrac{a-\mu}{\sigma}\right)$	

建议用时:30 分钟	实际用时:_____分钟	参考分值:30 分	实际得分:_____分

基础练 保分必拿

一、单项选择题(每小题 2 分,共 10 分)

1. 把 12 个相同的球全部放入编号为 1,2,3 的三个盒内,要求盒内的球数不小于盒号数,则不同的放入方法种数为(　　)

A. 21　　B. 28

C. 40　　D. 72

2. 某商场在国庆黄金周的促销活动中,对 10 月 1 日

9 时至 14 时的销售额进行统计，其频率分布直方图如图所示，已知 9 时至 10 时的销售额为 3 万元，则 11 时至 12 时的销售额为(　　)

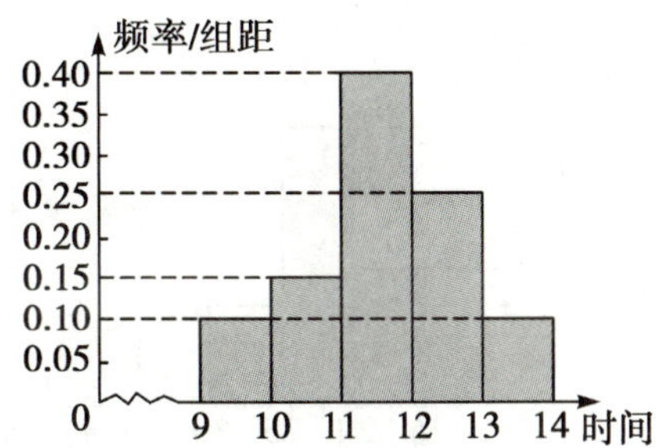

A. 8 万元

B. 10 万元

C. 12 万元

D. 15 万元

3. 某射击运动员对一目标连续射击 3 次，每次击中目标的概率为$\frac{2}{3}$，则该运动员至少击中目标 2 次的概率为(　　)

A. $\frac{10}{27}$　　B. $\frac{19}{27}$

C. $\frac{20}{27}$　　D. $\frac{25}{27}$

4. 某工厂生产甲、乙、丙三种型号的产品，产品数量之比为 3∶5∶7，现用分层抽样的方法抽出容量为 n 的样本，其中甲种产品有 18 件，则样本容量 $n=$(　　)

A. 54　　B. 90

C. 45　　D. 126

5. 从装有 2 只红色袜子和 2 只黄色袜子的袋子内任意取 2 只袜子，下列两个事件既是互斥事件又是对立事件的是(　　)

A. 至少有一只黄色袜子；都是黄色袜子

B. 至少有一只黄色袜子；至少有一只红色袜子

C. 恰有一只黄色袜子；恰有两只黄色袜子

D. 至少有一只黄色袜子；都是红色袜子

二、填空题(每小题 2 分，共 6 分)

6. 有 4 个标号为 1,2,3,4 的红球和 4 个标号为 1,2,3,4 的白球，从这 8 个球中任取 4 个球排成一排。若取出的 4 个球的数字之和为 10，则不同的排法种数是________。

7. 从 6 男 2 女共 8 名学生中选出队长 1 人，副队长 1 人，普通队员 2 人组成 4 人服务队，要求服务队中至少有 1 名女生，共有________种不同的选法。(用数字作答)

8. 一个单位共有职工 200 人，其中不超过 45 岁的有 120 人，超过 45 岁的有 80 人。为了调查职工的健康状况，用分层抽样的方法从全体职工中抽取一个容量为 25 的样本，则应抽取超过 45 岁的职工________人。

提升练 提分必争

一、单项选择题(每小题 2 分，共 10 分)

1. 将某城市分为四个区(如图所示)，现有红、黄、蓝、绿、紫 5 种不同的颜色，图①②③④每区只涂一色，且相邻两区必须涂不同的颜色(不相邻两区所涂颜色不限)，则②区被涂成红色的概率是(　　)

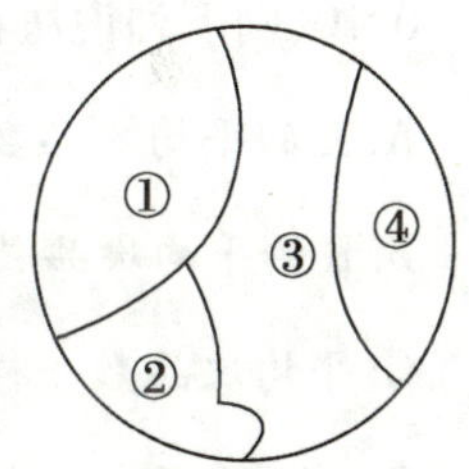

A. $\frac{1}{5}$

B. $\frac{1}{4}$

C. $\frac{1}{3}$

D. $\frac{1}{6}$

2. 形如 45 132 这样的数称为“波浪数”，即十位数字、

千位数字均比与它们各自相邻的数字大，则由 1，2，3，4，5 可构成数字不重复的五位“波浪数”的个数为(　　)

A. 20

B. 18

C. 16

D. 11

3. 已知随机变量 X 服从正态分布 $N(1,\sigma^2)$，且 $P(0<X\leqslant1)=0.4$，则 $P(X>2)=$(　　)

A. 0.4

B. 0.1

C. 0.6

D. 0.2

4. A、B 两台机床同时加工零件，每生产一批数量较大的产品时，机床 A 出 0 件、1 件、2 件、3 件次品的概率分别是 0.7，0.2，0.06，0.04，机床 B 出 0 件、1 件、2 件、3 件次品的概率分别是 0.8，0.06，0.04，0.10，则下列说法正确的是(　　)

A. A 的平均次品数比 B 多

B. B 的平均次品数比 A 多

C. 平均次品数一样多，A 状态较稳定

D. 平均次品数一样多，B 状态较稳定

5. 如图是某工厂对一批新产品长度(单位：mm)检测结果的频率分布直方图，估计这批产品的中位数为(　　)

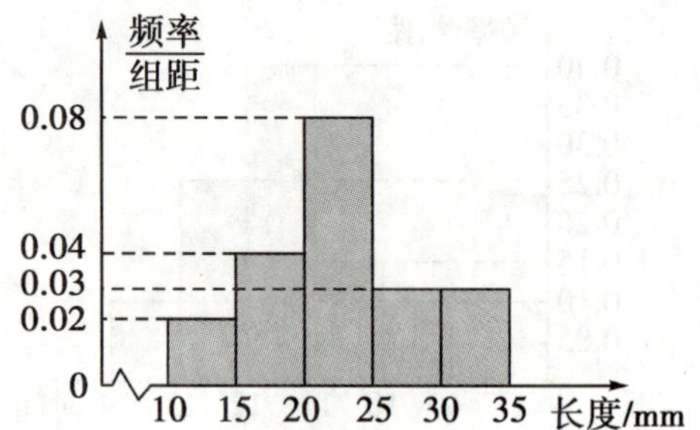

A. 20　　B. 25

C. 22.5　　D. 22.75

二、填空题(每小题 2 分，共 4 分)

6. 某班级有 50 名学生，现要采取系统抽样的方法在这 50 名学生中抽出 10 名学生，将这 50 名学生随机编号 1 ~ 50 号，并分组，第一组 1 ~ 5 号，第二组 6 ~ 10 号，……，第十组 46 ~ 50 号，若在第三组中抽得号码为 12 的学生，则在第八组中抽得号码为________的学生。

7. 要安排一份 5 天的值班表，每天有一人值班，现有 5 人，每人可以值多天班或不值班，但相邻两天不准由同一人值班，则此值班表共有________种不同的排法。

参考答案及解析

基础练

一、单项选择题

1. B　[解析]根据题意，先在 12 个球中取出 1 个球放到编号为 2 的盒子里，再取出 2 个球放在编号为 3 的盒子里，此时只需将剩下的 9 个球分为 3 组，每组至少一个，分别放到三个盒子里即可。将 9 个球排成一列，排好后，有 8 个空位，在 8 个空位中任取 2 个，插入挡板，有 $C_8^2=28$ 种方法，即有 28 种将 9 个球分为 3 组的方法，将分好的 3 组球对应放到 3 个盒子中，即可满足盒内的球数不小于盒号数，则放入方法有 28 种。故选 B。

2. C　[解析]由频率分布直方图知，9 时至 10 时的

销售额的频率为 0.1，故销售总额为$\frac{3}{0.1}=30$（万元），又 11 时至 12 时的销售额的频率为 0.4，故销售额为 $0.4\times30=12$（万元）。故选 C。

3. C 【解析】至少击中两次分为击中 2 次或 3 次，而此事件属于 n 次独立重复试验，故 $P=C_3^2\left(\frac{2}{3}\right)^2\cdot\left(1-\frac{2}{3}\right)+C_3^3\left(\frac{2}{3}\right)^3\left(1-\frac{2}{3}\right)^0=\frac{20}{27}$，故该运动员至少击中目标 2 次的概率是$\frac{20}{27}$。

4. B 【解析】依题意得$\frac{3}{3+5+7}\times n=18$，解得 $n=90$，即样本容量为 90。

5. D 【解析】若事件 A 与 B 满足 $A\cap B=\varnothing$，则 A 与 B 互为互斥事件；若事件 A 与 B 满足 $A\cap B=\varnothing$，且 $A\cup B=U$，则 A 与 B 互为对立事件。由上述定义可知，A、B 选项两个事件既不互斥，也不对立；C 选项两个事件互斥，但不对立；D 选项中两个事件既互斥又对立。故选 D。

二、填空题

6. 432 【解析】若取出的球的标号为 1，2，3，4，则共有 $C_2^1\cdot C_2^1\cdot C_2^1\cdot C_2^1A_4^4=384$ 种不同的排法；若取出的球的标号为 1，1，4，4，则共有 $A_4^4=24$ 种不同的排法；若取出的球的标号为 2，2，3，3，则共有 $A_4^4=24$ 种不同的排法。由此可得，取出的 4 个球数字之和为 10 的不同排法种数是 $384+24+24=432$。

7. 660 【解析】分两步，第一步，选出 4 人，由于至少 1 名女生，故有 $C_8^4-C_6^4=55$（种）不同的选法；第二步，从 4 人中选出队长、副队长各 1 人，有 $A_4^2=12$（种）不同的选法。根据分步乘法计数原理，知共有 $55\times12=660$（种）不同的选法。

8. 10 【解析】∵ 单位共有职工 200 人，取一个容量为 25 的样本，∴ 抽取超过 45 岁的职工为$\frac{25}{200}\times80=10$（人）。

提升练

一、单项选择题

1. A 【解析】区域①有 C_5^1 种涂色方法，区域②③④的涂色方法依次有 C_4^1，C_3^1，C_4^1 种，由分步计数原理知不同的涂色方法有 $C_5^1C_4^1C_3^1C_4^1=240$ 种。若区域②被涂成红色，则区域③有 C_4^1 种涂色方法，区域④有 C_4^1 种涂色方法，区域①有 C_3^1 种涂色方法，故所求概率 $P=\frac{C_4^1C_4^1C_3^1}{C_5^1C_4^1C_3^1C_4^1}=\frac{1}{5}$。故选 A。

2. C 【解析】十位、千位安排 5 和 4 时，自身有 2 种排法，1，2，3 可排在其他任意数位，有 $2A_3^3$ 种排法；十位排 5、千位排 3 时，4 只能排在个位，1，2 有 A_2^2 排法；十位排 3、千位排 5 时，4 只能排在万位，1，2 有 A_2^2 排法。所以总的排法种数为 $2A_3^3+2A_2^2=16$。故选 C。

3. B 【解析】∵ $P(0<X\leqslant1)=0.4$，∴ 根据正态分布的对称性得 $P(1<X\leqslant2)=0.4$，∴ $P(X<0$ 或 $X>2)=1-0.8=0.2$，则 $P(X>2)=0.1$。故选 B。

4. C 【解析】$E(\mathrm{A})=E(\mathrm{B})=0.44$，$D(\mathrm{A})\approx0.6$，$D(\mathrm{B})\approx0.9$。期望反映的是一组数据的平均水平；方差反映的是一组数据的稳定性，方差越小，数据的波动性越小，稳定性越好，反之，数据的波动性越大，稳定性越差。故选 C。

5. C 【解析】产品的中位数出现在 20～25 内，自左至右各小矩形面积依次为 0.1，0.2，0.4，0.15，

第三部分

0.15，设中位数是 x，则有 $0.1+0.2+0.08(x-20)=0.5$，解得 $x=22.5$。故选 C。

二、填空题

6. 37 [解析]因为 $12=5\times2+2$，即第三组抽出的是第二个学生，所以每一组都相应抽出第二个学生，故第 8 组抽出的号码为 $5\times7+2=37$ 号。

7. 1280 [解析]依题意可知，第一天有 5 人可选，有 5 种排法；第二天不能用第一天的人，有 4 种排法；同理，第三天、第四天、第五天也都有 4 种排法，由分步乘法计数原理知共有 $5\times4\times4\times4\times4=1280$ 种排法。

正确率 70% 以下		正确率 70% ~85%		正确率 85% 以上	

山香寄语：

有人写了封信向富翁借牛。信到时富翁正在接待客人，怕客人知道自己不识字，便装模作样地看信。富翁一边看一边点头，说："知道了，一会我自己过去。"

诚实面对自己，不懂、不会不要紧，可怕的是不懂装懂。

——山香女孩

第三部分

第七章　集合与简易逻辑

考向分析

本章属于高中数学的基础章节，特点为内容较基础，记忆和理解性知识较多，在考试中常以客观题的形式考查。本章需要重点掌握的知识包括：

1. 理解集合的基本概念；识记集合间的运算规律；
2. 识记命题的判断与书写；理解充分条件与必要条件的判断。

考情预测　在备考时，考生应注意：①集合的概念与集合元素的性质；②集合间的运算与运算性质；③四种命题间的关系；④充分条件与必要条件的判断。预计在明年的招教考试中，本部分依然是重点，且考试方式更加灵活。考生要抓住重点和难点，有针对性地进行识记与理解。

思维导图

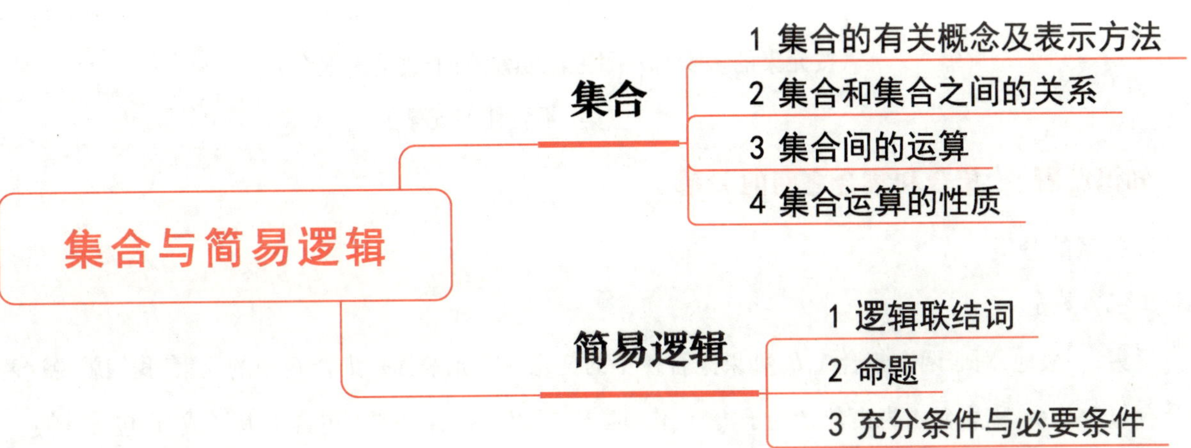

核心知识

生命力的意义在于拼搏，因为世界本身就是一个竞技场！加油！

一、集合

知识点1　集合的有关概念及表示方法

1. 集合的概念

一般地，我们把研究对象统称为元素，把一些元素组成的总体叫作集合（简称集），通常用大写的英文字母 $A,B,C,D,\cdots$ 表示集合，用小写英文字母 $a,b,c,d,\cdots$ 表示集合中的元素。

第三部分

2. 集合的表示方法

集合的表示方法有三种:列举法、描述法和图示法。一般地,表示有限集合常用列举法;表示无限集合常用描述法;描述抽象集合常用图示法。

3. 常用数集符号

自然数集 $\mathbf{N}$,整数集 $\mathbf{Z}$,正整数集 $\mathbf{N}^*$ 或 $\mathbf{N}_+$,有理数集 $\mathbf{Q}$,实数集 $\mathbf{R}$。

4. 元素和集合的关系与性质

元素和集合的关系分为属于"$\in$"和不属于"$\notin$"两种情形。a 属于集合 A,记作 $a\in A$;a 不属于集合 A,记作 $a\notin A$。

确定性	对于任意一个元素,要么它属于某个指定集合,要么它不属于该集合,二者必居其一
互异性	同一个集合中的元素是互不相同的
无序性	任意改变集合中元素的排列次序,它们仍然表示同一个集合

5. 集合的分类

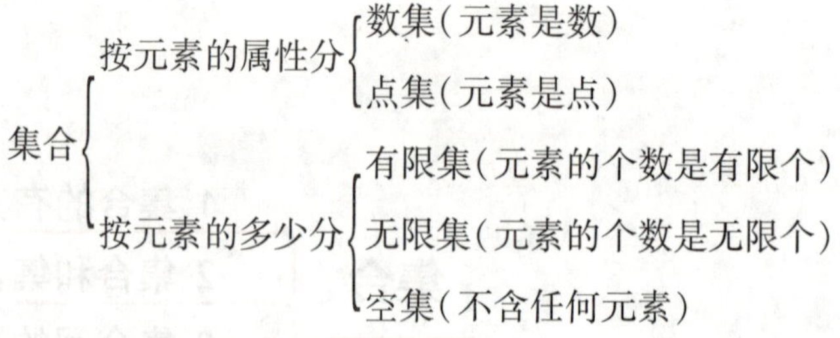

知识点2 集合和集合之间的关系

1. 关系的分类

①包含关系

子集:一般地,对于两个集合 A,B,如果集合 A 中的任意一个元素都是集合 B 中的元素,我们就说这两个集合有包含关系,称集合 A 为集合 B 的子集,记作 $A\subseteq B$(或 $B\supseteq A$),读作"A 包含于 B"(或"B 包含 A")。

②相等关系

如果集合 A 是集合 B 的子集($A\subseteq B$),且集合 B 也是集合 A 的子集($B\subseteq A$),则称集合 A 与集合 B 相等,记作 $A=B$。

③真子集关系

如果集合 $A\subseteq B$,但存在元素 $x\in B$,且 $x\notin A$,我们称集合 A 是集合 B 的真子集,记作 $A\subsetneqq B$(或 $B\supsetneqq A$)。

空集是任何集合的子集,是任何一个非空集合的真子集。

2. 有限集的子集、真子集的个数

若有限集合 A 中有 n 个元素,则集合 A 的子集有 2^n 个;非空子集有 (2^n-1) 个;真子集有 (2^n-1) 个;非空真子集有 (2^n-2) 个。

招教体验

[2015 年 5 月杭州,单,3′]已知集合 $A=\{1,a\}$,$B=\{1,2,3\}$,则“$a=3$”是“$A\subseteq B$”的(　　)

A. 充分而不必要条件　　B. 必要而不充分条件

C. 充分必要条件　　D. 既不充分也不必要条件

答案:A。若 $a=3$,则 $A\subseteq B$;若“$A\subseteq B$”,则 $a=2$ 或 3。所以“$a=3$”是“$A\subseteq B$”的充分不必要条件。

知识点3 集合间的运算

	交集	并集	补集
定义	由所有属于集合 A 且属于集合 B 的元素组成的集合叫作 A 与 B 的交集,记作 $A\cap B$。 $A\cap B=\{x\mid x\in A$ 且 $x\in B\}$	由所有属于集合 A 或属于集合 B 的元素组成的集合叫作 A 与 B 的并集,记作 $A\cup B$。 $A\cup B=\{x\mid x\in A$ 或 $x\in B\}$	对于全集 U 的一个子集 A,由全集 U 中所有不属于 A 的元素组成的集合叫作 U 中子集 A 的补集(或余集),记作$\complement_U A$。 $\complement_U A=\{x\mid x\in U$ 且 $x\notin A\}$
Venn 图	A B	A B	U A

知识点4 集合运算的性质

①$A\subseteq B$,$B\subseteq A$,则 $A=B$;$A\subseteq B$,$B\subseteq C$,则 $A\subseteq C$。

②$\varnothing\subseteq A$;若 $A\neq\varnothing$,则$\varnothing\subsetneqq A$。

③$A\cap A=A$;$A\cap\varnothing=\varnothing$。

④$A\cup A=A$;$A\cup B=B\cup A$;$A\cup\varnothing=A$。

⑤$A\cap\complement_U A=\varnothing$;$A\cup\complement_U A=U$。

⑥$(A\cap B)\subseteq A\subseteq(A\cup B)$;$(A\cap B)\subseteq B\subseteq(A\cup B)$。

⑦$\complement_U(A\cap B)=\complement_U A\cup\complement_U B$。

⑧若 $A\subseteq B$,则$(A\cap B)\subseteq(A\cup B)$,$A\cap B=A$,$A\cup B=B$。

二、简易逻辑

知识点1 逻辑联结词

或:两个简单命题至少一个成立。

且:两个简单命题都成立。

非:对一个命题的否定。

知识点2 命题

1. 定义

可以判断真假的语句叫作**命题**。不含逻辑联结词的命题叫作简单命题,由简单命题与逻辑联结词构成的命题叫作复合命题。

第三部分

2. 四种命题及关系图

一般地，用 p 和 q 分别表示原命题的条件和结论，用 $\neg p$ 和 $\neg q$ 分别表示 p 和 q 的否定，于是

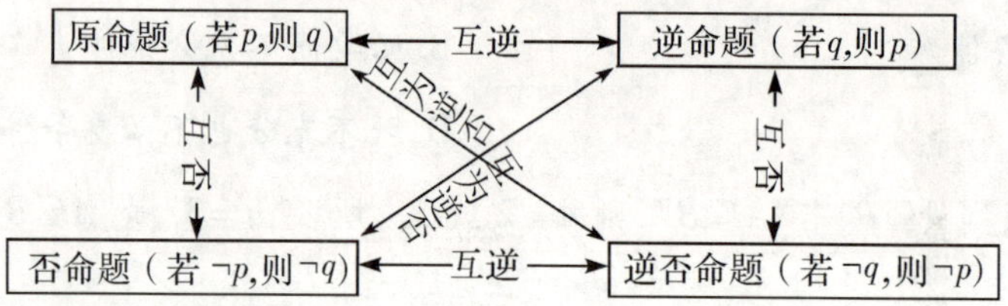

3. 一个命题的真假与其他三个命题之间的关系

①原命题为真，它的逆命题不一定为真；

②原命题为真，它的否命题不一定为真；

③原命题为真，它的逆否命题一定为真；

④逆命题为真，它的否命题一定为真。

4. 全称命题与特称命题

①“任意一个”“一切”等表示整体或全部的含义，这样的词叫作全称量词，表示符号：$\forall$。含有全称量词的命题叫**全称命题**。

②“存在一个”“至少有一个”等表示个别或一部分的词叫作存在量词，表示符号：$\exists$。含有存在量词的命题叫**特称命题**。

5. 全称命题与特称命题的否定

①全称命题的否定是特称命题。

全称命题 $p:\forall x\in M,p(x)$，它的否定是 $\neg p:\exists x_0\in M,\neg p(x_0)$。

②特称命题的否定是全称命题。

特称命题 $p:\exists x_0\in M,p(x_0)$，它的否定是 $\neg p:\forall x\in M,\neg p(x)$。

知识点3 充分条件与必要条件

充分条件：若 $p\Rightarrow q$，则 p 是 q 的充分条件；

必要条件：若 $q\Rightarrow p$，则 p 是 q 的必要条件；

充分不必要条件：若 $p\Rightarrow q$ 且 $q\nRightarrow p$，则 p 是 q 的充分不必要条件；

必要不充分条件：若 $q\Rightarrow p$ 且 $p\nRightarrow q$，则 p 是 q 的必要不充分条件；

充要条件：若 $p\Leftrightarrow q$，则 p 是 q 的充要条件；

既不充分也不必要条件：若 $p\nRightarrow q$ 且 $q\nRightarrow p$，则 p 是 q 的既不充分也不必要条件。

招教体验

[2018 统考，单，3′] a,b 为实数，则 $a+b=0$ 是 $a^2+b^2=0$ 的(　　)

A. 充分必要条件　　B. 必要不充分条件

C. 充分不必要条件　　D. 既不充分又不必要条件

答案：B。a,b 为实数，$a+b=0$，则 $a=-b$，所以可以推出 $a^2=b^2$，$a^2-b^2=0$，不能推出 $a^2+b^2=0$；$a^2+b^2=0$，$a^2=-b^2$，因为 $a^2\geqslant 0$，$b^2\geqslant 0$，所以 $a=b=0$，可以得到 $a+b=0$。

建议用时:20 分钟	实际用时:_____分钟	参考分值:30 分	实际得分:_____分

基 础 练 保分必拿

一、单项选择题(每小题 3 分,共 18 分)

1. 已知集合 $A=\{x\in\mathbf{N}\mid x^2-2x-3\leqslant 0\}$, $B=\{1,3\}$, 定义集合 A,B 之间的运算"$*$":$A*B=\{x\mid x=x_1+x_2,x_1\in A,x_2\in B\}$,则 $A*B$ 中的所有元素数字之和为(　　)

A. 15　　B. 21

C. 23　　D. 25

2. 集合 $A=\{x\mid 0\leqslant x<3$ 且 $x\in\mathbf{N}\}$ 的真子集个数是(　　)

A. 4　　B. 5

C. 6　　D. 7

3. 如图所示的 Venn 图中,A,B 为非空集合,定义集合 $A\otimes B$ 为阴影部分对应的集合,若 $x,y\in\mathbf{R}$, $A=\{x\mid y=\sqrt{2x-x^2}\}$, $B=\{y\mid y=3^x,x>0\}$,则 $A\otimes B$ 为(　　)

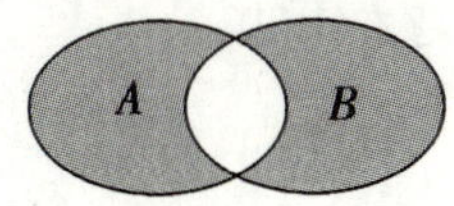

A. $\{x\mid 0<x<2\}$

B. $\{x\mid 1<x<2\}$

C. $\{x\mid 0\leqslant x\leqslant 1$ 或 $x\geqslant 2\}$

D. $\{x\mid 0\leqslant x\leqslant 1$ 或 $x>2\}$

4. 已知全集 $U=\mathbf{R}$,集合 $A=\{x\mid 2<x<4\}$, $B=\{x\mid x^2-x-6\leqslant 0\}$,则 $A\cap \complement_{\mathbf{R}}B$ 等于(　　)

A. $(1,2)$

B. $(3,4)$

C. $(5,6)$

D. $(1,2)\cup(3,4)$

5. 下列命题正确的是(　　)

A. 命题 p:"存在 $x\in\mathbf{R}$, $\sin x+\cos x=\sqrt{3}$",则 $\neg p$ 是假命题

B. "$a=1$"是"函数 $f(x)=\cos^2 ax-\sin^2 ax$ 的周期 $T=\pi$"的充分必要条件

C. 命题"存在 $x\in\mathbf{R}$,使得 $x^2+x+1=0$"的否定是"对任意 $x\in\mathbf{R}$, $x^2+x+1\geqslant 0$"

D. 命题"若 $\tan\alpha\neq 1$,则 $\alpha\neq\frac{\pi}{4}$"的逆否命题是真命题

6. "$|x-1|<2$ 成立"是"$x(x-3)<0$ 成立"的(　　)

A. 充分不必要条件

B. 必要不充分条件

C. 充要条件

D. 既不充分也不必要条件

二、填空题(共 3 分)

7. 以下三个命题中是真命题的有________(填序号)。

①命题"若 $xy=1$,则 x,y 互为倒数"的逆命题;

②命题"面积相等的两个三角形全等"的否命题;

③命题"若 $A\cap B=B$,则 $A\subseteq B$"的逆否命题。

提 升 练 提分必争

填空题(每小题 3 分,共 9 分)

1. 已知命题 p:"至少存在一个实数 $x_0\in[1,2]$ 使不等式 $x^2+2ax+2-a>0$ 成立"为真,则参数 a 的取值范围是________。

2. 设 $A=\{x\mid x^2-3x+2=0\}$, $B=\{x\mid x^2-ax+2=0\}$,

第三部分

若 $A\cup B=A$，则由实数 a 的值组成的集合为________。

3. 已知集合 $A=\{x|x^2-5x+6>0,x\in\mathbf{R}\}$，$B=\{x||x-2a|\leqslant 2,x\in\mathbf{R}\}$，若 $A\cup B=\mathbf{R}$，则实数 a 的取值范围为________。

参考答案及解析

基础练

一、单项选择题

1. B [解析]由 $x^2-2x-3\leqslant 0,x\in\mathbf{N}$，得 $(x+1)(x-3)\leqslant 0,x\in\mathbf{N}$，得 $A=\{0,1,2,3\}$，因为 $A*B=\{x|x=x_1+x_2,x_1\in A,x_2\in B\}$，所以 $A*B$ 中的元素有：$0+1=1,0+3=3,1+1=2,1+3=4,2+1=3$（舍去），$2+3=5,3+1=4$（舍去），$3+3=6$，所以 $A*B=\{1,2,3,4,5,6\}$，所以 $A*B$ 中的所有元素数字之和为21。

2. D [解析]$A=\{x|0\leqslant x<3$ 且 $x\in\mathbf{N}\}=\{0,1,2\}$，$\therefore$ 真子集有 $2^3-1=7$ 个。

3. D [解析]由题意可知 $A\otimes B=\complement_{A\cup B}(A\cap B)$，$A=\{x|y=\sqrt{2x-x^2}\}=\{x|2x-x^2\geqslant 0\}=\{x|0\leqslant x\leqslant 2\}$，$B=\{y|y=3^x,x>0\}=\{y|y>1\}$，则 $A\cup B=[0,+\infty)$，$A\cap B=(1,2]$，则 $A\otimes B=\complement_{A\cup B}(A\cap B)=\{x|0\leqslant x\leqslant 1$ 或 $x>2\}$。

4. B [解析]$B=\{x|x^2-x-6\leqslant 0\}=\{x|-2\leqslant x\leqslant 3\}$，$\complement_{\mathbf{R}}B=(-\infty,-2)\cup(3,+\infty)$，$A\cap\complement_{\mathbf{R}}B=(3,4)$。故选B。

5. D [解析]选项A，由于 $\sin x+\cos x=\sqrt{2}\sin\left(x+\frac{\pi}{4}\right)\leqslant\sqrt{2}$，因此命题 p 为假命题，故 $\neg p$ 是真命题，错误；选项B，$\because f(x)=\cos^2 ax-\sin^2 ax=\cos 2ax$，$\therefore$ 由 $T=\frac{2\pi}{|2a|}=\frac{\pi}{|a|}=\pi$，解得 $a=\pm 1$，因此"$a=1$"是"函数 $f(x)=\cos^2 ax-\sin^2 ax$ 的周期 $T=\pi$"的充分不必要条件，错误；选项C，命题"存在 $x\in\mathbf{R}$，使得 $x^2+x+1=0$"的否定是"对任意 $x\in\mathbf{R}$，$x^2+x+1\neq 0$"，错误。D项正确。

6. B [解析]$|x-1|<2\Rightarrow -1<x<3$，$x(x-3)<0\Rightarrow 0<x<3$，$\{x|0<x<3\}\subsetneqq\{x|-1<x<3\}$，由此可知"$|x-1|<2$ 成立"是"$x(x-3)<0$ 成立"的必要不充分条件。

二、填空题

7. ①② [解析]对于①，命题"若 $xy=1$，则 x,y 互为倒数"的逆命题是"若 x,y 互为倒数，则 $xy=1$"，它是真命题；对于②，命题"面积相等的两个三角形全等"的否命题是"面积不相等的两个三角形不全等"，它是真命题；对于③，命题"若 $A\cap B=B$，则 $A\subseteq B$"是假命题，故它的逆否命题也是假命题。综上，正确的命题有①②。

提升练

填空题

1. $(-3,+\infty)$ [解析]由题意可知，$\neg p:\forall x\in[1,2]$，$x^2+2ax+2-a\leqslant 0$ 成立，设 $f(x)=x^2+2ax+2-a$，则有
$$\begin{cases}f(1)\leqslant 0,\\f(2)\leqslant 0,\\\Delta=4a^2-4(2-a)>0,\end{cases}\therefore\begin{cases}1+2a+2-a\leqslant 0,\\4+4a+2-a\leqslant 0,\\a^2+a-2>0,\end{cases}$$
解得 $a\leqslant -3$，由题意可知 $\neg p$ 是假命题，$\therefore a>-3$，故 a 的取值范围为 $(-3,+\infty)$。

2. $\{3\}\cup\{a|-2\sqrt{2}<a<2\sqrt{2}\}$ [解析]由 $A\cup B=A$，可知 $B\subseteq A$，$A=\{1,2\}$，$\therefore B$ 可为 $\{1,2\},\{1\},\{2\}$，

$\varnothing$。当 $B=\{1,2\}=A$ 时，显然 $a=3$；当 $B=\{1\}$ 或 $\{2\}$ 时，方程 $x^2-ax+2=0$ 有等根，而由韦达定理知 $x_1\cdot x_2=2$，故等根为 $-\sqrt{2}$ 或 $\sqrt{2}$，故 $B\neq\{1\}$，且 $B\neq\{2\}$；当 $B=\varnothing$ 时，方程 $x^2-ax+2=0$ 无实根，故 $\Delta=a^2-8<0$，得 $-2\sqrt{2}<a<2\sqrt{2}$。故所求 a 的值组成的集合为 $\{3\}\cup\{a\mid -2\sqrt{2}<a<2\sqrt{2}\}$。

3. $\left\{a\mid\frac{1}{2}\leqslant a\leqslant 2\right\}$　[解析] 集合 $A=\{x\mid x^2-5x+6>0,x\in\mathbf{R}\}=\{x\mid x<2$ 或 $x>3\}$，$B=\{x\mid |x-2a|\leqslant 2,x\in\mathbf{R}\}=\{x\mid 2a-2\leqslant x\leqslant 2a+2\}$，$\because A\cup B=\mathbf{R}$，

$\therefore\begin{cases}2a-2\leqslant 2,\\2a+2\geqslant 3,\end{cases}$ 解得 $\{a\mid\frac{1}{2}\leqslant a\leqslant 2\}$。

正确率 70% 以下		正确率 70% ~85%		正确率 85% 以上	

山香寄语：

锁上狂野的心房，铐住玩乐的手腕，囚禁懒散的思想，放飞理想的翅膀，鼓起奋斗的风帆，奔向知识的海洋。为了上岸，，快将激情点燃，解放青春力量！

——山香女孩

第三部分

第八章　函　数

考向分析

本章属于高中数学的重要章节，特点为内容多、理解性知识多，在考试中常以单选、填空和解答题的形式考查。本章需要重点掌握的知识包括：

1. 理解函数的基本概念；求反函数的一般步骤；函数的单调性与最值、奇偶性与周期性、函数图象的变换。

2. 识记指数函数的定义、图象与性质；对数的运算；对数函数的图象与性质；幂函数的图象与性质；三角函数的有关公式，正弦、余弦、正切函数的图象与性质，三角函数图象的变换，正弦定理与余弦定理。

3. 理解函数的零点与方程的根的关系；掌握数学建模的实际应用。

考情预测　在备考时，考生应注意：①函数的基本概念与性质；②指数函数、对数函数、幂函数的图象与性质；③三角函数的有关公式、图象的变换、解三角形；④函数的应用。预计在明年的招教考试中，本部分依然是重点，且考试方式更加灵活。考生要抓住重点和难点，有针对性地进行识记、理解与应用。

思维导图

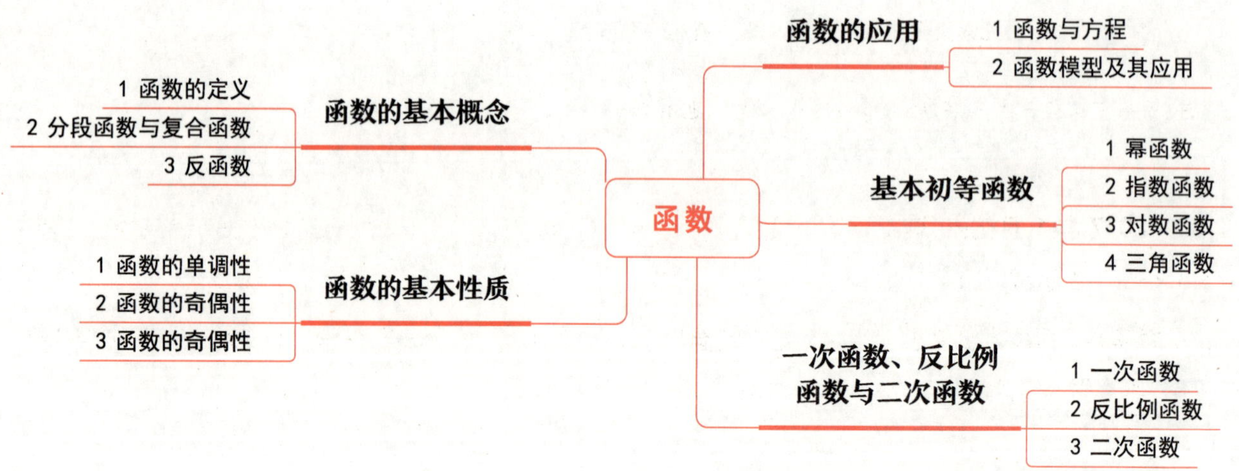

核心知识 讲什么

一、函数的基本概念 【单选、填空】★

知识点1 函数的定义

1. 函数与映射

	函数	映射
定义	设 A,B 是非空的数集，如果按照某种确定的对应关系 f，使得对于集合 A 中的任意一个数 x，在集合 B 中都有唯一的数 $f(x)$ 和它对应，那么就称 $f:A\to B$ 是从集合 A 到集合 B 的一个函数，记作 $y=f(x)$，$x\in A$	设 A,B 是两个非空集合，如果存在一个对应法则 f，使得对 A 中的每个元素 a，按对应法则 f，在 B 中有唯一确定的元素 b 与之对应，则称 f 为从 A 到 B 的映射，记作 $f:A\to B$
定义域、象和原象	其中 x 叫作自变量，x 的取值范围 A 叫作函数的定义域	b 称为元素 a 在映射 f 下的象，记作：$b=f(a)$；a 称为 b 关于映射 f 的原象
值域	与 x 的值对应的 y 值叫作函数值，函数值的集合 $\{f(x)\mid x\in A\}$ 叫作函数的值域	集合 B 中所有元素的象的集合称为映射 f 的值域，记作 $f(A)$
区别	函数是一种特殊的映射，它要求两个集合中的元素必须是数，而映射中两个集合的元素是任意的数学对象	
联系	①函数与映射都是两个非空集合中元素的对应关系； ②函数与映射的对应都具有方向性； ③A 中元素具有任意性，B 中元素具有唯一性	

注：映射可以有一对一，多对一，但不能有一对多，也不能一对无。

招教体验

[2017 年 1 月杭州，填空，3′] 如果定义将 $64=2\times2\times2\times2\times2\times2$ 表示成 $f(64)=6$；将 $243=3\times3\times3\times3\times3$ 表示成 $g(243)=5$；那么 $f($________$)+g(27)=6$。

答案：8。在映射 f 的作用下 2^6 变为 6，在映射 g 的作用下 3^5 变为 5，可推测函数 $f(x)$，$g(x)$ 为对数函数，底分别为 2，3，则 $g(27)=3$，要求 $f(\quad)=3$，括号中应填 $2^3=8$。

知识点2 分段函数与复合函数

1. 分段函数

若函数在其定义域的不同子集上，因对应关系不同而分别用几个不同的式子来表示，则称为分段函数。

如函数 $f(x)=\begin{cases}x^2, x>0,\\ x+1, x\leqslant 0\end{cases}$ 就是分段函数。

第三部分

招教体验

[2021 台州,解答,6′]已知函数$f(x)=\begin{cases}mx+\frac{7}{8},0<x<m,\\2^{\frac{x}{m}}+1,m\leqslant x+1\end{cases}$满足$f(m^2)=1$。

(1)求常数m的值;

(2)解不等式$f(x)\leqslant 4$。

答案:(1)当$0<m^2<m$,即$0<m<1$时,$f(x)=mx+\frac{7}{8}=m^3+\frac{7}{8}=1$,此时$m=\frac{1}{2}$;当$m\leqslant m^2+1$,即$m\in\mathbf{R}$时,$f(x)=2^{\frac{x}{m}}+1=2^m+1>1$,$m$无解。

综上所述,$m=\frac{1}{2}$。

(2)由(1)可得$f(x)=\begin{cases}\frac{1}{2}x+\frac{7}{8},0<x<\frac{1}{2},\\2^{2x}+1,x\geqslant-\frac{1}{2},\end{cases}$当$\frac{1}{2}x+\frac{7}{8}\leqslant 4$时,解得$x\leqslant\frac{25}{4}$,所以$0<x<\frac{1}{2}$;当$2^{2x}+1\leqslant 4$时,解得$-\frac{1}{2}\leqslant x\leqslant\log_4 3$。综上所述,$f(x)\leqslant 4$的解集为$\{x|-\frac{1}{2}\leqslant x\leqslant\log_4 3\}$。

2. 复合函数

设$y=f(u)$,$u=\varphi(x)$,当x在$u=\varphi(x)$的定义域$D\varphi$中变化,$u=\varphi(x)$的值在$y=f(u)$的定义域Df内变化,这时变量x与y之间通过变量u形成了一种函数关系,即$y=f(u)=f(\varphi(x))$,称为复合函数,其中x称为自变量,u为中间变量,y为因变量(即函数)。

不是任意两个函数都可以复合成一个复合函数,只有当$u=\varphi(x)$的值域$R\varphi$和$y=f(u)$的定义域Df的交集不为空集时,二者才可以复合成一个复合函数。若函数$y=f(u)$的定义域是B,函数$u=g(x)$的定义域是A,则复合函数$y=f(g(x))$的定义域是$D=\{x|x\in A,且\ g(x)\in B\}$。

知识点3 反函数

1. 反函数的定义与性质

(1)**定义**:一般地,如果函数$y=f(x)$的对应法则f是从函数的定义域到值域上的一一对应,那么由f的"逆"对应f^{-1}所确定的函数就叫作函数$f(x)$的反函数,反函数$y=f^{-1}(x)$的定义域、值域分别为原函数$y=f(x)$的值域、定义域。

(2)**性质**:①互为反函数的两个函数的图象关于直线$y=x$对称;

②函数存在反函数的充要条件是函数的定义域与值域构成一一映射;

③一个函数与它的反函数在相应区间上单调性一致;

④严格增(减)的函数一定有严格增(减)的反函数。

2. 求函数$y=f(x)$的反函数的一般步骤

(1)反解,由$y=f(x)$解出$x=f^{-1}(y)$,写出y的取值范围;

(2)互换x,y,得$y=f^{-1}(x)$;

(3)写出完整结论(一定要有反函数的定义域)。

注:分段函数的反函数也是分段函数。求分段函数的反函数,应分段逐一求解。

招教体验

[2018统考,单,3′]函数 $y=\ln x, x\in(0,+\infty)$ 与函数 $x=e^y$ 的图象关系为( )

A. 关于直线 $y=x$ 对称　B. 关于 x 轴对称　C. 关于 y 轴对称　D. 同一图象

答案:A。函数 $y=\ln x$ 与函数 $x=e^y$ 互为反函数,互为反函数的图象关于 $y=x$ 对称。故选 A。

二、函数的基本性质 【单选、填空、解答】 ★★

知识点1 函数的单调性

1. 增函数与减函数

	增函数	减函数
定义	一般地,设函数 $f(x)$ 的定义域为 I:如果对于定义域 I 内某个区间 D 上的任意两个自变量值 x_1, x_2	
	当 $x_1<x_2$ 时,都有 $f(x_1)<f(x_2)$,那么就说函数 $f(x)$ 在区间 D 上是增函数	当 $x_1<x_2$ 时,都有 $f(x_1)>f(x_2)$,那么就说函数 $f(x)$ 在区间 D 上是减函数
图象表示	y, y=f(x), f(x₂), f(x₁), O, x₁, x₂, x	y, y=f(x), f(x₁), f(x₂), O, x₁, x₂, x
几何意义	函数 $y=f(x)$ 的图象在区间 D 上从左到右是上升的	函数 $y=f(x)$ 的图象在区间 D 上从左到右是下降的

2. 单调性与单调区间

如果函数 $y=f(x)$ 在区间 D 上是增函数或减函数,那么就说函数 $y=f(x)$ 在这一区间具有(严格的)单调性,区间 D 叫作 $y=f(x)$ 的单调区间。

注:单调区间只能用区间表示,不能用集合或不等式表示;如有多个单调区间应分开写,不能用并集符号"∪"连接,也不能用"或"连接,只能用","或"和"隔开。

考法揭秘

函数单调性的解题方法

1. 判断函数单调性的方法与步骤

(1)定义法:①先设 $x_1, x_2\in I$(定义域),且 $x_1<x_2$;②作差 $f(x_1)-f(x_2)$(一般结果要分解为若干个因式的乘积,且每一个因式的正或负能清楚地判断出来);③判断 $f(x_1)-f(x_2)$ 的正负情况。

(2)图象法:先作出函数图象,再利用图象直观判断函数的单调性。

(3)导数法:若 $f(x)$ 在某个区间 I 内有导数,则当 $f'(x)>0(x\in I)$ 时,$f(x)$ 在 I 内为增函数;当 $f'(x)<0(x\in I)$ 时,$f(x)$ 在 I 内为减函数。

第三部分

考法揭秘

2. 函数单调性常见问题的解题方法

(1)比较大小:比较函数值的大小应将自变量转化到同一个单调区间内,然后利用函数的单调性解决问题。

(2)解含“f”的不等式:①根据函数的性质把不等式转化为$f(g(x))>f(h(x))$的形式;②根据函数的单调性去掉“f”,转化为具体的不等式,此时要注意$g(x)$与$h(x)$的取值应在外层函数的定义域内。

(3)求参数的取值范围:视参数为已知数,依据函数的图象或单调性的定义,确定函数的单调区间,与已知单调区间比较求参数。

招教体验

1. [2018 统考,单,3′]已知$f(x)$是定义在**R**上的函数,对任意两个不相等的正数x,y都有$\frac{yf(x)-xf(y)}{x-y}>0$,记$a=f(1)$,$b=\frac{f(2)}{2}$,$c=\frac{f(3)}{3}$,则(　　)

A. $a<b<c$　　B. $a<c<b$　　C. $c<b<a$　　D. $b<c<a$

答案:A。设$x>y>0$,由题意可得$yf(x)-xf(y)>0$,即$\frac{f(x)}{x}>\frac{f(y)}{y}$;同理,当$y>x>0$时,$yf(x)-xf(y)<0$,即$\frac{f(x)}{x}<\frac{f(y)}{y}$,所以当$x>0$时,函数$g(x)=\frac{f(x)}{x}$单调递增。因为$0<1<2<3$,所以$\frac{f(3)}{3}>\frac{f(2)}{2}>\frac{f(1)}{1}$。故选A。

2. [2016 年 1 月杭州,解答,7′]已知$y=f(x)$在定义域$(-1,1)$上是减函数,且$f(1-a)<f(a^2-1)$,求a的取值范围。

答案:根据题意得不等式组$\begin{cases}-1<1-a<1,\\-1<a^2-1<1,\\1-a>a^2-1,\end{cases}$解得$0<a<1$。

知识点2　函数的奇偶性

1. 函数奇偶性的定义及性质

定义及性质	偶函数	奇函数
定义	函数定义域内的任意一个x,都有$f(-x)=f(x)$	函数定义域内的任意一个x,都有$f(-x)=-f(x)$
定义域特征	定义域关于原点对称	
图象特征	关于y轴对称	关于原点对称
整体性	奇偶性是函数的整体性质,对定义域内任意一点都必须成立	
可分性	根据函数奇偶性可将函数分为四类,奇函数、偶函数、既是奇函数又是偶函数、非奇非偶函数	

2. 函数奇偶性的常用结论

(1)如果函数$f(x)$是偶函数,那么$f(x)=f(|x|)$。

(2)奇函数在两个对称的区间上具有相同的单调性,偶函数在两个对称的区间上具有相反的单调性。

(3)在公共定义域内有:奇 ± 奇 = 奇,偶 ± 偶 = 偶,奇 × 奇 = 偶,偶 × 偶 = 偶,奇 × 偶 = 奇。

招教体验

[2016 统考,填空,2′]若函数 $f(x)=a\sin x+3\cos x$ 是偶函数,则实数 $a=$________。

答案:0。函数 $f(x)$ 是偶函数,则 $f(-x)=f(x)$,即 $a\sin(-x)+3\cos(-x)=a\sin x+3\cos x$,化简得 $2a\sin x=0$,则 $a=0$。

三、一次函数、反比例函数与二次函数

知识点 1 一次函数

1. 一次函数的定义

一般地,形如 $y=kx+b$(k,b 是常数,$k\neq0$)的函数,叫作一次函数。

特别地,当一次函数 $y=kx+b$ 中的 $b=0$ 时,$y=kx$,此时称其为正比例函数,可以说正比例函数是一种特殊的一次函数。

2. 一次函数的图象与性质

k,b 的符号		函数图象	图象的位置	性质
$k>0$	$b>0$	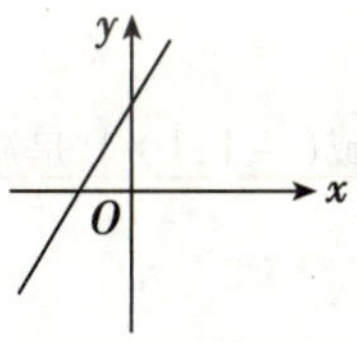	图象过第一、二、三象限	y 随 x 的增大而增大
	$b<0$	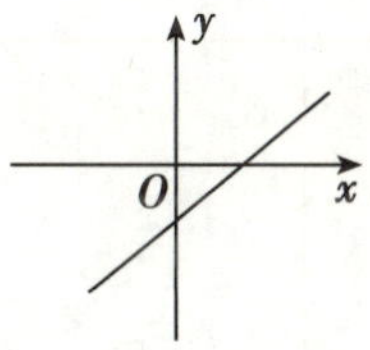	图象过第一、三、四象限	
$k<0$	$b>0$	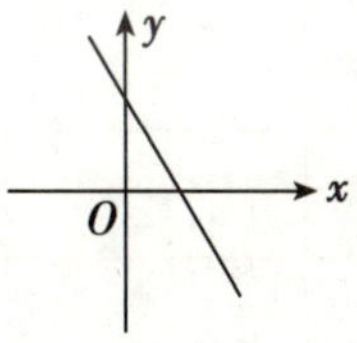	图象过第一、二、四象限	y 随 x 的增大而减小
	$b<0$	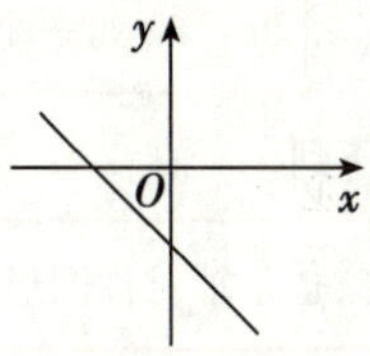	图象过第二、三、四象限	

第三部分

山香指导

1. 直线 $l:y=kx+b(k\neq0)$ 的位置是由 k 和 b 的符号决定的，其中 k 决定直线从左到右呈上升趋势还是下降趋势；b 决定直线与 y 轴交点的位置是在 y 轴正半轴还是负半轴，还是原点。k 与 b 共同决定直线 $l:y=kx+b(k\neq0)$ 在直角坐标系中的位置。

2. y 随 x 的增大而增大，或者 y 随 x 的增大而减小，只取决于 k 的符号，与 b 无关。

3. 一次函数 $y=kx+b(k\neq0)$ 的自变量 x 的取值范围是全体实数，图象是一条直线，因此没有最大值与最小值，但由实际问题得到的一次函数解析式，自变量的取值范围一般受到限制。

知识点2 反比例函数

1. 反比例函数的定义

一般地，形如 $y=\dfrac{k}{x}(k\neq0)$ 的函数叫作反比例函数。

山香指导

1. 反比例函数的表达式中，等号左边是函数值，等号右边是关于自变量 x 的分式，分子是不为零的常数 k，分母不能是多项式，只能是 x 的一次单项式。如：$y=\dfrac{1}{2x}$，$y=\dfrac{2}{x}$ 都是反比例函数，而 $y=\dfrac{1}{x+1}$ 就不是反比例函数。

2. 反比例函数 $y=\dfrac{k}{x}(k\neq0)$ 的自变量 x 的取值范围是不等于 0 的全体实数，函数值 y 的范围也是全体非零实数。

2. 反比例函数的图象与性质

反比例函数	$y=\dfrac{k}{x}(k\neq0)$	
k 的符号	$k>0$	$k<0$
图象	（图：y，O，x）	（图：y，O，x）
x,y 的取值范围	$x\neq0,y\neq0$	$x\neq0,y\neq0$
位置	第一、三象限	第二、四象限
增减性	每一个象限内，y 随 x 的增大而减小	每一个象限内，y 随 x 的增大而增大
渐近性	反比例函数的图象无限地接近 x,y 轴，但永远达不到 x,y 轴	
对称性	反比例函数的图象是关于原点成中心对称的图形，也是轴对称图形	

山香指导

反比例关系与反比例函数的区别与联系：

反比例关系：如果 $xy=k$（k 是常数，$k\neq0$），那么 x,y 这两个量成反比例，这里的 x,y 可以是多项式或单项式。例如：若 $y+3$ 与 $x-1$ 成反比例，则 $y+3=\frac{k}{x-1}(k\neq0)$；若 y 与 x^2 成反比例，则 $y=\frac{k}{x^2}(k\neq0)$。成反比例关系的不一定是反比例函数，但反比例函数 $y=\frac{k}{x}(k\neq0)$ 中的两个变量必成反比例关系。

3. 反比例函数 $y=\frac{k}{x}(k\neq0)$ 中比例系数 k 的几何意义

分类	推导过程	图形
矩形的面积	如图，过双曲线上任意一点 P 作 x 轴、y 轴的垂线 PM,PN，垂足分别为 M,N，所得矩形 $PMON$ 的面积 $S=PM\cdot PN=\|y\|\cdot\|x\|=\|xy\|$，又因为 $y=\frac{k}{x}$，所以 $xy=k$，所以 $S=\|k\|$，即过双曲线上任意一点 P 作 x 轴、y 轴的垂线 PM,PN，所得矩形 $PMON$ 的面积为 $\|k\|$	
三角形的面积	如图，过双曲线上任意一点 E 作 $EF\perp y$ 轴于点 F，连结 EO，则 $S_{\triangle EOF}=\frac{\|k\|}{2}$，即过双曲线上任意一点作一条坐标轴的垂线，并连结这个点与原点，所得三角形的面积为 $\frac{\|k\|}{2}$	

知识点 3　二次函数

1. 二次函数的图象与性质

	$f(x)=ax^2+bx+c(a>0,\Delta>0)$	$f(x)=ax^2+bx+c(a<0,\Delta>0)$
图象		
定义域	**R**	**R**
值域	$\left[\frac{4ac-b^2}{4a},+\infty\right)$	$\left(-\infty,\frac{4ac-b^2}{4a}\right]$

第三部分

续表

	$f(x)=ax^2+bx+c(a>0,\Delta>0)$	$f(x)=ax^2+bx+c(a<0,\Delta>0)$
单调性	在$\left(-\frac{b}{2a},+\infty\right)$上单调递增； 在$\left(-\infty,-\frac{b}{2a}\right)$上单调递减	在$\left(-\infty,-\frac{b}{2a}\right)$上单调递增； 在$\left(-\frac{b}{2a},+\infty\right)$上单调递减
奇偶性	当 $b=0$ 时为偶函数；当 $b\neq0$ 时为非奇非偶函数	
顶点	$\left(-\frac{b}{2a},\frac{4ac-b^2}{4a}\right)$	
对称性	图象关于直线 $x=-\frac{b}{2a}$ 成轴对称图形	

2. 二次函数图象的平移

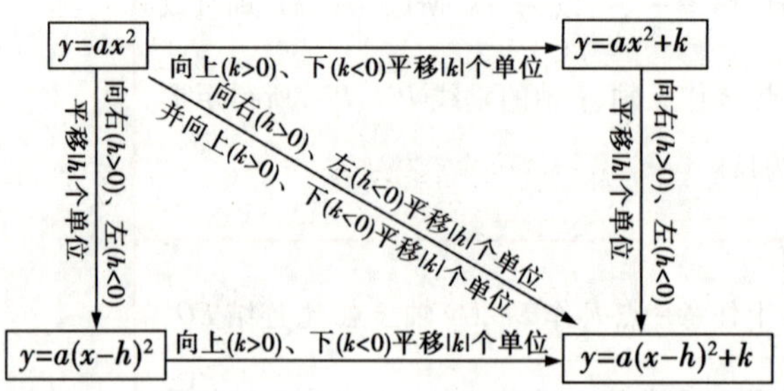

四、基本初等函数

知识点 1 幂函数

1. 幂函数的定义

一般地，形如 $y=x^a(a\in\mathbf{R})$ 的函数称为幂函数，其中 a 为常数。

2. 幂函数的性质

(1) 所有的幂函数在$(0,+\infty)$上都有定义，即在第一象限内任一幂函数都有图象，并且图象恒过定点$(1,1)$。

(2) 如果 $a<0$，则幂函数在$(0,+\infty)$上是减函数，图象向上与 y 轴正半轴无限渐近，向右与 x 轴正半轴无限渐近，并称 x 轴、y 轴是它们的渐近线。

(3) 如果 $a>0$，则幂函数的图象除恒过$(1,1)$外，还恒过原点$(0,0)$，并且在$(0,+\infty)$上是增函数。

(4) 如果 $a=0$，则幂函数 $y=x^0(x\neq0)$ 的图象是直线 $y=1$ 去掉一点$(0,1)$。它的图象不是直线。

3. 幂函数的图象

作幂函数的图象要联系函数的定义域、值域、单调性、奇偶性等，只要作出幂函数在第一象限内的图象，然后根据它的奇偶性就可以作出幂函数在整个定义域内完整的图象。任一幂函数的图象一定会出现在第一象限，且一定不会出现在第四象限。

常见幂函数 $y=x$，$y=x^{\frac{1}{2}}$，$y=x^2$，$y=x^{-1}$，$y=x^3$ 的图象：

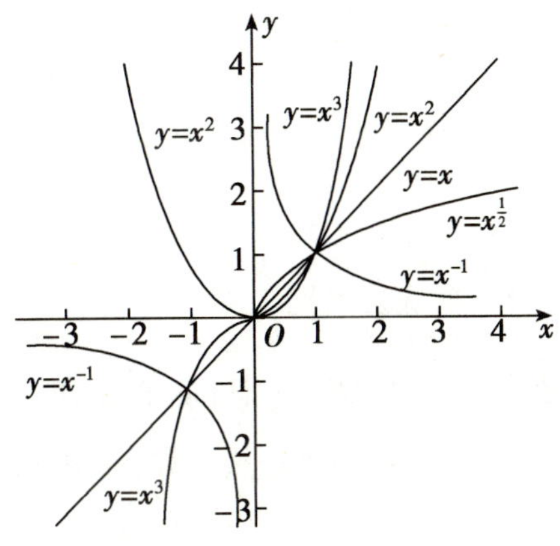

4. 有理指数幂的运算性质

(1) $a^r a^s = a^{r+s}(a>0, r, s \in \mathbf{Q})$;

(2) $(a^r)^s = a^{rs}(a>0, r, s \in \mathbf{Q})$;

(3) $(ab)^r = a^r b^r(a>0, b>0, r \in \mathbf{Q})$。

知识点2 指数函数

1. 指数函数的定义

一般地，形如 $y = a^x(a>0$，且 $a \neq 1)$ 的函数叫作指数函数，其中 x 是自变量，函数的定义域是 $\mathbf{R}$。

2. 指数函数的图象及性质

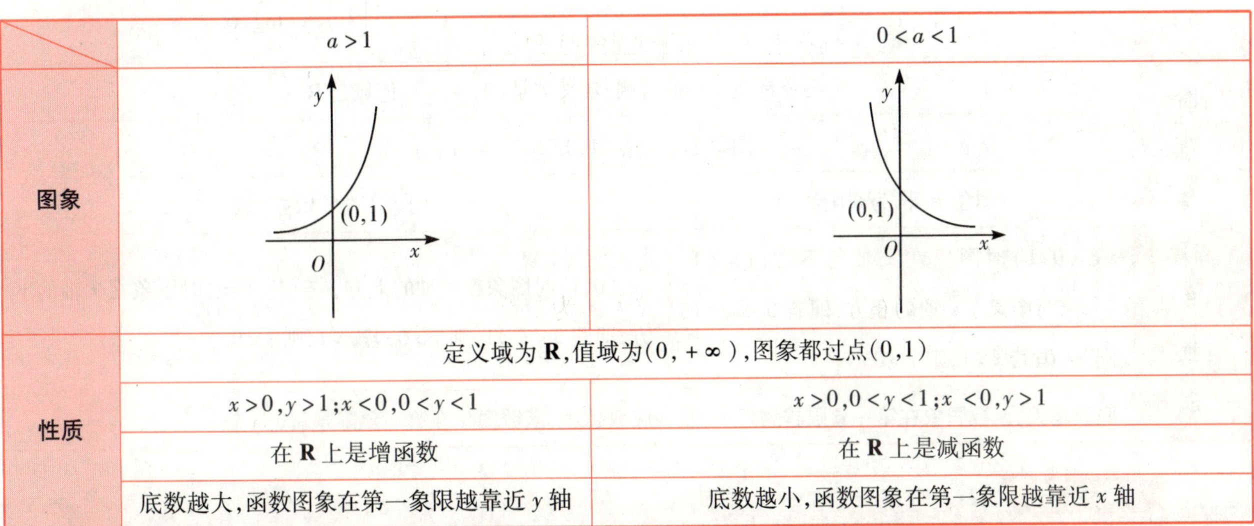

	$a>1$	$0<a<1$
图象	(0,1)	(0,1)
性质	定义域为 $\mathbf{R}$，值域为 $(0,+\infty)$，图象都过点 $(0,1)$	
	$x>0, y>1$; $x<0, 0<y<1$	$x>0, 0<y<1$; $x<0, y>1$
	在 $\mathbf{R}$ 上是增函数	在 $\mathbf{R}$ 上是减函数
	底数越大，函数图象在第一象限越靠近 y 轴	底数越小，函数图象在第一象限越靠近 x 轴

知识点3 对数函数 【填空、解答】 ★

1. 对数的相关概念

(1) 对数的定义

一般地，如果 $a^x = N(a>0$，且 $a \neq 1)$，那么数 x 叫作以 a 为底 N 的对数，记作 $x = \log_a N$，其中 a 叫作对数的底数，N 叫作真数。

(2) 对数的运算

如果 $a>0$，且 $a \neq 1$，$M>0$，$N>0$，那么

第三部分

①$\log_a(M\cdot N)=\log_a M+\log_a N$;

②$\log_a\left(\dfrac{M}{N}\right)=\log_a M-\log_a N$;

③$\log_a M^n=n\log_a M(n\in\mathbf{R})$;

④$\log_a b=\dfrac{\log_c b}{\log_c a}(c>0,且 c\neq1;b>0)$(换底公式)。

常用对数:通常以 10 为底的对数叫作常用对数,并把 $\log_{10}N$ 记作 $\lg N$。

自然对数:以无理数 $e=2.718\cdots$为底的对数叫作自然对数,并把 $\log_e N$ 记作 $\ln N$。

负数和零没有对数。

2. 对数函数的概念及性质

(1)对数函数的定义

一般地,我们把函数 $y=\log_a x(a>0,且 a\neq1)$叫作对数函数,其中 x 是自变量,函数的定义域是$(0,+\infty)$。

(2)对数函数的图象及性质

	$a>1$	$0<a<1$
图象		
图象特征与性质	图象都在 y 轴的右侧,定义域是$(0,+\infty)$;值域是 $\mathbf{R}$	
	图象都经过点$(1,0)$,即 $x=1$ 时,$y=0$	
	图象上升,为增函数	图象下降,为减函数
	$x\in(0,1)$时图象在 x 轴的下方,$x\in(1,+\infty)$时图象在 x 轴的上方,即若 $0<x<1$,则 $y<0$;若 $x>1$,则 $y>0$	$x\in(0,1)$时图象在 x 轴的上方,$x\in(1,+\infty)$时图象在 x 轴的下方,即若 $0<x<1$,则 $y>0$;若$x>1$,则 $y<0$
	底数越大,函数图象在第一象限越靠近 x 轴	底数越小,函数图象在第一象限越靠近 y 轴

招教体验

[2016 年 5 月杭州,解答,6′]已知函数 $f(x)=\lg(1+x)-\lg(1-x)$。

(1)求函数 $f(x)$的定义域;

(2)判断函数 $f(x)$的奇偶性,并说明理由;

(3)若 $f(x)>0$,求 x 的取值范围。

答案:(1)由题意知,函数 $f(x)$的定义域为不等式组$\begin{cases}1+x>0,\\1-x>0\end{cases}$的解,即$\{x|-1<x<1\}$,所以函数 $f(x)$的定义域为$\{x|-1<x<1\}$。

(2) 函数$f(x)$为奇函数。

理由如下：函数$f(x)$的定义域$\{x|-1<x<1\}$关于原点对称，又$f(x)=\lg\frac{1+x}{1-x}$，$f(-x)=\lg\frac{1-x}{1+x}=-\lg\frac{1+x}{1-x}=-f(x)$，

所以，函数$f(x)$为奇函数。

(3) $f(x)>0$即$\lg(1+x)-\lg(1-x)=\lg\frac{1+x}{1-x}>0$，即$\frac{1+x}{1-x}>1$，解得$\{x|0<x<1\}$，

综上，$f(x)>0$时，x的取值范围是$\{x|0<x<1\}$。

知识点4 三角函数 【填空、解答】 ★

1. 任意角的三角函数

(1) 定义

在任意角α的终边上任取一点$P(x,y)$，设$OP=r(r>0)$，我们定义：

$\frac{x}{r}$叫作角α的余弦，记作$\cos\alpha$，即$\cos\alpha=\frac{x}{r}$；

$\frac{y}{r}$叫作角α的正弦，记作$\sin\alpha$，即$\sin\alpha=\frac{y}{r}$；

$\frac{y}{x}$叫作角α的正切，记作$\tan\alpha$，即$\tan\alpha=\frac{y}{x}\left(\alpha\neq k\pi+\frac{\pi}{2},k\in\mathbf{Z}\right)$。

这3个都是以α为自变量的函数，分别叫作角α的余弦函数、正弦函数、正切函数，统称为三角函数。

$\frac{x}{y}$叫作角α的余切，记作$\cot\alpha$，即$\cot\alpha=\frac{x}{y}(\alpha\neq k\pi,k\in\mathbf{Z})$。

角α的正割：$\sec\alpha=\frac{1}{\cos\alpha}=\frac{r}{x}\left(\alpha\neq k\pi+\frac{\pi}{2},k\in\mathbf{Z}\right)$。

角α的余割：$\csc\alpha=\frac{1}{\sin\alpha}=\frac{r}{y}(\alpha\neq k\pi,k\in\mathbf{Z})$。

(2) 不同象限中三角函数的符号

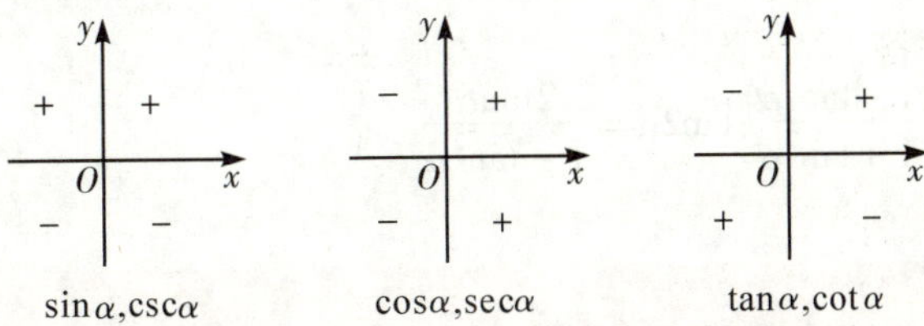

(3) 同角三角函数的基本关系式

①倒数关系：$\sin\alpha\cdot\csc\alpha=1$，$\cos\alpha\cdot\sec\alpha=1$，$\tan\alpha\cdot\cot\alpha=1$。

②商数关系：$\tan\alpha=\frac{\sin\alpha}{\cos\alpha}$，$\cot\alpha=\frac{\cos\alpha}{\sin\alpha}$。

第三部分

③平方关系：$\sin^2\alpha+\cos^2\alpha=1$，$1+\tan^2\alpha=\sec^2\alpha$，$1+\cot^2\alpha=\csc^2\alpha$。

(4)诱导公式

	一	二	三	四	五	六
角	$2k\pi+\alpha$ ($k\in\mathbf{Z}$)	$\pi+\alpha$	$-\alpha$	$\pi-\alpha$	$\frac{\pi}{2}-\alpha$	$\frac{\pi}{2}+\alpha$
正弦	$\sin\alpha$	$-\sin\alpha$	$-\sin\alpha$	$\sin\alpha$	$\cos\alpha$	$\cos\alpha$
余弦	$\cos\alpha$	$-\cos\alpha$	$\cos\alpha$	$-\cos\alpha$	$\sin\alpha$	$-\sin\alpha$
正切	$\tan\alpha$	$\tan\alpha$	$-\tan\alpha$	$-\tan\alpha$	$\cot\alpha$	$-\cot\alpha$

巧学妙记 诱导公式记忆口诀：奇变偶不变，符号看象限。其中奇偶是指$\frac{\pi}{2}$的奇偶数倍；变与不变是指三角函数名称的变化，若变，则是正弦变余弦，正切变余切；根据角的范围以及三角函数在四个象限的正负，判断新三角函数的符号。(将α看作锐角)

(5)和、差公式

$\cos(\alpha+\beta)=\cos\alpha\cos\beta-\sin\alpha\sin\beta$；　$\cos(\alpha-\beta)=\cos\alpha\cos\beta+\sin\alpha\sin\beta$；

$\sin(\alpha+\beta)=\sin\alpha\cos\beta+\cos\alpha\sin\beta$；　$\sin(\alpha-\beta)=\sin\alpha\cos\beta-\cos\alpha\sin\beta$；

$\tan(\alpha+\beta)=\frac{\tan\alpha+\tan\beta}{1-\tan\alpha\tan\beta}$；　$\tan(\alpha-\beta)=\frac{\tan\alpha-\tan\beta}{1+\tan\alpha\tan\beta}$。

(6)倍、半角公式

$\sin2\alpha=2\sin\alpha\cos\alpha$；

$\cos2\alpha=\cos^2\alpha-\sin^2\alpha=2\cos^2\alpha-1=1-2\sin^2\alpha$；

$2\sin^2\frac{\alpha}{2}=1-\cos\alpha$；

$2\cos^2\frac{\alpha}{2}=1+\cos\alpha$；

$\tan\frac{\alpha}{2}=\pm\sqrt{\frac{1-\cos\alpha}{1+\cos\alpha}}=\frac{1-\cos\alpha}{\sin\alpha}=\frac{\sin\alpha}{1+\cos\alpha}$。

(7)万能公式

$\sin2\alpha=\frac{2\tan\alpha}{1+\tan^2\alpha}$；$\cos2\alpha=\frac{1-\tan^2\alpha}{1+\tan^2\alpha}$；$\tan2\alpha=\frac{2\tan\alpha}{1-\tan^2\alpha}$。

招教体验

[2016年5月杭州，解答，6′]化简：$\sqrt{27}-4\cos30°+\frac{\tan60°}{\tan45°}$。

答案：$2\sqrt{3}$。$\sqrt{27}-4\cos30°+\frac{\tan60°}{\tan45°}=3\sqrt{3}-2\sqrt{3}+\sqrt{3}=2\sqrt{3}$。

第三部分

3. 三角函数的图象与性质

(1) 正弦函数、余弦函数和正切函数的图象与性质

函数	$y=\sin x$	$y=\cos x$	$y=\tan x$
一周期简图	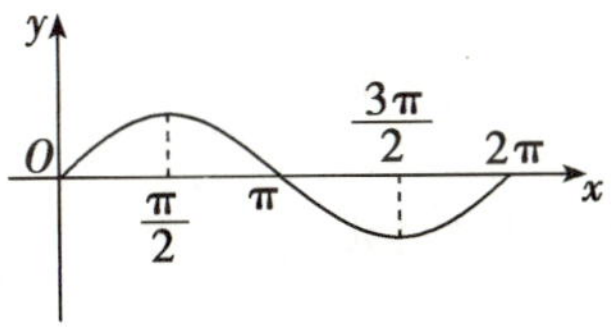	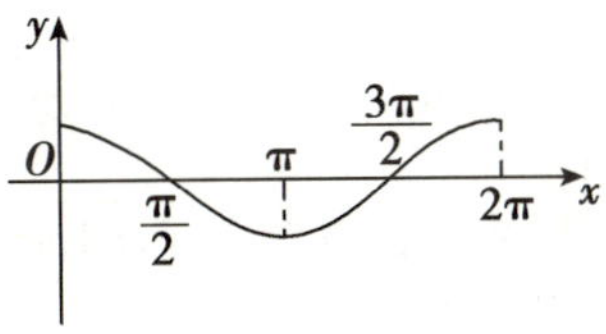	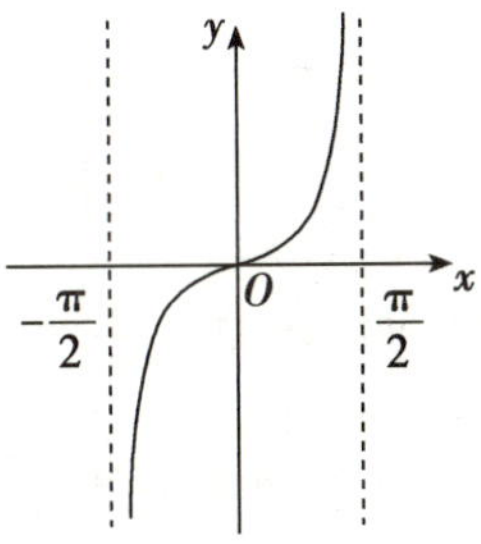
定义域	**R**	**R**	$\left\{x\mid x\neq k\pi+\frac{\pi}{2},k\in\mathbf{Z}\right\}$
值域	$[-1,1]$	$[-1,1]$	**R**
最值	当 $x=2k\pi+\frac{\pi}{2}(k\in\mathbf{Z})$ 时，$y_{max}=1$；当 $x=2k\pi-\frac{\pi}{2}(k\in\mathbf{Z})$ 时，$y_{min}=-1$	当 $x=2k\pi(k\in\mathbf{Z})$ 时，$y_{max}=1$；当 $x=2k\pi+\pi(k\in\mathbf{Z})$ 时，$y_{min}=-1$	既无最大值也无最小值
周期性	2π	2π	π
奇偶性	奇函数	偶函数	奇函数
单调性 单调增区间	$\left[2k\pi-\frac{\pi}{2},2k\pi+\frac{\pi}{2}\right](k\in\mathbf{Z})$	$[2k\pi-\pi,2k\pi](k\in\mathbf{Z})$	在 $\left(k\pi-\frac{\pi}{2},k\pi+\frac{\pi}{2}\right)(k\in\mathbf{Z})$ 上恒增
单调性 单调减区间	$\left[2k\pi+\frac{\pi}{2},2k\pi+\frac{3\pi}{2}\right](k\in\mathbf{Z})$	$[2k\pi,2k\pi+\pi](k\in\mathbf{Z})$	
对称性 对称中心	$(k\pi,0)(k\in\mathbf{Z})$	$\left(k\pi+\frac{\pi}{2},0\right)(k\in\mathbf{Z})$	$\left(\frac{k\pi}{2},0\right)(k\in\mathbf{Z})$
对称性 对称轴	$x=k\pi+\frac{\pi}{2}(k\in\mathbf{Z})$	$x=k\pi(k\in\mathbf{Z})$	无对称轴

(2) 由 $y=\sin x$ 的图象得到 $y=A\sin(\omega x+\varphi)(A>0,\omega>0)$ 的图象的过程

① $y=\sin x\xrightarrow[\text{向右平移}|\varphi|\text{个单位}]{\text{图象上各点向左或}}y=\sin(x+\varphi)\xrightarrow[\text{到原来的}\frac{1}{\omega}\text{，纵坐标不变}]{\text{各点横坐标伸长或缩短}}y=\sin(\omega x+\varphi)\xrightarrow[\text{到原来的}A\text{倍，横坐标不变}]{\text{各点纵坐标伸长或缩短}}$ $y=A\sin(\omega x+\varphi)$；

② $y=\sin x\xrightarrow[\text{到原来的}\frac{1}{\omega}\text{，纵坐标不变}]{\text{各点横坐标伸长或缩短}}y=\sin\omega x\xrightarrow[\text{向右平移}\left|\frac{\varphi}{\omega}\right|\text{个单位}]{\text{图象上各点向左或}}y=\sin(\omega x+\varphi)\xrightarrow[\text{到原来的}A\text{倍，横坐标不变}]{\text{各点纵坐标伸长或缩短}}y=$

$A\sin(\omega x+\varphi)$。

对于函数 $y=A\sin(\omega x+\varphi)(A>0,\omega>0)$,其中,$A$ 为振幅,周期 $T=\frac{2\pi}{\omega}$,初相为 φ,频率 $f=\frac{1}{T}=\frac{\omega}{2\pi}$。

考法揭秘

三角函数的周期与最值的计算方法

1. 三角函数最小正周期的求法

(1)公式法:将函数化为 $y=A\sin(\omega x+\varphi)+k$ 或 $y=A\cos(\omega x+\varphi)+k(A,\ \omega,\varphi,k$ 为常数,且 $A\neq0,\omega\neq0)$ 的形式,再利用 $T=\frac{2\pi}{|\omega|}$ 求得;或将函数化为 $y=A\tan(\omega x+\varphi)+B$ 的形式,利用 $T=\frac{\pi}{|\omega|}$ 求得。

(2)最小公倍数法:由三角函数的代数和组成的三角函数式,可找出各个加函数的最小正周期,然后找出所有周期的最小公倍数即得。特别注意:对正、余弦函数的差不能用此法。

2. 三角函数的值域(最值)的解题方法

(1)直接法:形如 $y=a\sin x+k$ 或 $y=a\cos x+k(a\neq0)$ 的三角函数,直接利用 $\sin x,\cos x$ 的值域求出。

(2)化一法:形如 $y=a\sin x+b\cos x+k(a,b\neq0)$ 的三角函数,化为 $y=A\sin(\omega x+\varphi)+k(A,\ \omega,\varphi,k$ 为常数,且 $A\neq0,\omega\neq0)$ 的形式,确定 $\omega x+\varphi$ 的范围,根据正弦函数单调性写出函数的值域(最值)。

(3)换元法:形如 $y=a\sin^2x+b\sin x+k(a,b\neq0)$ 的三角函数,可先设 $\sin x=t$,化为关于 t 的二次函数求值域(最值);形如 $y=a\sin x\cos x+b(\sin x\pm\cos x)+c(a,b\neq0)$ 的三角函数,可先设 $t=\sin x\pm\cos x$,化为关于 t 的二次函数求值域(最值)。换元后要注意标出 t 的取值范围。

招教体验

1. [2018 统考,填空,2′]函数 $y=\sin5x+\cos3x$ 的最小正周期为________。

答案:2π。函数 $y_1=\sin5x$ 的最小正周期为 $T_1=\frac{2\pi}{5}$,函数 $y_2=\cos3x$ 的最小正周期 $T_2=\frac{2\pi}{3}$,由最小公倍数法可得 $y=\sin5x+\cos3x$ 的最小正周期为 2π。

2. [2017 统考,填空,2′]函数 $f(x)=2\sqrt{3}\sin x\cos x-2\sin^2x$ 的最小值为________。

答案:-3。$f(x)=2\sqrt{3}\sin x\cos x-2\sin^2x=\sqrt{3}\sin2x+\cos2x-1=2\sin\left(2x+\frac{\pi}{6}\right)-1$,$\sin\left(2x+\frac{\pi}{6}\right)$ 的最小值是 -1,则函数 $f(x)$ 的最小值是 -3。

4. 解三角形

(1)正弦定理

在一个三角形中,各边的长和它所对角的正弦的比相等,即 $\frac{a}{\sin A}=\frac{b}{\sin B}=\frac{c}{\sin C}=2R$($R$ 为三角形外接圆半径)。

三角形面积公式：$S=\frac{1}{2}ab\sin C=\frac{1}{2}bc\sin A=\frac{1}{2}ac\sin B$。

(2)余弦定理

①三角形任何一边的平方等于其他两边的平方和减去这两边与它们夹角的余弦的积的两倍，即$c^2=a^2+b^2-2ab\cos C, b^2=a^2+c^2-2ac\cos B, a^2=b^2+c^2-2bc\cos A$。

②余弦定理的另一种形式：$\cos A=\frac{b^2+c^2-a^2}{2bc}, \cos B=\frac{c^2+a^2-b^2}{2ca}, \cos C=\frac{a^2+b^2-c^2}{2ab}$。

五、函数的应用 【单选、解答】★★

知识点1 函数与方程

1. 方程的根与函数的零点

对于方程 $y=f(x)(x\in D)$，我们把使 $f(x)=0$ 的实数 x 叫作函数 $y=f(x)(x\in D)$ 的零点。

方程 $f(x)=0$ 有实根⇔函数 $y=f(x)$ 的图象与 x 轴有交点⇔函数 $y=f(x)$ 有零点。

2. 函数零点的判定

如果函数 $y=f(x)$ 在区间$[a,b]$上的图象是连续不断的一条曲线，且 $f(a)\cdot f(b)<0$，那么函数 $y=f(x)$ 在区间(a,b)内有零点，即存在 $x_0\in(a,b)$，使得 $f(x_0)=0$，这个 x_0 就是方程 $f(x)=0$ 的根。

3. 有关函数零点的结论

(1)若连续不断的函数 $f(x)$ 在定义域上是单调函数，则 $f(x)$ 至多有一个零点。

(2)连续不断的函数，其相邻两个零点之间的所有函数值保持同号。

(3)连续不断的函数图象通过零点时，函数值可能变号，也可能不变号。

考法揭秘

判断函数零点个数常用的方法

(1)解方程法：令 $f(x)=0$，如果方程有解，一般有几个解就有几个零点；

(2)利用零点判定定理：利用该定理不仅要求函数在$[a,b]$上的图象是连续曲线，且 $f(a)\cdot f(b)<0$，还要结合函数的性质确定函数零点的个数；

(3)数形结合法：转化为两个相应函数图象的交点的个数问题，有几个交点就有几个零点；

(4)利用函数的单调性(通过求导来确定函数的单调区间)来判断函数零点的个数；

(5)化函数的零点个数问题为方程 $g(x)=h(x)$ 的解的个数问题，在同一坐标系下作出 $y=g(x)$ 和 $y=h(x)$ 的图象，两函数图象的交点个数就是函数 $f(x)$ 的零点的个数。

招教体验

[2015年5月杭州，单，3′]函数 $f(x)=2\ln x$ 的图象与函数 $g(x)=x^2-4x+5$ 的图象的交点的个数为(　　)

A. 3　　B. 2　　C. 1　　D. 0

答案:B。在同一坐标系下,分别画出函数 $f(x)=2\ln x$ 的图象与函数 $g(x)=x^2-4x+5$ 的图象,如图,由图可知,两个函数图象共有 2 个交点。

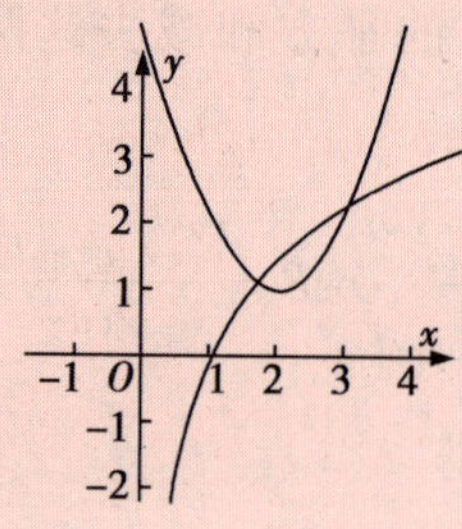

知识点 2 函数模型及其应用

常见的函数模型有一次函数模型、二次函数模型、指数函数模型、对数函数模型、分段函数模型、三角函数模型等。常解决的几类应用题:(1)几何问题;(2)利润最大、费用最省问题;(3)复利问题;(4)变化率问题;(5)物理问题。

用函数模型解应用题的基本步骤:(1)阅读并且理解题意(关键是数据、字母的实际意义);(2)设量建模;(3)求解函数模型;(4)简要回答实际问题。

注:求解应用性问题时,不仅要考虑函数本身的定义域,还要结合实际问题确定自变量的取值范围。

招教体验

[2018 年 5 月杭州,单,3′]有一个海岛。1998 年这个岛上只有 200 个居民,但是人口总数以每 25 年 3 倍的速度增长。如果规定每个人在岛上必须至少有 1.5 平方千米的居住面积。这个岛的总面积是 24 900 平方千米。从 1998 年开始大约需要(　　)年,在人口数可以支持的情况下,已经快要达到最多可居住的人数。

A. 50　　B. 75　　C. 100　　D. 125

答案:C。由题意得,该岛最多可居住人数为 24 900 ÷ 1.5 = 16 600(人),设需要 n 个 25 年快要达到最多可居住人数,则 $200\cdot 3^n=16\ 600$,解得 $n\approx 4$,所以大约需要 $25\times 4=100$ 年。故选 C。

强化练习

建议用时:80 分钟	实际用时:_____分钟	参考分值:71 分	实际得分:_____分

基础练 保分必拿

一、单项选择题(每小题 2 分,共 16 分)

1. 函数$\log_2\sin\left(2x+\frac{\pi}{6}\right)$的单调递减区间是(　　)

A. $\left[k\pi-\frac{5\pi}{12},k\pi+\frac{\pi}{6}\right),k\in\mathbf{Z}$

B. $\left[k\pi-\frac{5\pi}{12},k\pi+\frac{5\pi}{12}\right),k\in\mathbf{Z}$

C. $\left[k\pi-\frac{\pi}{6},k\pi+\frac{\pi}{6}\right),k\in\mathbf{Z}$

D. $\left[k\pi+\frac{\pi}{6},k\pi+\frac{5\pi}{12}\right),k\in\mathbf{Z}$

2. 已知 $f(x)=2^x+\frac{a}{2^x}$ 为奇函数，$g(x)=bx-\log_2(4^x+1)$ 为偶函数，则 $f(ab)=$（　　）

A. $\frac{17}{4}$　　B. $\frac{5}{2}$

C. $-\frac{15}{4}$　　D. $-\frac{3}{2}$

3. 函数 $y=\ln|\sin x|$（$-\pi<x<\pi$，且 $x\neq0$）的图象大致是（　　）

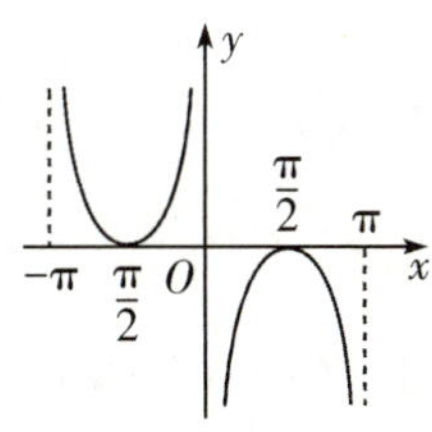

A　　B

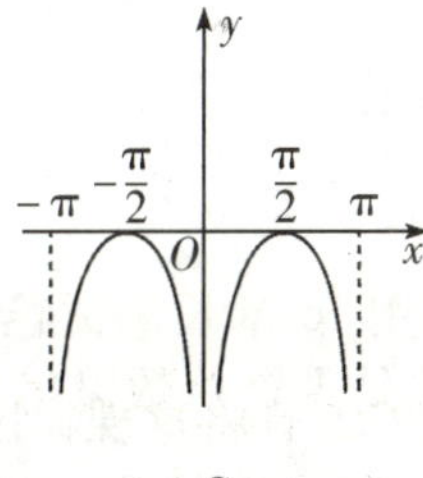

C　　D

4. $\lg x+\lg y=2\lg(x-2y)$，则 $\log_2\left(\frac{x}{y}\right)$（$y\neq0$）的值的集合是（　　）

A. $\{1\}$　　B. $\{2\}$

C. $\{1,0\}$　　D. $\{2,0\}$

5. 函数 $y=f(x)$ 的图象与直线 $x=1$ 的公共点个数是（　　）

A. 1　　B. 0

C. 0 或 1　　D. 1 或 2

6. 如果幂函数 $y=x^\alpha$ 的图象经过点 $(2,\frac{\sqrt{2}}{2})$，则 $f(4)$ 的值等于（　　）

A. $\frac{1}{2}$　　B. 2

C. $\frac{1}{16}$　　D. 16

7. 若函数 $f(x)=\log_3(x+1)$ 的反函数为 $y=f^{-1}(x)$，则方程 $f^{-1}(x)=8$ 的解是（　　）

A. 1　　B. 2

C. -2　　D. -1

8. 世界人口在过去 40 年内翻了一番，则每年人口平均增长率是（　　）（参考数据 $\lg2\approx0.3010$，$10^{0.0075}\approx1.017$）

A. 1.5%　　B. 1.6%

C. 1.7%　　D. 1.8%

二、填空题（每小题 2 分，共 10 分）

9. 已知 $\sin\alpha=\frac{3}{5}$，$\alpha\in\left(-\frac{\pi}{2},\frac{\pi}{2}\right)$，则 $\cos\left(\alpha+\frac{5}{4}\pi\right)=$________。

10. 已知函数 $f(x)=(m^2-m-1)x^{m^2+2m-3}$ 是幂函数，且其图象与两坐标轴都没有交点，则实数 $m=$________。

11. 已知函数 $f(x)=x^2-(a-1)x+5$ 在区间 $\left(\frac{1}{2},1\right)$ 上为增函数，那么 $f(2)$ 的取值范围是________。

12. 函数 $f(x)=\begin{cases}2^x-1, x\leqslant0,\\ x^{\frac{1}{2}}, x>0,\end{cases}$ 若 $f(a)>3$，则 a 的取值范围是________。

13. 已知一次函数的图象经过点 $P(0,-3)$，且与坐标轴围成三角形的面积为 6，则此一次函数解析式为________。

三、解答题（每小题 7 分，共 14 分）

14. $\dfrac{\sqrt{1+\cos100^\circ\sin170^\circ}}{\cos370^\circ+\sqrt{1-\sin^2170^\circ}}$

15. 函数 $f(x)=\log_a(2x^2+x)$（$a>0$，且 $a\neq1$）。

（1）若当 $x\in\left(0,\frac{1}{2}\right)$ 时，都有 $f(x)>0$ 恒成立，求 a 的取值范围；

（2）在（1）的结论下，求 $f(x)$ 的单调递增区间。

第三部分

提升练 提分必争

一、单项选择题(每小题2分,共10分)

1. 设函数$f(x)=\begin{cases}m+x^2, |x|\geq 1,\\ x, |x|<1\end{cases}$的图象过点(1,1),函数$g(x)$是二次函数,若函数$f(g(x))$的值域是$[0,+\infty)$,则函数$g(x)$的值域是( )

A. $(-\infty,-1]\cup[1,+\infty)$

B. $(-\infty,-1]\cup[0,+\infty)$

C. $[0,+\infty)$

D. $[1,+\infty)$

2. 已知函数$f(x)$满足$f(x+2)=f(x)$,且$f(x)$是偶函数,当$x\in[0,1]$时,$f(x)=x$。若在区间$[-1,3]$内,函数$g(x)=f(x)-kx-k$有3个零点,则实数k的取值范围是( )

A. $\left[\frac{1}{4},\frac{1}{2}\right]$　　B. $\left(\frac{1}{4},\frac{1}{2}\right)$

C. $\left(0,\frac{1}{4}\right)$　　D. $\left(\frac{1}{2},1\right)$

3. 已知函数$f(x)=x|x|-2x$,则下列结论正确的是( )

A. $f(x)$是偶函数,递增区间是$(0,+\infty)$

B. $f(x)$是偶函数,递减区间是$(-\infty,1)$

C. $f(x)$是奇函数,递减区间是$(-1,1)$

D. $f(x)$是奇函数,递增区间是$(-\infty,0)$

4. 反比例函数$f(x)=\frac{k}{x}(x\neq 0)$的图象如图所示,下列结论正确的是( )

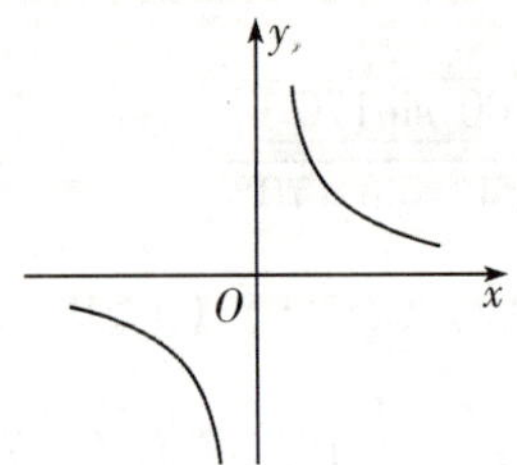

A. 常数$k<-1$

B. 函数$f(x)$在定义域范围内,y随着x的增大而减小

C. 若点$C(-1,m)$,点$B(2,n)$在函数$f(x)$的图象上,则$m<n$

D. 函数$f(x)$图象对称轴的直线方程为$y=x$

5. 函数$f(x)=\sin^2x+\sqrt{3}\sin x\cos x$在区间$\left[\frac{\pi}{4},\frac{\pi}{2}\right]$上的最大值是( )

A. 1　　B. $\frac{1+\sqrt{3}}{2}$

C. $\frac{3}{2}$　　D. $1+\sqrt{3}$

二、解答题(每小题7分,共21分)

6. 设定义在$[-2,2]$上的偶函数$f(x)$在区间$[0,2]$上单调递减,若$f(1-m)<f(m)$,则实数m的取值范围。

7. 如图,有一直角墙角,两边的长度足够长,在P处有一棵树与两墙的距离分别是a米$(0<a<12)$、4米,不考虑树的粗细,现在想用16米长的篱笆,借助墙围成一个矩形的花圃$ABCD$,且将这棵树围在花圃内。设$BC=x$米,此矩形花圃的面积为y平方米。

(1)请写出y关于x的函数关系,并指出这个函数的定义域;

(2)当BC为何值时,花圃的面积最大?

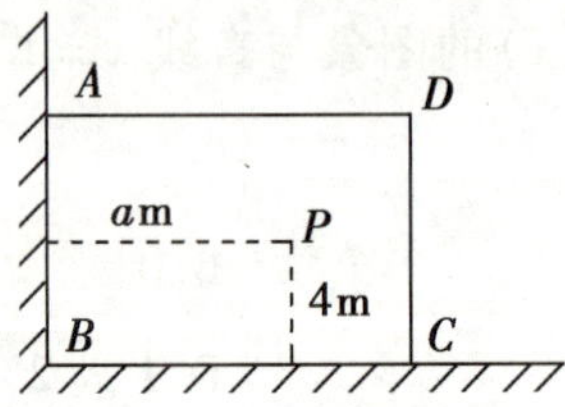

8. 已知幂函数$f(x)=(-2m^2+m+2)x^{m+1}$为偶函数。

(1)求$f(x)$的解析式;

(2)若函数$h(x)=f(x)+ax+3-a\geq 0$在区间$[-2,2]$上恒成立,求实数a的取值范围。

参考答案及解析

基础练

一、单项选择题

1. D [解析]由题意可知 $\sin\left(2x+\frac{\pi}{6}\right)>0$，由正弦函数的图象可知，该函数的单调递减区间满足 $2k\pi+\frac{\pi}{2}\leqslant 2x+\frac{\pi}{6}<2k\pi+\pi$，$k\in\mathbf{Z}$，解得 $x\in\left[k\pi+\frac{\pi}{6},k\pi+\frac{5\pi}{12}\right)$，$k\in\mathbf{Z}$。故选 D。

2. D [解析]由 $f(x)=2^x+\frac{a}{2^x}$ 为奇函数，得 $f(-x)+f(x)=0$，即 $\left(2^x+\frac{a}{2^x}\right)+\left(2^{-x}+\frac{a}{2^{-x}}\right)=0$，可得 $a=-1$。由 $g(x)=bx-\log_2(4^x+1)$ 为偶函数，得 $g(x)=g(-x)$，即 $bx-\log_2(4^x+1)=b(-x)-\log_2(4^{-x}+1)$，即有 $2bx=\log_2(4^x+1)-\log_2(4^{-x}+1)=\log_2\frac{4^x+1}{4^{-x}+1}=\log_2\frac{4^x(4^x+1)}{4^x+1}=\log_2 4^x=\log_2 2^{2x}=2x$，解得 $b=1$，可得 $ab=-1$，故 $f(ab)=f(-1)=2^{-1}+\frac{-1}{2^{-1}}=-\frac{3}{2}$。故选 D。

3. C [解析]因为 $|\sin x|\leqslant 1$ 且 $|\sin x|\neq 0$，所以 $\ln|\sin x|\leqslant 0$，即图象均在 x 轴的下方。故选 C。

4. B [解析]由题意知，$\lg(xy)=\lg(x-2y)^2$，$x>2y>0$，则 $xy=(x-2y)^2$，化简得 $x^2-5xy+4y^2=0$，分解因式得 $(x-y)(x-4y)=0$。又 $x>2y>0$，则 $x=4y$，故 $\log_2\left(\frac{x}{y}\right)=2$。

5. C [解析]由于直线 $x=1$ 表示垂直于 x 轴的直线，而函数是一个特殊的映射，其自变量与函数的对应可以是一对一、多对一，所以所求的公共点可能没有；如果有交点，那么仅有一个。故选 C。

6. A [解析]由题意得，$\frac{\sqrt{2}}{2}=2^{\alpha}$，解得 $\alpha=-\frac{1}{2}$，所以 $y=x^{-\frac{1}{2}}$，故 $f(4)=4^{-\frac{1}{2}}=\frac{1}{2}$。

7. B [解析]由 $y=f(x)=\log_3(x+1)$，得 $x=3^y-1$，即 $f^{-1}(x)=3^x-1$，于是由 $3^x-1=8$，解得 $x=2$。故选 B。

8. C [解析]设每年世界人口平均增长率为 x，由题意得 $(1+x)^{40}=2$，两边取以 10 为底的对数，变形得 $40\lg(1+x)=\lg 2$，则 $\lg(1+x)=\frac{\lg 2}{40}\approx 0.0075$，$10^{0.0075}=1+x$，解得 $1+x\approx 1.017$，故 $x\approx 1.7\%$。

二、填空题

9. $-\frac{\sqrt{2}}{10}$ [解析]$\because \sin\alpha=\frac{3}{5}$，$\alpha\in\left(-\frac{\pi}{2},\frac{\pi}{2}\right)$，$\therefore \cos\alpha=\sqrt{1-\sin^2\alpha}=\frac{4}{5}$，则 $\cos\left(\alpha+\frac{5}{4}\pi\right)=\cos\left[\pi+\left(\alpha+\frac{1}{4}\pi\right)\right]=-\cos\left(\alpha+\frac{1}{4}\pi\right)=-\cos\alpha\cos\frac{1}{4}\pi+\sin\alpha\sin\frac{1}{4}\pi=-\frac{\sqrt{2}}{10}$。

10. -1 [解析]$\because$ 函数 $f(x)=(m^2-m-1)x^{m^2+2m-3}$ 是幂函数，$\therefore m^2-m-1=1$，解得 $m=2$ 或 $m=-1$，当 $m=2$ 时，$f(x)=x^5$，其图象与两坐标轴有交点不合题意，当 $m=-1$ 时，$f(x)=\frac{1}{x^4}$，其图象与两坐标轴都没有交点，符合题意，故 $m=-1$。

11. $[7,+\infty)$ [解析]函数 $f(x)=x^2-(a-1)x+5$ 在区间 $\left(\frac{1}{2},1\right)$ 上为增函数，由于其图象（抛物线）开口向上，对称轴为 $x=\frac{a-1}{2}$，与直线 $x=\frac{1}{2}$ 重合或位于直线 $x=\frac{1}{2}$ 的左侧，则应有 $\frac{a-1}{2}\leqslant\frac{1}{2}$，解得

第三部分

$a\leqslant 2$，所以$f(2)=4-(a-1)\times 2+5=11-2a\geqslant 7$，即$f(2)\geqslant 7$。

12. $(9,+\infty)$ ［解析］由题意得$\begin{cases}a\leqslant 0,\\2^a-1>3\end{cases}$或$\begin{cases}a>0,\\a^{\frac{1}{2}}>3,\end{cases}$解得$a>9$。

13. $y=\pm\frac{3}{4}x-3$ ［解析］设此一次函数解析式为$y=kx+b$，由题意可知$b=-3$，且与坐标轴围成三角形的面积为6，则此一次函数的横截距为± 4，对应的$k=\pm\frac{3}{4}$。

三、解答题

14. ［解析］原式$=\frac{\sqrt{1+\cos(180°-80°)\sin(90°+80°)}}{\cos(360°+10°)+\sqrt{1-\sin^2(180°-10°)}}$

$=\frac{\sqrt{1+(-\cos80°)\cos80°}}{\cos10°+\sqrt{1-\sin^2 10°}}=\frac{\sqrt{1-\cos^2 80°}}{2\cos10°}=\frac{\sin80°}{2\cos10°}=\frac{\cos10°}{2\cos10°}=\frac{1}{2}$。

15. ［解析］(1) 令$u=2x^2+x$，则$f(x)=y=\log_a u$，当$x\in\left(0,\frac{1}{2}\right)$时，$u\in(0,1)$，因为$y=\log_a u>0$，所以$0<a<1$。故$a$的取值范围为$(0,1)$。

(2) 由$2x^2+x>0$可得$f(x)$的定义域为$\left(-\infty,-\frac{1}{2}\right)\cup(0,+\infty)$，因为$0<a<1$，所以$y=\log_a u$为减函数，因为$u=2x^2+x$在$\left(-\infty,-\frac{1}{2}\right)$上单调递减，在$(0,+\infty)$上单调递增，所以由复合函数的性质可得$f(x)=\log_a(2x^2+x)$的单调递增区间为$\left(-\infty,-\frac{1}{2}\right)$。

提升练

一、单项选择题

1. C ［解析］因为函数$f(x)=\begin{cases}m+x^2,|x|\geqslant 1,\\x,|x|<1\end{cases}$的图象过点$(1,1)$，所以$m+1=1$，$m=0$，所以$f(x)=\begin{cases}x^2,|x|\geqslant 1,\\x,|x|<1,\end{cases}$因为函数$g(x)$是二次函数，值域不会是选项A、B。画出函数$y=f(x)$的图象(如图)，易知，当$g(x)$的值域是$[0,+\infty)$时，函数$f(g(x))$的值域是$[0,+\infty)$。

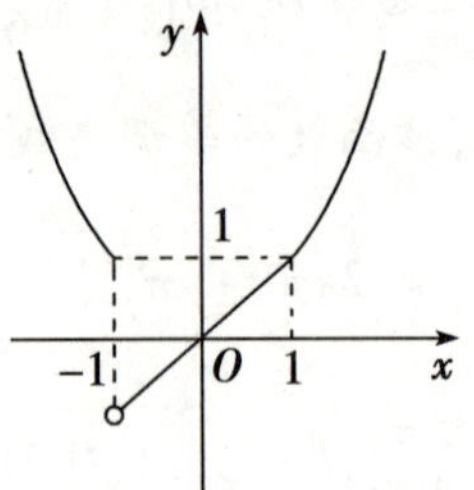

2. B ［解析］根据已知条件知函数$f(x)$是周期为2的偶函数，且当$x\in[0,1]$时，$f(x)=x$，则若$x\in[-1,0]$，即$-x\in[0,1]$时，$f(-x)=-x=f(x)$，即$x\in[-1,0]$时，$f(x)=-x$。函数$g(x)$的零点个数便是函数$f(x)$和函数$y=k(x+1)$的交点个数，∴如图所示，在区间$[-1,3]$内，①若$k>0$，当$y=k(x+1)$经过点$(1,1)$时，$k=\frac{1}{2}$，此时只有2个交点；当经过点$(3,1)$时，$k=\frac{1}{4}$，此时有4个交点，∴若满足只有3个交点，则$\frac{1}{4}<k<\frac{1}{2}$；②若$k<0$，即函数$y=k(x+1)$在$y$轴上的截距小于0，显然此时该直线与$f(x)$的图象不可能有3个交点，即这种情况不存在；③若$k=0$，得到直线$y=0$，显然与$f(x)$图象只有2个交点。综上得实数$k$的取值范围是$\left(\frac{1}{4},\frac{1}{2}\right)$。

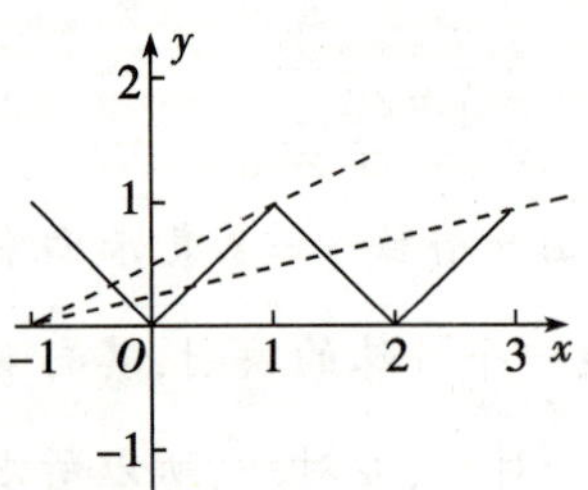

3. C ［解析］将函数$f(x)=x|x|-2x$，去绝对值得

$f(x)=\begin{cases}x^2-2x,x\geqslant 0,\\-x^2-2x,x<0,\end{cases}$ 画出函数 $f(x)$ 的图象，如图所示，观察图象可知，函数 $f(x)$ 的图象关于原点对称，故函数 $f(x)$ 为奇函数，且在区间 $(-1,1)$ 上单调递减。

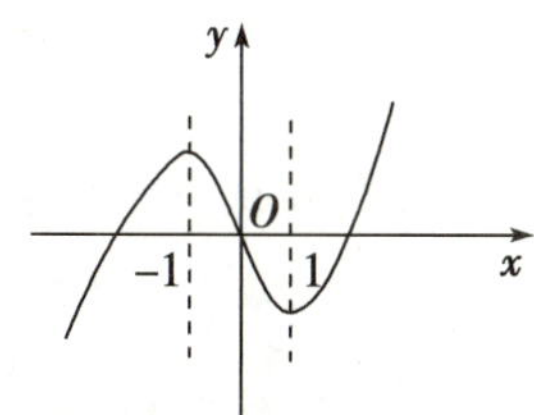

4. C ［解析］由图象可知常数 $k>0$，A 项错误；当 $x>0$ 时，y 随着 x 的增大而减小，当 $x<0$ 时，y 随着 x 的增大而减小，B 项说法不严谨，错误；由反比例函数的解析式可得，$m=-k<0,n=\frac{k}{2}>0$，则 $m<n$，C 项正确；函数 $f(x)$ 图象的对称轴有两条，$y=x$ 和 $y=-x$，D 项错误。

5. C ［解析］$f(x)=\sin^2x+\sqrt{3}\sin x\cos x=\frac{\sqrt{3}}{2}\sin 2x-\frac{1}{2}\cos 2x+\frac{1}{2}=\sin\left(2x-\frac{\pi}{6}\right)+\frac{1}{2}$，$\because x\in\left[\frac{\pi}{4},\frac{\pi}{2}\right]$，$\therefore 2x-\frac{\pi}{6}\in\left[\frac{\pi}{3},\frac{5\pi}{6}\right]$，$\therefore$ 函数 $f(x)$ 的最大值为 $\frac{3}{2}$。故选 C。

二、解答题

6. ［解析］因为 $f(x)$ 是偶函数，所以 $f(-x)=f(x)=f(|x|)$。所以不等式 $f(1-m)<f(m)$ 等价于 $f(|1-m|)<f(|m|)$。又当 $x\in[0,2]$ 时，$f(x)$ 是减函数，所以 $\begin{cases}|1-m|>|m|,\\-2\leqslant 1-m\leqslant 2,\\-2\leqslant m\leqslant 2,\end{cases}$ 解得 $-1\leqslant m<\frac{1}{2}$。

7. ［解析］(1) 要使树被圈进去，则矩形 $ABCD$ 中，$BC\geqslant a,CD\geqslant 4$，因为篱笆长为 16 米，所以当 $BC=x$（米）时，$CD=16-x$（米），

由于 $BC\geqslant a,CD\geqslant 4$，故 $a\leqslant x\leqslant 12$，

所以面积 $y=f(x)=x(16-x)=-x^2+16x,x\in[a,12]$。

(2) 由 (1) 得，$y=f(x)=-x^2+16x=-(x-8)^2+64,x\in[a,12]$，

则函数 $f(x)$ 的对称轴为 $x=8$，

$\because 0<a<12$，

$\therefore$ 若 $8<a<12$，当 $x=a$ 时，$y_{\max}=-a^2+16a$；

若 $0<a\leqslant 8$，当 $x=8$ 时，$y_{\max}=64$。

8. ［解析］(1) 由 $f(x)$ 为幂函数知 $-2m^2+m+2=1$，解得 $m=1$ 或 $m=-\frac{1}{2}$。当 $m=1$ 时，$f(x)=x^2$，符合题意；当 $m=-\frac{1}{2}$ 时，$f(x)=x^{\frac{1}{2}}$，不合题意，舍去。所以 $f(x)=x^2$。

(2) $h(x)=\left(x+\frac{a}{2}\right)^2-\frac{a^2}{4}-a+3$，令 $h(x)$ 在 $[-2,2]$ 上的最小值为 $g(a)$。

①当 $-\frac{a}{2}<-2$，即 $a>4$ 时，$g(a)=h(-2)=7-3a\geqslant 0$，所以 $a\leqslant\frac{7}{3}$。又 $a>4$，所以此时 a 不存在；

②当 $-2\leqslant -\frac{a}{2}\leqslant 2$，即 $-4\leqslant a\leqslant 4$ 时，$g(a)=h\left(-\frac{a}{2}\right)=-\frac{a^2}{4}-a+3\geqslant 0$，所以 $-6\leqslant a\leqslant 2$。又 $-4\leqslant a\leqslant 4$，所以 $-4\leqslant a\leqslant 2$；

③当 $-\frac{a}{2}>2$，即 $a<-4$ 时，$g(a)=h(2)=7+a\geqslant 0$，所以 $a\geqslant -7$。又 $a<-4$，所以 $-7\leqslant a<-4$。综上可知，a 的取值范围为 $[-7,2]$。

正确率 70% 以下		正确率 70% ~85%		正确率 85% 以上	

第三部分

第九章　极限与连续

考向分析

本章属于高等数学的重要章节，特点为内容多、识记与理解性知识多，在考试中常以客观题的形式考查。本章需要重点掌握的知识包括：

1. 理解数列极限的定义及收敛判别法、数列的子列及其收敛性；识记常用的数列极限。

2. 理解函数极限的定义及有关定理；识记无穷小量的定义、阶的比较及等价无穷小量的替换；函数极限的求法。

3. 理解函数连续性的定义、闭区间上连续函数的性质；识记间断点的定义与分类。

考情预测　在备考时，考生应注意：①数列极限的相关概念与定理；②函数极限的定义、相关定理与求解方法；③无穷小量阶的比较与等价无穷小量的替换。预计在明年的招教考试中，本部分依然是重点，且考试方式更加灵活。考生要抓住重点和难点，有针对性地进行识记与理解。

思维导图

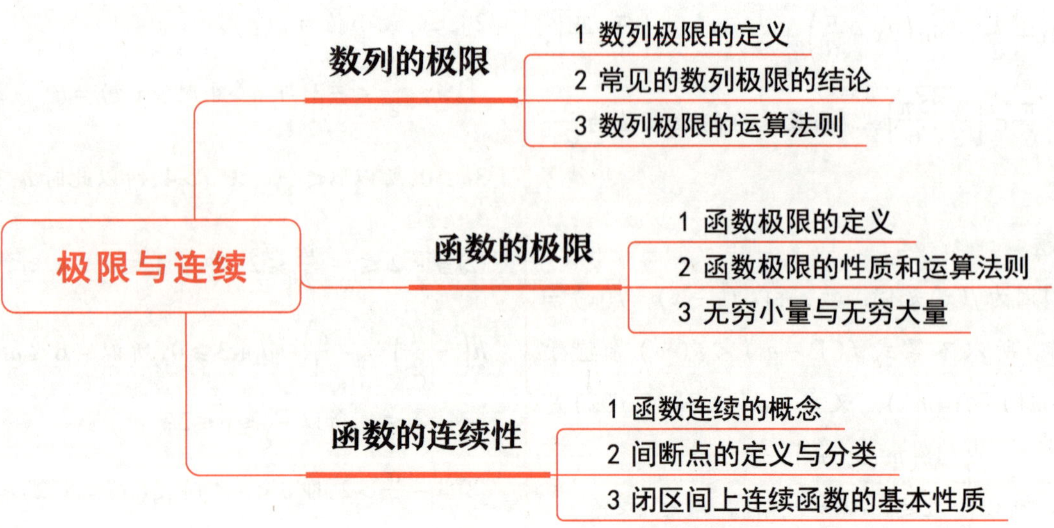

核心知识

别祈望不劳而获。成功不会自动降临，成功来自积极的努力！

一、数列的极限　【填空】

知识点 1　数列极限的定义

一般地，如果当项数 n 无限增大时，无穷数列 $\{a_n\}$ 的项 a_n 无限趋近于某个常数 a（即 $|a_n-a|$ 无限趋近

于0)，那么就说数列$\{a_n\}$收敛于a，或者说a是数列$\{a_n\}$的极限。记作$\lim\limits_{n\to\infty}a_n=a$，读作“当$n$趋向于无穷大时，$a_n$的极限等于$a$”。“$n\to\infty$”表示“$n$趋向于无穷大”，即$n$无限增大的意思。

用“$\varepsilon-N$”语言表述就是对任意的$\varepsilon>0$，存在正整数N，对任意的$n>N$都有$|a_n-a|<\varepsilon$。这个定义一般在证明题中使用。

知识点2 常见的数列极限的结论

(1) $\lim\limits_{n\to\infty}\sqrt[n]{a}=1(a>0)$；$\lim\limits_{n\to\infty}\sqrt[n]{n}=1$；$\lim\limits_{n\to\infty}\dfrac{a^n}{n!}=0$；$\lim\limits_{n\to\infty}\dfrac{1}{\sqrt[n]{n!}}=0$；$\lim\limits_{n\to\infty}\dfrac{1}{n^\alpha}=0(\alpha>0,\alpha$ 为常数)；

(2) $\lim\limits_{n\to\infty}C=C(C$ 是常数)；

(3) $\lim\limits_{n\to\infty}a^n=\begin{cases}0,|a|<1,\\1,a=1,\\\text{不存在},|a|>1\text{ 或 }a=-1;\end{cases}$

(4) $\lim\limits_{n\to\infty}\dfrac{a_0n^k+a_1n^{k-1}+\cdots+a_k}{b_0n^l+b_1n^{l-1}+\cdots+b_l}=\begin{cases}\dfrac{a_0}{b_0},k=l,a_0\neq0,b_0\neq0,\\0,k<l,\\\text{不存在},k>l。\end{cases}$

知识点3 数列极限的运算法则

如果$\lim\limits_{n\to\infty}a_n=A$，$\lim\limits_{n\to\infty}b_n=B$，那么$\lim\limits_{n\to\infty}(a_n+b_n)=A+B$；$\lim\limits_{n\to\infty}(a_n-b_n)=A-B$；$\lim\limits_{n\to\infty}(a_n\cdot b_n)=A\cdot B$；$\lim\limits_{n\to\infty}\dfrac{a_n}{b_n}=\dfrac{A}{B}(B\neq0)$；$\lim\limits_{n\to\infty}ca_n=c\lim\limits_{n\to\infty}a_n=cA(c$ 是常数)。

考法揭秘

常见的数列极限的解题方法

数列极限解题

1. 分式型，若分子、分母的最高次数相同，则极限等于最高次项的系数之比。

[例]求$\lim\limits_{n\to\infty}\dfrac{3n^2+2n}{n^2+3n+1}$。

答案：原式$=\lim\limits_{n\to\infty}\dfrac{3+\dfrac{2}{n}}{1+\dfrac{3}{n}+\dfrac{1}{n^2}}=\dfrac{\lim\limits_{n\to\infty}\left(3+\dfrac{2}{n}\right)}{\lim\limits_{n\to\infty}\left(1+\dfrac{3}{n}+\dfrac{1}{n^2}\right)}=3$。

2. 指数分式型($\dfrac{0}{0}$和$\dfrac{\infty}{\infty}$型)，分子、分母同时除以其中的最高次项，或者通过变式(如通分、约分)，根据数列极限的结论求出极限。

[例]求$\lim\limits_{n\to\infty}\dfrac{(-2)^n+3^n}{(-2)^{n+1}-3^{n+1}}$。

答案：原式$=\lim\limits_{n\to\infty}\dfrac{\left(-\dfrac{2}{3}\right)^n+1}{(-2)\cdot\left(-\dfrac{2}{3}\right)^n-3}=-\dfrac{1}{3}$。

第三部分

3. 根式型($\infty-\infty$ 型),通过分子或分母有理化变形求出极限。

[例]求 $\lim\limits_{n\to\infty}(\sqrt{4n^2+3}-2n)$。

答案:原式 $=\lim\limits_{n\to\infty}\dfrac{3}{\sqrt{4n^2+3}+2n}=0$。

4. 利用夹逼准则。对极限式中的数列进行适当放大和缩小,使之成为容易求出极限的形式。

[例]求 $\lim\limits_{x\to\infty}\sqrt[n]{1+\dfrac{1}{2}+\cdots+\dfrac{1}{n}}$。

答案:$1\leqslant\sqrt[n]{1+\dfrac{1}{2}+\cdots+\dfrac{1}{n}}\leqslant\sqrt[n]{1+1+\cdots+1}=\sqrt[n]{n}$,

$\because\lim\limits_{n\to\infty}\sqrt[n]{n}=1$,由夹逼定理,得 $\lim\limits_{n\to\infty}\sqrt[n]{1+\dfrac{1}{2}+\cdots+\dfrac{1}{n}}=1$。

招教体验

[2017 统考,填空,2′]数列极限 $\lim\limits_{n\to\infty}n\cdot[\ln(n-1)-\ln n]=$________。

答案:-1。$\lim\limits_{n\to\infty}n\cdot[\ln(n-1)-\ln n]=\lim\limits_{n\to\infty}n\cdot\ln\dfrac{n-1}{n}=\lim\limits_{\frac{1}{n}\to 0}\dfrac{\ln\left(1-\frac{1}{n}\right)}{\frac{1}{n}}=\lim\limits_{\frac{1}{n}\to 0}\dfrac{-\frac{1}{n}}{\frac{1}{n}}=-1$。

第三部分

二、函数的极限 【填空、解答】

知识点 1 函数极限的定义

1. 函数极限的“$\varepsilon-A$”或“$\varepsilon-\delta$”定义

类型	“$\varepsilon-A$”或“$\varepsilon-\delta$”定义	符号表示
$x\to\infty$ 时函数 $f(x)$ 的极限	$\forall\varepsilon>0,\exists A>0,\forall x:\lvert x\rvert>A$,有 $\lvert f(x)-b\rvert<\varepsilon$	$\lim\limits_{x\to\infty}f(x)=b$
$x\to-\infty$ 时函数 $f(x)$ 的极限	$\forall\varepsilon>0,\exists A>0,\forall x<-A$,有 $\lvert f(x)-b\rvert<\varepsilon$	$\lim\limits_{x\to-\infty}f(x)=b$
$x\to+\infty$ 时函数 $f(x)$ 的极限	$\forall\varepsilon>0,\exists A>0,\forall x>A$,有 $\lvert f(x)-b\rvert<\varepsilon$	$\lim\limits_{x\to+\infty}f(x)=b$
$x\to x_0$ 时函数 $f(x)$ 的极限	$\forall\varepsilon>0,\exists\delta>0,\forall x:0<\lvert x-x_0\rvert<\delta$,有 $\lvert f(x)-b\rvert<\varepsilon$	$\lim\limits_{x\to x_0}f(x)=b$
$x\to x_0^-$ 时函数 $f(x)$ 的极限(左极限)	$\forall\varepsilon>0,\exists\delta>0,\forall x:x_0-\delta<x<x_0$,有 $\lvert f(x)-b\rvert<\varepsilon$	$\lim\limits_{x\to x_0^-}f(x)=b$
$x\to x_0^+$ 时函数 $f(x)$ 的极限(右极限)	$\forall\varepsilon>0,\exists\delta>0,\forall x:x_0<x<x_0+\delta$,有 $\lvert f(x)-b\rvert<\varepsilon$	$\lim\limits_{x\to x_0^+}f(x)=b$

2. 函数极限存在的充分必要条件

(1) $\lim\limits_{x\to\infty}f(x)=A$ 的充分必要条件是 $\lim\limits_{x\to+\infty}f(x)=\lim\limits_{x\to-\infty}f(x)=A$;

(2) $\lim\limits_{x\to x_0}f(x)=A$ 的充分必要条件是 $\lim\limits_{x\to x_0^+}f(x)=\lim\limits_{x\to x_0^-}f(x)=A$。

柯西准则：设函数$f(x)$在$U^{\circ}(x_0,\delta')$内有定义，$\lim\limits_{x\to x_0}f(x)$存在的充要条件是，任给$\varepsilon>0$，存在正整数$\delta$，对于任意的$x',x''$，有$0<|a-x'|<\delta$与$0<|a-x''|<\delta$，有$|f(x')-f(x'')|<\varepsilon$。（此定理多应用于证明题中）

知识点2 函数极限的性质和运算法则

1. 极限的有关性质

（1）单调有界函数必有极限。

（2）函数的极限如果存在，则极限值是唯一确定的常数。

（3）（**局部保号性**）若$\lim\limits_{x\to x_0}f(x)=A$，$A>0$（或$A<0$），则对任何正数$r<A$（或$r<-A$），存在$\delta>0$，当$0<|x-x_0|<\delta$时，$f(x)>r>0$（或$f(x)<-r<0$）。

（4）（**局部有界性**）设存在极限$\lim\limits_{x\to x_0}f(x)=A$，则$f(x)$在$x_0$的某一去心邻域内有界，即$\exists\delta>0$，$M>0$，使得$0<|x-x_0|<\delta$时，$|f(x)|\leqslant M$。

（5）（**夹逼准则**）若在x_0的某一空心邻域内，恒有$g(x)\leqslant f(x)\leqslant h(x)$，且$\lim\limits_{x\to x_0}g(x)=A$，$\lim\limits_{x\to x_0}h(x)=A$，则$\lim\limits_{x\to x_0}f(x)=A$。

（6）（**极限与无穷小的关系**）$\lim\limits_{x\to x_0}f(x)=A\Leftrightarrow f(x)=A+\alpha(x)$，其中$\lim\limits_{x\to x_0}\alpha(x)=0$。

2. 极限的四则运算法则

若$\lim\limits_{x\to x_0}f(x)=A$，$\lim\limits_{x\to x_0}g(x)=B$，

（1）$\lim\limits_{x\to x_0}[f(x)\pm g(x)]=\lim\limits_{x\to x_0}f(x)\pm\lim\limits_{x\to x_0}g(x)=A\pm B$；

（2）$\lim\limits_{x\to x_0}[f(x)\cdot g(x)]=\lim\limits_{x\to x_0}f(x)\cdot\lim\limits_{x\to x_0}g(x)=A\cdot B$；

（3）若$B\neq0$，则$\lim\limits_{x\to x_0}\dfrac{f(x)}{g(x)}=\dfrac{\lim\limits_{x\to x_0}f(x)}{\lim\limits_{x\to x_0}g(x)}=\dfrac{A}{B}$；

（4）$\lim\limits_{x\to x_0}c\cdot f(x)=c\cdot\lim\limits_{x\to x_0}f(x)=cA$（$c$为常数）。

3. 常用结论

$\lim\limits_{x\to-\infty}e^x=0$，$\lim\limits_{x\to+\infty}e^x=+\infty$；$\lim\limits_{x\to-\infty}\arctan x=-\dfrac{\pi}{2}$，$\lim\limits_{x\to+\infty}\arctan x=\dfrac{\pi}{2}$。

知识点3 无穷小量与无穷大量 【单选】 ★★

1. 定义

（1）**无穷小量**：设$f(x)$在某$U^{\circ}(x_0)$内有定义，若$\lim\limits_{x\to x_0}f(x)=0$，则称$f(x)$为当$x\to x_0$时的无穷小量。

（2）**无穷大量**：对于$\forall M>0$，$\exists X>0(\delta>0)$，当$|x|>X(0<|x-x_0|<\delta)$时，总有$|f(x)|>M$成立，则称$f(x)$为$x\to\infty$（$x\to x_0$）时的无穷大，记为$\lim\limits_{x\to\infty}f(x)=\infty$（$\lim\limits_{x\to x_0}f(x)=\infty$）。

2. 无穷小量的阶

设当$x\to x_0$时，$f(x)$与$g(x)$均为无穷小量，则无穷小量阶的类别如下：

类别	定义
等价无穷小	$\lim\limits_{x\to x_0}\frac{f(x)}{g(x)}=1$，记$f(x)\sim g(x)$
高阶无穷小	$\lim\limits_{x\to x_0}\frac{f(x)}{g(x)}=0$，称$f$为$g$的高阶无穷小，或称$g$为$f$的低阶无穷小，记作$f(x)\sim o(g(x))(x\to x_0)$
同阶无穷小	若存在正数K和L，使得在某$U^{\circ}(x_0)$上有$K\leqslant\left\|\frac{f(x)}{g(x)}\right\|\leqslant L$，称$f$与$g$为同阶无穷小，当$\lim\limits_{x\to x_0}\frac{f(x)}{g(x)}=C\neq0$时，$f$与$g$必为同阶无穷小
k阶无穷小	若$\lim\limits_{x\to x_0}\frac{f(x)}{g^k(x)}=c\neq0(k>0)$，称$f(x)$为$x\to x_0$时$g(x)$的$k$阶无穷小

3. 等价无穷小量替换

设$\alpha\sim\alpha'$，$\beta\sim\beta'$，且$\lim\frac{\beta'}{\alpha'}$存在，则$\lim\frac{\beta}{\alpha}=\lim\frac{\beta'}{\alpha'}$。

常用的等价无穷小量有：当$x\to0$时，$\sin x\sim x$，$\arcsin x\sim x$，$\tan x\sim x$，$\arctan x\sim x$，$\ln(1+x)\sim x$，$e^x-1\sim x$，$1-\cos x\sim\frac{1}{2}x^2$，$(1+x)^{\alpha}-1\sim\alpha x(a\neq0)$，$a^x-1\sim x\ln a$。

招教体验

1. [2019 统考，单，2′]当$x\to0$时，$e^x-\left(1+\frac{x}{2}\right)^2$与(　　)是同阶无穷小量。

A. x　　B. x^2　　C. x^3　　D. x^4

答案：B。对于选项A，$\lim\limits_{x\to0}\frac{e^x-\left(1+\frac{x}{2}\right)^2}{x}=\lim\limits_{x\to0}\frac{e^x-2\left(1+\frac{x}{2}\right)\cdot\frac{1}{2}}{1}=0$，则$e^x-\left(1+\frac{x}{2}\right)^2$是$x$的高阶无穷小；对于选项B，$\lim\limits_{x\to0}\frac{e^x-\left(1+\frac{x}{2}\right)^2}{x^2}=\lim\limits_{x\to0}\frac{e^x-1-\frac{x}{2}}{2x}=\lim\limits_{x\to0}\frac{e^x-\frac{1}{2}}{2}=\frac{1}{4}$，则$e^x-\left(1+\frac{x}{2}\right)^2$与$x^2$是同阶无穷小；对于选项C，$\lim\limits_{x\to0}\frac{e^x-\left(1+\frac{x}{2}\right)^2}{x^3}=\lim\limits_{x\to0}\frac{e^x-1-\frac{x}{2}}{3x^2}=\lim\limits_{x\to0}\frac{e^x-\frac{1}{2}}{6x}=\infty$；对于选项D，$\lim\limits_{x\to0}\frac{e^x-\left(1+\frac{x}{2}\right)^2}{x^4}=\lim\limits_{x\to0}\frac{e^x-1-\frac{x}{2}}{4x^3}=\lim\limits_{x\to0}\frac{e^x-\frac{1}{2}}{12x^2}=+\infty$。故选B。

2. [2017 统考，单，2′]当$x\to0$时，函数$e^{\sin x}-\cos x$是函数$\sin x$的(　　)

A. 低阶无穷小　　B. 高阶无穷小

C. 同阶但非等价无穷小量　　D. 等价无穷小

答案：D。$\lim\limits_{x\to0}\frac{e^{\sin x}-\cos x}{\sin x}=\lim\limits_{x\to0}\frac{\cos xe^{\sin x}+\sin x}{\cos x}=1$，故当$x\to0$时$e^{\sin x}-\cos x$是函数$\sin x$的等价无穷小。

第三部分

考法揭秘

函数极限的计算方法

1. 通过因式分解或根式有理化，再用极限运算法则或连续函数极限的求解方法求解。

对于极限式中含有$\sqrt{a}\pm\sqrt{b}$（或$a\pm\sqrt{b}$）的题目，在求极限之前先用$\sqrt{a}\mp\sqrt{b}$（或$a\mp\sqrt{b}$）分别乘分子、分母从而使根式有理化，再求极限。

［例］求$\lim\limits_{x\to 0}\dfrac{\sqrt{x+a}-\sqrt{a}}{x}$。

答案：$\lim\limits_{x\to 0}\dfrac{\sqrt{x+a}-\sqrt{a}}{x}=\lim\limits_{x\to 0}\dfrac{(\sqrt{x+a}-\sqrt{a})(\sqrt{x+a}+\sqrt{a})}{x(\sqrt{x+a}+\sqrt{a})}=\lim\limits_{x\to 0}\dfrac{1}{\sqrt{x+a}+\sqrt{a}}=\dfrac{1}{2\sqrt{a}}$。

2. 利用**洛必达法则**求解。

若可导函数f和g满足：

①$\lim\limits_{x\to x_0}f(x)=\lim\limits_{x\to x_0}g(x)=0$；

②在点x_0的某空心邻域$U^{\circ}(x_0)$内，$f'(x)$及$g'(x)$都存在，且$g'(x)\neq 0$；

③$\lim\limits_{x\to x_0}\dfrac{f'(x)}{g'(x)}=A$（$A$可为实数，也可为$\pm\infty$或$\infty$），

则$\lim\limits_{x\to x_0}\dfrac{f(x)}{g(x)}=\lim\limits_{x\to x_0}\dfrac{f'(x)}{g'(x)}=A$。

若将$x\to x_0$换成$x\to x_0^+$，$x\to x_0^-$，$x\to+\infty$，$x\to-\infty$，$x\to\infty$，只要相应的修正条件②中的邻域，也可得到同样的结论。

［例］求$\lim\limits_{x\to 0}\dfrac{\tan x-x}{\frac{1}{3}x^3}$。

答案：原式$=\lim\limits_{x\to 0}\dfrac{\sec^2x-1}{x^2}=\lim\limits_{x\to 0}\dfrac{\tan^2x}{x^2}=\lim\limits_{x\to 0}\dfrac{x^2}{x^2}=1$。

3. 利用等价无穷小因子替换。

若$x\to 0$时，无穷小$\alpha(x)\to\alpha^*(x)$，$\beta(x)\to\beta^*(x)$，即$\lim\limits_{x\to 0}\dfrac{\alpha(x)}{\alpha^*(x)}=1$，$\lim\limits_{x\to 0}\dfrac{\beta(x)}{\beta^*(x)}=1$，则$\lim\limits_{x\to 0}\dfrac{\alpha(x)u(x)}{\beta(x)v(x)}=\lim\limits_{x\to 0}\dfrac{\alpha^*(x)u(x)}{\beta^*(x)v(x)}$。

4. 利用变量替换法。在利用洛必达法则后，极限式比原来的复杂，可利用变量替换法，通常是令$x=\dfrac{1}{t^k}$（k为自然数）。

［例］求$\lim\limits_{x\to\infty}\left[x-x^2\ln\left(1+\dfrac{1}{x}\right)\right]$。

答案：原式$\xlongequal{\frac{1}{x}=t}\lim\limits_{t\to 0}\left[\dfrac{1}{t}-\dfrac{\ln(1+t)}{t^2}\right]\xlongequal{\text{通分}}\lim\limits_{t\to 0}\dfrac{t-\ln(1+t)}{t^2}\xlongequal{\left(\frac{0}{0}\right)}\lim\limits_{t\to 0}\dfrac{1-\frac{1}{1+t}}{2t}=\lim\limits_{t\to 0}\dfrac{1+t-1}{2t(t+1)}=\lim\limits_{t\to 0}\dfrac{1}{2(t+1)}=\dfrac{1}{2}$。

5. 利用两个重要极限。

两个重要极限：①$\lim\limits_{x\to 0}\frac{\sin x}{x}=1$；②$\lim\limits_{x\to\infty}\left(1+\frac{1}{x}\right)^{x}=e$。

在运用两个重要极限时，要注意题中所给 x 的趋向。

6. 分别求左右极限。

对于分段函数在分段点处的极限，通常需要讨论它的左右极限，当左右极限存在且相等时，函数的极限值等于这个值，当左右极限不等或至少有一个不存在时，原极限不存在。对于在形式上不属于分段函数，但函数定义域是间断的，间断处的极限需要分别左右求解讨论。

[例]设函数 $f(x)=\begin{cases}1-x, x<0,\\ 1+x^2, x\geqslant 0,\end{cases}$ 计算 $\lim\limits_{x\to 0}f(x)$。

答案：由分段函数可得，$\lim\limits_{x\to 0^+}f(x)=\lim\limits_{x\to 0^+}(1+x^2)=1$，$\lim\limits_{x\to 0^-}f(x)=\lim\limits_{x\to 0^-}(1-x)=1$，函数 $f(x)$ 的左右极限相等，故 $\lim\limits_{x\to 0}f(x)=1$。

招教体验

1. [2018 统考，填空，2′] $\lim\limits_{x\to 0}\frac{\sin 4x}{\tan 2x}=$________。

答案：2。利用等价无穷小的替换，$\lim\limits_{x\to 0}\frac{\sin 4x}{\tan 2x}=\lim\limits_{x\to 0}\frac{4x}{2x}=2$。

2. [2016 统考，填空，2′]极限 $\lim\limits_{x\to 0}\frac{e^{\tan x}-e^{\sin x}}{x^3}=$________。

答案：$\frac{1}{2}$。$\lim\limits_{x\to 0}\frac{e^{\tan x}-e^{\sin x}}{x^3}=\lim\limits_{x\to 0}\frac{e^{\sin x}(e^{\tan x-\sin x}-1)}{x^3}=\lim\limits_{x\to 0}\frac{e^{\tan x-\sin x}-1}{x^3}=\lim\limits_{x\to 0}\frac{\tan x-\sin x}{x^3}=\lim\limits_{x\to 0}\frac{\tan x(1-\cos x)}{x^3}=\lim\limits_{x\to 0}\frac{x\cdot\frac{1}{2}x^2}{x^3}=\frac{1}{2}$。

3. [2016 杭州，解答，7′]计算：$\lim\limits_{x\to\infty}\left(\frac{x}{1+x}\right)^{x}$。

答案：$\lim\limits_{x\to\infty}\left(\frac{x}{1+x}\right)^{x}=\lim\limits_{x\to\infty}\left(1-\frac{1}{1+x}\right)^{x}=\lim\limits_{x\to\infty}\left[\left(1-\frac{1}{1+x}\right)^{-(1+x)}\right]^{-\frac{x}{1+x}}=e^{-1}$。

三、函数的连续性 【单选、填空】 ★★

知识点 1 函数连续的概念

1. 函数连续的定义

设 $y=f(x)$ 在点 x_0 的某邻域内有定义。

(1)若 $\lim\limits_{x\to x_0}f(x)=f(x_0)$，则称 $f(x)$ 在点 x_0 处连续。

(2)若$\lim\limits_{x\to x_0^+}f(x)=f(x_0)$($\lim\limits_{x\to x_0^-}f(x)=f(x_0)$),则称$f(x)$在点$x_0$处右(左)连续。

$f(x)$在点x_0处连续⇔$f(x)$在点x_0既左连续又右连续,即$\lim\limits_{x\to x_0}f(x)=f(x_0)$⇔$\lim\limits_{x\to x_0^-}f(x)=\lim\limits_{x\to x_0^+}f(x)=f(x_0)$。

(3)若$f(x)$在(a,b)内任一点均连续,则称$f(x)$在(a,b)内连续。

(4)若$f(x)$在(a,b)内连续,在$x=a$处右连续,在$x=b$处左连续,则称$f(x)$在$[a,b]$上连续。

(5)函数$y=f(x)$在点x_0处连续的等价定义:若对任给的$\varepsilon>0$,存在$\delta>0$,当$|x-x_0|<\delta$时,有$|f(x)-f(x_0)|<\varepsilon$,则称函数$f(x)$在点$x_0$连续。

由定义可知,函数$y=f(x)$在点x_0处连续要满足:函数$y=f(x)$在点x_0及其邻域内有定义,$\lim\limits_{x\to x_0}f(x)$存在,且$\lim\limits_{x\to x_0}f(x)=f(x_0)$。

若函数$f(x)$在它的整个定义区间上连续,就称$f(x)$在其定义区间上为连续函数。

2. 函数连续性相关定理

定理1 若$f(x)$,$g(x)$都在x_0点连续,则$f(x)\pm g(x)$,$f(x)g(x)$,$\dfrac{f(x)}{g(x)}$(在x_0的某邻域内$g(x)\neq0$)也在x_0点连续。

定理2 设$f(x)$在区间$[a,b]$上严格增加(或减少),并且在任意点连续,又设$f(a)=\alpha$,$f(b)=\beta$,则在区间$[\alpha,\beta]$或$[\beta,\alpha]$上,存在$y=f(x)$的反函数$y=\varphi(x)$,它在这个区间上也是单调增加(或减少)和连续的。

定理3 若$u=g(x)$在点x_0处连续,$g(x_0)=u_0$,而$y=f(u)$在点u_0处连续,那么复合函数$y=f[g(x)]$在点x_0连续,即$\lim\limits_{x\to x_0}f[g(x)]=f[g(x_0)]=f[\lim\limits_{x\to x_0}g(x)]$。

考法揭秘

函数连续性的判断方法

1. 若函数$f(x)$是初等函数,则其在它的定义区间上处处连续。

2. 若函数$f(x)$是分段函数,通常利用定义,先求函数在分段点处的左右极限,若左右极限存在且相等,则函数$f(x)$在分段点处连续。除分段点外,函数$f(x)$在每一小区间上都是初等函数,则函数$f(x)$在定义区间上处处连续。

3. 可利用函数连续性相关定理进行判断。

招教体验

1. [2018统考,单,3′]若函数$f(x)=\begin{cases}e^{2x}-1,x\geqslant0,\\ \ln a,x<0\end{cases}$在$x=0$处连续,则$a=$( )

A. e^2　　B. e　　C. 2　　D. 1

答案:D。由题意得函数在$x=0$处连续,则$\lim\limits_{x\to0^+}(e^{2x}-1)=0=\lim\limits_{x\to0^-}\ln a$,所以$a=1$。

2. [2017统考,单,2′]设函数$f(x)=\begin{cases}e^x+\sin x,x<0,\\ a\cos x+2,x\geqslant0\end{cases}$在$x=0$处连续,那么实数$a$等于( )

A. 0　　B. 1　　C. −1　　D. 2

第三部分

答案:C。∵ 函数 $f(x)$ 在 $x=0$ 处连续,则 $\lim\limits_{x\to0^+}f(x)=\lim\limits_{x\to0^+}(a\cos x+2)=a+2=\lim\limits_{x\to0^-}f(x)=\lim\limits_{x\to0^-}(e^x+\sin x)=1$,解得 $a=-1$。

3. [2016 统考,单,2′] 函数 $f(x)=\begin{cases}1-x, & 0\leqslant x<1,\\ e^x-e, & 1<x\leqslant2\end{cases}$ 的连续区间为(　　)

A. $[0,1)$　　B. $[0,2]$　　C. $[0,1)\cup(1,2]$　　D. $(1,2]$

答案:C。$f(x)$ 在 $[0,1)$ 与 $(1,2]$ 上是初等函数,必连续,在 $x=1$ 处无定义,必不连续,因此连续区间为 $[0,1)\cup(1,2]$,选 C。

知识点 2 间断点的定义与分类

1. 函数 $f(x)$ 的间断点的定义

若函数 $f(x)$ 在点 x_0 处有下列三种情形之一:

(1) 在 $x=x_0$ 处没有定义;

(2) $\lim\limits_{x\to x_0}f(x)$ 不存在;

(3) $\lim\limits_{x\to x_0}f(x)\neq f(x_0)$。

则称点 x_0 为函数 $f(x)$ 的间断点,函数 $f(x)$ 在点 x_0 处不连续。

2. 间断点的类型及其判断

设 x_0 是函数 $f(x)$ 的间断点,则间断点的分类如下:

间断点的分类	间断点的判断
第一类间断点 $\lim\limits_{x\to x_0^+}f(x)$ 与 $\lim\limits_{x\to x_0^-}f(x)$ 都存在	若 $\lim\limits_{x\to x_0^+}f(x)=\lim\limits_{x\to x_0^-}f(x)\neq f(x_0)$,则 x_0 为可去间断点
	若 $\lim\limits_{x\to x_0^+}f(x)\neq\lim\limits_{x\to x_0^-}f(x)$,则 x_0 为跳跃间断点
第二类间断点	$\lim\limits_{x\to x_0^+}f(x)$ 与 $\lim\limits_{x\to x_0^-}f(x)$ 至少有一个不存在,则 x_0 为 $f(x)$ 的第二类间断点,当其中一个极限为 ∞ 时,x_0 为 $f(x)$ 的无穷间断点

考法揭秘

间断点的判断方法

1. 若 $f(x)$ 为初等函数,那么它在定义区间内连续,因此 $f(x)$ 的间断点就是使其无定义的点。

2. 若 $f(x)$ 为分段函数,它在每小段定义区间上均为初等函数,则其间断点可能在分段点处出现。分段点是否为间断点,需要用定义进行判定。

3. 若函数不是初等函数或分段函数,其间断点的判断方法为:

(1) 判断函数在 x_0 处有无定义;

(2) 有定义则判断函数在 x_0 处的左右极限是否都存在;

(3) 极限存在则判断是否相等或相等时是否为 x_0 处的函数值。

招教体验

[2016 统考,填空,2′]函数$f(x)=\frac{x}{\tan x}$的可去间断点为________。

答案:$x=0,x=k\pi+\frac{\pi}{2}(k\in\mathbf{Z})$。函数$f(x)=\frac{x}{\tan x}$的所有间断点为$x=k\pi,x=k\pi+\frac{\pi}{2}(k\in\mathbf{Z})$。(1)当$x=k\pi+\frac{\pi}{2},k\in\mathbf{Z}$时,$\lim\limits_{x\to k\pi+\frac{\pi}{2}}f(x)=\lim\limits_{x\to k\pi+\frac{\pi}{2}}\frac{x}{\tan x}=0$,故$x=k\pi+\frac{\pi}{2},k\in\mathbf{Z}$为可去间断点。(2)当$x=k\pi,k\in\mathbf{Z}$时,①当$k=0$时,$x=0$,此时$\lim\limits_{x\to 0}f(x)=\lim\limits_{x\to 0}\frac{x}{\tan x}=1$,为可去间断点;②当$k\neq 0$时,$x=k\pi,k\in\mathbf{Z}$,此时$\lim\limits_{x\to k\pi}f(x)=\lim\limits_{x\to k\pi}\frac{x}{\tan x}=\infty$,为无穷间断点。因此,函数$f(x)=\frac{x}{\tan x}$的可去间断点为$x=0,x=k\pi+\frac{\pi}{2}(k\in\mathbf{Z})$。

知识点3 闭区间上连续函数的基本性质

性质1(有界性) 闭区间$[a,b]$上的连续函数$f(x)$必在$[a,b]$上有界。

性质2(最值性) 闭区间$[a,b]$上的连续函数$f(x)$在$[a,b]$上有最大值和最小值。

性质3(介值定理) 设函数$f(x)$在闭区间$[a,b]$上连续,且$f(a)\neq f(b)$。若μ为介于$f(a)$与$f(b)$之间的任何实数,则至少存在一点$x_0\in(a,b)$,使得$f(x_0)=\mu$。

性质4(零点存在定理) 若$f(x)$在$[a,b]$上连续,$f(a)$和$f(b)$异号,那么在(a,b)内至少有一点ξ,使$f(\xi)=0$。

建议用时:50 分钟	实际用时:_____分钟	参考分值:45 分	实际得分:_____分

基础练 保分必拿

一、单项选择题(每小题 2 分,共 10 分)

1. 下列极限正确的是(　　)

A. $\lim\limits_{x\to\infty}\frac{\sin x}{x}=1$

B. $\lim\limits_{x\to\infty}\frac{x-\sin x}{x+\sin x}$不存在

C. $\lim\limits_{x\to\infty}x\sin\frac{1}{x}=1$

D. $\lim\limits_{x\to-\infty}\arctan x=\frac{\pi}{2}$

2. 已知函数$f(x)=\begin{cases}x\sin\frac{1}{x},x>0,\\ a+x^2,x\leqslant 0\end{cases}$在$x=0$处的极限存在,则$a=$(　　)

A. 0　　B. 1

C. -1　　D. 不存在

3. $\lim\limits_{x\to 0}x\tan x=$(　　)

A. 1　　B. -1　　C. 0　　D. 2

4. 函数$f(x)=\frac{x^3-x^2+3}{x^3-5x^2-6x}$的间断点是(　　)

A. $x=6,x=-1$

第三部分

B. $x=0,x=6$

C. $x=0,x=6,x=-1$

D. $x=-1,x=0$

5. 若 $x\to0$，则下列变量与 $\sin^2x$ 为等价无穷小的是(　　)

A. x　　B. x^2

C. $\sqrt{x}$　　D. x^3

二、填空题(共2分)

6. 若函数 $f(x)=\begin{cases}\dfrac{\sin kx}{x},x\neq0,\\4,x=0\end{cases}$ 在 $x=0$ 处连续，则常数 $k=$________。

三、解答题(每小题2分，共6分)

7. 求 $\lim\limits_{n\to\infty}(\sqrt{n+1}-\sqrt{n})\sqrt{n}=$________。

8. $\lim\limits_{x\to\frac{\pi}{2}}\dfrac{\cos x}{\cos\frac{x}{2}-\sin\frac{x}{2}}=$________。

9. $\lim\limits_{x\to0}\dfrac{e^x-e^{\sin x}}{x-\sin x}=$________。

提升练　提分必争

一、单项选择题(每小题2分，共6分)

1. 若 $\lim\limits_{x\to1}\left(\dfrac{a}{1-x}-\dfrac{b}{1-x^2}\right)=1$，则常数 a,b 的值分别为(　　)

A. $-2,4$　　B. $2,-4$

C. $-2,-4$　　D. $2,4$

2. 下列关于函数 $f(x)=\dfrac{|x|(x-1)}{x(x^2-1)}$ 的间断点说法错误的是(　　)

A. $x=0$ 是函数的第一类间断点

B. $x=1$ 是函数的可去间断点

C. $x=-1$ 是函数的第一类间断点

D. $x=0,1,-1$ 是函数的间断点

3. 设 $f(x)=\lim\limits_{n\to\infty}\dfrac{x^{2n-1}+ax^2+bx}{x^{2n}+1}$ 为连续函数，则 a,b 的值分别为(　　)

A. 0,1　　B. 0,0

C. 1,1　　D. $-1,1$

二、解答题(每小题7分，共21分)

4. $\lim\limits_{n\to\infty}\dfrac{1-a^n}{1+a^n}(a>0)$。

5. 求：$\lim\limits_{n\to\infty}\left(\dfrac{1}{1\cdot2}+\dfrac{1}{2\cdot3}+\cdots+\dfrac{1}{n(n+1)}\right)^n$。

6. 求 $\lim\limits_{x\to1}\dfrac{1-\sqrt[n]{x}}{1-\sqrt[m]{x}}(m,n\in\mathbf{N})$。

参考答案及解析

基础练

一、单项选择题

1. C　[解析]当 $x\to0$ 时，A 项极限才正确；$\lim\limits_{x\to\infty}\dfrac{x-\sin x}{x+\sin x}=1$，B 项错误；对于 C 选项，令 $t=\dfrac{1}{x}$，则 $\lim\limits_{x\to\infty}x\sin\dfrac{1}{x}=\lim\limits_{t\to0}\dfrac{\sin t}{t}=1$，正确；D 项，极限值应为 $-\dfrac{\pi}{2}$。故选 C。

2. A　[解析]由题意知，函数 $f(x)$ 在 $x=0$ 处的右极限为 $\lim\limits_{x\to0^+}x\sin\dfrac{1}{x}=\lim\limits_{x\to0^+}\dfrac{\sin\frac{1}{x}}{\frac{1}{x}}=0$，$\because$ 函数 $f(x)$ 在 $x=0$ 处的极限存在，$\therefore$ 函数 $f(x)$ 在 $x=0$ 处的左右极限相等，$\therefore$ 函数 $f(x)$ 在 $x=0$ 处的左极限为 $\lim\limits_{x\to0^-}f(x)=\lim\limits_{x\to0^-}(a+x^2)=0$，$\therefore a=0$。

3. C　[解析]用等价无穷小做等量代换。因为当 $x\to0$ 时，$\tan x\sim x$，所以 $\lim\limits_{x\to0}x\tan x=\lim\limits_{x\to0}x^2=0$。

4. C [解析]由于 $x^3-5x^2-6x=x(x^2-5x-6)=x(x-6)(x+1)$,所以函数$f(x)$的间断点是 $x=0$, $x=6$, $x=-1$。故选 C。

5. B [解析]根据等价无穷小的定义,由$\lim\limits_{x\to0}\frac{\sin^2 x}{x^2}=\lim\limits_{x\to0}\left(\frac{\sin x}{x}\right)^2=1$,知$\sin^2 x\sim x^2$。

二、填空题

6. 4 [解析]函数$f(x)=\begin{cases}\frac{\sin kx}{x}, x\neq0,\\4, x=0\end{cases}$在 $x=0$ 处连续,因此$\lim\limits_{x\to0}\frac{\sin kx}{x}=\lim\limits_{x\to0}\frac{k\sin kx}{kx}=k\lim\limits_{x\to0}\frac{\sin kx}{kx}=k=4$。

三、解答题

7. $\frac{1}{2}$ [解析]$\lim\limits_{n\to\infty}(\sqrt{n+1}-\sqrt{n})\sqrt{n}=$

$$\lim_{n\to\infty}\frac{(\sqrt{n+1}-\sqrt{n})(\sqrt{n+1}+\sqrt{n})\sqrt{n}}{\sqrt{n+1}+\sqrt{n}}=$$

$$\lim_{n\to\infty}\frac{\sqrt{n}}{\sqrt{n+1}+\sqrt{n}}=\lim_{n\to\infty}\frac{1}{\sqrt{1+\frac{1}{n}}+1}=\frac{1}{2}。$$

8. $\sqrt{2}$ [解析]$\lim\limits_{x\to\frac{\pi}{2}}\frac{\cos x}{\cos\frac{x}{2}-\sin\frac{x}{2}}=$

$$\lim_{x\to\frac{\pi}{2}}\frac{\cos^2\frac{x}{2}-\sin^2\frac{x}{2}}{\cos\frac{x}{2}-\sin\frac{x}{2}}=\lim_{x\to\frac{\pi}{2}}\left(\cos\frac{x}{2}+\sin\frac{x}{2}\right)=\sqrt{2}。$$

9. 1 [解析]原式$=\lim\limits_{x\to0}\frac{e^{\sin x}(e^{x-\sin x}-1)}{x-\sin x}=$

$$\lim_{x\to0}\frac{e^{\sin x}(x-\sin x)}{x-\sin x}=1。$$

提升练

一、单项选择题

1. C [解析]$\lim\limits_{x\to1}\left(\frac{a}{1-x}-\frac{b}{1-x^2}\right)=\lim\limits_{x\to1}\frac{ax+a-b}{(1-x)(1+x)}=1$,$\because x\to1$ 时,$(1-x)(1+x)\to0$,$\therefore$ 当 $x\to1$ 时,$ax+a-b\to0$,故有 $2a-b=0$,则 $b=2a$,代入极限得

$$\lim_{x\to1}\frac{ax+a-2a}{(1-x)(1+x)}=\lim_{x\to1}\frac{a(x-1)}{(1-x)(1+x)}=-\lim_{x\to1}\frac{a}{1+x}=-\frac{a}{2}=1,\therefore a=-2,b=-4。$$

2. C [解析]$f(x)$在 $x=0,1,-1$ 间断。因为 $\lim\limits_{x\to0^+}f(x)=\lim\limits_{x\to0^+}\frac{1}{x+1}=1$, $\lim\limits_{x\to0^-}f(x)=\lim\limits_{x\to0^-}\frac{-1}{x+1}=-1$,所以 $x=0$ 是 $f(x)$的跳跃间断点,为第一类间断点。因为$f(x)$在 $x=1$ 处没有定义,而$\lim\limits_{x\to1}f(x)=\lim\limits_{x\to1}\frac{1}{x+1}=\frac{1}{2}$,所以 $x=1$ 是$f(x)$的可去间断点。因为 $\lim\limits_{x\to-1^+}f(x)=\lim\limits_{x\to-1^+}\frac{-1}{x+1}=-\infty$, $\lim\limits_{x\to-1^-}f(x)=\lim\limits_{x\to-1^-}\frac{-1}{x+1}=+\infty$,所以 $x=-1$ 是$f(x)$的第二类间断点。故 C 项错误。

3. A [解析]$f(x)=\begin{cases}ax^2+bx, |x|<1,\\ \lim\limits_{n\to\infty}\dfrac{\frac{1}{x}+\frac{a}{x^{2n-2}}+\frac{b}{x^{2n-1}}}{1+\frac{1}{x^{2n}}}=\frac{1}{x}, |x|>1,\\ \frac{1+a+b}{2}, x=1,\\ -\frac{1-a+b}{2}, x=-1,\end{cases}$

故$f(1+0)=1$,$f(1-0)=a+b$,$f(-1+0)=a-b$,$f(-1-0)=-1$。由于$f(x)$在 $x=1$, $x=-1$ 处连续,所以$\begin{cases}a+b=1,\\a-b=-1\end{cases}\Rightarrow a=0,b=1$。

二、解答题

4. [解析]当 $0<a<1$ 时,$\lim\limits_{n\to\infty}\frac{1-a^n}{1+a^n}=\frac{1-0}{1+0}=1$;

当 $a=1$ 时,$\lim\limits_{n\to\infty}\frac{1-a^n}{1+a^n}=0$;

当 $a>1$ 时,$\lim\limits_{n\to\infty}\frac{1-a^n}{1+a^n}=\lim\limits_{n\to\infty}\frac{\left(\frac{1}{a}\right)^n-1}{\left(\frac{1}{a}\right)^n+1}=\frac{\lim\limits_{n\to\infty}\left(\frac{1}{a}\right)^n-\lim\limits_{n\to\infty}1}{\lim\limits_{n\to\infty}\left(\frac{1}{a}\right)^n+\lim\limits_{n\to\infty}1}$

第三部分

$=\frac{0-1}{0+1}=-1$。

说明:含参数的式子求极限,经常要进行讨论,容易出现的问题是错误地认为$\lim\limits_{n\to\infty}a_n=0$。

5. [解析] $\lim\limits_{n\to\infty}\left(\frac{1}{1\cdot2}+\frac{1}{2\cdot3}+\cdots+\frac{1}{n(n+1)}\right)^n$

$=\lim\limits_{n\to\infty}\left[\left(1-\frac{1}{2}\right)+\left(\frac{1}{2}-\frac{1}{3}\right)+\cdots+\left(\frac{1}{n}-\frac{1}{n+1}\right)\right]^n$

$=\lim\limits_{n\to\infty}\left(1-\frac{1}{n+1}\right)^n=\lim\limits_{n\to\infty}\left(1-\frac{1}{n+1}\right)^{(n+1)-1}$

$=\lim\limits_{n\to\infty}\left(1-\frac{1}{n+1}\right)^{(n+1)}\cdot\left(1-\frac{1}{n+1}\right)^{-1}$

$=\lim\limits_{n\to\infty}\left[\left(1+\frac{1}{-(n+1)}\right)^{-(n+1)}\right]^{-1}\cdot\lim\limits_{n\to\infty}\left(1-\frac{1}{n+1}\right)^{-1}$

$=e^{-1}$。

6. [解析](利用变量替换法)令 $t=\sqrt[mn]{x}$,则当 $x\to1$ 时,$t\to1$。于是,原式 $=\lim\limits_{t\to1}\frac{1-t^m}{1-t^n}=\lim\limits_{t\to1}\frac{(1-t)(1+t+t^2+\cdots+t^{m-1})}{(1-t)(1+t+t^2+\cdots+t^{n-1})}=\frac{m}{n}$。

正确率 70% 以下		正确率 70% ~85%		正确率 85% 以上	

山香寄语:

信心来自于实力,实力来自于勤奋。不问收获,但问耕耘!天道酬勤!

——山香女孩

第三部分

第十章　导数与积分

考向分析

本章属于高等数学的重要章节，特点为内容琐碎、识记与理解性知识多，在考试中常以客观题的形式考查。本章需要重点掌握的知识包括：

1. 理解导数的定义、几何意义、导数的相关性质、基本求导公式、函数的求导法则，重点理解导数的应用。

2. 理解不定积分的定义、运算法则、常用公式及求解方法；理解定积分的基本概念及其应用。

考情预测　在备考时，考生应注意：①导数的定义、求解方法与应用；②不定积分的相关概念与计算；③定积分的相关概念与应用。预计在明年的招教考试中，本部分依然是重点，且考试方式更加灵活。考生要抓住重点和难点，有针对性地进行识记与理解。

思维导图

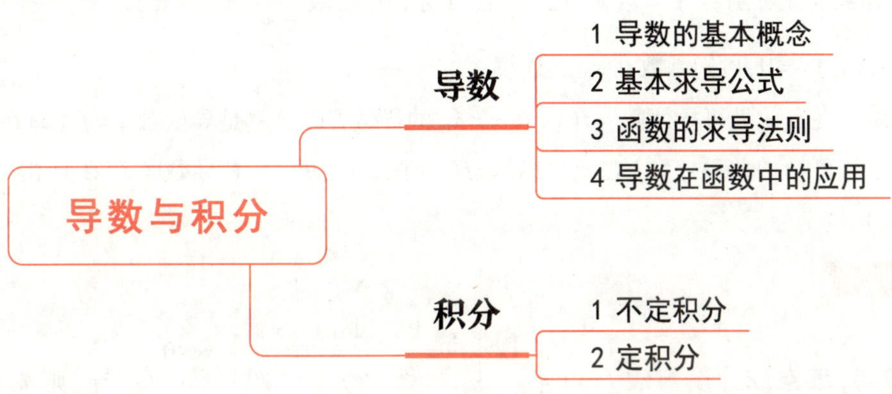

核心知识

超越自己，向自己挑战，向弱项挑战，向懒惰挑战，向陋习挑战！

一、导数　【单选、解答】★★★

知识点 1　导数的基本概念

1. 导数的定义

设 $y=f(x)$ 在点 x_0 的某邻域内有定义，且当自变量在点 x_0 有一增量 Δx（$x_0+\Delta x$ 仍在该邻域内）时，函数有相应的增量 Δy，若 $\lim\limits_{\Delta x\to 0}\frac{\Delta y}{\Delta x}=\lim\limits_{x\to x_0}\frac{f(x)-f(x_0)}{x-x_0}$ 存在（有限数），就称其值为 $y=f(x)$ 在点 $x=x_0$ 的导数，记为

第三部分

$f'(x_0)$，$y'\Big|_{x=x_0}$，$\dfrac{\mathrm{d}y}{\mathrm{d}x}\Big|_{x=x_0}$或$\dfrac{\mathrm{d}f}{\mathrm{d}x}\Big|_{x=x_0}$，即$f'(x_0)=\lim\limits_{x\to x_0}\dfrac{f(x)-f(x_0)}{x-x_0}$，这时也称$y=f(x)$在$x=x_0$点可导或有导数，或导数存在。

导数的常见形式有：$f'(x_0)=\lim\limits_{\Delta x\to 0}\dfrac{f(x_0+\Delta x)-f(x_0)}{\Delta x}$；$f'(x_0)=\lim\limits_{h\to 0}\dfrac{f(x_0+h)-f(x_0)}{h}$；$f'(x_0)=\lim\limits_{h\to 0}\dfrac{f(x_0)-f(x_0-h)}{h}$。

2. 导函数

如果函数$y=f(x)$在开区间(a,b)内的每点处都有导数，此时对于每一个$x\in(a,b)$，都存在对应的唯一一个确定的导数$f'(x)$，从而构成了一个新的函数$f'(x)$，称这个函数$f'(x)$为函数$y=f(x)$在开区间内的导函数，简称导数。

3. 导数的性质

（1）$\dfrac{\Delta y}{\Delta x}$反映的是曲线在$[x_0,x]$上的平均变化率，而$f'(x_0)=\dfrac{\mathrm{d}y}{\mathrm{d}x}\Big|_{x=x_0}$反映的是在点$x_0$的变化率，它反映了函数$y=f(x)$在$x\to x_0$时的变化快慢程度。

（2）若极限$\lim\limits_{\Delta x\to 0}\dfrac{\Delta y}{\Delta x}$即$\lim\limits_{x\to x_0}\dfrac{f(x)-f(x_0)}{x-x_0}$不存在，就称$y=f(x)$在$x=x_0$点不可导。特别地，若$\lim\limits_{\Delta x\to 0}\dfrac{\Delta y}{\Delta x}=\infty$，可称$y=f(x)$在$x=x_0$处的导数为$\infty$，因为此时$y=f(x)$在$x_0$点的切线存在，它是垂直于$x$轴的直线$x=x_0$。

（3）**可导必连续**：如果函数$y=f(x)$在x_0点可导，则极限$\lim\limits_{\Delta x\to 0}\dfrac{f(x_0+\Delta x)-f(x_0)}{\Delta x}$存在，即$\lim\limits_{\Delta x\to 0}\Delta y=\lim\limits_{\Delta x\to 0}[f(x_0+\Delta x)-f(x_0)]=0$，可知函数在$x_0$点连续。

（4）若函数$f(x)$在点x_0处可导，则$y=f(x)$在$x=x_0$的导数$f'(x_0)$就是导函数$y=f'(x)$在$x=x_0$点的值。

（5）单侧可导与可导的关系：$f(x)$在x_0可导$\Leftrightarrow f(x)$在x_0处的左、右导数均存在且相等，即$f'(x_0)=f'_+(x_0)=f'_-(x_0)$。

招教体验

[2019 统考，填空，2′] 设函数$f(x)=\begin{cases}x^2\left[\sin\dfrac{1}{x}+\dfrac{\ln(1+x)}{\sqrt{1+x^2}-1}\right],x>0,\\ ae^x+b,x\leqslant 0\end{cases}$可导，则$a=$______，$b=$______。

答案：2；−2。由题意知，函数在$x=0$处连续，则$f(0)=a+b=\lim\limits_{x\to 0^+}f(x)=\lim\limits_{x\to 0^+}x^2\left[\sin\dfrac{1}{x}+\dfrac{\ln(1+x)}{\sqrt{1+x^2}-1}\right]=0$，因为函数可导，所以$f(x)$在$x=0$处的左右导数相等，$f'(x)\big|_{x=0^-}=\lim\limits_{x\to 0^-}\dfrac{f(x)-f(0)}{x}=\lim\limits_{x\to 0^-}\dfrac{ae^x+b}{x}=a$，$\lim\limits_{x\to 0^+}\dfrac{x^2\left[\sin\dfrac{1}{x}+\dfrac{\ln(1+x)}{\sqrt{1+x^2}-1}\right]}{x}=\lim\limits_{x\to 0^+}x\sin\dfrac{1}{x}+\lim\limits_{x\to 0^+}\dfrac{\ln(1+x)\left(\sqrt{1+x^2}+1\right)}{x}=2=a$，因为$a+b=0$，所以$b=-a=-2$。

4. 导数的几何意义

$f'(x_0)$表示曲线$y=f(x)$在点$P(x_0,f(x_0))$处的切线的斜率，曲线$y=f(x)$在点$P(x_0,f(x_0))$处的**切线方程**为$y-f(x_0)=f'(x_0)\cdot(x-x_0)$。

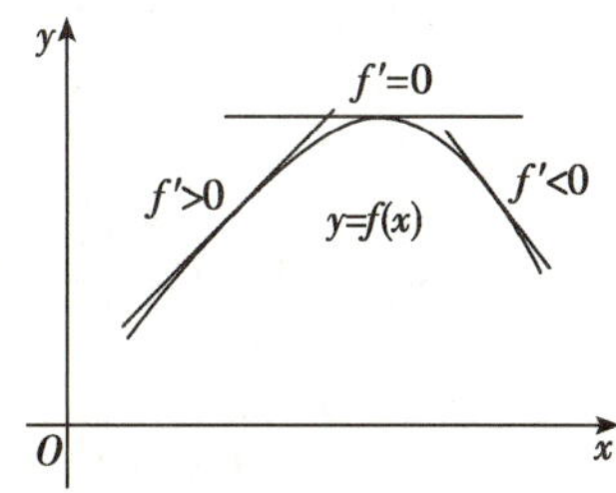

导数的几何意义

山香指导 曲线$y=f(x)$在“点$P(x_0,y_0)$处的切线”与“过点$P(x_0,y_0)$的切线”的区别与联系：①曲线$y=f(x)$在点$P(x_0,y_0)$处的切线是指以P为切点，切线的斜率为$k=f'(x_0)$的切线；②曲线$y=f(x)$过点$P(x_0,y_0)$处的切线是指切线经过P点，点P可以是切点，也可以不是切点，而且这样的直线可能有多条。

考法揭秘

曲线过点(x_0,y_0)的切线方程的求法

已知点$P(x_0,y_0)$，求曲线过点$P(x_0,y_0)$的切线方程，则需分点$P(x_0,y_0)$是切点和不是切点两种情况求解。

(1)点$P(x_0,y_0)$是切点时(即点P在已知曲线上)，切线方程为$y-y_0=f'(x_0)(x-x_0)$。

(2)点$P(x_0,y_0)$不是切点时，可分为以下几步完成：

①设出切点坐标$P'(x_1,f(x_1))$；

②写出过点$P'(x_1,f(x_1))$的切线方程$y-f(x_1)=f'(x_1)(x-x_1)$；

③将点P的坐标(x_0,y_0)代入切线方程，求出x_1；

④将x_1的值代入方程$y-f(x_1)=f'(x_1)(x-x_1)$，由此即可得过点$P(x_0,y_0)$的切线方程。

招教体验

[2018统考,单,3′]函数$f(x)=2\ln(1+x)+1$在点$(0,1)$处的切线与直线$y=2x+3$的位置关系为(　　)

A. 平行　　B. 相交但不垂直

C. 垂直　　D. 以上都不对

答案：A。由题意得$f'(x)=\frac{2}{1+x}$，$f'(0)=2$，所以函数在点$(0,1)$处的切线斜率为2，切线方程为$y=2x+1$，与直线$y=2x+3$平行。故选A。

第三部分

山香指导

二阶导数的定义

一般地，如果函数 $y=f(x)$ 的导数仍然是可导函数，则把导数 $f'(x)$ 的导数 $[f'(x)]'$ 称为函数 $y=f(x)$ 的二阶导数，记作 y''，$f''(x)$ 或 $\frac{d^2y}{dx^2}$。即 $\lim\limits_{x\to x_0}\frac{f'(x)-f'(x_0)}{x-x_0}=f''(x_0)$，同时称 f 在点 x_0 二阶可导。

知识点2 基本求导公式

$(c)'=0$（c 为常数）

$\left(\frac{1}{x}\right)'=-\frac{1}{x^2}$

$(x^a)'=ax^{a-1}$

$(\sqrt{x})'=\frac{1}{2\sqrt{x}}$

$(\sin x)'=\cos x$

$(\arcsin x)'=\frac{1}{\sqrt{1-x^2}}$

$(\cos x)'=-\sin x$

$(\arccos x)'=-\frac{1}{\sqrt{1-x^2}}$

$(\tan x)'=\sec^2 x$

$(\arctan x)'=\frac{1}{1+x^2}$

$(\cot x)'=-\csc^2 x$

$(\text{arccot}x)'=-\frac{1}{1+x^2}$

$(\log_a x)'=\frac{1}{x\ln a}$$(a>0,a\neq1)$

$(a^x)'=a^x\ln a$（$a>0$ 且 $a\neq1$）

$(\sec x)'=\sec x\cdot\tan x$

$(e^x)'=e^x$

$(\csc x)'=-\csc x\cdot\cot x$

$(\ln x)'=\frac{1}{x}$

第三部分

知识点3 函数的求导法则

运算法则	条件	表示方法
四则运算	u,v 可导	$(u+v)'=u'+v'$；$(uv)'=u'v+uv'$；$\left(\frac{u}{v}\right)'=\frac{u'v-uv'}{v^2}$
链式法则（先外后内）	$y=f(u)$ 和 $u=g(x)$ 关于自变量分别可导，$y=f(g(x))$ 也可导	$f(g(x))'=f'(g(x))\cdot g'(x)$
反函数求导	$y=f(x)$ 在区间 I 上连续且单调可导，$f'(x)\neq0$，反函数 $x=g(y)$ 在区间 I 上也单调可导	$g'(y)=\frac{1}{f'(x)}$（反函数的导数等于原函数导数的倒数）
参数方程求导	$\begin{cases}x=\varphi(t),\\y=\psi(t),\end{cases}$ $\alpha\leq t\leq\beta$，其中 $\varphi(t),\psi(t)$ 可导且 $\varphi'(t)\neq0$	$\frac{dy}{dx}=\frac{\frac{dy}{dt}}{\frac{dx}{dt}}=\frac{\psi'(t)}{\varphi'(t)}$（分别对参数方程求导）

山香指导

隐函数求导法则

隐函数求导法则

隐函数：若由方程 $F(x,y)=0$ 可确定 y 是 x 的函数，则称此种方式表示的函数为隐函数。

显函数：由 $y=f(x)$ 表示的函数，称为显函数。

将 $y=f(x)$ 代入方程 $F(x,y)=0$，得到 $F[x,f(x)]=0$，对恒等式两端关于 x 求导，即可求得隐函数的导数 $\frac{dy}{dx}$。换句话说，若 y 确定为 x 的隐函数，要求它的导数，只需对等式两边关于 x 求导，而此过程中把 y 视为 x 的函数 $y=y(x)$，解出 y'。

招教体验

[2016 统考，解答，5′]已知函数 $y=y(x)$ 由方程 $e^y-e^{-x}+xy=0$ 确定，求曲线 $y=y(x)$ 在点 $(0,y(0))$ 处的切线方程。

答案：方程 $e^y-e^{-x}+xy=0$ 两边同时对 x 求导，

有 $e^y\cdot y'+e^{-x}+y+xy'=0$，解得 $y'=-\frac{e^{-x}+y}{e^y+x}$，

将 $x=0$ 代入原方程，有 $e^y-1+0=0$，解得 $y=0$，

此时，$y'|_{x=0}=-\frac{e^{-0}+0}{e^0+0}=-1$，

因此，$y=y(x)$ 在点 $(0,0)$ 处的切线方程为 $y=-x$。

知识点 4 导数在函数中的应用

1. 可导函数单调性的相关定理

定理 1 若 $f(x)$ 在 $[a,b]$ 上连续，在 (a,b) 内可导，则 $f(x)$ 在 $[a,b]$ 上单调增（或单调减）的充要条件：在 (a,b) 内 $f'(x)\geqslant 0$（或 $f'(x)\leqslant 0$）。

定理 2 若 $f(x)$ 在 $[a,b]$ 上连续，在 (a,b) 内可导，且 $f'(x)$ 不变号，那么，若 $f'(x)>0$，则 $f(x)$ 在 $[a,b]$ 上严格单调增；若 $f'(x)<0$，则 $f(x)$ 在 $[a,b]$ 上严格单调减。

2. 函数的极值

(1)定义

设函数 $f(x)$ 在 x_0 的某一个邻域内有定义，若对于该邻域内异于 x_0 的 x 恒有 $f(x_0)>f(x)$，则称 $f(x_0)$ 为函数的极大值，称 x_0 为函数的极大值点；若恒有 $f(x_0)<f(x)$，则 $f(x_0)$ 称为函数的极小值，称 x_0 为函数的极小值点。函数的极大值、极小值统称为函数的极值，极大值点、极小值点统称为函数的极值点。

(2)极值的第一充分条件

设函数 $f(x)$ 在点 x_0 连续，在 x_0 的某去心邻域 $U^{\circ}(x_0,\delta)$ 内可导。

①若 $x\in(x_0-\delta,x_0)$ 时，$f'(x)<0$，而 $x\in(x_0,x_0+\delta)$ 时，$f'(x)>0$，则 $f(x)$ 在点 x_0 取得极小值。

②若 $x\in(x_0-\delta,x_0)$ 时，$f'(x)>0$，而 $x\in(x_0,x_0+\delta)$ 时，$f'(x)<0$，则 $f(x)$ 在点 x_0 取得极大值。

第三部分

③若 $x \in U^{\circ}(x_0,\delta)$ 时，$f'(x)$ 的符号保持不变，则 $f(x)$ 在 x_0 处没有极值。

(3)极值的第二充分条件

设函数 $f(x)$ 在 x_0 处二阶可导，且 $f'(x_0)=0, f''(x_0)\neq 0$。

①若 $f''(x_0)<0$，则函数 $f(x)$ 在 x_0 处取得极大值；

②若 $f''(x_0)>0$，则函数 $f(x)$ 在 x_0 处取得极小值。

(4)极值的必要条件

若 x_0 是 $f(x)$ 的极值点，那么 x_0 只可能是 $f'(x)$ 的零点或 $f(x)$ 的不可导点。

(5)极值的充要条件

可导函数 $y=f(x)$ 在点 x_0 处取得极值的充要条件是 $f'(x_0)=0$，且在 x_0 左右两侧 $f'(x)$ 的符号不同。

注：①函数在点 x_0 处的导数 $f'(x_0)=0$ 时，也称 x_0 为函数 $y=f(x)$ 的驻点(稳定点、临界点)。

②极值点一定是驻点，驻点不一定是极值点。

(6)求函数 $f(x)$ 极值的步骤

①求导数 $f'(x)$；②求方程 $f'(x)=0$ 的根；③计算 $f'(x)$ 在根左右两边的正负，如果在根的左侧附近为正，右侧附近为负，则 $f(x)$ 在这个根处取极大值，反之取极小值；或求 $f''(x)$，将 $f'(x)=0$ 的根代入 $f''(x)$，利用极值的第二判别法进行判定。

招教体验

[2019 统考，单，3′]函数 $f(x)=ax^3+bx+1$ 在 $x=1$ 处取得极值 3，则(　　)

A. $a=2,b=0$　　B. $a=1,b=1$　　C. $a=0,b=2$　　D. $a=-1,b=3$

答案：D。由题意知，$f(1)=a+b+1=3, f'(1)=3a+b=0$，两式联立解得，$a=-1,b=3$。故选 D。

考法揭秘

利用函数的极值求参数值的方法

已知函数 $f(x)$ 的极值点 x_0 求参数的值(或取值范围)时，通常是令 $f'(x_0)=0$ 来建立关于参数的方程，也可以求出含参数的极值，利用极值列方程，或根据极值的情况，列出关于参数的不等式(组)，从而求出参数的值(或取值范围)。需注意的是，可导函数在某点处的导数值等于零只是函数在该点处取得极值的必要条件，所以必须对求出的参数值进行回代检验，看是否符合函数取得极值的条件，不符合条件的要舍去。

招教体验

[2016 统考，单选，2′]若函数 $f(x)=x^3+ax^2+bx$ 在 $x=1$ 处有极小值 -2，其中 a 和 b 是两实常数，则必有(　　)

A. $a=-4,b=1$　　B. $a=4,b=-7$　　C. $a=0,b=-3$　　D. $a=1,b=1$

答案：C。$f(1)=-2, f'(x)=3x^2+2ax+b$，根据可导函数取极值的必要条件，有 $f'(1)=0$，联立 $\begin{cases}1+a+b=-2,\\3+2a+b=0,\end{cases}$ 解得 $\begin{cases}a=0,\\b=-3,\end{cases}$ 选 C。

第三部分

考法揭秘

利用导数解决生活中的优化问题

(1)分析实际问题中各个量之间的关系,列出实际问题的数学模型,写出实际问题中变量之间的函数关系式 $y=f(x)$。

(2)求函数的导数 $f'(x)$,解方程 $f'(x)=0$。

(3)比较函数在区间端点和使 $f'(x)=0$ 的点的函数值的大小,最大(小)者为最大(小)值。

(4)回归实际问题回答解决方案。

注:解决此类问题要根据实际问题的意义确定函数定义域。

招教体验

[2017 统考,解答,5′]设有一 Y 形支架,高为 $\frac{16}{3}$ 米,顶端宽为 4 米,求杆长与两臂长之和的最小值。

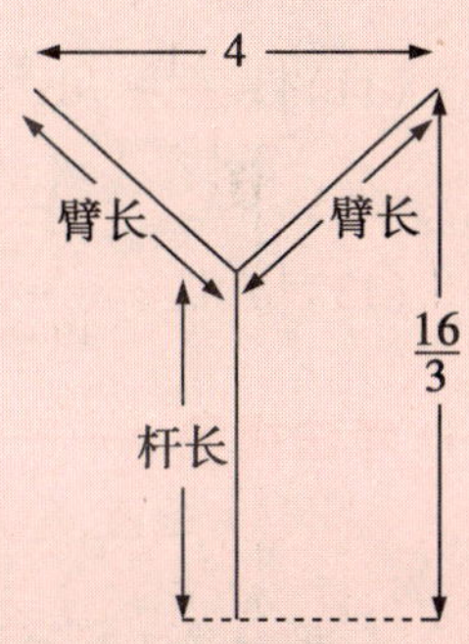

答案:设臂长为 x 米,则杆长为 $\frac{16}{3}-\sqrt{x^2-2^2}\,(x>2)$ 米,

令 $y=2x+\frac{16}{3}-\sqrt{x^2-2^2}$,则 $y'=2-\frac{x}{\sqrt{x^2-2^2}}=\frac{2\sqrt{x^2-2^2}-x}{\sqrt{x^2-2^2}}\,(x>2)$,

令 $y'>0$ 可得 $x>\frac{4\sqrt{3}}{3}$,令 $y'<0$ 可得 $2<x<\frac{4\sqrt{3}}{3}$,

当 $x=\frac{4\sqrt{3}}{3}$ 时,y 有极小值,也为最小值,

此时 $y=\frac{8\sqrt{3}}{3}+\frac{16}{3}-\sqrt{\left(\frac{4\sqrt{3}}{3}\right)^2-2^2}=\frac{6\sqrt{3}+16}{3}$。

即杠长与两臂长之和的最小值为 $\frac{6\sqrt{3}+16}{3}$ 米。

二、积分 【解答】 ★★★

知识点 1 不定积分

1. 不定积分的概念

若在某一区间上,$F'(x)=f(x)$,则在这个区间上,函数 $F(x)$ 叫作函数 $f(x)$ 的原函数。我们把函数 $f(x)$ 的原函数的一般表达式称为 $f(x)$ 的不定积分,记为 $\int f(x)\mathrm{d}x$,这里 $f(x)$ 称为被积函数,"$\int$" 称为积分号。

注:因为 $[F(x)+C]'=f(x)$,所以 $F(x)+C$ 是函数 $f(x)$ 的原函数,随着 C 的变化 $f(x)$ 有无穷多个原函数。

2. 不定积分的运算法则

(1) $\int[f(x)\pm g(x)]\mathrm{d}x=\int f(x)\mathrm{d}x\pm\int g(x)\mathrm{d}x$;

第三部分

(2) $\int kf(x)\mathrm{d}x = k\int f(x)\mathrm{d}x$。($k$ 为常数且不为 0)

3. 不定积分常用公式(C 为常数)

(1) $\int \mathrm{d}x = x + C$;

(2) $\int k\mathrm{d}x = kx + C$($k$ 为常数且不为 0);

(3) $\int x^a\mathrm{d}x = \frac{1}{a+1}x^{a+1} + C(a \neq -1)$;

(4) $\int \frac{1}{x}\mathrm{d}x = \ln|x| + C$;

(5) $\int \cos x\mathrm{d}x = \sin x + C$;

(6) $\int \sin x\mathrm{d}x = -\cos x + C$;

(7) $\int \sec^2 x\mathrm{d}x = \tan x + C$;

(8) $\int \csc^2 x\mathrm{d}x = -\cot x + C$;

(9) $\int \sec x\tan x\mathrm{d}x = \sec x + C$;

(10) $\int \frac{1}{1+x^2}\mathrm{d}x = \arctan x + C$;

(11) $\int \frac{1}{\sqrt{1-x^2}}\mathrm{d}x = \arcsin x + C$;

(12) $\int \mathrm{e}^x\mathrm{d}x = \mathrm{e}^x + C$;

(13) $\int a^x\mathrm{d}x = \frac{1}{\ln a}a^x + C(a > 0$,且 $a \neq 1)$。

考法揭秘

常用的不定积分求解方法

1. 第一换元积分法(凑微分)

设 $f(u)$ 具有原函数 $F(u)$,则 $\int f[\varphi(x)]\cdot\varphi'(x)\mathrm{d}x = \int f[\varphi(x)]\mathrm{d}\varphi(x) = F[\varphi(x)] + C$,其中 $\varphi(x)$ 可微。

常见的凑微分法的归类:

$\int f(ax+b)\mathrm{d}x = \frac{1}{a}\int f(ax+b)\mathrm{d}(ax+b)(a\neq 0)$;

$\int \frac{1}{x}f(\ln x+b)\mathrm{d}x = \int f(\ln x+b)\mathrm{d}(\ln x+b)$; $\int f(\sin x)\cos x\mathrm{d}x = \int f(\sin x)\mathrm{d}(\sin x)$;

$\int f(\cos x)\sin x\mathrm{d}x = -\int f(\cos x)\mathrm{d}(\cos x)$; $\int \frac{1}{\cos^2 x}f(\tan x)\mathrm{d}x = \int f(\tan x)\mathrm{d}(\tan x)$。

2. 第二换元积分法

设 $x = \varphi(t)$ 在区间 I 内是单调、可导的函数,并且 $\varphi'(t)\neq 0$。又设 $f[\varphi(t)]\varphi'(t)$ 具有原函数,则有换元公式:

$$\int f(x)\mathrm{d}x = \int f[\varphi(t)]\varphi'(t)\mathrm{d}t。$$

[例]求 $\int\sqrt{a^2-x^2}\mathrm{d}x(a>0)$。

答案: 设 $x = a\sin t$,有 $\mathrm{d}x = a\cos t\mathrm{d}t$,则 $t = \arcsin\frac{x}{a}$。$\int\sqrt{a^2-x^2}\mathrm{d}x = \int\sqrt{a^2-a^2\sin^2 t}\cdot a\cos t\mathrm{d}t =$

$a^2\int\cos^2t\mathrm{d}t=\frac{a^2}{2}\int(1+\cos2t)\mathrm{d}t=\frac{a^2}{2}\left(\int\mathrm{d}t+\int\cos2t\mathrm{d}t\right)=\frac{a^2}{2}\left(t+\frac{1}{2}\sin2t\right)+C=\frac{a^2}{2}t+\frac{a^2}{4}\sin2t+C=$

$\frac{a^2}{2}\arcsin\frac{x}{a}+\frac{x}{2}\sqrt{a^2-x^2}+C$。

3. 分部积分法

计算公式：$\int u\mathrm{d}v=uv-\int v\mathrm{d}u$，其中 u,v 为 x 的可导函数。

在分部积分法中 u,v 的选择一般采用“反对幂三指”法，即当积分式中出现反三角函数、对数函数、幂函数、三角函数、指数函数这几个类型的函数相乘时，取 u 的顺序就按这个方法进行，排在前面的就被当作 u。

[例] 求$\int(x^2+1)\mathrm{e}^{2x}\mathrm{d}x$。

答案：$\int(x^2+1)\mathrm{e}^{2x}\mathrm{d}x=\frac{1}{2}(x^2+1)\mathrm{e}^{2x}-\frac{1}{2}\int2x\mathrm{e}^{2x}\mathrm{d}x=\frac{1}{2}(x^2+1)\mathrm{e}^{2x}-\int x\mathrm{e}^{2x}\mathrm{d}x=\frac{1}{2}(1+x^2)\mathrm{e}^{2x}-\frac{1}{2}x\mathrm{e}^{2x}+\frac{1}{4}\mathrm{e}^{2x}+C$。

招教体验

[2016 统考，解答，5′]求$\int\cos(2-3x)\mathrm{d}x$。

答案：$\int\cos(2-3x)\mathrm{d}x=-\frac{1}{3}\int\cos(2-3x)\mathrm{d}(2-3x)$，令 $t=2-3x$，则原式 $=-\frac{1}{3}\int\cos t\mathrm{d}t=-\frac{1}{3}\sin t+C=-\frac{1}{3}\sin(2-3x)+C$。

知识点2 定积分

1. 定积分基本概念

定积分可定义为和式的极限，即$\int_a^b f(x)\mathrm{d}x=\lim\limits_{\lambda\to0}\sum\limits_{i=1}^{n}f(\xi_i)\Delta x_i$，其中 Δx_i 是任意分割$[a,b]$为 n 个小区间所得的第 i 个小区间的长度，$\lambda=\max\limits_{1\leqslant i\leqslant n}\{\Delta x_i\}$，$\xi_i$ 是第 i 个小区间上的任意一点。也称函数 $f(x)$ 在$[a,b]$上可积或黎曼可积。

定积分的几何意义：$\int_a^b f(x)\mathrm{d}x$ 表示由曲线 $y=f(x)$ 及直线 $x=a,x=b,y=0$ 所围成的曲边梯形的面积。在 x 轴($y=0$)上方的面积取正值，在 x 轴($y=0$)下方的面积取负值。

设函数 $f(x)$ 在区间$[a,b]$上是连续函数，如图所示，则$\int_a^b f(x)\mathrm{d}x=A_1-A_2+A_3$。

第三部分

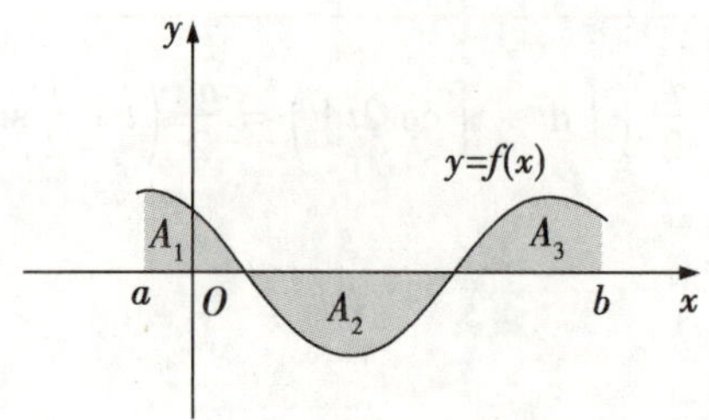

定积分的几何意义

牛顿—莱布尼茨公式:设$f(x)$在$[a,b]$上连续,$F(x)$是$f(x)$的任意一个原函数,即$f'(x)=f(x)$,那么$\int_a^b f(x)\mathrm{d}x=F(x)\Big|_a^b=F(b)-F(a)$,这个公式叫作牛顿—莱布尼茨公式。

2. 定积分的性质

规定:当$a=b$时,$\int_a^b f(x)\mathrm{d}x=0$;

当$a\neq b$时,$\int_a^b f(x)\mathrm{d}x=-\int_b^a f(x)\mathrm{d}x$。

性质1 若$f(x)$在$[a,b]$上可积,k为一实数,则$kf(x)$在$[a,b]$上也可积,且有$\int_a^b kf(x)\mathrm{d}x=k\int_a^b f(x)\mathrm{d}x$($k$为常数)。

性质2 若$f(x)$,$g(x)$在$[a,b]$上可积,则$f(x)\pm g(x)$在$[a,b]$上也可积,且$\int_a^b[f(x)\pm g(x)]\mathrm{d}x=\int_a^b f(x)\mathrm{d}x\pm\int_a^b g(x)\mathrm{d}x$。

性质3 若$f(x)$,$g(x)$在$[a,b]$上可积,则$f(x)\cdot g(x)$在$[a,b]$上也可积。

性质4 若$f(x)$在$[a,b]$上可积,则$|f(x)|$在$[a,b]$上也可积。

性质5 若$a<c<b$,$f(x)$在$[a,c]$,$[c,b]$上可积,则$f(x)$在$[a,b]$上也可积,并成立$\int_a^b f(x)\mathrm{d}x=\int_a^c f(x)\mathrm{d}x+\int_c^b f(x)\mathrm{d}x$。反之,若$f(x)$在$[a,b]$上可积,则$f(x)$在$[a,c]$,$[c,b]$上也同时可积,并且上面的等式成立。

性质6 若可积函数$f(x)\geqslant 0$,则$\int_a^b f(x)\mathrm{d}x\geqslant 0(a<b)$。

性质7 若$f(x)$在$[a,b]$上可积,则$\left|\int_a^b f(x)\mathrm{d}x\right|\leqslant\int_a^b|f(x)|\mathrm{d}x$。

性质8(积分第一中值定理) 若函数$f(x)$在$[a,b]$上连续,则在$[a,b]$上至少存在一点ξ,使得$\int_a^b f(x)\mathrm{d}x=f(\xi)(b-a)(a\leqslant\xi\leqslant b)$。

性质9 设$f(x)$在$[a,b]$上可积,作$F(x)=\int_a^x f(t)\mathrm{d}t$,则$F(x)$是$[a,b]$上的连续函数。

考法揭秘

计算定积分的方法

(1)常用方法有牛顿—莱布尼茨公式、定积分的换元积分法、分部积分法。要注意在应用定积分的换元积分法时,当积分式中引入新的变量时,积分限要变,新的积分变量不写出时,积分限不变。

(2)计算之前先验证被积函数是否具有奇偶性与周期性,可简化定积分的计算。设$f(x)$在$[-a,a]$ $(a>0)$上连续,则有
$$\begin{cases}\int_{-a}^{a}f(x)\mathrm{d}x=2\int_{0}^{a}f(x)\mathrm{d}x, f(x)\text{是偶函数};\\ \int_{-a}^{a}f(x)\mathrm{d}x=0, f(x)\text{是奇函数};\\ \int_{a}^{a+T}f(x)\mathrm{d}x=\int_{0}^{T}f(x)\mathrm{d}x, f(x)\text{是周期为 }T\text{ 的连续函数}。\end{cases}$$

(3)被积函数是分段函数时,应分段求积分;被积函数含有绝对值符号时,先去掉绝对值符号再分段积分。

招教体验

1.[2018 统考,解答,5′]求$\int_{0}^{\frac{\pi}{2}}\cos^3x\mathrm{d}x$。

答案:$\int_{0}^{\frac{\pi}{2}}\cos^3x\mathrm{d}x=\int_{0}^{\frac{\pi}{2}}\cos^2x\mathrm{d}(\sin x)=\int_{0}^{\frac{\pi}{2}}(1-\sin^2x)\mathrm{d}(\sin x)=\left(\sin x-\frac{1}{3}\sin^3x\right)\Big|_{0}^{\frac{\pi}{2}}=\frac{2}{3}$。

2.[2017 统考,解答,5′]计算$\int_{0}^{1}\frac{x+1}{\sqrt{4-x^2}}\mathrm{d}x$。

答案:$\int_{0}^{1}\frac{x+1}{\sqrt{4-x^2}}\mathrm{d}x$

$=\int_{0}^{1}\frac{1}{\sqrt{4-x^2}}\mathrm{d}x-\frac{1}{2}\int_{0}^{1}\frac{1}{\sqrt{4-x^2}}\mathrm{d}(4-x^2)$

$=\int_{0}^{1}\frac{1}{\sqrt{1-\left(\frac{x}{2}\right)^2}}\mathrm{d}\frac{x}{2}-(4-x^2)^{\frac{1}{2}}\Big|_{0}^{1}$

$=\arcsin\frac{x}{2}\Big|_{0}^{1}-(4-x^2)^{\frac{1}{2}}\Big|_{0}^{1}$

$=2-\sqrt{3}+\frac{\pi}{6}$。

3.定积分的应用

(1)求平面图形的面积

①由连续曲线$y=f(x)$ $(f(x)\geqslant0)$和x轴,以及直线$x=a$,直线$x=b(a<b)$所围成的曲边梯形面积为A,则$A=\int_{a}^{b}f(x)\mathrm{d}x$,此时$f(x)$非负;若$f(x)\leqslant0$,则$A=\int_{a}^{b}|f(x)|\mathrm{d}x$。

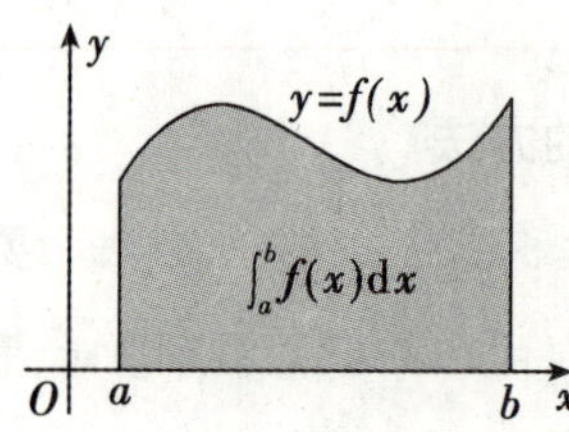

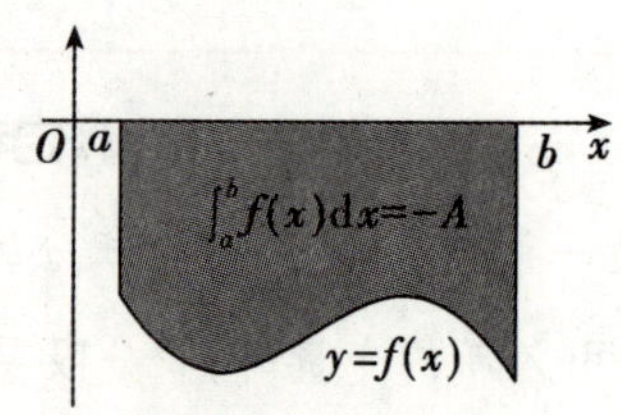

②若一块图形由连续曲线 $y=f_1(x)$，$y=f_2(x)$ 以及 $x=a,x=b(a<b)$ 所围成，且在 $[a,b]$ 上 $f_1(x)\leqslant f_2(x)$，则其围成区域的面积 $A=\int_a^b[f_2(x)-f_1(x)]\mathrm{d}x$。

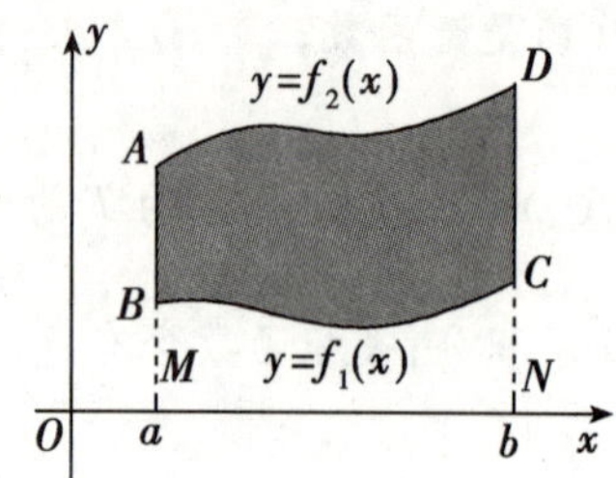

(2)求旋转曲面的面积

将平面曲线 $y=f(x)(a\leqslant x\leqslant b,f(x)\geqslant 0$，且 $f(x)$ 连续)绕 x 轴旋转得到一个旋转面，则旋转面面积公式为 $F=2\pi\int_a^b f(x)\sqrt{1+f'^2(x)}\mathrm{d}x=2\pi\int_a^b y\sqrt{1+y'^2}\mathrm{d}x$。

(3)求旋转体的体积

设 $f(x)$ 是 $[a,b]$ 上的连续函数，Ω 是由平面图形 $0\leqslant|y|\leqslant|f(x)|,a\leqslant x\leqslant b$，绕 x 轴旋转一周所得的旋转体，那么易知截面面积函数为 $A(x)=\pi[f(x)]^2,x\in[a,b]$，得到的旋转体 Ω 的**体积公式为：**

$$V=\pi\int_a^b[f(x)]^2\mathrm{d}x。$$

考法揭秘

利用定积分求由曲线围成的平面图形面积的方法、步骤

①画草图，求出曲线的交点坐标；

②将曲边形面积转化为曲边梯形面积；

③确定被积函数及积分区间；

④计算定积分，求出面积。

招教体验

[2019 统考，解答，5′]设曲线 $C:y=\sqrt{x-1}$，求：

(1)过原点与曲线 C 相切的切线方程；

(2)求这条切线、直线 $y=0$ 与曲线 C 所围成的平面图形的面积。

答案：(1)设切点为 $(x_0,\sqrt{x_0-1})$，曲线 C 在切点的斜率为：$y'|_{x=x_0}=\dfrac{1}{2\sqrt{x_0-1}}$，由于切线经过原点

及切点，则 $k=\frac{1}{2\sqrt{x_0-1}}=\frac{\sqrt{x_0-1}}{x_0}$，解得 $x_0=2$，则 $k=\frac{1}{2}$，故所求的切线的方程为 $x-2y=0$。

(2)由(1)得切点的坐标为(2,1)，曲线 C 与 x 轴的交点为(1,0)，则切线与曲线 C，直线 $y=0$ 所围成的图形的面积为 $\int_0^1\frac{1}{2}x\mathrm{d}x+\int_1^2\left(\frac{1}{2}x-\sqrt{x-1}\right)\mathrm{d}x=\frac{1}{4}x^2\Big|_0^1+\left[\frac{1}{4}x^2-\frac{2}{3}(x-1)^{\frac{3}{2}}\right]\Big|_1^2=\frac{1}{3}$。

强化练习

建议用时:70 分钟	实际用时:_____分钟	参考分值:68 分	实际得分:_____分

基础练 保分必拿

一、单项选择题(每小题 2 分,共 10 分)

1. 若函数 $f(x)=x^3+ax^2+3x-9$ 在 $x=-3$ 时取得极值，则 $a=$(　　)

A. 2　　B. 3

C. 4　　D. 5

2. 曲线 $y=x\ln x$ 在点(e,e)处的切线与直线 $x+ay=1$ 垂直，则实数 a 的值为(　　)

A. 2　　B. -2

C. $\frac{1}{2}$　　D. $-\frac{1}{2}$

3. 设 $y=f(x)$ 在点 x_0 处可导，且 $f'(x_0)\neq0$，则 $\lim\limits_{\Delta x\to0}\frac{\Delta y-\mathrm{d}y}{\Delta x}$ 等于(　　)

A. 0　　B. -1

C. 1　　D. ∞

4. 已知函数 $y=f(x)$，其导函数 $y=f'(x)$ 的图象如图所示，则 $y=f(x)$(　　)

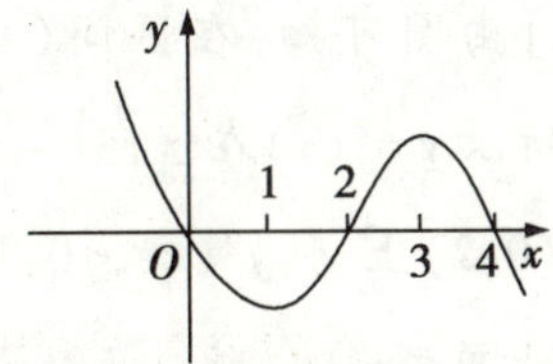

A. 在 $(-\infty,0)$ 上为减函数

B. 在 $x=0$ 处取极小值

C. 在 $(4,+\infty)$ 上为减函数

D. 在 $x=2$ 处取极大值

5. 设 $f(x)=x\ln2x$ 在 x_0 处可导，且 $f'(x_0)=2$，则 $f(x_0)=$(　　)

A. $\frac{e}{2}$　　B. 1

C. $\frac{2}{e}$　　D. e^2

二、填空题(每小题 2 分,共 6 分)

6. 若 $f(x)=2xf'(1)+x^2$，则 $f'(0)=$________。

7. 由曲线 $y=x^2$，$y=x^3$ 围成的封闭图形的面积为________。

8. 已知函数 $f(x)=x^3+ax^2+bx-a^2-7a$ 在 $x=1$ 处取得极大值 10，则 $\frac{a}{b}=$________。

三、解答题(每小题 7 分,共 21 分)

9. 若曲线 $f(x)=ax^2+\ln x$ 存在垂直于 y 轴的切线，求实数 a 的取值范围。

10. 求积分 $\int e^{2x}\cos3x\mathrm{d}x$。

11. 如图所示，已知直线 l 与抛物线 C:$y=x^2$ 相切于点 $A(2,4)$。

(1)求直线 l 的方程;

第三部分

(2)求由抛物线 C、直线 l 及直线 $x=0$ 围成的区域面积。

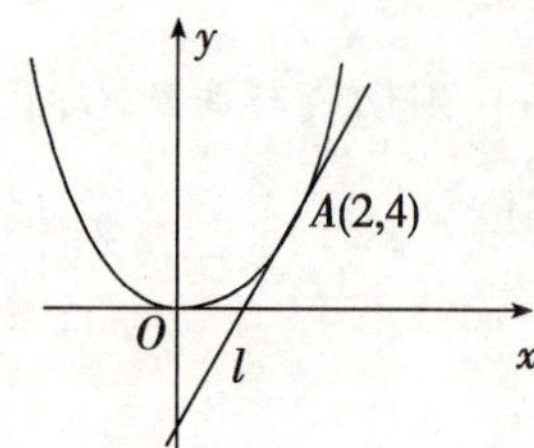

提升练 提分必争

一、填空题(每小题 2 分,共 10 分)

1. 定积分 $\int_{0}^{\frac{3\pi}{2}} |\sin x| \mathrm{d}x$ 的值是________。

2. 已知函数 $f(x)=\begin{cases} -\frac{1}{3}x^2+3, x\in[-3,0], \\ \sqrt{9-x^2}, x\in(0,3], \end{cases}$ 则 $\int_{-3}^{3} f(x)\mathrm{d}x=$________。

3. 已知奇函数 $f(x)=\begin{cases} \frac{e^x}{x}-1, x>0, \\ h(x), x<0, \end{cases}$ 则函数 $h(x)$ 的最大值为________。

4. 已知 $f(x)=\ln x, g(x)=\frac{1}{2}x^2+mx+\frac{7}{2}(m<0)$,直线 l 与函数 $f(x)$,$g(x)$ 的图象都相切,与 $f(x)$ 图象的切点为 $(1,f(1))$,则 $m=$________。

5. 若 e^x 是 $f(x)$ 的原函数,则 $\int x^2 f(\ln x)\mathrm{d}x=$________。

二、解答题(每小题 7 分,共 21 分)

6. 计算下列不定积分。

(1) $\int x\cos x\mathrm{d}x$;

(2) $\int \frac{x+3}{x^2-5x+6}\mathrm{d}x$;

(3) $\int \frac{\cos x}{1+\sin x}\mathrm{d}x$;

(4) $\int (2x-3)^{10}\mathrm{d}x$;

(5) $\int \frac{\mathrm{d}x}{2-3x^2}$。

7. 已知 $f(x)=ax^3-6ax^2+b$ 在 $[-1,2]$ 上的最大值为 3,最小值为 -29,求 a,b 的值。

8. 设函数 $f(x)$ 定义在 $(0,+\infty)$ 上,$f(1)=0$,导函数 $f'(x)=\frac{1}{x}$,$g(x)=f(x)+f'(x)$。

(1)求 $g(x)$ 的单调区间和最小值;

(2)讨论 $g(x)$ 与 $g\left(\frac{1}{x}\right)$ 的大小关系。

参考答案及解析

基础练

一、单项选择题

1. D [解析]因为 $f'(x)=3x^2+2ax+3$,$f'(-3)=27-6a+3=0$,所以 $a=5$。

2. A [解析]依题意得 $y'=1+\ln x$,$y'|_{x=e}=1+\ln e=2$,因为直线 $x+ay=1$ 的斜率为 $-\frac{1}{a}$,所以 $-\frac{1}{a}\times 2=-1$,即 $a=2$。

3. A [解析]由连续的定义得 $\lim\limits_{\Delta x\to 0}\Delta y=\lim\limits_{\Delta x\to 0}[f(x_0+\Delta x)-f(x_0)]=\lim\limits_{\Delta x\to 0}f'(\xi)\Delta x$,$\xi\in(x_0,x_0+\Delta x)$,又 $\mathrm{d}y=f'(x_0)\Delta x$,所以 $\lim\limits_{\Delta x\to 0}\frac{\Delta y-\mathrm{d}y}{\Delta x}=\frac{\lim\limits_{\Delta x\to 0}[f'(\xi)\cdot\Delta x-f'(x_0)\Delta x]}{\Delta x}=\lim\limits_{\Delta x\to 0}[f'(\xi)-f'(x_0)]=0$。

4. C [解析]由图可知,在区间 $(-\infty,0)$ 上 $y=f'(x)>0$,所以 $y=f(x)$ 在区间 $(-\infty,0)$ 上单调递增;在区间 $(0,2)$ 上 $y=f'(x)<0$,所以 $y=f(x)$ 在区间 $(0,2)$ 上单调递减,所以函数 $y=f(x)$ 在 $x=0$ 处取得极大值;在区间 $(2,4)$ 上 $y=f'(x)>0$,所以

$y=f(x)$ 在区间 $(2,4)$ 上单调递增；在区间 $(4,+\infty)$ 上 $y=f'(x)<0$，所以 $y=f(x)$ 在区间 $(4,+\infty)$ 上单调递减，所以在点 $x=2$ 处 $f(x)$ 取得极小值。综上，C 选项正确。

5. A　[解析] 因为 $f(x)=x\ln 2x$，所以 $f'(x)=\ln 2x+1$，由 $f'(x_0)=2$，解得 $x_0=\frac{e}{2}$，所以 $f(x_0)=\frac{e}{2}$。故选 A。

二、填空题

6. -4　[解析] 由题意知，$f'(x)=2f'(1)+2x$，令 $x=1$，则 $f'(1)=2f'(1)+2$，得 $f'(1)=-2$，所以 $f'(0)=2f'(1)+0=-4$。

7. $\frac{1}{12}$　[解析] 由题意得，两曲线在区间 $[0,1]$ 上围成封闭图形，故所求面积为 $\int_0^1(x^2-x^3)\mathrm{d}x=\left(\frac{1}{3}x^3-\frac{1}{4}x^4\right)\Big|_0^1=\frac{1}{12}$。

8. $-\frac{2}{3}$　[解析] $f'(x)=3x^2+2ax+b$，则 $f'(1)=0$，$f(1)=10$，即 $\begin{cases}3+2a+b=0,\\1+a+b-a^2-7a=10,\end{cases}$ 解得 $\begin{cases}a=-2,\\b=1,\end{cases}$ 或 $\begin{cases}a=-6,\\b=9,\end{cases}$ 经检验 $\begin{cases}a=-6,\\b=9\end{cases}$ 满足题意，故 $\frac{a}{b}=-\frac{2}{3}$。

三、解答题

9. [解析] 由题意知，该函数的定义域为 $\{x|x>0\}$，且 $f'(x)=2ax+\frac{1}{x}$。

因为存在垂直于 y 轴的切线，故此时斜率为 0，

问题转化为在 $x>0$ 范围内导函数 $f'(x)=2ax+\frac{1}{x}$ 存在零点，即方程 $2ax+\frac{1}{x}=0$ 在 $(0,+\infty)$ 内有解，

显然可得 $a=-\frac{1}{2x^2}\in(-\infty,0)$。

所以实数 a 的取值范围是 $(-\infty,0)$。

10. [解析] $\int e^{2x}\cos 3x\mathrm{d}x=\int e^{2x}\mathrm{d}\left(\frac{1}{3}\sin 3x\right)=\frac{1}{3}e^{2x}\cdot\sin 3x-\frac{2}{3}\int e^{2x}\sin 3x\mathrm{d}x=\frac{1}{3}e^{2x}\sin 3x-\frac{2}{3}\left(-\frac{1}{3}e^{2x}\cos 3x+\frac{2}{3}\int e^{2x}\cos 3x\mathrm{d}x\right)=\frac{1}{3}e^{2x}\sin 3x+\frac{2}{9}e^{2x}\cos 3x-\frac{4}{9}\int e^{2x}\cos 3x\mathrm{d}x$，

所以 $\frac{13}{9}\int e^{2x}\cos 3x\mathrm{d}x=\frac{1}{3}e^{2x}\sin 3x+\frac{2}{9}e^{2x}\cos 3x$，故

$\int e^{2x}\cos 3x\mathrm{d}x=\frac{3}{13}e^{2x}\sin 3x+\frac{2}{13}e^{2x}\cos 3x+C$。

11. [解析] (1) 设直线 l 的方程为 $y=kx+b$，由题意知 $k=2x|_{x=2}=4$，故 $y=4x+b$，将点 $(2,4)$ 代入得 $b=-4$，

故直线 l 的方程为 $y=4x-4$。

(2) 由题意可知，所围成区域的面积为 $S=\int_0^2[x^2-(4x-4)]\mathrm{d}x=\left(\frac{1}{3}x^3-2x^2+4x\right)\Big|_0^2=\frac{8}{3}$。

提升练

一、填空题

1. 3　[解析] $\int_0^{\frac{3\pi}{2}}|\sin x|\mathrm{d}x=\int_0^{\pi}\sin x\mathrm{d}x+\int_{\pi}^{\frac{3\pi}{2}}(-\sin x)\mathrm{d}x$

$=-\cos x\Big|_0^{\pi}+\cos x\Big|_{\pi}^{\frac{3\pi}{2}}=1+1+0-(-1)=3$。

2. $6+\frac{9\pi}{4}$　[解析] $\int_{-3}^{3}f(x)\mathrm{d}x=\int_{-3}^{0}\left(-\frac{1}{3}x^2+3\right)\mathrm{d}x+\int_0^3\sqrt{9-x^2}\mathrm{d}x$，其中，$\int_{-3}^{0}\left(-\frac{1}{3}x^2+3\right)\mathrm{d}x=\left(-\frac{1}{9}x^3+3x\right)\Big|_{-3}^{0}=6$。由定积分的几何意义知，$\int_0^3\sqrt{9-x^2}\mathrm{d}x$ 表示以 $(0,0)$ 为圆心，半径为 3 的圆的面积的 $\frac{1}{4}$，即为 $\frac{9\pi}{4}$，故 $\int_{-3}^{3}f(x)\mathrm{d}x=6+\frac{9\pi}{4}$。

3. $1-e$　[解析] 当 $x>0$ 时，$f'(x)=\frac{e^x(x-1)}{x^2}$，所以

第三部分

$x\in(0,1)$时，$f'(x)<0$，函数单调递减，$x\in(1,+\infty)$时，$f'(x)>0$，函数单调递增，所以若$x\in(0,+\infty)$，当$x=1$时，函数取得极小值即最小值，为$e-1$，因为$f(x)$是奇函数，则当$x<0$时，$h(x)$在$(-1,0)$上单调递减，$h(x)$在$(-\infty,-1)$上单调递增，所以$h(x)$的最大值为$h(-1)=1-e$。故$h(x)$的最大值为$1-e$。

4. -2 [解析]因为$f'(x)=\frac{1}{x}$，所以直线l的斜率$k=f'(1)=1$。又$f(1)=0$，所以切线l的方程为$y=x-1$。又$g'(x)=x+m(m<0)$，设直线l与$g(x)$的图象的切点为(x_0,y_0)，则有$x_0+m=1$，$y_0=x_0-1$，$y_0=\frac{1}{2}x_0^2+mx_0+\frac{7}{2}(m<0)$，解得$m=-2$。

5. $\frac{1}{4}x^4+C$ [解析]由题意知，$\int f(x)\mathrm{d}x=e^x$，则$f(x)=(e^x)'=e^x$，$f(\ln x)=e^{\ln x}=x$，故$\int x^2f(\ln x)\mathrm{d}x=\int x^2\cdot x\mathrm{d}x=\frac{x^4}{4}+C$。

二、解答题

6. [解析](1) $\int x\cos x\mathrm{d}x=x\sin x-\int\sin x\mathrm{d}x=x\sin x+\cos x+C$。

(2) $\int\frac{x+3}{x^2-5x+6}\mathrm{d}x=\int(\frac{-5}{x-2}+\frac{6}{x-3})\mathrm{d}x=-5\int\frac{1}{x-2}\mathrm{d}x+6\int\frac{1}{x-3}\mathrm{d}x=-5\ln|x-2|+6\ln|x-3|+C=\ln\frac{|x-3|^6}{|x-2|^5}+C$。

(3) $\int\frac{\cos x}{1+\sin x}\mathrm{d}x=\int\frac{\mathrm{d}(1+\sin x)}{1+\sin x}=\ln|1+\sin x|+C$。

(4) $\int(2x-3)^{10}\mathrm{d}x=\int\frac{1}{2}(2x-3)^{10}\mathrm{d}(2x-3)=\frac{1}{22}(2x-3)^{11}+C$。

(5) $\int\frac{\mathrm{d}x}{2-3x^2}=\int\frac{1}{(\sqrt{2}-\sqrt{3}x)(\sqrt{2}+\sqrt{3}x)}\mathrm{d}x=\frac{1}{2\sqrt{2}}\int\left(\frac{1}{\sqrt{2}-\sqrt{3}x}+\frac{1}{\sqrt{2}+\sqrt{3}x}\right)\mathrm{d}x=\frac{1}{2\sqrt{2}}\int\frac{1}{\sqrt{2}-\sqrt{3}x}\mathrm{d}x+\frac{1}{2\sqrt{2}}\int\frac{1}{\sqrt{2}+\sqrt{3}x}\mathrm{d}x=\frac{1}{2\sqrt{6}}\ln\left|\frac{\sqrt{2}+\sqrt{3}x}{\sqrt{2}-\sqrt{3}x}\right|+C$。

7. [解析]$f'(x)=3ax^2-12ax=3a(x^2-4x)$，

令$f'(x)=0$，即$3a(x^2-4x)=0$，

得$x=0$或4。

又$\because -1\leqslant x\leqslant 2$，

$\therefore x=0$为极值点。

①当$a>0$时，$-1<x<0$，$f'(x)>0$；$2>x>0$，$f'(x)<0$，

$\therefore f(0)=b$为极大值。

又$f(-1)=-a-6a+b=-7a+b$，$f(2)=-16a+b$，

$\therefore f(-1)>f(2)$，

$\therefore f(0)$为最大值，$f(2)$为最小值。

则$\begin{cases}f(0)=b=3,\\f(2)=-16a+b=-29,\end{cases}$解得$\begin{cases}a=2,\\b=3。\end{cases}$

②当$a<0$时，$-1<x<0$，$f'(x)<0$；$2>x>0$，$f'(x)>0$，

$\therefore f(0)=b$为极小值。

又$f(-1)=-7a+b$，$f(2)=-16a+b$，

$\therefore f(2)>f(-1)$，

$\therefore f(2)$为最大值，$f(0)$为最小值。

则$\begin{cases}f(0)=b=-29,\\f(2)=-16a+b=3,\end{cases}$解得$\begin{cases}a=-2,\\b=-29。\end{cases}$

综上，$a=2,b=3$或$a=-2,b=-29$。

8. [解析](1)由题设易知$f(x)=\ln x$，$g(x)=\ln x+\frac{1}{x}$，$\therefore g'(x)=\frac{x-1}{x^2}$，令$g'(x)=\frac{x-1}{x^2}=0\Rightarrow x=1$，当$x\in(0,1)$时，$g'(x)<0$，故$(0,1)$是$g(x)$的单调减区间；当$x\in(1,+\infty)$时，$g'(x)>0$，故$(1,+\infty)$是

$g(x)$的单调增区间。因此$x=1$是$g(x)$的唯一极小值点，从而是最小值点，所以最小值为$g(1)=1$。

(2)$g\left(\frac{1}{x}\right)=-\ln x+x, x>0$，设$h(x)=g(x)-g\left(\frac{1}{x}\right)=2\ln x-x+\frac{1}{x}$，则$h'(x)=-\frac{(x-1)^2}{x^2}$。

当$x=1$时，$h(1)=0$，即$g(x)=g\left(\frac{1}{x}\right)$。当$x\in(0,1)\cup(1,+\infty)$时，$h'(x)<0$，$h'(1)=0$，因此$h(x)$在$(0,+\infty)$内单调递减，当$x\in(0,1)$时，$h(x)>h(1)=0$，即$g(x)>g\left(\frac{1}{x}\right)$，当$x\in(1,+\infty)$时，$h(x)<h(1)=0$，即$g(x)<g\left(\frac{1}{x}\right)$。

综上知，当$0<x<1$时$g(x)>g\left(\frac{1}{x}\right)$；当$x=1$时，$g(x)=g\left(\frac{1}{x}\right)$；当$x>1$时，$g(x)<g\left(\frac{1}{x}\right)$。

正确率 70% 以下		正确率 70% ~85%		正确率 85% 以上	

山香寄语：

要想赢，就一定不能怕输。不怕输，结果未必能赢。但是怕输，结果则一定是输。

——山香女孩

第三部分

第十一章　向　量

考向分析

本章属于高中数学的基础章节，特点为识记性知识多，在考试中常以单选、填空题的形式考查。本章需要重点掌握的知识包括：

1. 识记向量的概念与运算。

2. 重点识记向量的运算。

考情预测　在备考时，考生应注意：①平面向量的基本概念与运算；②平面向量基本定理及坐标运算；③空间向量的运算和性质。预计在明年的招教考试中，本部分依然是重点，且考试方式更加灵活。考生要抓住重点和难点，有针对性地进行识记。

思维导图

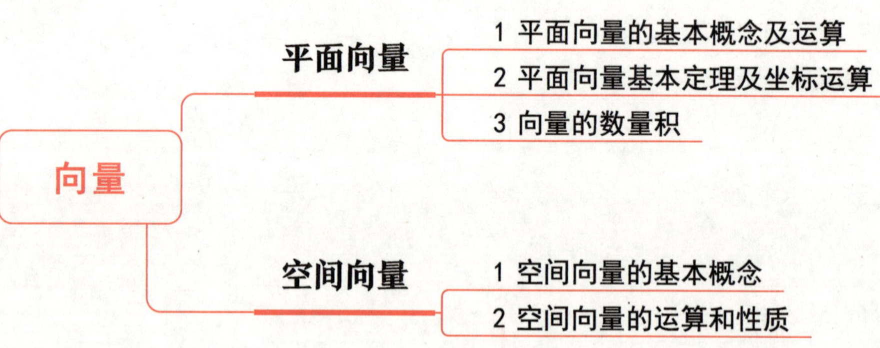

第三部分

核心知识

梦在前方，路在脚下，未来就握在手中，用笔书写通往目标的道路！

一、平面向量

知识点1　平面向量的基本概念及运算

(1)平面向量的基本概念

向量的定义	既有大小又有方向的量叫作向量，记作：$\overrightarrow{AB}$或 $\boldsymbol{a}$
向量的模	向量的大小叫作向量的长度(或称模)，记作：$\lvert\overrightarrow{AB}\rvert$或$\lvert\boldsymbol{a}\rvert$
零向量	长度为 0 的向量叫作零向量，记作：$\mathbf{0}$。零向量的方向是任意的

续表

平行向量	方向相同或相反的非零向量,记作:$\overrightarrow{AB}/\!/\overrightarrow{CD}$。平行向量也叫共线向量,规定$\mathbf{0}/\!/\boldsymbol{a}$
单位向量	长度为1个单位的向量
相等向量	长度相等且方向相同的向量。两个向量相等与向量的起点位置无关
相反向量	与$\boldsymbol{a}$长度相等,方向相反的向量叫作$\boldsymbol{a}$的相反向量,记作:$-\boldsymbol{a}$。规定$\mathbf{0}=-\mathbf{0}$;$\overrightarrow{AB}=-\overrightarrow{BA}$
向量的三要素	起点、方向、长度

注:要注意区分$\mathbf{0}$和0的不同。一个是向量,一个是实数。向量的加减得到的和向量、差向量都是向量。

(2)平面向量的运算

运算	定义	图示	运算律
加法	以任意一点O为始点作$\overrightarrow{OA}=\boldsymbol{a}$,$\overrightarrow{OB}=\boldsymbol{b}$,再作平行四边形$OACB$,则向量$\overrightarrow{OC}$叫作$\boldsymbol{a}$与$\boldsymbol{b}$的和	a b A C a a+b O b B	①交换律$\boldsymbol{a}+\boldsymbol{b}=\boldsymbol{b}+\boldsymbol{a}$; ②结合律$(\boldsymbol{a}+\boldsymbol{b})+\boldsymbol{c}=\boldsymbol{a}+(\boldsymbol{b}+\boldsymbol{c})$
减法	减去一个向量等于加上这个向量的**相反向量**	b a O x −b a	①$-(-\boldsymbol{a})=\boldsymbol{a}$; ②$\boldsymbol{a}+(-\boldsymbol{a})=(-\boldsymbol{a})+\boldsymbol{a}$; ③$\boldsymbol{a}-\boldsymbol{b}=\boldsymbol{a}+(-\boldsymbol{b})$
数乘	其结果是$\lambda\boldsymbol{a}=(\lambda x_1,\lambda y_1)$,模为$\|\lambda\|\cdot\|\boldsymbol{a}\|$,$\lambda$为实数;若$\lambda>0$,则$\lambda\boldsymbol{a}$与$\boldsymbol{a}$方向一致;若$\lambda<0$,则$\lambda\boldsymbol{a}$与$\boldsymbol{a}$方向相反	a λa	①结合律:$\lambda(\mu\boldsymbol{a})=(\lambda\mu)\boldsymbol{a}$; ②分配律:$(\lambda+\mu)\boldsymbol{a}=\lambda\boldsymbol{a}+\mu\boldsymbol{a}$; $\lambda(\boldsymbol{a}+\boldsymbol{b})=\lambda\boldsymbol{a}+\lambda\boldsymbol{b}$

知识点2 平面向量基本定理及坐标运算

(1)平面向量基本定理

如果$\boldsymbol{e}_1$,$\boldsymbol{e}_2$是同一平面内的两个不共线向量,那么对于这一平面内的任一向量$\boldsymbol{a}$,有且只有一对实数λ_1,λ_2,使$\boldsymbol{a}=\lambda_1\boldsymbol{e}_1+\lambda_2\boldsymbol{e}_2$,这就是平面向量基本定理。其中$\boldsymbol{e}_1$,$\boldsymbol{e}_2$叫作这个平面内所有向量的一组基底。

平面向量基本定理实际上是向量的分解定理,并且是平面向量正交分解的理论依据,也是向量坐标表示的基础。

已知$\boldsymbol{e}_1$,$\boldsymbol{e}_2$是平面的一组基底,如果向量$\boldsymbol{a}$,$\boldsymbol{e}_1$,$\boldsymbol{e}_2$共面,那么有且只有一对不全为零的实数λ_1,λ_2,使$\boldsymbol{a}=\lambda_1\boldsymbol{e}_1+\lambda_2\boldsymbol{e}_2$。反之,如果有且只有一对不全为零的实数$\lambda_1$,$\lambda_2$,使$\boldsymbol{a}=\lambda_1\boldsymbol{e}_1+\lambda_2\boldsymbol{e}_2$,那么$\boldsymbol{a}$,$\boldsymbol{e}_1$,$\boldsymbol{e}_2$共面。

平面向量$\boldsymbol{b}$与非零向量$\boldsymbol{a}$共线(平行)的充要条件:有且只有一个非零实数λ,使得$\boldsymbol{b}=\lambda\boldsymbol{a}(\boldsymbol{a}\neq\mathbf{0})$。

(2)平面向量的坐标表示

设有点$O(0,0)$,$P(x,y)$,$\boldsymbol{i}$,$\boldsymbol{j}$分别是沿x,y轴正向的单位向量,则向量$\boldsymbol{a}$的坐标分解式为$\boldsymbol{a}=\overrightarrow{OP}=x\boldsymbol{i}+$

$y\boldsymbol{j}$,(x,y)称为向量 $\boldsymbol{a}$ 的坐标。相等的向量其坐标相同,坐标相同的向量是相等向量。

由于自由向量的起点是可以任意选取的,故如果向量不是以坐标原点为起点,则向量坐标就跟终点坐标不同,而对同一向量或相等向量,若选择不同的起点坐标,则终点坐标也不同。

(3)平面向量的坐标运算

①向量的平行与垂直

设 $\boldsymbol{a}=(x_1,y_1)$,$\boldsymbol{b}=(x_2,y_2)$$(\boldsymbol{a}\neq\boldsymbol{0},\boldsymbol{b}\neq\boldsymbol{0})$,

A. $\boldsymbol{a}/\!/\boldsymbol{b}\Leftrightarrow x_1y_2-x_2y_1=0$。

B. $\boldsymbol{a}\perp\boldsymbol{b}\Leftrightarrow\boldsymbol{a}\cdot\boldsymbol{b}=0\Leftrightarrow x_1x_2+y_1y_2=0$。

②向量加减运算

若 $\boldsymbol{a}=(x_1,y_1)$,$\boldsymbol{b}=(x_2,y_2)$,则 $\boldsymbol{a}\pm\boldsymbol{b}=(x_1\pm x_2,y_1\pm y_2)$。

招教体验

[2017 统考,填空,2′]已知向量 $\boldsymbol{a}=(1,1)$,$\boldsymbol{b}=(-1,1)$,$\boldsymbol{c}=(-1,7)$,设实数 x,y 满足 $\boldsymbol{c}=x\boldsymbol{a}+y\boldsymbol{b}$,则 $x=$________,$y=$________。

答案:3;4。由题意可知,$\boldsymbol{c}=(x,x)+(-y,y)=(x-y,x+y)=(-1,7)$,即有$\begin{cases}x-y=-1,\\x+y=7,\end{cases}$解得$\begin{cases}x=3,\\y=4。\end{cases}$

第三部分

知识点3 向量的数量积

(1)向量的夹角

已知两个非零向量 $\boldsymbol{a}$,$\boldsymbol{b}$,作 $\overrightarrow{OA}=\boldsymbol{a}$,$\overrightarrow{OB}=\boldsymbol{b}$,则 $\angle AOB$ 称为向量 $\boldsymbol{a}$ 和向量 $\boldsymbol{b}$ 的夹角,记作$\langle\boldsymbol{a},\boldsymbol{b}\rangle$,则 $0°\leqslant\langle\boldsymbol{a},\boldsymbol{b}\rangle\leqslant180°$,$\langle\boldsymbol{a},\boldsymbol{b}\rangle=\langle\boldsymbol{b},\boldsymbol{a}\rangle$。

当$\langle\boldsymbol{a},\boldsymbol{b}\rangle=0°$时,$\boldsymbol{a}$ 与 $\boldsymbol{b}$ 同向;

当$\langle\boldsymbol{a},\boldsymbol{b}\rangle=180°$时,$\boldsymbol{a}$ 与 $\boldsymbol{b}$ 反向;

当$\langle\boldsymbol{a},\boldsymbol{b}\rangle=90°$时,$\boldsymbol{a}$ 与 $\boldsymbol{b}$ 垂直。

(2)向量的数量积的定义

设 $\boldsymbol{a}$,$\boldsymbol{b}$ 是两个非零向量,我们把 $|\boldsymbol{a}||\boldsymbol{b}|\cos\langle\boldsymbol{a},\boldsymbol{b}\rangle$ 叫作向量 $\boldsymbol{a}$ 和 $\boldsymbol{b}$ 的数量积(或内积),记作 $\boldsymbol{a}\cdot\boldsymbol{b}$,即 $\boldsymbol{a}\cdot\boldsymbol{b}=|\boldsymbol{a}||\boldsymbol{b}|\cos\langle\boldsymbol{a},\boldsymbol{b}\rangle$。规定:零向量与任一向量的数量积为 0。

(3)几何意义

①向量的投影

$|\boldsymbol{a}|\cdot\cos\langle\boldsymbol{a},\boldsymbol{b}\rangle$ 叫作向量 $\boldsymbol{a}$ 在向量 $\boldsymbol{b}$ 方向上的投影,当 θ 为锐角时,它是正数;当 θ 为钝角时,它是负数;当 θ 为直角时,它是 0。

②$\boldsymbol{a}\cdot\boldsymbol{b}$ 的几何意义

数量积 $\boldsymbol{a}\cdot\boldsymbol{b}$ 等于 $\boldsymbol{a}$ 的长度 $|\boldsymbol{a}|$ 与 $\boldsymbol{b}$ 在 $\boldsymbol{a}$ 的方向上的投影 $|\boldsymbol{b}|\cdot\cos\langle\boldsymbol{a},\boldsymbol{b}\rangle$ 的乘积。

(4)数量积的运算律

$\boldsymbol{a}\cdot\boldsymbol{b}=\boldsymbol{b}\cdot\boldsymbol{a}$;

$\lambda(\boldsymbol{a}\cdot\boldsymbol{b})=(\lambda\boldsymbol{a})\cdot\boldsymbol{b}=\boldsymbol{a}\cdot(\lambda\boldsymbol{b})$;

$(\boldsymbol{a}+\boldsymbol{b})\cdot\boldsymbol{c}=\boldsymbol{a}\cdot\boldsymbol{c}+\boldsymbol{b}\cdot\boldsymbol{c}$。

(5)数量积的运算性质

①如果 $\boldsymbol{e}$ 是单位向量,则 $\boldsymbol{a}\cdot\boldsymbol{e}=\boldsymbol{e}\cdot\boldsymbol{a}=|\boldsymbol{a}|\cos\langle\boldsymbol{a},\boldsymbol{e}\rangle$。

②$\boldsymbol{a}\perp\boldsymbol{b}\Leftrightarrow\boldsymbol{a}\cdot\boldsymbol{b}=0$。

③$\cos\langle\boldsymbol{a},\boldsymbol{b}\rangle=\dfrac{\boldsymbol{a}\cdot\boldsymbol{b}}{|\boldsymbol{a}||\boldsymbol{b}|}$。

④$\boldsymbol{a}\cdot\boldsymbol{a}=|\boldsymbol{a}|^2$,或$|\boldsymbol{a}|=\sqrt{\boldsymbol{a}\cdot\boldsymbol{a}}$。

⑤$|\boldsymbol{a}\cdot\boldsymbol{b}|\leqslant|\boldsymbol{a}||\boldsymbol{b}|$。

(6)向量数量积的坐标表示

若非零向量 $\boldsymbol{a}=(x_1,y_1)$,$\boldsymbol{b}=(x_2,y_2)$,则 $\boldsymbol{a}\cdot\boldsymbol{b}=x_1x_2+y_1y_2$。

若非零向量 $\boldsymbol{a}=(x_1,y_1)$,$\boldsymbol{b}=(x_2,y_2)$,θ 是 $\boldsymbol{a}$ 与 $\boldsymbol{b}$ 的夹角,则 $\cos\theta=\dfrac{x_1x_2+y_1y_2}{\sqrt{x_1^2+y_1^2}\sqrt{x_2^2+y_2^2}}$。

若 $A(x_1,y_1)$,$B(x_2,y_2)$,则 $|\overrightarrow{AB}|=\sqrt{(x_2-x_1)^2+(y_2-y_1)^2}$。

二、空间向量

知识点1 空间向量的基本概念

在三维坐标系中,分别取与 x 轴、y 轴、z 轴方向相同的 3 个单位向量 $\boldsymbol{i},\boldsymbol{j},\boldsymbol{k}$ 作为一组基底。若 $\boldsymbol{a}$ 为该坐标系内的任意向量,以坐标原点 O 为起点作$\overrightarrow{OP}=\boldsymbol{a}$。由空间基本定理知,有且只有一组实数$(x,y,z)$,使得 $\boldsymbol{a}=\overrightarrow{OP}=x\boldsymbol{i}+y\boldsymbol{j}+z\boldsymbol{k}$,把实数对$(x,y,z)$叫作向量 $\boldsymbol{a}$ 的坐标,记作 $\boldsymbol{a}=(x,y,z)$。这就是向量 $\boldsymbol{a}$ 的坐标表示,其中(x,y,z)就是点 P 的坐标。$\overrightarrow{OP}$称为点 P 的位置向量。

空间向量的模:设 $\boldsymbol{a}=(x,y,z)$,则模$|\boldsymbol{a}|=\sqrt{x^2+y^2+z^2}$。

知识点2 空间向量的运算和性质

(1)空间向量的坐标运算

设 $\boldsymbol{a}=(x_1,y_1,z_1)$,$\boldsymbol{b}=(x_2,y_2,z_2)$,则有

加法运算:$\boldsymbol{a}\pm\boldsymbol{b}=(x_1\pm x_2,y_1\pm y_2,z_1\pm z_2)$;

数乘运算:$\lambda\boldsymbol{a}=(\lambda x_1,\lambda y_1,\lambda z_1)$;

向量积:$\boldsymbol{a}\cdot\boldsymbol{b}=x_1x_2+y_1y_2+z_1z_2$;

向量的模:$|\boldsymbol{a}|=\sqrt{\boldsymbol{a}\cdot\boldsymbol{a}}=\sqrt{x_1^2+y_1^2+z_1^2}$;

夹角:$\cos\langle\boldsymbol{a},\boldsymbol{b}\rangle=\dfrac{\boldsymbol{a}\cdot\boldsymbol{b}}{|\boldsymbol{a}||\boldsymbol{b}|}=\dfrac{x_1x_2+y_1y_2+z_1z_2}{\sqrt{x_1^2+y_1^2+z_1^2}\sqrt{x_2^2+y_2^2+z_2^2}}$,$0\leqslant\langle\boldsymbol{a},\boldsymbol{b}\rangle\leqslant\pi$;

向量关系：$\boldsymbol{a}/\!/\boldsymbol{b}\Leftrightarrow\frac{x_1}{x_2}=\frac{y_1}{y_2}=\frac{z_1}{z_2}$；$\boldsymbol{a}\perp\boldsymbol{b}\Leftrightarrow x_1x_2+y_1y_2+z_1z_2=0$；

两点间的距离：设 $P_1(x_1,y_1,z_1)$，$P_2(x_2,y_2,z_2)$，则 $|P_1P_2|=\sqrt{(x_2-x_1)^2+(y_2-y_1)^2+(z_2-z_1)^2}$。

(2)空间向量的性质

①$\boldsymbol{a}+\boldsymbol{b}=\boldsymbol{b}+\boldsymbol{a}$；

②$(\boldsymbol{a}+\boldsymbol{b})+\boldsymbol{c}=\boldsymbol{a}+(\boldsymbol{b}+\boldsymbol{c})$；

③$\lambda(\mu\boldsymbol{a})=\mu(\lambda\boldsymbol{a})=(\lambda\mu)\boldsymbol{a}$；

④$(\lambda+\mu)\boldsymbol{a}=\lambda\boldsymbol{a}+\mu\boldsymbol{a}$，$\lambda(\boldsymbol{a}+\boldsymbol{b})=\lambda\boldsymbol{a}+\lambda\boldsymbol{b}$。

招教体验

[2019 统考，单，3′]设两向量 $\boldsymbol{a}=(1,-2,2)$，$\boldsymbol{b}=(0,-3,4)$的夹角为 θ，则 $\sin2\theta=($　　$)$

A. $\frac{28}{225}$　　B. $\frac{\sqrt{29}}{225}$　　C. $\frac{28\sqrt{29}}{225}$　　D. $-\frac{28\sqrt{29}}{225}$

答案：C。由题意知，$\cos\theta=\frac{\boldsymbol{a}\cdot\boldsymbol{b}}{|\boldsymbol{a}|\cdot|\boldsymbol{b}|}=\frac{14}{15}>0$，则 $\theta\in\left(0,\frac{\pi}{2}\right)$，$\sin\theta=\sqrt{1-\cos^2\theta}=\frac{\sqrt{29}}{15}$，$\sin2\theta=2\sin\theta\cos\theta=\frac{28\sqrt{29}}{225}$。

强化练习

建议用时：15 分钟	实际用时：_____分钟	参考分值：33 分	实际得分：_____分

基础练 保分必拿

单项选择题(每小题 3 分，共 12 分)

1. 设平面向量 $\boldsymbol{a}=(1,2)$，$\boldsymbol{b}=(-2,y)$，若 $\boldsymbol{a}/\!/\boldsymbol{b}$，则 $|3\boldsymbol{a}+\boldsymbol{b}|=($　　$)$

A. $\sqrt{5}$　　B. $\sqrt{6}$

C. $\sqrt{17}$　　D. $\sqrt{26}$

2. 已知 $|\boldsymbol{a}|=6$，$|\boldsymbol{b}|=3$，$\boldsymbol{a}\cdot\boldsymbol{b}=-12$，则向量 $\boldsymbol{a}$ 在向量 $\boldsymbol{b}$ 方向上的投影是(　　)

A. -4　　B. 4

C. -2　　D. 2

3. 已知 $|\boldsymbol{a}|=2|\boldsymbol{b}|\neq0$，且关于 x 的方程 $x^2+|\boldsymbol{a}|x+\boldsymbol{a}\cdot\boldsymbol{b}=0$ 有实根，则 $\boldsymbol{a}$ 与 $\boldsymbol{b}$ 的夹角的取值范围是(　　)

A. $\left[0,\frac{\pi}{6}\right]$　　B. $\left[\frac{\pi}{3},\pi\right]$

C. $\left[\frac{\pi}{3},\frac{2\pi}{3}\right]$　　D. $\left[\frac{\pi}{6},\pi\right]$

4. 已知平面上有四点 O,A,B,C，向量 $\overrightarrow{OA},\overrightarrow{OB},\overrightarrow{OC}$ 满足：$\overrightarrow{OA}+\overrightarrow{OB}+\overrightarrow{OC}=\boldsymbol{0}$，$\overrightarrow{OA}\cdot\overrightarrow{OB}=\overrightarrow{OB}\cdot\overrightarrow{OC}=\overrightarrow{OC}\cdot\overrightarrow{OA}=-1$，则 $\triangle ABC$ 的周长为(　　)

A. $3\sqrt{6}$　　B. $2\sqrt{6}$

C. 12　　D. $\frac{3\sqrt{6}}{2}$

提升练 提分必争

一、单项选择题(每小题 3 分，共 12 分)

1. 在 $\triangle ABC$ 中，AB 边的高为 CD，若 $\overrightarrow{CB}=\boldsymbol{a}$，$\overrightarrow{CA}=\boldsymbol{b}$，$\boldsymbol{a}\cdot\boldsymbol{b}=0$，$|\boldsymbol{a}|=1$，$|\boldsymbol{b}|=2$，则 $\overrightarrow{AD}=($　　$)$

A. $\frac{1}{3}\boldsymbol{a}-\frac{1}{3}\boldsymbol{b}$　　B. $\frac{2}{3}\boldsymbol{a}-\frac{2}{3}\boldsymbol{b}$

C. $\frac{3}{5}\boldsymbol{a}-\frac{3}{5}\boldsymbol{b}$　　D. $\frac{4}{5}\boldsymbol{a}-\frac{4}{5}\boldsymbol{b}$

2. 如图,在△ABC 中,$\angle A=90°$,$AB=1$,$AC=2$,设点 P,Q 满足 $\overrightarrow{AP}=\lambda\overrightarrow{AB}$,$\overrightarrow{AQ}=(1-\lambda)\overrightarrow{AC}$,$\lambda\in\mathbf{R}$。若 $\overrightarrow{BQ}\cdot\overrightarrow{CP}=-2$,则$\lambda=$(　　)

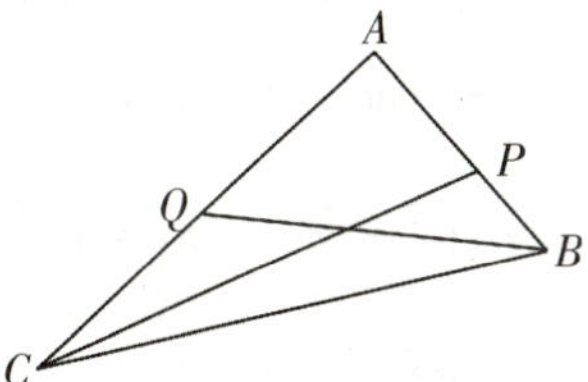

A. $\frac{1}{3}$　　B. $\frac{2}{3}$

C. $\frac{4}{3}$　　D. 2

3. 已知空间内三点 $A(2,1,-2)$,$B(1,1,-1)$,$C(1,2,-2)$,则$\angle ABC=$(　　)

A. $\frac{\pi}{2}$　　B. $\frac{\pi}{3}$

C. $\frac{\pi}{4}$　　D. $\frac{\pi}{6}$

4. 已知 $\boldsymbol{e}_1\neq\mathbf{0}$,$\lambda\in\mathbf{R}$,$\boldsymbol{a}=\boldsymbol{e}_1+\lambda\boldsymbol{e}_2$,$\boldsymbol{b}=2\boldsymbol{e}_1$,则 $\boldsymbol{a}$ 与 $\boldsymbol{b}$ 共线的条件为(　　)

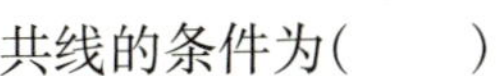

A. $\lambda=0$　　B. $\boldsymbol{e}_2=\mathbf{0}$

C. $\boldsymbol{e}_1/\!/\boldsymbol{e}_2$　　D. $\boldsymbol{e}_1/\!/\boldsymbol{e}_2$ 或 $\lambda=0$

二、填空题(每小题 3 分,共 9 分)

5. 已知 $\boldsymbol{a},\boldsymbol{b},\boldsymbol{c}$ 均为单位向量,且 $\boldsymbol{a}\perp\boldsymbol{b}$,则$(\boldsymbol{a}+\boldsymbol{b}+\boldsymbol{c})\cdot\boldsymbol{c}$ 的最大值为________。

6. 已知在直角梯形 $ABCD$ 中,$\angle ADC=90°$,$AD=2$,$BC=1$,P 是腰 DC 上的动点,则 $|\overrightarrow{PA}+3\overrightarrow{PB}|$ 的最小值为________。

7. 如图,边长为 1 的正方形 $ABCD$ 的顶点 A,D 分别在 x 轴、y 轴正半轴上移动,则$\overrightarrow{OB}\cdot\overrightarrow{OC}$的最大值是________。

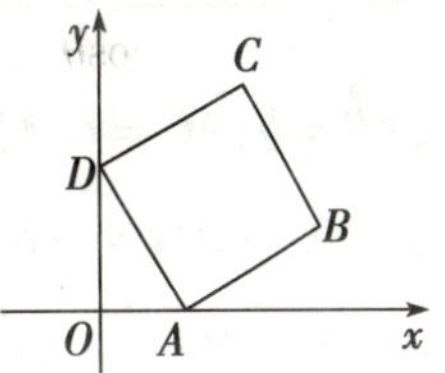

参考答案及解析

基础练

单项选择题

1. A　[解析]因为 $\boldsymbol{a}=(1,2)$,$\boldsymbol{b}=(-2,y)$,且 $\boldsymbol{a}/\!/\boldsymbol{b}$,所以 $1\times y=2\times(-2)$,则 $y=-4$,所以 $\boldsymbol{b}=(-2,-4)$,$3\boldsymbol{a}+\boldsymbol{b}=(1,2)$,故 $|3\boldsymbol{a}+\boldsymbol{b}|=\sqrt{1+2^2}=\sqrt{5}$。故选 A。

2. A　[解析]设 $\boldsymbol{a}$ 与 $\boldsymbol{b}$ 的夹角为 θ,$\cos\theta=\frac{\boldsymbol{a}\cdot\boldsymbol{b}}{|\boldsymbol{a}||\boldsymbol{b}|}=-\frac{2}{3}$,则向量 $\boldsymbol{a}$ 在向量 $\boldsymbol{b}$ 方向上的投影为 $|\boldsymbol{a}|\cos\theta=-4$。

3. B　[解析]由题意知,$\Delta=|\boldsymbol{a}|^2-4\boldsymbol{a}\cdot\boldsymbol{b}\geqslant0\Rightarrow\boldsymbol{a}\cdot\boldsymbol{b}\leqslant\frac{1}{4}|\boldsymbol{a}|^2$,$\therefore\cos\langle\boldsymbol{a},\boldsymbol{b}\rangle=\frac{\boldsymbol{a}\cdot\boldsymbol{b}}{|\boldsymbol{a}||\boldsymbol{b}|}\leqslant\frac{\frac{1}{4}|\boldsymbol{a}|^2}{\frac{1}{2}|\boldsymbol{a}|^2}=\frac{1}{2}$,$\therefore\langle\boldsymbol{a},\boldsymbol{b}\rangle\in\left[\frac{\pi}{3},\pi\right]$。

4. A　[解析]已知平面上有四点 O,A,B,C,向量$\overrightarrow{OA}$,$\overrightarrow{OB}$,$\overrightarrow{OC}$满足:$\overrightarrow{OA}+\overrightarrow{OB}+\overrightarrow{OC}=\mathbf{0}$,所以 O 是△ABC 的重心,$\because\overrightarrow{OA}\cdot\overrightarrow{OB}=\overrightarrow{OB}\cdot\overrightarrow{OC}$,$\therefore\overrightarrow{OB}\cdot(\overrightarrow{OA}-\overrightarrow{OC})=\overrightarrow{OB}\cdot\overrightarrow{CA}=0$,即 O 是垂心,故△ABC 是正三角形。$\because\overrightarrow{OA}\cdot\overrightarrow{OB}=\overrightarrow{OB}\cdot\overrightarrow{OC}=\overrightarrow{OC}\cdot\overrightarrow{OA}=-1$,令外接圆半径为 R,则 $R^2\cos\angle AOB=R^2\cos\left(\frac{2\pi}{3}\right)=-1$,即 $R=\sqrt{2}$,即$\frac{a}{\sin A}=\frac{a}{\sin\frac{\pi}{3}}=2R=2\sqrt{2}$,故三角形周长为

$3a=3\sqrt{6}$。故选 A。

提升练

一、单项选择题

1. D　[解析] $\because a\cdot b=0$，$\therefore CA\perp CB$，$\because CD\perp AB$，$|a|=1$，$|b|=2$，$\therefore AB=\sqrt{5}$，由射影定理可得，$AC^2=AD\cdot AB$，$\therefore |\overrightarrow{AD}|=\frac{4}{\sqrt{5}}=\frac{4\sqrt{5}}{5}$，$\therefore \frac{AD}{AB}=\frac{\frac{4\sqrt{5}}{5}}{\sqrt{5}}=\frac{4}{5}$，$\therefore \overrightarrow{AD}=\frac{4}{5}\overrightarrow{AB}=\frac{4}{5}(\overrightarrow{CB}-\overrightarrow{CA})=\frac{4}{5}(a-b)$。

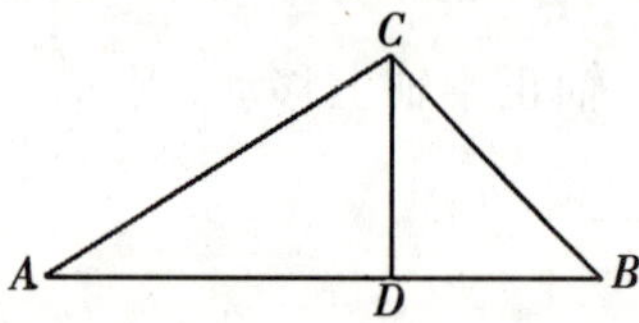

2. B　[解析] 设 $\overrightarrow{AB}=b$，$\overrightarrow{AC}=c$，则 $|b|=1$，$|c|=2$，$b\cdot c=0$，又 $\overrightarrow{BQ}=\overrightarrow{BA}+\overrightarrow{AQ}=-b+(1-\lambda)c$，$\overrightarrow{CP}=\overrightarrow{CA}+\overrightarrow{AP}=-c+\lambda b$，由 $\overrightarrow{BQ}\cdot\overrightarrow{CP}=-2$ 得 $[-b+(1-\lambda)c]\cdot(-c+\lambda b)=(\lambda-1)|c|^2-\lambda|b|^2=4(\lambda-1)-\lambda=-2$，解得 $\lambda=\frac{2}{3}$。

3. B　[解析] 依题意有 $\overrightarrow{BA}=(1,0,-1)$，$\overrightarrow{BC}=(0,1,-1)$，所以 $\cos\angle ABC=\frac{\overrightarrow{BA}\cdot\overrightarrow{BC}}{|\overrightarrow{BA}||\overrightarrow{BC}|}=\frac{(1,0,-1)\cdot(0,1,-1)}{\sqrt{2}\times\sqrt{2}}=\frac{1}{2}$，又因为 $\angle ABC\in[0,\pi]$，所以 $\angle ABC=\frac{\pi}{3}$。

4. D　[解析] 当 e_1 与 e_2 不平行时，设 $a=\mu b$，则 $e_1+\lambda e_2=\mu\cdot 2e_1$，$(1-2\mu)e_1+\lambda e_2=0$，$\therefore \begin{cases}1-2\mu=0,\\ \lambda=0,\end{cases}$ 即 $\begin{cases}\mu=\frac{1}{2},\\ \lambda=0。\end{cases}$ 当 $e_1/\!/e_2$ 时，可知 a 与 b 共线。综上所述，当 $e_1/\!/e_2$ 或 $\lambda=0$ 时 a 与 b 共线。

二、填空题

5. $1+\sqrt{2}$　[解析] 因为 a,b,c 均为单位向量，且 $a\perp b$，所以设 $a=(1,0)$，$b=(0,1)$，$c=(\cos\alpha,\sin\alpha)$，则 $a+b+c=(1+\cos\alpha,1+\sin\alpha)$，$(a+b+c)\cdot c=\cos\alpha\cdot(1+\cos\alpha)+\sin\alpha(1+\sin\alpha)=\cos\alpha+\sin\alpha+\cos^2\alpha+\sin^2\alpha=\sqrt{2}\sin\left(\alpha+\frac{\pi}{4}\right)+1\leqslant\sqrt{2}+1$，所以当 $\sin\left(\alpha+\frac{\pi}{4}\right)=1$ 时取得最大值 $1+\sqrt{2}$。

6. 5　[解析] 建立平面直角坐标系如图所示，设 $P(0,y)$，$C(0,b)$，则 $B(1,b)$，$A(2,0)$，$\therefore \overrightarrow{PA}+3\overrightarrow{PB}=(2,-y)+3(1,b-y)=(5,3b-4y)$，$\therefore |\overrightarrow{PA}+3\overrightarrow{PB}|^2=25+(3b-4y)^2\ (0\leqslant y\leqslant b)$，当 $y=\frac{3}{4}b$ 时，$|\overrightarrow{PA}+3\overrightarrow{PB}|$ 取到最小值，为 5。

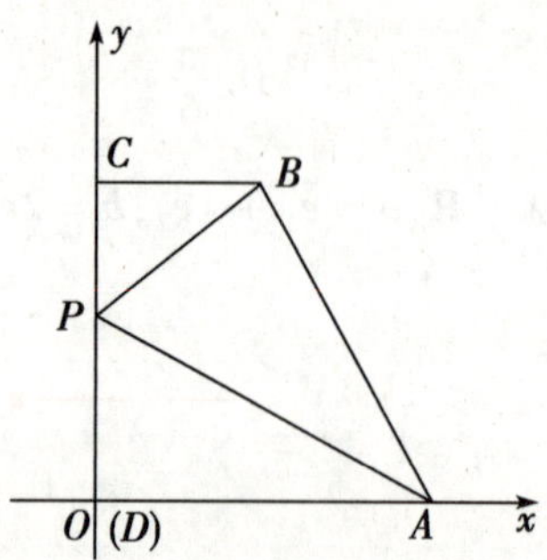

7. 2　[解析] 令 $\angle OAD=\theta$，由于 $AD=1$，故 $OA=\cos\theta$，$OD=\sin\theta$，$\angle BAx=\frac{\pi}{2}-\theta$，$AB=1$，故 $x_B=\cos\theta+\cos\left(\frac{\pi}{2}-\theta\right)=\cos\theta+\sin\theta$，$y_B=\sin\left(\frac{\pi}{2}-\theta\right)=\cos\theta$，故 $\overrightarrow{OB}=(\cos\theta+\sin\theta,\cos\theta)$，同理可求得 $\overrightarrow{OC}=(\sin\theta,\cos\theta+\sin\theta)$，所以 $\overrightarrow{OB}\cdot\overrightarrow{OC}=1+\sin2\theta$，故 $\overrightarrow{OB}\cdot\overrightarrow{OC}$ 的最大值是 2。

正确率 70% 以下		正确率 70% ~85%		正确率 85% 以上	

第四部分
小学数学教学理论与技能

04

2022

内容导学

浙江省教师招聘考试小学数学教学理论与技能部分,共四章。

第一章是《义务教育数学课程标准》(2011 年版)的内容,考查题型多偏重于客观题;

第二章主要介绍小学数学教学知识的相关理论,考查题型偏重于客观题。

第三章主要介绍小学数学教学设计与技能的相关内容,考查题型偏重于主观题。

第四章主要介绍小学数学教学评价的相关理论,考查题型偏重于主观题。

考生要重点掌握第一章与第三章的内容,并结合历年考题有针对性地进行复习。

成功的花，人们只惊羡她现时的明艳！

然而当初她的芽儿，浸透了奋斗的泪泉，

洒遍了牺牲的血雨。

——冰心

第一章　小学数学课程标准与中国学生发展核心素养

考向分析

本章属于小学数学教学理论与技能的基础章节，特点为内容琐碎、识记性知识多，在考试中常以客观题和主观题的形式考查。本章需要重点掌握的知识包括：

1. 识记义务教育数学课程性质、基本理念和设计思路。
2. 识记小学数学课程目标。
3. 识记实施建议。

考情预测　在备考时，考生应注意：①义务教育数学课程性质；②义务教育数学课程目标；③义务教育数学课程内容；④教学建议与评价建议。预计在明年的招教考试中，本部分依然是重点，且考试方式更加灵活。考生要抓住重点和难点，有针对性地进行识记。

思维导图

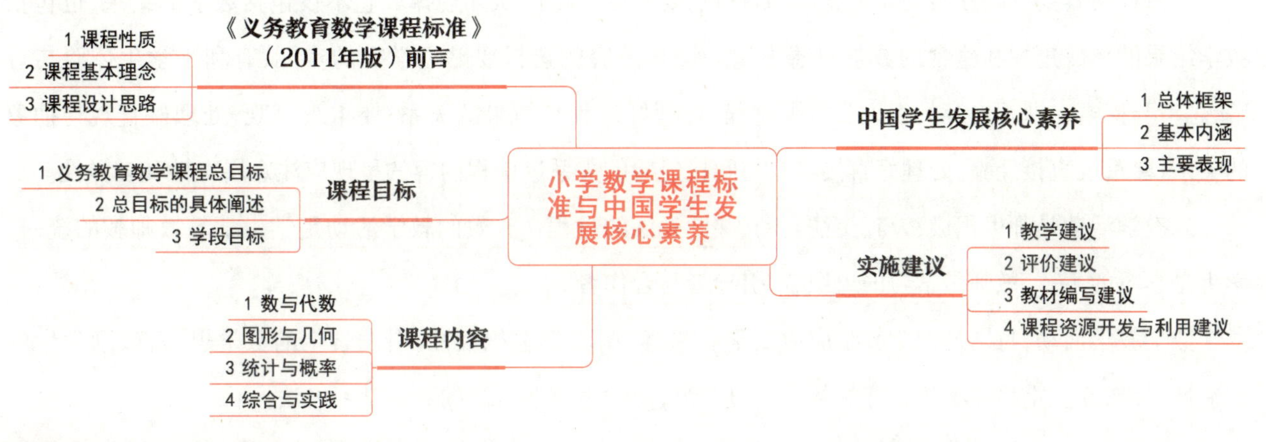

核心知识

继续乘风破浪，总有一个人要赢，为什么不能是你！

一、《义务教育数学课程标准》（2011 版）前言　【填空、论述】★★

数学是研究数量关系和空间形式的科学。数学与人类发展和社会进步息息相关，随着现代信息技术的飞速发展，数学更加广泛地应用于社会生产和日常生活的各个方面。数学作为对客观现象抽象概括而逐渐形成的**科学语言与工具**，不仅是自然科学和技术科学的基础，而且在人文科学与社会科学中发挥着越来越大的作用。特别是 20 世纪中叶以来，数学与计算机技术的结合在许多方面直接为社会创造价值，推动着社会生产力的发展。

数学是人类文化的重要组成部分，数学素养是现代社会每一个公民应该具备的基本素养。作为促进学生全面发展教育的重要组成部分，数学教育既要使学生掌握现代生活和学习中所需要的数学知识与技能，更要发挥数学在培养人的**思维能力**和**创新能力**方面的不可替代的作用。

知识点 1 课程性质

义务教育阶段的数学课程是培养公民素质的基础课程，具有基础性、普及性和发展性。数学课程能使学生掌握必备的基础知识和基本技能；培养学生的抽象思维和推理能力；培养学生的创新意识和实践能力；促进学生在情感、态度与价值观等方面的发展。义务教育的数学课程能为学生未来生活、工作和学习奠定重要的基础。

招教体验

[2017 **统考，填空，2′**]义务教育阶段的数学课程应突出体现基础性、________、发展性。

答案：普及性。

知识点 2 课程基本理念

1. 数学课程应致力于实现义务教育阶段的培养目标，要面向全体学生，适应学生个性发展的需要，使得：人人都能获得良好的数学教育，不同的人在数学上得到不同的发展。

2. 课程内容要反映社会的需要、数学的特点，要符合学生的认知规律。它不仅包括数学的结果，也包括数学结果的形成过程和蕴含的数学思想方法。课程内容的选择要贴近学生的实际，有利于学生体验与理解、思考与探索。课程内容的组织要重视过程，处理好过程与结果的关系；要重视直观，处理好直观与抽象的关系；要重视直接经验，处理好直接经验与间接经验的关系。课程内容的呈现应注意层次性和多样性。

3. 教学活动是师生积极参与、交往互动、共同发展的过程。有效的教学活动是学生学与教师教的统一，学生是学习的主体，教师是学习的组织者、引导者与合作者。

数学教学活动，特别是课堂教学应激发学生兴趣，调动学生积极性，引发学生的数学思考，鼓励学生的创造性思维；要注重培养学生良好的数学学习习惯，使学生掌握恰当的数学学习方法。

学生学习应当是一个生动活泼的、主动的和富有个性的过程。认真听讲、积极思考、动手实践、自主探索、合作交流等，都是学习数学的重要方式。学生应当有足够的时间和空间经历观察、实验、猜测、计算、推理、验证等活动过程。

教师教学应该以学生的认知发展水平和已有的经验为基础，面向全体学生，注重启发式和因材施教。教师要发挥主导作用，处理好讲授与学生自主学习的关系，引导学生独立思考、主动探索、合作交流，使学生理解和掌握基本的数学知识与技能，体会和运用数学思想与方法，获得基本的数学活动经验。

4. 学习评价的主要目的是全面了解学生数学学习的过程和结果，激励学生学习和改进教师教学。应建立目标多元、方法多样的评价体系。评价既要关注学生学习的结果，也要重视学习的过程；既要关注学生数

学学习的水平,也要重视学生在数学活动中所表现出来的情感与态度,帮助学生认识自我、建立信心。

5. 信息技术的发展对数学教育的价值、目标、内容以及教学方式产生了很大的影响。数学课程的设计与实施应根据实际情况合理地运用现代信息技术,要注意信息技术与课程内容的整合,注重实效。要充分考虑信息技术对数学学习内容和方式的影响,开发并向学生提供丰富的学习资源,把现代信息技术作为学生学习数学和解决问题的有力工具,有效地改进教与学的方式,使学生乐意并有可能投入到现实的、探索性的数学活动中去。

知识点3 课程设计思路

义务教育阶段数学课程的设计,充分考虑本阶段学生数学学习的特点,符合学生的认知规律和心理特征,有利于激发学生的学习兴趣,引发学生的数学思考;充分考虑数学本身的特点,体现数学的实质;在呈现作为知识与技能的数学结果的同时,重视学生已有的经验,使学生体验从实际背景中抽象出数学问题、构建数学模型、寻求结果、解决问题的过程。

按以上思路具体设计如下。

1. 学段划分

为了体现义务教育数学课程的整体性,《义务教育数学课程标准》(2011 年版)统筹考虑九年的课程内容。同时,根据学生发展的生理和心理特征,将九年的学习时间划分为三个学段:第一学段(1~3 年级)、第二学段(4~6 年级)、第三学段(7~9 年级)。

2. 课程目标

义务教育阶段数学课程目标分为总目标和学段目标,从知识技能、数学思考、问题解决、情感态度四个方面加以阐述。

数学课程目标包括结果目标和过程目标。结果目标使用“了解”“理解”“掌握”“运用”等行为动词表述,过程目标使用“经历”“体验”“探索”等行为动词表述。

行为动词

了解:从具体实例中知道或举例说明对象的有关特征;根据对象的特征,从具体情境中辨认或者举例说明对象。同类词:知道,初步认识。

理解:描述对象的特征和由来,阐述此对象与相关对象之间的区别和联系。同类词:认识、会。

掌握:在理解的基础上,把对象用于新的情境。同类词:能。

运用:综合使用已掌握的对象,选择或创造适当的方法解决问题。同类词:证明。

经历:在特定的数学活动中,获得一些感性认识。同类词:感受、尝试。

体验:参与特定的数学活动,主动认识或验证对象的特征,获得一些经验。同类词:体会。

探索:独立或与他人合作参与特定的数学活动,理解或提出问题,寻求解决问题的思路,发现对象的特征及其与相关对象的区别和联系,获得一定的理性认识。

3. 课程内容

在各学段中，安排了四个部分的课程内容："数与代数""图形与几何""统计与概率""综合与实践"。其中，"综合与实践"内容设置的目的在于培养学生综合运用有关的知识与方法解决实际问题，培养学生的问题意识、应用意识和创新意识，积累学生的活动经验，提高学生解决现实问题的能力。

"数与代数"的主要内容有：数的认识、数的表示、数的大小、数的运算、数量的估计；字母表示数、代数式及其运算；方程、方程组、不等式、函数等。

"图形与几何"的主要内容有：空间和平面基本图形的认识，图形的性质、分类和度量；图形的平移、旋转、轴对称、相似和投影；平面图形基本性质的证明；运用坐标描述图形的位置和运动。

"统计与概率"的主要内容有：收集、整理和描述数据，包括简单抽样、整理调查数据、绘制统计图表等；处理数据，包括计算平均数、中位数、众数、方差等；从数据中提取信息并进行简单的推断；简单随机事件及其发生的概率。

"综合与实践"是一类以问题为载体、以学生自主参与为主的学习活动。在学习活动中，学生将综合运用"数与代数""图形与几何""统计与概率"等知识和方法解决问题。"综合与实践"的教学活动应当保证每学期至少一次，可以在课堂上完成，也可以课内外相结合。提倡把这种教学形式体现在日常教学活动中。

在数学课程中，应当注重发展学生的数感、符号意识、空间观念、几何直观、数据分析观念、运算能力、推理能力和模型思想。为了适应时代发展对人才培养的需要，数学课程还要特别注重发展学生的应用意识和创新意识。

数感主要是指关于数与数量、数量关系、运算结果估计等方面的感悟。建立数感有助于学生理解现实生活中数的意义，理解或表述具体情境中的数量关系。

符号意识主要是指能够理解并且运用符号表示数、数量关系和变化规律；知道使用符号可以进行运算和推理，得到的结论具有一般性。建立符号意识有助于学生理解符号的使用是数学表达和进行数学思考的重要形式。

空间观念主要是指根据物体特征抽象出几何图形，根据几何图形想象出所描述的实际物体；想象出物体的方位和相互之间的位置关系；描述图形的运动和变化；依据语言的描述画出图形等。

几何直观主要是指利用图形描述和分析问题。借助几何直观可以把复杂的数学问题变得简明、形象，有助于探索解决问题的思路，预测结果。几何直观可以帮助学生直观地理解数学，在整个数学学习过程中都发挥着重要作用。

山香指导

几何直观的应用

①借助几何直观理解概念

在小学数学教学中，抽象的概念对于小学生来说理解起来非常困难。甚至有些学生往往能把一些概念背得一字不差，但应用起来却常常错误百出。而利用几何直观能让学生更好地理解并记忆概念。

②借助几何直观明晰算理

理解算理和建构算法是计算教学的核心。教学中，教师可以引导学生通过直观动作、直观图形、直观符号等多样化的“直观表征”，优化算理教学，促进学生理解算理，主动建构并掌握算法，让学生抵达“理法”融通的计算之境。

③借助几何直观理解问题的本质

直观是抽象思维问题的信息源，又是途径信息源，它不仅为抽象思维提供信息，而且由于直观形象在认知结构中具有鲜明性强的特点，可以多途径、反复地给抽象思维提供技巧。通过图形的直观性质来阐明数学问题的本质，开辟了解决问题的重要途径。

④借助几何直观形成解决问题的策略

在小学数学教学中，有些较复杂的实际问题可借助“几何直观”帮助学生分析、理解题意，最终形成解决问题的策略。在教学中通过多种途径和方式使学生真正体会几何直观对寻求解决思路带来的益处。要求学生解决问题时能借助几何直观将相对抽象的思考对象“直观化”。教师要有意识地引导学生学会看懂图示语言，体会示意图既简洁又形象的特性，能为解决问题提供清晰的思路，让学生产生对图示语言的好感和画图的愿望，培养学生运用“几何直观”的意识。

数据分析观念包括：了解在现实生活中有许多问题应当先做调查研究，收集数据，通过分析作出判断，体会数据中蕴含着信息；了解对于同样的数据可以有多种分析的方法，需要根据问题的背景选择合适的方法；通过数据分析体验随机性，一方面，对于同样的事情每次收集到的数据可能不同，另一方面只要有足够的数据就可能从中发现规律。数据分析是统计的核心。

运算能力主要是指能够根据法则和运算律正确地进行运算的能力。培养运算能力有助于学生理解运算的算理，寻求合理简洁的运算途径解决问题。

推理能力的发展应贯穿于整个数学学习过程中。推理是数学的基本思维方式，也是人们学习和生活中经常使用的思维方式。推理一般包括合情推理和演绎推理，合情推理是从已有的事实出发，凭借经验和直觉，通过归纳和类比等推断某些结果；演绎推理是从已有的事实（包括定义、公理、定理等）和确定的规则（包括运算的定义、法则、顺序等）出发，按照逻辑推理的法则证明和计算。在解决问题的过程中，两种推理功能不同，相辅相成：合情推理用于探索思路，发现结论；演绎推理用于证明结论。

模型思想的建立是学生体会和理解数学与外部世界联系的基本途径。建立和求解模型的过程包括：从现实生活或具体情境中抽象出数学问题，用数学符号建立方程、不等式、函数等表示数学问题中的数量关系和变化规律，求出结果并讨论结果的意义。这些内容的学习有助于学生初步形成模型思想，提高学习数学的兴趣和应用意识。

应用意识有两个方面的含义：一方面，有意识利用数学的概念、原理和方法解释现实世界中的现象，解决现实世界中的问题；另一方面，认识到现实生活中蕴含着大量与数量和图形有关的问题，这些问题可以抽象成数学问题，用数学的方法予以解决。在整个数学教育的过程中都应该培养学生的应用意识，综合实践活动是培养应用意识很好的载体。

创新意识的培养是现代数学教育的基本任务，应体现在数学教与学的过程之中。学生自己发现和提出问题是创新的基础；独立思考、学会思考是创新的核心；归纳概括得到猜想和规律，并加以验证，是创新的重要方法。创新意识的培养应该从义务教育阶段做起，贯穿数学教育的始终。

招教体验

1. [2019 年 1 月杭州，论述，6′]《义务教育数学课程标准》(2011 年版)提出了十个“核心概念”，“推理能力”是其中之一，请结合具体例子说明“推理能力”的内涵。

参考答案：推理能力的发展应贯穿于整个数学学习过程中。推理是数学的基本思维方式，也是人们在学习和生活中经常使用的思维方式。推理一般包括合情推理和演绎推理，合情推理是从已有的事实出发，凭借经验和直觉，通过归纳类比等推断某些结果。比如，学生已经知道 $3\times6=18$，凭借经验和直觉，学生得出 $30\times600=18\,000$，这个过程就是合情推理的过程。演绎推理是从已有的事实(包括定义、公理、定理等)和确定的规则(包括运算的定义、法则、顺序等)出发，按照逻辑推理的法则证明和计算。比如，学生凭借数的概念知道，30 是由 3 个十组成的，30×6 是 18 个十即为 180，30×600 是 180 个百即为 18 000，这个过程就是演绎推理的过程。在解决问题的过程中，两种推理功能不同，相辅相成：合情推理用于探索思路，发现结论；演绎推理用于证明结论。

2. [2018 年 1 月杭州，论述，6′]“几何直观”是《义务教育数学课程标准》(2011 年版)中提出的十个“核心概念”之一，请回答以下两个问题：

(1)你如何理解“几何直观”的意义和在数学学习中的作用？

(2)下图是三年级下册“两位数乘两位数”笔算乘法的例 1，请说说如何用直观的方法引导学生探索算式的积并理解计算过程。

参考答案:(1)《义务教育数学课程标准》(2011 年版)中指出:几何直观主要是指利用图形描述和分析问题。借助几何直观可以把复杂的数学问题变得简明、形象,有助于探索解决问题的思路,预测结果。几何直观可以帮助学生直观地理解教学,在整个数学学习过程中都发挥着重要的作用。

(2)由日常生活中买书的实例引出“两位数乘两位数”的计算算式,如何计算得出结果呢?教师可根据学生已有的知识水平,引导学生用点子图将算式直观地表示出来,借助点子图,通过圈一圈、画一画、写一写,建立起图、口算算式与笔算算式之间的联系,将其中一个数分成两个数相加的形式,例如,可以将 12 分成 10 +2 之后运用乘法分配律,将“两位数乘两位数”问题转化为“两位数乘一位数”和“两位数乘整十数”的问题,至此,将新知转化为旧知,解决了问题。

3. [2017 年 1 月杭州,论述,6′]《义务教育数学课程标准》(2011 年版)提出了“运算能力”这一核心词语,说一说什么是运算能力,请举一个例子来说明“如何在教学中培养学生的运算能力”。

参考答案:(1)运算能力是指能够根据法则和运算律正确地进行运算的能力。培养运算能力有助于学生理解运算的算理,寻求合理、简洁的运算途径解决问题。

(2)①要在“慢”中求得运算的正确性。

准确是运算的基本要求。运算能力的强弱,主要体现在正确性和迅速性上,而正确又是迅速的必要前提,离开了正确性,迅速性也就失去了意义。有些学生在平时运算中常急于求成,导致得不到正确的结果,他们不懂“慢”是运算正确的必经之路。

②要在求“快”中提高运算速度。

运算速度是运算能力高低的一个标志。而在运算速度的培养上,有些教师的认识和做法并不到位。表现在课堂练习、课外作业的布置中,只重视作业量及练习题的精心选择,而忽视了练习题的时间(即速度)要求,久而久之,造成学生观念上的错误:做题只要会做、做对就行,因此解题时没有紧迫感,不注意速度训练,不讲究解题效率,考试中难以按时完成答题任务,长此以往,也影响到学生思维的敏捷性,因此,提高运算能力,必须重视提高运算的速度。

③要在求“简”中提升运算的质量。

运算离不开逻辑推理,教学时既要使学生了解“怎样运算”,还要明确“为什么要这样运算”,更要研究“还可以怎样算”。只有不断比较,不断选择,才能使学生在多解的思路中选择合理的解法,在学生亲身体验简便思路之美妙的同时,逐渐学会自我调控,达到合理运算的目的。

二、课程目标

知识点1 义务教育数学课程总目标 【解答】 ★★

通过义务教育阶段的数学学习,学生能:

(1)获得适应社会生活和进一步发展所必需的数学的**基础知识、基本技能、基本思想、基本活动经验**。

(2)体会数学知识之间、数学与其他学科之间、数学与生活之间的联系,运用数学的思维方式进行思考,增强发现和提出问题的能力、分析和解决问题的能力。

(3)了解数学的价值,提高学习数学的兴趣,增强学好数学的信心,养成良好的学习习惯,具有初步的创新意识和科学态度。

招教体验

[2018 年 5 月杭州,解答,8′]《义务教育数学课程标准》(2011 年版)提出由“双基”向“四基”转变的要求。

(1)你能说说“四基”指的是什么吗?

(2)下面是五年级上册“多边形的面积”中“平行四边形的面积”,请你简要谈谈这节课中如何落实新增的“两基”呢?

在方格纸上数一数,然后填写下表。(一个方格代表 1 m²,不满一格的都按半格计算。)

平行四边形	底	高	面积
长方形	长	宽	面积

不数方格,能不能计算平行四边形的面积呢?

参考答案:(1)“四基”是指数学的基础知识、基本技能、基本思想、基本活动经验。基础知识与基本技能包括数学的基本概念、定理、公式、法则、方法,以及基本的运算、推理、作图等技能。基本思想主要指数学抽象的思想、数学推理的思想和数学模型的思想。基本活动经验是在学生参与数学学习的活动中积累起来的。

(2)“平行四边形的面积”教学中通过让学生经历平行四边形面积公式的推导过程,渗透“转化”的数学思想,将平行四边形转化为已学的图形来推导其面积;通过观察、交流、讨论、练习等形式,让学生在理解公式推导的过程中积累活动经验,学会解决实际问题。

知识点2 总目标的具体阐述

总目标从以下四个方面具体阐述:

知识技能	●经历数与代数的抽象、运算与建模等过程,掌握数与代数的基础知识和基本技能 ●经历图形的抽象、分类、性质探讨、运动、位置确定等过程,掌握图形与几何的基础知识和基本技能 ●经历在实际问题中收集和处理数据、利用数据分析问题、获取信息的过程,掌握统计与概率的基础知识和基本技能 ●参与综合实践活动,积累综合运用数学知识、技能和方法等解决简单问题的数学活动经验
数学思考	●建立数感、符号意识和空间观念,初步形成几何直观和运算能力,发展形象思维与抽象思维 ●体会统计方法的意义,发展数据分析观念,感受随机现象 ●在参与观察、实验、猜想、证明、综合实践等数学活动中,发展合情推理和演绎推理的能力,清晰地表达自己的想法 ●学会独立思考,体会数学的基本思想和思维方式
问题解决	●初步学会从数学的角度发现问题和提出问题,综合运用数学知识解决简单的实际问题,增强应用意识,提高实践能力 ●获得分析问题和解决问题的一些基本方法,体验解决问题方法的多样性,发展创新意识 ●学会与他人合作交流 ●初步形成评价与反思的意识
情感态度	●积极参与数学活动,对数学有好奇心和求知欲 ●在数学学习过程中,体验获得成功的乐趣,锻炼克服困难的意志,建立自信心 ●体会数学的特点,了解数学的价值 ●养成认真勤奋、独立思考、合作交流、反思质疑等学习习惯 ●形成坚持真理、修正错误、严谨求实的科学态度

总目标的这四个方面,不是相互独立和割裂的,而是一个密切联系、相互交融的有机整体。在课程设计和教学活动组织中,应同时兼顾这四个方面的目标。这些目标的整体实现,是学生受到良好数学教育的标志,它对学生的全面、持续、和谐发展有着重要的意义。数学思考、问题解决、情感态度的发展离不开知识技

能的学习,知识技能的学习必须有利于其他三个目标的实现。

知识点3 学段目标

1. 第一学段(1~3年级)

(1)知识技能

①经历从日常生活中抽象出数的过程,理解万以内数的意义,初步认识分数和小数;理解常见的量;体会四则运算的意义,掌握必要的运算技能,能准确进行运算;在具体情境中,能选择适当的单位进行简单的估算。

②经历从实际物体中抽象出简单几何体和平面图形的过程,了解一些简单几何体和常见的平面图形;感受平移、旋转、轴对称现象;认识物体的相对位置。掌握初步的测量、识图和画图的技能。

③经历简单的数据收集、整理和分析的过程,了解简单的数据处理方法。

(2)数学思考

①在运用数及适当的度量单位描述现实生活中的简单现象,以及对运算结果进行估计的过程中,发展数感;在从物体中抽象出几何图形、想象图形的运动和位置的过程中,发展空间观念。

②能对调查过程中获得的简单数据进行归类,体验数据中蕴含着信息。

③在观察、操作等活动中,能提出一些简单的猜想。

④会独立思考问题,表达自己的想法。

(3)问题解决

①能在教师的指导下,从日常生活中发现和提出简单的数学问题,并尝试解决。

②了解分析问题和解决问题的一些基本方法,知道同一个问题可以有不同的解决方法。

③体验与他人合作交流解决问题的过程。

④尝试回顾解决问题的过程。

(4)情感态度

①对身边与数学有关的事物有好奇心,能参与数学活动。

②在他人帮助下,体验数学活动中的成功,能尝试克服困难。

③了解数学可以描述生活中的一些现象,感受数学与生活有密切联系。

④能倾听别人的意见,尝试对别人的想法提出建议,知道应该尊重客观事实。

2. 第二学段(4~6年级)

(1)知识技能

①体验从具体情境中抽象出数的过程,认识万以上的数;理解分数、小数、百分数的意义,了解负数的意义;掌握必要的运算技能;理解估算的意义;能用方程表示简单的数量关系,能解简单的方程。

②探索一些图形的形状、大小和位置关系,了解一些几何体和平面图形的基本特征;体验简单图形的运

动过程,能在方格纸上画出简单图形运动后的图形,了解确定物体位置的一些基本方法;掌握测量、识图和画图的基本方法。

③经历数据的收集、整理和分析的过程,掌握一些简单的数据处理技能;体验随机事件和事件发生的等可能性。

④能借助计算器解决简单的应用问题。

(2)数学思考

①初步形成数感和空间观念,感受符号和几何直观的作用。

②进一步认识到数据中蕴含着信息,发展数据分析观念;通过实例感受简单的随机现象。

③在观察、实验、猜想、验证等活动中,发展合情推理能力,能进行有条理的思考,能比较清楚地表达自己的思考过程与结果。

④会独立思考,体会一些数学的基本思想。

(3)问题解决

①尝试从日常生活中发现并提出简单的数学问题,并运用一些知识加以解决。

②能探索分析和解决简单问题的有效方法,了解解决问题方法的多样性。

③经历与他人合作交流解决问题的过程,尝试解释自己的思考过程。

④能回顾解决问题的过程,初步判断结果的合理性。

(4)情感态度

①愿意了解社会生活中与数学相关的信息,主动参与数学学习活动。

②在他人的鼓励和引导下,体验克服困难、解决问题的过程,相信自己能够学好数学。

③在运用数学知识和方法解决问题的过程中,认识数学的价值。

④初步养成乐于思考、勇于质疑、言必有据等良好品质。

3.第三学段(7~9年级)

(1)知识技能

①体验从具体情境中抽象出数学符号的过程,理解有理数、实数、代数式、方程、不等式、函数;掌握必要的运算(包括估算)技能;探索具体问题中的数量关系和变化规律,掌握用代数式、方程、不等式、函数进行表述的方法。

②探索并掌握相交线、平行线、三角形、四边形和圆的基本性质与判定,掌握基本的证明方法和基本的作图技能;探索并理解平面图形的平移、旋转、轴对称;认识投影与视图;探索并理解平面直角坐标系及其应用。

③体验数据收集、处理、分析和推断过程,理解抽样方法,体验用样本估计总体的过程;进一步认识随机现象,能计算一些简单事件的概率。

(2)数学思考

①通过用代数式、方程、不等式、函数等表述数量关系的过程,体会模型的思想,建立符号意识;在研究图形性质和运动、确定物体位置等过程中,进一步发展空间观念;经历借助图形思考问题的过程,初步建立几何直观。

②了解利用数据可以进行统计推断,发展建立数据分析观念;感受随机现象的特点。

③体会通过合情推理探索数学结论,运用演绎推理加以证明的过程,在多种形式的数学活动中,发展合情推理与演绎推理的能力。

④能独立思考,体会数学的基本思想和思维方式。

(3)问题解决

①初步学会在具体的情境中从数学的角度发现问题和提出问题,并综合运用数学知识和方法等解决简单的实际问题,增强应用意识,提高实践能力。

②经历从不同角度寻求分析问题和解决问题的方法的过程,体验解决问题方法的多样性,掌握分析问题和解决问题的一些基本方法。

③在与他人合作和交流过程中,能较好地理解他人的思考方法和结论。

④能针对他人所提的问题进行反思,初步形成评价与反思的意识。

(4)情感态度

①积极参与数学活动,对数学有好奇心和求知欲。

②感受成功的快乐,体验独自克服困难、解决数学问题的过程,有克服困难的勇气,具备学好数学的信心。

③在运用数学表述和解决问题的过程中,认识数学具有抽象、严谨和应用广泛的特点,体会数学的价值。

④敢于发表自己的想法、勇于质疑、敢于创新,养成认真勤奋、独立思考、合作交流等学习习惯,形成严谨求实的科学态度。

三、课程内容

知识点1 数与代数

学段	内容
第一学段 (1~3年级)	①数的认识 a. 在现实情境中理解万以内数的意义,能认、读、写万以内的数,能用数表示物体的个数或事物的顺序和位置。 b. 能说出各数位的名称,理解各数位上的数字表示的意义;知道用算盘可以表示多位数。 c. 理解符号“<”“=”“>”的含义,能用符号和词语描述万以内数的大小。 d. 在生活情境中感受大数的意义,并能进行估计。 e. 能结合具体情境初步认识小数和分数,能读、写小数和分数。

续表

学段	内容
第一学段 (1～3年级)	f. 能结合具体情境比较两个一位小数的大小,能比较两个同分母分数的大小。 g. 能运用数表示日常生活中的一些事物,并能进行交流。 ②数的运算 a. 结合具体情境,体会整数四则运算的意义。 b. 能熟练地口算20以内的加减法和表内乘除法,能口算简单的百以内的加减法和一位数乘除两位数。 c. 能计算两位数和三位数的加减法,一位数乘两位数和三位数,两位数乘两位数的乘法,两位数和三位数除以一位数的除法。 d. 认识小括号,能进行简单的整数四则混合运算(两步)。 e. 会进行同分母分数(分母小于10)的加减运算以及一位小数的加减运算。 f. 能结合具体情境,选择适当的单位进行简单估算,体会估算在生活中的作用。 g. 经历与他人交流各自算法的过程。 h. 能运用数及数的运算解决生活中的简单问题,并能对结果的实际意义作出解释。 ③常见的量 a. 在现实情境中,认识元、角、分,并了解它们之间的关系。 b. 能认识钟表,了解24时记时法;结合自己的生活经验,体验时间的长短。 c. 认识年、月、日,了解它们之间的关系。 d. 在现实情境中,感受并认识克、千克、吨,能进行简单的单位换算。 e. 能结合生活实际,解决与常见的量有关的简单问题。 ④探索规律 探索简单情境下的变化规律
第二学段 (4～6年级)	①数的认识 a. 在具体情境中,认识万以上的数,了解十进制计数法,会用万、亿为单位表示大数。 b. 结合现实情境感受大数的意义,并能进行估计。 c. 会运用数描述事物的某些特征,进一步体会数在日常生活中的作用。 d. 知道2,3,5的倍数的特征,了解公倍数和最小公倍数;在1～100的自然数中,能找出10以内自然数的所有倍数,能找出10以内两个自然数的公倍数和最小公倍数。 e. 了解公因数和最大公因数;在1～100的自然数中,能找出一个自然数的所有因数,能找出两个自然数的公因数和最大公因数。 f. 了解自然数、整数、奇数、偶数、质(素)数和合数。

续表

学段	内容
第二学段（4~6年级）	g. 结合具体情境，理解小数和分数的意义，理解百分数的意义；会进行小数、分数和百分数的转化（不包括将循环小数化为分数）。 h. 能比较小数的大小和分数的大小。 i. 在熟悉的生活情境中，了解负数的意义，会用负数表示日常生活中的一些量。 ②数的运算 a. 能计算三位数乘两位数的乘法，三位数除以两位数的除法。 b. 认识中括号，能进行简单的整数四则混合运算（以两步为主，不超过三步）。 c. 探索并了解运算律（加法的交换律和结合律、乘法的交换律和结合律、乘法对加法的分配律），会应用运算律进行一些简便运算。 d. 在具体运算和解决简单实际问题的过程中，体会加与减、乘与除的互逆关系。 e. 能分别进行简单的小数和分数（不含带分数）加、减、乘、除运算及混合运算（以两步为主，不超过三步）。 f. 能解决小数、分数和百分数的简单实际问题。 g. 在具体情境中，了解常见的数量关系：总价 = 单价 × 数量、路程 = 速度 × 时间，并能解决简单的实际问题。 h. 经历与他人交流各自算法的过程，并能表达自己的想法。 i. 在解决问题的过程中，能选择合适的方法进行估算。 j. 能借助计算器进行运算，解决简单的实际问题，探索简单的规律。 ③式与方程 a. 在具体情境中会用字母表示数。 b. 结合简单的实际情境，了解等量关系，并能用字母表示。 c. 能用方程表示简单情境中的等量关系（如 $3x+2=5$，$2x-x=3$），了解方程的作用。 d. 了解等式的性质，能用等式的性质解简单的方程。 ④正比例、反比例 a. 在实际情境中理解比及按比例分配的含义，并能解决简单的问题。 b. 通过具体情境，认识成正比例的量和成反比例的量。 c. 会根据给出的有正比例关系的数据在方格纸上画图，并会根据其中一个量的值估计另一个量的值。 d. 能找出生活中成正比例和成反比例关系量的实例，并进行交流。 ⑤探索规律 探索给定情境中隐含的规律或变化趋势

续表

学段	内容
第三学段 (7~9年级)	①数与式 A. 有理数 a. 理解有理数的意义,能用数轴上的点表示有理数,能比较有理数的大小。 b. 借助数轴理解相反数和绝对值的意义,掌握求有理数的相反数与绝对值的方法,知道$\|a\|$的含义(这里a表示有理数)。 c. 理解乘方的意义,掌握有理数的加、减、乘、除、乘方及简单的混合运算(以三步以内为主)。 d. 理解有理数的运算律,能运用运算律简化运算。 e. 能运用有理数的运算解决简单的问题。 B. 实数 a. 了解平方根、算术平方根、立方根的概念,会用根号表示数的平方根、算术平方根、立方根。 b. 了解乘方与开方互为逆运算,会用平方运算求百以内整数的平方根,会用立方运算求百以内整数(对应的负整数)的立方根,会用计算器求平方根和立方根。 c. 了解无理数和实数的概念,知道实数与数轴上的点一一对应,能求实数的相反数与绝对值。 d. 能用有理数估计一个无理数的大致范围。 e. 了解近似数,在解决实际问题中,能用计算器进行近似计算,并会按问题的要求对结果取近似值。 f. 了解二次根式、最简二次根式的概念,了解二次根式(根号下仅限于数)加、减、乘、除运算法则,会用它们进行有关的简单四则运算。 C. 代数式 a. 借助现实情境了解代数式,进一步理解用字母表示数的意义。 b. 能分析具体问题中的简单数量关系,并用代数式表示。 c. 会求代数式的值;能根据特定的问题查阅资料,找到所需要的公式,并会代入具体的值进行计算。 D. 整式与分式 a. 了解整数指数幂的意义和基本性质;会用科学计数法表示数(包括在计算器上表示)。 b. 理解整式的概念,掌握合并同类项和去括号的法则,能进行简单的整式加法和减法运算;能进行简单的整式乘法运算(其中多项式相乘仅指一次式之间以及一次式与二次式相乘)。 c. 能推导乘法公式::$(a+b)(a-b)=a^2-b^2$;$(a\pm b)^2=a^2\pm 2ab+b^2$,了解公式的几何背景,并能利用公式进行简单计算。 d. 能用提公因式法、公式法(直接利用公式不超过二次)进行因式分解(指数是正整数)。 e. 了解分式和最简分式的概念,能利用分式的基本性质进行约分和通分;能进行简单的分式加、减、乘、除运算。

第四部分

续表

学段	内容
第三学段 (7～9 年级)	②方程与不等式 A. 方程与方程组 a. 能根据具体问题中的数量关系列出方程,体会方程是刻画现实世界数量关系的有效模型。 b. 经历估计方程解的过程。 c. 掌握等式的基本性质。 d. 能解一元一次方程、可化为一元一次方程的分式方程。 e. 掌握代入消元法和加减消元法,能解二元一次方程组。 f. 能解简单的三元一次方程组。 g. 理解配方法,能用配方法、公式法、因式分解法解数字系数的一元二次方程。 h. 会用一元二次方程根的判别式判别方程是否有实根和两个实根是否相等。 i. 了解一元二次方程的根与系数的关系。 j. 能根据具体问题的实际意义,检验方程的解是否合理。 B. 不等式与不等式组 a. 结合具体问题,了解不等式的意义,探索不等式的基本性质。 b. 能解数字系数的一元一次不等式,并能在数轴上表示出解集;会用数轴确定由两个一元一次不等式组成的不等式组的解集。 c. 能根据具体问题中的数量关系,列出一元一次不等式,解决简单的问题。 ③函数 A. 函数 a. 探索简单实例中的数量关系和变化规律,了解常量、变量的意义。 b. 结合实例,了解函数的概念和三种表示法,能举出函数的实例。 c. 能结合图象对简单实际问题中的函数关系进行分析。 d. 能确定简单实际问题中函数自变量的取值范围,并会求出函数值。 e. 能用适当的函数表示法刻画简单实际问题中变量之间的关系。 f. 结合对函数关系的分析,能对变量的变化情况进行切步讨论。 B. 一次函数 a. 结合具体情境体会一次函数的意义,能根据已知条件确定一次函数的表达式。 b. 会利用待定系数法确定一次函数的表达式。 c. 能画出一次函数的图象,根据一次函数的图象和表达式 $y=kx+b(k\neq0)$ 探索并理解 $k>0$ 和 $k<0$ 时,图象的变化情况。

续表

学段	内容
第三学段 (7~9年级)	d. 理解正比例函数。 e. 体会一次函数与二元一次方程的关系。 f. 能用一次函数解决简单实际问题。 C. 反比例函数 a. 结合具体情境体会反比例函数的意义,能根据已知条件确定反比例函数的表达式。 b. 能画出反比例函数的图象,根据图象和表达式 $y=\frac{k}{x}(k\neq0)$ 探索并理解 $k>0$ 和 $k<0$ 时,图象的变化情况。 c. 能用反比例函数解决简单实际问题。 D. 二次函数 a. 通过对实际问题的分析,体会二次函数的意义。 b. 会用描点法画出二次函数的图象,通过图象了解二次函数的性质。 c. 会用配方法将数字系数的二次函数的表达式化为 $y=a(x-h)^2+k$ 的形式,并能由此得到二次函数图象的顶点坐标,说出图象的开口方向,画出图象的对称轴,并能解决简单实际问题。 d. 会利用二次函数的图象求一元二次方程的近似解。 e. 知道给定不共线三点的坐标可以确定一个二次函数。

知识点2 图形与几何

学段	课程内容	
第一学段 (1~3年级)	图形的认识	①能通过实物和模型辨认长方体、正方体、圆柱和球等几何体 ②能根据具体事物、照片或直观图辨认从不同角度观察到的简单物体 ③能辨认长方形、正方形、三角形、平行四边形、圆等简单图形 ④通过观察、操作,初步认识长方形、正方形的特征 ⑤会用长方形、正方形、三角形、平行四边形或圆拼图 ⑥结合生活情境认识角,了解直角、锐角和钝角 ⑦能对简单几何体和图形进行分类
	测量	①结合生活实际,经历用不同方式测量物体长度的过程,体会建立统一度量单位的重要性 ②在实践活动中,体会并认识长度单位千米、米、厘米,知道分米、毫米,能进行简单的单位换算,能恰当地选择长度单位

续表

学段	课程内容	
第一学段（1~3年级）	测量	③能估测一些物体的长度，并进行测量 ④结合实例认识周长，并能测量简单图形的周长，探索并掌握长方形、正方形的周长公式 ⑤结合实例认识面积，体会并认识面积单位厘米^2、分米^2、米^2，能进行简单的单位换算 ⑥探索并掌握长方形、正方形的面积公式，会估计给定简单图形的面积
	图形的运动	①结合实例，感受平移、旋转、轴对称现象 ②能辨认简单图形平移后的图形 ③通过观察、操作，初步认识轴对称图形
	图形与位置	①会用上、下、左、右、前、后描述物体的相对位置 ②给定东、南、西、北四个方向中的一个方向，能辨认其余三个方向，知道东北、西北、东南、西南四个方向，会用这些词语描绘物体所在的方向
第二学段（4~6年级）	图形的认识	①结合实例了解线段、射线和直线 ②体会两点间所有连线中线段最短，知道两点间的距离 ③知道平角与周角，了解周角、平角、钝角、直角、锐角之间的大小关系 ④结合生活情境了解平面上两条直线的平行和相交（包括垂直）关系 ⑤通过观察、操作，认识平行四边形、梯形和圆，知道扇形，会用圆规画圆 ⑥认识三角形，通过观察、操作，了解三角形两边之和大于第三边、三角形内角和是180° ⑦认识等腰三角形、等边三角形、直角三角形、锐角三角形、钝角三角形 ⑧能辨认从不同方向（前面、侧面、上面）看到的物体的形状图 ⑨通过观察、操作，认识长方体、正方体、圆柱和圆锥，认识长方体、正方体和圆柱的展开图
	测量	①能用量角器量指定角的度数，能画指定度数的角，会用三角尺画30°，45°，60°，90°角 ②探索并掌握三角形、平行四边形和梯形的面积公式，并能解决简单的实际问题 ③知道面积单位：千米^2、公顷 ④通过操作，了解圆的周长与直径的比为定值，掌握圆的周长公式；探索并掌握圆的面积公式，并能解决简单的实际问题 ⑤会用方格纸估计不规则图形的面积 ⑥通过实例了解体积（包括容积）的意义及度量单位（米^3、分米^3、厘米^3、升、毫升），能进行单位之间的换算，感受1米^3、1厘米^{3}以及1升、1毫升的实际意义

续表

学段	课程内容	
第二学段（4~6年级）	测量	⑦结合具体情境，探索并掌握长方体、正方体、圆柱的体积和表面积以及圆锥体积的计算方法，并能解决简单的实际问题 ⑧体验某些实物（如土豆等）体积的测量方法
	图形的运动	①通过观察、操作等活动，进一步认识轴对称图形及其对称轴，能在方格纸上画出轴对称图形的对称轴；能在方格纸上补全一个简单的轴对称图形 ②通过观察、操作等，在方格纸上认识图形的平移与旋转，能在方格纸上按水平或垂直方向将简单图形平移，会在方格纸上将简单图形旋转90° ③能利用方格纸按一定比例将简单图形放大或缩小 ④能从平移、旋转和轴对称的角度欣赏生活中的图案，并运用它们在方格纸上设计简单的图案
	图形与位置	①了解比例尺；在具体情境中，会按给定的比例进行图上距离与实际距离的换算 ②能根据物体相对于参照点的方向和距离确定其位置 ③会描述简单的路线图 ④在具体情境中，能在方格纸上用数对（限于正整数）表示位置，知道数对与方格纸上点的对应
第三学段（7~9年级）	图形的性质	①点、线、面、角 a. 通过实物和具体模型，了解从物体抽象出来的几何体、平面、直线和点等。 b. 会比较线段的长短，理解线段的和、差，以及线段中点的意义。 c. 掌握基本事实：两点确定一条直线。 d. 掌握基本事实：两点之间线段最短。 e. 理解两点间距离的意义，能度量两点间的距离。 f. 理解角的概念，能比较角的大小。 g. 认识度、分、秒，会对度、分、秒进行简单的换算，并会计算角的和、差。 ②相交线与平行 a. 理解对顶角、余角、补角等概念，探索并掌握对顶角相等、同角（等角）的余角相等、同角（等角）的补角相等的性质。 b. 理解垂线、垂线段等概念，能用三角尺或量角器过一点画已知直线的垂线。 c. 理解点到直线的距离的意义，能度量点到直线的距离。 d. 掌握基本事实：过一点有且只有一条直线与已知直线垂直。

续表

<table>
<tr><th>学段</th><th colspan="2">课程内容</th></tr>
<tr><td>第三学段
(7~9年级)</td><td>图形的性质</td><td>e. 识别同位角、内错角、同旁内角。
f. 理解平行线概念;掌握基本事实:两条直线被第三条直线所截,如果同位角相等,那么这两条直线平行。
g. 掌握基本事实:过直线外一点有且只有一条直线与这条直线平行。
h. 掌握平行线的性质定理;两条平行直线被第三条直线所截,同位角相等。了解平行线性质定理的证明。
i. 能用三角尺和直尺过已知直线外一点画这条直线的平行线。
j. 探索并证明平行线的判定定理:两条直线被第三条直线所截,如果内错角相等(或同旁内角互补),那么这两条直线平行;探索并证明平行线的性质定理:两条平行直线被第三条直线所截,内错角相等(或同旁内角互补)。
k. 了解平行于同一条直线的两条直线平行。
③三角形
a. 理解三角形及其内角、外角、中线、高线、角平分线等概念,了解三角形的稳定性。
b. 探索并证明三角形的内角和定理。掌握它的推论:三角形的外角等于与它不相邻的两个内角的和。证明三角形的任意两边之和大于第三边。
c. 理解全等三角形的概念,能识别全等三角形中的对应边、对应角。
d. 掌握基本事实:两边及其夹角分别相等的两个三角形全等。
e. 掌握基本事实:两角及其夹边分别相等的两个三角形全等。
f. 掌握基本事实:三边分别相等的两个三角形全等。
g. 证明定理:两角分别相等且其中一组等角的对边相等的两个三角形全等。
h. 探索并证明角平分线的性质定理:角平分线上的点到角两边的距离相等;反之,角的内部到角两边距离相等的点在角的平分线上。
i. 理解线段垂直平分线的概念,探索并证明线段垂直平分线的性质定理:线段垂直平分线上的点到线段两端的距离相等;反之,到线段两端距离相等的点在线段的垂直平分线上。
j. 了解等腰三角形的概念,探索并证明等腰三角形的性质定理:等腰三角形的两底角相等;底边上的高线、中线及顶角平分线重合。探索并掌握等腰三角形的判定定理:有两个角相等的三角形是等腰三角形。探索等边三角形的性质定理:等边三角形的各角都等于60°,及等边三角形的判定定理:三个角都相等的三角形(或有一个角是60°的等腰三角形)是等边三角形。</td></tr>
</table>

续表

<table>
<tr><th>学段</th><th colspan="2">课程内容</th></tr>
<tr><td>第三学段
（7～9年级）</td><td>图形的性质</td><td>k. 了解直角三角形的概念，探索并掌握直角三角形的性质定理：直角三角形的两个锐角互余，直角三角形斜边上的中线等于斜边的一半。掌握有两个角互余的三角形是直角三角形。
l. 探索勾股定理及其逆定理，并能运用它们解决一些简单的实际问题。
m. 探索并掌握判定直角三角形全等的“斜边、直角边”定理。
n. 了解三角形重心的概念。
④四边形
a. 了解多边形的定义，多边形的顶点、边、内角、外角、对角线等概念；探索并掌握多边形内角和与外角和公式。
b. 理解平行四边形、矩形、菱形、正方形的概念，以及它们之间的关系；了解四边形的不稳定性。
c. 探索并证明平行四边形的性质定理：平行四边形的对边相等、对角相等、对角线互相平分；探索并证明平行四边形的判定定理：一组对边平行且相等的四边形是平行四边形；两组对边分别相等的四边形是平行四边形；对角线互相平分的四边形是平行四边形。
d. 了解两条平行线之间距离的意义，能度量两条平行线之间的距离。
e. 探索并证明矩形、菱形、正方形的性质定理：矩形的四个角都是直角，对角线相等；菱形的四条边相等，对角线互相垂直；以及它们的判定定理：三个角是直角的四边形是矩形，对角线相等的平行四边形是矩形；四边相等的四边形是菱形，对角线互相垂直的平行四边形是菱形。正方形具有矩形和菱形的一切性质。
f. 探索并证明三角形的中位线定理。
⑤圆
a. 理解圆、弧、弦、圆心角、圆周角的概念，了解等圆、等弧的概念；探索并了解点与圆的位置关系。
b. 探索并证明垂径定理：垂直于弦的直径平分弦以及弦所对的两条弧。
c. 探索圆周角与圆心角及其所对弧的关系，了解并证明圆周角定理及其推论：圆周角的度数等于它所对弧上的圆心角度数的一半；直径所对的圆周角是直角；90°的圆周角所对的弦是直径；圆内接四边形的对角互补。
d. 知道三角形的内心和外心。
e. 了解直线和圆的位置关系，掌握切线的褫念，探索切线与过切点的半径的关系，会用三角尺过圆上一点画圆的切线。
f. 探索并证明切线长定理：过圆外一点所画的圆的两条切线长相等。</td></tr>
</table>

续表

学段	课程内容	
第三学段 （7～9年级）	图形的性质	g. 会计算圆的弧长、扇形的面积。 h. 了解正多边形的概念及正多边形与圆的关系。 ⑥尺规作图 a. 能用尺规完成以下基本作图：作一条线段等于已知线段；作一个角等于已知角；作一个角的平分线；作一条线段的垂直平分线；过一点作已知直线的垂线。 b. 会利用基本作图作三角形：已知三边、两边及其夹角、两角及其夹边作三角形；已知底边及底边上的高线作等腰三角形；已知一直角边和斜边作直角三角形。 c. 会利用基本作图完成：过不在同一直线上的三点作圆；作三角形的外接圆、内切圆；作圆的内接正方形和正六边形。 d. 在尺规作图中，了解作图的道理，保留作图的痕迹，不要求写出作法。 ⑦定义、命题、定理 a. 通过具体实例，了解定义、命题、定理、推论的意义。 b. 结合具体实例，会区分命题的条件和结论，了解原命题及其逆命题的概念。会识别两个互逆的命题，知道原命题成立其逆命题不一定成立。 c. 知道证明的意义和证明的必要性，知道证明要合乎逻辑，知道证明的过程可以有不同的表达形式，会综合法证明的格式。 d. 了解反例的作用，知道利用反例可以判断一个命题是错误的。 e. 通过实例体会反证法的含义。
	图形的变化	①图形的轴对称 a. 通过具体实例了解轴对称的概念，探索它的基本性质：成轴对称的两个图形中，对应点的连线被对称轴垂直平分。 b. 能画出简单平面图形（点、线段、直线、三角形等）关于给定对称轴的对称图形。 c. 了解轴对称图形的概念；探索等腰三角形、矩形、菱形、正多边形、圆的轴对称性质。 d. 认识并欣赏自然界和现实生活中的轴对称图形。 ②图形的旋转 a. 通过具体实例认识平面图形关于旋转中心的旋转。 探索它的基本性质。一个图形和它经过旋转所得到的图形中，对应点到旋转中心距离相等，两组对应点分别与旋转中心连线所成的角相等。 b. 了解中心对称、中心对称图形的概念，探索它的基本性质：成中心对称的两个图形中，对应点的连线经过对称中心，且被对称中心平分。

续表

学段	课程内容	
第三学段 （7～9年级）	图形的变化	c. 探索线段、平行四边形、正多边形、圆的中心对称性质。 d. 认识并欣赏自然界和现实生活中的中心对称图形。 ③图形的平移 a. 通过具体实例认识平移，探索它的基本性质：一个图形和它经过平移所得的图形中，两组对应点的连线平行（或在同一条直线上）且相等。 b. 认识并欣赏平移在自然界和现实生活中的应用。 c. 运用图形的轴对称、旋转、平移进行图案设计。 ④图形的相似 a. 了解比例的基本性质、线段的比、成比例的线段；通过建筑、艺术上的实例了解黄金分割。 b. 通过具体实例认识图形的相似。了解相似多边形和相似比。 c. 掌握基本事实：两条直线被一组平行线所截，所得的对应线段成比例。 d. 了解相似三角形的判定定理：两角分别相等的两个三角形相似；两边成比例且夹角相等的两个三角形相似；三边成比例的两个三角形相似。了解相似三角形判定定理的证明。 e. 了解相似三角形的性质定理：相似三角形对应线段的比等于相似比；面积比等于相似比的平方。 f. 了解图形的位似，知道利用位似可以将一个图形放大或缩小。 g. 会利用图形的相似解决一些简单的实际问题。 h. 利用相似的直角三角形，探索并认识锐角三角函数（$\sin A$，$\cos A$，$\tan A$），知道30°，45°，60°角的三角函数值。 i. 会使用计算器由已知锐角求它的三角函数值，由已知三角函数值求它的对应锐角。 j. 能用锐角三角函数解直角三角形，能用相关知识解决一些简单的实际问题。 ⑤图形的投影 a. 通过丰富的实例，了解中心投影和平行投影的概念。 b. 会画直棱柱、圆柱、圆锥、球的主视图、左视图、俯视图，能判断简单物体的视图，并会根据视图描述简单的几何体。 c. 了解直棱柱、圆锥的侧面展开图，能根据展开图想象和制作实物模型。 d. 通过实例，了解上述视图与展开图在现实生活中的应用。

续表

学段	课程内容	
第三学段 （7～9 年级）	图形与坐标	①坐标与图形位置 a. 结合实例进一步体会有序数对可以表示物体的位置。 b. 理解平面直角坐标系的有关概念，能画出直角坐标系；在给定的直角坐标系中，能根据坐标描出点的位置、由点的位置写出它的半标。 c. 在实际问题中，能建立适当的直角坐标系，描述物体的位置。 d. 对给定的正方形，会选择合适的直角坐标系，写出它的顶点坐标，体会可以用坐标刻圆一个简单图形。 e. 在平面上，能用方位角和距离刻面两个物体的相对位置。 ②坐标与图形运动 a. 在直角坐标系中，以坐标轴为对称轴，能写出一个已知顶点坐标的多边形的对称图形的顶点坐标，并知道对应顶点坐标之间的关系。 b. 在直角坐标系中，能写出一个已知顶点坐标的多边形沿坐标轴方向平移后图形的顶点坐标，并知道对应顶点坐标之间的关系。 c. 在直角坐标系中，探索并了解将一个多边形依次沿两个坐标轴方向平移后所得到的图形与原来的图形具有平移关系，体会图形顶点坐标的变化。 d. 在直角坐标系中，探索并了解将一个多边形的顶点坐标（有一个顶点为原点、有一条边在横坐标轴上）分别扩大或缩小相同倍数时所对应的图形与原图形是位似的。

知识点3 统计与概率

学段	课程内容	
第一学段	①能根据给定的标准或者自己选定的标准，对事物或数据进行分类，感受分类与分类标准的关系 ②经历简单的数据收集和整理过程，了解调查、测量等收集数据的简单方法，并能用自己的方式（文字、图画、表格等）呈现整理数据的结果 ③通过对数据的简单分析，体会运用数据进行表达与交流的作用，感受数据蕴含信息	
第二学段	简单数据统计过程	①经历简单的收集、整理、描述和分析数据的过程（可使用计算器） ②会根据实际问题设计简单的调查表，能选择适当的方法（如调查、试验、测量）收集数据 ③认识条形统计图、扇形统计图、折线统计图；能用条形统计图、折线统计图直观且有效地表示数据 ④体会平均数的作用，能计算平均数，能用自己的语言解释其实际意义

续表

学段	课程内容	
第三学段	简单数据统计过程	⑤能从报纸杂志、电视等媒体中,有意识地获得一些数据信息,并能读懂简单的统计图表 ⑥能解释统计结果,根据结果作出简单的判断和预测,并能进行交流
	随机现象发生的可能性	①在具体情境中,通过实例感受简单的随机现象;能列出简单的随机现象中所有可能发生的结果 ②通过试验、游戏等活动,感受随机现象结果发生的可能性是有大小的,能对一些简单的随机现象发生的可能性大小作出定性描述,并能进行交流
	抽样与数据分析	①经历收集、整理、描述和分析数据的活动,了解数据处理的过程;能用计算器处理较为复杂的数据。 ②体会抽样的必要性,通过实例了解简单随机抽样。 ③会制作扇形统计图,能用统计图直观、有效地描述数据。 ④理解平均数的意义,能计算中位数、众数、加权平均数,了解它们是数据集中趋势的描述。 ⑤体会刻画数据离散程度的意义,会计算简单数据的方差。 ⑥通过实例,了解频数和频数分布的意义,能画频数直方图,能利用频数直方图解释数据中蕴含的信息。 ⑦体会样本与总体的关系,知道可以通过样本平均数、样本方差推断总体平均数和总体方差。 ⑧能解释统计结果,根据结果作出简单的判断和预测,并能进行交流。 ⑨通过表格、折线图、趋势图等,感受随机现象的变化趋势。
	事件的概率	①能通过列表、画树状图等方法列出简单随机事件所有可能的结果,以及指定事件发生的所有可能结果,了解事件的概率。 ②知道通过大量的重复试验,可以用频率来估计概率。

知识点4 综合与实践

学段	课程内容
第一学段 (1~3年级)	①通过实践活动,感受数学在日常生活中的作用,体验运用所学的知识和方法解决简单问题的过程,获得初步的数学活动经验 ②在实践活动中,了解要解决的问题和解决问题的办法 ③经历实践操作的过程,进一步理解所学的内容

续表

学段	课程内容
第二学段 （4～6年级）	①经历有目的、有设计、有步骤、有合作的实践活动 ②结合实际情境，体验发现和提出问题、分析和解决问题的过程 ③在给定目标下，感受针对具体问题提出设计思路、制订简单的方案解决问题的过程 ④通过应用和反思，进一步理解所用的知识和方法，了解所学知识之间的联系，获得数学活动经验
第三学段 （7～9年级）	①结合实际情境，经历设计解决具体问题的方案，并加以实施的过程，体验建立模型、解决问题的过程，并在此过程中，尝试发现和提出问题。 ②会反思参与活动的全过程，将研究的过程和结果形成报告或小论文，并能进行交流，进一步获得数学活动经验。 ③通过对有关问题的探讨，了解所学过知识（包括其他学科知识）之间的关联，进一步理解有关知识，发展应用意识和能力。

四、实施建议

知识点1 教学建议

教学活动是师生积极参与、交往互动、共同发展的过程。

数学教学应根据具体的教学内容，注意使学生在获得间接经验的同时也能够有机会获得直接经验，即从学生实际出发，创设有助于学生自主学习的问题情境，引导学生通过实践、思考、探索、交流等，获得数学的基础知识、基本技能、基本思想、基本活动经验，促使学生主动地、富有个性地学习，不断提高发现问题和提出问题的能力、分析问题和解决问题的能力。

在数学教学活动中，教师要把基本理念转化为自己的教学行为，处理好教师讲授与学生自主学习的关系，注重启发学生积极思考；发扬教学民主，当好学生数学活动的组织者、引导者、合作者；激发学生的学习潜能，鼓励学生大胆创新与实践；创造性地使用教材，积极开发、利用各种教学资源，为学生提供丰富多彩的学习素材；关注学生的个体差异，有效地实施有差异的教学，使每个学生都得到充分的发展；合理地运用现代信息技术，有条件的地区，要尽可能合理、有效地使用计算机和有关软件，提高教学效益。

1. 数学教学活动要注重课程目标的整体实现

为使每个学生都受到良好的数学教育，数学教学不仅要使学生获得数学的知识技能，而且要把知识技能、数学思考、问题解决、情感态度四个方面目标有机结合，整体实现课程目标。

课程目标的整体实现需要日积月累。在日常的教学活动中，教师应努力挖掘教学内容中可能蕴含的、与上述四个方面目标有关的教育价值，通过长期的教学过程，逐渐实现课程的整体目标。因此，无论是设计、实施课堂教学方案，还是组织各类教学活动，不仅要重视学生获得知识技能，而且要激发学生的学习兴趣，通过独立思考或者合作交流感悟数学的基本思想，引导学生在参与数学活动的过程中积累基本经验，帮助学生形成认真勤奋、独立思考、合作交流、反思质疑等良好的学习习惯。

例如，关于"零指数"教学方案的设计可作如下考虑：教学目标不仅要包括了解零指数幂的"规定"、会进行简单计算，还要包括感受这个"规定"的合理性，并在这个过程中学会数学思考、感悟理性精神。

2. 重视学生在学习活动中的主体地位

有效的数学教学活动是教师教与学生学的统一，应体现"以人为本"的理念，促进学生的全面发展。

(1)学生是数学学习的主体，在积极参与学习活动的过程中不断得到发展。

学生获得知识，必须建立在自己思考的基础上，可以通过接受学习的方式，也可以通过自主探索等方式；学生应用知识并逐步形成技能，离不开自己的实践；学生在获得知识技能的过程中，只有亲身参与教师精心设计的教学活动，才能在数学思考、问题解决和情感态度方面得到发展。

(2)教师应成为学生学习活动的组织者、引导者、合作者，为学生的发展提供良好的环境和条件。

教师的"组织"作用主要体现在两个方面：第一，教师应当准确把握教学内容的数学实质和学生的实际情况，确定合理的教学目标，设计一个好的教学方案；第二，在教学活动中，教师要选择适当的教学方式，因势利导、适时调控，努力营造师生互动、生生互动、生动活泼的课堂氛围，形成有效的学习活动。

教师的"引导"作用主要体现在：通过恰当的问题，或者准确、清晰、富有启发性的讲授，引导学生积极思考、求知求真，激发学生的好奇心；通过恰当的归纳和示范，使学生理解知识、掌握技能、积累经验、感悟思想；能关注学生的差异，用不同层次的问题或教学手段，引导每一个学生都能积极参与学习活动，提高教学活动的针对性和有效性。

教师与学生的"合作"主要体现在：教师以平等、尊重的态度鼓励学生积极参与教学活动，启发学生共同探索，与学生一起感受成功和挫折、分享发现和成果。

(3)处理好学生主体地位和教师主导作用的关系。

好的教学活动，应是学生主体地位和教师主导作用的和谐统一。一方面，学生主体地位的真正落实，依赖于教师主导作用的有效发挥；另一方面，有效发挥教师主导作用的标志，是学生能够真正成为学习的主体，得到全面的发展。

实行启发式教学有助于落实学生的主体地位和发挥教师的主导作用。教师具有启发性的讲授；创设情境、设计问题，引导学生自主探索、合作交流；组织学生操作实验、观察现象、提出猜想、推理论证等，都能有效地启发学生的思考，使学生称为学习的主体，逐步学会学习。

3. 注重学生对基础知识、基本技能的理解和掌握

"知识技能"既是学生发展的基础性目标，又是落实"数学思考""问题解决""情感态度"目标的载体。

(1)数学知识的教学，应注重学生对所学知识的理解，体会数学知识之间的关联。

学生掌握数学知识，不能依赖死记硬背，而应以理解为基础，并在知识的应用中不断巩固和深化。为了帮助学生真正理解数学知识，教师应注重数学知识与学生生活经验的联系、与学生学科知识的联系，组织学生开展实验、操作、尝试等活动，引导学生进行观察、分析、抽象概括，运用知识进行判断。教师还应揭示知识的数学实质及其体现的数学思想，帮助学生理清相关知识之间的区别和联系。

数学知识的教学，要注重知识的“生长点”与“延伸点”，把每堂课教学的知识置于整体知识的体系中，注重知识的结构和体系，处理好局部知识与整体知识的关系，引导学生感受数学的整体性，体会对于某些数学知识可以从不同的角度加以分析、从不同的层次进行理解。

(2)在基本技能的教学中，不仅要使学生掌握技能操作的程序和步骤，还要使学生理解程序和步骤的道理。例如，对于整数乘法计算，学生不仅要掌握如何进行计算，而且要知道相应的算理；对于尺规作图，学生不仅要知道作图的步骤，而且要能知道实施这些步骤的理由。

基本技能的形成，需要一定量的训练，但要适度，不能依赖机械的重复操作，要注重训练的实效性。教师应把握技能形成的阶段性，根据内容的要求和学生的实际，分层次地落实。

4. 感悟数学思想，积累数学活动经验

数学思想蕴含在数学知识形成、发展和应用的过程中，是数学知识和方法在更高层次上的抽象与概括，如抽象、分类、归纳、演绎、模型等。学生在积极参与教学活动的过程中，通过独立思考、合作交流，逐步感悟数学思想。

例如，分类是一种重要的数学思想。学习数学的过程中经常会遇到分类问题，如数的分类、图形的分类、代数式的分类、函数的分类等。在研究数学问题中，常常需要通过分类讨论解决问题，分类的过程就是对事物共性的抽象过程。教学活动中，要使学生逐步体会为什么要分类，如何分类，如何确定分类的标准，在分类的过程中如何认识对象的性质，如何区别不同对象的不同性质。通过多次反复的思考和长时间的积累，使学生逐步感悟分类是一种重要的思想。学会分类，可以有助于学习新的数学知识，有助于分析和解决新的数学问题。

数学活动经验的积累是提高学生数学素养的重要标志。帮助学生积累数学活动经验是数学教学的重要目标，是学生不断经历、体验各种数学活动过程的结果。数学活动经验需要在“做”的过程和“思考”的过程中积淀，是在数学学习活动过程中逐步积累的。

教学中注重结合具体的学习内容，设计有效的数学探究活动，使学生经历数学的发展过程，是学生积累数学活动经验的重要途径。例如，在统计教学中，设计有效的统计活动，使学生经历完整的统计过程，包括收集数据、整理数据、展示数据、从数据中提取信息，并利用这些信息说明问题。学生在这样的过程中，不断积累统计活动经验，加深理解统计思想与方法。

“综合与实践”是积累数学活动经验的重要载体。在经历具体的“综合与实践”问题的过程中，引导学生体验如何发现问题，如何选择适合自己完成的问题，如何把实际问题变成数学问题，如何设计解决问题的方案，如何选择合作的伙伴，如何有效地呈现实践的成果，让别人体会自己成果的价值。通过这样的教学活动，学生会逐步积累运用数学解决问题的经验。

5. 关注学生情感态度的发展

根据课程目标，广大教师要把落实情感态度的目标作为己任，努力把情感态度目标有机地融合在数学教学过程之中。

设计教学方案、进行课堂教学活动时，应当经常考虑如下问题：

如何引导学生积极参与教学过程？

如何组织学生探索，鼓励学生创新？

如何引导学生感受数学的价值？

如何使学生愿意学，喜欢学，对数学感兴趣？

如何让学生体验成功的喜悦，从而增强自信心？

如何引导学生善于与同伴合作交流，既能理解、尊重他人的意见，又能独立思考、大胆质疑？

如何让学生做自己能做的事，并对自己做的事情负责？

如何帮助学生锻炼克服困难的意志？

如何培养学生良好的学习习惯？

在教育教学活动中，教师要尊重学生，以强烈的责任心、严谨的治学态度、健全的人格感染和影响学生；要不断提高自身的数学素养，善于挖掘教学内容的教育价值；要在教学实践中善于用《义务教育数学课程标准》(2011 年版)的理念分析各种现象，恰当地进行养成教育。

6. 合理把握“综合与实践”的实施

“综合与实践”的实施是以问题为载体、以学生自主参与为主的学习活动。它有别于学习具体知识的探索活动，更有别于课堂上教师的直接讲授。它是教师通过问题引领、学生全程参与、实践过程相对完整的学习活动。

积累数学活动经验、培养学生应用意识和创新意识是数学课程的重要目标，应贯穿整个数学课程之中。“综合与实践”是实现这些目标重要和有效的载体。“综合与实践”的教学，重在实践、重在综合。重在实践是指在活动中，注重学生自主参与、全过程参与，重视学生积极动脑、动手、动口。重在综合是指在活动中，注重数学与生活实际、数学与其他学科、数学内部知识的联系和综合应用。

教师在教学设计和实施时应特别关注的几个环节是：问题的选择，问题的展开过程，学生参与的方式，学生的合作交流，活动过程和结果的展示与评价等。

要使学生能充分、自主地参与“综合与实践”活动，选择恰当的问题是关键。这些问题既可来自教材，也可以由教师、学生开发。提倡教师研制、开发、生成出更多适合本地学生特点的且有利于实现“综合与实践”课程目标的好问题。

实施“综合与实践”时，教师要放手让学生参与，启发和引导学生进入角色，组织好学生之间的合作交流，并照顾到所有的学生。教师不仅要关注结果，更要关注过程，不要急于求成，要鼓励引导学生充分利用“综合与实践”的过程，积累活动经验、展现思考过程、交流收获体会、激发创造潜能。

在实施过程中，教师要注意观察、积累、分析、反思，使“综合与实践”的实施成为提高教师自身和学生素质的互动过程。

教师应该根据不同学段学生的年龄特征和认知水平，根据学段目标，合理设计并组织实施“综合与实践”活动。

7. 教学中应当注意的几个关系

(1)面向全体学生与关注学生个体差异的关系

教学活动应努力使全体学生达到课程目标的基本要求，同时要关注学生的个体差异，促进每个学生在原有基础上的发展。

对于学习有困难的学生，教师要给予及时的关注与帮助，鼓励他们主动参与数学学习活动，并尝试用自己的方式解决问题、发表自己的看法，要及时地肯定他们的点滴进步，耐心地引导他们分析产生困难或错误的原因，并鼓励他们自己去改正，从而增强学习数学的兴趣和信心。对于学有余力并对数学有兴趣的学生，教师要为他们提供足够的材料和思维空间，指导他们阅读，发展他们的数学才能。

在教学活动中，要鼓励与提倡解决问题策略的多样化，恰当评价学生在解决问题过程中所表现出的不同水平；问题情境的设计、教学过程的展开、练习的安排等要尽可能地让所有学生都能主动参与，提出各自解決问题的策略，并引导学生通过与他人的交流选择合适的策略，丰富数学活动的经验，提高思维水平。

(2)“预设”与“生成”的关系

教学方案是教师对教学过程的“预设”，教学方案的形成依赖于教师对教材的理解、钻研和再创造。理解和钻研教材，应以《义务教育数学课程标准》(2011 年版)为依据，把握好教材的编写意图和教学内容的教育价值；对教材的再创造，集中表现在：能根据所教班级学生的实际情况，选择贴切的教学素材和教学流程，准确地体现基本理念和课程内容规定的要求。

实施教学方案，是把“预设”转化为实际的教学活动。在这个过程中，师生双方的互动往往会“生成”一些新的教学资源，这就需要教师能够及时把握，因势利导，适时调整预案，使教学活动收到更好的效果。

(3)合情推理与演绎推理的关系

推理贯穿于数学教学的始终，推理能力的形成和提高是一个长期的、循序渐进的过程。义务教育阶段要注重学生思考的条理性，不要过分强调推理的形式。

推理包括合情推理和演绎推理。教师在教学过程中，应该设计适当的学习活动，引导学生通过观察、尝试、估算、归纳、类比、画图等活动发现一些规律，猜测某些结论，发展合情推理能力；通过实例使学生逐步意识到，结论的正确性需要演绎推理的确认，可以根据学生的年龄特征提出不同程度的要求。

在第三学段中，应把证明作为探索活动的自然延续和必要发展，使学生知道合情推理与演绎推理是相辅相成的两种推理形式。“证明”的教学应关注学生对证明必要性的感受，对证明基本方法的掌握和证明过程的体验。证明命题时，应要求证明过程及其表述符合逻辑，清晰而有条理。此外，还可以恰当地引导学生探索证明同一命题的不同思路和方法，进行比较和讨论，激发学生对数学证明的兴趣，发展学生思维的广阔

性和灵活性。

(4)使用现代信息技术与教学手段多样化的关系

积极开发和有效利用各种课程资源,合理地应用现代信息技术,注重信息技术与课程内容的整合,能有效地改变教学方式,提高课堂教学的效益。有条件的地区,教学中要尽可能地使用计算器、计算机以及有关软件;暂时没有这种条件的地区,一方面要积极创造条件改善教学设施,另一方面广大教师应努力自制教具以弥补教学设施的不足。

在学生理解并能正确应用公式、法则进行计算的基础上,鼓励学生用计算器完成较为繁杂的计算。课堂教学、课外作业、实践活动中,应当根据课程内容的要求,允许学生使用计算器,还应当鼓励学生用计算器进行探索规律等活动。

现代信息技术的作用不能完全替代原有的教学手段,其真正价值在于实现原有的教学手段难以达到甚至达不到的效果。例如,利用计算机展示函数图象、几何图形的运动变化过程;从数据库中获得数据,绘制合适的统计图表;利用计算机的随机模拟结果,引导学生更好地理解随机事件以及随机事件发生的概率;等等。在应用现代信息技术的同时,教师还应注重课堂教学的板书设计。必要的板书有利于实现学生的思维与教学过程同步,有助于学生更好地把握教学内容的脉络。

知识点2 评价建议 【案例分析和案例设计】★

评价的主要目的是全面了解学生数学学习的过程和结果,激励学生学习和改进教师教学。评价应以课程目标和课程内容为依据,体现数学课程的基本理念,全面评价学生在知识技能、数学思考、问题解决和情感态度等方面的表现。

评价不仅要关注学生的学习结果,更要关注学生在学习过程中的发展和变化。应采用多样化的评价方式,恰当呈现并合理利用评价结果,发挥评价的激励作用,保护学生的自尊心和自信心。通过评价得到的信息,可以了解学生数学学习达到的水平和存在的问题,帮助教师进行总结与反思,调整和改进教学内容和教学过程。

1. 基础知识和基本技能的评价

对基础知识和基本技能的评价,应以各学段的具体目标和要求为标准,考查学生对基础知识和基本技能的理解与掌握程度,以及在学习基础知识和基本技能过程中的表现。在对学生学习基础知识和基本技能的结果进行评价时,应该准确地把握“了解、理解、掌握、应用”不同层次的要求;在对学生学习过程进行评价时,应依据“经历、体验、探索”不同层次的要求,采取灵活多样的方法,定性与定量相结合、以定性评价为主。

每一学段的目标是该学段结束时学生应达到的要求,教师需要根据学习的进度和学生的实际情况确定具体的要求。

例如,下表是对第一学段有关计算技能的基本要求,这些要求是在学段结束时应达到的,评价时应注意把握尺度,对计算速度不作过高要求。

第四部分

第一学段计算技能评价要求

学习内容	速度要求
20 以内加减法和表内乘除法口算	8～10 题/分
百以内加减法和一位数乘除两位数口算	3～4 题/分
两位数和三位数加减法笔算	2～3 题/分
两位数乘两位数笔算	1～2 题/分
一位数乘除两位数和三位数笔算	1～2 题/分

教师应允许学生经过较长时间的努力,随着数学知识与技能的积累逐步达到学段目标。在实施评价时,可以对部分学生采取“延迟评价”的方式,提供再次评价的机会,使他们看到自己的进步,树立学好数学的信心。

2. 数学思考和问题解决的评价

数学思考和问题解决的评价要依据总目标和学段目标的要求,体现在整个数学学习过程中。

对数学思考和问题解决的评价应当采用多种形式和方法,特别要重视在平时教学和具体的问题情境中进行评价。

例如,在第二学段,教师可以设计下面的活动,评价学生数学思考和问题解决的能力:

用长为 50 厘米的细绳围成一个边长为整厘米数的长方形,怎样才能使面积达到最大?

在对学生进行评价时,教师可以关注以下几个不同的层次:

第一,学生是否能理解题目的意思,能否提出解决问题的策略,如通过画图进行尝试;

第二,学生能否列举若干满足条件的长方形,通过列表等形式将其进行有序排列;

第三,在观察、比较的基础上,学生能否发现长和宽变化时,面积的变化规律,并猜测问题的结果;

第四,对猜测的结果给予验证;

第五,鼓励学生发现和提出一般性问题,如,猜想当长和宽的变化不限于整厘米数时,面积何时最大。

为此,教师可以根据实际情况,设计有层次的问题评价学生的不同水平。例如,设计下面的问题:

(1)找出三个满足条件的长方形,记录下长方形的长、宽和面积,并依据长或宽的长短有序地排列出来。

(2)观察排列的结果,探索长方形的长和宽发生变化时,面积相应的变化规律。猜测当长和宽各为多少厘米时,长方形的面积最大。

(3)列举满足条件的长和宽的所有可能结果,验证猜测。

(4)猜想:如果不限制长方形的长和宽为整厘米数,怎样才能使它的面积最大?

教师可以预设目标:对于第二学段的学生,能够完成(1)(2)题就达到基本要求,对于能完成(3)(4)题的学生,则给予进一步的肯定。

学生解决问题的策略可能与教师的预设有所不同,教师应给予恰当的评价。

3. 情感态度的评价

情感态度的评价应依据课程目标的要求，采用适当的方法进行。主要方式有课堂观察、活动记录、课后访谈等。

情感态度评价主要在平时教学过程中进行，注重考查和记录学生在不同方面的表现，了解学生情感态度的状况及变化。

例如，

· 主动参与学习活动；

· 学习数学的兴趣和自信心；

· 克服困难的勇气；

· 与他人合作；

· 与同伴和老师交流；

……

教师可以根据实际情况用灵活多样的方式记录学生情感态度的情况，用恰当的方式给学生以反馈和指导。

4. 注重对学生数学学习过程的评价

学生在数学学习过程中，知识技能、数学思考、问题解决和情感态度方面的表现不是孤立的，这些方面的发展综合体现在数学学习过程之中。在评价学生每一方面表现的同时，要注重对学生学习过程的整体评价，分析学生在不同阶段的表现特征和发展变化。评价时应采取灵活的方式记录、保留和分析学生在不同方面的表现。例如，

· 主动参与学习活动；

· 提出问题和分析问题；

· 独立思考问题；

· 与他人合作交流；

· 尝试从不同角度思考问题；

· 有条理地表述自己的思考过程；

· 倾听和理解别人的思路；

· 反思自己思考过程的意识；

……

还可以通过建立成长记录等方式，使学生记录和反思学习数学的情况与成长的历程。

5. 体现评价主体的多元化和评价方式的多样化

评价主体的多元化是指教师、家长、同学及学生本人都可以作为评价者，可以综合运用教师评价、学生自我评价、学生相互评价、家长评价等方式，对学生的学习情况和教师的教学情况进行全面的考查。例如，

每一个学习单元结束时，教师可以要求学生自我设计一个“学习小结”，用合适的形式（表、图、卡片、电子文本等）归纳学到的知识和方法，学习中的收获，遇到的问题，等等。教师可以通过学习小结对学生的学习情况进行评价，也可以组织学生将自己的学习小结在班级展示交流，通过这种形式总结自己的进步，反思自己的不足以及需要改进的地方，汲取他人值得借鉴的经验。条件允许时，可以请家长参与评价。

评价方式多样化体现在多种评价方法的运用，包括书面测验、口头测验、开放式问题、活动报告、课堂观察、课后访谈、课内外作业、成长记录等。在条件允许的地方，也可以采用网上交流的方式进行评价。每种评价方式都具有各自的特点，教师应结合学习内容及学生学习的特点，选择适当的评价方式。例如，可以通过课堂观察了解学生学习的过程与学习态度，从作业中了解学生基础知识与基本技能掌握的情况，从探究活动中了解学生独立思考的习惯和合作交流的意识，从成长记录中了解学生的发展变化。

6. 恰当地呈现和利用评价结果

评价结果的呈现应采用定性与定量相结合的方式。第一学段的评价应当以描述性评价为主，第二学段采用描述性评价和等级评价相结合的方式，第三学段可以采用描述性评价和等级（或百分制）评价相结合的方式。

评价结果的呈现和利用应有利于增强学生学习数学的自信心，提高学生学习数学的兴趣，使学生养成良好的学习习惯，促进学生的发展。评价结果的呈现，应该更多地关注学生的进步，关注学生已经掌握了什么，获得了哪些提高，具备了什么能力，还有什么潜能，在哪些方面还存在不足，等等。

例如，下面是对某同学第二学段关于“统计与概率”学习的书面评语：

王小明同学，本学期我们学习了收集、整理和表达数据。你通过自己的努力，能收集、记录数据，知道如何求平均数，了解统计图的特点，制作的统计图很出色，在这方面表现突出。但你在使用语言解释统计结果方面还存在一定差距。继续努力，小明！评定等级：B。

这个以定性为主的评语，实际上也是教师与学生的一次情感交流。学生阅读这一评语，能够获得成功的体验，树立学好数学的自信心，也知道自己的不足和努力方向。

教师要注意分析全班学生评价结果随时间发生的变化，从而了解自己教学的成绩和问题，分析、反思教学过程中影响学生能力发展和素质提高的原因，寻求改善教学的对策。同时，以适当的方式，将学生一些积极的变化及时反馈给学生。

7. 合理设计与实施书面测验

书面测验是考查学生课程目标达成状况的重要方式，合理地设计和实施书面测验有助于全面考查学生的数学学业成就，及时反馈教学成效，不断提高教学质量。

（1）对于学生基础知识和基本技能达成情况的评价，必须准确把握课程内容中的要求。例如，知道 $|a|$ 的含义（a 表示有理数），了解二次根式（根号下仅限于数）加、减、乘、除运算法则。设计试题时应符合这种要求。

课程内容中的下列选学内容，不得列入考查（考试）范围：能解简单的三元一次方程组，了解一元二次方程的根与系数的关系，知道给定不共线三点的坐标可以确定一个二次函数，了解平行线性质定理的证明，探索并证明垂径定理和切线长定理，了解相似三角形判定定理的证明。

对于相似三角形的判定定理、性质定理的考查，《义务教育数学课程标准》(2011 年版)的要求是“了解”，不要求用这些定理证明其他命题。

此外，在考试中，几何命题的证明应以“图形的性质”中所列出的基本事实和定理作为依据。

对基础知识和基本技能的考查，要注重考查学生对其中所蕴含的数学本质的理解，考查学生能否在具体情境中合理应用。因此，在设计试题时，应淡化特殊的解题技巧，不出偏题怪题。

(2)在设计试题时，应该关注并且体现《义务教育数学课程标准》(2011 年版)的设计思路中提出的几个核心词：数感、符号意识、空间观念、几何直观、数据分析观念、运算能力、推理能力、模型思想，以及应用意识和创新意识。

(3)根据评价的目的合理地设计试题的类型，有效地发挥各种类型题目的功能。例如，为考查学生从具体情境中获取信息的能力，可以设计阅读分析的问题；为考查学生的探究能力，可以设计探索规律的问题；为考查学生解决问题的能力，可以设计具有实际背景的问题；为了考查学生的创造能力，可以设计开放性问题。

(4)在书面测验中，积极探索可以考查学生学习过程的试题，了解学生的学习过程。

招教体验

[2017 统考，案例分析和案例设计，7′]案例：在某节数学课上，为了探究正比例关系，数学老师在课堂上开展活动，提出问题：某种黑色水笔每支 2 元，购买一支、两支、三支……黑色水笔分别需要多少钱？请同学们合作交流，完成下列问题：

(1)填一填：

水笔(支)	0	1	2	3	4	5	6	7	8	……
价格(元)										……

(2)将上述水笔的支数和价格对应的点描在坐标纸上，观察这些点是否在一条直线上。

……

课堂上，小明同学对这个问题非常感兴趣，积极加入与同学的合作交流中，并成为小组中的组织者，很快完成任务。

下课前，老师为检查本节课学生的学习情况，进行了一个小测验，结果小明成绩不太理想，数学老师把小明叫到办公室进行了批评，认为小明没有认真对待这节课的学习，希望他好好反省自己，小明觉得自己在课堂上非常认真，为何老师还是批评他呢？有点百思不得其解的感觉。因此，对数学学习有点失去了兴趣。

问题：你认为该数学老师批评小明对吗？请你谈谈新课程下数学评价的理念。

参考答案：不对，该教师应注意对学生要求的差异性和反馈的有效性和练习安排的层次性。层次性是指由易到难，由浅入深，循序渐进。

《义务教育数学课程标准》(2011年版)指出学习评价的主要目的是全面了解学生数学学习的过程和结果，激励学生学习和改进教师教学。评价不仅要关注学生的学习结果，更要关注学生在学习过程中的发展和变化。应采用多样化的评价方式，恰当呈现并合理利用评价结果，发挥评价的激励作用，保护学生的自尊心和自信心。通过评价得到的信息，可以了解学生数学学习达到的水平和存在的问题，帮助教师进行总结与反思，调整和改进教学内容和教学过程。

知识点3 教材编写建议

数学教材为学生的数学学习活动提供了学习主题、基本线索和知识结构，是实现数学课程目标、实施数学教学的重要资源。

数学教材的编写应以《义务教育数学课程标准》(2011年版)为依据。教材编写要努力凸显特色，积极探索教材的多样化。教材所选择的学习素材应尽量与学生的生活现实、数学现实、其他学科现实相联系，应有利于加深学生对所要学习内容的数学理解。教材内容的呈现要体现数学知识的整体性，体现重要的数学知识和方法的产生、发展和应用过程；应引导学生进行自主探索与合作交流，并关注对学生人文精神的培养。教材的编写要有利于调动教师的主动性和积极性，有利于教师进行创造性教学。

课程内容是按照学段制订的，并未规定学习内容的呈现顺序。因此，教材可以在不违背数学知识逻辑关系的基础上，根据学生的数学学习认知规律、知识背景和活动经验，合理地安排学习内容，形成自己的编排体系，体现出自己的风格和特色。

1. 教材编写应体现科学性

科学性是对教材编写的基本要求。教材一方面要符合数学的学科特征，另一方面要符合学生的认知规律。

(1)全面体现《义务教育数学课程标准》(2011年版)提出的理念和目标。

教材的编写应以《义务教育数学课程标准》(2011年版)为依据，在准确理解的基础上，全面体现和落实《义务教育数学课程标准》(2011年版)提出的基本理念和各项目标。

(2)体现课程内容的数学实质。

教材中学习素材的选择，图片、情境、实例与活动栏目等的设置，拓展内容的编写，以及其他课程资源的利用，都应当与所安排的数学内容有实质性联系，有利于提高学生对数学实质的理解，有利于提高学生对所学内容的兴趣。

(3)准确把握课程内容要求。

《义务教育数学课程标准》(2011年版)对于义务教育阶段的数学教学内容有明确和具体的目标要求，

教材的编写应遵循学生的认知规律，准确地把握“过程目标”和“结果目标”要求的程度。例如，关于距离的概念，在第二学段要求“知道”两点间的距离，在第三学段要求“理解”两点间距离的意义，“能”度量两点间的距离。在编写相关内容时，一方面要把握好“知道”与“理解”“能”之间程度的差异，另一方面也要注意内容之间的衔接。

(4)教材的编写要有一定的实验依据。

教材的内容、实例的设计、习题的配置等，要经过课堂教学的实践检验，特别是新增的内容要经过较大范围的实验，根据实践的结果推敲可行性，并不断改进与完善。

2. 教材编写应体现整体性

教材编写应当体现整体性，注重突出核心内容，注重内容之间的相互联系，注重体现学生学习的整体性。

(1)整体体现课程内容的核心。

教材的整体设计要体现内容领域的核心。《义务教育数学课程标准》(2011 年版)在设计思路中提出了几个核心词：数感、符号意识、空间观念、几何直观、数据分析观念、运算能力、推理能力、模型思想，以及应用意识和创新意识，它们是义务教育阶段数学课程内容的核心，也是教材的主线。因此，教材应当围绕这些核心内容进行整体设计和编排。

例如，在方程、不等式和函数的各部分内容编排中，应整体考虑模型思想的体现，突出建立模型、求解模型的 过程。

再例如，推理能力包括合情推理和演绎推理，无论是“数与代数”“图形与几何”还是“统计与概率”的内容编排中，都要尽可能地为学牛提供观察、操作、归纳、类比、猜测、证明的机会，发展学生的推理能力。

(2)整体考虑知识之间的关联。

教材的整体设计要呈现不同数学知识之间的关联。一些数学知识之间存在逻辑顺序，教材编写应有利于学生感悟这种顺序。一些知识之间存在着实质性的联系，这种联系体现在相同的内容领域，也体现在不同的内容领域。例如，在“数与代数”的领域内，函数、方程、不等式之间均存在着实质性联系。此外，代数与几何、统计之向也存在着一定的实质性联系。

帮助学生理解类似的实质性联系，是数学教学的重要任务。为此，教材在内容的素材选取、问题设计和编排体系等方面应体现这些实质性联系，展示数学知识的整体性和数学方法的一般性。

(3)重要的数学概念与数学思想要体现螺旋上升的原则。数学中有一些重要内容、方法、思想是需要学生经历较长的认识过程，逐步理解和掌握的，如分数、函数、概率、数形结合、逻辑推理、模型思想等。因此，教材在呈现相应的数学内容与思想方法时，应根据学生的年龄特征与知识积累，在遵循科学性的前提下，采用逐级递进、螺旋上升的原则。螺旋上升是指在深度、广度等方面都要有实质性的变化，即体现出明显的阶段性要求。

例如，函数是“数与代数”的重要内容，也是义务教育阶段学生比较难理解和掌握的数学概念之一，《义务教育数学课程标准》(2011 年版)在三个学段中均安排了与函数关联的内容目标，希望学生能够逐渐加深对函数的理解。因此,教材对函数内容的编排应体现螺旋上升的原则,分阶段逐渐深化。依据课程内容的要求,教材可以将函数内容的学习分为三个主要阶段:

第一阶段,通过一些具体实例,让学生感受数量的变化过程,以及变化过程中变量之间的对应关系,探索其中的变化规律及基本性质,尝试根据变量的对应关系作出预测,获得函数的感性认识。

第二阶段,在感性认识的基础上,归纳概括出函数的定义,并研究具体的函数及其性质,了解研究函数的基本方法,借助函数的知识和方法解决问题等,使得学生能够在操作层面认识和理解函数。

第三阶段,了解函数与其他相关数学内容之间的联系(如与方程之间、不等式之间的联系),使得学生能够一般性地了解函数的概念。

(4)整体性体现还应注意以下几点。

配置习题时应考虑其与相应内容之间的协调性。一方面,要保证配备必要的习题帮助学生巩固、理解所学知识内容;另一方面,又要避免配置的习题所涉及的知识超出相应的内容要求。

教材内容的呈现既要考虑不同年龄学生的特点,又要使整套教材的编写体例、风格协调一致。数学文化作为教材的组成部分,应渗透在整套教材中。为此,教材可以适时地介绍有关背景知识,包括数学在自然与社会中的应用,以及数学发展史的有关材料,帮助学生了解在人类文明发展中数学的作用,数发学习数学的兴趣,感受数学家治学的严谨,欣赏数学的优美。例如,可以介绍《九章算术》、珠算、《几何原本》、机器证明、黄金分割、CT技术、布丰投针等。

3. 教材内容的呈现应体现过程性

教材编写不是单纯的知识介绍,学生学习也不是单纯地模仿、练习和记忆。因此,教材应选用合适的学习素材,介绍知识的背景;设计必要的数学活动,让学生通过观察、实验、猜测、推理、交流、反思等,感悟知识的形成和应用。恰当地让学生经历这样的过程,对于他们理解数学知识与方法、形成良好的数学思维习惯、增强应用意识、提高解决问题的能力有着重要的作用。

(1)体现数学知识的形成过程。

在设计一些新知识的学习活动时,教材可以展现"知识背景——知识形成——揭示联系"的过程。这个过程要有利于激发学习兴趣,理解数学实质,发展思考能力,了解知识之间的关联。例如,分数、负数和无理数的引入都可以体现这样的过程。

(2)反映数学知识的应用过程。

教材应当根据课程内容,设计运用数学知识解决问题的活动。这样的活动应体现"问题情境——建立模型——求解验证"的过程,这个过程要有利于理解和掌握相关的知识技能,感悟数学思想,积累活动经验;要有利于提高发现和提出问题的能力、分析和解决问题的能力,增强应用意识和创新意识。

每一册教材至少应当设计一个适用于"综合与实践"学习活动的题材,这样的题材可以以"长作业"的形式出现,将课堂内的数学活动延伸到课堂外,经历收集数据、查阅资料、独立思考、合作交流、实践检验、推理论证等多种形式的活动。提倡在教材中设计更为丰富的"综合与实践"活动题材,供教师选择。

4. 呈现内容的素材应贴近学生现实

素材的选用应当充分考虑学生的认知水平和活动经验。这些素材应当在反映数学本质的前提下尽可能地贴近学生的现实,以利于他们经历从现实情境中抽象出数学知识与方法的过程。学生的现实主要包含以下三个方面。

(1)生活现实。

在义务教育阶段的数学课程中,许多内容都可以在学生的生活实际中找到背景。

第一学段,学生所感知的生活面较窄,从他们身边熟悉的、有趣的事物中选取学习素材,容易激发他们学习数学的兴趣,使他们感受到数学就在自己的身边,也易于他们理解相关的数学知识,体会到数学的作用。

第二学段、第三学段,学生的活动空间有了较大的扩展,他们感兴趣的问题已拓展到客观世界的许多方面,他们逐渐关注来源于自然、社会中更为广泛的现象和问题,对具有一定挑战性的内容表现出更大的兴趣。因此,教材所选择的素材应尽量来源于自然、社会中的现象和问题。如与现实生活有关的图片和图形(照片、简单的模型图、平面图、地图等),以使学生感受到数学的价值和趣味。

(2)数学现实。

随着数学学习的深入,学生所积累的数学知识和方法就成为学生的“数学现实”,这些现实应当成为学生进一步学习数学的素材。选用这些素材,不仅有利于学生理解所学知识的内涵,还能够更好地揭示相关数学知识之间的内在关联,有利于学生从整体上理解数学,构建数学认知结构。例如,因式分解知识的引入可以借助整数的分解,平行四边形概念的引入可以借助三角形,等等。

(3)其他学科现实。

数学的许多内容与其他学科知识有着密切的联系,随着学生学习的深入,其他学科的知识也就成为学生的“现实”,教材在选择数学学习素材时应当予以关注。

5. 教材内容设计要有一定的弹性

按照《义务教育数学课程标准》(2011 年版)的要求,教材的编写要面向全体学生,也要考虑到学生发展的差异,在保证基本要求的前提下,体现一定的弹性,以满足学生的不同需求,使不同的人在数学上得到不同的发展,也便于教师发挥自己的教学创造性。

例如:

(1)就同一问题情境提出不同层次的问题或开放性问题。

(2)提供一定的阅读材料,包括史料、背景材料、知识应用等,供学生选择阅读。

(3)习题的选择和编排突出层次性,设置巩固性问题、拓展性问题、探索性问题等;凡不要求全体学生掌握的习题,需要明确标出。

(4)在设计综合与实践活动时,所选择的课题要使所有的学生都能参与,不同的学生可以通过解决问题的活动,获得不同的体验。

(5)编入一些拓宽知识或者方法的选学内容,增加的内容应注重于介绍重要的数学概念、数学思想方法，而不应该片面追求内容的深度、问题的难度、解题的技巧。

(6)设计一些课题和阅读材料，引导学生借助算盘、函数计算器、计算机等工具，进行探索性学习活动。

6. 教材编写要体现可读性

教材应具备可读性，易于学生接受，激发学生学习兴趣，为学生提供思考的空间。教材可读与否，对不同学段的学生具有不同的标准。因此，教材的呈现应当在准确表达数学含义的前提下，符合学生年龄特征，从而有助于他们理解数学。

对于第一学段的学生，可以采用图片、游戏、卡通、表格、文字等多种方式，直观形象、图文并茂、生动有趣地呈现素材，提高他们的学习兴趣。

对于第二学段的学生，由于他们具备了一定的文字理解和表达能力，所以教材的呈现应在运用学生感兴趣的图片、表格、文字等形式的同时，逐渐增加数学语言的比重。

对于第三学段的学生，随着数学学习、语言学习的深入，他们使用文字和数学符号的能力已经有了一定程度的发展。教材的呈现可以将实物照片、图形、图表、文字、数学符号等多种形式结合起来。

知识点4 课程资源开发与利用建议

数学课程资源是指应用于教与学活动中的各种资源，主要包括**文本资源**——如教科书、教师用书，教与学的辅助用书、教学挂图等；**信息技术资源**——如网络、数学软件、多媒体光盘等；社会教育资源——如教育与学科专家，图书馆、少年宫、博物馆，报纸杂志、电视广播等；**环境与工具**——如日常生活环境中的数学信息，用于操作的学具或教具，数学实验室等；**生成性资源**——如教学活动中提出的问题、学生的作品、学生学习过程中出现的问题、课堂实录等。

数学教学过程中恰当地使用数学课程资源，将在很大程度上提高学生从事数学活动的水平和教师从事教学活动的质量。教材编写者、教学研究人员、教师和有关人员应依据《义务教育数学课程标准》(2011 年版)，有意识、有目的地开发和利用各种课程资源。

1. 文本资源

关于教科书、教师用书的开发，参见“教材编写建议”。学生学习辅助用书主要是为了更好地激发学生学习数学的兴趣和动力，帮助学生理解所学内容，巩固相关技能，开拓数学视野，进而满足他们学习数学的个性化需求。这一类用书的开发不能仅仅着眼于解题活动和技能训练，单纯服务于应试。更重要的，还应当开发多品种、多形式的数学普及类读物，使得学生在义务教育阶段能够有足够的机会阅读数学、了解数学、欣赏数学。

教师教学辅助用书主要是为了加深教师对于教学内容的理解，加强教师对于学生学习过程的认识，提高教师采用有效教学方法的能力。为此，在编制教学辅助用书时，提倡以研讨数学教学过程中的问题为主线，赋予充分的教学实例，注重数学教育理论与教学实践的有机结合，使之成为提高教师专业水准的有效读物。

2. 信息技术资源

信息技术能向学生提供并展示多种类型的资料，包括文字、声音、图像等，并能灵活选择与呈现；可以创设、模拟多种与教学内容适应的情境；能为学生从事数学探究提供重要的工具；可以使得相距千里的个体展开面对面交流。信息技术是从根本上改变数学学习方式的重要途径之一，必须充分加以应用。

信息技术资源的开发与利用需要关注三个方面，

其一，将信息技术作为教师从事数学教学实践与研究的辅助性工具。为此，教师可以通过网络查阅资料、下载富有参考价值的实例和课件，并加以改进，使之适用于自身课堂教学；可以根据需要开发音像资料，构建生动活泼的教学情境；还可以设计与制作有关的计算机软件、教学课件，用于课堂教学活动研究等。

其二，将信息技术作为学生从事数学学习活功的辅助性工具。为此，可以引导学生积极有效地将计算器、计算机用于数学学习活动之中。例如，在探究活动中借助计算器（机）处理复杂数据和图形，发现其中存在的数学规律；使用有效的数学软件绘制图形，呈现抽象对象的直观背景，加深对相关数学内容的理解；通过互联网搜寻解次问题所需要的信息资料，帮助自己形成解决问题的基本策略和方法等。

其三，将计算器等技术作为评价学生数学学习的辅助性工具。为此，应当积极开展基于计算器环境的评价方式与评价工具研究，如哪些试题或评价任务适宜在计算器环境下使用，哪些不适宜，等等。

总之，一切有条件和能够创造条件的地区与学校，都应积极开发与利用计算机（器）、多媒体、互联网等信息技术资源，组织教学研究人员、专业技术人员和教师开发与利用适合自身课堂教学的信息技术资源，以充分发挥其优势，为学生的学习和发展提供丰富多彩的教育环境及有力的学习工具和评价工具；为学生提供探索复杂问题、多角度理解数学的机会，丰富学生的数学视野，提高学生的数学素养；为有需要的学生提供个体学习的机会，以便于教师为特殊需要的学生提供帮助；为教育条件欠发达地区的学生提供教学指导和智力资源，更有效地吸引和帮助学生进行数学学习。

值得注意的是，教学中应有效地使用信息技术资源，发挥其对学习数学的积极作用，减少其对学习数学的消极作用。例如，不应在数学教学过程中简单地将信息技术作为缩短思维过程、加大教学容量的工具；不提倡用计算机上的模拟实验来代替学生能够操作的实践活动；也不提倡利用计算机演示来代替学生的直观想象，弱化学生对数学规律的探索活动。同时，学校之间要加强交流，共享资源，避免相关教学资源的低水平重复，也可以积极引进国外先进的教育软件，并根据本学校学生的特点加以改进。

3. 社会教育资源

在数学教学活动中，应当积极开发利用社会教育资源。例如，邀请有关专家向学生介绍数学在自然界、科学技术、社会生活和其他学科发展中的应用，帮助学生体会数学的价值；邀请教学专家与教师共同开展教学研究，以促进教师的专业成长。

学校应充分利用图书馆、少年官、博物馆、科技馆等，寻找合适的学习素材，如学生感兴趣的自然现象、工程技术、历史事件、社会问题、数学史与数学家的故事和其他学科的相关内容等，以开阔学生的视野，丰富教师的教学资源。

报纸杂志、电视广播和网络等媒体，常常为我们提供许多贴近时代、贴近生活的有意义话题，教师要从中充分挖掘适合学生学习的素材，向学生介绍其中与数学有关的栏目，组织学生对某些内容进行交流，以增强学生学习数学的兴趣，提高学生运用数学解决问题的能力。

4. 环境与工具

教师应当充分利用日常生活环境中与数学有关的信息，开发成为教学资源。教师应当努力开发制作简便实用的教具和学具，有条件的学校可以建立“数学实验室”供学生使用，以拓宽他们的学习领域，培养他们的实践能力，发展其个性品质与创新精神，促进不同的学生在数学上得到不同的发展。

5. 生成性资源

生成性资源是在教学过程中动态生成的，如师生交互及生生交流过程中产生的新情境、新问题、新思路、新方法、新结果等。合理地利用生成性资源有利于提高教学的有效性。

五、中国学生发展核心素养

学生发展核心素养，主要指学生应具备的，能够适应终身发展和社会发展需要的必备品格和关键能力。研究学生发展核心素养是落实立德树人根本任务的一项重要举措，也是适应世界教育改革发展趋势、提升我国教育国际竞争力的迫切需要。

知识点1 总体框架

中国学生发展核心素养，以科学性、时代性和民族性为基本原则，以培养“全面发展的人”为核心，分为文化基础、自主发展、社会参与三个方面。

综合表现为人文底蕴、科学精神、学会学习、健康生活、责任担当、实践创新六大素养，具体细化为人文积淀、国家认同、批判质疑等18个基本要点。根据这一总体框架，可针对学生年龄特点进一步提出各学段学生的具体表现要求。

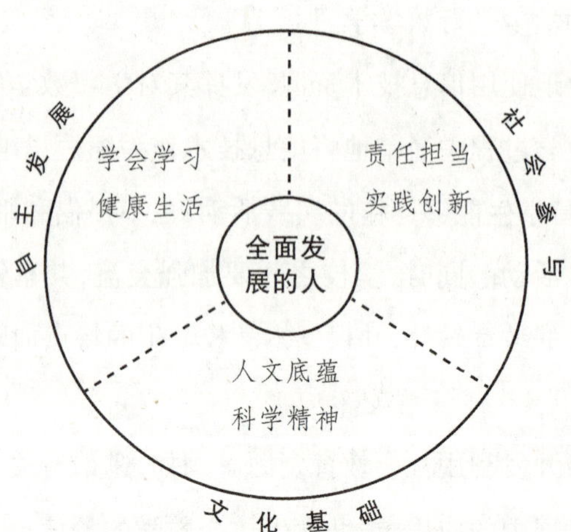

知识点2 基本内涵

核心素养课题组历时三年集中攻关，并经教育部基础教育课程教材专家工作委员会审议，最终形成研究成果，确立了以下六大学生核心素养。

1. 文化基础

文化是人存在的根和魂。文化基础，重在强调能习得人文、科学等各领域的知识和技能，掌握和运用人类优秀智慧成果，涵养内在精神，追求真善美的统一，发展成为有宽厚文化基础、有更高精神追求的人。

(1)人文底蕴

主要是学生在学习、理解、运用人文领域知识和技能等方面所形成的基本能力、情感态度和价值取向。具体包括人文积淀、人文情怀和审美情趣等基本要点。

(2)科学精神

主要是学生在学习、理解、运用科学知识和技能等方面所形成的价值标准、思维方式和行为表现。具体包括理性思维、批判质疑、勇于探究等基本要点。

2. 自主发展

自主性是人作为主体的根本属性。自主发展，重在强调能有效管理自己的学习和生活，认识和发现自我价值，发掘自身潜力，有效应对复杂多变的环境，成就出彩人生，发展成为有明确人生方向、有生活品质的人。

(1)学会学习

主要是学生在学习意识形成、学习方式方法选择、学习进程评估调控等方面的综合表现。具体包括乐学善学、勤于反思、信息意识等基本要点。

(2)健康生活

主要是学生在认识自我、发展身心、规划人生等方面的综合表现。具体包括珍爱生命、健全人格、自我管理等基本要点。

3. 社会参与

社会性是人的本质属性。社会参与，重在强调能处理好自我与社会的关系，养成现代公民所必须遵守和履行的道德准则和行为规范，增强社会责任感，提升创新精神和实践能力，促进个人价值实现，推动社会发展进步，发展成为有理想信念、敢于担当的人。

(1)责任担当

主要是学生在处理与社会、国家、国际等关系方面所形成的情感态度、价值取向和行为方式。具体包括社会责任、国家认同、国际理解等基本要点。

(2)实践创新

主要是学生在日常活动、问题解决、适应挑战等方面所形成的实践能力、创新意识和行为表现。具体包括劳动意识、问题解决、技术应用等基本要点。

知识点3 主要表现

六大素养具体细化为人文积淀、国家认同、批判质疑等 18 个要点，各要点也确定了重点关注的内涵。

1. 文化基础——人文底蕴

(1)人文积淀

重点是：具有古今中外人文领域基本知识和成果的积累；能理解和掌握人文思想中所蕴含的认识方法和实践方法等。

(2)人文情怀

重点是:具有以人为本的意识,尊重、维护人的尊严和价值;能关切人的生存、发展和幸福等。

(3)审美情趣

重点是:具有艺术知识、技能与方法的积累;能理解和尊重文化艺术的多样性,具有发现、感知、欣赏、评价美的意识和基本能力;具有健康的审美价值取向;具有艺术表达和创意表现的兴趣和意识,能在生活中拓展和升华美等。

2. 文化基础——科学精神

(1)理性思维

重点是:崇尚真知,能理解和掌握基本的科学原理和方法;尊重事实和证据,有实证意识和严谨的求知态度;逻辑清晰,能运用科学的思维方式认识事物、解决问题、指导行为等。

(2)批判质疑

重点是:具有问题意识;能独立思考、独立判断;思维缜密,能多角度、辩证地分析问题,做出选择和决定等。

(3)勇于探究

重点是:具有好奇心和想象力;能不畏困难,有坚持不懈的探索精神;能大胆尝试,积极寻求有效的问题解决方法等。

3. 自主发展——学会学习

(1)乐学善学

重点是:能正确认识和理解学习的价值,具有积极的学习态度和浓厚的学习兴趣;能养成良好的学习习惯,掌握适合自身的学习方法;能自主学习,具有终身学习的意识和能力等。

(2)勤于反思

重点是:具有对自己的学习状态进行审视的意识和习惯,善于总结经验;能够根据不同情境和自身实际,选择或调整学习策略和方法等。

(3)信息意识

重点是:能自觉、有效地获取、评估、鉴别、使用信息;具有数字化生存能力,主动适应"互联网+"等社会信息化发展趋势;具有网络伦理道德与信息安全意识等。

4. 自主发展——健康生活

(1)珍爱生命

重点是:理解生命意义和人生价值;具有安全意识与自我保护能力;掌握适合自身的运动方法和技能,养成健康文明的行为习惯和生活方式等。

(2)健全人格

重点是:具有积极的心理品质,自信自爱,坚韧乐观;有自制力,能调节和管理自己的情绪,具有抗挫折能力等。

(3)自我管理

重点是:能正确认识与评估自我;依据自身个性和潜质选择适合的发展方向;合理分配和使用时间与精力;具有达成目标的持续行动力等。

5. 社会参与——责任担当

(1)社会责任

重点是:自尊自律,文明礼貌,诚信友善,宽和待人;孝亲敬长,有感恩之心;热心公益和志愿服务,敬业奉献,具有团队意识和互助精神;能主动作为,履职尽责,对自我和他人负责;能明辨是非,具有规则与法治意识,积极履行公民义务,理性行使公民权利;崇尚自由平等,能维护社会公平正义;热爱并尊重自然,具有绿色生活方式和可持续发展理念及行动等。

(2)国家认同

重点是:具有国家意识,了解国情历史,认同国民身份,能自觉捍卫国家主权、尊严和利益;具有文化自信,尊重中华民族的优秀文明成果,能传播弘扬中华优秀传统文化和社会主义先进文化;了解中国共产党的历史和光荣传统,具有热爱党、拥护党的意识和行动;理解、接受并自觉践行社会主义核心价值观,具有中国特色社会主义共同理想,有为实现中华民族伟大复兴中国梦而不懈奋斗的信念和行动。

(3)国际理解

重点是:具有全球意识和开放的心态,了解人类文明进程和世界发展动态;能尊重世界多元文化的多样性和差异性,积极参与跨文化交流;关注人类面临的全球性挑战,理解人类命运共同体的内涵与价值等。

6. 社会参与——实践创新

(1)劳动意识

重点是:尊重劳动,具有积极的劳动态度和良好的劳动习惯;具有动手操作能力,掌握一定的劳动技能;在主动参加的家务劳动、生产劳动、公益活动和社会实践中,具有改进和创新劳动方式、提高劳动效率的意识;具有通过诚实合法劳动创造成功生活的意识和行动等。

(2)问题解决

重点是:善于发现和提出问题,有解决问题的兴趣和热情;能依据特定情境和具体条件,选择制订合理的解决方案;具有在复杂环境中行动的能力等。

(3)技术运用

重点是:理解技术与人类文明的有机联系,具有学习掌握技术的兴趣和意愿;具有工程思维,能将创意和方案转化为有形物品或对已有物品进行改进与优化等。

强化练习

建议用时:30 分钟	实际用时:_____分钟	参考分值:50 分	实际得分:_____分

基础练 保分必拿

一、单项选择题(每小题 2 分,共 6 分)

1. 义务教育阶段数学课程目标分为总目标和学段目标,从(　　)、数学思考、问题解决、情感态度四个方面加以阐述。

A. 知识方法

B. 知识技能

C. 思想方法

D. 知识能力

2. 下列行为动词属于理解水平的是(　　)

A. 了解　　B. 说明

C. 推导　　D. 尝试

3. 通过义务教育阶段的数学学习,学生应该具有实事求是的科学态度和初步的(　　)

A. 学习意识　　B. 反思意识

C. 推理意识　　D. 创新意识

二、填空题(每小题 2 分,共 16 分)

4. ________是考查学生课程目标达成状况的重要方式。

5. 实施________,是把"预设"转化为实际的教学活动。

6. 教师要发挥主导作用,处理好讲授与学生自主学习的关系,引导学生独立思考、主动探索、合作交流,使学生理解和掌握基本的数学知识与技能,体会和运用数学思想与方法,获得________。

7. 数学是研究空间形式和数量关系的科学,是人们生活、劳动和学习中不可缺少的工具,是现代化社会中不可替代的关键技术。数学的________、________、思想和方法也是人类文化的重要组成部分。

8. 教材在保证基本要求的前提下,具有一定的________,以满足学生不同的学习要求。

9. 学生学习应当是一个生动活泼的、主动的和富有个性的过程。认真听讲、积极思考、________、________与________等,都是学生学习数学的重要方式。

10. 为了体现义务教育数学课程的整体性,统筹考虑九年的课程内容。同时,根据学生发展的生理和心理特征,将九年的学习时间划分为________个学段:第一学段:________;第二学段:________;第三学段:________。

11. 统计与概率主要研究现实生活中的________和客观世界中的________。

三、简答题(每小题 6 分,共 12 分)

12. "综合与实践"的综合性特点反映在什么地方?

13. 简述数感的内涵。

提升练 提分必争

一、单项选择题(每小题 2 分,共 10 分)

1. 2×1 可以表示 1 个人的手的数量,也可以是 1 双筷子的根数,它可以表示天地万物之间某一特定的数量关系。这表明数学学科具有(　　)

A. 抽象性　　B. 系统性

C. 具体性　　D. 逻辑性

2. 下列关于教材编排的陈述中,不正确的是(　　)

A. 数学知识的逻辑顺序与儿童心理发展顺序并不完全一致

B. 小学数学教学内容的编排主要采用"直线式",即将教学内容按照课题由低水平到高水

第四部分

平，一个接一个地进行下去，直线推进，不予重复

C. 20 以内的进位加法，以“凑十”的计算规律为主线来编排，可以提高学习效率

D. 小学数学教材的整体结构，应以数和数的运算知识为主线，其他各部分知识合理穿插其中，相互配合

3.“初步形成数感和空间观念，感受符号和几何直观的作用”属于(　　)目标。

A. 知识技能

B. 数学思考

C. 问题解决

D. 情感态度

4. 以下说法错误的是(　　)

A. 模型思想的建立是学生体会和理解数学与外部世界联系的基本途径

B.“综合与实践”是积累数学活动经验的重要载体

C. 第二学段可以采用描述性评价和等级评价相结合的方式

D. 暂时没有计算器、计算机以及有关信息技术软件的地区，教师不必去改善

5.“数与代数”学习的核心目标是使学生能运用(　　)来解决问题和进行交流。

A. 符号　　B. 数字

C. 方程　　D. 图形

二、论述题(共 6 分)

6. 几何直观的表现形式有实物直观、简约符号直观、图形直观、替代物直观。试以人教版三年级上册“分数的简单计算”(如下图)为例，说明教学中怎么使用几何直观帮助学生学习。

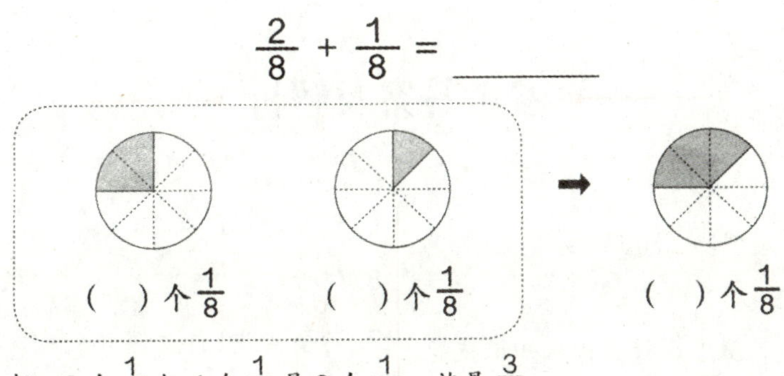

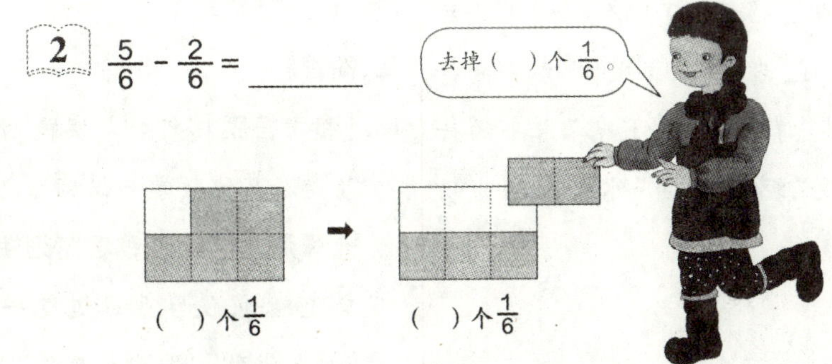

参考答案及解析

基础练

第四部分

一、单项选择题

1. B　[解析]义务教育阶段数学课程目标从知识技能、数学思考、问题解决、情感态度四个方面加以阐述。

2. B　[解析]了解是描述“知道/了解/模仿”水平的行为动词；说明是描述“理解/独立操作”水平的行为动词；推导是描述“掌握/应用/迁移”水平的行为动词；尝试是描述“经历/感受”水平的行为动词。故选B。

3. D　[解析]略。

二、填空题

4. 书面测验

5. 教学方案

6. 基本的数学活动经验

7. 内容；语言

8. 弹性

9. 动手实践；自主探索；合作交流

10. 三；1~3年级；4~6年级；7~9年级

11. 数据；随机现象

三、简答题

12. [参考答案]“综合与实践”作为一个学习领域，并不是在其他数学知识领域之外增加的新知识，而是强调数学知识和思想方法的整体性和综合性。首先，要促使学生通过这一领域的学习，加深对“数与代数”“图形与几何”“统计与概率”等其他数学知识的理解，体会各部分内容之间的联系，进而从整体上认识数学、体验数学、应用数学。其次，“综合与实践”中要解决的现实数学问题往

往交织着多学科的知识与方法，因此，“综合与实践”的综合性还常常表现为多学科的综合。

13. [参考答案]数感主要是指关于数与数量、数量关系、运算结果估计等方面的感悟。建立数感有助于学生理解现实生活中数的意义，理解或表述具体情境中的数量关系。

提升练

一、单项选择题

1. A　[解析]略。

2. B　[解析]数学中一些重要内容、方法、思想是需要学生经历较长的认识过程逐步理解和掌握的，如分数、函数、概率、数形结合、逻辑推理、模型思想等。因此，教材在呈现相应的数学内容与思想方法时，应根据学生的年龄特征与知识积累，在遵循科学性的前提下，采用逐级递进、螺旋上升的原则。螺旋上升是指在深度、广度等方面都要有实质性的变化，即体现出明显的阶段性要求。

3. B　[解析]题干所述属于《义务教育数学课程标准》(2011 年版)中第二学段的数学思考目标。

4. D　[解析]《义务教育数学课程标准》(2011 年版)指出，有条件的地区，教学中要尽可能地使用计算器、计算机以及有关软件；暂时没有这种条件的地区，一方面要积极创造条件改善教学设施，另一方面广大教师应努力自制教具以弥补教学设施的不足。

5. A　[解析]“数与代数”学习的核心目标是使学生能运用符号来解决问题和进行交流。

二、论述题

6. [参考答案]教材充分利用图形直观，以帮助学生理解算理。

(1)重点处用图形直观表示。如$\frac{2}{8}+\frac{1}{8}$，怎样进行计算、验证的教学？需要分成四步。

①学生独立探究。②集体反馈，包括折纸、画画涂涂、想分数单位(2 个$\frac{1}{8}$+1 个$\frac{1}{8}$=3 个$\frac{1}{8}$)。③总结出这三种方法(折纸、画画涂涂、想分数单位)都可以用几何直观表示。④课件出示规范的图示。学生清晰地看到左边有 2 个$\frac{1}{8}$，右边 1 个$\frac{1}{8}$，合起来是 3 个$\frac{1}{8}$，即$\frac{3}{8}$。减法也类似。

(2)难点处用图形直观表示。本节课中，对“一半”和“1”的理解是难点，用几何直观表示，化难为易。提问：$\frac{1}{4}+\frac{1}{4}=\frac{2}{4}$与$\frac{3}{4}-\frac{1}{4}=\frac{2}{4}$中，$\frac{2}{4}$还可以用哪个分数表示？为什么？学生用语言描述后再配合图探究，$\frac{2}{4}=\frac{1}{2}$就一目了然。又如提问：$1-\frac{1}{4}=\frac{3}{4}$与$1-\frac{7}{9}=\frac{2}{9}$中的“1”到底是多少？再次采用几何直观，理解“1”就代表一个整体，只是根据不同的情况，平均分的份数不同而已。

整节课中，让学生利用几何直观，将直观转化为想象，并从一般过渡到特殊，举一反三。

第四部分

正确率 70% 以下		正确率 70% ~85%		正确率 85% 以上	

山香寄语：

长风破浪会有时，直挂云帆济沧海。

——山香女孩

第二章　小学数学教学知识

考向分析

本章属于小学数学教学理论与技能的基础章节，特点为内容琐碎、识记和理解性知识多，在考试中常以主观题的形式考查。本章需要重点掌握的知识包括：

1. 识记小学数学教学方法与学习方式。
2. 理解小学数学概念、数学计算和数学思想方法的教学。

考情预测　在备考时，考生应注意：①教学方法与学习方式；②概念之间的相互关系、概念的定义方法和概念学习的基本形式；③口算教学、笔算教学、估算教学和小学生计算错误的归因；④数学思想方法及其培养途径。预计在明年的招教考试中，本部分依然是重点，且考试方式更加灵活。考生要抓住重点和难点，有针对性地进行识记与理解。

思维导图

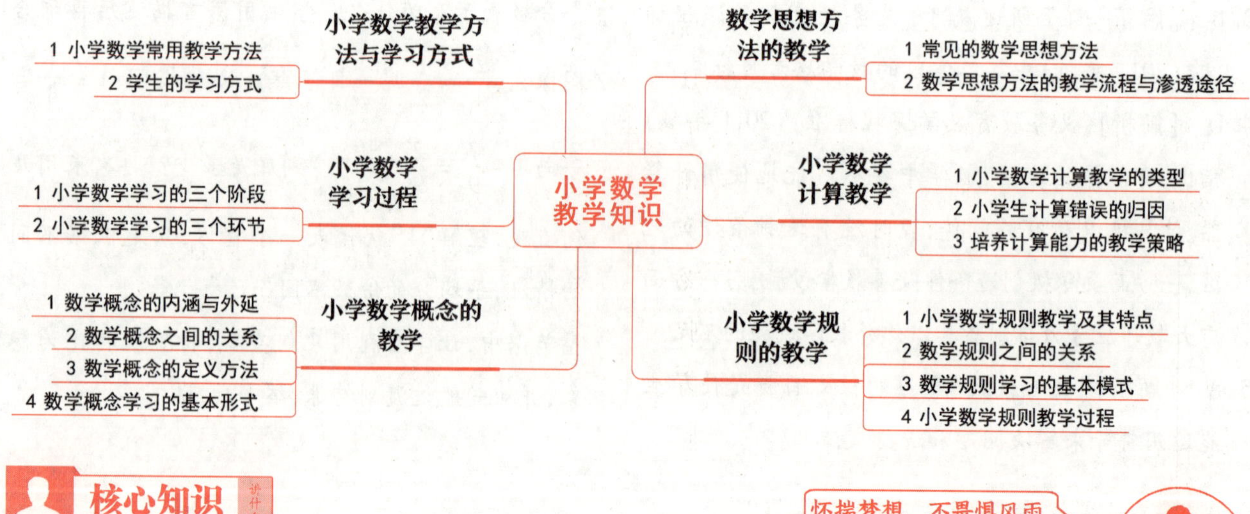

第四部分

核心知识

怀揣梦想，不畏惧风雨，不害怕失败，敢于行动！

一、小学数学教学方法与学习方式

教学方法是指在教学过程中师生双方为实现一定教学目的，完成一定教学任务而采取的教与学相互作用的活动方式的总称，活动方式的多样性决定了教学方式方法的多样化。在教学实践活动中，必须根据实际需要，灵活选用恰当的教学方法，以取得良好的教学效果。

知识点1 小学数学常用教学方法 【填空】 ★

1. 教学方法

方法	定义	优点	缺点	适用情况
讲授法	讲授法是教师通过叙述、描述事实，说明问题，解析概念和规律，系统地、有重点地传授知识的一种教学方法。这种方法的特点是教师讲、学生听	保证教师传授知识的系统性、主动性与连贯性，易于控制课堂，充分利用时间	学生处于被动状态，不利于培养学生的自学与独立思考能力，易变成注入式、满堂灌	一般适用于新授课和复习课
讨论法	讨论法是在教师的指导下，学生以全班或者小组为单位，围绕中心问题，通过相互交流讨论，进一步完善和深化对问题的理解、评价或者判断而完成既定教学任务的一种教学方法	有利于充分体现学生的主体性，能促进学生积极思考，有利于培养学生的逻辑思维和语言表达能力，也有利于教师及时获得反馈信息进而调控教学过程	不易于控制讨论的话题与讨论的结果，时间不易把控，容易导致课堂效率低下	讨论的问题要有吸引力；要善于在讨论中对学生进行启发引导；做好讨论小结。 一般适用于高年级
发现法	发现法又称问题教学法，是倡导让学生自己发现问题、主动获取知识的一种教学方法	①学生的学习主动性、积极性可得到充分发挥，学生常处于主动进取的学习状态之中；②有利于培养学生发现和探究问题的习惯，激发数学学习兴趣，增强自信心，使学生深刻而牢固地理解知识；③有利于培养学生掌握探索问题的方法与研究问题的能力，特别是自学能力	①花费时间较多，不利于学生掌握系统的知识，影响数学理论体系的建立；②易减少教学中数学知识容量，自主学习能力较弱或主动性较差的学生可能较难适应	在学生有一定的学习经验和知识的基础上可使用此法
谈话法	谈话法也称问答法，它是教师按照一定的教学要求向学生提出问题，要求学生回答，并通过问答的形式来引导学生获取新知或巩固旧知的一种教学方法，特点是教师讲，学生也讲	能照顾到每个学生的特点，有利于发展学生的语言表达能力，并了解学生的学习程度，及时检验教学效果	要求学生对提出的问题立马回答可能会导致学生缺少思想准备和一定的组织准备，会耽误一定的时间	问题要明确，有启发性，难易恰当；面向全体学生；对学生的回答有要明朗的态度

续表

方法	定义	优点	缺点	适用情况
练习法	练习法是学生在教师的指导下，为巩固知识和形成一定的技能、技巧而反复地完成一定动作或活动方式的一种教学方法	学生在练习操作过程中，不仅能积极地感知和掌握数学知识及方法，而且能获得思维能力的发展	讲与练的衔接不易控制，教师难以预料练习中可能出现的各种情况	练习设计要有层次和坡度，设计要条理化，注意反馈调控、发展学生的能力，既要面向全体，又要因材施教，同时要注意对学生学习方法的指导，合理安排练习时间
演示与实验法	演示法是教师通过展示实物和模型等直观教具，引导学生通过观察获得感性知识的方法。实验法是指在教师的指导下，学生运用某些具体材料或学具进行实验，找出对象的性质或问题的答案的一种教学方法	可使抽象的概念具体化、形象化，以帮助学生认识和理解概念	真实度不高，有时结论不可靠	进行演示和实验都要有目的性、针对性、科学性，在实验的选择、设计、安排、准备上要认真细致，避免主观原因导致的错误，同时尽量避免实验教学中的不利因素的影响，以便达到教学目的
发现法	发现法又称为研究法、现代启发式或问题教学法，美国心理学家布鲁纳是这种教学方法的积极倡导者。它的指导思想是以学生为主体，独立实现认识过程，即在教师的启发下，学生自觉地、主动地探索；科学认识解决问题的方法及步骤；研究对象的起因和内部联系，从中找出规律，形成概念或解决问题	有利于发展学生的智力；有利于激发学生的兴趣，产生学习的内部动机；有利于培养学生发现问题、解决问题的方法和能力；有利于学生对知识的记忆	花费时间长；不利于学生掌握系统的知识，不利于学生加强基本技能的训练；缺乏经验的教师难于随机应变解决教学中所发生的问题，难于控制教学时间	——

续表

方法	定义	优点	缺点	适用情况
自学辅导法	自学辅导法就是在教师的指导和辅导下，以学生自学为主的一种教学方法，这一方法是由中科院心理所卢仲衡先生提出的	更多地调动学生学习的主动性，并且能较好地发挥教师的主导作用，有利于培养学生独立思考、独立学习的能力	—	—

2. 教学方法选择的依据

教学方法的选择要讲究实效，注意多种教学方法有机结合。教学方法的选择要综合考虑诸多因素，忽略任何一方，都会影响教学的效果。其主要考虑因素如下表：

教学方法选择的依据	依据的内容
教学目标	既要考虑整个学段的课程目标，也要考虑本节课的目标。例如某个知识内容的学习目标定位在“掌握”或“灵活运用”的水平，针对全体学生，这就不太适合用自学辅导法进行教学
教学内容特点	要考虑选择适合突出重点、突破难点、抓住关键的教学方法。对于学生理解有困难易产生歧义的内容、比较重要且需要教师强调的内容、约定俗成的陈述性知识，通常需要教师讲述和点拨；对于一些学生能够通过自己的努力领会、学生之间相互交流、互相启发能够理解的内容，教师在教学时间允许的情况下应尽可能地创造机会鼓励学生独立思考、相互讨论、探索发现
教学条件	考虑所在学校的教学条件，尤其是教学设备等硬件设施情况。发达城市教学资源丰富，可以选择的教学方法不受太大限制；在不发达地区可能就无法进行多媒体教学
学生的实际情况	选择符合学生的年龄特征、兴趣、需要和学习基础的教学方法
教师本身素质	教学方法要适应教师自身的条件，能为教师所理解和驾驭，才能更好地发挥作用，反之则不然

招教体验

[2016 统考，填空，2′]学生在教师的指导下，为巩固知识和形成一定的技能、技巧而反复地完成一定动作或活动方式的一种教学方法叫作________。

答案：练习法。

知识点2 学生的学习方式

所谓学习方式，是指学生在完成学习任务时的认知、情感和行为取向。学习方式不是具体的学习方法和策略，而是学生学习时在自主性、探究性和合作性方面的基本特征。

学习方式	概念	注意事项
自主学习	数学自主学习是与传统的数学接受学习相对应的一种现代化学习方式。它以学生作为数学学习的主体,是在教师的指导下,学生自觉地制订学习计划、确定数学学习目标、组织学习活动、自我监控学习过程与效果、自动选择学习策略、自我评价学习结果、积极创设最优化的学习内部环境与外部环境、自我指导、自我强化来进行高效学习的一种学习方式	(1)引发学习动机,建立和强化学生自立; (2)创设自主探究情境,促使学生数学自主学习; (3)迁移应用,以成功和责任促成自律; (4)引导学生进行自我监控
探究学习	探究学习即从数学学科领域或现实社会生活中选择和确定研究主题,在教学中创设一种恰当的问题情境,学生自主、独立地发现问题,经历实验、操作、调查、信息搜集与处理、表达与交流等探索活动,获得知识、技能,发展情感与态度,特别是探索精神和创新能力发展的学习方式和学习过程	(1)遵循认知规律,营造探究氛围; (2)合理有序"引导",明确探究方向; (3)提供学习空间,保证探究时间
合作学习	合作学习是指学生在小组或团体中为了完成共同的任务,有明确的责任分工的互助性学习,它相对于个体学习、竞争学习而言,强调的是相互促进。而个体学习突出的是个体的互不相干,竞争学习突出的是学习者的相互对立	(1)科学分组,合理分工; (2)精心设计,有效讨论; (3)适时引导,参与调控

注:合作学习是相对于个体的学习、独自的学习而言的,它是一种学习的组织形式;探究学习是相对于接受学习而言的,它是学生自主构建知识体系的一种学习方式。接受学习是必要的,有价值的,但容易导致学生学习的被动与依赖,学习的盲目与机械,而不利于学生的发展,这是需要我们予以警觉的。高质量的合作学习与探究学习一定包含自主学习,但并不是所有的学习领域与学习主题都要通过合作学习与探究学习进行。

二、小学数学学习过程

知识点1 小学数学学习的三个阶段

1. 习得阶段

习得阶段的任务首先是给学生提供新的学习内容,创设适当的学习情境。创设学习情境的关键是使学生原有认知结构与新的学习内容之间产生适当的认知冲突,从而引起学生的学习需要,激发其学习动机。在新的学习内容输入以后,学生原有的数学认知结构与新的学习内容之间便会产生相互作用,这种相互作用有同化和顺应两种基本形式。这个阶段也称为**输入阶段**。

2. 保持阶段

保持阶段实质上是在第一阶段产生新的数学认知结构雏形的基础上,通过练习等活动,使学习的知识得到巩固,初步形成新的数学认知结构的过程。通过这一阶段的学习,学生学到了一定的技能,使新的知识与原有的认知结构之间产生较为密切的联系。这一阶段也是**新旧知识相互作用阶段**。

3. 提取阶段

提取阶段(**操作阶段**)是学生利用习得的知识,通过解决数学问题,使新的知识完全融于原有的数学认知结构之中,形成完善的认知结构的过程。通过这一阶段的学习,学生的能力得到进一步的发展。

知识点2 小学数学学习的三个环节

1. 感知

感知是数学学习的初始环节,是指通过观察、动手操作等活动,让学生对提供的数学材料、数学事实进行最初步的区分和认识。其目的是向学生提供学习抽象知识的认识支柱。

2. 理解

所谓理解,就是在感知的基础上,通过分析、综合、抽象、概括,逐步掌握概念的基本特征或规律的实际含义,达到理性认识。在小学数学学习中,弄清概念、明确公式、定理、法则的条件和结论都可以称为理解。

3. 掌握

掌握是指在理解的基础上,通过练习,形成技能,把对象运用到新的情境中,解决有关问题。

招教体验

[2017 统考,填空,2′]数学学习的一般过程包括三个阶段:输入阶段、________和操作阶段。

答案:新旧知识相互作用阶段。

三、小学数学概念的教学

数学的研究对象是客观事物的数量关系和空间形式。在数学研究中,客观事物的颜色、材料、气味等方面的属性都被看作非本质属性而被舍弃,只保留它们在形状、大小、位置及数量关系等方面的共同属性。在数学学科中,数学概念的含义都要给出精确的规定,因而数学概念比一般概念更准确。

知识点1 数学概念的内涵与外延

概念的内涵与外延是概念的基本特征,是准确把握概念和系统掌握知识的基础。因此,对概念的内涵与外延应特别予以重视。

1. 内涵与外延的含义

概念的内涵就是概念所反映的事物的**本质属性的总和**,概念的外延就是概念所反映的**事物的总和**(或范围)。概念的内涵与外延分别是对事物的质和量的规定。

例如,“偶数”这个概念的内涵是“能被 2 整除”这个性质,其外延是所有偶数的全体;“一元二次方程”这个概念的内涵是“只含有一个未知数且未知数的最高次数是二次的等式”这个性质,其外延是一切形如“$ax^2+bx+c=0(a\neq0)$的方程”的全体。

2. 内涵与外延之间的关系

概念的内涵与外延这两个方面是互相联系、互相制约的。当概念的内涵扩大时,概念的外延就缩小;当概念的内涵缩小时,概念的外延就扩大。内涵和外延之间的这种关系,称为**反变关系**。

第四部分

知识点2 数学概念之间的关系

1. 相容关系

如果两个概念的外延交集是**非空**集合，即外延至少有一部分是重合的，则称二者具有相容关系。相容关系又分以下三种情形。

(1)同一关系(全同关系或重合关系)

如果概念 A 和概念 B 的外延**完全重合**，那么就说这两个概念具有同一关系。

[**例**]等腰三角形底边上的中线、高线和顶角角平分线它们所在的直线均表示的是同一条直线。

(2)交叉关系

外延只有**一部分重合**的两个概念 A 和 B 之间的关系，称为交叉关系。

[**例**]等腰三角形与直角三角形；菱形与矩形。

(3)从属关系(属种关系或包含关系)

如果概念 A 的外延**包含**概念 B 的外延，那么这两个概念间的关系称为从属关系，其中概念 A 叫作概念 B 的**属概念**(或上位概念)，B 概念叫作概念 A 的**种概念**(或下位概念)。

[**例**]矩形相对于平行四边形来说是种概念，矩形相对于正方形来说是属概念。

2. 不相容关系

(1)对立关系(反对关系)

在同一属概念下，如果它们的外延之和小于属概念的外延，而且这两个种概念具有**全异**关系，那么，这两个种概念间的关系为对立关系(反对关系)。

[**例**]"锐角三角形"与"钝角三角形""等腰梯形"与"直角梯形"之间就是对立关系。

(2)矛盾关系

同一属概念下的两个种概念，如果它们的外延之和**等于**属概念的外延，而且这两个种概念具有**全异**关系，那么，这两个种概念间的关系为矛盾关系。

[**例**]"相等"与"不相等"、"负数"与"非负数"这些概念之间都为矛盾关系。

知识点3 数学概念的定义方法

一个正确的定义，一般由三个要素组成：被定义的概念、下定义的概念和联系词。被定义的概念是其内涵被揭示的概念，而下定义的概念是用以揭示被定义概念内涵的概念，联系词一般使用"是""作"，表示被定义概念和下定义概念之间的内在联系，其作用是把被定义概念和下定义概念联系或组织起来。例如，"邻边相等的矩形是正方形"是正方形的一种定义，在这个定义中，"正方形"是被定义概念，"邻边相等的矩形"是下定义的概念，"是"是联系词。

在数学中，常见的定义方法有下列几种：

(1)**属加种差定义**。这种方法是先确定被定义概念的最邻近的属概念，然后寻找这个属概念中诸种概念彼此间的本质差别(即"种差")。例如，"平行四边形"最邻近的属概念是"四边形"，平行四边形区别于其他四边形的本质属性是"对边平行且相等"，于是得到平行四边形的定义：对边平行且相等的四边形叫作平行四边形。“属加种差”的定义可用公式表示为：

被定义概念 = 最邻近的属概念 + 种差。

（2）**关系定义**。这种定义是以被定义概念与其他事物的关系作为种差的定义，例如，“整除”的定义是“如果存在整数 c，使得 $b=ac$，那么称 a 能整除 b”，这就是关系定义。类似地，“质数”的定义也是一种关系定义。

（3）**外延定义**。这是一种运用种概念给属概念下定义的方式，即指出属概念中所有的种概念。例如，“有理数与无理数统称为实数”“椭圆、双曲线和抛物线统称为圆锥曲线”，等等。

（4）**发生定义**。这种定义是通过被定义概念的**形成过程**来揭示概念内涵的。例如，在立体几何中，各种旋转体的定义就采用了发生定义的方法，圆锥曲线的第一定义也是发生定义。

（5）**递归定义**。如果被定义概念与自然数有关或者是构造性的，常采用递归定义的方式。例如，实数 a 的 n 次幂（n 是自然数）的递归定义如下：

$$\begin{cases} a^1 = a, \\ a^{n+1} = a^n \cdot a \ (n \in \mathbf{N}). \end{cases}$$

（6）**约定式定义**。为了数学的某种需要，可以通过约定的方式下定义。这种定义方法，通常是利用意义已明确的表达式，去规定新引入的表达式的意义。例如，在自然数指数幂基础上，约定 $a^0=1$，$a^{-n}=\frac{1}{a^n}(n\in\mathbf{N},a\neq 0)$，$a^{\frac{m}{n}}=\sqrt[n]{a^m}$，给出零指数幂、负指数幂、分数指数幂的定义。这样的约定式定义，保证了原来的自然数指数幂的运算法则：$a^m\cdot a^n=a^{m+n}$，$(a^m)^n=a^{mn}$，$(ab)^m=a^m\cdot b^m$，对于有理指数幂依然成立，所以这种约定式定义是合理的。

（7）**形式定义**。在代数中，有一类概念是通过其形式结构下定义的，故称为形式定义。比如“形如$\sqrt{2}$，$\sqrt{x+y}$，$\sqrt{a+\frac{1}{b}}$等的式子叫作二次根式”“形如 $ax^2+bx+c=0(a\neq 0)$ 的方程叫作一元二次方程”等都是形式定义。可以看出，与式有关的概念常用形式定义。

（8）**公理化定义**。在近代数学中，常给出若干性质（称之为公理），只要满足这些性质，这一概念便定义了，这就是公理化定义。例如，自然数的皮亚诺公理系统给出了自然数的定义，“群”“线性空间”概念的定义也是公理化定义。公理化定义是对概念本质属性的更严谨、更抽象的规定。

知识点 4 数学概念学习的基本形式 【论述】 ★

1. 概念形成

（1）概念形成的定义

概念形成就是在教学条件下，从大量的具体例子出发，以学生的感性经验为基础，形成表象，进而以归纳的方式抽象出事物的本质属性，提出各种假设加以验证，从而获得初级概念，再把这一概念的本质属性推广到同一类事物之中，并用符号表示的过程。

例如，小学生对自然数的认识过程，基本上是重复人类数的形成的历史。以“4”的认识为例，先是认识 4

辆拖拉机、4根小棒、4颗珠子、4个小木块、4朵红花……这时的数和物之间呈现出一一对应关系，然后排除形状、颜色、大小等非本质属性，仅仅从数量关系的角度，把数“4”从这些具体的实物中抽象出来，还能自己举例说出许多其他用“4”表示的实物，并能用符号“4”表示。

概念形成需要内部与外部两方面的条件，内部条件是学生积极地对概念的正反例证进行辨别，外部条件是教师必须对学生提出的概念的本质属性的假设做出肯定或否定的反应。学生通过对从外界的肯定或否定反应中所获得的反馈信息进行不断地选择，从而概括出概念的本质属性。

(2)概念形成学习的过程

数学概念形成学习可以分为以下几个阶段：

①观察实例。观察数学概念的各种不同的肯定例证，可以是日常生活中的经验或事物，也可以是教师提供的典型事例。

②分析共同属性。分析所观察实例的属性，通过比较得出各实例的共同属性。

③抽象本质属性。从上面得出的共同属性中提出本质属性的假设。

④确认本质属性。通过比较肯定例证和否定例证以检验假设，确认本质属性。

⑤概括定义。在验证假设的基础上，将具体实例中抽象出的本质属性，推广到一切同类事物，概括出概念的定义。

⑥符号表示。用习惯的形式符号表示概念。

⑦具体运用。通过举出概念的实例，在一类事物中辨认出概念，或运用概念解答数学问题，使新概念与原有认知结构中的相关概念建立起牢固的实质性的联系，把所学的概念纳入到相应的概念体系中。

招教体验

[2017统考，论述，9′]什么是数学概念形成？数学概念形成的学习过程分为哪几个阶段？

参考答案：数学概念形成是在教学条件下，从大量的具体例子出发，以学生的感性经验为基础，形成表象，进而以归纳的方式抽象出事物的本质属性，提出各种假设加以验证，从而获得初级概念，再把这一概念的本质属性推广到同一类事物之中，并用符号表示的过程。

数学概念形成的学习过程分为以下几个阶段：①观察实例；②分析共同属性；③抽象本质属性；④确认本质属性；⑤概括定义；⑥符号表示；⑦具体运用。

2. 概念同化

(1)概念同化的定义

所谓概念同化，就是利用学习者认知结构中原有的概念，以定义或描述的方式直接向学习者揭示新概念的本质属性，进而使学习者获得概念的过程。也就是以间接经验为基础，利用已掌握的概念去学习新概念的过程。

例如，“等腰三角形”是在学习三角形之后学习的，是一个发展性概念。教学时可以只给一些三角形模具或图形，让大家先量一量各边的长，然后把有“两条边相等”的三角形放在一起，于是引进“等腰三角形”的定义。教学梯形时,可以从平行四边形入手,让学生将梯形与平行四边形做比较,就可以突出“只有一组对边平行”这一梯形的本质属性。这就是概念的同化。

概念的同化也需要外部和内部两方面的条件。外部条件是新概念必须与学生原有认知结构中的某些概念或表象有密切的联系,内部条件是学生有着有意义学习的意向。

(2)概念同化的学习过程

数学概念同化的学习过程可以分为以下几个阶段:

①揭示本质属性。给出概念的定义、名称和符号,揭示概念的本质属性。

②讨论特例。对概念进行特殊分类,讨论各种特例,突出概念的本质属性。

③新旧概念联系。使新概念与原有认知结构中有关概念建立联系,把新概念纳入到相应的概念体系中同化新概念。

④实例辨认。辨认肯定例证和否定例证,确认新概念的本质属性,使新概念与原有认知结构中有关概念精确分化。

⑤具体运用。通过各种形式运用概念,加深对新概念的理解,使有关概念融会贯通,组成一个整体。

3. 概念形成与概念同化的比较

	概念形成	概念同化
依靠的对象	对具体事物的抽象	新旧知识的联系
所需条件	学生必须辨别正反例证,外界要有反馈信息	学生认知结构中必须有同化新概念的有关概念,外界要有新概念的定义或对概念特征的描述
适用对象	原始概念和一些层次较低的概念	发展性概念
适用年段	较适合低年级	较适合中、高年级

值得注意的是,在实际教学过程中,由于小学生的逻辑思维在很大程度上需要具体形象的支持,在以概念同化为主的学习中,往往也结合着概念形成的过程。特别是在引入新概念时,除了复习有关的已有概念,以促进概念同化外,还要常常提供一些典型的例子,由具体到抽象地引入新概念。例如,小学生“倍”的概念的建立便是如此。教师一方面利用直观手段,让学生去摆小棒、小圆片等,另一方面又复习有关“一个数里面有几个几”的知识。这样既符合学生由具体到抽象的认识规律,又可以利用原有的概念进行迁移,在较短的时间内揭示概念的本质属性。

四、小学数学规则的教学 【论述】 ★

知识点 1 小学数学规则教学及其特点

数学规则是数学知识的重要组成部分,也是数学命题的重要组成部分。小学数学规则是小学数学基本知识的重要内容,对数学中规则的理解和掌握有利于小学生理解数学基本思想和方法,发展基本技能。

1. 小学数学基本规则

小学数学的规则主要体现在运算、性质和名数化聚以及公式等方面,借助字母表示数,我们可以将小学数学规则分为计算公式、主要定理、主要法则、统计图等几个部分。

2. 小学数学规则教学的基本特点

由于学生的年龄特征和数学本身的特点决定了小学数学规则教学的基本特点。

(1)依赖合情推理得出并理解规则,一般不进行严格证明

小学生的逻辑思维还处于起步阶段,因而数学规则大多是让学生通过实际操作、提出猜想、进行验证及了解应用等途径进行理解。

例如,一位教师在教学长方形面积公式时采用了以下的探究方式。

教师给出24个小正方形(面积都为一个单位),让学生用这些小正方形摆成长方形,看看能够摆出多少种不同的长方形。学生通过操作发现可以摆出4种。教师进一步引导学生发现这些长方形的特点,面积都是24。从而进一步猜想出长方形的面积公式。接着对猜想进行验证,教师给出各种长方形,测量出边长,并且用摆正方形的方式测量出长方形的面积,进行比较。通过这种方式让学生理解这一公式的正确性。

(2)对规则的认识逐步深化

小学数学规则的理解和运用具有明显的阶段性,在不同的阶段具有不同的教学目标和教学要求。

例如,100以内的不进位加法和进位加法,100以内的不退位减法和退位减法等,在学生的理解、运用及教师的解释角度都应该是不同的。

学生的认识也具有阶段性,一般不宜超出学生的能力进行教学。对于一些规则的认识,要由简单到复杂,不断深化认识。

知识点2 数学规则之间的关系

1. 上位、下位关系

如果规则B包含于规则A,就说规则A是规则B的上位规则,规则B是规则A的下位规则。

例如,长方形面积公式与正方形面积公式,前者是后者的上位规则,后者是前者的下位规则;“大数-小数=差”与“大圆面积-小圆面积=环形面积”,前者都是后者的上位规则。根据已知规则,学习它的下位规则,称为规则的下位学习。一般地,下位学习较易,上位学习较难。如在长方形面积公式基础上学习正方形面积公式较易,而学习平行四边形面积公式较难。

2. 并列关系

如果几个规则形式结构一致,内容相互并联,就说它们是并列关系。

例如,整除的商不变性质、分数的基本性质、比的基本性质,三者是并列关系。通过并列关系之间的类比来学习新规则,叫作规则的并列学习。并列学习有助于学生理解新规则。

知识点3 数学规则学习的基本模式

数学规则学习常用的学习模式有例证——规则和规则——例证两种。

1. 例证——规则

先呈现与数学规则有关的若干例证,再引导学生观察、分析,逐步概括出一般结论,从而获得数学规则。例证——规则的学习模式与概念形成的学习类似,是数学规则的发现学习。

2. 规则——例证

所谓规则——例证教学模式，就是指教师先向学生呈现某个规则，然后通过若干实例来说明规则的一种教学模式。

知识点4 小学数学规则教学过程

小学数学规则的教学一般要经过规则的引入、规则的建立、规则的巩固与运用三个阶段。

1. 规则的引入

与数学概念的教学一样，数学规则的教学也要创设情境，让学生在有利于学习的课堂氛围中主动参与数学规则的建构过程。一般而言，规则的引入可以分为 2 种形式。

(1)从生动的生活情境中引入。例如，两位数的乘法法则。

(2)在已有的规则基础上引入。例如，不进位加法到进位加法。

2. 规则的建立

数学规则的建立是一个在教师引导下，通过学生思维，主动建构数学规则的过程。要注意适应儿童的认知规律和接受能力，有利于学生理解、掌握概念，有利于促进学生智能发展，获得积极的情感体验。

(1)利用直观手段，帮助学生感知规则。

(2)通过动手操作，引导学生发现规则。

(3)通过实验方法，引导学生发现规则。

(4)运用归纳方法，帮助学生得出规则。

3. 规则的巩固和运用

新规则建立之后，要及时安排练习，巩固和运用新规则。要避免让学生机械地运用程序规则，减少简单重复的、单纯的技能型训练。应注意以下问题：

(1)加强练习的目的性

加强练习的目的性是避免重复的机械训练的有效方法。让学生明了练习目的，感受到练习的意义，可提高学生的练习兴趣和练习效率。练习的形式通常有以下几种：

①巩固练习；②重点练习；③纠错练习；④发展练习和综合练习。

(2)创设有趣味的练习情境

单纯的技能练习枯燥乏味，为练习安排实际的生活背景、游戏情节、竞赛气氛等，采用多样化的练习方式，可以调动学生练习的积极性，提高练习效率。

(3)练习设计要有坡度

练习设计要由易到难，一般先安排一定数量的基本练习题，再安排改变呈现形式的变式题与需要认真思考的发展题，最后安排综合运用知识的综合题。还可适当安排发展学生思维的思考题。

(4)练习分量适当，时间分配合理

没有一定分量的练习，学生很难形成应用规则的技能。练习分量过大，会增加学生负担，使学生失去兴趣。一次练习的时间不宜过长，一般把学生练习与教师讲述、师生互动相互穿插进行。

(5)练习要有一定弹性

对于不同层次的学生,练习要求不同。布置练习作业时,要有面向全体学生的必做题,也要有供学有余力的学生选做的选做题和思考题,使各层次的学生都获得发展。

招教体验

[2018 统考,简答,5′]写出小学数学教材中的五大运算定律,并选其中的一个定律说明规则学习的一般过程。

参考答案:小学数学中的运算定律包括:加法交换律、加法结合律、乘法交换律、乘法结合律、乘法分配律。小学数学规则教学的过程与方法分为例证—规则和规则—例证两种。其中"例证—规则"法是先呈现与数学规则有关的若干例证,再引导学生观察、分析,逐步概括出一般结论,从而获得数学规则,"例证—规则"的学习模式与概念形成的学习类似,是数学规则的发现学习;"规则—例证"教学模式是指教师先向学生呈现某个规则,然后通过若干实例来说明规则的一种教学模式。以"乘法分配律"的规则学习为例,一般过程如下:

(1)引导观察。学生先复述乘法结合律,进行简单口算并说出例题运算顺序及算式结果。

(2)比较分析。以例题形式展示乘法分配律的应用题,尝试两种不同解法,进行比较分析。

(3)归纳概括。从例题中发现总结规律,告知学生乘法分配律计算法则并进行巩固练习。

五、小学数学计算教学 【单选、论述】★

知识点 1 小学数学计算教学的类型

计算一般包括**口算**、**笔算**和**估算**。

口算又称心算,是不借助工具,直接通过思维计算出结果的一种计算方法。这种计算具有快速简便的优点,适用于数目较小或者具有一定特点的数。有时口算需要进行精确计算,得出准确值。有时口算则不然,只需要一个估计值。

估算可以看作不需要进行精确计算的口算。估算是对事物的数量或计算的结果作出粗略的推断或预测的过程。估算在现实生活中越来越重要,这是因为估算在日常生活中有着广泛的应用:随着计算机和计算器的普及,需要把估算作为一种辅助的计算手段;学习和运用估算有助于学生对数学的理解和应用,估算中使用的策略和技巧需要学生对所用的数学知识(如数的概念,位值原则,加、减、乘、除之间的关系等)具有一定深度的理解和掌握。

笔算是在计算时先用笔列出竖式,再按照竖式计算的规则,用笔算出结果的一种计算方法。它一般从低位算起,不论数目大小都依照法则按固定的程序进行计算,计算过程步步笔录在案,清晰可见。因而,笔算具有便于说明算理、检查正误的优点。

因此,计算教学既包括传统的笔算教学,也包括口算教学和估算教学。

1. 口算教学

口算教学是计算教学的开始。口算既是笔算的基础,又是计算能力的重要组成部分。所以在计算教学中，首先要抓好口算教学。

(1)理解含义掌握算法

口算必须以数的概念和加、减、乘、除四则运算知识为基础，因此，口算教学首先要使学生形成数的概念，弄清四则运算的含义。四则运算含义和数的概念的教学均属于概念教学，应按概念教学的过程和方法进行。那些以定义的方式揭示本质属性的概念基本上是同化于学生的原有认知结构，而那些以图画、描述等方式揭示本质属性的概念则是顺应于学生的原有认知结构。例如，“加法初步认识”的教学应以顺应为主，通过感知、建立表象、概括等活动，重组学生原有的认知结构，建立新的认知结构，初步形成加法概念；而“乘法初步认识”的教学应以同化为主，在学生学习了“加法初步认识”的基础上通过改造乘法概念使之纳入学生的原有认知结构。根据小学生学习数学知识的特点，四则运算含义的教学不是一次完成的，低年级知道含义，中年级概括含义，高年级扩展含义。只有在理解四则运算含义的基础上，学生才能明确算式的写法、读法，理解和掌握计算的道理和方法，实现合理、灵活及有条理、有根据的计算思维。

招教体验

[2020年1月杭州，解答，6′] 我们小学开始就学习计算了，应该知道计算学习过程中“算理与算法”的学习与掌握是十分重要的，以下是“除数是一位数笔算除法”的教学内容。

(1)从教学内容来看，你能说说哪部分是帮助说明算理的，哪部分内容是帮助建立算法的呢？

(2)你能结合教学内容来谈谈算理与算法的关系吗？

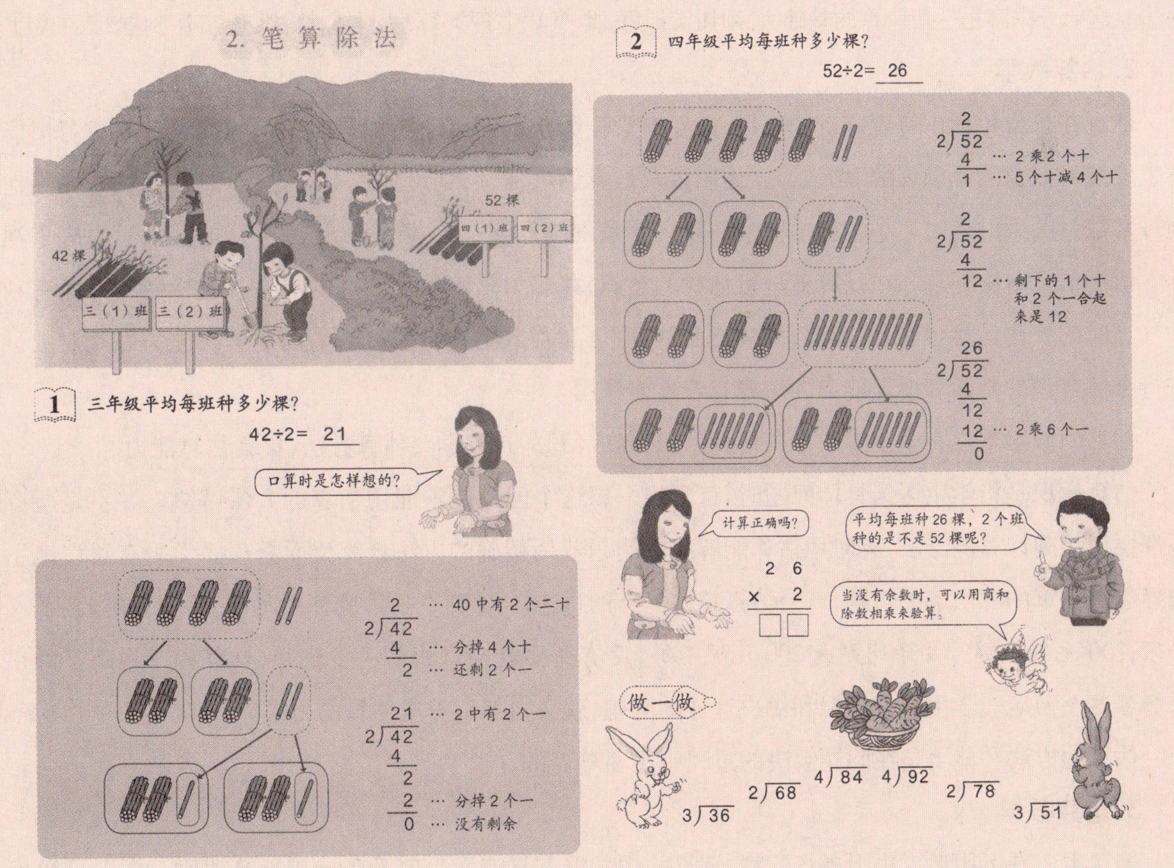

参考答案:(1)分小棒的部分是为了帮助说明算理的,右边文字说明部分是帮助建立算法的。

算理和算法既有联系,又有区别。算理主要回答“为什么这样算”的问题;算法是主要解决“怎样计算”的问题。算理是计算的依据,是算法的基础,而算法则是依据算理提炼出来的计算方法和规则,它是算理的具体体现。算理为计算提供了正确的思维方式,保证了计算的合理性和可行性;算法为计算提供了便捷的操作程序和方法,保证了计算的正确性和快速性。算理和算法是计算教学中相辅相成、缺一不可的两个方面。

如:计算 42 ÷ 2 时,根据数的组成进行计算:42 是由 4 个十、2 个一组成的,4 个十除以 2 就是 2 个十,2 个一除以 2 得到 1 个一,2 个十和 1 个一合并是 21,这就是算理。

经过练习,发现计算的规律:要从被除数的高位除起,用除数试除被除数的第一位,除到哪一位,就把商写在哪一位上面,这就是算法。

(2)借助直观掌握算法

小学生的感性经验不够丰富,他们的思维正处于由具体形象思维为主逐步向抽象逻辑思维过渡的阶段,加之口算是学生初次接触的运算。所以在学习口算时,教师要创设情境,联系学生熟悉的生活实际,利用实物、教具和学具等丰富学生的感性认识,引导学生通过实践活动得出算法,理解算理。

(3)抓好基本口算教学

基本口算指《义务教育数学课程标准》(2011 年版)中要求熟练掌握的计算内容,即 20 以内的加减法和表内乘除法。这部分内容是一切口算的基础,必须切实抓好,要使学生理解算理,掌握算法,逐步达到熟练的程度。

2. 估算教学

估算在日常生活中有着广泛的应用,是发展学生数感的有效途径。培养估算的能力并养成习惯能帮助学生发展对数及运算的理解,增强学生运用数及运算的灵活性,促进他们对结论合理性的认识,提高他们处理日常数量关系的能力。小学数学中的估算主要是围绕加、减、乘、除四则运算进行的。教学中应重视增强学生运用估算解决问题和在计算前进行估计的意识,并着力培养学生估算的能力。这样做一方面有利于数学计算时的快速运算、判断的需要;另一方面估算形成的“数感”对计算能力、问题解决能力以及对数量关系进行合情合理的判断和推理能力的培养有着重要作用。

估算的教学重点在于使学生形成估算意识,养成估算习惯,学会估算方法,提高估算能力。

估算意识是指学生遇到具体问题时,首先想一想这个问题能不能用估算的方法解决。并不是所有的问题都要用精确计算的方法,有时用估算能解决的问题若用精确的方法计算反而繁琐。学生有意识地思考和选择运用估算的方法解决问题,就是估算意识提高的标志。例如,“一罐饮料 4 元钱,参加春游的 48 人每人一罐,200 元够不够?”由于问题是 200 元够不够,没有必要精确求出需要多少钱,估算一下钱是否够用就可以解答这个问题。学生经常接触和解决这样的问题,就会自然地养成估算的习惯。

估算的方法和能力是在问题解决的过程中逐渐培养的。

3. 笔算教学

笔算主要是运用运算法则进行计算,笔算的教学重点是使学生熟悉和运用运算法则。在引导学生运用法则计算的同时,也应提倡计算方法的多样化。

招教体验

[2016 统考,论述,9′]小学数学新课程标准提出,初步建立数感,应重视口算,加强估算。试论述小学数学为什么要加强口算和估算的教学。

参考答案:口算和估算是笔算和日常计算应用的基础,口算不熟,估算能力弱,一方面很难保证笔算正确;另一方面数感差,计算能力难以提高。

口算也称心算,它不借助任何工具,仅靠记忆和思维进行,方便、迅速、灵活,在计算能力的培养过程中,口算占有重要的地位,因为每一道笔算题都是由几次或十几次口算来完成的,没有熟练的口算基础,笔算的准确性和计算速度是很难提高的,所以说口算是笔算的基础。再者,口算在日常生活、生产和科研各个方面也有着广泛应用,没有熟练的口算,就会给日常生活、工作、交往带来许多不便,表现出数学素质低的缺陷。加强口算的基本措施是,掌握方法,经常进行训练;熟记一些常用数据;自觉运用口算,在运用中提高灵活性。

估算又称概算,也是计算能力的重要组成部分。估算是对运算过程、计算结果和一些数据近似地、粗略地进行估计的一种能力。随着科技的进步,许多问题不可能也不需要准确计算。另外,随着计算机的普及,大数据的计算可由先进计算工具替代,有时需要对计算结果进行判断,就要用到估算。所以,可以这样说,估算能力的高低是反映现代人数学素养的一个方面。

由于估算是对口算和近似计算的灵活应用,提高估算水平的办法就是经常用,自觉用,养成一种好习惯,自然就熟能生巧了。学生的口算能力和估算能力提高了,笔算的速度和准确性也会提高,整体计算的能力水平也将达到较高的层次。

知识点2 小学生计算错误的归因

小学生在计算中出现错误是常有的现象,如果我们能从学生的计算错误中发现一些带有规律性的问题,并从中分析造成计算错误的原因,便能做到防患于未然,学生的计算能力才会更快提高。

小学生在计算中出现错误大致是由知识和心理两个方面造成的。

1. 知识方面的原因

任何数的计算都是与其相应的知识密切联系的。如果概念不清、算理不明、口算不熟、笔算不准,计算时必定错误百出。

(1)概念不清,算理不明

数学知识是建立在一系列数学概念的基础上的。如笔算整数加减法的计算法则是由“数位”“个位”“满十”“前一位”“进一”“退位”等一系列数学概念组成的。又如四则混合运算的算法是由四则运算的计算法则、运算顺序、运算定律和运算性质等组成的。如果概念不熟,就无法依据法则、定律、性质、公式等数学知识正确计算。

(2)口算不熟、笔算不准

20以内数的加减、100以内数的乘除口算是进行多位数四则运算的基础,也是分数四则运算与小数四则运算的基础。因为任何一道整数、分数或小数四则运算的试题都可以分解成一些基本的口算题。如果口算不熟,计算时必然会出现错误。只要计算中有一步口算出错,就会导致整道题的计算结果错误。

(3)书写欠规范

计算时书写一定要规范,很多学生出现的计算错误都是书写不规范造成的。例如,计算分数乘整数时,整数和分母约分后的数应写在整数的正(右)上方,而不能写在正(左)下方。如果写在正(左)下方很容易错把整数约分后的数和分母相乘而出错。

2.心理方面的原因

造成计算错误,除了知识方面的原因外,学生心理方面的原因也是不能忽视的。平时学生计算出错常爱说自己"粗心",其实这除了是不良学习习惯所造成的以外,大多数是感知、情感、注意、思维、记忆、心理上的原因。

(1)感知比较粗略(粗心)

进行计算时,学生首先感知的是数据与运算符号所组成的算式。但是小学生感知事物特征时往往不够精细,比较笼统,而计算题本身形式单调,无情节,不容易引起学生的兴趣。因此,计算时常常抄错数或符号,忽略运算顺序、计算法则,导致计算出错。

(2)情感比较脆弱

学生计算时,总贪快,因而,当遇到计算题里的数据较大或算式过繁时,就会产生排斥心理,不耐烦。导致审题不认真,也不再耐心去选择合理的算法。这样,错误率必定升高。

(3)注意力不够稳定(大意)

小学生注意力的稳定性较差,尤其对比较单调乏味的计算题容易产生疲劳,注意力容易分散,往往会出现顾此失彼、丢三落四的现象,造成不应该出现的计算错误。例如,连续出现几道加法题后出现一道减法题,或连续几道乘法题后出现一道除法题,学生仍然会按照前面的思路与方法进行计算,造成不应该出现的错误。

(4)瞬时记忆较弱

小学生的瞬时记忆较弱,影响学生对计算内容的学习。记忆一方面是为了储存信息,更重要的是能及时提取信息便于进一步的思维。但是小学生及时提取计算信息的能力较弱,也就是说瞬时记忆的本领弱,往往出现一步计算完成接着进行下一步计算时,出现差错。常见的例子是,在分数乘除法算式中,约分的次数稍多,学生就记不清楚了,导致最后结果错误。克服这方面问题的措施,一是加强口算和估算的训练,二是对重点内容做专项训练,提高瞬时记忆的能力。

(5)思维定势干扰

思维定势有积极作用,也有消极作用。积极作用可促进知识的迁移,消极作用则是干扰新知识的学习。不良的思维定势表现在按照固定的思维模式去分析新情况,解决新问题;在计算方面,则表现为原有的计算法则干扰新的计算法则、方法的掌握。例如,在计算小数加减法时,开始总有一些学生不是将小数点对齐,而是将小数的末位对齐,这就是受整数加减法计算方法的影响。

以上种种造成计算错误的心理原因并不是孤立存在的,它们是相互影响、相互联系的。不管是何种原因造成的计算错误,都要引起足够的重视,并要做到有针对性地、有效地帮助学生克服。

招教体验

[2016 统考,单,2′]低年级学生在计算中常把 54 抄成 45,把 ÷ 写成 +,产生错误的主要心理原因是( )

A. 感知比较粗略　　B. 思维定势干扰

C. 注意力不够集中　　D. 瞬时记忆出错

答案:A。低年级学生感知比较粗略,选 A。

知识点3 培养计算能力的教学策略

计算能力的培养是一项涉及多方面教学内容的系统工程,既要让学生掌握好与计算有关的数学概念与数学知识,又要通过有针对性、多层次、多方位、多形式的练习,把知识转化为技能、技巧。要有效地提高计算能力,必须遵循小学生的认知规律,采用恰当的教学策略,使学生对数学知识的理解与掌握和计算能力的形成得到同步的发展,以取得最佳的教学效果。

1. 切实掌握有关计算的知识

(1)计算法则

计算法则是指计算时必须遵循的一般规则,它促使计算过程程序化、规则化,并能保证计算的准确性。计算法则的掌握是计算准确性的保证。

(2)运算顺序

运算顺序是在四则混合运算过程中,对运算先后次序的一种规定。同级运算,按从左往右的顺序依次计算;含有两级运算,先算第二级运算,再算第一级运算;有括号的,要按小括号、中括号的次序,先算括号里面的,再算括号外面的。掌握运算顺序是四则混合运算的关键。

(3)运算律和运算性质

运算律和运算性质是对计算客观规律的概括,它反映了计算在一定的条件下,发生一定的变化过程的必然性。利用运算律和运算性质,可以使计算变得简便。

2. 弄清算理,以理驭法

在计算教学中,有些教师认为计算没有什么道理可讲,只要让学生掌握计算方法后,反复“演练”,就可以达到正确、熟练的要求了。结果,不少学生虽然能够依据计算法则进行计算,但因为算理不清,知识迁移的范围极为有限,无法适应计算中千变万化的各种具体情况,错误百出。因此,在教学中,应重视讲清算理,使学生不仅知道计算方法,而且还知道驾驭方法的算理,做到既知其然,又知其所以然。

(1)通过教具演示说明算理

如一年级初步认识“交换加数的位置和不变”的性质时,先让学生观察教师的演示:左手拿 3 支粉笔,右手拿4支粉笔，一共多少支粉笔？先左手后右手，列式是3+4=7，先右手后左手，列式是4+3=7。使学生看到加数的交换，只不过是出示顺序的变化，并不影响计算的结果。通过演示，可以直观形象地说明在加法算式中，交换加数的位置和不变的道理。

(2)通过学具操作理解算理

如教学20以内的进位加法时，当教师出示“9+2=?”的算式时，一般来说学生都能很快地得出和是11。但是教学“9加几”的目的不仅仅是让学生能正确地算出结果，重要的是揭示进位加法的计算规律，让学生掌握“凑十法”的思考过程，同时训练学生的语言表达能力。学具操作应该在教师的指导下分步进行。第一步：摆出两堆小棒，一堆9根，一堆2根。第二步：边思考边操作，摆出计算结果。第三步：边操作边口述过程。把2分成1和1，9加1得10，10加1得11，使学生初步理解“凑十法”。第四步：将口述操作的思维过程在算式上展示出来。通过“9加几”的教学，学生初步掌握“凑十法”，到教学“8加几”“7加几”“6加几”的时候，学生就可以在较大的范围内应用“凑十法”，实现知识的迁移。

(3)联系实际讲清算理

如教小数的加减法时，借助学生熟悉的人民币单位元、角、分的进率关系，讲清小数点必须对齐的道理，即计数单位相同的两个数才能相加减。

(4)展示思路弄清算理

在教学四则运算的计算法则时，往往借助虚线、方框中的算式来阐明算理。

3. 加强口算、重视笔算、学会估算

计算在小学数学教材中占有相当大的比重，在解决量与计量、方程、几何初步知识、统计知识以及解决问题时，都离不开计算。算得如何，准不准、快不快、巧不巧，直接关系着整个数学知识的学习，因此，我们一定要有足够的重视。

4. 分层练习，形式多样，讲究实效

练习是巩固与应用数学知识、培养与发展数学能力的重要手段。为了促使学生熟练地掌握计算的技能技巧，提高计算能力，开展有针对性、有层次、有坡度、形式多样的练习是十分必要的。此外，教师要重视练习的反馈，讲究练习的实效性。

(1)围绕重点和难点强化练习

如在教学“除数是小数的除法”时，教学的重点和难点是根据除数的小数位数，移动被除数的小数点以及商的小数点的定位。教学中可以组织有针对性的单项练习，压缩非重点的计算环节和过程。

[例]根据5145÷49=105，直接写出下面算式的商。

51.45÷4.9=　　　　5.145÷4.9=　　　　514.5÷4.9=

(2)易混易错对比练习

在新概念形成、新知识掌握以后，要将相近、相似、易混、易错的内容组织在一起进行对比练习，以便区别异同，进一步提高学生的计算能力。

(3)发展学生思维的简便运算

学生掌握了有关计算的基础知识、运算律和运算性质后,教师要为他们灵活、综合应用数学知识、提高计算能力创造条件。为此,多设计一些简便运算习题,激发学生参与计算的积极性与创造性,才能使学生的聪明才智得到充分发展。

例如,$33\frac{1}{7}\div 8$　　$\frac{3}{7}\times\frac{5}{9}+\frac{3}{7}\times\frac{4}{9}$　　$26\div 26\frac{26}{27}$

(4)形式多样的激趣练习

在设计练习时,要注意形式的多样化,有趣的数据、新奇的题型、巧妙的算法,都会使学生被计算所吸引,激发学生做计算题的兴趣,从而进一步提高学生的计算能力。

5. 培养学生养成认真审题的习惯

认真审题是计算正确、方法灵活合理的前提与保证。有些学生计算时没有认真审题的习惯,认为算式中的数据和符号都是明摆着的,不审题也照样可以进行计算,致使计算结果错误或计算过程中选择的算法不合理、不简便的现象时有发生。因此,计算时养成认真审题的习惯是非常重要的。计算题的审题可分为以下几步:一审数据和运算符号,保证不抄错数和符号;二审运算顺序,确定运算的先后顺序;三审数据的特点,选择合理的、简便的算法;四审计算过程。

六、数学思想方法的教学

在小学阶段,数学思想方法主要有符号化思想、化归思想、类比思想、归纳思想、分类思想、方程思想、集合思想、函数思想、一一对应思想、模型思想、数形结合思想、演绎推理思想、变换思想、统计与概率思想,等等。

知识点 1　常见的数学思想方法

1. 函数与方程思想

在小学阶段没有出现“函数”这一概念,但在整个小学阶段的数学学习中无不渗透着函数的思想,可以这样说,凡是有“变化”的地方都蕴含着函数思想。函数的核心即“把握并刻画变化中的不变,其中变化的是‘过程’,不变的是‘规律’”。教师引导学生发现规律并将规律表述出来,就是函数思想在教学中的渗透。

小学阶段所涉及的函数关系主要有:(1)成正比例的两种量之间的函数关系($y=kx$,其中 k 为定值);(2)和、差不变时,两个“加数”之间是特殊的一次(线性)函数关系;(3)正方形、圆的面积公式中,面积与边长、半径是二次函数关系;(4)成反比例的两种量之间的函数关系($y=\frac{k}{x}$,其中 k 为定值)。

方程思想是从问题的数量关系入手,运用数学语言将问题中的条件转化为方程、不等式或方程与不等式的混合组成的数学模型,然后通过解方程(组)或不等式(组)来使问题获解。

方程思想的核心是将问题中未知量用数字以外的数学符号(常用 x,y 等字母)表示,根据数量关系之间的相等关系构建方程模型。方程思想体现了已知数与未知数的对立统一。

2. 数形结合思想

数形结合思想是根据问题的具体情况,把具有直观形式的图形性质的问题转化为具有算法性质的数量

第四部分

关系的问题,通过代数方法分析数量关系并来探讨、论证、解释直观图形的性质,或者把数量关系的问题转化为图形性质的问题,用几何图形直观地反映、描述和刻画数量关系,从而使抽象思维和形象思维结合起来,使复杂问题简单化,抽象问题具体化,化难为易,使问题得到解决。

3. 化归思想

化归是解决数学问题的一种重要思想方法,几乎所有数学问题的解决都离不开化归,只是所体现的化归形式不同而已。化归是指问题之间的相互转化:想要解决问题 A,可将它转化为解决问题 B,再利用问题 B 的解答去完成问题 A 的解答。化归也就是把复杂问题化为简单问题;把陌生问题转化为熟悉的问题;将一个问题转化为另一个问题;将问题的一种形式转化为另一种形式。在讨论小学数学问题时,如果能恰当处理好问题的转化,往往可化难为易,化繁为简。例如,异分母分数加减法化为同分母分数加减法,异分母分数比较大小通过"通分"化为同分母分数比较大小等。小数乘除法中也蕴含化归思想:把不熟悉的小数乘法转化成我们熟悉的整数乘法来计算;小数除法通过"商不变性质"化归为除数是整数的除法。

4. 符号化思想

所谓符号就是针对具体事物对象而抽象出来的一种简略的记号或代号。数字、字母、图形、关系式等构成了数学的符号系统。符号化思想是数学中的一种重要思想方法,主要指人们有意识地、普遍地运用符号去表述研究的对象,解决数学问题。利用符号可以清晰、准确、简化地表达数学思想、概念、方法和逻辑关系,便于交流和推理,避免日常语言的繁复冗长或模糊不清。

5. 极限思想

极限思想,就是用无限逼近的方式来研究数量的变化趋势的思想。极限思想是在无穷思想也就是在对无限的认识的基础上产生的。我国古代数学家刘徽为了计算圆的面积和圆周率,曾经创立了"割圆术",具体作法是:先作圆的内接正六边形,再作内接正十二边形……随着边数的不断增加,正多边形越来越接近于圆,那么它的面积和周长也越来越接近于圆的面积和周长。刘徽在描述这种作法时说:"割之弥细,所失弥少,割之又割,以至不可割,则与圆周合体而无所失矣。"也就是说,随着正多边形的边数无限增加,圆内接正多边形就转化为圆,这种思想就是极限思想。

6. 对应思想

对应是人们给出两个集合元素之间的联系的一种思想方法。小学数学一般使用一一对应的直观图表,并以此孕伏函数思想。例如,直线(数轴)上的点与表示具体大小的数的一一对应,又如分数应用题中一个具体数量与一个抽象分数(分率)的对应等。对应思想也是解答一般应用题的常见方法。

小学数学教学中主要利用虚线、实线、箭头、计数器等图形或实物将元素与元素、实物与实物、数与算式、量与量联系起来,渗透对应思想。

7. 分类思想方法

数学中的分类思想是指将事物根据一定的标准或原则划分组类,然后对每个部分进行讨论,最后将各个部分得出的结论进行汇总,从而得到所要的正确答案。在小学数学中引入分类思想时,要根据学生的年龄特征以及他们的认知能力,循序渐进,不断训练,逐步使学生运用分类思想的水平上升。一般我们分类时要求满足互斥、无遗漏、最简便的原则。例如,人教版四年级下册教材对三角形的分类,既可按角分,也可按边分,根据不同的分类标准就会有不同的分类结果,从而产生新的概念。

8. 偶然和必然思想

概率研究的是随机现象,随机现象有两个最基本的特征,一是结果的随机性,即重复同一试验,所得到的结果并不相同,以至于在试验之前不能预测试验的结果;二是频率的稳定性,即在大量重复试验中,每个试验结果发生的频率“稳定”在一个常数附近。由此决定了概率的研究过程是在“偶然”中寻找“必然”,然后再用“必然”的规律去解决“偶然”的问题,这其中所体现的数学思想就是偶然和必然思想。

知识点 2 数学思想方法的教学流程与渗透途径 【单选】 ★

1. 数学思想方法的一般教学流程

数学思想方法教学模式是一种最基本的数学教学模式,它的一般教学流程是:操作—引导—显现—领悟。

招教体验

[2017 统考,单,2′]实施小学数学思想方法教学模式的一般流程是( )

A. 操作—引导—显现—领悟　　B. 操作—显现—引导—领悟

C. 引导—操作—显现—领悟　　D. 引导—操作—领悟—显现

答案:A。

2. 小学阶段渗透数学思想方法的途径

(1)在确定教学目标、实施教学过程、落实教学效果的过程中,有意识地体现数学思想方法

加强数学思想方法的教学,首先要有意识地从教学目标的确定、教学过程的实施、教学效果的落实等各个方面进行,使每节课的教学目标获得和谐和统一。因而在备课时就必须挖掘教材中隐含的数学思想方法。

(2)在掌握重点、突破难点的过程中,有意识地运用数学思想方法

数学教学中的重点,往往是需要有意识地运用或揭示数学思想方法之处。数学教学中的难点,往往与数学思想方法的更新交替、综合运用、跳跃性较大有关。因此,掌握重点,突破难点,教师更要有意识地运用数学思想方法组织教学。

(3)在小结、复习中,有意识地画龙点睛,突出数学思想方法

在课堂小结、单元复习时,适时地对某种数学思想方法进行揭示、概括和强化,对它的名称、内容、规律、运用等有意识地点拨,不仅可以使学生从数学思想方法的高度把握知识的本质和内在的规律,而且可使学生逐步体会数学思想方法的精神实质。

(4)设计一些渗透数学思想方法的题目

教师在设计课堂练习题中,要注重渗透数学思想,不仅使学生把握数学的本质内涵和客观规律,而且培养学生的数学思想。

(5)引导学生在反思中领悟数学思想方法

数学思想方法的获得,一方面要求老师有意识地渗透和训练,但是更多的要靠学生自身在反思过程中领悟。在数学学习过程中,要引导学生自觉地检查自己的思维活动,反思自己是怎样发现和解决问题的,运用了哪些基本的思想方法、技能和技巧,走过哪些弯路,有哪些容易发生(或发生过)的错误,原因何在,该记住哪些经验教训等。只有这样,才能对数学思想方法有所认识,由此对数学的理解一定会由量的积累发展到质的飞跃。

强化练习

建议用时:20 分钟	实际用时:_____分钟	参考分值:35 分	实际得分:_____分

基 础 练 保分必拿

一、单项选择题(每小题 2 分,共 6 分)

1. "25 ×4 ÷25 ×4 =1",分析小学生出现这种计算错误的原因在于(　　)

A. 运算法则不明

B. 短时记忆弱

C. 凑整心理

D. 文字理解能力差

2. 在讲解"相向而行的行程问题"时,教师在幻灯片上画一条线段表示两地间的距离,并出示两个小人,通过幻灯机显示在屏幕上,教师的这种教学方法属于(　　)

A. 实验法　　B. 演示法

C. 尝试教学法　　D. 问题探索法

3. 能使学生在较短的时间内获得较为系统的数学知识和一些分析、推理的方法的教学方法是(　　)

A. 发现法　　B. 讲授法

C. 讨论法　　D. 谈话法

二、填空题(每小题 2 分,共 6 分)

4. 外延只有一部分重合的两个概念之间的关系,称为________关系。

5. 质数的定义采用的是________定义法。

6. ________是在教师的指导下,学生以全班或者小组为单位,围绕中心问题,通过相互交流讨论,进一步完善和深化对问题的理解、评价或者判断的教学方法。

三、简答题(共 6 分)

7. 简述小学生计算错误的原因,并给出提高小学生计算正确率的措施。

提 升 练 提分必争

一、单项选择题(每小题 2 分,共 8 分)

1. 以下概念中用概念同化方式获得的是(　　)

A. 长方体　　B. 质数

C. 循环小数　　D. 长方形

2. 给学生创设学习情境,提供新的学习内容是小学数学学习过程中的(　　)

A. 输出阶段

B. 操作阶段

C. 新旧知识相互作用阶段

D. 输入阶段

3. 某教师教学一年级上册"6 和 7 的认识"内容时,把 6 个小朋友看成一个整体,然后把每个小朋友抽象成一个小点,6 个小朋友就有 6 个点,也就是说一样的点有 6 个,这其中运用的数学思想方法是(　　)

A. 模型思想　　B. 集合思想

C. 一般化思想　　　　D. 转化思想

4. 以下数学概念属于属种关系的是(　　)

A. 单项式与多项式

B. 素数与质数

C. 奇数与偶数

D. 菱形与平行四边形

二、论述题(共9分)

5. 什么是概念同化？并叙述概念同化的学习过程。

参考答案及解析

基础练

一、单项选择题

1. C　[解析]学生计算时，总贪快，因而，当遇到计算题数据较大或算式过繁时，就会产生排斥心理，不耐烦。导致审题不认真，也不再耐心地去选择合理的算法。这样，错误率必定升高。$25\times4\div25\times4=1$，是凑整心理，采用了不合理算法。故选C。

2. B　[解析]演示法强调教师运用直观教具或实物进行教学，题干中教师运用幻灯片进行演示，属于演示法；实验法强调学生的动手操作，而题干中学生只是观看大屏幕，并没有动手操作；尝试教学法是指让学生先尝试自学，然后教师再进行讲解的教学方法，题干并没有体现；问题探索法是指教师把教学内容设计成若干问题，引导学生进行探索的教学方法，题干也没有体现教师提问题。故选B。

3. B　[解析]讲授法的特点是教师能够系统地、有论据地讲解新的概念或规律，具有主动性；讲授的知识具有系统性、流畅性和连贯性，能使学生在较短的时间内获得较为系统的数学知识和一些分析、推理的方法。

二、填空题

4. 交叉

5. 关系　[解析]只能被1或者自己整除的自然数叫作质数，这样的定义方式属于关系定义。

6. 讨论法

三、简答题

7. [参考答案](1)知识方面的原因，如概念不清，算理不明；口算不熟、笔算不准；书写欠规范。(2)心理方面的原因，如感知比较粗略，情感比较脆弱，注意力不够稳定，瞬时记忆较弱，思维定势干扰，等等。

措施：(1)对常见的错误进行分类总结，建立错题本；(2)强化对基础概念的理解；(3)加强解题技巧的培养；(4)打破思维定势，具体问题具体分析。

提升练

一、单项选择题

1. B　[解析]利用学生已有的知识、经验，以定义的方式直接揭示概念的本质属性，这种获得概念的方式叫作概念同化。如偶数、奇数、质数、合数和分解质因数等概念都是用概念同化的方式获得的。

2. D　[解析]略。

3. B　[解析]将6个小朋友看成一个整体，也就是一个集合，6个小朋友就有6个点，也就是说点有6个，即意味着集合中的元素有6个。这里渗透了集合的思想。

4. D　[解析]单项式和多项式统称为整式，因此单项式与多项式属于矛盾关系；素数又称质数，它们属于同一关系；自然数包括奇数、偶数和0，因此奇数与偶数属于对立关系；菱形属于平行四边形，因此菱形与平行四边形是属种关系。

二、论述题

5. [参考答案]所谓概念同化，就是利用学习者认知结构中原有的概念,以定义或描述的方式直接向学习者揭示新概念的本质属性,进而使学习者获得概念的过程。也就是以间接经验为基础,利用已掌握的概念去学习新概念的过程。

数学概念同化的学习过程可以分为以下几个阶段:

①揭示本质属性。给出概念的定义、名称和符号,揭示概念的本质属性。

②讨论特例。对概念进行特殊分类,讨论各种特例,突出概念的本质属性。

③新旧概念联系。使新概念与原有认知结构中有关概念建立联系,把新概念纳入到相应的概念体系中同化新概念。

④实例辨认。辨认肯定例证和否定例证,确认新概念的本质属性,使新概念与原有认知结构中有关概念精确分化。

⑤具体运用。通过各种形式运用概念,加深对新概念的理解,使有关概念融会贯通,组成一个整体。

正确率 70%以下		正确率 70% ~85%		正确率 85%以上	

山香寄语:

要以最饱满的热情、最昂扬的斗志、最刻苦的精神、最坚韧的毅力,全力以赴,坚持到底,满怀信心地去迎接挑战,争取早日上岸!

——山香女孩

第三章　小学数学教学设计与技能

考向分析

本章属于小学数学教学理论与技能的重要章节，特点为内容琐碎、识记和理解性知识多，在考试中常以主观题的形式考查。本章需要重点掌握的知识包括：

1. 理解掌握教学目标的设计。
2. 理解掌握教学过程的设计。

考情预测 在备考时，考生应注意：①教学目标的陈述；②教学重难点的确定；③教学环节的设计。预计在明年的招教考试中，本部分依然是重点，且考试方式更加灵活。考生要抓住重点和难点，有针对性地进行理解与应用。

思维导图

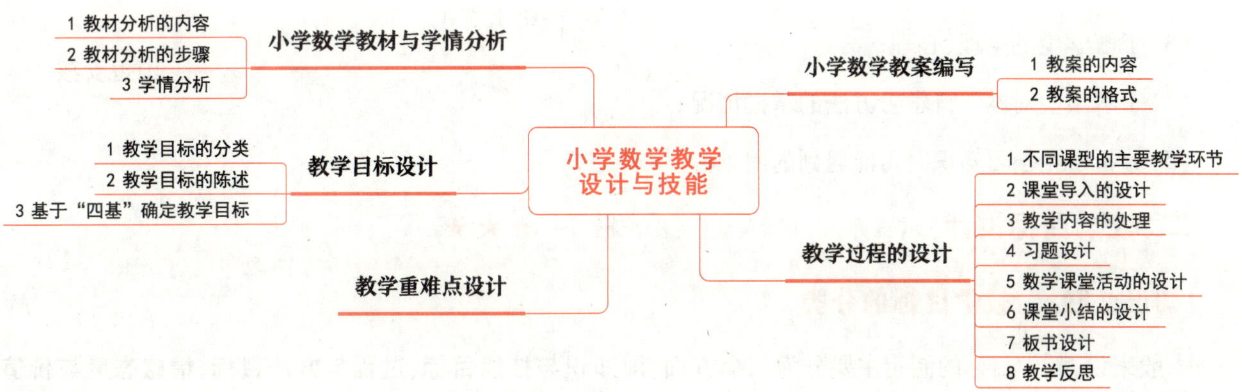

第四部分

核心知识

一、小学数学教材与学情分析

知识点1 教材分析的内容

1. 研读课程标准，分析教材的编排体系和知识之间的内在联系；
2. 分析教材的编写意图，确定教学目标；
3. 分析教材内容的重点和难点；
4. 分析、研究教材的练习题；

5. 分析教材蕴含的思想方法。

知识点2 教材分析的步骤

基本步骤
- 研读课程标准,分析知识的地位与作用
- 分析教材内容
  - 教材结构分析
    - 教材知识结构
    - 教材教学结构
    - 教学重点、难点
  - 教学内容分析
    - 顺向往后,以某一知识为起点,理清由此以后相关知识的头绪
    - 逆向往前,以某一知识为终点,找出前面相关基础知识的联系
  - 教材习题分析
- 借鉴参考资料

知识点3 学情分析

学生是学习的主体,要有针对性地进行教学设计,必须进行学情分析。

学情分析的几个方面如下:

(1)分析学生原有的认知基础;

(2)分析学生的个体差异;

(3)了解学生的生理、心理;

(4)了解学生对本学科学习方法的掌握情况;

(5)分析学生学习知识时可能遇到的困难。

二、教学目标设计 【案例分析和案例设计、教学设计】 ★★★

知识点1 教学目标的分类

一般来说,教学目标的制定主要分为三个方面,即**知识与技能目标、过程与方法目标、情感态度与价值观目标**。

教学目标	内容
知识与技能	包括不可或缺的核心知识和学科基本知识。要求考生结合学情熟练掌握教材知识点,能做到依据试题题目中的课题知道小学阶段的学生应该掌握的相关知识点
过程与方法	包括所不可或缺的过程与方法。过程包括应答性学习环境、交往和体验。方法包括基本的学习方式(自主学习、合作学习、探究学习)和具体的学习方式(发现式学习、小组式学习、交往式学习等)
情感态度与价值观	情感态度指学习兴趣、学习责任、乐观的生活态度、求实的科学态度、宽容的人生态度等;价值观主要强调个人价值和社会价值的统一,科学价值和人文价值的统一,人类价值和自然价值的统一

知识点2 教学目标的陈述

1. 教学目标陈述四要素

教学目标的表述包括"四要素":行为主体、行为动词、行为条件、表现程度。

行为主体(对象)必须是学生而不是教师。教学目标应集中在学生能做什么,说明的是教学结果而不是教学过程。如可以用"能认出……""能解释……""能设计……""能写出……""对……作出评价"或"根据……对……进行分析"等描述,而不能用教师的教学行为,如"使学生……"让学生……""提高学生……"及"培养学生……"等描述。

行为动词(行为)必须是可观察、可测量、具体而明确的,否则就无法评价。例如,"学生能够辨认长方形、正方形、三角形、平行四边形、圆等简单图形""能在具体情境中用字母表示数"等,通过对学生行为的观察,能够衡量出学生对知识的掌握程度。

行为条件(条件)是指影响学生产生学习结果的特定的限制或范围,为评价提供参照的依据,也就是指出行为变化是在什么样的约束条件下产生的。这些约束条件有时间限制、完成方式、使用工具等。例如,"在 10 分钟内,学生能完成 15 道简单计算题",这个教学目标的行为条件就是"在 10 分钟内"这一时间限制条件。

表现程度(标准)指学生学习之后预期达到的最低表现水准,用以评价学习表现或学习结果所达到的程度。例如,"就提供的某一道应用题,学生至少能写出 3 种解题方案""80% 的学生能够看着算式写出一位数加法的得数"等。目标表述的是基本的、共同的、可达到的教学标准,而不是无法实现的最高要求(理想)。

2. 教学目标陈述的思路分析

(1)知识与技能目标

思路分析:依据"行为主体 + 行为动词 + 行为对象"格式,其中行为主体是学生,行为动词是了解、理解、掌握等,行为对象是指符合小学阶段的学情及相关知识点。其中采用的行为动词要求明确、可操作、可测量。

【模板】学生能够掌握(了解、理解等)……(课题涉及的知识点);认识……(符号/数字)并理解其含义,知道……的用法,能用……技能解决……问题。

[例]学生理解带余除法的含义与整除的意义,可以用除法算式表示带余除法,能用竖式表示并计算简单的带余除法。

(2)过程与方法目标

思路分析:主要考虑学习过程中运用的某种学习方式与此学习方式培养学生某方面的能力。

【模板】通过……(某种或者某些活动),进一步发展……观念,培养自身的……的思维(或能力)。

[例]通过观察、测量和计算等活动,经历探索长方体和正方体的体积的计算过程,培养自身的探究意识

第四部分

和基本数学活动经验，提升分析问题的能力。

(3)情感态度与价值观目标

思路分析：教师通过对相关知识的教授，还应该注重学生积极乐观的情感态度和正确价值观的形成。

【模板】通过学习，感受数学与实际生活的联系，增强……（情感态度的词汇），获得……（价值观词汇）体验，树立学习的信心。

情感态度方面，可以写“学生能够积极参与课堂讨论，并且学会与人交流，学会用理论去描述生活中见到的具体现象”等；价值观方面，由于小学阶段的学生价值观还未完全发展成型，可以写一些喜好和兴趣类词汇，如“学完本节课，学生们对于本学科能够产生浓厚的兴趣”等。

各类目标的行为动词见下表：

目标领域	水平	行为动词
知识与技能	知道/了解/模仿	了解，体会，知道，识别，感知，认识，初步了解，初步体会，初步学会，初步理解
	理解/独立操作	描述，说明，表达，表述，表示，刻画，解释，推测，想象，理解，归纳，总结，抽象，提取，比较，对比，判定，判断，会求，能，运用，初步应用，初步讨论
	掌握/应用/迁移	掌握，导出，分析，推导，证明，讨论，选择，决策，解决问题
过程与方法	经历/模仿	经历，观察，感知，体验，操作，查阅，借助，模仿，收集，回顾，复习，参与，尝试
	发现/探索	设计，整理，分析，发现，交流，研究，探索，探求，寻求
情感态度与价值观	反应/认同	感受，认识，了解，初步体会，体会
	领悟/内化	获得，提高，增强，形成，养成，树立，发挥，发展

知识点3 基于“四基”确定教学目标

1. 课堂生成，落实基本数学知识

课堂教学的过程是学生和教师相互交往共同发展的动态生成过程，教师在课前进行精心的设计是课堂高效性的保障，教师对教学资源的有效运用是保障课堂教学灵动性的重要手段。

通过高效灵动的课堂把握，将课本数学知识进行落实。在数学课堂教学中，学生的语言和思维方式是学生对数学知识进行深入研究的基础，在思维拓展的过程中，掌握数学的基本知识。比如在学习“圆的周长”这一部分内容时，为了让学生掌握圆的周长概念和计算方法等基本数学知识，教师可以设计以下问题：“有两只蚂蚁分别沿着下列两条曲线从 A 地爬到 B 地，如果它们的速度一样，谁先到达目的地？”学生大多数都是通过平移变换，对比大圆弧长的一半与小圆周长的关系，从而推出路程相等，时间也相等。而有一位同学提出了不同想法：O 点是线段 AB 上的任意一点，如果 O 点一直移动，直到 B 点的位置，那么两只蚂蚁走的路线就重合了，所以时间相等。接下来，教师可以带领学生归纳和探讨这种思路。这位同学用特殊的情形思考一般化的问题，思维方式简单明了，很容易被学生理解和掌握，这种找特例的思维方式也被广泛地应用

到数学解题中。

2. 学科开发,落实数学基本技能

数学学科具有较强的抽象性和逻辑性,为了保证数学知识结构的完整性,强化学生的思维训练,开发学生的数学基本技能。学生在学习中通过自我尝试和修正可获得数学技能,学习中难免出现错误现象,这主要是因为学生的新旧知识衔接出现了故障,也展示了学生最真实的学习情况,学生出现的错误成为教师课堂教学调整的重要基础依据。作为一名数学教师在教学过程中要采用包容的态度对待学生的错误,深入分析产生错误的原因,利用错误来开展后续的教学服务。

以"小数除法"这一内容为例,教师可以在讲解基础方法后选择几名同学到黑板上进行板演,假如有一名同学在计算时没有把除数变成整数,得数小了十分之一。教师可以利用这名同学出现的错误,再次巩固小数除法的算理。引导学生借助乘法进行结果的检验,通过这样的方式逐渐培养学生检查的习惯,教会学生检查的技巧。

3. 人文渗透,落实数学基本思想

数学是在人们探索和实践中逐渐生成的,反映了人们对客观世界的认知和思考,表达了人们认知世界的渴望和对真理追求的意愿。数学属于自然科学,在发展过程中不断地体现出人文性。基于此,教师可以在数学教学中实施人文教育,从而落实数学基本思想。比如通过介绍数学知识产生的背景、相关历史事件等,促使学生全面掌握数学知识。人文教育还能够调动学生的情感因素,让学生能够更加立体地认识和掌握数学知识。比如在学习圆周率时,通过介绍祖冲之的圆周率的推算方法以及学习割圆法,让学生认识到我国古代先贤的伟大智慧,打破学生对圆周率的认识限制,让学生感受到圆周率不仅是"周长与直径的比值"这一"冰冷"的关系式,而且使学生的记忆更加完整立体。

4. 生活数学,落实数学基本活动经验

数学知识来源于现实生活,描述的是客观世界的数量关系与空间形式,最终又将其应用到现实生活中。学生对数学知识的理解和运用以自身的知识经验和生活背景为基础。小学生正处于形象思维发展时期,接触到的数学知识多与生活相关,教师要充分认识到这一点。为学生提供丰富的生活数学素材,调动学生的生活经验进行数学知识的学习和问题的解决,实现数学学习生活化,并且要引导学生善于观察生活,善于利用数学思维来分析和解决生活中的问题。数学在生活中的运用相当广泛,生活中存在众多的数学资源。

比如在一年级的教学中,以常见的火车票为素材,带领学生观察火车票,学会位置的表示方法、时间的认识等。在教学中建立郊游租车的情境,让学生掌握估算的思想。像日常生活中的物体、食物、购物票、标签、存款利率等都可以成为数学课堂教学的重要资源。教学实践证明,这些素材可以有效提高学生对数学的探究兴趣,是帮助学生理解数学的重要手段。

招教体验

[2018 统考,案例分析,5′]仔细阅读下面的教材内容。

1. 圆的认识

从奇妙的自然界到文明的人类社会，从精巧的手工艺品到气势宏伟的各种建筑……到处都可以看到大大小小的圆。

你能想办法在纸上画一个圆吗？

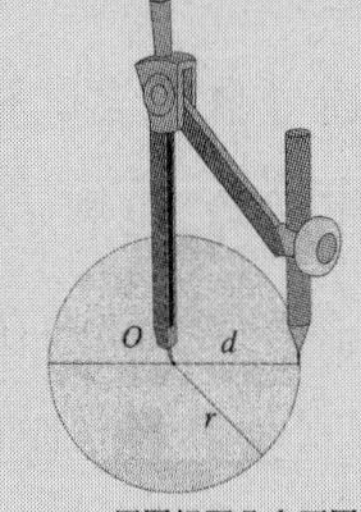

如左图，用圆规画圆时，针尖所在的点叫做**圆心**，一般用字母 O 表示。连接圆心和圆上任意一点的线段叫做**半径**，一般用字母 r 表示，半径的长度就是圆规两个脚之间的距离。通过圆心并且两端都在圆上的线段叫做**直径**，一般用字母 d 表示。

用圆规画几个不同大小的圆，剪下来，沿着直径折一折，画一画，量一量，会有什么发现？

圆的中心位置是由什么决定的？半径决定圆的什么？

圆心确定了，圆的中心位置就确定了。半径决定了……

做一做

1. 对于上页中用杯子盖、三角尺画出的圆，如何找到圆心？请你自己画一画，试一试。

2. 用圆规画一个半径是 2 cm 的圆，并用字母 O、r、d 标出它的圆心、半径和直径。

问题：从“四基”的角度分析该节课的教学目标。

参考答案：四基是指基础知识、基本技能、基本思想、基本活动经验。基础知识：1. 圆的各部分名称及圆的性质，画圆的方法。2. 圆的对称性。

基本技能：1. 会用圆规画圆。2. 会通过折叠判断对称图形。

基本思想：1. 变中有不变的思想、对应的思想、对称的思想。2. 猜想、验证、归纳思想，化曲为直的转化思想与极限思想。

基本活动经验：1. 积累用对比、联系的观点看问题的方法、变中有不变的思想看问题和用极限思想思考问题的经验。2. 积累图形对称的变换（旋转或轴对称）。3. 积累用化曲为直的转化思想思考问题的经验，培养实事求是的科学态度和积累估测方法。

三、教学重难点设计 【案例分析和案例设计、教学设计】 ★★★

教学重点是课堂教学内容中基本的、主要的、中心内容。要在全方位分析小学阶段的学习内容和学情的基础上，找出教学重点。课时（一堂课）教学重点的制定是常考内容，要注意重点除了基本的、主要的、中心的知识技能之外，概念形成的过程，公式、定理、法则的探究过程等也可确定为不同课程的重点。

教学难点是指学生接受起来比较困难的知识点。

	教学重点	教学难点
确定的依据	教学内容是教材的核心	新知学习易受已有知识的干扰
	教学内容是今后学习其他内容的基础,或者有广泛的应用	在学习新的概念、原理时,缺少相应的已知概念、原理作基础
		教学内容本身较为复杂、过分抽象、综合性较强等
确定的范围	通常教材中的定义、定理、公式、法则、数学思想方法等都是教学的重点	在数学中,概念课的难点通常是"对定义的理解";定理课的难点通常是相应定理的证明(推导)或定理的形成过程及其运用;应用题的教学难点是分析应用题的数量关系,掌握正确解法
答题模板	掌握……的技能,培养……能力	能够运用……方法解决实际问题,体验……,感受……

四、教学过程的设计 【案例分析和案例设计、教学设计】 ★★★

知识点1 不同课型的主要教学环节

依据每节课的教学目的和任务,数学课分为以下几种:

1. 新授课

新授课的主要任务是组织引导学生学习新知识,在传授基础知识的过程中促进学生思维的发展,培养学生的能力。这是数学课最常用,也是最重要的一种课型。

(1)复习,导入新课

通过提问、练习等方式,使学生回忆旧知,把学生的注意力和思维集中到新授课题上来。

(2)讲授新课

师生双边协调进行的教学活动是学生进行新的基础知识与技能学习、各方面能力得以发展的主要过程。

(3)巩固新知

通过多种形式(口答、板演、阅读、练习)的课堂练习,巩固新学知识。

(4)总结和布置作业

对讲授学习的内容做提纲挈领式的概括,给学生目的明确、分量适当的家庭作业。

2. 练习课

练习课的主要目的是巩固、运用所学知识,形成一定的技能、技巧,初步培养学生的数学基本能力。它的基本结构是:复习回顾、课堂练习、小结、布置作业。

3. 复习课

复习课的主要任务是巩固和加深学生已学的基础知识,并使之系统化;熟悉已有的技能和方法,提高学生运用知识的能力。复习课一般有单元复习、期末复习和学年复习、学科总复习四种形式。复习课的基本结构是:系统复习基础知识、典型例题示范、总结、布置作业。

复习课不同于练习课,复习课虽然要继续训练解题的技能技巧,但更重要的任务是把所学的知识进行归纳、整理,把原来分散学习的知识有机地联系起来,使它形成一个完整的知识系统。这样做的目的是使学生获得稳定、清晰的核心概念,形成良好的认知结构,便于对知识的理解和记忆,也为以后学习新概念打下良好的知识基础。

4. 讲评课

讲评课的主要任务是对某一阶段的课外作业情况或测验结果进行总结和分析。其目的在于总结情况,指出问题和不足,纠正缺点和错误。同时,介绍优秀解答方法,帮助学生积累解题经验,调整学习方法。基本结构是:讲评、分析评议、总结、布置作业。

5. 测验课

测验课的主要任务是系统检查学生的学习是否达到课程标准的要求,了解学生学习中存在的问题,促进学生的学习和教师的教学不断提高。

6. 实践活动课

实践活动课的主要任务是让学生通过综合运用所学数学知识或方法进行一定的实践活动,如实地考察、测量、统计等,既巩固所学,又培养学生分析问题、解决问题的能力。

应该指出,上述介绍的几种课型只要求教师有个大体了解,并不是严格的程序。因此,这些并不妨碍教师在教学实践中创造性地劳动,而是更有助于教师去创造各具特色、各有风格的教学形式。

招教体验

[2018 统考,案例分析,5′]材料见 P326

问题:根据新课程理念设计一个教学片段,说明如何在课堂教学中抓住重点,引导学生主动建构圆的概念。

参考答案:教学过程:

一、设疑激趣,探求新知。

师:同学们,你们以前学过了哪些平面上的图形?

生:长方形、正方形、三角形、梯形、平行四边形、圆。

师:上面的图形,哪些是由直线围成的图形?

生:长方形、正方形、三角形、梯形、平行四边形。

师:很好,这些都是你们以前学过的,那么圆是什么线围成的?请同学们说一说。生:曲线。

师:对,我们现在来研究平面上的一种曲线图形——圆。

【设计意图】数学教学要紧密联系学生的生活实际,从学生的生活经验和已有知识出发,创设生动有趣的情境。通过从学生已有的知识出发,引入新的学习内容,符合学生的认知规律。

二、联系生活实际，认识圆。

1. 表象认识。

师：我们以前初步认识过圆，请同学们说一说周围的物体上哪里有圆？

生：硬币、钟面、圆形桌面、瓶盖等。

【设计意图】在学生初步认识圆的基础上，采取让学生举实例的方法，进一步加深学生对圆的表象认识。既注意了新旧知识的衔接，又注意了学生的思维特点，为进一步认识圆起到了很好的铺垫作用。

2. 动手操作，认识圆心。

师：同学们，把你所剪下来的圆片对折，打开，换一个方向对折，再打开，反复折几次。（学生操作）

师：对折若干次后你们发现了些什么？

生：折痕相交于一点，交点在圆的中心，每条折痕一样长，交点把折痕分成了相等的两部分。

师：你们有这么多的发现很好，这些折痕相交于圆中心的一点，我们把圆中心的这一点叫作圆心，用 O 表示。

【设计意图】在教师的指导下，学会通过自己操作，自己发现并主动获取知识。

3. 动手操作，认识半径。

师：你们发现圆心把每条折痕分成了相等的两部分，这是凭眼睛估计的，是否真的相等，请同学们拿出尺子量一量，并记下你所量的长度。

生 1：相等，都是 2.3 厘米。

生 2：相等，都是 2.4 厘米。

师：你们的结论，老师不否定。请在你们的圆上任取一点，量一量圆心到这点的长度，多做几次，并记下所量的长度。（学生操作）

师：请同学们汇报一下你所量的数据。

生 1：2.3 厘米；2.3 厘米；2.3 厘米；2.3 厘米；2.3 厘米。

生 2：2.4 厘米；2.4 厘米；2.4 厘米；2.4 厘米；2.4 厘米。

师：观察你们所量的数据，从你们所量的数据中，有没有什么规律？若有，这个规律是什么？

生：有，相等。

师：相等说明了什么？

生：圆心到圆上任意一点的距离都相等。

师：你们所得出的结论是正确的。从圆心到圆上任意一点的距离都相等，我们把这条线段叫作圆的半径。用字母 r 表示。

师：请同学们想一想，在同一个圆内半径有多少条？它们都相等吗？

生：有无数条，都相等。

师：回答非常正确。

【设计意图】教师先引导学生量数据，然后让学生看数据，找规律，归纳出同一个圆内半径相等的结论，加深对圆的认识。

4. 动手操作，认识直径。

师：请同学们沿着对折的一条折痕画出一条线段来，观察后回答，画出的线段两端在什么地方？通过圆心吗？

生：两端在圆上，通过圆心。

师：通过圆心并且两端都在圆上的线段叫作直径，一般用字母 d 表示。（板书）

师：在同一个圆里，有多少条直径？所有的直径都相等吗？请同学们相互讨论回答。

生：在同一个圆里，可以画出无数条通过圆心且两端都在圆上的线段。所以说，在同一个圆里直径有无数条。直径是由两条半径组成的，同一个圆的所有半径相等，所以，同一个圆的所有直径都相等。

【设计意图】教师引导学生观察、比较，根据半径相等的关系推理得出同一个圆中直径相等的结论。

知识点2 课堂导入的设计

1. 课堂导入的作用

（1）吸引学生的注意力；（2）激发兴趣，引起学生的学习动机；（3）复习相关知识，引向新的学习内容；（4）明确本次课的教学目标；（5）渲染气氛，创设情境。

2. 导入的特点

（1）导入时语言要简洁、易懂。

（2）导入语要有新意，形式新颖。

（3）引入时的坡度不宜过大，要易由旧知向新知迁移。

（4）新课引入一般在 1 ~ 3 分钟内为宜。

第四部分

山香指导

课前谈话

所谓课前谈话，就是指教师利用课前几分钟时间为沟通师生情感、了解学生基础、活跃课堂气氛等而设计的即兴式谈话。课前谈话这短短的几分钟，不仅是教师机智的体现，还是教师知识储备和人格魅力的体现。通过课前谈话，交流沟通，能够拉近师生的心理距离；通过幽默风趣的课前谈话，放松学生紧张情绪；通过课前谈话，激励鼓舞学生，树立学习的自信心；通过联系生活的课前谈话，孕伏新课教学内容；通过课前谈话，抛砖引玉，渗透数学思想方法。有些时候，通过课前谈话还可以渗透教学重难点，这样的谈话和教学有着密切的关系，它能使学生迅速进入特定的学习情境中，为一堂课的成功奠定坚实的基础。

招教体验

[2019 统考,案例分析,5′]阅读材料 1:“比的意义”的访谈对话。

“比的意义”课堂教学的课前对话。

师:喜欢数学还是喜欢语文?

生:喜欢数学。

师:为什么?

生:数学简单。

师:对今天的学习有信心吗?

生:有。

师:等“比的意义”这节课上完后,老师与你探讨一些问题,好不好?

生:好。

“比的意义”课堂教学的课后访谈。

师:今天学习了“比”,“两个数相除就叫作两个数的比”。

生:对。

师:“3∶0”是比吗?

生:不是。

师:为什么?

生:因为 3∶0 = 3 ÷ 0,除法算式中除数不能为 0,也就是说,商不存在。

师:“0 ÷ 3”是比吗?

生:是。

师:足球比赛,两队的比分 3∶0,是比吗?

生:不是。

师:足球比赛,两队的比分 0∶3,是比吗?

生:是。

师:两个足球队的比分 3∶0不是比,0∶3是比,调换一下前后顺序,就出现了是比与不是比!

生惊讶的样子。

旁边学生:好神奇呀!

阅读材料 1 分析“比的意义”和“课前对话与课后访谈”的作用。

参考答案:“比的意义”的作用:①“比的意义”是小学六年级教材中比和比的应用的起点,是“比和比例”这部分知识的核心,在教材中起着承上启下的作用;②通过学习“比的意义”,不仅可以使学生丰富对现实生活中数量关系的认识,进一步完善学生的认知结构,体会数学知识间的内在联系,而且也为

第四部分

学生进一步学习比的性质、比的应用和比例的相关知识打下坚实的基础。

课前对话的作用：

①通过课前谈话，交流沟通，能够拉近师生间的心理距离；②通过幽默风趣的课前谈话，放松学生紧张情绪；③通过课前谈话，激励鼓舞学生，树立学习的自信心；④通过联系生活的课前谈话，孕伏新课教学内容；⑤通过课前谈话，抛砖引玉，渗透数学思想方法。有些时候，通过课前谈话还可以渗透教学重难点，这样的谈话和教学有着密切的关系，它能使学生迅速进入特定的学习情境中，为一堂课的成功奠定坚实的基础。

课后访谈的作用：

通过课后访谈，我们可以知道学生是如何想的和为什么会这么想，可以知道教学过程中存在的问题，可以督促教师反思教学设计及教学过程。通过课后访谈，不仅能了解学生对新知识的理解程度、学生的真实感受和体验，而且为教师反思提供了鲜活的素材。

考法揭秘

课堂导入方法

1. 以旧引新

以旧引新就是教师在上课时利用知识的迁移规律，把与本节课相关的旧知识呈现出来，让学生从已知的内容出发，恰当而又自然地让学生进入新知识的学习。

[例]“万以内的加减法”课堂导入

板书几道“百以内的加减法”的练习题，通过复习回忆其计算法则，引入新的教学内容，这样就降低了新知识的学习难度。

2. 创设情境导入

创设情境导入就是教师恰当、巧妙地利用音乐、幻灯、录音、录像等电教手段，来渲染课堂气氛，为学生提供贴近实际生活的特定情境，在情境中可巧设机关、制造冲突、诱发思维，使学生的心理处于兴奋状态，产生学习动机。

[例]“秒的认识”课堂导入

师：同学们，喜欢过节吗？咱们中国有一个重要的传统节日，节日里你们都会得到压岁钱，这是什么节日？（春节）

师：（课件放映春节联欢晚会倒计时）新年的钟声马上就要敲响，开始倒计时了，一起来。（师生一起倒计时）

师：过年真好！我们又一次听到了新年的钟声。谁知道，刚才咱们倒数的5，4，3，2，1是用的什么时间单位？（秒）

师:我们以前学过的时间单位是时、分。要计量更短的时间,就要用比分更小的单位——秒,今天我们就一起来认识秒。(揭示课题:秒的认识)

3. 趣味导入法

在进行课堂导入设计时,教师还应当考虑到小学生的年龄特点,通过给小学生讲故事、做游戏等趣味方式导入新课,这种方式能够迅速地吸引学生的注意力,让他们对即将学习的新知识产生浓厚的兴趣。

[例]教学"体积与容积"一课时,某教师这样引入:

师:同学们还记得乌鸦喝水这个故事吗?谁能给大家讲讲这个故事呢?

学生讲述故事。

师:聪明的乌鸦是怎么喝到水的?

生1:往瓶子里放入小石子,水面升高乌鸦就喝到水了。

师:把石子放入水中,水面为什么会上升呢?

生2:石头占了水的位置。

生3:石头把水挤出来了。

生4:石头占了水的空间。

在交流中,让学生感受物体占据空间,老师板书:空间。

4. 开门见山导入

当新的课题学生容易理解或课题与前面所学内容有直接关联时,教师可以简洁明了地说明学习内容、学习目的或要求,引起学生的有意注意,最大优点是节省时间,使学生明了学习的内容与要求。

[例]"多位数的读法与写法"一节课,一上课教师直接在黑板上写了两个很大的数,如69 278 000、六千九百二十七万八千,然后指出:这种数的位数有很多,读好和写准这种数对今后学习与生活有很大帮助,今天我们就来学习"多位数的读法与写法"。

5. 实物或教具演示法

实物、教具或投影比语言更具有说服力和真切感,能够激发学生学习兴趣,培养观察能力和应用数学能力,有助于化抽象为具体,为学生提供丰富的感性经验,直观鲜明地揭示客观事物的关系。

[例]教学"圆柱与圆锥"这节课时,向学生展示若干个圆柱与圆锥的实物,如饮料罐、茶叶筒、漏斗、喇叭等,随后带领学生进行摸一摸、看一看、猜一猜的活动,鼓励学生在认真观察、分析这些实物模型的基础上尝试说出圆柱、圆锥这两者的主要特征。

6. 设疑式导入

设疑式导入是根据学生喜欢追根求源的心理特点,一上课就给学生创设一些疑问,创设矛盾,设置悬念,引起思考,使学生产生迫切学习的愿望,诱导学生由疑到思,由思到知的一种导入方法。

[例]教学“年、月、日”一课时，结合教学内容设计如下情境：同学们都知道自己的生日对吧？那你们喜欢过生日吗？学生都高兴地回答“喜欢”。教师接着深入：“小红今年8岁，哥哥从她出生到现在只过了三个生日，她哥哥多大了？”问题一出，全班顿时沸腾起来，大家都议论纷纷，有的说3岁，立刻遭到大家的反对，他妹妹都8岁了，怎么可能比他妹妹还小呢？师：“是啊，过了三个生日，应该是三岁啊。这样就有意思了，妹妹8岁，哥哥却只有3岁，岂不是怪事啊？”短短数语，学生探求其中奥秘的欲望油然而生，学习主动性被激发，思维门户也随之打开。

招教体验

[2016统考，案例分析和案例设计，23′]以下是人教版三年级下册“年、月、日”的内容。

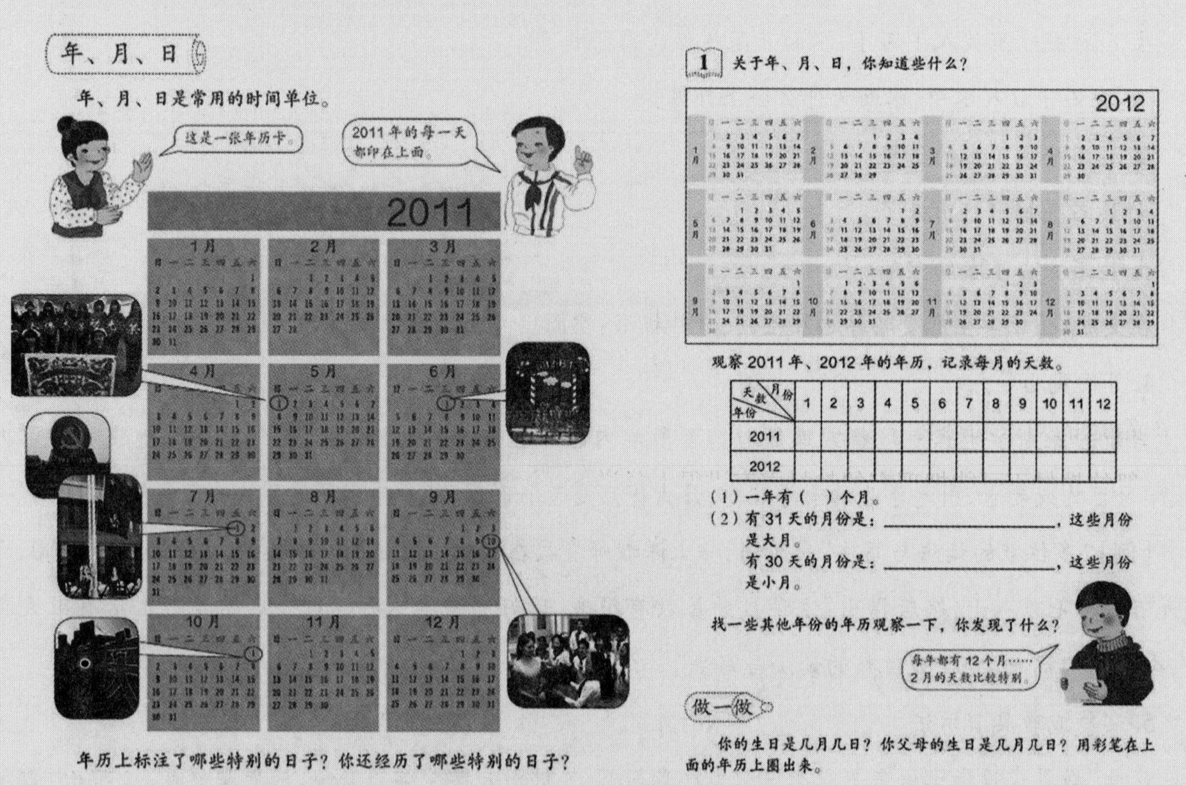

年、月、日

年、月、日是常用的时间单位。

年历上标注了哪些特别的日子？你还经历了哪些特别的日子？

1 关于年、月、日，你知道些什么？

观察2011年、2012年的年历，记录每月的天数。

年份 \ 天数 \ 月份	1	2	3	4	5	6	7	8	9	10	11	12
2011												
2012												

（1）一年有（ ）个月。

（2）有31天的月份是：__________，这些月份是大月。

有30天的月份是：__________，这些月份是小月。

找一些其他年份的年历观察一下，你发现了什么？

做一做

你的生日是几月几日？你父母的生日是几月几日？用彩笔在上面的年历上圈出来。

问题：(1)请为“年、月、日”一课，设计三种导入法(以旧引新、创设情境、设疑激趣、故事导入、游戏导入，任选三种，如果多于三种，以前三种为准)。

参考答案：①以旧引新：

同学们，前面我们学习了哪些与时间有关的内容？学生会说学了时、分、秒，知道1小时=60分，1分=60秒，除了时、分、秒，你在生活中还遇到了哪些时间单位？学生回答年、月、日。今天我们来学习新时间单位：年、月、日。

②创设情境：

第四部分

先播放一首歌，之后，问："同学们，你知道这首歌的名字吗？"学生会脱口而出《生日快乐歌》。接着问："谁来说说你是哪年哪月哪日出生的？""那有谁知道妈妈的生日？"学生对自己的生日很清楚，却很少有人记得妈妈的生日，在此可对学生说："同学们，妈妈为我们无怨无悔地辛勤付出，感谢我们的妈妈吧。"紧接着提问："刚才我们谈论的生日话题没有离开一组时间单位，你知道是什么吗？"学生会很快说出"年、月、日"。

③故事导入：

故事发生在2001年3月15日，有一个罪犯逃到了深圳，他拿着一张签发日期是2001年2月29日的边境通行证，在深圳海关准备入关。

尽管他经过整容，变了模样，可还是被检查证件的武警叔叔一眼识破，将他扣留，你们知道这是什么原因吗？

知识点3 教学内容的处理

1. 教材的内容情境化

创设良好的情境是激发学生学习兴趣的前提条件。新版教材最大的特点之一是设计了大量活泼生动的情境图。这些图画的风格和色彩符合学生的年龄特点，富有很浓的儿童情趣。像这种现实的、有趣的、具有挑战性的问题情境，容易激发学生已有的生活经验和数学知识，激发学生学习的欲望。

2. 静态的知识动态化

一般的教材不可能把现有的教材内容讲得十分详尽。因此，教师应根据教学需要，从学生的实际出发，把教材中的主题图处理加工成可操作的课件。例如，教"几和第几"这节课时，让学生上讲台做模拟排队购票的游戏，学生在模拟的情境中，体验理解"几"和"第几"的联系和区别。

3. 教学的内容生活化

教学时，应使数学教学联系学生生活实际，让学生了解现实生活中的数学，感受数学与日常生活的密切联系，体验数学的乐趣。例如，教学"认识钟表"，课前应开展"我是小小调查员"的活动，走向实际了解钟表的有关知识，并从家中带来不同形状、类型的钟表进行认识。通过活动，学生对钟面上时针、分针、秒针等有了感性认识。

知识点4 习题设计

这里的习题是指教学中用到的例题、练习题等。习题是整个教材内容的一部分，习题在数学教学中占有特殊的地位和作用，没有必要的、恰当的例题讲解和练习，学生就不可能巩固所学的知识、掌握有关的基本技能和进一步培养能力。因此，教师必须对例题和练习题精心设计和选择，细心安排处理，才能收到好的教学效果。

例题的选择要有典型性、代表性、思维性。特别要注意例题的一题多变、一题多解和一图多用。有效的课堂练习设计，应该指向明确，富有基础性和灵活性。既要重视考查学生的基本运算能力，又要注重考查学生灵活运用数学知识分析和解决问题的能力，只有这样，才能使练习富有成效，才能使老师及时掌握学生课堂学习的反馈信息。学生的课内训练题和课外作业题要避免大量的机械模仿；要紧扣重点，有利于对基础知识的巩固和规律的掌握；要注意题型的多样性，重视变式训练和探索性的训练，以培养学生的能力，发展智力。对于课外作业，可布置适量的选做题，以体现因材施教的原则。

练习要有目的性、层次性，要由易到难，由浅入深，由单一到综合，要有一定的坡度，要多样化，要有反馈调节性，要面向全体学生，分量要适中，做到质与量的兼顾，要有弹性，要加强知识的应用性和开放性。

招教体验

[2018 统考，案例分析，5′]某小学教材中，学习小数乘法选择了以下五个例题：

例 1. 一个风筝 3.5 元，买 3 个风筝多少钱？

例 2. 0.72 ×5 =________。

例 3. 给一个长 2.4m、宽 0.8m 的长方形宣传栏刷油漆，每平方米要用油漆 0.9kg，一共需要多少千克油漆？

例 4. 0.56 ×0.04 =________。

例 5. 非洲野狗的最高速度是 56 千米/时，鸵鸟的最高速度是非洲野狗的 1.3 倍，鸵鸟的最高速度是多少千米/时？

(1)请说出每个例题的编写意图；

参考答案：(1)例 1 从实际生活中的应用出发，让学生体会小数乘法的应用，引起学生学习兴趣。例 2 引导学生用转化的方法，将小数乘法转化为整数乘法，用对比的方法，处理积中小数点的位置问题，再学习整数与小数的乘法计算。例 3 应用题综合考查学生的理解与应用能力，并向学生展示小数连乘的算法及计算规律。例 4 小数相乘，让学生发现数位不够时怎样点小数点的问题，引导学生学习用 0 补足的方法，帮助学生总结思路和方法。例 5 巩固学习，帮助学生学会应用小数乘法解决综合的实际问题。

知识点 5 数学课堂活动的设计

数学课堂活动是指学习主体在课堂教学中的思维活动和操作活动，是学生解决数学问题、进行数学思考、形成数学态度和价值观以及获得数学知识和技能的有效途径。一般来讲，教师在进行小学数学课堂活动设计时，要关注以下几个方面：

1. 围绕课堂教学目标设计真实有效的数学活动

数学课堂活动的设计要避免流于形式，要真实有效。设计真实有效的数学课堂活动，可以从以下几方面着手。

(1)教学目标向活动步骤转化

数学课堂活动最忌讳的就是盲目性。数学活动的设计要围绕教学目标展开，将教学目标具体化，转化为可操作的活动实施步骤。

(2)给予充足的数学活动时间

在课堂上开展数学活动，不仅包括外显操作活动，还包括内隐思维活动。特别是数学思维活动，它是数学课堂活动的主要内容。数学思维是需要时间的，只有给予充分的时间，学生才有可能达到真正的思维状态，才有可能思考得充分，想得明白，教师才有可能了解到内隐活动的真实情况。

(3)给予及时点拨和引导

教师要充分发挥自身在数学活动中的主导作用，对学生的探究、交流等活动做出适时的、富有针对性的指导，引导学生积累科学的数学活动经验。特别是对于学生在活动过程中出现的问题、碰到的困难要及时给予帮助。对于数学活动中的一些不良问题要及时发现、纠正，并给予正确的引导。

2. 重视学生数学思维活动的设计

小学数学课堂活动要重视内隐思维活动的设计，激发学生进行数学思考，发展数学思维，这是数学课堂教学的主旨所在。在设计数学活动时，应在知识的疑难处、重点处、转折处、衔接处、拓展延伸处让学生去“思”“议”“评”“操作”。

3. 追求数学内隐思维活动和外显操作活动的统一

我们说数学课堂活动既包含外显操作活动，也包含内隐思维活动，它们是同一个活动的两个方面，是统一于同一个活动之中的。追求二者的统一，是为了避免小学数学课堂活动流于形式的现象，杜绝数学活动失去其本质意义的可能性。数学活动应该激发学生的数学思考，发展其数学思维品质和能力。

课间访谈

1. 课间访谈的作用

①可以帮助学生系统地掌握基础知识、拓宽知识面；②发展学生的提问能力；③及时发现学生对知识的掌握情况，能够有效地进行指导；④有助于培养和谐融洽的师生关系。

2. 课间访谈注意的问题

①教师对谈话内容要有充分的准备。教师作为课堂的带领者，在谈话前，要熟悉数学教材，对谈话内容有一定的认识与掌握，了解新授知识与已有知识之间的联系，了解学生的认知水平。②谈话要有一定的目的性。数学课堂不仅要向小学生传授知识，还要帮助他们获得情感态度与价值观等方面的提升，因此谈话内容要与数学教材相联系，要有目的性。③问题要向全班同学提出。谈话是针对全班同学，教师要对所有的学生都一视同仁，考虑学生的整体水平。

知识点6 课堂小结的设计

小结是指完成一个教学内容或活动时，教师对知识进行归纳总结，使学生对所学知识系统化，从而巩固和掌握教学内容的教学行为方式，它也是教学过程中的重要环节。

小结的常见类型如下：

(1)总结概括式小结。由教师或学生完成，概括本节课内容，强调重点，指明关键，提出要求。可用叙述、图表、图示等多种方法总结概括。

(2)比较异同式小结。比较新知与原有知识的异同，加深、扩展学生对知识的理解，知识间可能是并列的或是对立的，也可能是近似的、易混的，通过比较分析，找出它们各自本质特性的不同点，找出内在联系的相同点，使学生对概念理解得更加准确、深刻，记得更牢固。

(3)揭示规律式小结。这种小结是对教学中的性质、公式、规律等数学事实以及解决问题的方法、步骤进行总结，促使学生思维得到完善和发展。

(4)延伸发展式小结。将课内知识延伸到后续内容或课外，通过这样的延伸架起知识和兴趣的桥梁，引导学生对课外学习产生兴趣。

知识点7 板书设计

板书是指教师为辅助课堂口语的表达而写在黑板上的文字或其他符号。板书包括两个基本的组成部分，即**主体板书**和**辅助板书**。主体板书是教师在对教学内容进行概括的基础上，提纲挈领地反映教学内容的书面语言，可以是讲授要点、层次分析、论点论据、概括总结，要求写在黑板的左半部和中部。主体板书是教师在备课过程中就已经精心准备好的。辅助板书是在教学过程中教师为了引起学生的注意或是为了解释一些学生难以理解的字、词、符号时，随机写在黑板右侧的书面语言。如教师在讲课中遇到的一些关键词、引用的一些公式、学生没有听懂的一些字、词，随手写在黑板的右侧，这些都是辅助板书。辅助板书没有必要保留很长时间，往往是只要起到了辅助口语表达的效果，就可以随即擦掉。而主体板书作为教材内容的框架应保留下来。一般来说，一节课应有一个完整的板书计划，讲课结束后，黑板上应留下一个完整、美观的板书。

设计板书时应注意：①重点突出，布局合理；②语言准确，富于启发；③层次分明，重视逻辑；④形式多样，增强趣味；⑤图文并茂，生动醒目。

知识点8 教学反思

教学反思主要反思的问题是：是否达到预期目标，没有达到的话，分析原因，提供改进的方案；有哪些突发的灵感，印象最深的讨论，学生独特的想法；哪些地方与设计的教学过程不一样，学生提出了哪些没有想到的问题，为什么会提出这些问题；等等。

五、小学数学教案编写 【教学设计】 ★★

教案是课堂教学的书面计划与方案，它应包括课堂教学的主要过程、主要内容以及主要措施。

知识点1 教案的内容

教案有详略之分，但一般都包括说明、教学过程、注记三部分。

1. 说明部分

教案的说明部分主要包括以下内容：

授课班级、授课时间；

课题——即本节课的名称，必要时说明是什么内容的第几课时；

教学目标——说明通过本节课的教学，学生必须达到的过程性目标与结果性目标；

课型——说明本节课是新授课还是练习课、复习课、讲评课等；

教材分析——分析本节课的教学重点、教学难点等；

教学方法及教学媒体——说明教学中使用的主要的教学方法（如讲解法、谈话法等），以及教学用具（如实物、模型、多媒体等）。

以上内容中，有些可以省略，但课题、教学目标、教材分析、课型必不可少。教案中说明部分的语言表述，要求简明扼要，一目了然。

2. 教学过程

教学过程是教案的主要内容，包括教学内容及其呈现顺序、师生双方的教学活动等。不同的课型有不同的教学过程。对于教学经验还不太丰富的年轻教师，在教学过程设计中还应配有相应的板书设计。

3. 注记

注记包括两方面：一是对教学过程中可能出现的具体问题的补充说明，例如，设计出的教学过程不一定适合学生的实际情况，如何修正；学生回答问题或练习时，可能会出现什么情况，如何解决；倘若时间多余，可以补充哪些教学内容，等等。二是课后教师对教学设计、教学活动的安排以及教学效果的总结与反思，包括教案实施情况、教学中的优缺点、课堂教学的效果安排、学生存在的学习困难、解题中的特殊解法或普遍错误以及教师的体会与感受等。

知识点2 教案的格式

教案是个人化、情境化的产物，它随教师、学科、目标以及情境的不同而有所不同，因此教案的格式并不是固定不变的。一般情况下，教案的格式可以分为两大类。一类是文本式，即把教案的内容依次写出；一种是表格式，即用表格的形式来反映教案的主要内容。

表格式教案的一个基本格式可参考下表：

<table>
<tr><td colspan="2">课题：</td></tr>
<tr><td colspan="2">教学目标（目的要求）：</td></tr>
<tr><td colspan="2">学情分析：</td></tr>
<tr><td>课型：</td><td>教学方法：</td></tr>
<tr><td colspan="2">教具、学具：</td></tr>
<tr><td colspan="2">教材（教学内容）分析：主要涉及重点、难点及关键内容</td></tr>
</table>

教学过程：	教学附笔：
教后反思：	

招教体验

[2021 年 1 月杭州，解答，16′]下面是人教版义务教育三年级上册“倍的认识”的教学内容，简要叙述本单元例 1，例 2 的教学内容，再依据例 3 设计一篇教案。

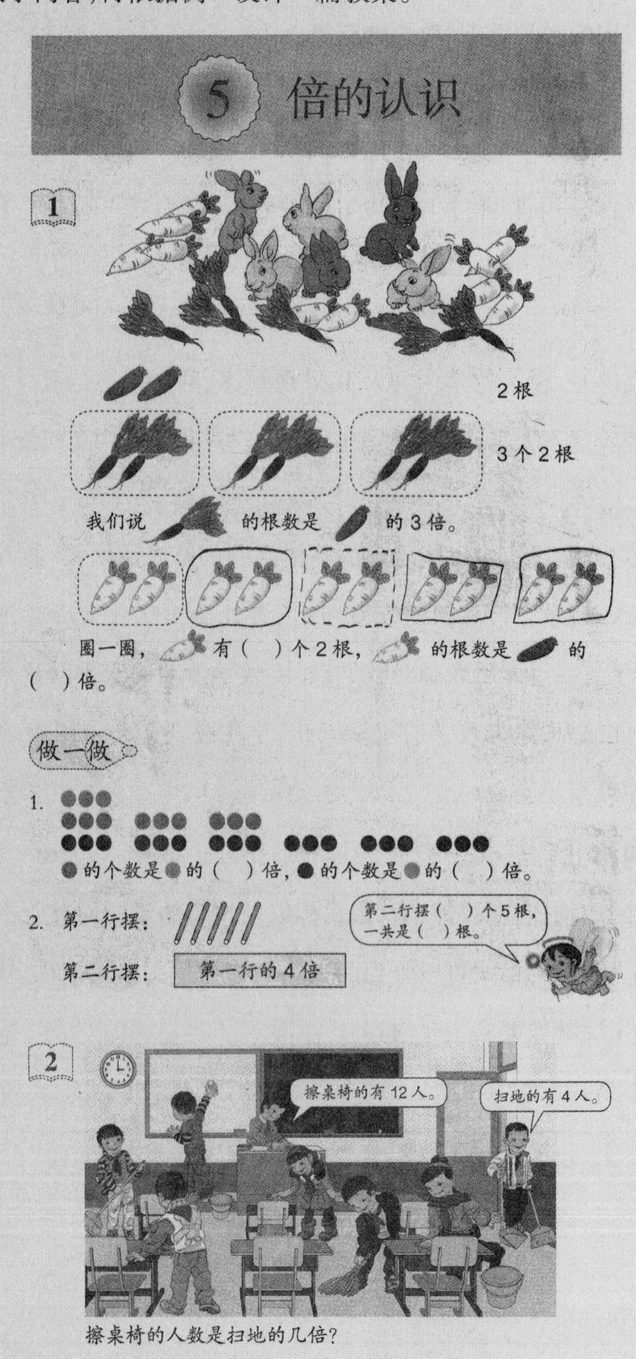

阅读与理解

知道了擦桌椅和扫地的学生各有多少人。

问题是擦桌椅的人数是扫地的几倍。

分析与解答

我画了一张示意图，能清楚地看出擦桌椅的人数是扫地的 3 倍。

擦桌椅的：

扫地的：

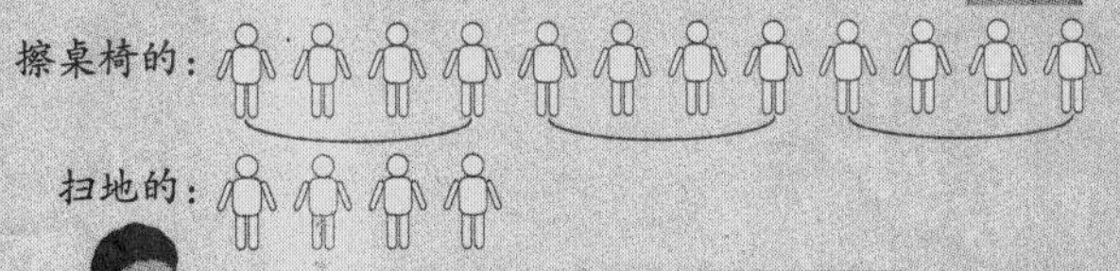

要求擦桌椅的人数是扫地的几倍，就是求 12 里面有几个 4，用除法计算。

$12\div4=3$

回顾与反思

扫地的 4 人，4 的 3 倍是 12，正好是擦桌椅的人数，解答正确。

答：擦桌椅的人数是扫地的 3 倍。

3

军棋的价钱是 8 元，象棋的价钱是军棋的 4 倍。

象棋的价钱是多少元？

阅读与理解

知道了军棋的价钱，要求象棋的价钱。

还知道了两种价钱之间的关系。

分析与解答

可以画图帮助理解。

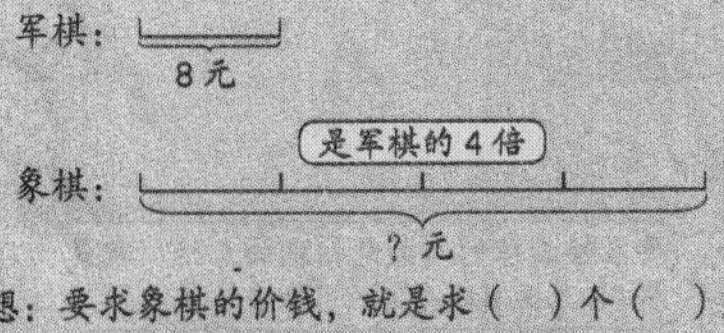

军棋：8 元

象棋：是军棋的 4 倍　? 元

想：要求象棋的价钱，就是求（　）个（　）是多少。

$8\times4=32$（元）

回顾与反思

32 元是 8 元的 4 倍吗？

答：象棋的价钱是 32 元。

第四部分

参考答案:例 1 的教学内容:通过观察、比较、操作,沟通“几个几”和“倍”的联系,建立倍的概念,初步学会用倍描述两个数量之间的关系,理解倍的含义。

例 2 的教学内容:教会学生理解“一个数是另一个数的几倍”的含义,用倍数的知识解决简单的实际问题,掌握“已知两项求倍数”的解题过程和方法。

例 3 教案:

一、创设情境,引入新课

1. 看图填空

○○○

●●●●●●●●●●●●

○有(　　)个,●有(　　)个,●的个数是○的(　　)倍。

2. 出示教材 P50“做一做”第 2 题。

摆一摆,第一行摆 5 根小棒,第二行摆的是第一行的 4 倍,该摆多少根呢? 你是怎么摆的?

小组内交流讨论,学生动手摆一摆,说一说。

指名汇报摆小棒的方法,师归纳:第二行要摆第一行的 4 倍,也就是要摆 4 个 5 根,一共是 20 根。

师:同学们真聪明,不但会求一个数是另一个数的几倍,还能用小棒摆出一个数的几倍是多少。如果没有小棒怎么办呢? 你想知道求一个数的几倍是多少的方法吗?

二、学习新课

出示例题 3 主题图。

1. 从图中你知道了什么信息? 要求什么问题?

2. 小组合作探究,说说你用什么方法解决这个问题。

3. 小组代表汇报,师选择画线段图的方法重点讲解:象棋的价钱是军棋的 4 倍,可以知道军棋的钱少一些,我们就把军棋的价钱用一条线段来表示,那么象棋的价钱就要画 4 个这样的线段表示。(教师边讲解,边画出线段图)

引导学生观察线段图:你发现了什么? (要求象棋的价钱,就是求 4 个 8 是多少)

多点名几位学生说一说。

4. 4 个 8 是多少,用什么方法计算? 怎样列式?

$8 \times 4 = 32$(元)。

5. 验证:32 元是 8 元的 4 倍吗?

师归纳:解答有关倍数的问题时,一定要弄清楚数量之间的关系。如果是求一个数是另一个数的多少倍,用除法计算。如果是求一个数的几倍是多少,就用乘法计算。在解题时可以通过画线段图来帮助分析理解题意。

三、实践运用，巩固新知

1. 练习十一第5题。

看图说一说，从图中你知道什么信息？要求什么问题？也就是求什么？怎样解答？指名说一说，学生独立填算式。

2. 练习十一第6题。

你会填吗？说说你是怎么知道的？

学生独立完成后，指名反馈，集体订正。

3. 练习十一第7题。

提醒学生注意：第1，2两小题的问题能用同样的方法解答吗？为什么？

学生独立完成，指名反馈，集体订正。

四、课堂小结

这节课你又学会了什么？

强化练习

建议用时：45分钟	实际用时：____分钟	参考分值：62分	实际得分：____分

基础练 保分必拿

一、案例分析和案例设计题（共23分）

1. 以下是“平行四边形的面积”的部分教学内容，请根据所给内容回答问题。

在方格纸上数一数，然后填写下表。（一个方格代表 1 m^2，不满一格的都按半格计算。）

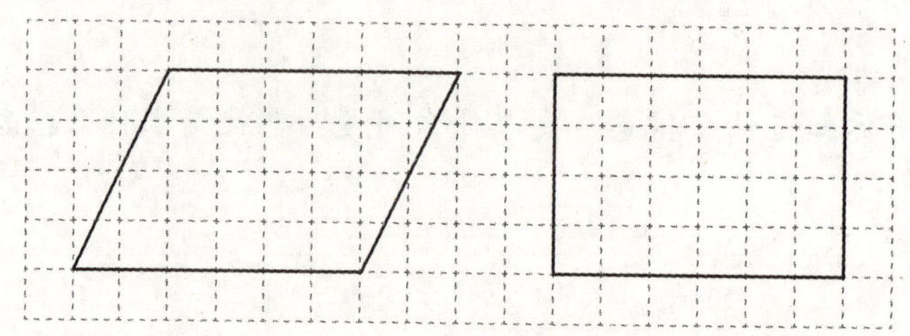

平行四边形	底	高	面积
长方形	长	宽	面积

观察原来的平行四边形和转化后的长方形，你发现它们之间有哪些等量关系？

平行四边形的面积＝________________

如果用 S 表示平行四边形的面积，用 a 表示平行四边形的底，用 h 表示平行四边形的高，那么平行四边形的面积计算公式可以写成：

$$S=ah$$

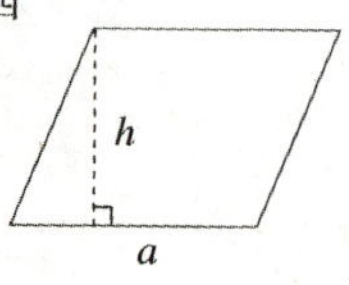

（1）本内容蕴含了什么数学思想？

（2）写出本节课的教学目标及教学重难点。

（3）根据教学目标写出本节课的教学过程。

二、教学设计题（共 16 分）

2. 请根据教材内容设计一份教学简案。

体积和体积单位

实验观察：取两个同样大小的玻璃杯，先往一个杯子里倒满水，取一块鹅卵石放入另一个杯子，再把第一个杯子里的水倒进第二个杯子里，会出现什么情况？为什么？

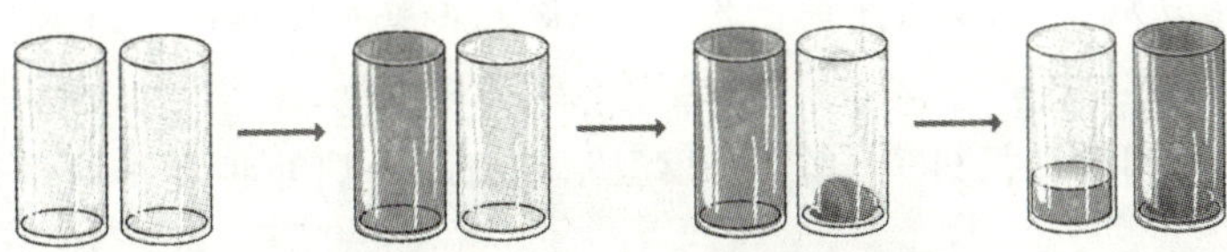

下面的洗衣机、影碟机和手机，哪个所占的空间大？

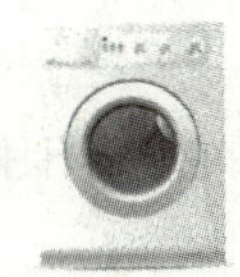

物体所占空间的大小叫做物体的**体积**。

上面三个物体，哪个体积最大？哪个体积最小？

怎样比较下面两个长方体体积的大小呢？

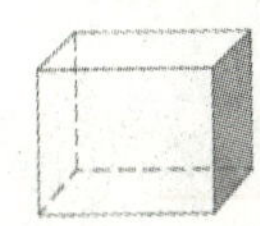
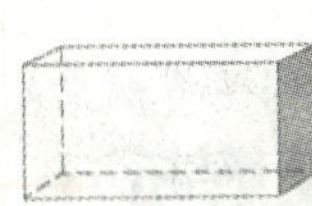

计量体积要用体积单位，常用的体积单位有**立方厘米**、**立方分米**和**立方米**，可以分别写成 cm^3、dm^3 和 m^3。

（1）棱长是 1 cm 的正方体，体积是 1 cm^3。

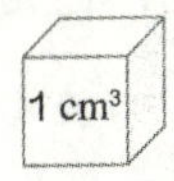

一个手指尖的体积大约是 1 cm^3。

第四部分

（2）棱长是 1 dm 的正方体，体积是 1 dm^3。

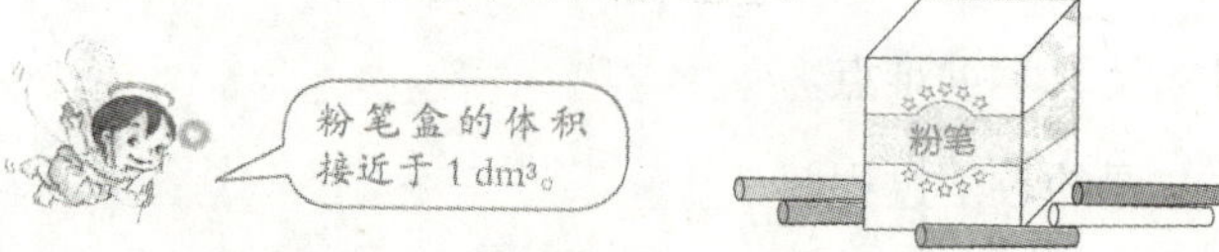

（3）棱长是 1 m 的正方体，体积是 1 m^3。

用 3 根 1 m 长的木条做成一个互成直角的架子，放在墙角，看看 1 m^3 有多大。

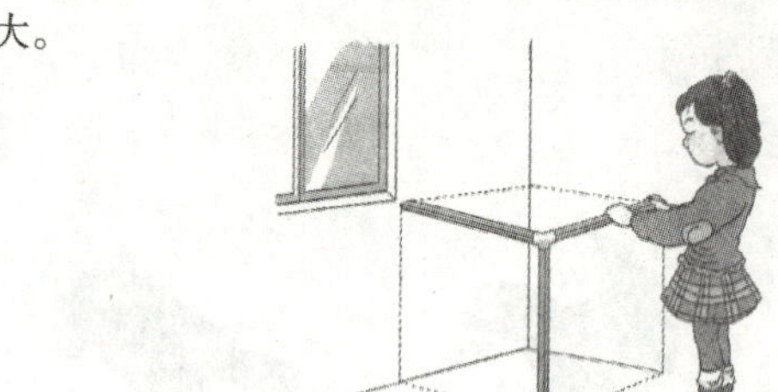

提升练 提分必争

案例分析和案例设计题(共 23 分)

“分数的意义”第一课时，某教师的部分教学情境如下：

课前，教师发给学生各种学具，在探索新知环节要求学生按要求操作“$\frac{1}{4}$”，自己下去巡视，发现：几乎所有的学生都先把学具平均分成 4 份，取其中的一份，这一份就占整个学具的$\frac{1}{4}$，他们也能表述这个过程。仅有一个孩子“与众不同”，他用学具摆出了一个“$\frac{1}{4}$模型”，即将 3 个圆片排成一排作分数线，1 个圆片置于分数线上方作分子，另 4 个圆片置于分数线下方作分母。便把这个孩子叫到讲台上，问：为什么没有按照我们事先规定的要求，请你解释一下。

学生顿时觉得自己犯了错误，有一些不好意思。教师“哼”了两声，表现出一种鄙视的神情，下面的学生哈哈大笑。

问题：(1)请说明案例中教师教学中存在的问题；

(2)请以“分数的意义”为课题设计教学过程。

参考答案及解析

基础练

一、案例分析和案例设计题

1. [参考答案](1)转化的数学思想。

(2)教学目标：

①知识与技能目标：尝试探索、动手实践推导出平行四边形面积计算公式；能正确求出平行四边形的面积。

②过程与方法目标：通过数、画、剪、拼等动手操作活动，探索平行四边形面积计算公式的推导过程，渗透转化的数学思想，发展空间观念。

③情感态度与价值观目标：感受数学源于生活，生活需要数学，体会尝试学习的快感；培养分析、综合、抽象、概括和解决实际问题的能力，增强学习数学的积极性，感受学习数学的快乐。

教学重点：探索平行四边形面积计算公式的推导过程，运用平行四边形面积公式解决日常生活中简单的实际问题。

教学难点：探究平行四边形面积计算公式的推导过程。

(3)教学过程：

一、情境导入，揭示课题

同学们，几何图形是小学数学中最有趣的知识，你都知道哪些平面图形呢？（长方形、正方形、平行四边形、三角形、梯形、菱形、圆形，课件出示学生说的图形）

（课件出示）某校门口有两个花坛，请同学们看看是什么图形？这两个花坛哪一个大呢？我们需要知道它们的什么？（面积）

我们已经学过了长方形面积的计算方法，谁知道它的面积公式是什么？（长乘宽）

公式是怎样推导出来的？（用数方格的方法）

今天我们就来研究平行四边形的面积。

二、主动探索，推导公式

1. 用面积单位测量平行四边形的面积。

(1)提问：要知道这个平行四边形的面积，怎么办？（PPT 课件演示）

引导学生回顾用面积单位测量图形面积的方法。

(2)操作：现在把它们放在方格纸上，一个方格代表 1 m^2，不满一格的都按半格计算。平行四边形的面积是多少，你能数出来吗？长方形的面积呢？（教师适时用 PPT 课件演示）

(3)学生先独立数出平行四边形的面积，再互相交流。

预设平行四边形的面积：

方法一：从左往右数，每行 6 个，有 4 行，平行四边形的面积是 24 平方米。

方法二：先数整格有 20 个，再数半格有 8 个，相当于 4 个整格，合起来一共是 24 平方米。

长方形的面积：长 6 米，宽 4 米，面积是 $6\times4=24$（平方米）。

(4)教师小结：虽然大家数的方法不一样，但同学们都是在用单位面积进行测量。

(5)填写表格。

①师生共同完成表格：平行四边形的面积是多少？它的底和高分别是多少？长方形呢？（PPT 课件演示）

<table>
<tr><td rowspan="2">平行四边形</td><td>底</td><td>高</td><td>面积</td></tr>
<tr><td></td><td></td><td></td></tr>
<tr><td rowspan="2">长方形</td><td>长</td><td>宽</td><td>面积</td></tr>
<tr><td></td><td></td><td></td></tr>
</table>

②引导学生观察：观察这个表格，你发现了什么？

③交流汇报，小结：有的同学发现了这个平行四边形的底与长方形的长相等，平行四边形的高和长方形的宽相等，平行四边形的面积与长方形的面积相等。还有同学发现，这个平行四边形的底乘高正好等于它的面积，由此猜测平行四边形的面积＝底×高。

2. 操作思考，推导公式。

(1)教师：看来，数方格的确能让我们知道平行四边形的面积。但是，如果有很大一块草坪，数方格方便吗？显然是不方便的。如果不数方格，怎样计算平行四边形的面积呢？

这个平行四边形的面积恰好等于底乘高，那是不是所有的平行四边形的面积都等于底乘高呢？看

第四部分

来，还需进一步研究哦！（PPT课件演示）

（2）确定探究方向：我们已经学过某些图形的面积计算方法，能否将平行四边形转化成它们来计算面积呢？请大家借助手中的平行四边形卡纸，先独立思考、动手操作，找到答案后在小组内交流。

（3）操作转化，推导公式。

①操作转化。

a. 学生独立思考，动手剪拼平行四边形，将它转化成长方形后组内交流。

b. 学生展示汇报。（PPT课件演示）

c. 大家发现它们有什么相同之处？为什么要沿着平行四边形的高来剪开？有多少种不同的剪法？为什么？

②观察思考。

a. 观察：原来的平行四边形和转化后的长方形，你发现它们之间有哪些等量关系？（PPT课件演示）

b. 思考：平行四边形的底和长方形的（　　）相等，平行四边形的（　　）和长方形的（　　）相等，这两个图形的面积（　　）。（PPT课件演示）

c. 学生汇报。（教师板书）

③概括公式。

你能根据长方形的面积计算公式推导出平行四边形的面积计算公式吗？会用字母表示吗？（PPT课件演示，板书公式）

（4）回顾与小结。

①我们已经知道平行四边形的面积等于底乘高，回顾一下，它是怎样推导出来的？

②小结：首先把一个平行四边形沿高剪开后平移拼成一个长方形，再观察原来的平行四边形和拼接后得到的长方形，发现等量关系：平行四边形的底和长方形的长相等，平行四边形的高和长方形的宽相等，两个图形的面积也相等。因为长方形的面积等于长乘宽，所以平行四边形的面积等于底乘高。

像这样把未知的平行四边形的面积转化成已学的长方形的面积来研究的方法，我们在数学学习中经常用到。如果同学们在后面的学习中碰到类似的问题，也可以用它来解决问题。

三、巩固运用，解决问题

1. 教学教材例1。

（1）出示例题，呈现问题情境。（PPT课件演示）

（2）理解题意，叙述题目内容。

①用自己的话说一说题目的意思是什么？

②学生根据图文叙述：知道平行四边形花坛的底是6米，高是4米，求花坛的面积是多少平方米。

（3）收集信息，明确问题。

①提问：从题目中你获得了哪些数学信息？要求什么？

②思考：要求花坛的面积，其实就是求什么？

③归纳：要求花坛的面积，其实就是求底是6米、高是4米的平行四边形的面积。

（4）学生独立解答。

（5）学生汇报，教师板书，规范书写。

2. 课堂练习。

完成教材练习题第1题。

（1）学生独立完成。

（2）同桌互相说说自己是怎样做的。

（3）全班集体交流：这个问题你是怎样解决的？

四、变式练习，内化提高

1. 基本练习。

完成教材练习题第2题。（PPT课件演示）

（1）学生独立完成。

(2)同桌互相说一说自己是怎样算的。

(3)全班集体交流第3题:这个图形的面积你是怎样计算的?(注意选择平行四边形中对应的底和高来计算面积)

2. 提高练习。

完成教材练习题第4题。(PPT课件演示)

(1)理解题意:怎样计算出这两个平行四边形的面积?需要知道什么?(先测量出平行四边形中对应的底和高,再利用公式计算)

(2)学生独立完成。

(3)全班集体交流:两个平行四边形的底和高分别是多少?怎样计算面积?

3. 拓展延伸。

等底等高的平行四边形的面积一定相等吗?面积相等的平行四边形一定等底等高吗?(PPT课件演示)

五、全课总结,畅谈收获

今天这节课学习了什么?怎样学的?

二、教学设计题

2. [参考答案]教学目标:

知识与技能目标:理解体积的概念,了解常见的体积单位,对体积单位的大小形成比较明确的表象。

过程与方法目标:通过猜想、验证等方法培养实验能力、观察能力以及合作学习的能力,扩展思维。

情感态度与价值观目标:感受数学与现实生活的联系,体验数学知识在生活中处处都有。

教学重点:感知物体的体积,掌握体积和体积单位。

教学难点:建立体积是1立方米、1立方分米、1立方厘米的空间观念,能正确应用体积单位估算常见物体的体积。

教学过程:

一、激趣导入,揭示课题

1. 导入。

(1)师:同学们,你们听过乌鸦喝水的故事吗?(学生作答,教师播放“乌鸦喝水”的课件)

师:乌鸦是怎么喝到水的?(乌鸦把石头一粒一粒地衔到瓶子里,石头占了水的空间,所以把水挤出来了)

(2)师:石头真的占了水的空间吗?

(实验验证)拿两个同样大小的玻璃杯,先往一个杯子里倒满水,取一块鹅卵石放入另一个杯子,再把第一个杯子里的水倒入第二个杯子,让学生观察,发现:第二个杯子装不下第一个杯子的水,因为第二个杯子里放了一块石头,石头占了水的空间,所以装不下了。

2. 揭示体积。

(课件出示图片:手机、影碟机、电视机)师:你们知道这些物体哪个占的空间大吗?

学生回答后,说明:物体都占有一定的空间,而且所占的空间有大有小。我们把物体所占空间的大小叫作物体的体积。(板书:体积概念)

二、教学体积单位

(一)引出体积单位

有的物体可以通过观察来比较它们的体积大小,那下面两个长方体,你们能比较出它们的大小吗?

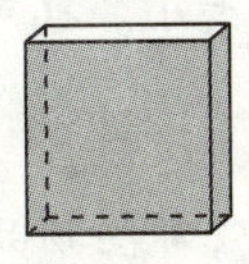 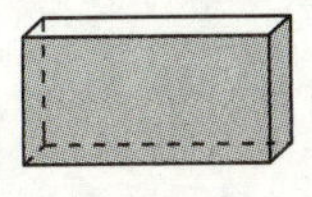

(不好比较)

用多媒体将它们分成若干个大小相同的小正方体(如下图)。师:现在你们能比较出它们的大小吗?为什么?

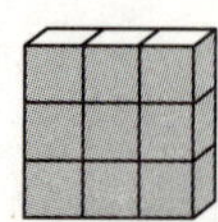

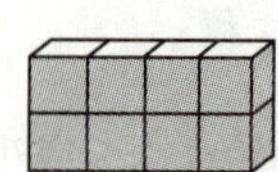

(出示1个魔方)师:它有27个小正方体,和上面的几何体比较,谁的体积大?怎么得到含27个小正方体的几何体体积就大呢?

师:所以要比较物体的体积大小,需要有一个统一的体积单位。在学习体积单位前,我们先回想一下,长度单位是用什么来表示的?面积单位是用什么来表示的?

引导学生说出:长度单位是用线段来表示的,面积单位是用正方形来表示的。

师:那么,体积单位应该用什么来表示呢?

学生讨论后,回答:应该用正方体来表示。

师:体积单位是用正方体来表示的。常用的体积单位有立方厘米、立方分米、立方米,用字母表示是cm^3、dm^3、m^3。(板书:cm^3、dm^3、m^3)

(二)认识体积单位

刚才我们研究了体积,接下来我们研究体积单位。在研究体积单位之前,我们先回想一下长度单位。1厘米有多长呢?1分米呢?面积单位是怎样定义的呢?1平方厘米、1平方分米呢?

1. 感受1立方厘米。

(1)1立方厘米究竟有多大呢?数学上规定棱长是1厘米的正方体的体积就是1立方厘米。

(2)请你从学具袋里拿出一个1立方厘米的小正方体,摸一摸,感觉一下它的大小。也可以用手比划比划。

(3)想一想,在咱们的生活中,哪些物品的体积大约是1立方厘米?

(4)请你估计一下口香糖的体积大约是多少立方厘米?

(5)现在请你再估计一下这个白花油瓶(课件出示)的体积?用什么方法?

2. 感受1立方分米。

(1)如果让你用1立方厘米的小正方体再摆一摆,估计下这个鞋盒的体积,你觉得合适吗?看来我们需要大一些的体积单位来估计!

(2)怎样的一个正方体,它的体积是1立方分米呢?

(3)请你闭上眼睛,想象一下,棱长是1分米的正方体大概是多大。

(4)每位同学已经制作了一个1立方分米的正方体,现在请你摸一摸,真实地感觉一下它的大小。

(5)在咱们生活中,哪些物体的体积大约是1立方分米呢?

(6)你看这个餐巾纸盒是不是1立方分米?巧克力盒呢?

(7)现在你能估计这个鞋盒大约是多少立方分米吗?

3. 感受1立方米。

(1)同学们,如果要你估计咱们教室的大小,你觉得用立方分米合适吗?需要更大的单位,那就是立方米。

(2)1立方米有多大呢?(让学生说)

(3)请你再闭上眼睛想象一下棱长是1米的正方体。

(4)看一看:你想象的是这么大吗?

(5)哪位同学想来感受下1立方米的大小?

(6)在咱们生活中有没有哪些物体的体积大约是1立方米呢?(柜台)

总结:同学们,只要你仔细留心,在生活中还有很多物体的体积大约是1立方厘米、1立方分米、1立方米。立方厘米、立方分米、立方米就是生活中常用的体积单位。

三、巩固应用

1. 用体积单位去“估计”身边物体的体积。如两个粉笔盒、一块橡皮、老师的讲台。

2. 完成课本“做一做”，让学生说一说解题的根据是什么。

3. 用适当的体积单位填空。

(1)常用的体积单位有：(　　)(　　)(　　)，用字母可以分别写成(　　)(　　)(　　)。

(2)一块橡皮的体积大约是6(　　)。

(3)一台电视机的体积大约是120(　　)。

(4)运货集装箱的体积大约是40(　　)。

(5)一个书包的体积大约是165(　　)。

(6)一本书的体积大约是300(　　)。

四、引导反思，总结收获

谁能说说你有什么收获？还有什么问题？

五、实践作业

1. 课后习题第1~3题。

2. 研究性作业：用若干个1立方厘米的小正方体拼成一个1立方米的正方体，需要几个？

提升练

案例分析和案例设计题

[参考答案](1)上述案例中教师存在两点问题，一是把教学预设看作绝对标准，认为学生都应该听从教师的安排和要求。二是一旦学生出现与预设不相符的表现，教师立即心生反感。前者说明教师尚未真正了解课堂中生成的存在，以为好的教学就是严格按照预设进行。后者是前者的延续，正因为不了解课堂生成的存在是正常的，所以并无开放的心态对待学生行为中的“另类”(预设中并未涉及的部分)，也因此多以“敌对”的心态应对课堂中可能的“生成点”。

事实上，该案例中，学生摆出$\frac{1}{4}$，虽然不能说有多大创意，但至少是独特的，教师应该给予恰当鼓励，以保护学生的自尊心和解决问题的积极性，要意识到学生的学习起点也包含情感态度因素。

另外，教师首先要充实预设与生成及其相互关系的知识。如果教师具备了相关知识，再遇到课堂中的突发事件，就会以开放的心态面对，也能生成精彩的课堂瞬间。

(2)教学过程：

一、谈话导入

通过师生之间的谈话引出分数。

师：关于分数，你已经知道了什么？

师：你知道古人是怎样表示分数的吗？让我们一起来看一看。(课件出示)

接下来我们一起来继续学习分数的有关内容。

二、理解分数的意义

(课件出示$\frac{1}{4}$)师：看到这个分数你想到了什么？(让学生自由回答)

1. 理解一个物体的四分之一。

师：同学们刚才说得很好，课前老师给同学们准备了一些学具圆片、正方形纸和练习册等，利用这些材料折一折、分一分、画一画，找出四分之一。

可引导学生想想：是把什么看作一个整体单位“1”的？分成了几份？其中的几份就是四分之一？

学生可能会有以下的想法：

生1：把一个圆片平均分成4份，取其中的一份就是这个圆片的四分之一。

生2：把一张正方形纸片平均分成4份，其中的一份就是这张正方形纸片的四分之一。

生3：把一条线段平均分成4份，其中的一份就是这条线段的四分之一。

……

师：应该怎样分才合理？你找到的四分之一是

把什么看作单位“1”？是谁的四分之一？

2. 理解一个整体的四分之一。

(课件出示一些物体)师：你能不能从这些物体中找出四分之一呢？

让同学们先交流交流，在练习纸上分一分、画一画，找出四分之一，小组交流后汇报。

在学生找的同时，引导他们思考：你是把什么看作单位“1”的？平均分成了几份？取其中的几份就是单位“1”的四分之一？

生4：把4个苹果平均分成4份，一份就是这4个苹果的四分之一。

生5：把8个正方体看作单位“1”，平均分成4份，1份就是这8个正方体的四分之一。

生6：把12个五角星看作单位“1”，平均分成4份，1份就是这12个五角星的四分之一。

师：这个四分之一是把谁看作单位“1”呢？怎样才能把这四个苹果看作单位“1”呢？(课件展示$\frac{1}{4}$的形成过程)

3. 对比总结。

师：我们找到了这么多的四分之一，这些四分之一的单位“1”相同吗？各是把谁看作单位“1”？可为什么都用四分之一来表示呢？

引导学生理解：虽然它们的单位“1”不相同，但它们都是把单位“1”平均分成四份，取了其中的1份。

4. 寻找分母是4的其他分数。

课件出示刚刚同学们的操作材料，提问：除了$\frac{1}{4}$你还能找到其他分母是4的分数吗？说说你是怎么找到的？

5. 创造分数。

师：拿出学具中的12根小棒，利用这些小棒摆一摆、分一分，看看你能从小棒中发现哪些分数。思考：你把这些小棒分成了几份，其中的几份就是这12根小棒的几分之几？

生7：我把这些小棒分成了6份，我找到了六分之一、六分之二，等等。

生8：我把这些小棒分成了3份，我找到了三分之一、三分之二，等等。

教师顺势板书学生找到的分数。

6. 总结分数的意义。

在前面观察、操作、交流的基础上我们可以总结出分数的意义：把单位“1”平均分成若干份，其中的一份或几份都可以用分数来表示。

三、认识分数单位

师：分数和整数一样，也有它的计数单位。在分数中把单位“1”平均分成若干份，表示其中一份的数就是分数单位。如四分之一、六分之一、三分之一、十二分之一都是分数单位。

让学生说说都是哪些分数的分数单位。如六分之一是六分之五的分数单位，等等。

练习：老师报数，学生说出这个分数的分数单位，并说说有几个这样的分数单位。

四、巩固练习

1. 请同学们在横线上填上你们的答案。

(1)说说$\frac{3}{5}$的意义：________。

(3)$\frac{3}{8}$的分数单位是________，有________个这样的分数单位。

2. 哪位同学愿意来读一读，并说说其中分数的意义？

(1)我校五年级学生约占全校学生的$\frac{1}{6}$。

(2)长江约$\frac{3}{5}$的水体受到不同程度的污染。

师：还有几分之几的水体没受污染呢？受污染的水体多还是没受污染的水体多？有什么想说的？

(3)姚明的头部长度约占他身高的$\frac{1}{8}$。

师：我们的身体中还蕴藏着很多分数，有兴趣的同学课后可以去查一查资料。

3. 深层巩固。

这里有三盒巧克力，老师要求只能拿走每盒巧克力的$\frac{1}{5}$，可是小玲却从第一盒中拿走了1颗，从第二盒中拿走了2颗，从第三盒中拿走了3颗，这是为什么？

五、总结全课

师：这节课我们学习了什么？你有什么收获？还有什么问题？

正确率70%以下		正确率70%~85%		正确率85%以上	

山香寄语：

所有的困难都是上天给你预设的劫难，使你坚强，所有的挫折都会让你吃一堑长一智，使你充实，让你睿智。不经历了风雨，哪能见到彩虹，不尝过人生百味，哪能懂得人生的真谛。

——山香女孩

第四章　小学数学教学评价

考向分析

本章属于小学数学教学理论与技能的重要章节，特点为内容琐碎、识记和理解性知识多，在考试中常以主观题的形式考查。本章需要重点掌握的知识包括：

1. 识记和理解小学数学课堂教学评价。
2. 理解掌握小学数学学习评价。

考情预测　在备考时，考生应注意：①小学数学课堂教学评价的基本要素及评价方法；②数学学习评价的常用方法。预计在明年的招教考试中，本部分依然是重点，且考试方式更加灵活。考生要抓住重点和难点，有针对性地进行识记、理解与应用。

思维导图

- 小学数学教学评价
  - 小学数学课堂教学评价
    - 1 小学数学课堂教学评价概述
    - 2 小学数学课堂教学评价的基本要素
    - 3 小学数学课堂教学评价的方法
  - 小学数学学习评价
    - 1 小学数学学习评价概述
    - 2 数学学习评价常用方法

第四部分

核心知识

想是问题，做是答案；输在犹豫，赢在行动。

一、小学数学课堂教学评价

知识点1　小学数学教学评价概述

小学数学教学评价是以小学数学教学目标为依据，运用可操作的科学手段，通过系统地收集有关教学信息，对教学活动的过程和结果做出价值判断的过程。小学数学教学评价是教学活动的重要有机组成部分，应贯穿于教学活动中的每一个环节中，并通过同步反馈及时地提供改进教学的信息。

评价功能	导向功能
	调控功能
	激励功能

续表

<table>
<tr><td rowspan="5">评价类型</td><td rowspan="3">按照评价的目的、作用和时间的不同分类</td><td>诊断性评价：一般是在学年、学期开学前或开学时实行，其目的是了解学生是否达到新的数学教学目标</td></tr>
<tr><td>形成性评价：又称过程性评价，是指在小学数学教学过程中，对学生的学习情况和教师的教学情况进行的评价，它一般采用课堂提问和练习、课堂测验或调查、小操作或小实验，以及课外作业或面试等方式</td></tr>
<tr><td>终结性评价：又称总结性评价，是指在小学数学教学活动结束之后，对教与学的结果所做出的较为全面的评价。终结性评价的次数较少，一般在一个较大的教学单元结束之后，如期中、期末或毕业时进行</td></tr>
<tr><td rowspan="2">按照评价的表达方式不同分类</td><td>定性评价：指在小学数学教学评价中，对评价的资料作“质”的分析，运用分析与综合、比较和分类、归纳和演绎等逻辑方法，对所获得的信息做出定性描述的评价</td></tr>
<tr><td>定量评价：指在小学数学教学评价中，对评价的资料作“量”的分析，运用统计分析、多元分析等数学方法，对所获得的数据和资料做出定量的评价</td></tr>
</table>

知识点2 小学数学课堂教学评价的基本要素 【案例分析和案例设计】★

1. 数学教学目标

数学教学目标既是教学的出发点又是教学的归宿，它对整个数学教学过程具有重要的导向作用，直接决定着数学教学过程的发展方向和价值取向。因此，数学教学目标是数学课堂教学评价中不可缺少的重要因素之一，评价数学课堂教学目标，主要从以下几方面进行。

第一，教学目标是否明确、具体。在一节具体的数学课堂教学中，对学生要切实掌握哪些数学知识和技能，发展哪些能力、情感、态度，分别要达到何种水平层次，都需要明确地加以规定。

第二，教学目标是否合理。首先，要看教学目标能不能为学生所理解和接受，是否有利于他们的数学学习，有没有超出学生的“最近发展区”；其次，要看所定的教学目标能否顺利地实现。合理的教学目标既要使学生能够通过一定的努力而实现，还要能够促进学生的最佳发展。

第三，教学目标的落脚点是否科学。教学目标既要重视结果知识的获取，又要重视数学活动过程知识的获取，要明确表述让学生经历哪些数学知识的形成过程，参与探究哪些活动，获得哪些体验与感悟，等等。

2. 数学教学内容

数学教学内容既是教师教学的重要资源，也是学生学习的主要对象和线索。教学中，教师应当深入地挖掘数学教材内容，灵活地呈现数学学习素材，以利于学生主动参与、自主建构地学习。评价数学教学内容的质量和效力时，可从以下几个方面进行：

第一，教师呈现和讲解的数学教学内容是否准确无误，学生的理解是否正确。数学教学内容的科学性、准确性是有效数学学习的基本保障,要求教师务必深谙数学教学内容及相关知识的内涵。所谓“要给学生一杯水,教师要有一桶水”,不仅在于教师的知识量要比学生多,更重要的是指教师对数学教学内容理解的程度要比学生深刻得多,这样才能有效地避免学生对知识形成错误的理解。

第二,有没有充分挖掘数学知识的背景材料,是否体现了“数学学习内容应当是现实的、有意义的、富有挑战性的”新课程教学理念。数学知识的呈现是否有利于学生主动地进行观察、实验、猜想、推理与交流等数学活动,教学中对数学知识背景材料的适当挖掘,不仅有利于增进学生对知识理解的深广度,还能使数学课堂教学变得丰富多彩。

第三,教学内容的安排是否恰当。教学内容的组织设计是否突出了重点,分散了难点;容量和难度是否符合学生的现有发展水平,有没有超出学生的最近发展区;呈现形式是否有利于学生对数学知识的“再发现”学习;是否为学生主动建构学习提供了必要的“脚手架”,等等。

评价中对这些指标的考查能够全面地把握数学教学内容的贯彻程度。

3. 数学教学过程

数学教学过程是师生教与学多边互动和共同发展的活动过程,是学生获取数学知识、发展数学能力、塑造人格品性的主要渠道。因此,数学教学过程理所当然地成为数学课堂教学评价的主要考查对象。评价数学教学过程,主要从以下几个方面加以考查:

第一,教学过程的各环节安排是否得当,各要素之间的关系处理得是否合理。例如,教师与学生在课堂教学中的角色定位及其关系是否理顺,教学目标、教学内容、教学方法的功能是否得到充分发挥,教学各环节的时间分配是否科学、合理。考查时,不仅要注意每一个教学环节在课堂教学中所产生的部分功能,还要关注各环节之间的配合与过渡,看它们有机组合起来所产生的整体功能。

第二,教学过程的组织是否有利于学生对数学知识的自主建构,有没有为学生的建构学习提供环境条件及时间和空间上的保障,学生的参与水平如何,是否在教师的指导下积极主动地投入到学习中去,有没有为学生创造自主探究与发现的空间。这是考查数学教学过程是重在“预设”还是重在“生成”的主要指标。

第三,教师与学生、学生与学生多边互动的关系是否有效,信息交流是否流畅,信息反馈是否及时,教师有没有根据反馈的信息灵活、有效地调控教学,对教学过程的整体驾驭能力如何,这些指标能够反映出数学课堂教学过程发展的整体效果,是对教学效率的动态认识和判断。

第四,教学过程中是否“以学生为本”,是否体现“学生是数学学习的主体,教师是数学学习的组织者、引导者与合作者”的新课程理念,好的教学活动,应是学生主体地位和教师主导作用的和谐统一。

4. 数学教学方法

数学教学方法是数学课堂教学的重要构成要素,是促成数学教学过程各环节顺利发展的基本工具。对数学课堂教学方法的评价,主要涉及以下几个方面:

第一,所选用的教学方法应当具有良好的实效性。任何一种教学方法都是为教学内容、教学目标服务的,教学方法的选择不仅要与具体的数学教学内容相适应,而且要能够推动数学教学目标的顺利实现,特别

是教学方法的使用要有利于学生学习方式的转变,有利于引导学生开展自主学习、合作学习和探究学习。

第二,教学方法是否与学生的年龄特征及现有发展水平相适应。有效的教学方法要服从于学生认知发展的心理需要,具有较强的针对性,能很好地促进学生数学素质的发展,这就是教学方法使用的针对性问题。

第三,教学方法是否具有良好的启发性。教学方法要能启发学生积极主动地思考问题,激发学生的求知欲,使学生带有明确的学习目标和强烈的学习动机,在良好内驱力的支配下主动参与、积极探究。

第四,教学方法的使用中,是否与现代化的教学手段有机整合,是否注意到了各种教学方法的优化组合,这是实现数学课堂教学方法有效性的关键。评价中,要注重从总体上衡量各种数学教学方法遴选和使用的质量,避免对单一数学教学方法的效果评价。

5. 数学教学效果

教学效果本身不仅是数学课堂教学评价的一项基本要素,而且其他要素的评价最终也要通过它反映出来,评价一堂数学课的教学效果,要从以下几个方面加以考查:

第一,检查是否完成了本节课的教学任务,是否实现了课堂教学目标。检查教学目标达到的程度要从学生知识的掌握、能力的培养、数学思考的层次、个性心理品质及情感的发展等方面整体考虑。

第二,看学生除了获得显在的结果知识外,还获得了哪些过程知识,学生是否积极主动地参与到数学学习的过程,例如,思考问题是否积极主动,对教师提出的问题能回答到什么程度,学生自己是否主动地提出问题和解决问题,后进生的思维活动情况如何,他们在教学过程中处于什么位置,能否较为顺利地完成课堂的基本任务,等等。

第三,注意考查学生的学习负担情况。看学生是否愉快地投入到学习中,是否感到轻松、自如,教师和学生应以最少的时间和精力耗费去获得尽可能优的教学效果,向课堂要效益。同时,还要注意考查是否所有的学生都得到了发展,而不能以少数学生的学习效果来代替全班学生的学习效果。

以上仅对数学课堂教学评价的五个主要因素进行了定性分析。但数学课堂教学是一个多因素组成的完整系统,需要考虑的评价因素还有许多。例如,教师的教学技能,就是通常说的教师的教学基本功,这是教师的组织调控能力、语言表达能力、板书能力、交流沟通能力、解题应变能力等多方面能力的反映,可以作为一个独立的评价指标加以考查。此外,由于数学课堂教学是一个动态过程,各因素的考查没有一个固定的模式可以套用,评价时关注的焦点应当根据具体情况灵活掌握和变化,并注意使用定性和定量相结合的方法,尽量提高评价的科学性和准确性。

第四部分

招教体验

[2017 统考,案例分析和案例设计,6′] 材料见 P281

问题:你认为该数学老师在课堂教学中开展这样的活动有必要吗?为什么?

参考答案:有必要,这位老师在上课时充分发挥了学生的学习主体性,符合《义务教育数学课程标准》(2011 年版)中的要求,并创设了问题情境,设疑激趣,引导学生,培养学生的观察力,充分调动了学生的学习积极性,活跃了课堂学习气氛。

知识点3 小学数学课堂教学评价的方法 【案例分析】★

1. 问卷调查法

问卷调查法又称问题表格法，是以书面提出问题的方式搜集资料的一种研究方法。研究者将所要研究的问题编制成问题表格，以邮寄、当面作答或追踪访问方式填答，从而了解被试者对某一现象或问题的看法和意见。问卷调查法主要调查人们的情感、动机、态度、成就以及经历等。

2. 表现性评价法

表现性评价是通过学生完成具有一定真实性的任务来反映学业成就的评价。表现性评价中的任务是具有一定情境的，不能简单地给出一个具体且答案固定的问题。表现性任务的核心是真实生活中的实例和应用，是“具体的、巧妙设计情境的任务或活动，以一个主题任务为样品，通常要求概念理解和技能运用能力的结合。评价中要求反应与个人执行的任务的产品相似”。通过对学生表现性任务完成过程的考查，可以评价学生多方面的表现，包括相关的知识与技能，对实际问题的理解水平，在完成任务时所采取的策略，表现出来的态度与信心，以及广泛利用各种知识解决问题的能力等。与传统意义的评价相比，由于表现性任务更接近现实生活中的情境，因此它能提供更多的学生能做什么和他们是怎样做的等多侧面的更接近真实的信息，故也被称为“真实评价”。

3. 课后访谈

(1)课后访谈的意义

所谓课后访谈，就是在课堂教学结束后，由听课教师对学生进行访问、谈话。针对课堂中教师的教与学生的学，提出若干问题。课后访谈为我们评价教学提供了新的视角，既关注了学生的学，又关注了教师的教，达到激励学生的学习和改进教师的教学的双重目的，具有很高的现场性、真实性。

(2)课后访谈的作用

通过课后访谈，我们可以知道学生是如何想的？为什么会这么想？可以知道教学过程中存在的问题，可以督促教师反思教学设计及教学过程。通过课后访谈，不仅能了解学生对新知识的理解程度、学生的真实感受和体验，而且为教师反思提供了鲜活的素材。

(3)课后访谈的几个策略

访谈者要认真观摩课堂，既要熟悉课堂所讲授的教学内容，理清教师的设计思路，又要关注动态的生成(师生两个方面)。同时精心设计好所提出的问题，确定访谈对象，对访谈进行梳理和整理。

①精心设计提出的问题。可以从以下几个方面入手。

a. 为了检测学生对知识的掌握情况，提出知识性的问题。可以结合本节课的重点、难点进行设计。

例如，在“圆的认识”教学中让学生经历了在圆中画半径、直径，然后让学生根据自己画的直径，说一说什么是直径。对此可以提问：“如果让大家在圆上画一条直径，你们会画吗？”“我在这个圆上画了许多条线段，只有一条是直径，你们能准确地选择出来吗？”……

b. 设计比较开放和综合的问题，从而关注到学生独特的活动体验。例如，这节课你学会了什么知识？在这节课的学习中，你印象最深的是什么？

c. 由反馈教师的教学设计和生成性资源，把握情况来设计问题。

例如，在教学“两位数乘两位数的乘法”时，教师利用数形结合法，分步把“14×12”讲述得很明白了。可以提问：“这节课明明学习的是乘法，为什么在竖式中做加法呢？”通过分析学生对算理是否理解，是否做到“知其然，也知其所以然”，从而引发教师的反思。

d. 设计从学生的角度来审视教师的教学方式的问题。

②理性的筛选访谈对象。依据不同的访谈目的，确定不同的访谈对象。如果以考查学生对知识的理解和掌握情况为目的，全班学生都是访谈的对象，尽量做到优、中、差的全面性。如果是生成性问题，就要以注意观察学生的表现为目的，对生成问题的那个学生进行访谈。如果以考查教师教学方式或效果为目的，每一名学生都会有自己独特的感受和体验，所有学生都可以谈自己的真实想法。

③访谈者创设宽松和谐的访谈氛围。

设计的问题要用学生听得懂的语言去提出，要进入儿童的话语系统，避免访谈语言的过度专业和模糊。和学生交流时，语言要富有感染力，态度和蔼，使学生感受到是在进行平等的交流和对话，这样才能说出自己最真实的想法和感受。

④访谈者及时对访谈情况进行梳理和整理。

访谈者要及时、准确记录学生的不假思索脱口而出的语言。合理掌控访谈的方向和导向。最重要的是从学生那里收集便于引发反思、改进教学的素材。因为“学生会告诉你怎样做教师”，我们的教学才逐渐实现“教是为了不教”。

二、小学数学学习评价

小学数学学习评价是对小学生的数学学习过程与结果做出价值判断的过程，是对小学生的数学学习情况的一种综合性评价，是小学数学课程评价的核心。

第四部分

知识点1 小学数学学习评价概述

1. 小学生数学学习评价的目的

对小学生数学学习进行评价的主要目的在于：①改善教师的教和学生的学；②对数学上取得的成就和进步进行评价；③提供反馈信息，帮助学生发现解题策略、思维或习惯上的不足；④使学生明确学习后欲达到的标准，形成正确的学习预期；⑤改善学生对数学的情感、态度和价值观。

2. 评价主体的多元化

小学数学学习评价的主体要多元化。评价主体的多元化是指教师、家长、同学及学生本人都可以作为评价者，可以综合运用教师评价、学生自我评价、家长评价等方式，对学生的学习情况和教师的教学情况进行全面的考查。

3. 评价方法的多样化

小学数学学习评价方法要多样化。小学数学学习评价方法多样化体现在多种评价方法的运用，包括书面测试、口头测验、开放式问题、活动报告、课堂观察、课后访谈、课内外作业、成长记录等。在条件允许的地方，也可以采用网上交流的方式进行评价。每种评价方式都具有各自的特点，教师应结合学习内容及学生的学习特点，选择适当的评价方式。

4. 评价内容的多维化

知识技能、数学思考、问题解决、情感态度四个方面是小学阶段重点培养的四大数学素养。因此，评价的具体内容应围绕这四个方面展开，形成**多维度**、**全面的**评价内容体系。知识技能方面的评价，包括对数与代数、图形与几何、统计与概率等领域的事实、过程与技能的评价；数学思考的评价包括对抽象思维能力、形象思维能力、统计观念和推理能力等方面的评价；问题解决的评价包括对提出和解决问题的能力、解决问题的策略、创新和实践能力以及合作与交流等的评价；情感态度的评价包括对学生参与学习活动情况、学习的习惯与态度以及学习兴趣与自信心等方面的评价。

(1)知识技能的评价。新课程强调数学教学要关注知识技能的形成过程，让学生亲身经历将实际问题抽象成数学模型并进行解释与应用的过程。因此，在新课程教学评价过程中，应关注数学知识的形成过程、学习方式的运用、数学思维的发展、策略意识的培养。

(2)情感态度的评价。课程改革强调学生情感态度与价值观的培养。在具体教学评价过程中，应突出关注数学学习活动环境的创设，它是否符合本课堂学习目标和学习内容的需要，是否营造出一个平等、民主、和谐的学习氛围，是否有利于教师与学生之间、学生与学生之间的情绪体验和情感交流。活动中，教师是否鼓励学生发现问题、提出问题和解决问题，学生是否敢于大胆质疑、积极尝试、勇于探索、乐于交流和团结协作，以考查学生学习数学的情绪情感的变化。例如，1~3年级要求学生感受数学与日常生活的密切联系；4~6年级要求学生体验数学问题的探索性和挑战性，感受数学思考过程的合理性。

(3)问题解决能力的评价。对学生发现问题和问题解决能力的评价，主要考查学生能否在教师的指导下，从日常生活中发现并提出问题；能否探索出解决问题的有效方法，并试图寻找其他方法；能否与他人合作；能否清楚地表达解决问题的过程，并尝试解释所得的结果；能否具有回顾与分析问题解决过程的意识。

【案例】问题解决能力的评价

用一根长为50厘米的细绳围成一个长方形，怎样才能使它的面积最大？针对这个问题，教师首先考查学生能否围出不同的长方形，并按照一定的规律将这些长方形排列，是否能发现面积与长和宽的关系，从而进一步猜测到当围成一个正方形时，它的面积最大。

(4)实践能力的评价。组织学生进行必要的实践活动，是《义务教育数学课程标准》(2011年版)的规定和教材内容的具体体现。按照课程标准的要求，教学时应充分挖掘教材中的实践活动因素，创设良好的实践环境。同时，加强对学生实践能力的评价，切实提高学生的实践能力。可以从学生参与教学安排、参与学具制作、参与操作过程、参与练习设计、参与社会活动的情况等方面评价学生的实践能力。

知识点2 数学学习评价常用方法 【单选】 ★

1. 数学测验

数学测验是根据评价的内容和目的，拟订一些题目、作业或操作性练习，让学生做出书面、口头回答或实际操作，旨在了解学生对教学内容的掌握情况，在知识、技能、能力等方面所达到的水平。数学测验一直是评价学生数学学习水平的重要手段，也是一种相对较为客观、准确地反映学生的知识掌握水平、能力发展情况的有效方法，属于形成性评价，但它不同于对学生进行的阶段性的形成性评价和总结性评价。

数学测验有多种不同的类型，例如，按照测验参照标准可分为常模参照测验和目标参照测验，按照测验的作用可分为诊断性测验、形成性测验和终结性测验，按试题的主客观类型又可分为主观型测验和客观型测验。

①**效度**表示的是一个测验有效性的指标，也是该测验正确性的反映，它说明测验的结果在多大程度上反映了该测验所要达到的测验目的。

②**信度**是描述测试结果稳定性和可靠性的数量指标，也就是测试对象所得分数与其真实水平的接近程度。显然，测试中偶然因素越大，稳定性和可靠性越差，信度也就降低，测试就不可靠，反之，如果测试受偶然因素影响较小，则信度较大。像中考、高考这样正规的大型考试，信度一般都要求达到 0.9 以上。

③**难度**即试题对被试者的难易程度的数量指标，一般记为 P。需要说明的是，上述难度 P 的值越大，表示试题越容易；P 值越小，表明试题越难，这和通常意义下的“难度”正相反。一般考试的难度选取以 0.6～0.8 为宜。

④**区分度**是反映试题对于学生实际学习水平的区别程度的指标。区分度高的试题，能把分数拉开；而区分度低的试题，分数都很接近，不能准确反映学生的学习水平。记区分度为 r_D，区分度一般用于常模参照测验，在常模测验中，区分度与试卷质量的关系如下：

r_D	0.4～1.0	0.3～0.4	0.2～0.3	<0.2
程度	好(优)	较好(良)	尚可(合格)	差

需要说明的是区分度低于 0.3 的试题都应当改进或淘汰。

招教体验

[2016 统考，单，2′]区分度系数为 0.4～1.0 的试卷质量为(　　)

A. 差　　B. 合格　　C. 良　　D. 优

答案：D。区分度是衡量试卷质量的重要标准，它的作用在于挑选优秀试卷和修订试卷。一般来说，区分度系数为 0.4～1.0 的试卷质量为优，区分度系数为 0.3～0.4 的试卷质量为良，区分度系数为 0.2～0.3 的试卷为合格，应予修订，0.2 以下的试卷为差，应予淘汰。

2. 课堂观察

课堂观察是评价学生学习过程的一条有效途径。观察可以是非正式的，也可以是正式的。非正式的观察是在课堂教学中随时进行的，教师可以有意识地了解学生在学习活动中表现出来的特点并进行记录，到一定时间加以整理分析。正式的课堂观察可以运用课堂观察记录表，及时分项填写。在课堂观察时，教师不仅要关注学生知识、技能的掌握情况，而且要关注学生其他方面的表现。

3. 成长记录袋

成长记录袋评价是将显示学生学习成就信息的一系列表现、作品、评价结果以及其他相关记录和资料汇集起来，以了解学生学习和成长过程的评价方式。成长记录袋中主要是学生自己选定的资料的汇编，其基本成分是学生作品，同时包括学生对完成作品过程的描述或记录，还包括学生本人、教师、同伴和家长对作品的评价。

4. 数学日记

数学日记评价是通过学生记录自己学习数学的过程和体会，了解和评价学生数学学习方面的表现的一种评价方式。利用数学日记不仅可以评价学生对知识的理解，而且可以评价学生的思维方式。通过日记的方式，学生可以对自己所学的数学内容进行总结，可以像和自己谈心一样写出自己的情感态度、困难之处或感兴趣之处。新课程强调发展学生数学交流的能力，而写数学日记无疑提供了一个让学生用数学的语言或自己的语言表达数学思想方法和情感的机会。而且，数学日记还可以发展成为一个自我报告，用于评价自己的能力或反思自己的问题解决策略。从这个意义上说，数学日记有助于数学教师培养和评价学生的反省能力。

建议用时:40 分钟	实际用时:_____分钟	参考分值:42 分	实际得分:_____分

基础练 保分必拿

一、单项选择题(每小题 2 分,共 8 分)

1. 指测试对象所得分数与其真实水平的接近程度的指标是(　　)

A. 效度　　B. 信度

C. 区分度　　D. 难度

2. 数学教学评价应着重关注的是(　　)

A. 学生学习的结果和过程

B. 学生在数学活动中所表现出来的情感与态度

C. 学生的学习水平

D. 以上都要关注

3. 以下关于小学数学学习评价说法错误的是(　　)

A. 评价主体可以是教师，也可以是学生本人及家长等

B. 评价方法要多样化，包括口头测验、课堂观察等形式

C. 只需对知识技能、问题解决、情感态度方面进行评价即可

D. 成长记录袋中的内容可以是学生自己选定的资料

4. 学年末时以覆盖面较大的数学考试方法进行的评价是(　　)

A. 诊断性评价　　B. 形成性评价

C. 总结性评价　　D. 过程性评价

二、案例分析题(每小题 10 分,共 20 分)

5. 阅读以下材料，回答问题。

案例一： 课堂中某教师经常在学生回答问题正确后，就说：“你说得真好！”“你真棒！”更有夸大其词

的："你是我们班最聪明的！""没有人比你更厉害了！"。或者课堂上学生回答错误后，教师就说："说的不对，请坐下。""错了，谁再来？"……

案例二：在某学校家长开放日的一节小学一年级数学课堂上，教师提问："4+5=?"，一位学生高举小手，大声地说："4加5等于8。"这位教师用了三句话这样评价："很好！很接近！谁还有不同意见？"

问题：(1)请对以上案例中两教师对学生回答的评价反馈进行分析；

(2)请对课堂教学中教师口头评价时常出现的问题进行分析。

6. **阅读下列案例，回答问题：**

"课题学习：镶嵌"教学片段：课前，学生已被分为几个小组，上课后，教师发给每组一袋事先准备好的不同颜色的正三角形、正方形、正六边形等精美硬纸板，让组内学生合作交流，探索正多边形能够镶嵌的条件。学生拿到纸板后十分兴奋，顿时兴致高昂，教室里一下子热闹起来……可听课老师发现，学生中有的在争抢精美纸片，有的拿着纸片漫无目的地乱摆，有的甚至在聊天，更有学生简直成了"观光客"，混在里面"看热闹"……任务布置下去不久，教师看了一下时间，便拍手示意停止讨论。此时学生还在你一言我一语的探讨中，尚未形成定论，因教师的制止学生的讨论草草作罢。

问题：请对该教学过程进行评价，并提出教学建议。

提升练 提分必争

一、单项选择题(每小题2分，共4分)

1. 区分度系数低于(　　)的试题都应当淘汰或改进。

A. 0.1　　B. 0.2

C. 0.3　　D. 0.4

2. 一般考试的难度选取以(　　)为宜。

A. 0.2 ~0.3　　B. 0.3 ~0.4

C. 0.4 ~1.0　　D. 0.6 ~0.8

二、案例分析题(共10分)

3. 仔细阅读、对比下面的人教版小学数学二年级"长方形的认识"一课两位教师的教学设计片段，结合新课标理念，对两个片段加以对比分析、评价。

【教师A】引导学生认识长方形的特征之一——"对边相等"

学具准备：每人一张长方形纸片(长8厘米、宽5厘米)，三角尺一把。

活动要求：折一折、量一量、找一找长方形的边有什么特征。

反馈交流：

生1：一个长方形可以折成两个小长方形。

生2：对折、再对折，折成的是一个更小的长方形。

生3：长方形的边是直直的。

生4：长方形对折(斜着)后是两个三角形。

生5：我量了长方形的边，发现它们的长度都是不一样的。有一条是8厘米，另一条是8厘米多一点点，还有一条是5厘米，另外的一条5厘米稍微不到一点。

……

【教师B】引导学生认识长方形的特征之一——"对边相等"

学具准备：同桌两人一份，每份8根小棒(2根长12 cm，2根长10 cm，2根长8 cm，2根长6 cm)。

活动要求：同桌合作，每人4根，搭成一个长方形。

反馈交流：

(1)搭成长方形的学生谈经验。

生1：4根小棒中要2根一样长，另外2根也要一样长。

生2：开始我们两个人把8根小棒平均分了一下，

结果我手里的4根都是不同长度的小棒,搭来搭去总是搭不成。后来我们把小棒交换了一下,换成2根、2根一样长的,就搭起来了。

生3:2根一样长的要面对面放,另外两根一样长的也要面对面放。

生4:长的对长的,短的对短的。

(2)搭不成长方形的学生谈问题。

生5:我只有2根小棒是一样长的,另外2根不是一样长的,所以没有搭起来,另外2根也要一样长才行。

参考答案及解析

基础练

一、单项选择题

1. B [解析]信度是描述测试结果稳定性和可靠性的数量指标,也就是测试对象所得分数与其真实水平的接近程度。

2. D [解析]《义务教育数学课程标准》(2011年版)指出:评价既要关注学生学习的结果,也要注重学习的过程;既要关注学生数学学习的水平,也要重视学生在数学活动中所表现出来的情感与态度,帮助学生认识自我、建立信心。

3. C [解析]要对学生的知识技能、数学思考、问题解决、情感态度四个方面进行综合评价。

4. C [解析]总结性评价通常是在计划完成后,并在一定范围内实施后进行的。题干所述属于总结性评价。

二、案例分析题

5. [参考答案](1)案例一中的教师只给予"你真棒!""你说得真好!"等简单赞扬的话语,这样的评价当然能激发学生的学习兴趣。然而,"你真棒!"棒在哪?"你真好!"好在何处?这样简单的赞扬,评价导向不明确,导致学生求知不深入,浅尝辄止。或给予言过其实的评价让学生滋生自满情绪,变得心浮气躁。要么,给予"说的不对,坐下"等简单定论,打击了学生的积极性,课上到最后没人想举手了。

案例二中的教师的三句评价非常巧妙。第一句"很好",充分肯定了学生爱思考爱发言的态度;第二句"很接近",既给予了学生希望又婉转说明了不正确;第三句"谁还有不同意见",把思考留给大家,给学生更多的表现机会。课上到最后,学生们都高举小手,踊跃表达自己的想法。

(2)在目前,课堂口头评价主要存在以下几方面的问题:

①评价语言和标准单一、僵化。在口头评价中,语言单调、笼统、含糊不清,不能对学生产生足够的影响。表现在评价标准上,有三种心理定势:一是以教师自我为中心的评价定势;二是以优秀生为中心的评价定势;三是以整齐划一的答案为中心的评价定势。

②评价侧重于学业成绩,忽视不同学生的不同需要。《义务教育数学课程标准》(2011年版)提出了知识与技能、过程与方法、情感态度与价值观三个维度的课程目标。然而,现实中一部分教师由于没有将情感态度与价值观这些非学业评价目标与学科教学目标很好地结合起来,因而评价的范围很窄,以知识与技能为中心进行评价的现象仍十分普遍,而对学科教学中丰富的培养目标,如对自信心、创新习惯、思维推理、实践能力、表达能力、合作与分享等,还没有予以足够的重视。

③评价主体单一,自评、互评流于形式。口头评价时以教师为主体的评价现象十分普遍,而忽视学

生的参与与主体性的发挥。有时组织一些学生自评和互评，但这些评价模式还很不成熟，一部分流于形式，缺乏实效性、明确的评价目标与标准，忽视对学生的反思、比较、观察能力的培养等。

6. [**参考答案**]教学评价：案例中，教师提出问题后，马上让学生进行合作交流，没有让学生先进行独立思考，学生没有自己的想法，就无法进行交流。这种情形下的合作交流注定难有成效。再加上教师发教具不合理，小组成员分工不明确，责任分散，课堂显得比较混乱，有的学生表面上在参与活动，实际上却做着与学习内容无关的事情，个别学生由于缺乏主动性甚至干脆袖手旁观。特别是，学生合作交流还未有定论时，教师发现时间不允许，便匆匆结束。当教师"拍手示意停止讨论"时，有的学生还未得到镶嵌的规律。这种流于形式的讨论，只会导致学生丧失真正的合作体验和讨论热情。

教学建议：教师提出这节课的学习任务后，首先应留出一段时间让学生独立思考、自主探索镶嵌的条件，当学生有了自己的观点或疑问时，再组织学生合作交流，这样，学生才知道合作什么、交流什么，才能在有限的时间内发表自己的观点、聆听别人的想法，才能产生思维碰撞，实现合作交流的目的。另外，小组合作交流之前，应让所有学生明了学习目标，进行明确细致的分工，强化学生的角色意识，让学生人人有事做，人人有活干。再者，不管是自主探索还是合作交流，一定要保证让学生有充足的思考和研讨时间。此外，在整个教学过程中，教师要做好课堂教学的引导者和组织者，让课堂教学有一个清晰的路线，比如，可先探讨镶嵌的条件，然后再分单独镶嵌和混合镶嵌两种情形展开教学，把镶嵌的条件与二元一次方程的整数解的存在性问题相联系，使课堂教学逐步从动手操作、感性经验上升到理性经验和逻辑思维的高度。

提升练

一、单项选择题

1. C [**解析**]区分度是衡量试卷质量的重要标准，它的作用在于挑选优秀试卷和修订试卷。一般来说，区分度系数为0.4～1.0的试卷质量为优，区分度系数为0.3～0.4的试卷质量为良，区分度系数为0.2～0.3的试卷为合格，应予修订，0.2以下的试卷为差，应予淘汰。故选C。

2. D [**解析**]难度即试题对被试者的难易程度的数量指标，一般记为P。需要说明的是，上述难度P的值越大，表示试题越容易；P值越小，表明试题越难，这和通常意义下的"难度"正相反。一般考试的难度选取以0.6～0.8为宜。故选D。

二、案例分析题

3. [**参考答案**]"长方形的认识"一课的重点在于让学生认识长方形的特征：有4条边、4个角，相对的边长度相等，4个角都是直角。其中让学生感知长方形的对边相等是本课教学的一个难点。操作活动的设计，意在突破这一难点。具体而言，这一动手操作的主要目的有以下两个方面：其一，让学生经历一个"做数学"的过程，发现长方形的对边相等；其二，延长学生对"长方形对边相等"这一性质的体验过程，丰富学生的感性经验。案例所呈现的两个操作活动，其教学目标是相同的，就是要让学生认识"长方形对边相等"这一特征。从操作活动的前期准备与课堂用时的角度来说，这两个操作活动没有明显的区别，但从活动的效应来看，却有着本质的差异。

【教师A】(1)操作要求的目标不明确

虽然教师交代了活动要求"折一折、量一量、找一找长方形的边有什么特征”，这个要求看似清楚明了，但事实上学生对于自己接下来到底要干什么并不是很清楚。因为“特征”这样的词语对于二年级的学生而言极为抽象，所以他们很难理解“边有什么特征”是什么意思，不知道自己到底要做什么。在活动过程中，他们的“折”与“量”缺乏明确的目的，出现了为折而折，为量而量的现象，如有学生对折后再对折，也有学生沿着斜边对折。

(2)操作材料的典型性不强

当学生看到长方形纸时，首先感受的是一个“面”，要从中看到四条“边”是一件困难的事。因此，学生在折纸的过程中，更多地在关注“面”的变化，很少去关注边。即便有学生关注到了边，也很少去关注边与边之间的关系。因此教师在操作活动的设计中应特别注意操作材料的典型性，因为只有当操作材料的明显特征与我们所希望建立的数学关系一致时，操作活动的安排才能产生较好的效果。

【教师B】选择小棒做学具来围长方形，有利于学生在整个操作活动中一直关注对长方形“边”的研究。在活动形式上采用“同桌合作”，要求每个学生都要搭出一个长方形。面对8根小棒，学生习惯于于平均分，每人4根，且长度都不相同。在搭图形的过程中发现无论怎样摆放，这样的4根小棒都不能搭成一个长方形，于是就产生同桌之间交换小棒的现象。每一次交换，都是一次新的尝试。多数学生经过一次或多次的小棒交换，获得了2种长度规格的小棒各2根，从而搭成了长方形。经历了这样一个曲折的过程，学生对于怎样的4根小棒才能搭成一个长方形有了极为深刻的体验。典型学具的使用既突破了难点，又极大地增强了学生的感性体验。

正确率70%以下	☹	正确率70%~85%	😐	正确率85%以上	☺

山香寄语：

只有默默无闻地用心去做好每一件事情，有一天终会功到自然成，生命之舟将会水涨船高！

——山香女孩

附录　数学常用公式

1. 指数关系

(1)$a^m \cdot a^n = a^{m+n}$

(2)$(a^m)^n = a^{mn}$

(3)$(ab)^n = a^n b^n$

(4)$a^0 = 1(a \neq 0)$

(5)$a^{-p} = \frac{1}{a^p}(a \neq 0)$

(6)$a^m \div a^n = a^{m-n}(a \neq 0)$

(7)$\left(\frac{a}{b}\right)^n = \frac{a^n}{b^n}(b \neq 0)$

2. 根式关系

(1)$\sqrt[2n]{a^{2n}} = |a| = \begin{cases} a, a>0, \\ 0, a=0, \\ -a, a<0 \end{cases}$

(2)$\sqrt[2n+1]{a^{2n+1}} = a$

3. 平方公式与立方公式

(1)平方差公式:$(a+b)(a-b) = a^2 - b^2$

(2)完全平方公式:$(a \pm b)^2 = a^2 \pm 2ab + b^2$

(3)立方和、立方差公式:$a^3 \pm b^3 = (a \pm b)(a^2 \mp ab + b^2)$

(4)完全立方公式:$(a \pm b)^3 = a^3 \pm 3a^2 b + 3ab^2 \pm b^3$

4. 一元二次方程 $ax^2 + bx + c = 0(a \neq 0)$ 的求根公式

(1)$\Delta \geqslant 0$ 时,$x = \frac{-b \pm \sqrt{\Delta}}{2a}$

(2)韦达定理:$x_1 + x_2 = -\frac{b}{a}, x_1 x_2 = \frac{c}{a}$

5. 不等式

(1)$a^2 + b^2 \geqslant 2ab, \sqrt{\frac{a^2+b^2}{2}} \geqslant \frac{a+b}{2} \geqslant \sqrt{ab} \geqslant \frac{2}{\frac{1}{a}+\frac{1}{b}}(a, b \in \mathbf{R}_+)$

(2)$|a| - |b| \leqslant |a \pm b| \leqslant |a| + |b|$

6. 最小公倍数与最大公约数之间关系

两数乘积等于两数最大公约数与最小公倍数的乘积:$ab = (a,b)[a,b]$

7. 二次函数的解析式

(1)一般式:$f(x) = ax^2 + bx + c(a \neq 0)$

(2)顶点式:$f(x) = a(x-h)^2 + k(a \neq 0)$

附录

(3)零点式：$f(x)=a(x-x_1)(x-x_2)(a\neq 0)$

8. 对数关系($a>0$且$a\neq 1$,$b>0$且$b\neq 1$,$M>0$,$N>0$)

(1)$\log_a MN=\log_a M+\log_a N$

(2)$\log_a \frac{M}{N}=\log_a M-\log_a N$

(3)$\log_a M^n=n\log_a M$

(4)$\log_a N=\frac{\log_m N}{\log_m a}$

(5)$a^{\log_a N}=N$

(6)$\log_a b=\frac{1}{\log_b a}$

(7)$\log_a 1=0$

(8)$\log_a a=1$

9. 三角函数

(1)同角关系

①商的关系：$\tan\theta=\frac{\sin\theta}{\cos\theta}$

②倒数关系：$\sin\theta\cdot\csc\theta=\cos\theta\cdot\sec\theta=\tan\theta\cdot\cot\theta=1$

③平方关系：$\sin^2\theta+\cos^2\theta=1$

(2)诱导公式

组数	一	二	三	四	五	六
角	$2k\pi+\alpha$ $(k\in\mathbf{Z})$	$\pi+\alpha$	$-\alpha$	$\pi-\alpha$	$\frac{\pi}{2}-\alpha$	$\frac{\pi}{2}+\alpha$
正弦	$\sin\alpha$	$-\sin\alpha$	$-\sin\alpha$	$\sin\alpha$	$\cos\alpha$	$\cos\alpha$
余弦	$\cos\alpha$	$-\cos\alpha$	$\cos\alpha$	$-\cos\alpha$	$\sin\alpha$	$-\sin\alpha$
正切	$\tan\alpha$	$\tan\alpha$	$-\tan\alpha$	$-\tan\alpha$	$\cot\alpha$	$-\cot\alpha$

(3)和角与差角公式

①$\sin(\alpha\pm\beta)=\sin\alpha\cos\beta\pm\cos\alpha\sin\beta$

②$\cos(\alpha\pm\beta)=\cos\alpha\cos\beta\mp\sin\alpha\sin\beta$

③$\tan(\alpha\pm\beta)=\frac{\tan\alpha\pm\tan\beta}{1\mp\tan\alpha\tan\beta}$

(4)二倍角公式

①$\sin 2\alpha=2\sin\alpha\cos\alpha$

②$\cos 2\alpha=\cos^2\alpha-\sin^2\alpha=2\cos^2\alpha-1=1-2\sin^2\alpha$

③$\tan 2\alpha=\frac{2\tan\alpha}{1-\tan^2\alpha}$

(5)正弦定理、余弦定理

①正弦定理：$\frac{a}{\sin A}=\frac{b}{\sin B}=\frac{c}{\sin C}=2R$（$a,b,c$ 为△ABC 的三边长，R 为△ABC 的外接圆半径）

②余弦定理：$a^2=b^2+c^2-2bc\cos A$；$b^2=a^2+c^2-2ac\cos B$；$c^2=a^2+b^2-2ab\cos C$

10. 排列组合、二项式定理

（1）分类计数原理（加法原理）：$N=m_1+m_2+\cdots+m_n$

（2）分步计数原理（乘法原理）：$N=m_1m_2\cdots m_n$

（3）排列数公式：$\mathrm{A}_n^m=n(n-1)\cdots(n-m+1)=\frac{n!}{(n-m)!}(n,m\in\mathbf{N}_+,\text{且 } m\leqslant n)$

（4）$0!=1$

（5）排列数性质：①$\mathrm{A}_n^m=n\mathrm{A}_{n-1}^{m-1}$；②$\mathrm{A}_n^m=m\mathrm{A}_{n-1}^{m-1}+\mathrm{A}_{n-1}^m$

（6）组合数公式：$\mathrm{C}_n^m=\frac{\mathrm{A}_n^m}{\mathrm{A}_m^m}=\frac{n!}{m!\cdot(n-m)!}(n\in\mathbf{N}_+,m\in\mathbf{N}_+,\text{且 } m\leqslant n)$

（7）组合数的性质：$\mathrm{C}_n^0=1$；$\mathrm{C}_n^m=\mathrm{C}_n^{n-m}$；$\mathrm{C}_n^m+\mathrm{C}_n^{m-1}=\mathrm{C}_{n+1}^m$

（8）二项式定理

①$(a+b)^n=\mathrm{C}_n^0a^n+\mathrm{C}_n^1a^{n-1}b+\mathrm{C}_n^2a^{n-2}b^2+\cdots+\mathrm{C}_n^ra^{n-r}b^r+\cdots+\mathrm{C}_n^nb^n$

②$T_{r+1}=\mathrm{C}_n^ra^{n-r}b^r(r=0,1,2,\cdots,n)$

11. 概率统计

（1）互斥事件 A,B 中有一个发生的概率：$P(A+B)=P(A)+P(B)$

（2）若事件 A,B 为对立事件，则 $P(A)+P(B)=1$

（3）独立事件 A,B 同时发生的概率：$P(AB)=P(A)\cdot P(B)$

（4）n 次独立重复试验中某事件恰好发生 k 次的概率：$P_n(k)=\mathrm{C}_n^kP^k(1-P)^{n-k}$

（5）数学期望：$EX=x_1P_1+x_2P_2+\cdots+x_nP_n$

（6）平均数：$\bar{x}=\frac{x_1+x_2+\cdots+x_n}{n}$

（7）方差：$S^2=\frac{(x_1-\bar{x})^2+(x_2-\bar{x})^2+\cdots+(x_n-\bar{x})^2}{n}$

12. 等差数列

（1）通项公式：$a_n=a_1+(n-1)d$（其中 a_1 为首项，d 为公差，n 为项数）

（2）前 n 项和：①$S_n=\frac{n(a_1+a_n)}{2}$；②$S_n=na_1+\frac{n(n-1)}{2}d$（其中 a_1 为首项，n 为项数，d 是公差）

13. 等比数列

（1）通项公式：$a_n=a_1q^{n-1}(n\in\mathbf{N}_+)$（其中 a_1 为首项，n 为项数，q 为公比）

附录

(2)前 n 项和: $S_n=\begin{cases}na_1, & q=1,\\ \dfrac{a_1(1-q^n)}{1-q}, & q\neq 1\end{cases}$ (其中 a_1 为首项,n 为项数,q 为公比)

14. 常用极限

(1) $\lim\limits_{n\to+\infty} q^n=0(0<|q|<1)$

(2) $\lim\limits_{x\to 0}\dfrac{\sin x}{x}=1$

(3) $\lim\limits_{x\to+\infty}\left(1+\dfrac{1}{x}\right)^x=\mathrm{e}$

15. 导数的运算法则

(1) $(u\pm v)'=u'\pm v'$

(2) $(uv)'=u'v+uv'$

(3) $\left(\dfrac{u}{v}\right)'=\dfrac{u'v-uv'}{v^2}(v\neq 0)$

16. 几种常见函数的导函数

(1) $C'=0$(C 为常数)

(2) $(x^n)'=nx^{n-1}(n\in\mathbf{Q})$

(3) $(\sin x)'=\cos x$

(4) $(\cos x)'=-\sin x$

(5) $(\ln x)'=\dfrac{1}{x}$

(6) $(\mathrm{e}^x)'=\mathrm{e}^x$

17. 不定积分常用公式(C 为常数)

(1) $\int \mathrm{d}x = x + C$;

(2) $\int k\mathrm{d}x = kx + C$($k$ 为常数);

(3) $\int x^a\mathrm{d}x = \dfrac{1}{a+1}x^{a+1} + C(a\neq -1)$;

(4) $\int \dfrac{1}{x}\mathrm{d}x = \ln|x| + C$;

(5) $\int \cos x\mathrm{d}x = \sin x + C$;

(6) $\int \sin x\mathrm{d}x = -\cos x + C$;

(7) $\int \sec^2 x\mathrm{d}x = \tan x + C$;

(8) $\int \csc^2 x\mathrm{d}x = -\cot x + C$;

(9) $\int \sec x\tan x\mathrm{d}x = \sec x + C$;

(10) $\int \dfrac{1}{1+x^2}\mathrm{d}x = \arctan x + C$;

(11) $\int \dfrac{1}{\sqrt{1-x^2}}\mathrm{d}x = \arcsin x + C$;

(12) $\int \mathrm{e}^x\mathrm{d}x = \mathrm{e}^x + C$;

(13) $\int a^x \mathrm{d}x = \frac{1}{\ln a}a^x + C(a>0$,且 $a \neq 1)$。

18. 平面向量

(1) $\boldsymbol{a}$ 与 $\boldsymbol{b}$ 的数量积:$\boldsymbol{a}\cdot\boldsymbol{b}=|\boldsymbol{a}||\boldsymbol{b}|\cos\theta$

(2)平面两向量的夹角公式:$\cos\theta=\frac{\boldsymbol{a}\cdot\boldsymbol{b}}{|\boldsymbol{a}||\boldsymbol{b}|}=\frac{x_1x_2+y_1y_2}{\sqrt{x_1^2+y_1^2}\cdot\sqrt{x_2^2+y_2^2}}$

(3)平面两点间的距离公式:$d_{AB}=|\overrightarrow{AB}|=\sqrt{\overrightarrow{AB}\cdot\overrightarrow{AB}}=\sqrt{(x_2-x_1)^2+(y_2-y_1)^2}$

(4)向量的平行与垂直

设 $\boldsymbol{a}=(x_1,y_1)$,$\boldsymbol{b}=(x_2,y_2)$,且 $\boldsymbol{b}\neq\boldsymbol{0}$,则

① $\boldsymbol{a}/\!/\boldsymbol{b}\Leftrightarrow\boldsymbol{b}=\lambda\boldsymbol{a}\Leftrightarrow x_1y_2-x_2y_1=0$(交叉相乘差为零)

② $\boldsymbol{a}\perp\boldsymbol{b}(\boldsymbol{a}\neq\boldsymbol{0})\Leftrightarrow\boldsymbol{a}\cdot\boldsymbol{b}=0\Leftrightarrow x_1x_2+y_1y_2=0$(对应相乘和为零)

19. 立体几何

(1)圆柱侧面积 $=2\pi Rh$,表面积 $=2\pi R^2+2\pi Rh$,体积 $=\pi R^2h$(R 为圆柱的底面圆半径,h 为圆柱的高)

(2)圆锥侧面积 $=\pi Rl$,表面积 $=\pi Rl+\pi R^2$,体积 $=\frac{1}{3}\pi R^2h$(R 为圆锥的底面圆半径,l 为圆锥的母线,h 为圆锥的高)

(3)球的表面积 $=4\pi R^2$,体积 $=\frac{4}{3}\pi R^3$(R 为球的半径)

20. 平面直线

(1)斜率公式:$k=\frac{y_2-y_1}{x_2-x_1}$

(2)直线的五种方程

①点斜式:$y-y_1=k(x-x_1)$(斜率存在)

②斜截式:$y=kx+b$(斜率存在)

③两点式:$\frac{y-y_1}{y_2-y_1}=\frac{x-x_1}{x_2-x_1}$(不包括垂直于 x 轴和 y 轴的直线)

④截距式:$\frac{x}{a}+\frac{y}{b}=1$($a,b$ 分别为直线的横纵截距,$a\neq0,b\neq0$)

⑤一般式:$Ax+By+C=0$(其中 A,B 不同时为 0)

(3)夹角公式

① $\tan\alpha=\left|\frac{k_2-k_1}{1+k_2k_1}\right|$($l_1:y=k_1x+b_1$,$l_2:y=k_2x+b_2$,$k_1k_2\neq-1$)

② $\tan\alpha=\left|\frac{A_1B_2-A_2B_1}{A_1A_2+B_1B_2}\right|$($l_1:A_1x+B_1y+C_1=0$,$l_2:A_2x+B_2y+C_2=0$,$A_1A_2+B_1B_2\neq0$)

附录

③当$1+k_1k_2=0$时，$l_1\perp l_2$，l_1与l_2的夹角是$\frac{\pi}{2}$

(4)点(x_0,y_0)到直线$Ax+By+C=0$的距离$d=\frac{|Ax_0+By_0+C|}{\sqrt{A^2+B^2}}$

(5)两平行直线$Ax+By+C_1=0$与$Ax+By+C_2=0$的距离$d=\frac{|C_1-C_2|}{\sqrt{A^2+B^2}}$

21. 圆

(1)圆的三种方程

①圆的标准方程：$(x-a)^2+(y-b)^2=r^2$

②圆的一般方程：$x^2+y^2+Dx+Ey+F=0(D^2+E^2-4F>0)$

③圆的参数方程：$\begin{cases}x=a+r\cos\theta,\\y=b+r\sin\theta\end{cases}$

(2)点$P(x_0,y_0)$与圆$(x-a)^2+(y-b)^2=r^2$的位置关系

①$d>r\Leftrightarrow$点P在圆外

②$d=r\Leftrightarrow$点P在圆上

③$d<r\Leftrightarrow$点P在圆内(d为点P到圆心的距离)

(3)直线$Ax+By+C=0$与圆$(x-a)^2+(y-b)^2=r^2$的位置关系

①$d>r\Leftrightarrow$相离$\Leftrightarrow\Delta<0$

②$d=r\Leftrightarrow$相切$\Leftrightarrow\Delta=0$

③$d<r\Leftrightarrow$相交$\Leftrightarrow\Delta>0$(d为直线到圆心的距离，Δ为直线与圆的方程联立所得方程的判别式)

22. 椭圆

(1)椭圆$\frac{x^2}{a^2}+\frac{y^2}{b^2}=1(a>b>0)$的参数方程是$\begin{cases}x=a\cos\theta,\\y=b\sin\theta\end{cases}$

(2)离心率$e=\frac{c}{a}=\sqrt{1-\frac{b^2}{a^2}}$

(3)准线到中心的距离为$\frac{a^2}{c}$

(4)焦点到对应准线的距离$p=\frac{b^2}{c}$

(5)椭圆的通径长度为$\frac{2b^2}{a}=2ep$

(6)点$P(x_0,y_0)$在椭圆$\frac{x^2}{a^2}+\frac{y^2}{b^2}=1(a>b>0)$的内部$\Leftrightarrow\frac{x_0^2}{a^2}+\frac{y_0^2}{b^2}<1$

(7)点$P(x_0,y_0)$在椭圆$\frac{x^2}{a^2}+\frac{y^2}{b^2}=1(a>b>0)$的外部$\Leftrightarrow\frac{x_0^2}{a^2}+\frac{y_0^2}{b^2}>1$

23. 双曲线

(1)双曲线$\frac{x^2}{a^2}-\frac{y^2}{b^2}=1(a>0,b>0)$的离心率$e=\frac{c}{a}=\sqrt{1+\frac{b^2}{a^2}}$

(2)准线到中心的距离为$\frac{a^2}{c}$

(3)焦点到对应准线的距离$p=\frac{b^2}{c}$

(4)双曲线通径长为$\frac{2b^2}{a}=2ep$

(5)焦半径公式$|PF_1|=\left|e\left(x+\frac{a^2}{c}\right)\right|=|a+ex|$,$|PF_2|=\left|e\left(\frac{a^2}{c}-x\right)\right|=|a-ex|$

24. 抛物线

(1)抛物线$y^2=2px(p>0)$的焦半径$|CF|=x_0+\frac{p}{2}$

(2)过焦点的弦长$|AB|=x_1+\frac{p}{2}+x_2+\frac{p}{2}=x_1+x_2+p$

附录

图书反馈

重磅！真题重奖征集！

凡提供当年度考试真题者，均可获得现金奖励。具体请联系QQ:3232490489。

（温馨提示：所提供真题须是当年度考试真题，且真实有效。最终解释权归山香教育所有）

亲爱的考生：

感谢您对山香教育的信任和支持，您的建议是我们前进的动力！为进一步提高图书质量，我们特向全国各地的考生开展有奖反馈活动。

1. 凡提供山香图书的错题反馈者，均能获得价值99元的山香网课《高频考点》（基础版）大礼包1份。

2. 凡提供反馈项目者，可获得价值299元的山香网课《高频考点》（豪华版）超级大礼包1份。

3. 我们从意见被采纳人员中每月抽取幸运者2名，各奖励价值1380元的山香网校网课大礼包一份。

图书反馈链接

¥99
大礼包

¥299
超级大礼包

反馈项目

姓名：　　　　专业：　　　　报考地区：

手机号：　　　　QQ号：

1. 您认为图书中可以增加哪些模块或内容，有助于您的学习？

2. 您对本书的印刷、装订、封面有何意见和建议？

3. 结合山香现有图书和考情需要，您还需要哪些形式的备考资料？

联系方式：400-600-3363　　**研发部**QQ：1831595423

招教网：http：//www.zhaojiao.net　　**山香网校：**http：//www.sx1211.cn

图书订正链接